BERND KRAFT

Grenzüberschreitende St[r...]
und Third Party [...]

Tübinger Schriften
zum internationalen und europäischen Recht

Herausgegeben von
Thomas Oppermann
in Gemeinschaft mit
Heinz-Dieter Assmann, Hans v. Mangoldt
Wernhard Möschel, Wolfgang Graf Vitzthum
sämtlich in Tübingen

Band 39

Grenzüberschreitende Streitverkündung und Third Party Notice

Von

Bernd Kraft

Duncker & Humblot · Berlin

Die Deutsche Bibliothek – CIP-Einheitsaufnahme

Kraft, Bernd:
Grenzüberschreitende Streitverkündung und Third Party
Notice / von Bernd Kraft. – Berlin : Duncker und Humblot, 1997
(Tübinger Schriften zum internationalen und europäischen
Recht ; Bd. 39)
Zugl.: Tübingen, Univ., Diss., 1995
ISBN 3-428-08530-2
NE: GT

D 21

Fotoprint: Werner Hildebrand, Berlin
Printed in Germany

ISSN 0720-7654
ISBN 3-428-08530-2

Gedruckt auf alterungsbeständigem (säurefreiem) Papier
entsprechend ISO 9706 ♾

Vorwort

Im Wintersemester 1989/90 besuchte ich an der Universität Tübingen einen Seminarvortrag mit dem Thema "Streitverkündung und Gewährleistungsansprüche nach deutschem, französischem und englischem Recht unter Berücksichtigung der Zuständigkeitsfrage". Diese erste Berührung mit der grenzüberschreitenden Streitverkündung weckte mein Interesse am Thema, welches ich sodann zum Gegenstand meiner Dissertation machte.

Die vorliegende Arbeit stellt zwei Möglichkeiten zur Beteiligung eines Dritten im Zivilprozeß vor. Daneben verfolgt sie das Anliegen, die Position und Situation des Streitverkündeten (Streitverkündungsempfängers) vermehrt in den Mittelpunkt der wissenschaftlichen Betrachtung der Streitverkündung zu rücken. Seine schutzwürdigen Interessen sollen ermittelt werden und bei der Frage der internationalen Zuständigkeit des Gerichts maßgeblichen Einfluß erlangen.

Zunächst war die vergleichende Untersuchung der Rechte Deutschlands, Englands und der USA geplant. Es zeigte sich jedoch sehr schnell, daß die reizvolle dritte Rechtsordnung den Rahmen dieser Arbeit sprengen würde. Zu Gunsten einer gründlichen Bearbeitung des europäischen Rechtszustandes verzichtete ich daher auf die Einbeziehung des Rechts der USA.

Das Buch berücksichtigt Literatur und Rechtsprechung bis zum August 1994. Nach Fertigstellung erschien die dritte Auflage des Großkommentars zur ZPO von Wieczorek / Schütze. Diese Neuerscheinung wurde an einigen Stellen in den Anmerkungsteil eingearbeitet.

Mein besonderer Dank gilt meinem 'Doktorvater', Herrn Professor Dr. D. Rothoeft, für seine umfassende Unterstützung während des Promotionsverfahrens. Die kritischen Anmerkungen meiner Freunde Dr. Bernd Mayer und Volkher Schweizer, von denen die Arbeit vor Fertigstellung unter großem Zeitaufwand zur Korrektur gelesen wurde, waren von unschätzbarem Wert.

Die Arbeit ist meinen Eltern gewidmet, die meine Schul- und Studienzeit mit großer Geduld und Vertrauen unterstützt haben.

Stuttgart, im Januar 1996 *Bernd Kraft*

Inhaltsverzeichnis

Dritter Teil

Abkürzungsverzeichnis

aaO.	am angegebenen Ort
AC	Appeal Cases (Law Report)
a.F.	alte Fassung
AK	Alternativkommentar ZPO
AktG	Aktiengesetz
All ER	All England Law Report
Anm.	Anmerkung
ArbGG	Arbeitsgerichtsgesetz
Art.	Artikel
Artt.	Artikel (Plural)
AWD	Außenwirtschaftsdienst des Betriebs-Beraters
BAG	Bundesarbeitsgericht
Bd.	Band
BGB	Bürgerliches Gesetzbuch
BGBL	Bundesgesetzblatt
BGH	Bundesgerichtshof
BGHZ	Entscheidungssammlung des Bundesgerichtshofes in Zivilsachen
BLAH	Baumbach/Lauterbach/Albers/Hartmann: Kommentar zur ZPO
BRD	Bundesrepublik Deutschland
BT	Bundestag
BVerfG	Bundesverfassungsgericht
bzw.	beziehungsweise
CA	Court of Appeal
Ch	Chancery (wird in bestimmten Jahrgängen auch als Abkürzung für die Law Reports der Chancery Division benutzt)
Ch App	Chancery Appeals
ChD	Chancery Division (wird auch i. R. d. Law Reports verwendet)
CJ	Chief Justice
CP	Common Pleas
Diss.	Dissertation
DRiZ	Deutsche Richterzeitung
ECE	Wirtschaftskommission der Vereinten Nationen für Europa
ECJ	European Court of Justice
ECR	European Court Report
Einl.	Einleitung
EMRK	Europäische Menschenrechtskonvention
EuGH	Europäischer Gerichtshof
EuGVÜ	Brüsseler EWG-Übereinkommen über die gerichtliche Zuständigkeit und die Vollstreckung gerichtlicher Entscheidungen in Zivil- und Handelssachen
EWGV	Vertrag zur Gründung der Europäischen Wirtschaftsgemeinschaft

EWiR	Entscheidungen zum Wirtschaftsrecht
Exch	Court of Exchequer
f.	und folgende Seite
FamRZ	Zeitschrift für das gesamte Familienrecht
ff.	und folgende Seiten
FGG	Gesetz über die Angelegenheiten der freiwilligen Gerichtsbarkeit
FJA	Foreign Judgments (Reciprocal) Act 1933
Fn.	Fußnote
FS	Festschrift
gem.	gemäß
GG	Grundgesetz für die Bundesrepublik Deutschland
GS	Großer Senat (beim BGH)
GVG	Gerichtsverfassungsgesetz
HL	House of Lords
Hlbd.	Halbband
h.M.	herrschende Meinung
HMSO	Her Majesty's Stationary Office
Hrsg.	Herausgeber
HZÜ	Haager Übereinkommen über die Zustellung gerichtlicher und außergerichtlicher Schriftstücke im Ausland in Zivil- und Handelssachen
i.d.R.	in der Regel
i.F.d.	in Form des
ILP	International Legal Practitioner
IPRax	Praxis des Internationalen Privat- und Verfahrensrechts
IR	Irish Reports
i.S.	im Sinne
i.V.m.	in Verbindung mit
IZPR	Internationales Zivilprozeßrecht
IZVR	Internationales Zivilverfahrensrecht
J	Justice
JA	Juristische Arbeitsblätter
JR	Juristische Rundschau
JurBüro	Das juristische Büro
JZ	Juristenzeitung
Kap.	Kapitel
KB	King's Bench Division (Law Reports)
KG	Kammergericht
KWG	Gesetz über das Kreditwesen
LG	Landgericht
LJ	Law Journal Reports, denen ein entsprechendes Kürzel für das zitierte Gericht angehängt wird (z.B. LJ QB für Queen's Bench Division)
LJ	Lord Justice
Lloyd's Rep.	Lloyd's Law Reports
LM	Lindenmaier-Möhring: Nachschlagewerk des Bundesgerichtshofs
LR	Law Reports
LT	Law Times (Law Reports)
m.a.W.	mit anderen Worten

MDR	Monatsschrift für deutsches Recht
m.E.	meines Erachtens
MR	Master of the Rolls
Mü-Ko	Münchener Kommentar zur ZPO
m.w.N.	mit weiteren Nachweisen
NiemeyersZ	Niemeyers Zeitschrift
NJW	Neue Juristische Wochenschrift
Nr.	Nummer
Ord.	Order
P (= PD)	Probate Division (Law Report)
PC	Privy Council
P & D	Court of Probate and Divorce
PDA	Probate, Divorce and Admiralty Division
QBD (=QB)	Queen's Bench Division (Law Report)
R	Rettie Session Cases (Law Reprt)
r.	rule
RabelsZ	Rabels Zeitschrift für ausländisches und internationales Privatrecht
Rep	Reprint
RG	Reichsgericht
RGZ	Entscheidungssammlung des Reichsgerichts in Zivilsachen
RipS	Recht der internationalen privaten Schiedsgerichtsbarkeit
RIW	Recht der internationalen Wirtschaft
Rn.	Randnummer
RSC	Rules of the Supreme Court
Rz.	Randziffer
s.	section
S.	Seite
SC	Session Cases (Law Reports)
sog.	sogenannt
SolJo	Solicitors' Journal
TLR	Times Law Reports
u.a.	unter anderem
UNCITRAL	United Nations Commission on International Trade Law
usw.	und so weiter
v.	versus
Verf.	Verfasser
VersR	Versicherungsrecht (Zeitschrift)
vgl.	vergleiche
Vol.	Volume
WLR	Weekly Law Reports
WM	Zeitschrift für Wirtschafts- und Bankrecht, Wertpapiermitteilungen
WN	Weekly Notes (Law Report)
z.B.	zum Beispiel
ZIP	Zeitschrift für Wirtschaftsrecht
zit.	zitiert
ZPO	Zivilprozeßordnung
ZVglRWiss	Zeitschrift für vergleichende Rechtswissenschaft
ZZP	Zeitschrift für Zivilprozeß

Erster Teil

Einleitung

A. Gegenstand der Arbeit

An einem Verfahren vor den ordentlichen Gerichten nehmen in Deutschland nur zwei Parteien teil: der Kläger und der Beklagte. Sie begehren eine Entscheidung des Gerichts, von der grundsätzlich nur sie betroffen werden,[1] denn Folge dieser Regel, die als 'Zweiparteienprinzip' bezeichnet wird, ist, daß ein rechtskräftiges Urteil gemäß § 325 ZPO nur die Parteien des Rechtsstreits und ihre Rechtsnachfolger bindet, nicht aber Dritte.[2] Dieser Grundsatz wird auch nicht durchbrochen, wenn in einem Verfahren mehrere Personen auf Kläger- oder Beklagtenseite als Streitgenossen im Sinne der §§ 59 ff. ZPO auftreten, denn hierbei handelt es sich nur um eine Verbindung mehrerer Einzelklagen aus Zweckmäßigkeitsgründen.[3]

Das Zweiparteienprinzip bildet wegen eines gegenläufigen Bedürfnisses in der Praxis einen Ausgangspunkt der vorliegenden Arbeit: Die tatsächliche Rechtspraxis beschränkt sich nämlich nicht auf Situationen, in denen nur zwei Seiten in einen Rechtsstreit verwickelt sind. Es kommt vielmehr häufig vor, daß weitere Personen mittelbar am Rechtsstreit beteiligt sind, ohne daß sie in die Position eines Klägers oder Beklagten aufrücken können. In einer solchen Situation entsteht das Bedürfnis, diese weiteren Personen entsprechend ihrer tatsächlichen Verwicklung am Rechtsstreit zu beteiligen. Dieses Bedürfnis läßt sich durch zwei sehr einfache Beispiele verdeutlichen, die freilich nicht alle Fallkonstellationen abdecken, in denen ein solches Bedürfnis auftreten kann:[4]

1. C verkauft eine mangelhafte Sache an B, der sie wiederum an A weiterveräußert.

2. B stellt Flugzeuge her. Die erforderlichen Propeller bezieht er vom hierauf spezialisierten C. Nachdem B eines seiner Flugzeuge an A verkauft hat, stürzt A aufgrund eines konstruktionsbedingten Mangels des Propellers ab.

---

[1] *Eibner* "Möglichkeiten und Grenzen der Streitverkündung", Dissertation: S. 5 f.

[2] *Thomas/Putzo*: § 325 Rn. 1.

[3] *Eibner* "Dissertation": S. 7 m. w. N.; *Thomas/Putzo*: Vorbemerkung § 59 Rn. 1.

[4] Insbesondere beschränkt sich das Bedürfnis auf Beteiligung eines Dritten nicht - wie in unseren Beispielen - auf vertragliche Rechtsverhältnisse.

In beiden Fällen wird sich A zwecks Mängelbeseitigung oder Schadensersatz an seinen Vertragspartner B halten, denn er kennt nur B und war nur mit B in Kontakt. Obwohl also C letztlich der Verursacher des Mangels und des Schadens ist, kann er - läßt man deliktische Ansprüche einmal außer Betracht - an einem Rechtsstreit zwischen A und B nicht als Partei beteiligt und insbesondere nicht verklagt werden. Sofern B im Verfahren mit A verurteilt wurde, wird er in aller Regel versuchen, sich an C in einem weiteren Verfahren schadlos zu halten. Um dies zu erreichen, muß B eine gesonderte Klage gegen C erheben.

Hier steht B nun vor dem Problem, daß er im Verfahren gegen C die Mangelhaftigkeit der Sache beweisen muß, obwohl deren tatsächliche Beschaffenheit im Verfahren mit A bereits gerichtlich festgestellt wurde. Es könnte B nämlich widerfahren, daß er im Verfahren mit A verurteilt wird, weil das Gericht die Mangelhaftigkeit bejaht, das (andere) Gericht diesen Mangel im Verfahren mit C aber nicht annimmt und daher die Regreßklage gegen C abweist.[5] In dieser Situation müßte B den Schaden des A tragen, obwohl dieser Schaden letztlich durch den C verursacht wurde. Dies wäre eine mißliche Folge des Zweiparteienprinzips, welches den B dazu zwingt, zwei voneinander unabhängige Prozesse - mit A einerseits und mit C andererseits - zu führen.

Anhand dieser Überlegungen wird deutlich, daß B ein erhebliches Interesse daran hat, daß C an die Ergebnisse des ersten Prozesses (mit A) gebunden wird. Dann nämlich könnte sich B eine erneute Beweisführung hinsichtlich derjenigen Umstände (etwa der tatsächlichen Beschaffenheit des Kaufgegenstands) ersparen, die bereits entschieden wurden, oder insgesamt vermeiden, daß in den beiden Verfahren unterschiedlich geurteilt wird. Wichtig ist für B auch, daß er die Bindung des C ohne oder gar gegen dessen Willen herbeiführen kann. Da ein Urteil zwischen A und B nicht automatisch auf das Verhältnis von B und C einwirkt, stellt die ZPO für derartige Situationen das Institut der Streitverkündung zur Verfügung.[6] Mit ihr können sich teilweise deckende Sachverhalte, die in zwei getrennten Prozessen entschieden werden, dadurch einer

---

[5] Diese Situation wird von *Eibner* "Dissertation": S. 26 ff., insbesondere S. 27 f. als streitverkündungstypische Notlage bezeichnet.

[6] Die Streitverkündung ist nach der Auffassung des BGH in Urteil vom 26.3.1987 in JR 1988, 67, 68 = NJW 1987, 1894 ein prozessualer Behelf, der in erster Linie den Interessen des Streitverkünders dient: "Dessen Lage wird in den von § 72 ZPO erfaßten Fällen dadurch gekennzeichnet, daß er wegen der materiell-rechtlichen Verknüpfung der gegen verschiedenene Schuldner gerichteten Ansprüche gezwungen ist, mehrere Prozesse zu führen, dabei aber Gefahr läuft, alle zu verlieren, obgleich er zumindest einen gewinnen müßte. Durch die mit der Streitverkündung ermöglichte Bindungswirkung gem. §§ 74, 68 ZPO kann er sich dagegen schützen."

einheitlichen Beurteilung unterworfen werden, daß der Dritte - hier C - im späteren Prozeß an die Ergebnisse des ersten Prozesses gebunden wird.[7]

Die mit der Beteiligung eines Dritten im Wege der Streitverkündung hervorgerufenen Probleme sind - neben entsprechenden Fragen im englischen Recht - Gegenstand der vorliegenden Arbeit. Die Untersuchung wird sich dabei auf diejenigen Probleme und Voraussetzungen konzentrieren, die im Zusammenhang mit der Beteiligung eines ausländischen Dritten, der im Ausland wohnt, entstehen: der grenzüberschreitenden Streitverkündung.

Auch im englischen Recht können wir eine vergleichbare Ausgangs- oder Problemlage feststellen, die bereits im Jahre 1873 vom englischen Richter Mellish mit folgenden Worten beschrieben wurde:[8]

> *"...for it unquestionably is not the general rule of law that a judgment obtained by A. against B. is conclusive in an action by B. against C. On the contrary, the rule of law is otherwise. It is quite plain that the ordinary rule of law is, that a judgment in rem is conclusive, but a judgment inter partes is conclusive only between the parties and the persons claiming under them."*

Die Wirkungen eines 'englischen' Urteils sind also - mit Ausnahme der *judgments in rem*,[9] die erga omnes wirken - auf die Parteien und ihre 'Rechtsnachfolger' (*privies*) beschränkt.[10] Dieser Grundsatz gilt in England[11] heute noch, weshalb auch das englische Recht besondere Institute zur unfreiwilligen Beteiligung eines Dritten bereithält: den *interpleader* und die *third party notice*. Diese Rechtsinstitute des englischen Zivilprozesses bilden weitere Teile der vorliegenden Untersuchung.

Die Beschränkung der Bindungswirkung eines Urteils auf die Parteien und ihre Rechtsnachfolger erfordert also im deutschen wie im englischen Recht Institute zur unfreiwilligen Beteiligung eines Dritten. Den Instituten beider

---

[7] Wegen des im deutschen Recht geltenden subjektiven Fehlerbegriffs kann die Streitverkündung in unseren Beispielen gegebenenfalls nicht in der Lage sein, das Vorliegen eines Mangels bindend festzustellen. Dies liegt daran, daß in den gewählten Beispielen immer zwei voneinander unabhängige Verträge existieren, in denen jeweils die vertragsgemäße Beschaffenheit der Sache individuell und dementsprechend verschieden bestimmt sein kann. Die Streitverkündung kann in einem solchen Fall nur die tatsächliche Beschaffenheit des Gegenstands zum Zeitpunkt des Gefahrübergangs bindend feststellen, vgl. im einzelnen *Lüke* "Die Beteiligung Dritter im Zivilprozeß": S. 324 f. Etwas anderes kann jedoch gelten, wenn die Rechtsverhältnisse der Beteiligten einem anderen als dem deutschen Sachrecht unterliegen.

[8] *Mellish*, LJ in *Gray v. Lewis, Parker v. Lewis* (1873) 8 Ch App 1035 at 1059-1060.

[9] *Judgments in rem* sind Entscheidungen, die den Status einer Sache oder einer Person betreffen, *Howard/Crane/Hochberg* "Phipson on Evidence": 33-19, S. 859. Dies sind z. B. Urteile, die über die dingliche Berechtigung an einem Gegenstand entscheiden, sowie Scheidungen. Wegen ihrer Wirkung erga omnes ist eine Drittbeteiligung in den ihnen zugrundeliegenden Verfahren überflüssig. *Judgments in rem* bleiben daher in der vorliegenden Untersuchung unberücksichtigt.

[10] Vgl. nur *Schack* "IZVR": Rn. 920.

[11] Vgl. nur *Spencer Bower/Turner* "The Doctrine of Res Judicata": S. 198 ff. Siehe unten ausführlich im 4. Teil B. II. 2., S. 283 ff.

Rechtsordnungen stellen sich dabei identische Ordnungsaufgabe[12], die wir - dem Prinzip der funktionalen Rechtsvergleichung folgend[13] - dem rechtsvergleichenden Teil der Untersuchung voranstellen können:

Wie können Dritte bei partiell identischen Sachverhalten in die Feststellungen und Wirkungen eines Urteils einbezogen werden, wie können solche Sachverhalte einheitlich entschieden werden, und wie können mehrere Prozesse über derartige Sachverhalte vermieden werden?

Die Erfüllung dieser Aufgaben kann sachgerecht nur unter angemessener Berücksichtigung der involvierten, aber widerstreitenden Interessen erfolgen. Bei einer jeden unfreiwilligen Drittbeteiligung nehmen - neben dem Gericht als Vertreter des Staats - mindestens drei Personen am Verfahren teil: Die beiden Parteien des anhängigen Rechtsstreits und der Dritte, der beteiligt werden soll. Deren Interessen werden regelmäßig in verschiedene Richtungen laufen: Der Kläger etwa will sein Verfahren rasch entschieden haben; die Person, welche die Beteiligung des Dritten veranlaßt, will eine umfassende Bindung des Dritten erreichen; und der Dritte möchte seine Beteiligung gegebenenfalls vermeiden.

Hier sind erhebliche Interessenkonflikte zu erwarten, die insbesondere bei der (internationalen) Zuständigkeit[14], die den Mittelpunkt dieser Arbeit einnimmt, zum Vorschein treten. Hinter den als Frage formulierten Ordnungsaufgaben steht also eine zentrale Frage:[15] Können die beiden Rechtsordnungen, in denen die unfreiwillige Drittbeteiligung auf unterschiedliche Weise geregelt ist, die widerstreitenden Interessen der Beteiligten angemessen berücksichtigen?

---

[12] Begriff nach *Esser* "Grundsatz und Norm in der richterlichen Fortbildung des Privatrechts": S. 347, 349. Nach *Rothoeft* "System der Irrtumslehre als Methodenfrage der Rechtsvergleichung": S. 2 sind die für die Rechtsvergleichung notwendigen tertia comparationis, d. h. systemneutrale Anknüpfungspunkte in einer konkreten Ordnungsaufgabe zu suchen.

[13] *Esser* "Grundsatz und Norm in der richterlichen Fortbildung des Privatrechts": S. 349 sieht den Weg der Rechtsvergleichung darin, "...in gleichen Ordnungsaufgaben unter vergleichbaren gesellschaftlichen Zuständen die Gemeinsamkeit von Lösungen zu entdecken, die je von ihrer Entstehungsgeschichte her in ihrer Systembedingtheit dem gleichen Ordnungsziel dienen."

[14] Siehe dazu unten 2. Teil B. III. 2. b., S. 47-119.

[15] Auch *Rothoeft* "System der Irrtumslehre als Methodenfrage der Rechtsvergleichung": S. 2 f. sieht die Ermittlung der Interessenkonflikte sowie deren Beachtung in den jeweiligen Rechtsordnungen als Mittel der Rechtsvergleichung: "Die Frage nach den beteiligten Interessen legt zunächst die jeweilige nationale Ordnungsaufgabe frei,..." Die Frage wie und mit welchem Vorrang die Interessen jeweils geschützt werden, sei ebenfalls rechtsvergleichend bedeutsam: "Denn die Beantwortung dieser Frage gibt darüber Aufschluß, welche Wertvorstellungen für die spezifische Lösung eines Vorrangkonflikts maßgebend sind; sie offenbart auch, warum die einzelnen Rechtsordnungen möglicherweise bestimmte Rangkonflikte innerhalb einer Ordnungsgruppe unterschiedlich lösen."

B. Ziel und Gang der Arbeit

Eibner[16] hat in seiner grundlegenden Untersuchung zur Streitverkündung festgestellt, daß der Zweck der Streitverkündung im rein privaten Interesse liege, sie nämlich der Beseitigung der streitverkündungstypischen Notlage diene. Diese Notlage und die damit verbundene Aufgabe der Streitverkündung wurde vom BGH wie folgt beschrieben:[17]

> "...den Streitverkünder durch die Bindungswirkung gem. §§ 74, 68 ZPO vor dem Risiko zu bewahren, daß er wegen der materiellrechtlichen Verknüpfung der im Vor- und Folgeprozeß geltend gemachten bzw. geltend zu machenden Ansprüche mehrere Prozesse führen muß, dabei aber Gefahr läuft, alle zu verlieren, obwohl er zumindest einen gewinnen müßte."

Anhand dieses Zitats entsteht der Eindruck, daß die Interessen der Partei, die den Streit verkündet, vorrangig zu berücksichtigen sind. Dies gilt es in der Untersuchung zu beachten, aber auch kritisch zu überprüfen. Es stellt sich nämlich die Frage, ob die Bevorzugung der Hauptpartei, die den Streit verkündet, auch bei der grenzüberschreitenden Streitverkündung gerechtfertigt ist.

Mit der vorliegenden Arbeit sollen im einzelnen drei Aufgaben erfüllt werden; dabei wird jeder Aufgabe ein eigener Teil gewidmet:

Zunächst sollen die Voraussetzungen einer deutschen Streitverkündung in einer gesonderten Darstellung ermittelt werden (Zweiter Teil). Da die Probleme einer nationalen Streitverkündung durch Eibner bereits ausführlich erörtert wurden, kann sich die vorliegende Arbeit auf die Möglichkeit der unfreiwilligen Beteiligung eines ausländischen Dritten beschränken, der seinen Wohn- oder Geschäftssitz außerhalb Deutschlands hat: die grenzüberschreitende Streitverkündung. Die von Eibner dargestellten Zulässigkeitsvoraussetzungen einer nationalen Streitverkündung werden dabei als bekannt vorausgesetzt.[18] Zentrale Bedeutung wird aber der Frage der internationalen Zuständigkeit bei der Streitverkündung zukommen. Hier treffen die widerstreitenden Interessen der Beteiligten am deutlichsten aufeinander, weshalb die Arbeit nicht nur untersuchen muß, ob die Streitverkündung die internationale Zuständigkeit voraussetzt, sondern bejahendenfalls auch, wie diese internationale Zuständigkeit geregelt sein muß.

Der selbständigen Darstellung der deutschen grenzüberschreitenden Streitverkündung folgt eine rechtsvergleichende Betrachtung der englischen Möglichkeiten der unfreiwilligen Drittbeteiligung im Zivilprozeß (Dritter Teil).

---

[16] *Eibner*, "Möglichkeiten und Grenzen der Streitverkündung" Dissertation, 1986 Erlangen / Nürnberg.

[17] BGH Urteil vom 14.11.1991 in NJW 1992, 1698, 1699. Ähnlich formulierte der BGH bereits im Urteil vom 26.3.1987 in JR 1988, 67, 68, siehe dazu oben Fn. 6.

[18] *Eibner* "Dissertation": S. 32-70.

Da die zivilprozessualen Institute des *interpleader* und der *third party notice* in deutscher Sprache noch nicht behandelt wurden, können wir uns nicht darauf beschränken, die grenzüberschreitenden Erscheinungsformen dieser Rechtsinstitute der grenzüberschreitenden Streitverkündung vergleichend gegenüberzustellen. Erforderlich ist außerdem die Ermittlung ihres Anwendungsbereichs sowie eine Darstellung der grundsätzlichen Probleme und Voraussetzungen des der Streitverkündung funktional vergleichbaren Instituts. Rechtsvergleichende Feststellungen zur deutschen Streitverkündung sollen unmittelbar in die Darstellung des englischen Rechts eingearbeitet werden. Auch hier wird der Zuständigkeitsfrage besondere Bedeutung zukommen.

Als letzte Aufgabe soll die vorliegende Arbeit die Regelungssysteme prüfen, nach denen die deutsche Streitverkündung in England anerkannt werden kann (Vierter Teil). Diese Prüfung ist angebracht, da die Streitverkündung ihre (Interventions-) Wirkung erst in einem nachfolgenden Prozeß zwischen - um bei den Beispielen zu bleiben - B und C herbeiführt.[19] Das weitere Verfahren zwischen B und C - und im Ausland die Anerkennung der Streitverkündung - ist daher zwingend erforderlich, wenn B von der Interventionswirkung Gebrauch machen möchte. Wir wollen dabei unterstellen, daß dieser Prozeß zwischen B und C in England stattfinden muß, weshalb die Anerkennung der Streitverkündung nach englischem Recht unerläßlich ist. Hier wird sich der praktische Wert einer Streitverkündung im Rechtsverkehr mit England zeigen.

Die Darstellung einer unfreiwilligen Drittbeteiligung birgt das Problem, daß es immer zwei Verfahren und mindestens drei Beteiligte zu berücksichtigen gilt. Die strenge Begrifflichkeit ist daher ein Gebot der Übersichtlichkeit. Das Verfahren, in dem der Streit verkündet wird, nennen wir im folgenden Vorprozeß. Die Hauptpartei des Vorprozesses, die den Streit verkündet, ist der Streitverkünder, der Dritte, dem die Streitverkündung zugestellt wird, ist der Streitverkündungsempfänger.[20] Das nachfolgende Verfahren, in welchem der Streitverkünder und der Streitverkündungsempfänger ihren Rechtsstreit entscheiden lassen, wird als der Regreßprozeß[21] bezeichnet.

Um die zahlreichen und umfassenden Aufgaben erfüllen zu können, sind einige Einschränkungen des Untersuchungsgegenstands erforderlich. Zunächst sollen Prätendentenstreit gemäß § 75 ZPO und Urheberbenennung gemäß § 76 ZPO hier nicht untersucht werden. Diese Rechtsinstitute setzen zwar auch eine

---

[19] Vgl. dazu *Eibner* "Dissertation": S. 70 ff.

[20] In der Rechtsprechung und Literatur wird der Streitverkündungsempfänger zuweilen auch als 'Streitverkündeter' bezeichnet, vgl. etwa BGH Urteil vom 16.6.1993 in NJW 1993, 2539, 2540. Um für den 'eiligen' Leser jede Verwechslungsmöglichkeit dieses Begriffs mit dem Wort 'Streitverkünder' auszuschließen, werden wir dennoch die Bezeichnung 'Streitverkündungsempfänger' verwenden.

[21] Der BGH verwendet allerdings auch den Begriff 'Folgeprozeß', vgl. etwa BGH Urteil vom 14.11.1991 in NJW 1992, 1698 = BGHZ 116, 95.

Streitverkündung voraus; ihr weiterer Verfahrensablauf birgt jedoch zu viele Besonderheiten, als daß sie im Rahmen dieser Arbeit angemessen berücksichtigt werden könnten. Bei der Streitverkündung selbst wollen wir uns auf diejenigen Fallkonstellationen beschränken, in denen der Streitverkünder einen Anspruch gegen den Streitverkündungsempfänger behauptet. Die Situation, in welcher der Streitverkünder einen Anspruch des Streitverkündungsempfängers gegen sich befürchtet, soll aus Gründen der Übersichtlichkeit nicht berücksichtigt werden. Auf weitere geringfügigere Einschränkungen wird in der Untersuchung an der betreffenden Stelle hingewiesen.

Zweiter Teil

Die in einem deutschen Prozeß erklärte Streitverkündung ins Ausland

A. Überblick

I. Allgemeines

Streng betrachtet ist die Streitverkündung "die von einer Partei ausgehende Benachrichtigung eines Dritten vom Schweben eines Prozesses".[1] Würde sich die Wirkung der Streitverkündung allerdings hierauf begrenzen, sie wäre nicht erwähnenswert. Hinter der Streitverkündung und der Benachrichtigung des Dritten steht aber das Bestreben der Partei des Vorprozesses, den Dritten mit der Interventionswirkung zwangsweise an die Ergebnisse eben dieses Vorprozesses zu binden. Die tragenden Feststellungen, die das Gericht im Vorprozeß getroffen hat, sollen zugunsten des Streitverkünders - soweit sie für sein Verhältnis zum Streitverkündungsempfänger relevant sind - auch im Regreßprozeß bindend feststehen. Diese Wirkung schafft § 74 Abs. 3 ZPO. So besehen macht eine Erörterung der Voraussetzungen der Streitverkündung und der konkreten Ausgestaltung ihrer Wirkungen Sinn. Die vorliegende Arbeit wird sich auf eine bestimmte Erscheinungsform der Streitverkündung konzentrieren, die grenzüberschreitende Streitverkündung.

Die Überschrift des zweiten Teils erläutert bereits den Begriff einer grenzüberschreitenden Streitverkündung. Es geht in dieser Arbeit um die Streitverkündung des deutschen Rechts, die jedoch internationalen Charakter dadurch erhält, daß sie an einen Dritten außerhalb Deutschlands erfolgt. Zur Verdeutlichung der Problemsituationen soll daher unterstellt werden, daß der Dritte oder Streitverkündungsempfänger im Ausland seinen Wohnsitz hat und einem anderen Staat als der BRD angehört. Wenn im folgenden der Begriff Streitverkündung verwendet wird, soll damit immer diese 'internationale' Erscheinungsform, die grenzüberschreitende Streitverkündung, gemeint sein.

Die grundsätzlichen Probleme einer inländischen Streitverkündung sind in der Literatur insbesondere von Eibner[2] dargestellt worden. Im folgenden sollen die Besonderheiten ermittelt werden, die sich aus der Tatsache ergeben, daß der

---

[1] *Stein/Jonas-Borg*: § 72 Rn. 1.
[2] *Eibner* "Möglichkeiten und Grenzen der Streitverkündung", Dissertation.

Streitverkündungsempfänger seinen Wohnsitz nicht in der BRD, sondern im Ausland hat. Dabei sind im einzelnen drei wertungsmäßig verschiedene Situationen denkbar, aus denen heraus sich eine grenzüberschreitende Streitverkündung ergeben kann:

Erinnern wir uns an das "Propellerbeispiel" aus der Einleitung:[3] Der Beklagte des Verfahrens kann z. B. eine deutsche Firma sein, die ihrem ausländischen Zulieferer den Streit verkünden will. Ebenso kann aber bereits der Beklagte ein ausländischer Hersteller sein, der seinem Zulieferer aus einem anderen Staat den Streit verkündet. Zuletzt ist der Fall denkbar, daß ein ausländischer Beklagter einem Zulieferer aus seinem Heimatland den Streit verkünden will.

In den drei Fällen wird die Interessenlage mitunter sehr verschieden sein. Im ersten Fall hat der Streitverkündungsempfänger nach Deutschland geliefert. Er muß zumindest mit der Möglichkeit eines deutschen Verfahrens rechnen. Hat aber z.B. eine amerikanische Firma ihre Propeller an einen englischen Flugzeughersteller verkauft (wie im zweiten Fall), wird sie mit einem Rechtsstreit in England oder in den USA rechnen müssen. Sie wird aber sehr überrascht sein, wenn sie plötzlich im Wege der Streitverkündung in einen deutschen Prozeß verwickelt wird, weil die englische Firma ihre Flugzeuge nach Deutschland geliefert hat. Mehr noch: Das Verfahren in der BRD bedeutet auch eine Begegnung mit einer neuen Rechtsordnung, die von der amerikanischen weiter abweicht als die englische Rechtsordnung. Noch schlimmer trifft es den amerikanischen Propellerlieferanten, wenn er zunächst nur einen amerikanischen Flugzeughersteller beliefert hat (dritter Fall). Selbst wenn er keine wirtschaftlichen Beziehungen zu Deutschland unterhält und noch nie in Europa gewesen ist, wird er auf einmal mit einem Verfahren in Deutschland konfrontiert, weil der Flugzeughersteller, was ihm vielleicht sogar unbekannt war, nach Deutschland geliefert hat. Was wird der amerikanische Streitverkündungsempfänger aber erst denken, wenn er mit seinem amerikanischen Geschäftspartner die Zuständigkeit der Gerichte in Los Angeles in Kalifornien vereinbart hat?

Diese Gedanken zeigen bereits, wie wesentlich und unterschiedlich die Interessen bei einer grenzüberschreitenden Streitverkündung gelagert sein können. Eibner[4] hat festgestellt, daß die Streitverkündung primär dem Interesse des Streitverkünders dient, da er sich in einer Notlage befindet. Die deutsche Rechtsprechung ist ihm gefolgt.[5] Der BGH beschreibt die Notlage des Streitverkünders wie folgt:[6]

---

[3] Siehe oben erster Teil, S. 17.

[4] *Eibner* "Dissertation": S. 26 ff.

[5] BGH Urteil vom 26.3.1987 in JR 1988, 67, 68 = NJW 1987, 1894; Urteil vom 14.11.1991 in BGHZ 116, 95, 100 = NJW 1992, 1698, 1699 m. w. N.

[6] BGH Urteil vom 26.3.1987 in JR 1988, 67, 68 = NJW 1987, 1894.

"Dessen Lage wird in den von § 72 ZPO erfaßten Fällen dadurch gekennzeichnet, daß er wegen der materiell-rechtlichen Verknüpfung der gegen verschiedene Schuldner gerichteten Ansprüche gezwungen ist, mehrere Prozesse zu führen, dabei aber Gefahr läuft, alle zu verlieren, obgleich er zumindest einen gewinnen müßte."

Dementsprechend wird bei der Streitverkündung im Hauptprozeß auf den Streitverkündungsempfänger wenig Rücksicht genommen. Seine Interessen - so wird argumentiert - würden im Regreßprozeß gewahrt.[7]

Diese einseitige Betrachtung der Interessen des Streitverkünders mag bei einer nationalen Streitverkündung angebracht sein. Wird jedoch einem Ausländer der Streit verkündet, so sind seine Interessen ungleich stärker betroffen. Für den deutschen Streitverkündungsempfänger beschränkt sich der Nachteil der Streitverkündung auf die Ortsveränderung, die für die Verteidigung erforderlich ist. Zwar trifft das Gericht des Vorprozesses auch für ihn präjudizielle Feststellungen. Das anwendbare Recht und die Sprache am Gerichtsort sind ihm jedoch bekannt. Der Ausländer, dem in Deutschland der Streit verkündet wird, muß aber nicht nur an einen anderen Ort, sondern auch in ein anderes Land. Damit verbunden sind sprachliche, kulturelle, vor allem aber auch rechtliche Unterschiede, welche die Prozeßführung für den Streitverkündungsempfänger erschweren.

Hierdurch werden die Zuständigkeitsinteressen des ausländischen Streitverkündungsempfängers angesprochen, die einen wesentlichen Anteil der Untersuchungen einnehmen werden. Es wird festzustellen sein, inwieweit die noch genauer zu beleuchtenden Interessenkonflikte zu bewerten sind, und ob sie zu einer besonderen Behandlung der grenzüberschreitenden Streitverkündung führen müssen. Dabei darf man zwar nicht die Interessen des Streitverkünders aus den Augen verlieren, denn sie prägen die Streitverkündung. Wir wollen aber auch herausfinden, wie die Interessen des ausländischen Streitverkündungsempfängers durch das deutsche Recht berücksichtigt werden und wie sie tatsächlich beachtet werden sollten.

Darüberhinaus soll festgestellt werden, ob sich für die deutschen Gerichte Besonderheiten ergeben, die bei einer grenzüberschreitenden Streitverkündung zu beachten sind. Zu denken ist hierbei etwa an die allgemeinen Prozeßvoraussetzungen und die damit verbundene Prüfungspflicht des Gerichts bereits im Vorprozeß.

II. Generelle Zulässigkeit der grenzüberschreitenden Streitverkündung

Die §§ 72 ff. ZPO erwähnen eine grenzüberschreitende Streitverkündung nicht. Daraus kann jedoch nicht geschlossen werden, daß eine grenzüber-

---

[7] BGH ebenda in JR 1988, 67, 68.

schreitende Streitverkündung unzulässig ist, denn die ZPO ist grundsätzlich auch für gerichtliche Verfahren mit Auslandsberührung anwendbar.[8]

Daß der Gesetzgeber die Möglichkeit einer grenzüberschreitenden Streitverkündung erkannt hat, belegt § 841 ZPO. Wenn diese Vorschrift aber gerade von der Pflicht zur Streitverkündung befreit, sofern eine Zustellung ins Ausland erforderlich wird, stellt sich die Frage, ob der Gesetzgeber damit die grenzüberschreitende Streitverkündung für unzulässig erachtete.

Die Antwort ergibt sich aus dem Sinn und Zweck des § 841 ZPO. Diese Norm trägt dem Umstand Rechnung, daß bei der Einziehung einer Forderung gegen einen Drittschuldner durch den Gläubiger auch Interessen des Schuldners betroffen sind. Kann der Gläubiger nämlich beim Drittschuldner keine Befriedigung erlangen, wird er sich erneut an den Schuldner halten. Der Ausgang des Verfahrens gegen den Drittschuldner ist daher von erheblicher Bedeutung für den Schuldner. Seine Interessen sind stark betroffen, weshalb er gegebenenfalls am Verfahren teilnehmen will, um den Gläubiger zu unterstützen. Aus diesem Grund muß der Gläubiger dem Schuldner gemäß § 841 ZPO den Streit verkünden, soweit dies ohne größere Schwierigkeiten möglich ist.[9] Hierdurch wird der Schuldner vom Verfahren gegen den Drittschuldner informiert und kann angemessen reagieren. Der Schutz der Interessen des Schuldners wird erreicht, indem er im Einziehungsprozeß gegen den Drittschuldner als Streithelfer teilnehmen kann.[10]

Eine Pflicht zur Streitverkündung besteht aber nur im Rahmen des Zumutbaren. Der Gesetzgeber hat eine Zustellung ins Ausland als zu umständlich und schwierig angesehen, weshalb er den Gläubiger in solchen Fällen von der Pflicht freistellt.[11]

Hieraus ergeben sich zwei Konsequenzen: Erstens entbindet § 841, 2. Halbsatz ZPO nur von der Pflicht, nimmt aber nicht das Recht zur Streitverkündung.[12] Zweitens geht die ZPO offenbar von der rechtlichen Zulässigkeit einer Streitverkündung ins Ausland aus.

---

[8] Vgl. BGH Urteil vom 27.6.1984 in NJW 1985, 552, 553; BGH Urteil vom 27.4.1977 in WM 1977, 793, 794. Dies ist das lex-fori-Prinzip, dessen Anwendung im einzelnen aber umstritten ist, vgl. *Schack* "IZVR": Rn. 40 ff. Da es sich bei der Streitverkündung jedoch eindeutig um ein Institut des Prozeßrechts handelt, muß auf diesen Streit nicht näher eingegangen werden.

[9] *Stöber* "Forderungspfändung": Rn. 660.

[10] *Brox/Walker* "Zwangsvollstreckungsrecht": Rn. 644. Der Schuldner wird in die Lage versetzt, durch Vorlage von Urkunden oder sonstiger Beweismittel eine für den Gläubiger nachteilige Entscheidung abzuwenden, die auch für ihn selbst ungünstig wäre, da er sonst vom Gläubiger selbst in Anspruch genommen wird, vgl. *Schuschke* "Vollstreckung und vorläufiger Rechtsschutz": § 841 Rn. 1.

[11] Dieses Verständnis ergibt sich auch aus dem Gesamtzusammenhang des § 841 ZPO, der eine Ausnahme von der Pflicht zur Streitverkündung auch bei Erforderlichkeit einer öffentlichen Zustellung ausspricht. Schließlich ist eine öffentliche Zustellung auch im allgemeinen zulässig.

[12] *Wieczorek*: § 841 A.

Es können daher im Ergebnis keine Zweifel an der grundsätzlichen Zulässigkeit einer grenzüberschreitenden Streitverkündung bestehen.

B. Voraussetzungen einer grenzüberschreitenden Streitverkündung

Eine Darstellung der Streitverkündung des deutschen Rechts muß immer eine Besonderheit berücksichtigen: Verfahren und Wirkungen der Streitverkündung sind auf zwei Prozesse verteilt. Im Vorprozeß wird der Streit verkündet. Der Streitverkündungs- empfänger kann im Vorprozeß als Nebenintervenient beitreten, wird jedoch allenfalls Nebenpartei (Streithelfer), niemals Hauptpartei des Vorprozesses.[13] Er kann die Streitverkündung aber auch ignorieren oder den Beitritt ablehnen. Dies hat zur Folge, daß der Vorprozeß gemäß § 74 Abs. 2 ZPO gänzlich ohne ihn fortgeführt wird. Wie sich der Streitverkünder auch verhält, eine endgültige Entscheidung ergeht gegen ihn im Vorprozeß auf keinen Fall.[14]

Der zweite Teil der Streitverkündung liegt in einem Regreßprozeß, der zwischen dem Streitverkünder und dem Streitverkündungsempfänger über den der Streitverkündung zugrundeliegenden Anspruch geführt wird. Auf diesen Regreßprozeß übt die Streitverkündung durch die Interventionswirkung gemäß §§ 74 Abs. 3, 68 ZPO Einfluß aus, indem sie den Streitverkündungsempfänger an die (tatsächlichen und rechtlichen) Feststellungen des Vorprozesses bindet. Für die grenzüberschreitende Streitverkündung ergibt sich hier die weitere Besonderheit, daß der Regreßprozeß wegen des Wohnsitzes des Streitverkündungsempfängers meistens im Ausland stattfinden wird.

Für die Voraussetzungen einer wirksamen Streitverkündung bedeutet dies, daß sie nicht nur nach der ZPO zu bestimmen sind. Vielmehr muß die Streitverkündung auch nach dem Recht des Staats, in dem der Regreßprozeß stattfindet, anerkennungsfähig sein.[15] Der jeweilige Anerkennungsstaat wird gegebenenfalls neue Zulässigkeitsvoraussetzungen aufstellen. Im Rahmen dieser Arbeit werden wir später exemplarisch auf die englische Praxis eingehen.[16]

Gleich wo der Regreßprozeß stattfinden mag, die Bedeutung der vom deutschen Recht aufgestellten Zulässigkeitsvoraussetzungen einer Streitverkündung sind klar: Nur eine zulässige Streitverkündung kann die Interventionswirkung der §§ 74 Abs. 3, 68 ZPO herbeiführen.[17] Auch über die Anerken-

---

[13] *Zöller-Vollkommer*: § 74 Rn. 4 f.; *Mü-Ko-Schilken*: § 74 Rn. 2-5.

[14] Mit Ausnahme einer möglichen Kostenentscheidung, wenn der Streitverkündungsempfänger dem Vorprozeß als Nebenintervenient beigetreten ist, vgl. *Zöller-Vollkommer*: § 67 Rn. 1.

[15] *Schack* "IZVR": Rn. 7.

[16] Die Anerkennungsfähigkeit der deutschen grenzüberschreitenden Streitverkündung in England wird im 4. Teil geprüft.

[17] BGH Urteil vom 22.12.1977 in NJW 1978, 643; *Werres* in NJW 1984, 208 mit einer Aufstellung der Rechtsprechung.

nung im Ausland kann eine wirkungslose Streitverkündung keine Wirkung entfalten.

I. Die besonderen Voraussetzungen der Streitverkündung nach §§ 72 ff. ZPO

Die §§ 72 ff ZPO stellen besondere Zulässigkeitsvoraussetzungen der Streitverkündung auf, indem sie die prozessuale Zulässigkeit und die erforderliche Form normieren.[18] Die dort festgelegten Voraussetzungen müssen selbstverständlich auch bei einer grenzüberschreitenden Streitverkündung gegeben sein. Eibner hat sie jedoch bereits umfassend erörtert,[19] so daß sie hier nicht mehr behandelt werden müssen. Zusammengefaßt bestehen nach Eibner für den Eintritt der Interventionswirkung folgende Voraussetzungen:

- Anhängigkeit eines Rechtsstreits, in dem der Streit verkündet wird,
- Möglichkeit eines Drittanspruchs,
- ungünstiger Ausgang des Rechtsstreits im Vorprozeß für den Streitverkünder in Form einer rechtskräftigen Entscheidung,
- Einhaltung der Formerfordernisse des § 73 ZPO, und
- keine Zurückweisung des Beitritts des Streitverkündungsempfängers auf seiten des Streitverkünders.

II. Die allgemeinen Voraussetzungen einer grenzüberschreitenden Streitverkündung

Da die §§ 72 ff. ZPO keine ausdrückliche Regelung für die grenzüberschreitende Streitverkündung vorsehen, können wir als Ausgangspunkt festhalten, daß das Gericht des Vorprozesses verfahrensmäßig gleich vorzugehen hat wie bei einer Streitverkündung, die im Inland zugestellt wird. Dies folgt dem Grundsatz, daß in Verfahren vor den deutschen Gerichten nur das deutsche Verfahrensrecht anzuwenden ist (lex-fori-Prinzip).[20]

---

[18] Entwurf einer Civilprozeßordnung für das Deutsche Reich (mit Motiven und Anlagen), Abdruck der Vorlage für den Reichstag, Berlin 1874: S. 426, III. Streitverkündung, §§ 68-70. Darüberhinaus wird in § 74 ZPO die Wirkung der Streitverkündung festgelegt.

[19] *Eibner* "Dissertation": S. 32 - 70.

[20] BGH Urteil vom 27.6.1984 in NJW 1985, 552, 553. Vgl. ausführlich zum lex-fori-Prinzip *Möllers* "Internationale Zuständigkeit bei der Durchgriffshaftung": S. 6 ff.

1. Darstellung des Problems

Dieser vorläufige Ausgangspunkt übersieht freilich, daß die Situation des ausländischen Streitverkündungsempfängers nur bedingt mit der eines inländischen Streitverkündungsempfängers vergleichbar ist. Der Ausländer wird von einem ihm fremden Gericht verpflichtet; wenn er dem Vorprozeß beitritt, hat er besondere Schwierigkeiten wegen der fremden Sprache, der fremden Rechtsumwelt und der großen Entfernung. Die damit zusammenhängenden Probleme sind dem Prozeßrecht nicht unbekannt. Sie treten in gleicher Weise auf, wenn eine ausländische Person vor deutschen Gerichten verklagt werden soll.[21]

Für die Klageerhebung gegen einen Ausländer wurden zahlreiche, gegenüber dem regulären Klageverfahren zusätzliche, Voraussetzungen entwickelt. Es wird sich im Zuge der Untersuchung zeigen müssen, ob diese Besonderheiten aus dem internationalen Klageverfahren, namentlich die Parteivoraussetzungen, die Gerichtsbarkeit, die internationale Zuständigkeit und die Einrede der mangelnden Ausländersicherheit auf die grenzüberschreitende Streitverkündung übertragbar sind.

Die durch §§ 72 ff. ZPO aufgestellten Voraussetzungen der Streitverkündung sind Prozeßhandlungsvoraussetzungen.[22] Sie sind - wie wir festgestellt haben - auch auf die grenzüberschreitende Streitverkündung anwendbar. Es stellt sich aber die Frage, ob die von der ZPO für die Klage aufgestellten Prozeßvoraussetzungen[23] auch für eine Streitverkündung vorliegen müssen. Dies wurde, soweit ersichtlich, in dieser Allgemeinheit bislang noch nicht erörtert.[24] Hinsichtlich der Frage, ob die Streitverkündung die internationale Zuständigkeit des Gerichts des Vorprozesses voraussetzt, sind allerdings verschiedene

---

[21] Vgl. zur Klage gegen einen Ausländer BGH GS Beschluß vom 14.6.1965 in NJW 1965, 1665; *Kropholler* in "Handbuch IZVR" Bd. 1 Kapitel III: Rn. 16.

[22] *Mü-Ko-Schilken*: § 72 Rn. 3.

[23] Der Begriff der Prozeßvoraussetzungen stammt aus der Zeit vor der Vereinfachungsnovelle der ZPO vom 3.12.1976. Seither verwenden die §§ 282 Abs. 3, 296 Abs. 4 ZPO den Ausdruck "Rügen, die die Zulässigkeit der Klage betreffen", vgl. *Jauernig* "Zivilprozeßrecht": § 33 VII, S. 116. Allerdings hat sich nur die Terminologie geändert, sachlich ergibt sich kein Unterschied, *Stein/Jonas-Schumann*: (20. Aufl) Einl. VIIA Rn. 313. Daher können wir den 'alten' Begriff weiterhin verwenden.

Im deutschen Zivilprozeßrecht werden die Prozeßvoraussetzungen in Sachurteilsvoraussetzungen und echte Prozeßvoraussetzungen unterteilt. Letztere sind bereits Voraussetzung für den Beginn eines Prozesses, also eine Verfahrensvoraussetzung. Als echte Prozeßvoraussetzungen werden etwa die deutsche Gerichtsbarkeit, die wirksame Klageerhebung und die Klageerhebung vor dem funktional zuständigen Gericht bezeichnet.

Sachurteilsvoraussetzungen müssen vorliegen, damit das Gericht eine Entscheidung in der Sache fällen darf. Hierunter fallen etwa die Partei- und Prozeßfähigkeit, die Zuständigkeit des Gerichts sowie die Voraussetzungen hinsichtlich des Streitgegenstands. Vgl. dazu ausführlich *Schmitz* in JuS 1976, 441, 442 ff.

[24] Sofern vereinzelt die Anwendbarkeit einer Prozeßvoraussetzung erwähnt wird, werde ich darauf bei der Prüfung der einzelnen Prozeßvoraussetzungen hinweisen.

Auffassungen vorhanden. Auch sie lassen jedoch eine umfassende Erörterung der damit verbundenen Probleme vermissen.

2. Versuch der pauschalen Übertragung der Prozeßvoraussetzungen des Klageverfahrens auf die Streitverkündung

Am einfachsten wäre es nun, die Prozeßvoraussetzungen auch auf die Streitverkündung für anwendbar zu erklären, da auch sie im weitesten Sinne ein prozessuales Verfahren darstellt. Dagegen spricht jedoch bereits § 282 Abs. 3 ZPO, aus dem sich ergibt, daß die ZPO die Prozeßvoraussetzungen für die Situation der Klage, also für das Urteilsverfahren vorsieht. Insofern scheinen formale Gründe gegen eine Übertragung der Prozeßvoraussetzungen auf die Streitverkündung zu sprechen. Sie können nur überwunden werden, wenn die Ähnlichkeit beider Verfahren so groß ist oder andere Wesensmerkmale der Streitverkündung so bedeutsam sind, daß die Anwendung der Prozeßvoraussetzungen auf die Streitverkündung als geboten angesehen werden muß. Es ist daher erforderlich, die konzeptionellen Unterschiede des Urteilsverfahrens und der Streitverkündung herauszuarbeiten, um festzustellen, ob die Prozeßvoraussetzungen in ihrer Gesamtheit auch bei der Streitverkündung vorliegen müssen.

Betrachten wir zunächst das Verfahren selbst: § 73 Satz 2 ZPO verlangt die Zustellung der Streitverkündungsschrift an den Dritten.[25] Eine weitergehende Beteiligung des Dritten am Vorprozeß sehen die §§ 72 ff. ZPO nicht zwingend vor. Reagiert der Dritte nicht, nimmt er am Vorprozeß nicht teil,[26] weshalb sich die Tätigkeit des Gerichts dann in einer Zustellungshilfe erschöpft, die allerdings von Amts wegen geleistet werden muß. Der Dritte als Streitverkündungsempfänger kann jedoch auch dem Vorprozeß als Nebenintervenient beitreten. Seine Stellung im Verfahren bestimmt sich dann nach den Vorschriften über die Nebenintervention.[27] Aber selbst wenn der Streitverkündungsempfänger als Nebenintervenient beitritt, erlangt er keine dem Beklagten eines Klageverfahrens gleichwertige Stellung im Vorprozeß. Der Streitverkündungsempfänger wird nur Nebenpartei[28] und ist durch § 67 ZPO in seinen

[25] Die Streitverkündungsschrift ist vom Gericht des Vorprozesses von Amts wegen zuzustellen, *Rosenberg/Schwab/Gottwald* "Zivilprozeßrecht": § 51 III 2., S. 275.

[26] § 74 Abs. 2 ZPO. Der Dritte erhält dann keinerlei Befugnisse oder Funktion im Vorprozeß, *Mü-Ko-Schilken*: § 74 Rn. 5. Er wird nicht einmal im Rubrum der Entscheidung des Vorprozesses aufgeführt, *Bischof* in JurBüro 1984, 969, 983.

[27] § 74 Abs. 1 ZPO. Hierbei hat er die Wahl, ob er dem Streitverkünder oder der anderen Hauptpartei beitritt, *Stein/Jonas-Bork*: § 74 Rn. 2; *Mü-Ko-Schilken*: § 74 Rn. 3; *Bischof* ebenda: S. 973.

[28] *Zöller-Vollkommer*: § 67 Rn. 1 bezeichnet ihn als Gehilfe der Hauptpartei; *BLAH-Hartmann*: § 67 Rn. 1; *Bischof* ebenda: S. 977.

Handlungsmöglichkeiten beschränkt.[29] Allein über die Teilnahme des Streitverkündungsempfängers am Vorprozeß läßt sich also eine Vergleichbarkeit der Streitverkündung mit der Klage nicht begründen. Die Vergleichbarkeit beider Rechtsinstitute ist vielmehr im Bereich ihrer Wirkungen zu suchen.

Die Wirkungen der Streitverkündung sind unter Berücksichtigung des Sinn und Zwecks der Prozeßvoraussetzungen zu beurteilen. Die Prozeßvoraussetzungen werden allgemein als Umstände definiert, von denen es abhängt, ob das auf eine sachliche Entscheidung gerichtete Verfahren als solches und im ganzen zulässig ist.[30] Die Prozeßvoraussetzungen bestimmen also, wann das Gericht im Klageverfahren eine Entscheidung in der Sache treffen darf. Die sachliche Entscheidung, auf die eine Leistungsklage abzielt, enthält wiederum zwei Komponenten: Erstens wird bindend das Bestehen oder Nichtbestehen des geltend gemachten Anspruchs festgestellt.[31] Zweitens erfolgt die Bindung in Form der Rechtskraft. Wir wollen diese zwei Bestandteile der Sachentscheidung im folgenden 'Inhalt der Bindung' einerseits und 'Art der Bindung' andererseits nennen.

Die Streitverkündung weicht sowohl inhaltlich als auch hinsichtlich der Art der Bindung von der Sachentscheidung des Klageverfahrens ab. Inhaltlich stellt die Interventionswirkung nicht den Regreßanspruch im Ganzen fest. Vielmehr werden nur diejenigen Tatsachen und ihre rechtliche Würdigung bindend festgestellt, die mit dem Inhalt des Vorprozesses gleichlaufen.[32] Die Interventionswirkung ist also inhaltlich enger als das Urteil, da sie keinen Anspruch bestätigt oder verneint, sondern sich auf die Feststellung von Anspruchsteilen oder Tatbestandsmerkmalen beschränkt.

Diese Aussage gilt aber nur für die Leistungsklage, nicht für die Feststellungsklage. Die Feststellungsklage dient der Feststellung von Rechten oder Rechtsverhältnissen, gegebenenfalls auch der (Un-) Echtheit von Urkunden.[33]

---

[29] Vgl. zu den Beschränkungen im einzelnen *Stein/Jonas-Bork*: § 67 Rn. 2 ff. Insbesondere muß der beigetretene Streitverkündungsempfänger den Rechtsstreit im Vorprozeß in der Lage annehmen, in dem er ihn bei seinem Beitritt vorfindet, § 67, 1. Halbsatz ZPO, *BLAH-Hartmann*: § 67 Rn. 4. Hinsichtlich der Art der Beteiligung am Vorprozeß darf der Streitverkündungsempfänger nur solche Handlungen vornehmen, die auch der unterstützten Hauptpartei zustehen und die nicht im Widerspruch zur unterstützten Hauptpartei stehen, *Bischof* ebenda: S. 973; *Zöller-Vollkommer*: § 67 Rn. 8 ff.

[30] *Rosenberg/Schwab/Gottwald* "Zivilprozeßrecht": § 96 I 2, S. 535; vgl. zu Prozeßvoraussetzungen allgemein: RG Beschluß vom 19.10.1908 in RGZ 70, 179, 185.

[31] *Rosenberg/Schwab/Gottwald* ebenda: § 153 II, S. 922.

[32] Vgl. BGH Urteil vom 19.1.1989 in BGHR: ZPO § 68 Nebeninterventionswirkung 3 und Urteil vom 26.9.1985 in BGHZ 96, 50, 53: "Die Nebeninterventionswirkung...bezieht sich nicht nur auf den Inhalt der Entscheidung, also das festgestellte Rechtsverhältnis oder die ausgesprochene Rechtsfolge, sondern zusätzlich auf alle tatsächlichen und rechtlichen Grundlagen der Entscheidung im ersten Prozeß."

Wieczorek/Schütze-Mansel (3.Aufl.): § 68 Rn. 28 ff. sieht den entscheidenden Unterschied zwischen der Streitverkündung und ausländischen Drittbeteiligungsinstituten im Kriterienpaar Vollstreckbarkeit und bloße Präjudizialität. Dies läßt sich jedoch nicht auf das Gegensatzpaar Klage - Streitverkündung übertragen, da auch auch die Feststellungsklage nicht zu einem vollstreckungsfähigen Ausspruch führt.

In jedem Fall kann das Feststellungsurteil keinen sachlichrechtlichen Anspruch gewähren,[34] wodurch die Feststellungsklage der Streitverkündung ähnelt,[35] die auch nur zur bindenden Feststellung bestimmter Teile eines Anspruchs führen kann. Trotzdem müssen auch bei der Feststellungsklage alle Prozeßvoraussetzungen vorliegen.[36] Wir können daraus ersehen, daß der Umfang der Feststellung des Regreßanspruches bei der Streitverkündung, die hier hinter der Leistungsklage zurückbleibt, kein zwingendes Hindernis gegen die Anwendung der Prozeßvoraussetzungen bei der Streitverkündung ist.

Die Bindung an ein Urteil im Klageverfahren wird durch die Rechtskraft herbeigeführt. Die Rechtskraft schafft ein unabdingbares, in jeder Verfahrenslage von Amts wegen[37] zu beachtendes Prozeßhindernis für eine erneute gerichtliche Nachprüfung eines schon entschiedenen Anspruchs.[38] Sie bindet die Parteien[39] an die im Tenor ausgesprochene Rechtsfolge.[40] Zwar ist auch die Interventionswirkung von Amts wegen im Regreßprozeß zu beachten.[41] Dies gilt jedoch nur, soweit sie sich zu Lasten des Streitverkündungsempfängers auswirkt.[42] Dafür beschränkt sich die Interventionswirkung nicht nur - wie die Rechtskraft - auf den Tenor, sondern erstreckt sich auch auf die Entscheidungselemente des Urteils im Vorprozeß.[43] Hinsichtlich der Art der Bindung ist die Streitverkündung also einerseits weiter als das rechtskräftige Leistungsurteil,[44] denn letzteres beschränkt sich auf den Rechtsfolgenausspruch.[45] Andererseits bindet die Interventionswirkung nur den Streitverkündungsempfänger und nur

[33] *Thomas-Putzo*: Vorbemerkung § 253 Rn. 4.

[34] *Thomas-Putzo*: § 256 Rn. 1.

[35] Nach *Lüke* "Die Beteiligung Dritter im Zivilprozeß": S. 350 können mit der Interventionswirkung ähnliche Ergebnisse erzielt werden wie mit der Feststellungklage, wenn man von den durch § 68, 2. Halbsatz ZPO begründeten Ausnahmen absieht.

[36] Dies ergibt sich aus BGH Urteil vom 14.3.1978 in NJW 1978, 2031, 2032.

[37] Vgl. *Stein/Jonas-Bork*: § 68 Rn. 3 m. w. N.

[38] BGH Urteil vom 9.2.1979 in NJW 1979, 1408 m. w. N. Die hier gegebene Definition beschreibt die materielle Rechtskraft. Demgegenüber bedeutet die formelle Rechtskraft, daß ein Urteil mit Rechtsmitteln oder befristetem Einspruch von den Parteien nicht mehr angefochten werden kann, *Schellhammer* "Zivilprozeß": Rn. 834.

[39] Sowie deren Rechtsnachfolger, *Schellhammer* ebenda: Rn. 841. Wegen der Beachtung von Amts wegen werden natürlich auch die Gerichte an die rechtskräftig ausgesprochene Rechtsfolge gebunden.

[40] 322 Abs. 1 ZPO: Unter Rechtsfolge ist die Entscheidung über den in der Klage erhobenen Anspruch zu verstehen, *Schellhammer* ebenda: Rn. 839.

[41] *Zöller-Vollkommer*: § 68 Rn. 1 mit Überblick über die Rechtsprechung; *BLAH-Hartmann*: § 68 Rn. 3.

[42] BGH Urteil vom 26.3.1987 in BGHZ 100, 257, 263; *Eibner* in JurBüro 1988, 149, 283.

[43] Dies ist unstreitig, vgl. nur BGH Urteil vom 9.11.1982 in NJW 1983, 820, 821; Urteil vom 14.11.1991 in BGHZ 116, 95, 192; *Zöller-Vollkommer*: § 68 Rn. 9. Unter Entscheidungselementen sind dabei alle tragenden Feststellungen des Urteils in tatsächlicher und rechtlicher Sicht zu verstehen.

[44] So auch *Schwab* in ZZP 77 (1964), 124, 144 f.

[45] Bei der Klageabweisung muß der Umfang der Rechtskraft jedoch aus den Entscheidungsgründen abgeleitet werden, BGH Urteil vom 17.2.1983 in NJW 1983, 2032, 2033; Urteil vom 6.3.1985 in NJW 1985, 2535 m. w. N. (ständige Rechtsprechung); *Schellhammer* "Zivilprozeß": Rn. 850.

insoweit auch das Gericht des Regreßprozesses.[46] Insgesamt können wir mit dem BGH[47] festhalten, daß die Interventionswirkung als die weitergehende Bindung anzusehen ist.

Die hier dargestellten Unterschiede bezüglich der Art der Bindung resultieren aus der Stellung des Streitverkündungsempfängers im Vorprozeß. Der Gesetzgeber der ZPO konnte sich nicht dazu entschließen, in der ZPO eine Garantieklage nach französischem Vorbild zur unfreiwilligen Beteiligung eines Dritten einzuführen. Man scheute sich davor, im Vorprozeß die Möglichkeit zu schaffen, daß der 'Streitverkünder' sogleich Klage gegen den Dritten erheben kann. Denn, so wurde befürchtet, der Dritte (der dann Garantiebeklagter wäre) "werde seinem ordentlichen Richter entzogen".[48] Geschaffen wurde daher die Streitverkündung. In ihr kann der Streitverkündungsempfänger nur als Nebenpartei (Nebenintervenient) am Vorprozeß teilnehmen.[49] Er wird also nicht beklagte Partei. Da aber die Rechtskraft nur die (Haupt-) Parteien und ihre Rechtsnachfolger binden kann,[50] mußte für die Bindung des Streitverkündungsempfängers ein neues Rechtsinstitut geschaffen werden: die Interventionswirkung. Insofern läßt sich feststellen, daß die Interventionswirkung die Rechtskraft für den Streitverkündungsempfänger als Nichtpartei ersetzt. Die Interventionswirkung übernimmt dabei hinsichtlich der Bindung des Streitverkündungsempfängers eine der Rechtskraft entsprechende Funktion. Beide Rechtsinstitute verfolgen ähnliche Ziele und sind wesensgleich.[51] Folge dieser Wesensgleichheit ist aber, daß sich in der Art der von ihnen ausgelösten

---

[46] Die Tatsache, daß dem Streitverkündungsempfänger die Einrede der exceptio mali gesti processus zusteht, hindert die Vergleichbarkeit nicht, denn auch die Rechtskraft kann durchbrochen werden, vgl. §§ 579 f. ZPO.

[47] Urteil vom 9.11.1982 in NJW 1983, 820, 821; Urteil vom 17.2.1983 in NJW 1983, 2032, 2033.

[48] Vgl. *Hahn* "Die gesammelten Materialien zu den Reichsjustizgesetzen" Bd. 2.: S. 545 Antrag des Abgeordneten Reichensperger. Weitere Bedenken, die gegen die Einführung einer Garantieklage erhoben wurden, sind, daß die Garantieklage in der Regel noch eine Anzahl weiterer Garantieklagen mit sich ziehe, daß es leicht vorkommen könne, daß der Garantieprozeß eher zu einer Entscheidung komme als der Hauptprozeß und daß die gemeinschaftliche Behandlung beider Streitsachen zu leicht zu Mißständen führen könne.

[49] BGH Beschluß vom 27.6.1985 in NJW 1986, 257; *Zöller-Vollkommer*: § 67 Rn. 1; *AK-Koch*: § 67 Rn. 1.

[50] § 325 Abs. 1 ZPO; *Schellhammer* "Zivilprozeß": Rn. 841.

[51] So auch *Häsemeyer* in ZZP 84 (1971), 179, 191 m. w. N. *Zöller-Vollkommer*: § 67 Rn. 1 bezeichnet die Nebeninterventionswirkung als Urteilswirkung. Für die Wesensgleichheit spricht auch die Feststellung des BGH im Urteil vom 9.11.1982 in NJW 1983, 820, 821, wonach sich der Streitverkündungsempfänger auch die in Rechtskraft erwachsende Entscheidung im Vorprozeß entgegenhalten lassen muß. *Schwab* in ZZP 77 (1964), 124, 144 f. erkennt zwar, daß die Interventionswirkung sich von der Rechtskraft hinsichtlich ihrer Voraussetzungen, ihres Inhalts und der Personen, gegenüber denen sie eintritt, unterscheidet. Er sieht jedoch auch die Interventionswirkung als das weitergehende Rechtsinstitut an. Wenn die Interventionswirkung aber weiter geht als die Rechtskraft, spricht einige dafür, an sie ebenso harte Voraussetzungen zu stellen wie an die Rechtskraft. Differenziert aber *Schwanecke* "Nebenintervention und Rechtskraftwirkung": S. 180 f.: Er sieht beide Institute nur als wesensmäßig ähnlich an, wenn man hinsichtlich der Rechtskraft die Auffassung vertritt, daß ihr Zweck auch darin besteht, bestimmte Sinnzusammenhänge zwischen dem rechtskräftig Festgestellten und der im Folgeprozeß umstrittenen Rechtsfolge zu wahren.

Bindungswirkung ein beachtenswerter Unterschied zwischen der Klage und der Streitverkündung nicht finden läßt.

Die Unterschiede beider Rechtsinstitute beschränken sich also auf den Inhalt der Bindung. Die Klage beruft das Gericht zu einer Entscheidung über den erhobenen Anspruch oder das festzustellende Rechtsverhältnis, während die Streitverkündung nur Teile des Regreßanspruchs bindend feststellt. Die damit verbundene Abweichung der Streitverkündung vom Klage- oder Urteilsverfahren erscheint mir jedoch zu groß, als daß die Prozeßvoraussetzungen der Klage pauschal auf die Streitverkündung übertragen werden könnten. Zwar ist festzustellen, daß das Gericht des Vorprozesses mit seiner Entscheidung auch Teile des Regreßanspruches mitentscheidet. Hierauf wird später noch im einzelnen einzugehen sein. Eine ausdrückliche Entscheidung trifft das Gericht des Vorprozesses aber nur hinsichtlich des Rechtsstreits der Hauptparteien. Über das Rechtsverhältnis zwischen Streitverkünder und Streitverkündungsempfänger wird es sich regelmäßig keine Gedanken machen.

Hierin liegt der entscheidende Unterschied zwischen der Klage und der Streitverkündung, der einer pauschalen Anwendung der Prozeßvoraussetzungen auf die Streitverkündung entgegensteht: Durch die Klage wird das Gericht zur Entscheidung über den geltend gemachten Anspruch berufen. Demgegenüber hat das Gericht bei der Streitverkündung nur die verfahrenseinleitende Schrift zuzustellen. Darüberhinausgehende Entscheidungen darf das Gericht hinsichtlich der Streitverkündung nicht treffen.[52] Die (inhaltliche) Bindung des Streitverkündungsempfängers wird also nicht wie bei der Klage direkt durch die Entscheidung des Gerichts, sondern vielmehr durch gesetzliche Anordnung der §§ 74 Abs. 3, 68 ZPO mittelbar bewirkt, indem die Feststellungen des Vorprozesses auf den Regreßprozeß übertragen werden. Daher sieht die Konzeption der ZPO die Prozeßvoraussetzungen nur für das Klageverfahren vor, denn nur in ihm wird eine gerichtliche Entscheidung über einen Anspruch insgesamt vorbereitet und gefällt.

Andererseits kommt man nicht umhin, die Ähnlichkeit der Interventionswirkung mit den Urteilswirkungen anzuerkennen.[53] Obgleich die Bindung des Streitverkündungsempfängers primär durch das Gesetz bewirkt wird, kann nicht übersehen werden, daß der Vorprozeß in erheblichem Umfang auf sein Rechtsverhältnis zum Streitverkünder einwirkt. Mittelbar und sozusagen als durch §§ 74 Abs. 3, 68 ZPO hervorgerufenen Nebeneffekt entscheidet das

---

[52] Einzige Ausnahme ist die Entscheidung gem. § 71 ZPO über die Zurückweisung des Beitritts des Streitverkündungsempfängers. Aber auch hier entscheidet das Gericht nicht über den Regreßanspruch des Streitverkünders gegen den Streitverkündungsempfänger.

[53] So auch *Zöller-Vollkommer*: § 68 Rn. 1. *Wieczorek/Schütze-Mansel* (3.Aufl.): § 68 Rn. 29 f. sieht den wesentlichen Unterschied zwischen Streitverkündung und Klage in der bloßen Präjudizialität einer- und der Vollstreckbarkeit andererseits, wobei auch die Feststellungsklage ausdrücklich einbezogen wird. Die Feststellungsklage führt jedoch nicht zu einem vollstreckbaren Titel und ist der Streitverkündung dadurch ähnlich, vgl. auch *Lüke* "Die Beteiligung Dritter im Zivilprozeß": S. 350.

Gericht des Vorprozesses auch über Teile des Regreßanspruchs. Das Streitverkündungsverfahren kommt damit zu ähnlichen Ergebnissen wie eine Feststellungsklage, für deren Zulässigkeit das Vorliegen der Prozeßvoraussetzungen unzweifelhaft erforderlich ist. Wenn der Streitverkündungsempfänger dem Vorprozeß beitritt, kann er Angriffs- und Verteidigungmittel geltend machen.[54] Diese Verteidigungsmittel werden den Verteidigungsmitteln entsprechen, die er auch gegen den Regreßanspruch geltend machen würde. Über sie entscheidet aber das Gericht des Vorprozesses, freilich ausdrücklich nur hinsichtlich der Klage im Vorprozeß. Das Gericht des Vorprozesses entscheidet mithin auch über ein Vorbringen des Streitverkündungsempfängers. Gleiches gilt im Prinzip für die unbeantwortete Streitverkündung, denn im Regreßprozeß kann sich der Streitverkündungsempfänger nicht auf Verteidigungsmittel berufen, die er schon im Vorprozeß hätte vorbringen können.[55]

Wenn aber Teile des Regreßprozesses bereits im Vorprozeß abgehandelt werden,[56] dann beginnt die Entscheidung über den Regreßanspruch, wie Martens[57] zutreffend feststellt, bereits im Vorprozeß; sie wird durch das Urteil im Regreßprozeß abgeschlossen. Sachlich handelt es sich um einen einheitlichen Entscheidungsvorgang. Nur dieses Verständnis ist mit der Aufgabe der Streitverkündung vereinbar. Mit ihr sollen nämlich diejenigen Rechts- und Sachprobleme des Regreßanspruchs, die in engem sachlichen Zusammenhang mit dem im Vorprozeß erhobenen Anspruch stehen, einer einheitlichen richterlichen Würdigung unterliegen.[58] Der Richter des Regreßprozesses muß die Entscheidung des Richters im Vorprozeß übernehmen. Auf diesem Wege kann die Streitverkündung divergierende Sachentscheidungen vermeiden und den Interessen des Streitverkünders gerecht werden.[59]

Eine einheitliche richterliche Würdigung der sowohl für die Klage als auch für den Regreßanspruch relevanten Rechts- und Tatsachenfragen ist nur möglich, wenn das Gericht des Vorprozesses auch über diesbezügliche Teile des Regreßanspruchs entscheidet.

---

[54] *Bischof* in JurBüro 1984, 969, 973; *Zöller-Vollkommer*: § 67 Rn. 3. Freilich darf er sich damit nicht in Widerspruch zur unterstützten Hauptpartei setzen, § 67, 2. Halbsatz ZPO.

[55] § 68 ZPO stellt hier die Vermutung auf, daß der Rechtsstreit im Vorprozeß richtig entschieden wurde und schneidet dem Streitverkündungsempfänger die Geltendmachung von Angriffs- und Verteidigungsmitteln ab, sofern dieser nicht die Einrede der schlechten Prozeßführung erheben kann.

[56] Die vorweggenommene Entscheidung von Teilen des Regreßprozesses ergibt sich aus dem Zusammenwirken von §§ 67 und 68 ZPO. Im Vorprozeß wird dem beigetretenen Streitverkünder die Geltendmachung gewisser Angriffs- und Verteidigungsmittel durch § 67 ZPO ermöglicht. Andererseits schließt § 68 ZPO im Regreßprozeß alle Angriffs- und Verteidigungsmittel aus, die der Streitverkündungsempfänger gem. § 67 ZPO bereits im Vorprozeß hätte vorbringen können. Alle nach § 67 ZPO möglichen Prozeßhandlungen sind demnach nur im Vorprozeß möglich und über sie wird auch im Vorprozeß entschieden. Ein erneutes Vorbringen im Regreßprozeß ist nicht mehr möglich. Gleiches gilt gem. § 74 Abs. 3 ZPO für die unbeantwortete Streitverkündung.

[57] *Martens* in ZZP 85 (1972), 77, 90.

[58] *Martens* ebenda: S. 89.

[59] Vgl. zum Sinn und Zweck der Streitverkündung *Eibner* "Dissertation": S. 24 ff.

Bildet aber das Urteil im Vorprozeß bereits den ersten Teil der Entscheidung des Rechtsstreits zwischen Streitverkünder und Streitverkündungsempfänger, so ist die Streitverkündung dem Klageverfahren stark angenähert. Beide klären den Rechtsstreit auf und bereiten eine sachliche Entscheidung vor; nur wird die Entscheidung bei der Streitverkündung erst im Regreßprozeß vollendet. Damit sind aber die Bedeutung der Verfahren und die existierenden beteiligten Interessen sehr ähnlich. Der verbleibende Unterschied besteht darin, daß bei der Klage das Gericht zur Entscheidung ausdrücklich berufen ist, während bei der Streitverkündung die Entscheidung des Gerichts des Vorprozesses zu einem anderen Verfahren durch Gesetz (§§ 74, 68 ZPO) auf den Regreßanspruch übertragen wird.

Auch wenn eine pauschale Übertragung nicht möglich ist: Es ist aufgrund dieser Ähnlichkeit gerechtfertigt, im einzelnen zu prüfen, ob die jeweiligen Prozeßvoraussetzungen auch für die Zulässigkeit der Streitverkündung vorliegen müssen. Es wird sich dann zeigen, ob die Ähnlichkeit der Streitverkündungswirkung und die damit verbundene Betroffenheit des Streitverkündungsempfängers überwiegt oder ob sich der (formale) Unterschied zwischen der Streitverkündung und der Klage durchsetzen kann.

III. Die einzelnen Prozeßvoraussetzungen

Die Prozeßvoraussetzungen lassen sich in solche bezüglich der Parteien, des Gerichts und des Streitgegenstands unterteilen.[60] In dieser Reihenfolge wollen wir die Prozeßvoraussetzungen auf ihre Anwendbarkeit auf die Streitverkündung hin prüfen.[61] Diese Prüfung bezieht sich dabei nur auf den Vorprozeß. Für den Regreßprozeß, der inhaltlich und rechtlich eine selbständige Klage darstellt, müssen ohnehin alle Prozeßvoraussetzungen gegeben sein.

1. Die Prozeßvoraussetzungen im Hinblick auf die Parteien

Die Parteien eines Rechtsstreits müssen partei- und prozeßfähig sowie prozeßführungsbefugt sein. Ausscheiden können wir für die Streitverkündung die Prozeßführungsbefugnis. Prozeßführungsbefugt ist, wer Inhaber des geltend gemachten Anspruchs oder aber dessen Anspruchsgegner ist.[62] Da mit der Streitverkündung aber ein Anspruch im Vorprozeß nicht erhoben wird,[63] kann auch eine Prozeßführungsbefugnis - die logisch einen geltend gemachten An-

[60] *Rosenberg/Schwab/Gottwald* "Zivilprozeßrecht": § 96 II, S. 536 f.

[61] Vgl. für die Reihenfolge: *Stein/Jonas-Schumann*: Bd. 1, 20. Auflage: Einleitung Rn. 325; a. A. *Lüke/Prütting-Walter* "Lexikon des Rechts - Zivilverfahrensrecht-": S. 228, der aus Praktikabilitätsgründen vorschlägt, zuerst die Prozeßvoraussetzungen, die das Gericht betreffen, zu prüfen, danach diejenigen hinsichtlich der Parteien und zuletzt die besonderen Prozeßvoraussetzungen.

[62] *Rosenberg/Schwab/Gottwald* ebenda: § 46 I 1, S. 234.

[63] *BLAH-Hartmann*: Einführung vor §§ 72-74 Rn. 1.

spruch voraussetzt - nicht erforderlich sein. Demgegenüber könnte die Prozeß- und Parteifähigkeit grundsätzlich auch für die Streitverkündung anwendbar sein. Die in § 50 ZPO geforderte Parteifähigkeit umschreibt die Frage, ob die Beteiligten eines Zivilprozesses Partei[64] des- selben sein können.[65] Diese Fähigkeit entspricht der materiellrechtlichen Rechts- fähigkeit.[66] Die Prozeßfähigkeit im Sinne des § 51 ZPO haben die Parteien eines Rechtsstreits, sofern sie selbst Prozeßhandlungen vornehmen können.[67] Inhaltlich entspricht die Prozeßfähigkeit - dies ergibt sich aus § 52 Abs. 1 ZPO - der Geschäftsfähigkeit des materiellen Rechts.[68] Bei der Beurteilung der Frage, ob die Partei- und die Prozeßfähigkeit auch für den Streitverkündungsempfänger[69] im Vorprozeß vorliegen müssen, ergeben sich für beide Voraussetzungen keine Unterschiede. Daher können wir sie gemeinsam und einheitlich behandeln.

Die h. M. bestimmt Partei- und Prozeßfähigkeit bei Ausländern nach deren Heimatrecht, wobei dies sowohl das prozessuale als auch das materielle Recht des Heimatstaats sein kann.[70] Sind die Partei- oder Prozeßfähigkeit nach dem Heimatrecht des Ausländers nicht gegeben, kann § 55 ZPO (analog) angewendet werden.[71]

Da die Frage der Partei- und Prozeßfähigkeit für den Streitverkündungsempfänger bisher nicht geklärt wurde, müssen wir sie ausführlich erörtern, obwohl es sich nicht nur um ein Problem einer grenzüberschreitenden, sondern der Streitverkündung überhaupt handelt.

Ob die Zulässigkeit einer Streitverkündung die Partei- und Prozeßfähigkeit des Streitverkündungsempfängers voraussetzt, hängt letztlich von seiner Stellung im Vorprozeß und der Bedeutung der Streitverkündung insgesamt ab. Hierfür muß man die zwei Verfahrensabläufe trennen, die bei jeder Streitverkündung immer möglich sind: Der Streitverkündungsempfänger kann dem Vorprozeß als Nebenintervenient beitreten oder die Streitverkündung unbeantwortet lassen.[72]

---

[64] Die ZPO geht vom formellen Parteibegriff aus: Partei eines Zivilprozesses sind danach diejenigen Personen, von denen und gegen die eine staatliche Rechtsschutzhandlung in eigenem Namen begehrt wird, vgl. *Thomas-Putzo*: Vorbemerkung § 50 Rn. 2.

[65] *Schmitz* in JuS 1976, 441, 731.

[66] Für natürliche Personen wird die Rechtsfähigkeit durch § 1 BGB geregelt und beginnt mit der Vollendung der Geburt. Bei juristischen Personen wird die Rechtsfähigkeit durch §§ 21 ff. BGB bestimmt. Die Personengesellschaften sind selbst keine juristischen Personen, weshalb ihnen durch die §§ 124 Abs. 1, 161 Abs. 2 HGB die Rechtsfähigkeit ausdrücklich verliehen werden mußte.

[67] *Schmitz* in JuS 1976, 441, 732.

[68] *Schönke/Kuchinke* "Zivilprozeßrecht": § 28 I., S. 126.

[69] Kein Zweifel kann daran bestehen, daß der Streitverkünder in jedem Fall partei- und prozeßfähig sein muß, vgl. *Eibner* "Dissertation": S. 33.

[70] *Schack* "IZVR": § 12 I, II, Rn. 530 ff.

[71] *Schütze* "Deutsches IZPR": S. 73 f.; vgl. aber auch BGH Urteil vom 7.12.1955 in JZ 1956, 535.

[72] Vgl. § 74 Abs. 1 und 2 ZPO; *BLAH-Hartmann*: Einführung vor §§ 72-74 Rn. 4.

a) Partei- und Prozeßfähigkeit beim Beitritt als Nebenintervenient

Entscheidet sich der Streitverkündungsempfänger dazu, am Vorprozeß teilzunehmen, wird er zum Nebenintervenienten, sofern die Beitrittsvoraussetzungen der §§ 66, 70 ZPO gegeben sind.[73] Dies ergibt sich unmittelbar aus § 74 Abs. 1 ZPO, der die Grundsätze der Nebenintervention auch auf den Streitverkündungsempfänger für anwendbar erklärt.

Als Nebenintervenient wird er zwar nicht Haupt-, wohl aber Nebenpartei des Vorprozesses.[74] Der Nebenintervenient ist damit den Parteien des Vorprozesses grundsätzlich untergeordnet. In einem Bezug steht der Nebenintervenient jedoch auf einer Stufe mit den Parteien des Vorprozesses: Er kann bereits im Vorprozeß gemäß § 101 ZPO hinsichtlich der Kosten verurteilt werden.[75]

An dieser Stelle ist ein Blick auf den Sinn und Zweck der Voraussetzungen der Partei- und Prozeßfähigkeit nötig: Sie dienen der Prozeßökonomie und dem Schutz der Geschäftsunfähigen.[76] Diese Zwecke können auch bei der Nebenintervention relevant sein: Kann der Nebenintervenient grundsätzlich im Kostenpunkt verurteilt werden, besteht auch bei der Nebenintervention ein Interesse daran, Geschäftsunfähige vor einer Verurteilung zu bewahren. Auch hinsichtlich der Prozeßökonomie erscheint eine Beteiligung eines nicht Partei- oder Prozeßfähigen nicht wünschenswert, denn die mit der Nebenintervention bezweckte Wirkung aus § 68 ZPO läuft leer, wenn ein Regreßprozeß mangels Partei- oder Prozeßfähigkeit nicht durchgeführt werden kann. Die Beteiligung etwa eines Partei- oder Prozeßunfähigen ist auch als Nebenintervenient nutzlos und nicht wünschenswert. Es verwundert daher nicht, daß in Rechtsprechung und Literatur für den Nebenintervenienten einhellig verlangt wird, daß er partei- und prozeßfähig ist.[77] Schwierigkeiten entstehen nur durch die doppelte Rechtsnatur von Partei- und Prozeßfähigkeit, denn sie sind sowohl Prozeß- als auch Prozeßhandlungsvoraussetzung.[78] Im Gegensatz zu den Prozeßvoraussetzungen (die eine Zulässigkeitvoraussetzung für das gesamte Verfahren darstellen) betreffen die Prozeßhandlungsvoraussetzungen nur die Zulässigkeit einer einzelnen Prozeßhandlung.[79] Es stellt sich also die Frage, ob die

---

[73] *Mü-Ko-Schilken*: § 74 Rn. 3; *AK-Koch*: § 74 Rn. 2.

[74] BGH Beschluß vom 27.6.1985 in NJW 1986, 257; *AK-Koch*: § 67 Rn. 2.

[75] Vgl. auch *Zöller-Vollkommer*: § 67 Rn. 1.

[76] *Mü-Ko-Lindacher*: § 50 Rn. 1, §§ 51, 52 Rn. 2: Primäre Aufgabe ist Schutz der prozeßunfähigen Partei, die vor den Folgen unsachgemäßer Prozeßführung bewahrt werden soll. Unter Prozeßökonomie ist die Entlastung der Gerichte zu verstehen, denn wo einer Partei die Fähigkeit fehlt, Träger von Rechten oder Pflichten zu sein, macht eine Sachprüfung von vorneherein keinen Sinn.

[77] Vgl. etwa RG Urteil vom 13.3.1940 in RGZ 163, 361, 365; *Rosenberg/Schwab/Gottwald* "Zivilprozeßrecht": § 50 III 1, S. 263; *BLAH-Hartmann*: § 71 Rn. 1; *Wieczorek*: § 66 B II c.

[78] *Mü-Ko-Lindacher*: § 50 Rn. 2, §§ 51, 52 Rn. 2.

[79] *BLAH-Hartmann*: Grundzüge zu § 253 Rn. 18. Das Fehlen einer Prozeßhandlungsvoraussetzung macht nur die konkrete Prozeßhandlung wirkungslos; ihr Fehlen hindert das Gericht grundsätzlich nicht an einer Sachentscheidung, vgl dazu auch BGH Urteil vom 8.5.1990 in BGHZ 111, 221.

Nebenintervention Partei- und Prozeßfähigkeit als Prozeß- oder als Prozeßhandlungsvoraussetzung erfordert. Praktisch wirkt sich dieser Unterschied insoweit aus, als der beitretende Streitverkündungsempfänger - wenn die Parteifähigkeiten Prozeßhandlungsvoraussetzung sind - nur für die Vornahme von Prozeßhandlungen, wie insbesondere den Beitritt selbst, nicht aber für die Beteiligung am Vorprozeß insgesamt partei- und prozeßfähig sein muß.

Die h. M. stellt den Beitritt in den Vordergrund und verlangt daher das Vorhandensein der Partei- und Prozeßfähigkeit als Prozeßhandlungsvoraussetzung.[80] Diese Auffassung läßt sich ohne weiteres begründen, denn der Beitritt als Nebenintervenient stellt zweifellos eine Prozeßhandlung dar.[81] Für diese Prozeßhandlung sind zwingend auch Partei- und Prozeßfähigkeit erforderlich. Es wird aber auch vertreten, daß Partei- und Prozeßfähigkeit darüberhinaus als allgemeine Prozeßvoraussetzung gegeben sein müssen.[82] Gründe für diese Auffassung werden jedoch nicht angegeben.

Meines Erachtens reicht das Vorliegen der Partei- und Prozeßfähigkeit nur als Prozeßhandlungsvoraussetzung nicht aus. Sie müssen für eine wirksame Nebenintervention vielmehr auch in Form der Prozeßvoraussetzungen gegeben sein. Die Richtigkeit dieses Standpunktes ergibt sich zunächst aus der Möglichkeit der Verurteilung des Nebenintervenienten in die Kosten. Der hieraus resultierende Kostenerstattungsanspruch[83] läuft dem Schutz der Geschäftsunfähigen zuwider. Gleiches gilt im Prinzip hinsichtlich der Prozeßökonomie: Ein Kostenerstattungsanspruch ist gegen den prozeß- oder parteiunfähigen Nebenintervenienten nicht vollstreckbar.[84] Außerdem kann die Nebenintervention eines Partei- oder Prozeßunfähigen mangels Durchführbarkeit eines Regreßprozesses ihren Zweck nicht erfüllen und ist daher überflüssig. Insoweit verbieten die Prozeßökonomie und der Schutz des Geschäftsunfähigen, die Nebenintervention eines Geschäftsunfähigen zuzulassen. Dasselbe gilt erst recht für die Parteifähigkeit.

---

[80] *Zimmermann*: § 64 Rn. 7; *Rosenberg/Schwab/Gottwald* "Zivilprozeßrecht": § 50 III 1, S. 263; *Zöller-Vollkommer*: § 66 Rn. 1; *AK-Koch*: § 71 Rn. 1.

[81] *Zöller-Vollkommer*: § 66 Rn. 14.

[82] Nach dem RG im Urteil vom 13.3.1940 in RGZ 163, 361, 365, hat das Gericht von Amts wegen zu prüfen, ob der als Streithelfer Beitretende die allgemeinen Prozeßvoraussetzungen, die seine Person betreffen, insbesondere Partei- und Prozeßfähigkeit besitzt; *BLAH-Hartmann*: § 66 Rn. 1, *Zeiss* "Zivilprozeß": Rn. 755, S. 270; *Riezler* "Internationales Zivilprozeßrecht": S. 414.

[83] § 101 Abs. 1 ZPO spricht von den "durch die Nebenintervention verursachten Kosten". Freilich sind dies in erster Linie die eigenen Kosten des Nebenintervenienten. Durch die Nebenintervention können aber auch Kosten für die Hauptparteien des Vorprozesses entstehen. Dies gilt insbesondere, wenn ein vom Nebenintervenient selbständig eingelegtes Rechtsmittel erfolglos bleibt. Der Nebenintervenient hat dann auch die Kosten des Gegners der unterstützten Hauptpartei oder gar die Kosten der Rechtsmittelinstanzen insgesamt zu tragen, vgl. im einzelnen *Stein/Jonas-Bork*: § 101 Rn. 2; *Wieczorek*: § 101 Anm. B II jeweils m. w. N.

[84] Vgl. nur OLG Düsseldorf Beschluß vom 4.12.1965 in NJW 1966, 1034, 1035: Für die Zwangsvollstreckung sind sowohl Partei- als auch Prozeßfähigkeit des Schuldners erforderlich.

Darüberhinaus widerspricht es der Billigkeit, wenn eine Person zwar mangels Partei- oder Prozeßfähigkeit nicht verklagt werden kann, sie aber im Wege der Nebenintervention am Rechtsstreit beteiligt werden kann. Dies gilt insbesondere, wenn dem Beitritt als Nebenintervenient eine Streitverkündung vorausging, die gemäß § 209 Abs. 2 Nr. 4 BGB die Verjährung unterbricht. Der Streitverkünder könnte sonst eine mangels Partei- oder Prozeßfähigkeit unzulässige Klage zum Zwecke der Verjährungsunterbrechung durch eine Streitverkündung umgehen.

Es kann daher als Ergebnis festgestellt werden, daß der Streitverkündungsempfänger in seiner Person die Prozeß- und die Prozeßhandlungsvoraussetzungen der Parteifähigkeit bzw. der Prozeßfähigkeit erfüllen muß, um am Vorprozeß als Nebenintervenient teilnehmen zu können. Gleichermaßen kann auch die Interventionswirkung gemäß § 68 ZPO nur herbeigeführt werden, wenn der Nebenintervenient partei- und prozeßfähig ist.

b) Partei- und Prozeßfähigkeit bei der unbeantworteten Streitverkündung

Reagiert der Streitverkündungsempfänger auf die Streitverkündung nicht oder lehnt er einen Beitritt als Nebenintervenient ab, so wird der Vorprozeß gemäß § 74 Abs. 2 ZPO ohne ihn fortgesetzt. Die Interventionswirkung wird, dessen ungeachtet, gemäß § 74 Abs. 3 ZPO herbeigeführt. Die Frage, ob die Interventionswirkung auch bei der unbeantworteten Streitverkündung von Partei- und Prozeßfähigkeit des Streitverkündungsempfängers abhängt, wird in der Literatur kaum beachtet. Nur Wieczorek[85] erwähnt dieses Problem und hält beide Fähigkeiten als Prozeßbedingungen ohne Begründung für erforderlich.

Eine Begründung dieser Auffassung ist auf zwei Wegen denkbar: Zum einen könnte die Erforderlichkeit der Partei- und Prozeßfähigkeit durch eine Gleichstellung des Streitverkündungsempfängers mit einer Partei des Zivilprozesses begründet werden. Die ZPO geht vom formellen Parteibegriff aus. Hiernach ist Partei, von wem oder gegen wen eine staatliche Rechtsschutzhandlung begehrt wird.[86] Ausgehend von dieser Definition wäre zu fragen, ob gegen den Streitverkündungsempfänger eine staatliche Rechtsschutzhandlung begehrt wird. Dies läßt sich durchaus bejahen, denn die Rechte des Streitverkünders werden durch die Verjährungsunterbrechung[87] und die Interventionswirkung[88] geschützt.[89] Die erforderliche staatliche Handlung kann in der Ent-

---

[85] *Wieczorek*: § 72 A Ib 2.

[86] Nach *Rosenberg/Schwab/Gottwald* "Zivilprozeßrecht": § 40 I 1, S. 200; vgl. auch *BLAH-Hartmann*: § 50 Rn. 1 f.

[87] § 209 Abs. 2 Nr. 4 BGB.

[88] § 74 Abs. 3 i. V. m. § 68 ZPO.

[89] Im Ergebnis ähnlich *Stein/Jonas-Bork*: § 72 Rn. 1, 7.

gegennahme der Streitverkündungsschrift und insbesondere in ihrer Zustellung gemäß § 73 Satz 3 ZPO, sowie gegebenenfalls in der Protokollierung gesehen werden. Da die Zustellung der Streitverkündungsschrift von Amts wegen zu erfolgen hat,[90] wird jeder Streitverkündung eine staatliche Handlung durch das Gericht zugrundeliegen.

Diese Begründung mag gerecht erscheinen, weil sie die Stellung des Streitverkündungsempfängers angemessen berücksichtigt. Schließlich tritt die ihn belastende Interventionswirkung gemäß § 74 Abs. 3 ZPO auch ein, wenn er dem Vorprozeß nicht als Nebenintervenient beitritt. Es existieren aus dogmatischer Sicht allerdings gewichtige Einwände, die nicht vernachlässigt werden dürfen.

Zunächst bedeutet die Qualifizierung des Streitverkündungsempfängers als Partei des Vorprozesses einen Bruch mit dem Zweiparteienprinzip, auf dem die ZPO aufbaut.[91] Der Streitverkündungsempfänger wird nicht einmal Partei, wenn er dem Vorprozeß als Nebenintervenient beitritt.[92]

Dann aber ist es widersprüchlich, ihm eine Parteistellung einzuräumen, wenn er dem Vorprozeß überhaupt nicht beitritt. Der Zweck, ihm den Schutz der Parteivoraussetzungen zukommen zu lassen, rechtfertigt diesen Widerspruch nicht. Auch kann gegenüber dem nicht beigetretenen Streitverkündungsempfänger keine Kostenentscheidung gemäß § 101 ZPO ergehen, da diese Vorschrift nur auf die Nebenintervention, nicht aber auf die unbeantwortete Streitverkündung anwendbar ist.[93] Damit ist auch eine Übertragung der zum Nebenintervenienten herangezogenen Begründung[94] auf den nicht beigetretenen Streitverkündungsempfänger nicht zulässig.

Auch in praktischer Hinsicht erscheint es nicht wünschenswert, dem Streitverkündungsempfänger, der keinen Einfluß auf den Vorprozeß ausübt,[95] in diesem Verfahren eine Parteistellung einzuräumen. Eine Gleichstellung des Streitverkündungsempfängers mit einer Partei ist daher nicht vertretbar, selbst wenn man in der Streitverkündung das Begehren einer staatlichen Rechtsschutzhandlung sieht.

---

[90] Dies folgt bereits aus § 270 Abs. 1 ZPO, *Stein/Jonas-Bork*: § 73 Rn. 2; *Rosenberg/Schwab/Gottwald* ebenda: § 51 III 2, S. 275.

[91] *Eibner* "Dissertation": S. 5.

[92] Vgl. nur *Zöller-Vollkommer*: § 67 Rn. 1.

[93] Dementsprechend sind die Kosten der Streitverkündung selbst nicht erstattungsfähig, *Wieczorek*: § 101 A I; für die unbeantwortete Streitverkündung auch *BLAH-Hartmann*: § 101 Rn. 4, der jedoch die Kosten des Verkündungsverfahrens mit als Kosten der Streithilfe beurteilt wissen will, wenn die Streitverkündung zum Beitritt im Vorprozeß führte.

[94] Siehe oben 2. Teil, B.III.1.a, S. 39 ff.

[95] Nach § 74 Abs. 2 ZPO wird der Rechtsstreit ohne ihn fortgeführt, vgl. auch *Mü-Ko-Schilken*: § 74 Rn. 5; *Zimmermann*: § 74 Rn. 1, 18.

Die Streitverkündung nimmt unter den verschiedenen Rechtsschutzarten eine Sonderstellung ein. Insbesondere die Ausgestaltung ihres Verfahrens macht es aber unmöglich, dem Streitverkündungsempfänger im Vorprozeß eine Parteistellung einzuräumen. Mit diesem Ansatz läßt sich also die Erforderlichkeit der Parteivoraus- setzungen für die unbeantwortete Streitverkündung nicht begründen.

Die andere Möglichkeit der Begründung stützt sich auf das verfassungsrechtliche Gebot der Gewährung rechtlichen Gehörs. Dieses Prozeßgrundrecht ist in Art. 103 Abs. 1 GG verankert und gewährt den Parteien eines Zivilprozesses das Recht, alles für die Entscheidung Erhebliche vorzutragen und alle zur Abwehr des gegnerischen Angriffs erforderlichen prozessualen Verteidigungsmittel selbständig geltend zu machen.[96] Es ist unbestritten, daß der Anspruch auf rechtliches Gehör nicht nur den Parteien des Prozesses zusteht.

Vielmehr steht dieses Prozeßgrundrecht jedem zu, der durch eine gerichtliche Entscheidung unmittelbar in seinen Rechten beeinträchtigt wird.[97] Der Anspruch auf Gewährung des rechtlichen Gehörs erwächst nicht aus der Stellung im Verfahren, sondern aus der Betroffenheit von den Wirkungen dieses Verfahrens. Die Beeinträchtigung der eigenen Rechte ist aber auch beim Streitverkündungsempfänger gegeben. Ihm gegenüber wird die Interventionswirkung gemäß § 74 Abs. 3 ZPO selbst dann herbeigeführt, wenn er dem Vorprozeß nicht als Nebenintervenient beigetreten ist.[98] Daher kann sich auch der Streitverkündungsempfänger auf Art. 103 Abs. 1 GG berufen. Auch er hat im Vorprozeß einen Anspruch auf rechtliches Gehör.

---

[96] BGH Urteil vom 17.4.1984 in NJW 1984, 1823; BVerfG Beschluß vom 25.7.1979 in NJW 1979, 1925, 1927 m. w. N. (ständige Rechtsprechung): Der Anspruch aus Art. 103 Abs. 1 GG wirkt hier zusammen mit dem Gleichheitsgrundsatz und dem Rechtsstaatsprinzip, um verfahrensmäßige Waffengleichheit, also die verfahrensmäßige Gleichwertigkeit der Parteien zu gewährleisten. *Schellhammer* "Zivilprozeß": Rn. 490 (m. w. N. über die obergerichtliche Rechtsprechung) formuliert den Inhalt des rechtlichen Gehörs allgemein: "Erstens darf das Gericht in seiner Entscheidung nur Tatsachen und Beweise verwerten, zu der sich die Partei vorher äußern konnte. Zweitens muß das Gericht alle Behauptungen und Beweisanträge der Partei zur Kenntnis nehmen und bedenken." Für die vorliegende Untersuchung ist gerade die erste Ausprägung des Prozeßgrundrechts aus Art. 103 Abs. 1 GG relevant.

[97] Ständige Rechtsprechung des BVerfG, vgl. nur BVerfG Beschluß vom 9.2.1982 in NJW 1982, 1635, 1636 m. w. N.: In dieser Entscheidung ging es zwar um den Anspruch eines streitgenössischen Nebenintervenienten auf Gewährung rechtlichen Gehörs. Wegen der allgemeinen Formulierung durch das BVerfG ist eine Anwendung des Art. 103 Abs. 1 GG auch auf den einfachen Nebenintervenienten und wegen der identischen Wirkung dann auch auf den Streitverkündungsempfänger zulässig und geboten.

[98] Daß die Interventionswirkung sich erst im Regreßprozeß niederschlägt, rechtfertigt keine andere Beurteilung. Schließlich wird der Streitverkündungsempfänger gem. § 74 Abs. 3 i. V. m. § 68 ZPO an die Ergebnisse des Vorprozesses gebunden. Mit Ausnahme der in § 68, 2. Halbsatz ZPO angeführten Einreden betreffen ihn die Feststellungen des Vorprozesses. Sie haben unmittelbare Auswirkung auf die Geltendmachung des Regreßanspruchs und damit auf das Rechtsverhältnis des Streitverkündungsempfängers zum Streitverkünder. Die Entscheidung im Vorprozeß wirkt daher insoweit auch gegenüber dem Streitverkündungsempfänger.

Wie sich zeigen wird, gebietet der eben festgestellte Anspruch des Streitverkündungsempfängers auf rechtliches Gehör seine Gleichbehandlung mit dem Nebenintervenienten. Bei der Prüfung des beigetretenen Streitverkündungsempfängers wurde festgestellt, daß er als Nebenintervenient partei- und prozeßfähig sein muß.

Gleiches muß auch gelten, wenn er nicht beitritt. Dies ergibt sich aus folgender Überlegung: Ausgangspunkt ist § 74 Abs. 3 ZPO, wonach die Nebeninterventionswirkung auch dann eintritt, wenn der Streitverkündungsempfänger dem Vorprozeß nicht beigetreten ist. Auf den ersten Blick stellt dies einen Verstoß gegen den verfassungsrechtlich verankerten Anspruch auf rechtliches Gehör gemäß Art. 103 Abs. 1 GG dar. Schließlich wird der Streitverkündungsempfänger an die Ergebnisse des Vorprozesses gebunden, ohne daran beteiligt gewesen zu sein.

Der Anspruch auf rechtliches Gehör wird jedoch gewahrt, wenn der Betroffene hinreichend Gelegenheit hat, sich in allen wichtigen Fragen zur Sache zu äußern, selbst wenn er diese Gelegenheit ungenutzt verstreichen läßt.[99] Dementsprechend wird dieser verfassungsrechtlich gesicherte Anspruch bei der Streitverkündung durch die bloße Benachrichtigung des Streitverkündungsempfängers und seine Möglichkeit der Teilnahme am Vorprozeß gewahrt.[100]

Als Nebenintervenient könnte der Streitverkündungsempfänger seine Angriffs- und Verteidigungsmittel vorbringen.[101] Er hat mithin die Wahl:

Er kann auf das rechtliche Gehör verzichten, indem er die Streitverkündung unbeantwortet läßt. Er kann aber auch das ihm zustehende rechtliche Gehör durch Beitritt und Teilnahme am Vorprozeß in Anspruch nehmen.

Diese Wahlmöglichkeit existiert freilich nur, wenn der Beitritt als Nebenintervenient überhaupt möglich, d.h. zulässig ist. Wäre der Beitritt für den Streitverkündungsempfänger mangels eigener Partei- oder Prozeßfähigkeit ohnehin nicht möglich gewesen, entfällt die Rechtfertigung für den Eintritt der Interventionswirkung, denn in einem solchen Fall hätte er seinen Anspruch auf rechtliches Gehör nicht verwirklichen können.[102] Dann aber darf auch die Interventionswirkung nicht eintreten, da der Streitverkündungsempfänger an-

---

[99] BVerfG Beschluß vom 7.10.1980 in NJW 1981, 271, 273.

[100] *AK-Koch*: § 66 Rn. 1, § 73 Rn. 1; *Eibner* "Dissertation": S. 11, 66; *Bettermann* in ZZP 90 (1977), 121, 130.

[101] *Zöller-Vollkommer*: § 67 Rn. 2 f.; *BLAH-Hartmann*: § 67 Rn. 10 ff. Zu beachten ist jedoch der in § 67 ZPO ausgedrückte Vorrang der Handlungen der unterstützten Hauptpartei. Ein Verstoß gegen Art. 103 Abs. 1 GG wird hierdurch jedoch nicht begründet. War der Nebenintervenient durch § 67 ZPO in der Verteidigung gehindert, kann er der Interventionswirkung im Regreßprozeß mit der Einrede des § 68, 2. Halbsatz ZPO entgegentreten.

[102] *Mü-Ko-Schilken*: § 74 Rn. 8: Der nicht beitretende Streitverkündungsempfänger darf nicht schlechter gestellt werden, als der beigetretene Streitverkündungsempfänger.

dernfalls von der Entscheidung des Vorprozesses betroffen werden würde, ohne die Möglichkeit eigener Verteidigung gehabt zu haben. Mit anderen Worten untersagt das Gebot des rechtlichen Gehörs, den Streitverkündungsempfänger mit der Interventionswirkung zu überziehen, wenn er nicht die Möglichkeit hatte, dem Vorprozeß beizutreten und so seine Verteidigung vorzubringen.[103] Letztlich bedeutet dies eine Gleichbehandlung des Streitverkündungsempfängers mit dem Nebenintervenienten. Da Partei- und Prozeßfähigkeit des beitretenden Streitverkündungsempfängers Voraussetzung der Nebenintervention ist,[104] muß dasselbe auch für die (unbeantwortete) Streitverkündung gelten.

Das Gebot des rechtlichen Gehörs führt im Ergebnis also dazu, daß eine Streitverkündung nur zulässig ist, wenn der Streitverkündungsempfänger partei- und prozeßfähig ist. Daß damit nicht nur die Prozeßhandlungsvoraussetzungen gemeint sind, sondern auch die Prozeßvoraussetzungen, ergibt sich aus den obigen Ausführungen.[105]

Zusammenfassend müssen wir festhalten, daß Partei- und Prozeßfähigkeit Zulässigkeitsvoraussetzungen der Streitverkündung sind: Der Streitverkündungsempfänger muß partei- und prozeßfähig sein, damit ihm gegenüber die Interventionswirkung herbeigeführt werden kann. Das Erfordernis der Partei- und Prozeßfähigkeit besteht dabei sowohl, wenn der Streitverkündungsempfänger dem Vorprozeß beigetreten ist, als auch, wenn die Streitverkündung unbeantwortet blieb. Wegen der hier dargestellten Besonderheiten der Partei- und Prozeßfähigkeit wird hieraus kein Rückschluß auf die übrigen Prozeßvoraussetzungen möglich sein. Eine generelle Ablehnung der Anwendbarkeit der Prozeßvoraussetzungen auf die Streitverkündung ist hiermit jedoch widerlegt.

2. Prozeßvoraussetzungen im Hinblick auf das Gericht

In diesem Abschnitt soll die Anwendbarkeit der Prozeßvoraussetzungen 'deutsche Gerichtsbarkeit' und 'internationale Zuständigkeit' erörtert werden.

---

[103] *Eibner* "Dissertation": S. 64. Nach BGH Urteil vom 8.10.1981 in NJW 1982, 281, 282 tritt die Bindungswirkung der §§ 74 Abs. 3, 68 ZPO nicht ein, soweit der Streitverkündungsempfänger wegen § 67 ZPO gehindert war, auf den Vorprozeß Einfluß zu nehmen. Dies muß erst recht gelten, wenn der Streitverkündungsempfänger mangels Partei- oder Prozeßfähigkeit am Vorprozeß überhaupt nicht teilnehmen kann.

[104] Siehe oben 2. Teil, B.III.1.a., S. 39 ff.

[105] Siehe oben 2. Teil, B.III.1.a., S. 39 f. Die Darstellung zur unbeantworteten Streitverkündung bestätigt dabei das oben gefundene Ergebnis. Es gibt keine Rechtfertigung dafür, daß der Streitverkünder eine laufende Verjährung zwar nicht durch eine Klage unterbrechen könnte, weil der Streitverkündungsempfänger nicht parteifähig ist, wohl aber durch eine Streitverkündung. Darüberhinaus würde der Streitverkünder die Interventionswirkung zu seinen Gunsten erhalten, ohne daß sich der Streitverkündungsempfänger dagegen wehren könnte, weil er ja mangels Partei- oder Prozeßfähigkeit nicht am Vorprozeß teilnehmen kann.

Das Schwergewicht wird dabei auf der internationalen Zuständigkeit liegen, da ihr in der Praxis wesentlich mehr Bedeutung zukommt und ihre Anwendung auf die Streitverkündung größere Schwierigkeiten bereitet.

a) Deutsche Gerichtsbarkeit

Der Begriff der Gerichtsbarkeit beschreibt die völkerrechtlich zu bestimmende Reichweite der Staatsgewalt in Form der Gerichtsgewalt.[106] Im Grundsatz steht den deutschen Gerichten innerhalb der Staatsgrenzen die unbeschränkte Gerichtsbarkeit zu[107].

Dieser Grundsatz wird in den Fällen der Exterritorialität[108], der Immunität[109] sowie bei der Exemtion[110] durchbrochen. Die deutsche Gerichtsbarkeit ist dann nicht gegeben.

Fehlt dem deutschen Gericht die Gerichtsbarkeit, ist jegliches gerichtliches Tätigwerden unzulässig und hat zu unterbleiben.[111] Ein Antrag des Gerichtsbefreiten ist dabei nicht erforderlich, denn das Fehlen der Gerichtsbarkeit ist ein in jeder Lage des Verfahrens zu beachtendes Verfahrenshindernis.[112]

Bei der Streitverkündung nimmt das Gericht die Streitverkündungsschrift entgegen und stellt sie zu. Die Entscheidung des Gerichts des Vorprozesses wirkt auch gegenüber dem Streitverkündungsempfänger in Form der Interventionswirkung. Ein Tätigwerden der deutschen Rechtspflegeorgane liegt daher bei der Streitverkündung vor.

Wohl aus diesen Gründen wird das Vorhandensein der Gerichtsbarkeit auch bei der Streitverkündung und gerade gegenüber dem Streitverkündungsempfänger allgemein gefordert. Es ist demgemäß unbestritten, daß die Streitverkündung gegenüber einem Streitverkündungsempfänger, der nicht der deut-

---

[106] Facultas jurisdictionis, vgl. *Schack* "IZVR": Rn. 131. Sie ist eine selbständige Prozeßvoraussetzung, RG Urteil vom 16.5.1938 in RGZ 157, 389, 394; vgl. zum Ganzen *Pagenstecher* in RabelsZ 11 (1937), 337, 342 f., 345, 348 ff.

[107] *Schilken* "Gerichtsverfassungsrecht": Rn. 265.

[108] Exterritorialität beschreibt den räumliche Bereich der BRD, auf den sich die deutsche Gerichtsbarkeit aus völkerrechtlichen Gründen nicht erstreckt, *Schilken* ebenda: Rn. 267. Dies sind z. B. das Botschaftsgebäude oder das Kuriergepäck, vgl. *Schack* "IZVR": Rn. 140.

[109] Immun sind ausländische Staaten, die der deutschen Gerichtsbarkeit kraft Völkerrecht nicht unterworfen sind, *Habscheid* in FamRZ 1972, 214. Vgl im einzelnen auch *Geimer* "IZPR": Rn. 473 ff.

[110] Die Exemtion bezeichnet den Ausschluß der Gerichtsbarkeit bei Personen, §§ 18, 19 GVG, *Schilken* "Gerichtsverfassungsrecht": Rn. 267, 270 ff. Ausländische Staatsoberhäupter, Mitglieder ausländischer Regierungen, etc. sollen gem. Art. 25 GG i. V. m. ungeschriebenen Regeln des Völkerrechts von der deutschen Gericht barkeit befreit sein. *Habscheid* in FamRZ 1972, 214 spricht von ausländischen Diplomaten.

[111] *Schilken* ebenda: Rn. 274 m. w. N.; *Mü-Ko-Wolf*: GVG Vor §§ 18-20 Rn. 3.

[112] BGH Urteil vom 7.6.1955 in BGHZ 18, 1, 5, m. w. N. über Entscheidungen des RG und BGH.

schen Gerichtsbarkeit unterliegt, unzulässig ist.[113] Zu beachten ist jedoch, daß der Mangel der Gerichtsbarkeit nur bei der unbeantworteten Streitverkündung relevant wird. Tritt der Streitverkündungsempfänger dem Vorprozeß als Nebenintervenient bei, so verzichtet er auf den Ausschluß der deutschen Gerichtsbarkeit hinsichtlich seiner Person.[114]

Die Gerichtsbarkeit ist somit eine auch für die Streitverkündung zu beachtende Prozeßvoraussetzung. Fehlt sie, ist die Streitverkündung unzulässig und kann keine Interventionswirkung herbeiführen. Somit muß die These mit dem Inhalt, daß die allgemeinen Prozeßvoraussetzungen auf die Streitverkündung keine Anwendung finden, als widerlegt angesehen werden.

b) Die internationale Zuständigkeit als Zulässigkeitsvoraussetzung für die grenzüberschreitende Streitverkündung

aa) Überblick

Die internationale Zuständigkeit[115] zieht die Grenze zwischen der Zuständigkeit deutscher und der Zuständigkeit ausländischer Gerichte.[116] Mit ihr wird die Befugnis eines deutschen Gerichts umschrieben, in Rechtssachen mit Auslandsbeziehung[117] eine Sachentscheidung zu treffen.[118] Wie der Große Senat des BGH in einer Leitentscheidung festgestellt hat, wird die internationale Zuständigkeit durch die Gerichtsstandsregeln der §§ 12 ff. ZPO (mit-) geregelt:[119]

---

[113] *Kissel*: § 18 Rn. 3, 23; *Mü-Ko-Wolf*: GVG Vor §§ 18-20 Rn. 4; *Spellenberg* in JA 1978, 1, 3; *Wieczorek*: § 72 A Ib 2; *Rosenberg/Schwab/Gottwald*: § 19 II 1a, S. 91. Eine ausdrückliche Begründung findet sich bei keinem der zitierten Autoren. Vielmehr wird nur festgestellt, daß ein gerichtliches Tätigwerden bei Befreiung von der Gerichtsbarkeit unzulässig sei. Sodann werden verschiedene Verfahrensarten aufgezählt, die unzulässig sind. Unter ihnen findet sich dann auch die Streitverkündung, auf die aber nicht näher eingegangen wird.

[114] *Kissel*: § 18 Rn. 23; *Wieczorek*: GVG § 18 C IIc, ZPO § 72 A Ib 2.

[115] Der Begriff der internationalen Zuständigkeit wurde im wesentlichen von *Neuner* in seiner Abhandlung "Internationale Zuständigkeit" aus dem Jahr 1929 entwickelt. Eine bedeutende Fortführung erfuhr die internationale Zuständigkeit durch *Pagenstecher*, der sie anders als *Neuner*, deutlich von der Gerichtsbarkeit abgrenzte, *Pagenstecher* in RabelsZ 4 (1930), 713 ff. (Besprechung der Arbeit von *Neuner*) und ausführlich in RabelsZ 11 (1937), 337 ff.

[116] BGH GS Urteil vom 14.6.1965 in BGHZ 44, 46 = NJW 1965, 1665; *Wahl* "Die verfehlte internationale Zuständigkeit": S. 27.

[117] Terminologie nach *Matthies* "Die deutsche internationale Zuständigkeit": S. 7.

[118] *Kropholler* in "Handbuch des IZVR" Bd. 1, Kapitel III: Rz. 4.; *Pagenstecher* in RabelsZ 4 (1930), 713. Teilweise wird die internationale Zuständigkeit aber auch so beschrieben, daß sie regele, in welchem Umfang ein Staat von seiner Gerichtsbarkeit Gebrauch mache, vgl. etwa *Eickhoff* "Inländische Gerichtsbarkeit und internationale Zuständigkeit für Aufrechnung und Widerklage": S. 26; ähnlich *Schweizer* in DRiZ 46 (1968), 365, 366.

[119] BGH GS Urteil vom 14.6.1965 in NJW 1965, 1665 = BGHZ 44, 46.

"Soweit nach diesen Vorschriften ein deutsches Gericht örtlich zuständig ist, ist es nach deutschem Recht auch international, d. h. im Verhältnis zu ausländischen Gerichten zuständig."

Einer genaueren Betrachtung bedarf der Begriff der Sachentscheidung: Wird ein deutsches Gericht mit der Klage zur Entscheidung über einen Anspruch oder ein Rechtsverhältnis berufen, prüft es zunächst die Zulässigkeit der Klage. Eine unzulässige Klage weist das Gericht durch Prozeßurteil ab, ohne daß es eine Begründetheitsprüfung, also die Prüfung des geltend gemachten Anspruches, durchführt.[120] Eine Entscheidung über den geltend gemachten Anspruch kann nur ergehen, wenn die Klage zulässig ist.[121] In diesem Fall wird der in der Klage geltend gemachte Anspruch durch Sachurteil zu- oder aberkannt. Ein solches Sachurteil enthält die besagte Sachentscheidung, für die das Gericht nach der oben gegebenen Definition die internationale Zuständigkeit besitzen muß. Die internationale Zuständigkeit stellt damit eine (von mehreren) Zulässigkeitsvoraussetzungen der Klage dar.

Während der Erlaß eines Sachurteils im Klageverfahren also unzweifelhaft eine solche Sachentscheidung darstellt, ist dies bei der Streitverkündung unklar oder aber nur mit erheblichen Einschränkungen vertretbar. Dies liegt bereits daran, daß bei der Streitverkündung selbst kein materieller Anspruch erhoben wird.[122] Dementsprechend wird im Vorprozeß keine Sachentscheidung über den Regreßanspruch gefällt. Nur Teilfragen des Regreßanspruchs werden bindend festgestellt, soweit sie einer Tatsachen- oder Rechtsfrage des im Vorprozeß erhobenen Anspruchs entsprechen. Jedoch werden auch diese Feststellungen nicht ausdrücklich zum Regreßanspruch getroffen. Vielmehr werden die Ergebnisse des Vorprozesses nur durch die gesetzliche Anordnung der §§ 74 Abs. 3, 68 ZPO auf den Regreßprozeß übertragen. Hier liegt das Problem bei der Frage, ob die Streitverkündung die internationale Zuständigkeit des Gerichts voraussetzt: Das Gericht des Vorprozesses hat bei der Streitverkündung nur die Aufgabe, die Zustellung der Streitverkündungsschrift durchzuführen. Zu einer Sachentscheidung gegenüber dem Streitverkündungsempfänger ist es nicht berufen.[123] Wendet man also die Definition der internationalen Zuständigkeit streng an, kann sie nicht auf die Streitverkündung übertragen werden.

Auch die eben festgestellte Erforderlichkeit der deutschen Gerichtsbarkeit für die Streitverkündung hilft für die internationale Zuständigkeit nicht wei-

---

[120] Dies entspricht der h. M., vgl. etwa BGH Urteil vom 17.3.1982 in NJW 1983, 684, 685; *BLAH-Hartmann*: Grundzüge zu § 253 Rn. 14 m. w. N. und einer Darstellung der Mindermeinung.

[121] *Jauernig* "Zivilprozeßrecht": § 33 III, S. 112.

[122] *Stein/Jonas-Bork*: § 72 Rn. 1.

[123] *Zöller-Vollkommer*: § 67 Rn. 1. Bis zum Beitritt des Streitverkündungsempfängers als Nebenintervenient ist die Streitverkündung für den Vorprozeß unbeachtlich, vgl. *BLAH-Hartmann*: Einführung vor §§ 72-74 Rn. 5. Nach Beitritt muß das Gericht gegebenenfalls über die Zulassung des Beitritts gem § 71 ZPO, im Verfahren über die Angriffs- und Verteidigungsmittel des Streitverkündungsempfängers entscheiden (aber nur soweit sie für die Klage im Vorprozeß erheblich sind).

ter.[124] Dies erklärt sich damit, daß die Prozeßvoraussetzung 'Gerichtsbarkeit' letztlich auf völkerrechtliche Grundsätze zurückführbar ist, während für die Frage der internationalen Zuständigkeit ein Völkergewohnheitsrecht nicht existiert.[125] Dementsprechend wird die internationale Zuständigkeit nach anderen Grundsätzen bestimmt als die deutsche Gerichtsbarkeit: Es liegt in der Hand des jeweiligen Staates selbst, inwieweit er die internationale Zuständigkeit seiner Gerichte bejaht.[126] Völkerrechtliche Schranken existieren für die Ausübung oder Inanspruchnahme der Entscheidungsgewalt durch die deutschen Gerichte nicht. Da die Beschränkung der deutschen Gerichtsbarkeit einem völkerrechtlichen Gebot folgt, können die zu ihr entwickelten Grundsätze nicht auf die internationale Zuständigkeit übertragen werden, die an völkerrechtliche Grenzen nicht gebunden ist.

Es ist daher erforderlich, die Anwendbarkeit der internationalen Zuständigkeit auf eine Streitverkündung selbständig zu prüfen und eigenständige Erwägungen und Kriterien zu entwickeln. Um dieses Ziel zu erreichen, müssen wir den Sinn und Zweck der internationalen Zuständigkeit als Ausgangspunkt der Prüfung wählen, denn nur vor dem Hintergrund der Aufgabe dieser Prozeßvoraussetzung kann man feststellen, ob sich diese Aufgabe auch bei der Streitverkündung stellt.

(1) Aufgabe der internationalen Zuständigkeit und die Bedeutung für ihre Anwendbarkeit auf die Streitverkündung

Wir haben festgestellt, daß bei der Streitverkündung keine ausdrückliche Entscheidung des Gerichts des Vorprozesses über den Regreßanspruch ergeht. Allerdings führt die von der Streitverkündung herbeigeführte Interventionswirkung dazu, daß bereits im Vorprozeß Teilfragen des Regreßanspruchs bindend festgestellt und damit vorweg entschieden werden. Insofern geht vom Vorprozeß gegenüber dem Streitverkündungsempfänger eine Wirkung aus, die der einer Sachentscheidung vergleichbar ist. Dieser Umstand rechtfertigt die Frage, ob die internationale Zuständigkeit nach ihrem Sinn und Zweck auf die Streitverkündung anwendbar ist, obgleich im Vorprozeß eine ausdrückliche

---

[124] Verwertbar ist allenfalls das Ergebnis von oben S. 47, wonach die Geltung der Prozeßvoraussetzungen für die Streitverkündung nicht ausgeschlossen ist. Damit ist aber die Anwendbarkeit der internationalen Zuständigkeit auf die Streitverkündung nicht positiv festgestellt.

[125] So schon *Pagenstecher* in RabelsZ 4 (1930), 713, 714. Dies entspricht der h. M., vgl BGH Urteil vom 18.3.1959 in BGHZ 30,1, 3 f.; *Geimer* "IZPR": Rn. 848. Zum Streit über die völkerrechtlichen Grenzen der internationalen Zuständigkeit vgl. *Eickhoff* "Inländische Gerichtsbarkeit und internationale Zuständigkeit für Aufrechnung und Widerklage": S. 27 (m. w. N. in Fn. 48); *Kropholler* in "Handbuch des IZVR" Bd. 1, Kap. III: Rz. 43 ff. unter Berufung auf eine Entscheidung des IGH.

[126] *Rosenberg/Schwab/Gottwald* "Zivilprozeßrecht": § 20 I, S. 93; *Schweizer* in DRiZ 46 (1968), 365, 366, der allgemein die Unterschiede zwischen Gerichtsbarkeit und internationaler Zuständigkeit darstellt. Beide Prozeßvoraussetzungen sind aber insofern miteinander verknüpft, als die internationale Zuständigkeit die deutsche Gerichtsbarkeit voraussetzt, *Nagel* in ZZP 75 (1962), 408, 416 m. w. N.

Sachentscheidung im Sinne der Definition der internationalen Zuständigkeit nicht ergeht. Aufgabe der internationalen Zuständigkeit ist es, einen gerechten Ausgleich zwischen den widerstreitenden Interessen der Parteien zu gewährleisten.[127] Diese Definition geht also von der Existenz gegenläufiger Interessen aus, welche die internationale Zuständigkeit als Regulativ austarieren soll. Nunmehr läßt sich - freilich noch in allgemeiner Form und präzisierungsbedürftig - ein vorläufiges Prüfungsprogramm formulieren, mit dem wir uns der Lösung des Problems nähern können:

Unter Berücksichtigung der - gegenüber den Parteien einer Klage unterschiedlichen - Stellung der Beteiligten einer Streitverkündung ist zu ermitteln, ob zwischen ihnen überhaupt ein beachtenswerter Interessenkonflikt besteht, zu dessen gerechtem Ausgleich die internationale Zuständigkeit heranzuziehen ist. Beachtenswert wäre der Interessenkonflikt dann, wenn er regelmäßig an Gewicht und Tragweite mit den bei einer Klage typischerweise auftretenden Interessenkonflikten vergleichbar ist. Mit Heldrich[128] stellt sich für uns folgende Aufgabe:

> "Die Feststellung der im Spiel befindlichen Interessen ist dabei unerläßlich. Sie allein kann den Weg erhellen, den es einzuschlagen gilt."

Zwei Grobpositionen in der Lösung des gestellten Problems sind bereits jetzt absehbar. Eine Seite wird das Interesse des Streitverkünders betonen, nicht zwei gegensätzliche Prozesse über gleichlaufende Sachverhalte führen zu müssen.[129] Die Vertreter dieser Auffassung lehnen das Erfordernis einer internationalen Zuständigkeit für die Streitverkündung mit der Begründung ab, daß die Streitverkündung keine Klage und die Interventionswirkung keine Urteilswirkung darstellt. Darüberhinaus sei der Streitverkündungsempfänger im Regreßprozeß ausreichend geschützt.

Die Gegenmeinung stellt die belastende Verpflichtung des Streitverkündungsempfängers in den Vordergrund, daß er sich vor ein für ihn unzuständiges Gericht begeben muß.[130] Das Erfordernis der internationalen Zuständigkeit wird dann damit begründet, daß die Streitverkündung Urteilswirkungen entfalte, weshalb die Zuständigkeitsinteressen des Streitverkündungsempfängers bereits im Vorprozeß zu schützen seien.

---

[127] *Kropholler* in "Handbuch des IZVR" Bd. 1, Kap. III: Rz. 18.

[128] *Heldrich* "Internationale Zuständigkeit und anwendbares Recht": S. 130.

[129] Zur Notlage des Streitverkünders, vgl. *Eibner* "Dissertation": S. 26 ff. und BGH Urteil vom 26.3.1987 in JR 1988, 67, 68 = NJW 1987, 1894.

[130] Freilich ist der Beitritt nicht zwingend, sondern freiwillig, *BLAH-Hartmann*: Einf. vor §§ 72-74 Rn. 4. Da jedoch die Nebeninterventionswirkung gem. § 74 Abs. 3 ZPO auch ohne den Beitritt des Streitverkündungsempfängers ausgelöst wird, muß er sich wohl überlegen, ob er die Streitverkündung unbeantwortet läßt, da seine Teilnahme am Vorprozeß wegen § 68 ZPO die einzige Möglichkeit zur Verteidigung sein könnte, vgl. auch *Wieczorek/Schütze-Mansel* (3. Aufl.): § 72 Rn. 5.

(2) Vereinbarkeit eines Zuständigkeitserfordernisses für die Streitverkündung mit der ZPO

Die Existenz von zwei gegensätzlichen Positionen kann nicht darüber hinwegtäuschen, daß die Frage der internationalen Zuständigkeit für die Streitverkündung eine eingehende Behandlung in der Literatur noch nicht erfahren hat.[131] Diese Zurückhaltung rührt wohl nicht zuletzt daher, daß die §§ 12 ff. ZPO für Gerichtsstandsregeln immer nur vom Klageverfahren reden und auch die einschlägigen Vorschriften über die Streitverkündung, §§ 72-74 ZPO ein Zuständigkeitserfordernis nicht ausdrücklich aufstellen.

Vor diesem Hintergrund liegt es nahe, zunächst einmal zu untersuchen, ob die geltenden Vorschriften der ZPO die Aufstellung eines Zuständigkeitserfordernisses für die Streitverkündung unmöglich machen. Dies wiederum hängt in erster Linie vom Regelungszweck der §§ 72 ff. ZPO ab. Es ist mit anderen Worten herauszufinden, ob diese Vorschriften die Streitverkündung abschließend regeln wollen, oder ob sie nur - über die allgemeinen Erfordernisse hinausgehende - Sondervoraussetzungen aufstellen.

Die §§ 72 ff. ZPO[132] legen die prozessuale Zulässigkeit, die Formerfordernisse und die Wirkungen der Streitverkündung fest.[133] In dieser Bedeutung können §§ 72 ff. ZPO nicht als abschließende Regelung der Streitverkündung verstanden werden. Es entspricht der allgemeinen Regelungssystematik der ZPO, in den Vorschriften zu einem Rechtsinstitut nur die besonderen Verfahrensvoraussetzungen festzulegen.[134] Allgemeingültige - also für mehrere Rechtsinstitute anwendbare - Zulässigkeitsvoraussetzungen müssen den allgemeinen Vorschriften des ersten Buches der ZPO entnommen werden. Dementsprechend ist auch für die Streitverkündung ein Rückgriff auf die allgemeinen Vorschriften der ZPO und des GVG möglich und erforderlich, wie dies bei der Zustellung[135], den Parteivoraussetzungen und der Gerichtsbarkeit

---

[131] Zumeist wird die Anwendbarkeit schlicht bejaht oder verneint. Oftmals erfolgt eine Erwähnung auch nur i. R. d. Prüfung der Anerkennungsvoraussetzungen des § 328 ZPO. Die einzelnen Meinungen sollen in einem eigenen Abschnitt dargestellt werden, siehe unten 2. Teil, B.III.2.b.bb., S. 56 ff. Auch die Rechtsprechung mußte die Frage einer internationalen Entscheidungszuständigkeit für die Streitverkündung bislang nicht entscheiden.

[132] Zur Entstehungszeit der ZPO war die Streitverkündung noch in den §§ 68 -70 normiert.

[133] "Entwurf einer Civilprozeßordnung für das Deutsche Reich" (mit Motiven und Anlagen), Abdruck der Vorlagen für den Reichstag, Berlin 1874: S. 426 f., III. Streitverkündung § 68-70. Der damalige § 68 (jetzt 72) sollte die Statthaftigkeit, § 69 (jetzt 73) die Form der Streitverkündung regeln. Diese Regelungszwecke werden gleichlautend in den Motiven zur ZPO zum Ausdruck gebracht, vgl. *Hahn* "Die gesammelten Materialien zu den Reichsjustizgesetzen" 2. Band: S. 179, III: Streitverkündung. §§ 68 - 70.

[134] Vgl. etwa §§ 253 ff. ZPO für die Klage, §§ 916 ff. ZPO für Arrest und einstweilige Verfügung, § 688 ff. ZPO für das Mahnverfahren. In allen Fällen wird zur Bestimmung der Zuständigkeit auf §§ 12 ff. ZPO (bei § 689 ZPO zumindest teilweise) zurückgegriffen. Gleiches gilt bezüglich der Zustellung nach §§ 166 ff. ZPO.

[135] Bei der Zustellung wird auf § 270 ZPO zurückgegriffen, *Stein/Jonas-Bork*: § 73 Rn. 2.

bereits praktiziert wird.[136] §§ 72 ff. ZPO stellen also nur Sondervorschriften für die Streitverkündung dar. Einen Rückgriff auf die allgemeinen Vorschriften der ZPO schließen sie nicht aus.

Schwieriger gestaltet sich aber die Frage, ob der ZPO-Gesetzgeber ein Zuständigkeitserfordernis ausschließlich für das Klageverfahren, nicht aber für die Streitverkündung, aufstellen wollte. Hierfür könnte auch § 12 ZPO sprechen. Ihrem Wortlaut nach ("...ist für alle gegen sie gerichtete Klagen zuständig...") ist diese Vorschrift nur auf Klageverfahren anwendbar.

Tatsächlich läßt sich einer Äußerung in der Begründung des Entwurfs der ZPO entnehmen, daß der Gesetzgeber für die Zulässigkeit der Streitverkündung die Existenz einer örtlichen Zuständigkeit nicht vorsah:[137]

"Daß die prorogatio fori auch für Nebenintervenienten und Litisdenunziaten bindend ist, kann einem Zweifel nicht unterliegen. Diese Personen sind Nebenpersonen im Prozesse; ein Recht auf Verhandlung der Sache vor einem bestimmten Gerichte stehen ihnen nicht zu."

Aus der Stellung des Streitverkündungsempfängers oder Nebenintervenienten im Vorprozeß leitete der Gesetzgeber also ab, daß das Gericht des Vorprozesses für die Verhandlung des Regreßanspruchs nicht zuständig sein muß. Wenn wir aber die zitierte Formulierung ("...ein Recht auf Verhandlung der Sache vor einem bestimmten Gerichte...") genauer betrachten, so kann kein Zweifel daran bestehen, daß hiermit nur die örtliche, nicht aber die internationale Zuständigkeit gemeint war. Andernfalls wäre eine Formulierung wie etwa 'vor den Gerichten eines bestimmten Landes' verwendet worden. Darüberhinaus kann der Ausdruck 'bestimmtes Gericht' nur mit der örtlichen, nicht aber mit der internationalen Zuständigkeit verbunden werden. Fundamentaler Unterschied beider Prozeßvoraussetzungen ist gerade, daß nur die örtliche Zuständigkeit den Rechtsstreit an ein konkretes, also bestimmtes Gericht zuweist, während die internationale Zuständigkeit nur den Staat benennt, dessen Gerichte in ihrer Gesamtheit zuständig sein sollen.[138] Soweit dem Streitverkündungsempfänger also ein Anspruch auf Verhandlung vor einem bestimmten Gericht nicht zusteht, wird damit nur die Entbehrlichkeit der örtlichen Zuständigkeit des Gerichts des Vorprozesses ausgesprochen. Insofern müssen wir annehmen, daß der Gesetzgeber die Frage einer internationalen Zuständigkeit für die Streitverkündung noch nicht bedacht hatte.

---

[136] Für die Anwendbarkeit der Parteivoraussetzungen siehe oben 2. Teil , B. III. 1., für die Gerichtsbarkeit siehe oben 2. Teil, B. III. 2.a.

[137] *Hahn* "Die gesamten Materialien zu den Reichsjustizgesetzen" 2. Band: S. 162. Die hier wiedergegebene Äußerung des historischen Gesetzgebers wurde in der bisherigen Diskussion zur internationalen Zuständigkeit bei der Streitverkündung nicht beachtet.

[138] *Kropholler* in "Handbuch für IZVR" Bd. 1, Kap. III: Rz.14; im Ergebnis gleich *Walchshöfer* in ZZP 80 (1967), 165, 185; *Heldrich* "Internationale Zuständigkeit und anwendbares Recht": S. 74 f.; *Spellenberg* in JA 1978, 1, 4.

Für dieses Verständnis des gesetzgeberischen Willens spricht nicht zuletzt auch die Tatsache, daß die Bedeutung der internationalen Zuständigkeit zur Zeit der Beratung der ZPO noch nicht voll erkannt war.[139] Allerdings wird von der h. M. angenommen, daß der Gesetzgeber mit der Regelung der örtlichen Zuständigkeit (zumindest teilweise) auch die Frage regeln wollte, wann die deutschen Gerichte in Fällen mit Auslandsberührung überhaupt tätig werden dürfen.[140] Der Große Senat des BGH stellte in diesem Zusammenhang in einer grundlegenden Entscheidung vom 14.6.1965 fest:[141]

"Die ZPO regelt die internationale Zuständigkeit, d. h. die Grenzziehung zwischen der Zuständigkeit deutscher Gerichte und der Zuständigkeit ausländischer Gerichte nicht ausdrücklich und unmittelbar (Ausnahme: § 606 b ZPO), sondern grundsätzlich nur mittelbar durch stillschweigende Verweisung auf die Vorschriften der §§ 12 ff. ZPO über den Gerichtsstand: Soweit nach diesen Vorschriften ein deutsches Gericht örtlich zuständig ist, ist es nach deutschem Recht auch international, d.h. im Verhältnis zu ausländischen Gerichten zuständig."

Die örtlichen Zuständigkeitsvorschriften sind also doppelfunktional, d. h. sie sind sowohl zur Bestimmung der örtlichen wie auch der internationalen Zuständigkeit heranzuziehen.[142] Dem ist zuzustimmen, wenn das Tätigwerden der deutschen Gerichte - wie bei der Klage - sowohl die örtliche als auch die internationale Zuständigkeit voraussetzt. Der Gleichlauf beider Prozeßvoraussetzungen beschränkt sich dann auf die Bestimmung der Voraussetzungen der Zuständigkeit, also auf ihre positivrechtliche Ausgestaltung. Dies entspricht auch der Entscheidung des Großen Senats des BGH, in der ausgesprochen wurde, daß örtliche und internationale Zuständigkeit in ihren Voraussetzungen miteinander verknüpft sind. [143]

Davon ist aber die vorgreifliche Frage zu unterscheiden, ob die örtliche Zuständigkeit einerseits und die internationale Zuständigkeit andererseits überhaupt Prozeßvoraussetzung eines zivilprozessualen Verfahrens sind. Hier geht

---

139 *Walchshöfer* in ZZP 80 (1967), 165, 192; *Kropholler* in "Handbuch des IZVR" Bd. 1, Kap. III: Rz. 31.

140 BGH GS Beschluß vom 14.6.1965 in NJW 1965, 1665 = BGHZ 44, 46; bestätigt vom BGH im Urteil vom 30.10.1974 in BGHZ 63, 219, 220; Urteil vom 7.4.1976 in NJW 1976, 1590; Urteil vom 26.1.1979 in NJW 1979, 1104 und im Urteil vom 18.4.1985 in BGHZ 94, 156, 157 f. Für die Literatur Kropholler in "Handbuch des IZVR" Bd. 1, Kap. III: Rz. 31 m. w. N. Anderer Ansicht aber *Walchshöfer* in ZZP 80 (1967), 165, 192: Eine allgemeine Regelung der internationalen Zuständigkeit durch die Vorschriften über die örtliche Zuständigkeit könne aus der Entstehungsgeschichte der ZPO nicht hergeleitet werden.

141 BGH GS Beschluß vom 14.6.1965 in NJW 1965, 1665 = BGHZ 44, 46. Zu beachten ist jedoch, daß § 606 b ZPO durch das Gesetz vom 25.7.1986 (BGBl. I S. 1142) aufgehoben wurde. Die internationale Zuständigkeit der deutschen Gerichte zur Entscheidung von Ehesachen ist gegenwärtig in § 606 a ZPO geregelt.

142 *Schack* "IZVR": Rn. 236, S. 89.

143 BGH GS Beschluß vom 14.6.1965 in NJW 1965, 1665 = BGHZ 44, 46; bestätigt in BGH Urteil vom 26.1.1979 in NJW 1979, 1104. Dort stellt der BGH fest: "Wie der Große Senat für Zivilsachen des BGH in seinem Beschluß vom 14.6.1965 ausgeführt hat, sind örtliche und internationale Zuständigkeit funktional voneinander zu trennende Regelungsbereiche. In ihrer positivrechtlichen Ausgestaltung sind sie allerdings teilweise miteinander verknüpft."

es nicht um die positivrechtliche Ausgestaltung, sondern um die grundsätzliche Anwendbarkeit dieser Prozeßvoraussetzungen. In diesem Bereich sind sie zu trennen und können nicht gleich behandelt werden.[144] Hinter der erforderlichen Abgrenzung und Unabhängigkeit der internationalen von der örtlichen Zuständigkeit stehen wesentliche Unterschiede beider Prozeßvoraussetzungen: Sowohl in ihrer Funktion als auch in ihrer tatsächlichen Auswirkung auf das Verfahren und in ihrem Einfluß auf die zu fällende Entscheidung weichen beide Prozeßvoraussetzungen erheblich von einander ab.[145]

Wo der Gesetzgeber eine örtliche Zuständigkeit nicht für erforderlich hielt, kann ein Rückschluß auf die Entbehrlichkeit der internationalen Zuständigkeit daher nicht gezogen werden. Beide Prozeßvoraussetzungen sind, wie der BGH[146]

---

[144] Dies entspricht der h. M: vgl. für die Rechtsprechung BGH Urteil vom 26.1.1979 in NJW 1979, 1104 (siehe letzte Fn.), wo der BGH eine (teilweise) Verknüpfung beider Prozeßvoraussetzungen nur im Bereich der positivrechtlichen Ausgestaltung anerkannte. Im Grundsatz sind örtliche und internationale Zuständigkeit aber voneinander zu trennende Regelungsbereiche. Vgl. aus der Literatur: *Kropholler* in "Handbuch des IZVR" Bd. 1, Kap. III: Rz. 14, 16; *Spellenberg* in JA 1978, 1, 4; *Walchshöfer* in ZZP 80 (1967), 165, 183 ff.; *Heldrich* "Internationale Zuständigkeit und anwendbares Recht": S. 74 ff. insbesondere S. 77; *Dölle* in RabelsZ 27 (1962/63), 201, 207 ff.; *Pagenstecher* in RabelsZ 27 (1930), 713, 720; *Riezler* "Internationales Zivilprozeßrecht": S. 210; *Geimer* in NJW 1973, 951, 952 für die Aufrechnung mit einer 'internationalen' Gegenforderung. Anderer Ansicht war aber noch das RG im Urteil vom 25.6.1915 in Warneyer Rechtsprechung 1915, Nr. 247; Urteil vom 21.1 1926 in JW 1926, 1337.

[145] Die hier angeführte Einteilung der Gruppen, in denen sich örtliche und internationale Zuständigkeit unterscheiden, entspricht der Einteilung von *Spellenberg* in JA 1978, 1, 4. Demgegenüber trennt *Kropholler* in "Handbuch des IZVR" Bd. 1, Kap. III: Rz. 14, 16 in die Unterschiede der Funktion einerseits und die der Bedeutung andererseits (Die Bedeutung wird ihrerseits in räumliche Unterschiede, Unterschiede hinsichtlich der Gerichtsbarkeit und in Unterschiede des Rechts unterteilt). Schließlich teilt *Heldrich* "Internationale Zuständigkeit und anwendbares Recht": S. 75 ff. die Unterschiede in solche in räumlicher, sachlicher und funktionaler Hinsicht ein. Im Ergebnis kommen jedoch alle inhaltlich zu den gleichen Unterschieden zwischen beiden Prozeßvoraussetzungen.

Die unterschiedliche Funktion beider Prozeßvoraussetzungen kommt dadurch zum Ausdruck, daß die örtliche Zuständigkeit die Rechtssachen unter den verschiedenen innerstaatlichen Gerichten verteilt und einem bestimmten Gericht zur Entscheidung zuweist. Demgegenüber beantwortet die internationale Zuständigkeit die Frage, ob die deutschen Gerichte in ihrer Gesamtheit zuständig sind; sie grenzt deren Zuständigkeit also von der Zuständigkeit ausländischer Gerichte ab, vgl. *Spellenberg* ebenda: S. 4; *Kropholler* ebenda: Rz. 14; *Heldrich* ebenda: S. 74 f.; *Walchshöfer* in ZZP 80 (1967), 165, 185.

Ein Einfluß auf die Entscheidung kommt der örtlichen Zuständigkeit wegen der unterstellten Gleichwertigkeit aller deutschen Gerichte nicht zu. Anders ist dies bei der internationalen Zuständigkeit: Sie entscheidet immer über das anwendbare Verfahrensrecht und gegebenfalls auch über das materielle Recht, vgl. BGH GS Beschluß vom 14.6.1965 in NJW 1965, 1665 = BGHZ 44, 46; *Spellenberg* in JA 1978, 1, 4; *Heldrich* "Internationale Zuständigkeit und anwendbares Recht": S. 77; *Walchshöfer* in ZZP 80 (1967), 165, 188; *Kropholler* in "Handbuch des IZVR" Bd. 1, Kap. III: Rz. 16. In beiden Fällen kann also die internationale Zuständigkeit erheblichen Einfluß auf die zu treffende Sachentscheidung nehmen.

Was das Verfahren selbst angeht, so bedingt die örtliche Zuständigkeit nur eine Ortsveränderung innerhalb desselben Landes. Auch hier geht die internationale Zuständigkeit, die letztlich über das Land entscheidet, in dem das Verfahren durchgeführt wird, viel weiter: Durch sie können sich Sprache, Organisation und Funktionsweise des entscheidenden Gerichts ändern, die Kosten durch das Verfahren im Ausland steigen und Probleme durch die Unkenntnis des ausländischen Rechts entstehen, vgl. dazu BGH GS Beschluß vom 14.6.1965 in NJW 1965, 1665, 1666 = BGHZ 44, 46; *Spellenberg* in JA 1978, 1, 4; *Kropholler* ebenda: Rz. 16; *Walchshöfer* ebenda: S. 188.

[146] BGH GS Beschluß vom 14.6.1965 in NJW 1965, 1665 = BGHZ 44, 46.

ausdrücklich klargestellt hat, nur in ihren Voraussetzungen verknüpft. Im übrigen sind sie voneinander unabhängig.

Bei der Frage ihrer Anwendbarkeit müssen diese beiden Prozeßvoraussetzung insbesondere dann getrennt behandelt werden, wenn sich der Gesetzgeber - wie hier - ausdrücklich nur hinsichtlich der Entbehrlichkeit der örtlichen Zuständigkeit geäußert hat. Die eine Trennung verlangende Verschiedenheit zwischen örtlicher und internationaler Zuständigkeit ist Ausdruck der unterschiedlichen Interessenlage, die beiden Rechtsinstituten (Prozeßvoraussetzungen) zugrundeliegt.[147] Auch wenn dem Gesetzgeber die Beeinträchtigung der Interessen des (inländischen) Streitverkündungsempfängers nicht ausreichte, um das Erfordernis einer örtlichen Zuständigkeit für die Streitverkündung zu begründen: Ein Rückschluß auf die Entbehrlichkeit einer internationalen Zuständigkeit für die Streitverkündung wird hierdurch nicht möglich, da die internationale Zuständigkeit andere Interessen zu berücksichtigen hat. Mit Spellenberg[148] gilt daher folgender Grundsatz: "Der Zuständigkeitsabgrenzung gegenüber dem Ausland müssen naturgemäß in weitem Maße eigenständige Interessen und Wertungen zugrunde liegen."

Den vorstehenden Ausführungen kann jedoch nur entnommen werden, daß weder die ZPO noch der gesetzgeberische Wille einer Anwendung der internationalen Zuständigkeit auf die Streitverkündung entgegensteht. Zwingend wird die Anwendung der internationalen Zuständigkeit auf die Streitverkündung dadurch nicht.

Ein weiterer Aspekt verdient noch der Erwähnung. Sollten wir im Laufe der Untersuchung zum Ergebnis gelangen, daß die Zulässigkeit der Streitverkündung die internationale Zuständigkeit erfordert, würden wir einer ungewöhnlichen Situation begegnen: Die Streitverkündung bedarf dann zu ihrer Zulässigkeit zwar des Vorliegens der internationalen Zuständigkeit, nicht aber der örtlichen Zuständigkeit des Gerichts des Vorprozesses.

So unerwartet dieser Zustand auch wäre, unbekannt ist er der ZPO nicht. Gleiches gilt nämlich auch für die Prozeßaufrechnung. Während die Aufrechnung im Prozeß mit einer Gegenforderung, die keinen Auslandsbezug aufweist, eine örtliche Zuständigkeit des Gerichts der Klage nicht voraussetzt,[149] hat der BGH die Zuständigkeitsregeln der ZPO für eine Aufrechnung mit einer 'internationalen'[150] Gegenforderung im Prinzip für anwendbar

---

[147] *Heldrich* "Internationale Zuständigkeit und anwendbares Recht": S. 77 m. w. N.; BGH GS Beschluß vom 14.6.1965 in NJW 1965, 1665, 1666 = BGHZ 44, 46, 49 f.

[148] *Spellenberg* in JA 1978, 1, 4.

[149] *Schellhammer* "Zivilprozeß": Rn. 322, *Geimer* in NJW 1973, 951, 952 m. w. N.

[150] Unter 'internationaler' Gegenforderung sind dabei solche Forderungen zu verstehen, die einen relevanten Auslandsbezug aufweisen. Im Gegensatz dazu stehen Gegenforderungen, die rein national sind, also keinen Bezug zum Ausland aufweisen.

erklärt.[151] In dieser Entscheidung verneinte der BGH die Möglichkeit der Aufrechnung mit einer Gegenforderung, für die (im konkreten Fall kraft Gerichtsstandsvereinbarung) die alleinige Zuständigkeit eines ausländischen Gerichts gegeben war. Es kann daher der Grundsatz aufgestellt werden, daß ein deutsches Gericht im Wege der Aufrechnung über die Gegenforderung nur entscheiden kann, wenn es auch hinsichtlich der Gegenforderung international zuständig ist.[152]

Die Möglichkeit des Auseinanderfallens von örtlicher und internationaler Zuständigkeit steht einer Anwendung der internationalen Zuständigkeit auf die Streitverkündung daher nicht entgegen.

Ob aber die internationale Zuständigkeit eine Zulässigkeitsvoraussetzung der Streitverkündung ist, wollen wir sogleich positiv unter Berücksichtigung der bereits erwähnten Interessenabwägung bestimmen. Zuvor soll noch ein Überblick von den bisher zu dieser Frage vertretenen Meinungen gegeben werden.

bb) Darstellung des Meinungsstands

Es ist nun an der Zeit, die oben angedeuteten Grobpositionen[153] zu verfeinern und genauer auf ihre Begründungen einzugehen.

---

[151] BGH Urteil vom 20.12.1972 in NJW 1973, 421. Vgl auch die Anmerkung hierzu von *Geimer* in NJW 1973, 951 f. Ein Problem hinsichtlich der Zuständigkeit ergibt sich nur bei der Zulässigkeit der Aufrechnung mit einer Gegenforderung, die einen Auslandsbezug aufweist. Eine örtliche Zuständigkeit ist für die Aufrechnung nicht erforderlich. Hier zeigt sich also der Unterschied zwischen örtlicher und internationaler Zuständigkeit. Für die Frage der internationalen Zuständigkeit bei der Aufrechnung ist dann noch zwischen konnexen und inkonnexen Gegenforderungen zu unterscheiden. Bei konnexen Gegenforderungen wird sich die internationale Zuständigkeit aus § 33 ZPO, dem Gerichtsstand für die Widerklage ergeben, *Schack* "IZVR": Rn. 353. Bei inkonnexen Gegenforderungen soll eine internationale Zuständigkeit nach den §§ 12 ff. ZPO erforderlich sein, *Geimer* in NJW 1973, 951, 952. Teilweise wird aber auch danach unterschieden, ob die inkonnexe Gegenforderung streitig oder unstreitig ist, nach *Schröder* "Internationale Zuständigkeit": S. 597; vgl. dazu im Einzelnen *Schack* ebenda: Rn. 355. In beiden Fällen steht aber der Zulässigkeit der Aufrechnung grundsätzlich die ausschließliche Zuständigkeit eines ausländischen Gerichts für die Gegenforderung entgegen. Diese ausschließliche Zuständigkeit kann sich aus zwingendem Prozeßrecht, etwa §§ 24, 32 a, 621 Abs. 2 ZPO, oder aus Parteivereinbarung ergeben. Gegenstand der oben zitierten Entscheidung des BGH war nun *nur* die Wirkung einer Vereinbarung der alleinigen Zuständigkeit des Pariser Gerichts auf die Zulässigkeit der Aufrechnung in einem Verfahren vor den deutschen Gerichten. Die Frage, ob eine ausschließliche (gesetzliche) Zuständigkeit zum gleichen Ergebnis führt, mußte der BGH bisher nicht entscheiden. Sie bleibt somit streitig. Vgl. zum Problem der internationalen Zuständigkeit für die Aufrechnung *Eickhoff* "Inländische Gerichtsbarkeit und internationale Zuständigkeit für Aufrechnung und Widerklage": S. 159 ff.

[152] So auch *Geimer* (in der Anmerkung zur zitierten Entscheidung des BGH) in NJW 973, 951 m.w.N.

[153] Siehe oben 2. Teil, B.III.2.b.aa.(1), S. 49 f.

Insgesamt sind drei verschiedene Antworten auf die Frage, ob die internationale Zuständigkeit eine Zulässigkeitsvoraussetzung der grenzüberschreitenden Streitverkündung darstellt, erkennbar.[154]

Vertreten wird zunächst, daß die internationale Zuständigkeit des Gerichts des Vorprozesses für eine Streitverkündung (also für den der Streitverkündung zugrundeliegenden Anspruch) überhaupt nicht erforderlich ist.[155] Vielmehr sei es ausreichend, wenn das Gericht zur Entscheidung der Klage im Vorprozeß international zuständig ist.

Die gegenteilige Auffassung verlangt das Vorliegen der - aus §§ 12 ff. ZPO begründeten - internationalen Zuständigkeit des Gerichts des Vorprozesses gerade gegenüber dem Streitverkündungsempfänger. Für die Zulässigkeit der Streitverkündung sei erforderlich, daß das Gericht des Vorprozesses auch für eine Klage gegen den Streitverkündungsempfänger international zuständig wäre.[156]

---

[154] Zu berücksichtigen ist jedoch, daß einige Autoren und die Rechtsprechung das Problem nur i. R. d. Anerkennung ausländischer Streitverkündungen nach § 328 ZPO erörtern. Bei diesen muß dann gedanklich eine Übertragung von der Anerkennungszuständigkeit auf die Entscheidungszuständigkeit vorgenommen werden. Diese Übertragung ist zulässig, da die Prüfung der Zuständigkeit bei § 328 Abs. 1 Nr. 1 ZPO im Ergebnis eine spiegelbildliche Anwendung der autonomen deutschen Zuständigkeitsregeln bedeutet, vgl. *Schack* "IZVR": Rn. 831 zum Spiegelbildprinzip. Es wäre m. a. W. mit dem Grundsatz der spiegelbildlichen Anwendung der eigenen Zuständigkeitsregeln nicht vereinbar, für die Anerkennung ausländischer Streitverkündungen andere Maßstäbe hinsichtlich der Zuständigkeit anzulegen, als bei der eigenen, der deutschen grenzüberschreitenden Streitverkündung. Zum gleichen Ergebnis kommt *Geimer* in ZZP 85 (1972), 196, 200.

[155] *Koch* in ZVglRWiss 85 (1986), 11, 53, 57; *Kropholler* in "Handbuch des IZVR" Bd. 1, Kap. III: Rz. 438; *Stein/Jonas-Bork*: § 72 Rn. 11, der aber wohl auf die örtliche Zuständigkeit abzielt; *Schack* "IZVR": Rn. 367; *Mezger* in IPRax 1984, 331, 334; *Linke* "IZPR": Rn. 173: nach ihm setzt die Streitverkündung keine weitere zuständigkeitsbegründende Anknüpfung zwischen dem Dritten und dem Gerichtsstand des Vorprozesses voraus; *Lüke* "Die Beteiligung Dritter im Zivilprozeß": S. 350, der jedoch auf S. 423 und 442 (Fn. 89) erkennt, daß die Einführung eines Gerichtsstands des Sachzusammenhangs wünschenswert wäre; nicht ganz eindeutig OLG Karlsruhe Urteil vom 10.10.1973 in NJW 1974, 1059; *Milleker* in ZZP 80 (1967), 288, 306 i. R. d. Anerkennung. Seine Einschätzung, §§ 72 ff. ZPO seien Spezialregelungen zu §§ 12 ff. ZPO, spricht aber eher für die Annahme einer Annexzuständigkeit, vgl. *Milleker* ebenda: S. 299 Fn. 42.

[156] *Von Hoffmann* in IPRax 1982, 217, 221, der seine Auffassung mit dem Argument begründet, daß die Streitverkündung der Klage wertungsmäßig gleichzustellen sei; *Wilhelmi* in Niemeyers Zeitschrift 48 (1933-34), 105, 134 ff. für die Anerkennung; *Leske-Loewenfeld* "Die Rechtsverfolgung im internationalen Verkehr" Bd. 1: S. 88, wobei jedoch noch nicht zwischen Gerichtsbarkeit und internationaler Zuständigkeit unterschieden wird; RG Urteil vom 3.7.1903 in RGZ 55, 236, 239 im Rahmen der Anerkennung. Allerdings erging die Bemerkung, daß dem österreichischen Gericht für die Streitverkündung die Zuständigkeit gefehlt habe, nur als obiter dictum. Die Anerkennung der Wirkungen der in Österreich erklärten Streitverkündung wurde mit der Begründung versagt, daß § 328 ZPO auf die Streitverkündung nicht anwendbar sei. Zumindest die Nichtanwendung des § 328 ZPO auf die Streitverkündung ist aber überholt, *Schack* "IZVR":Rn. 922 ff.; *Zöller-Geimer*: § 328 Rn. 52.

Eine dritte Ansicht[157] will vermitteln: Die Streitverkündung setze zwar eine eigene internationale Zuständigkeit gegenüber dem Streitverkündungsempfänger voraus. Diese Zuständigkeit müsse jedoch nicht durch §§ 12 ff. ZPO begründet werden. Vielmehr wird aus den §§ 72 ff. ZPO die Regelung eines Gerichtsstands des Sachzusammenhangs gewonnen, welcher die internationale Zuständigkeit regelmäßig begründe, sofern die Streitverkündung einen inneren Zusammenhang zum Vorprozeß aufweise.

Wie bereits erwähnt, stützen sich die Vertreter der Meinung, eine internationale Zuständigkeit sei nicht erforderlich, vor allem darauf, daß der mit §§ 12 ff. ZPO bezweckte Schutz der Interessen des Streitverkündungsempfängers im Regreßprozeß ausreichend gewahrt sei.[158] Ohne diese Begründung ausdrücklich aufzugreifen, stellt Schack[159] fest, daß im Vorprozeß auf die Zuständigkeitsinteressen des Streitverkündungsempfängers keine Rücksicht genommen wird.

Diese Argumentation beruht letztlich auf einem wesentlichen Unterschied zwischen der Klage und der Streitverkündung. Tatsächlich erhält der Streitverkünder im Vorprozeß gegen den Streitverkündungsempfänger keinen vollstreckbaren Titel.[160] Hierzu ist der Regreßprozeß erforderlich, für den die Zuständigkeitsregeln uneingeschränkt Anwendung finden.

---

[157] *Taupitz* in ZZP 102 (1989), 288, 304 nach dem das deutsche Recht das Prinzip der angelehnten Zuständigkeit in Bezug auf den Streitverkündungsempfänger kennt. Dementsprechend verlangt er auf S. 313 f. für die Streitverkündung nur einen inneren Zusammenhang zum Vorprozeß, die internationale Zuständigkeit nach §§ 12 ff. ZPO verlangt er nur für den Vorprozeß; *Götze* "Vouching In und Third-Party Practice": S. 147; gegebenenfalls auch *Spellenberg* in ZVglRWiss 79 (1980), 89, 90, allerdings im Bezug auf die örtliche Zuständigkeit. *Spellenberg* stellt fest, daß der Zuständigkeitsgrund des Sachzusammenhangs in gewisser Weise auch der Streitverkündung zugrundeliegt, vgl. auch *Spellenberg* in ZZP 95 (1982), 17, 33 f.; *Schober* "Drittbeteiligung im Zivilprozeß": S. 214; *Martiny* in "Handbuch des IZVR" Bd. III/1: Rn. 702 stellt zwar alle Auffassungen dar, vertritt im Ergebnis aber wohl das Vorliegen einer Annexzuständigkeit; eindeutig aber ohne Begründung *Bernstein* in FS Ferid: S. 87; im Ansatz auch *Milleker* in ZZP 80 (1967), 288, 299 Fn. 42; *Schröder* "Internationale Zuständigkeit": S. 580 ff. Nicht ganz eindeutig ist *Geimer*, der in ZZP 85 (1972), 196, 200 feststellt, daß die §§ 12 ff. ZPO für den Streitverkündungsempfänger nicht vorliegen müssen. In "IZPR": Rn. 1198 leitet *Geimer* eine prozessuale Last des Streitverkündungsempfängers aus §§ 72 ff. ZPO ab, sich auf das deutsche Verfahren einzulassen. Da *Geimer* aber immer den Vorbehalt der Derogation der deutschen Gerichte beachtet wissen will, vgl. etwa in ZZP 85 (1972), 196, 205 f., folgt er m. E. im Ergebnis auch dem Prinzip der Annexzuständigkeit, denn die Möglichkeit der Derogation setzt einen zu derogierenden, bereits begründeten Gerichtsstand voraus. In *Zöller-Geimer*: § 328 ZPO Rn. 52 verlangt er die internationale Zuständigkeit des ausländischen Gerichts für die Anerkennung einer ausländischen Streitverkündung. Nach *Wieczorek/Schütze-Mansel* (3.Aufl.): § 68 Rn. 35; § 72 Rn. 5, 8 setzt die Streitverkündung zwar keine internationale Zuständigkeit voraus. Da er jedoch das Vorliegen eines Interventionsgrundes verlangt, um den hinreichenden Sachzusammenhang zwischen Hauptparteien und Drittem zu gewährleisten, ist auch er dieser Auffassung zuzurechnen.

[158] OLG Karlsruhe Urteil vom 10.10.1973 in NJW 74, 1059; *Koch* in ZVglRWiss 85 (1986), 11, 53 57.

[159] *Schack* "IZVR": Rn. 367; dieser Einschätzung entspricht die Äußerung von *Stein/Jonas-Bork*: § 72 Rn. 11, daß die Zuständigkeit des Gerichts des Vorprozesses für den Regreßanspruch nicht gegeben zu sein braucht.

[160] Insofern unterscheidet sich die deutsche Streitverkündung von der englischen Möglichkeit der unfreiwilligen Drittbeteiligung. Siehe zur englischen *third party notice* unten 3. Teil. Vgl. auch *Wieczorek/Schütze-Mansel* (3. Aufl.): § 68 Rn. 29 f.

Diese Betrachtungsweise vernachlässigt allerdings, daß die durch die Streitverkündung ausgelöste Interventionswirkung eine - mitunter sehr umfangreiche - Bindungswirkung auf den Regreßprozeß ausübt. Schließlich können im Vorprozeß bereits wesentliche Teile des Regreßprozesses mitentschieden werden.[161]

Dementsprechend wird die Interventionswirkung von den Vertretern der gegenteiligen Auffassung (wonach eine internationale Zuständigkeit gegenüber dem Streitverkündungsempfänger erforderlich sei) als tragendes Argument dafür gesehen, daß die Streitverkündung einer Klage wertungsmäßig gleichzusetzen sei.[162] Der Streitverkündungsempfänger tritt daher bei den Vertretern dieser Meinung, die das Problem im Rahmen der Anerkennung gemäß § 328 ZPO behandeln, an die Stelle des Beklagten eines Klageverfahrens.[163]

Sieht man die Streitverkündung aber als gleichwertig mit der Klage an, ist es zwingend, auch für den Streitverkündungsempfänger eine internationale Zuständigkeit des Gerichts des Vorprozesses zu verlangen.[164]

cc) Stellungnahme

Wie sich gezeigt hat, gründen die Hauptargumente der gegensätzlichen Auffassungen auf einer unterschiedlichen Einschätzung ein und derselben Sache, nämlich der Interventionswirkung. Entweder wird sie mit den Urteilswirkungen gleichgesetzt,[165] oder es wird festgestellt, daß sie den Streitverkündungsempfänger weniger beeinträchtigt als die Klage oder das Urteil.[166]

Beschränkt man sich nur auf diese Argumente[167], so reduziert sich die Frage nach dem Erfordernis der internationalen Zuständigkeit für die Streitverkün-

---

[161] Nach *Geimer* in ZZP 85 (1972), 196, 202 geht dies soweit, daß in den meisten Fällen eine Verurteilung ohne erneute sachliche Prüfung des Regreßanspruchs möglich ist.

[162] *Von Hoffmann* in IPRax 1982, 217, 221; ähnlich auch *Geimer* in ZZP 85 (1972), 196, 198, der die Streitverkündung für funktional vergleichbar mit der Garantieklage des französichen Rechts hält, da sie nahezu den gleichen Prozeßzweck verfolge. Eine Gleichartigkeit beider Rechtsinstitute vertritt er jedoch nicht.

[163] *Wilhelmi* in NiemeyersZ 48 (1933-34), 105, 134; *Leske-Loewenfeld*: S. 88 zu § 328 I Nr. 1 ZPO.

[164] So wohl auch RG Urteil vom 3.7.1903 in RGZ 55, 236, 240. Im konkreten Fall wurde die Anerkennung einer Streitverkündung aus Österreich aber bereits mit der Unanwendbarkeit des § 328 ZPO auf Streitverkündungen begründet. Die Anwendbarkeit des § 328 ZPO auf ausländische Streitverkündungen ist heute jedoch unbestritten, vgl. *Schack* "IZVR": Rn. 922 ff., *Zöller-Geimer*: § 328 Rn. 52.

[165] *Von Hoffmann* in IPRax 1982, 217, 221.

[166] Z. B. *Koch* in ZVglRWiss 85 (1986), 11, 57. Wenn er die Möglichkeit des Streitverkündungsempfängers zur Verteidigung im Regreßprozeß betont, stellt er den Unterschied zum Urteil heraus. Denn nur weil die Streitverkündung - anders als das Urteil - nicht zu einer vollständigen Entscheidung des Regreßanspruchs führt, ist noch eine Verteidigung im Regreßprozeß möglich.

[167] Die auf Art. V des Protokolls zum EuGVÜ vom 27.9.1968 gestützte Argumentation soll zunächst vernachlässigt werden. Auf sie werden wir unten, S. 109 ff., gesondert eingehen.

dung auf eine Bewertung der Interventionswirkung. Dabei kann der Vergleich der Wirkungen eines rechtskräftigen Urteils mit der Interventionswirkung einen zwingenden Rückschluß auf die Erforderlichkeit einer internationalen Zuständigkeit für die Streitverkündung gerade nicht liefern:[168] Einerseits sind die Unterschiede beider Rechtsinstitute zu groß, als daß die Streitverkündung ohne weiteres mit der Klage auf eine Stufe gestellt werden kann. Andererseits mußten wir feststellen, daß die Interventionswirkung den Urteilswirkungen sehr ähnlich ist und daher eine Anwendung der internationalen Zuständigkeit auf die Streitverkündung vertretbar erscheint.

Wie man es dreht und wendet, was bleibt ist immer eine Wertungsfrage, die je nach Standpunkt verschieden beantwortet werden wird, was sich in der bestehenden Meinungsvielfalt zeigt. Die Abhängigkeit von einer Wertungsfrage verursacht jedoch eine Unsicherheit, welche sich mit der Prozeßvoraussetzung der internationalen Zuständigkeit nicht verträgt.[169] Das Bedürfnis nach Rechtssicherheit gebietet, daß Bedeutung und Inhalt von Prozeßvoraussetzungen klar sind und vor der Einleitung eines Verfahrens feststehen.

Es gilt also, die Frage der Anwendbarkeit der internationalen Zuständigkeit auf die Streitverkündung zu objektivieren und den Einfluß von Wertungen zu minimieren. Eine Vorgehensweise, die allein vom Standpunkt der Vergleichbarkeit der Wirkungen ausgeht, kann dabei jedoch - wie wir gesehen haben - keine befriedigenden Ergebnisse bringen.

Vielmehr ist der Zweck der internationalen Zuständigkeit als Ausgangspunkt zu wählen. Ihre Aufgabe liegt darin, einen gerechten Ausgleich der widerstreitenden Interessen der Parteien herbeizuführen. Hier muß nochmals an die Äußerung von Heldrich[170] erinnert werden:

> "Die Feststellung der im Spiel befindlichen Interessen ist dabei unerläßlich. Sie allein kann den Weg erhellen, den es einzuschlagen gilt."

Freilich werden die im Spiel befindlichen Interessen teilweise inzident berücksichtigt, wenn auf den zuständigkeitsrechtlichen Schutz des Streitverkündungsempfängers im Regreßprozeß verwiesen wird. Auch ist in der Beurteilung der Interventionswirkung regelmäßig eine Berücksichtigung der beteiligten Interessen enthalten. Die Ermittlung und Abwägung der gegensätzlichen, schutzwürdigen Interessen wurde jedoch für die Streitverkündung noch nicht

---

[168] Siehe oben 2.Teil, B.II.2., S. 31 ff.

[169] Vgl. den parallel laufenden Gedanken von *Heldrich* "Internationale Zuständigkeit und anwendbares Recht": S. 129 f.: "Indessen bedarf die internationale Zuständigkeit ebenso einer generellen, von der Entscheidung des jeweiligen Einzelfalles unabhängigen Ordnung wie das anwendbare Recht."

"Worauf es ankommt, ist nicht, durch Kodifizierung eine gewisse Erstarrung der Rechtssituation herbeizuführen, sondern Klarheit über die Grundsätze zu gewinnen, auf denen die Regelung der internationalen Zuständigkeit aufbauen muß."

[170] *Heldrich* "Internationale Zuständigkeit und anwendbares Recht": S. 130.

zum Ausgangspunkt einer Untersuchung gemacht.[171] Der Versuch, die existierenden Interessen herauszuarbeiten und hinsichtlich der internationalen Zuständigkeit zu beurteilen, soll daher im Rahmen dieser Arbeit unternommen werden.

dd) Eigener Lösungsansatz

Wir haben festgestellt, daß eine Bewertung der Interventionswirkung allein keine zwingende Antwort auf die Frage gibt, ob eine Streitverkündung die internationale Zuständigkeit des Gerichts des Vorprozesses voraussetzt. Sie führt nur zur Unsicherheit über die Anwendbarkeit dieser Prozeßvoraussetzung auf die Streitverkündung. Vielmehr wollen wir eine umfassende Interessenabwägung zum Ausgangspunkt der Untersuchung machen. Mit dieser Vorgehensweise soll der Versuch unternommen werden, die gewünschte Objektivierung bei der Frage der internationalen Zuständigkeit für die Streitverkündung herbeizuführen. Bedeutung und Umfang der Interventionswirkung sind trotzdem zu beachten, denn sie wirkt maßgeblich auf die beteiligten Interessen ein. Daneben müssen wir jedoch auch andere Kriterien ermitteln. Sofern dies gelingt, wird die Interventionswirkung eine geringere Rolle spielen, als wenn sie allein über die Anwendung der internationalen Zuständigkeit auf die Streitverkündung entscheidet. Da die Klage das Verfahren ist, das die internationale Zuständigkeit unstreitig erfordert, dient sie uns gewissermaßen als Maßstab.

Kommen wir zu den Interessen: Bei der Streitverkündung finden sich grundsätzlich drei Interessenkreise, die sich teilweise decken, teilweise aber auch im Konflikt miteinander stehen. Da ist zunächst das Interesse des Streitverkünders: Er sucht die Gefahr der Niederlage in zwei Prozessen über zusammenhängende Sachverhalte abzuwenden.[172] Hierzu bedarf es der einheitlichen Entscheidung der in beiden Prozessen (Vor- und Regreßprozeß) gleichermaßen auftretenden Tatsachen- und Rechtsfragen. Da nur das Gericht des Vorprozesses diese Tatsachen- und Rechtsfragen gemeinsam behandeln und einheitlich entscheiden kann, hat der Streitverkünder ein erhebliches Interesse daran, den Streitverkündungsempfänger in den Vorprozeß einzubeziehen, auch wenn das Gericht für eine Klage über den Regreßanspruch nicht zuständig wäre.

Dem steht ein Interesse des Streitverkündungsempfängers gegenüber, daß nicht Teile seines Rechtsverhältnisses zum Streitverkünder von einem ihm

---

[171] Nur *Schröder* "Internationale Zuständigkeit": S. 581 sieht in der Interessenabwägung ausdrücklich einen Ansatzpunkt.

[172] BGH Urteil vom 26.3.1987 in JZ 1988, 67, 68 = NJW 1987, 1894. Dies stellt den Hauptzweck der Streitverkündung dar; vgl. auch *Eibner* "Dissertation": S. 26 ff., der den Begriff 'Notlage des Streitverkündenden' einführte.

fremden Gericht entschieden werden.[173] Sein Interesse wird regelmäßig mit dem des Streitverkünders, der bereits an das Verfahren vor dem deutschen Gericht gebunden ist, kollidieren. Besonders deutlich wird dieser Konflikt, wenn Streitverkündungsempfänger und Streitverkünder Staatsangehörige eines ausländischen Staats sind und der Streitverkündungsempfänger bislang keine Beziehung zur BRD hatte. Noch eindrücklicher stellt sich das Interesse des Streitverkündungsempfängers dar, wenn er mit dem Streitverkünder über die Regreßforderung eine Gerichtsstandsvereinbarung getroffen hat, durch welche die Zuständigkeit der deutschen Gerichte derogiert wird.

Des weiteren besteht ein staatliches Interesse an der Vermeidung überflüssiger Prozesse und sich widersprechender Beurteilung desselben Sachverhalts.[174] Damit sind die Kriterien der Rechtssicherheit und des Rechtsfriedens angesprochen, die zumindest teilweise mit den Interessen des Streitverkünders parallel laufen.

Für die folgende Untersuchung sind insbesondere diejenigen Fallkonstellationen interessant, in denen eine internationale Zuständigkeit für den Streitverkündungsempfänger weder nach §§ 12 ff. ZPO noch nach dem EuGVÜ begründet werden könnte. Nur in diesen Fällen wird die Frage der internationalen Zuständigkeit wirklich relevant. Ist sie Zulässigkeitsvoraussetzung der Streitverkündung, muß man die Streitverkündung als unzulässig erachten. Will man aber die Streitverkündung trotzdem durchführen, müssen Abstriche hinsichtlich des Erfordernisses der internationalen Zuständigkeit gemacht werden. Die Wahl solcher Fallkonstellationen hat auch zur Folge, daß der Regreßprozeß regelmäßig im Ausland stattfinden wird, da kein deutsches Gericht die internationale Zuständigkeit gegenüber dem Streitverkündungsempfänger, der dann Beklagter[175] ist, besitzt. Es ist dann die Anerkennung der Streitverkündung im Ausland erforderlich, wodurch sich zeigen wird, welchen praktischen Wert sie für den Streitverkünder hat.[176]

Bei dem hier zur Untersuchung gestellten Falltypus, bei dem der Regreßprozeß im Ausland stattfinden wird, sind die staatlichen Interessen etwas zurückgedrängt.[177]

---

[173] *Schröder* "Internationale Zuständigkeit": S. 581 f.

[174] BGH Urteil vom 26.3.1987 in JZ 1988, 67, 68 = NJW 1987, 1894.

[175] Die 2. Alternative des § 72 Abs. 1 ZPO, wonach der Dritte einen Anspruch gegen den Streitverkünder hat, soll hier außer acht bleiben. Da hier der Streitverkündungsempfänger Klage erheben wird, ist die grundsätzliche Situation zu verschieden, um sie i. R. dieser Arbeit erörtern zu können.

[176] Die Anerkennungsfähigkeit der Streitverkündung in England wird im 4. Teil erörtert.

[177] Unter staatlichen Interessen kann hier nur das Anliegen des Gesetzgebers verstanden werden. Demgegenüber kann die Frage der Anerkennungsfähigkeit der Streitverkündungswirkungen für das Gericht des Vorprozesses kein relevantes Kriterium bei der Durchführung der Streitverkündung darstellen, vgl. BGH Urteil vom 4.5.1956 in MDR 57, 31, 32 zur Frage, ob eine vom deutschen Recht abweichende Zuständigkeitsregelung in Österreich die Zuständigkeit der deutschen Gerichte berührt; *Schweizer* in DRiZ 46 (1968), 365, 369.

Die BRD hat keinen Einfluß auf den Ablauf des Regreßprozesses im Ausland. Insofern kann der deutsche Hoheitsträger allein sich widersprechende Ergebnisse oder überflüssige Prozesse nicht verhindern. Er kann aber versuchen, sein zivilprozessuales Verfahren so auszugestalten, daß die Anerkennungschancen im Ausland möglichst groß sind. Im Umkehrschluß bedeutet dies, daß staatliche Interessen an der Durchführung der Streitverkündung geringer sein müssen, wenn die Streitverkündung im Regreßprozeß ohnehin nicht anerkannt wird.[178] Denn nur wenn die Streitverkündung in einer derartigen Situation gänzlich unterbleibt, werden unnötige Prozesse im weitesten Sinne (nämlich die Streitverkündung selbst) und sich widersprechende Ergebnisse vermieden.

Bevor wir uns über den Fortgang der weiteren Untersuchung Gedanken machen, sollen die bisherigen Ergebnisse nochmals festgehalten werden: Zunächst wurde festgestellt, daß die ZPO es grundsätzlich zuläßt, die Prozeßvoraussetzung der internationalen Zuständigkeit auf die Streitverkündung anzuwenden. Die gegensätzlichen Auffassungen zur Frage, ob die Streitverkündung die internationale Zuständigkeit voraussetzt, werden im wesentlichen mit einer unterschiedlichen Einschätzung der Interventionswirkung begründet. Die damit verbundene Wertungsfrage ist unbefriedigend und muß weitmöglichst vermieden werden. Indem wir den Sinn und Zweck der internationalen Zuständigkeit, der im gerechten Ausgleich widerstreitender Interessen liegt, als Ausgangspunkt wählen, soll dem Meinungsstreit ein neuer Ansatzpunkt zugeführt werden. Logische Voraussetzung für diese Vorgehensweise ist die Existenz widerstreitender Interessen bei der Streitverkündung. Wir haben für die Streitverkündung drei Interessenkreise festgestellt, von denen zwei, das staatliche und das Interesse des Streitverkünders, mit dem Dritten, dem Interesse des Streitverkündungsempfängers, in Konflikt stehen.

Im Bestreben, von den aufgezeigten - tatsächlich existierenden - Interessenkreisen bei einer Streitverkündung auf das Erfordernis einer internationalen Zuständigkeit zu schließen, sind vier Schritte erforderlich, die im folgenden gewissermaßen als Prüfungs- programm dienen:

Erster Schritt: Logisch vorrangig ist eine Darstellung der mit der internationalen Zuständigkeit zu berücksichtigenden Interessen im Klage-

---

[178] Nach *Walchshöfer* in ZZP 80 (1967), 165, 175 fehlt sogar jegliches staatliches Interesse, wenn eine Entscheidung eines deutschen Gerichts in Deutschland nicht vollstreckt und im Ausland wegen der ausschließlichen Zuständigkeit des ausländischen Staats nicht anerkannt werden kann. In dieser Absolutheit ist seine Auffassung jedoch nicht auf die Frage der Erforderlichkeit der internationalen Zuständigkeit bei der Streitverkündung übertragbar. Es geht hier darum, eine allgemeine Regel zu finden, ob und in welcher Form eine zulässige Streitverkündung die internationale Zuständigkeit des Gerichts des Vorprozesses voraussetzt. In der hierfür erforderlichen Allgemeinheit kann aber nicht vorhergesagt werden, in welchen Fällen die Streitverkündung im Ausland mangels Zuständigkeit des deutschen Gerichts nicht anerkannt werden wird. Daher können die staatlichen Interessen bei der Bestimmung der internationalen Zuständigkeit für die Streitverkündung nicht gänzlich unbeachtet bleiben.

verfahren. Sie bilden den Ausgangspunkt eines Vergleichs der Streitverkündung mit der Klage, indem sie als Vergleichsmaßstab herangezogen werden.

Zweiter Schritt: Es folgt eine Beschreibung der Interessen, denen eine Streitverkündung nach ihrem Sinn und Zweck dient. Hierbei kann sich eine Diskrepanz zwischen den tatsächlich existierenden und denen von der Streitverkündung zu wahrenden Interessen ergeben. Sie gilt es aufzulösen. Stehen die Interessen bei der Streitverkündung denen der Klage gegenüber, ist die Vergleichsgrundlage vervollständigt. Der Vergleich kann dann durchgeführt werden.

Dritter Schritt: Auf der Basis der geschaffenen Vergleichsgrundlage müssen wir nunmehr ermitteln, ob bei der Streitverkündung überhaupt relevante Interessenkonflikte bestehen. Dies wird insbesondere davon abhängen, ob die tatsächlichen Interessen des Streitverkündungsempfängers schutzbedürftig sind. Existierende Interessen des Streitverkündungsempfängers können nur verwertet werden, wenn sie unter Berücksichtigung des Regelungszwecks der internationalen Zuständigkeit so beachtenswert sind, daß ihnen billigerweise ein Einfluß auf die Durchführung einer Streitverkündung zukommen muß. Unter Einbeziehung verfassungsrechtlicher Grundsätze müssen wir den Begriff der beachtlichen Interessen mit dem Kriterium der Schutzwürdigkeit (des Streitverkündungsempfängers) ausfüllen. Es geht in diesem Schritt also - neben dem Vergleich der im Klageverfahren typischen Interessen mit denen bei der Streitverkündung - vor allem um die Feststellung der Schutzwürdigkeit des Streitverkündungsempfängers. Nur im Falle seiner Schutzwürdigkeit läßt es sich vertreten, die internationale Zuständigkeit als Zulässigkeitsvoraussetzung der Streitverkündung anzusehen.

Vierter Schritt: Ist der Streitverkündungsempfänger schutzwürdig und sind die ermittelten Interessenkonflikte so beachtlich, daß sie zur Durchführung einer Streitverkündung mit der internationalen Zuständigkeit zu berücksichtigen sind, müssen wir Regeln für die Anwendung der internationalen Zuständigkeit entwickeln. Hierzu gewichten wir die widerstreitenden Interessen und wägen sie gegeneinander ab. Während wir im dritten Schritt vornehmlich auf die Interessen des Streitverkündungsempfängers abstellen (da vorrangig seine Schutzwürdigkeit geprüft werden muß), sind nunmehr die beachtlichen, aber gegenläufigen Interessen des Streitverkünders sowie der Zweck der Streitverkündung in den Vordergrund zu rücken. Zu fragen ist dann, ob diese Interessen des Streitverkünders unter Berücksichtigung der materiell-rechtlichen Verantwortlichkeit des Streitverkündungsempfängers die Entwicklung eines Gerichtsstands des Sachzusammenhangs aus §§ 72 ff ZPO erfordern oder wenigstens ermöglichen.

Die Begründung eines Gerichtsstands des Sachzusammenhangs (Annexzuständigkeit) für die Streitverkündung hätte ihre praktische Relevanz im wesentlichen nur bei der Gerichtsstandsvereinbarung. Die internationale Zuständigkeit wäre dann nämlich bei der Streitverkündung immer gegeben, sofern der Regreßanspruch im Sachzusammenhang mit dem Vorprozeß steht. Zweifellos wäre das deutsche Gericht danach im Regelfall zur Durchführung der Streitverkündung international zuständig. Nur bei Vorliegen einer derogierenden Gerichtsstandsvereinbarung müßte die internationale Zuständigkeit des deutschen Gerichts des Vorprozesses ausnahmsweise verneint werden.

(1) Erster Schritt: Darstellung der im Klageverfahren mit der internationalen Zuständigkeit zu berücksichtigenden Interessen - Schaffung des Vergleichsmaßstabs

Die Bewältigung der gestellten Aufgabe setzt eine Darstellung der bei der Klage bestehenden Interessen voraus. Wenn wir die Streitverkündung hinsichtlich der internationalen Zuständigkeit mit der Klage vergleichen wollen, müssen wir uns die bei der Klage vorhandenen, widerstreitenden Interessen bewußt machen.

Die Existenz widerstreitender Interessen im Klageverfahren, welche für die internationale Zuständigkeit bedeutsam sind, wurde insbesondere von Heldrich[179] und Schröder[180] nachgewiesen.

Bei dem Versuch, die internationale Zuständigkeit vom Gesichtspunkt der widerstreitenden Interessen zu beurteilen, werden diese Interessen in der Literatur mittlerweile unterschiedlich kategorisiert.[181] Inhaltlich stellen jedoch alle im wesentlichen dieselben Interessen fest, sie variieren nur in der Benennung.[182] Dabei stellt es sich für alle als unerläßlich dar, für die Regelung der internationalen Zuständigkeit die im Spiel befindlichen Interessen zu ermitteln.[183]

---

[179] *Heldrich, Andreas* "Internationale Zuständigkeit und anwendbares Recht", 1969.

[180] *Schröder, Joachim* "Internationale Zuständigkeit", 1971.

[181] - nach staatlichen und den Interessen der Parteien von *Kropholler* in "Handbuch des IZVR" Bd. 1, Kap. III: Rz. 17,

- nach wirtschaftlich-politischen, unmittelbar rechtlichen und rein praktischen Erwägungen von *Nevai*, in "Zeitgenössische Fragen des IZVR": S. 109, 116 f.,

- ausgehend von der Bedeutung der Gerichte der einzelnen Länder und deren Bedeutung für die Aufgabe der Gerichte zur Gewinnung objektiver Kriterien von *Neuhaus* in RabelsZ 20 (1955), 201, 229 ff.,

- nach einer Grobteilung in Objekt und Subjekt des Anliegens von *Schröder* "Internationale Zuständigkeit": S. 110 ff.,

- durch Aufzählung aller tatsächlich bestehenden sachlichen Interessen, die dann den verschiedenen Trägern bzw. Subjekten zugeordnet werden von *Heldrich* "Internationale Zuständigkeit und anwendbares Recht": S. 102 ff.

[182] *Neuhaus* "Grundbegriffe des internationalen Privatrechts": S. 417 Fn. 1147.

[183] Vgl.auch *Wahl* "Die verfehlte internationale Zuständigkeit": S. 29.

Betrachtet man nun die verschiedenen Ansätze zur Interessenermittlung genauer, so findet sich der größte Gleichlauf in den Abhandlungen von Kropholler, Schröder und Heldrich. Sie berücksichtigen die Subjekte als Träger der Interessen oder übertragen die tatsächlich bestehenden Interessen auf die Subjekte des Verfahrens. Dieser Zugang (Abstellen auf die Subjekte als Träger der Interessen) ist uns für den Vergleich der Interessen im Klageverfahren und bei der Streitverkündung auch sachdienlich. Schließlich liegen die wesentlichen Unterschiede beider Verfahrensinstitute im Bereich der Parteien (oder Beteiligten), von denen eine durch den Streitverkündungsempfänger als Nebenpartei ersetzt wird. Hieraus resultiert auch die Verschiedenheit der durch die beiden Verfahrensarten ausgelösten Wirkungen. Nur weil der Streitverkündungsempfänger nicht die Position einer (Haupt-) Partei des Vorprozesses einnimmt, kann ihm gegenüber kein der Rechtskraft fähiges Urteil ergehen, sondern nur die Interventionswirkung herbeigeführt werden.[184] Der Unterschied wird aber minimiert, wenn man mit Martens[185] die Streitverkündung als ersten Teil eines einheitlichen Entscheidungsvorgangs im Rechtsstreit zwischen den Parteien des Regreßprozesses sieht. Demgegenüber verändern sich die Interessen im sächlichen Sinne[186] bei der Streitverkündung nicht notwendigerweise. Unter Interessen im sächlichen Sinne sind z. B. die Beweisnähe, das Kosteninteresse, die Richtigkeitsgewähr und das Vollstreckungsinteresse zu verstehen. Die Streitverkündung betrifft zwar nur einen Teil der Regreßklage. In der Behandlung dieses Teiles besteht jedoch hinsichtlich der sächlichen Interessen Gleichlauf mit der Klage des Vorprozesses.

Schlußendlich deckt sich dieser Ansatz zur Interessenermittlung auch mit der Auffassung von Ehrenzweig[187], der richtigerweise die Fairneß gegenüber den Parteien als den Hauptgesichtspunkt ansieht, unter dem die zwischenstaatlichen Gerichtsstände verteilt werden sollen.

Als wesentliche, beim Klageverfahren beteiligte Interessen sind somit festzuhalten[188]:

1. Das Gerichtsschutzinteresse[189]: Es umschreibt das Interesse des Rechtsuchenden an der Feststellung und Durchsetzung seiner Rechte. Damit korrespondiert das staatliche Bemühen, durch Gewährung von Rechtsschutz in seinem Staatsgebiet Rechtssicherheit und -frieden zu schaffen.[190]

---

[184] Siehe oben 2. Teil, B.II.2., S. 31 ff.

[185] *Martens* in ZZP 85 (1972), 77, 90.

[186] Nach *Schröder* "Internationale Zuständigkeit": S. 110.

[187] *Ehrenzweig* "Treatise": S. 78.

[188] Einteilung nach *Heldrich* "Internationale Zuständigkeit und anwendbares Recht": S. 102 ff. Dieser nennt außerdem noch den Gleichlauf.

[189] *Heldrich* ebenda: S. 106; *Kropholler* in "Handbuch des IZVR" Bd. 1, Kap. III: Rz. 17; *Nevai* in "Zeitgenössische Fragen des IZVR": S. 116.

[190] *Heldrich* "Internationale Zuständigkeit und anwendbares Recht": S. 106.

2. Die Nähe zum Sachverhalt[191]: Hiermit wird das Interesse der Parteien an einem möglichst nahe an den Beweismitteln gelegenen Gericht[192] und das staatliche Interesse an der bestmöglichen Sachverhaltsermittlung und Beweiserhebung[193] erfaßt.

3. Die Konzentration und Konfliktsminimierung[194]: Das Bestreben nach Konfliktsminimierung ist das Interesse der Parteien an der Vermeidung der unterschiedlichen Beurteilung gleichlaufender Sachverhalte. Damit korrespondiert das staatliche Interesse und ein gleiches des Rechtsuchenden, komplexe Sachverhalte möglichst einem Gericht zur Entscheidung zu übertragen (Konzentration von Verfahren).

4. Die Wirksamkeit[195]: Der Begriff der Wirksamkeit drückt ein Bedürfnis danach aus, daß die staatlichen Gerichte nur solche Tätigkeiten übernehmen, die sie auch erfolgreich durchführen können. Dies ist vor allem dann erreicht, wenn eine erlassene Entscheidung erforderlichenfalls auch zwangsweise durchsetzbar ist.[196]

5. Der Schutz anderer Verfahrensbeteiligter[197]: Hier geht es um das rein private Interesse der Beteiligten[198] - mit Ausnahme des Rechtsuchenden - ihre Rechte dort zu verfolgen, wo es ihnen in rechtlicher und tatsächlicher Hinsicht am wenigsten erschwert wird.

Eine besonders enge Verknüpfung weisen dabei die ersten beiden Kriterien und das fünfte Kriterium auf, denn der Rechtsuchende hat, ebenso wie die anderen Verfahrensbeteiligten, das primäre Interesse, seine Rechte möglichst nahe an seinem jeweiligen Lebensmittelpunkt wahrzunehmen.[199] Diese Interessenkriterien beinhalten also den Wunsch nach einem möglichst engen Bezug

---

[191] *Walchshöfer* in ZZP 80 (1967), 165, 198; *Heldrich* "Internationale Zuständigkeit und anwendbares Recht": S. 112; *Nevai* in "Zeitgenössische Fragen des IZVR": S. 117; *Neuhaus* "Grundbegriffe": S. 419; *Schröder* "Internationale Zuständigkeit": S. 110, 112 f.

[192] *Scheucher* "Studien zur internationalen Zuständigkeit in Vermögensstreitigkeiten": S. 25; *Schröder* ebenda: S. 108, 117 f.; *Neuhaus* "Grundbegriffe": S. 420.

[193] *Heldrich* ebenda: S. 113.

[194] *Heldrich* ebenda: S. 118, 123; *Nevai* ebenda: S. 116 f.

[195] *Heldrich* "Internationale Zuständigkeit und anwendbares Recht": S. 120; *Nevai* in "Zeitgenössische Fragen des IZVR": S. 117.

[196] *Scheucher* "Studien zur internationalen Zuständigkeit in Vermögensstreitigkeiten": S. 26.

[197] *Heldrich* ebenda: S. 114; *Kropholler* in "Handbuch des IZVR" Bd. 1, Kap. III: Rz.17; *Nevai* ebenda: S. 117.

[198] *Schröder* "Internationale Zuständigkeit": S. 112 versteht unter Verfahrensbeteiligten zunächst die Prozeßgegner und die Beteiligten eines nichtsstreitigen Verfahrens. Auf S. 581 f. bezieht *Schröder* jedoch auch die Interessen des Dritten (Streitverkündungsempfänger) in die durchzuführende Abwägung mit ein. Ob der Streitverkündungsempfänger als Verfahrensbeteiligter im hier verwendeten Sinne verstanden werden darf, soll gerade der anstehende Vergleich zur Klage klären.

[199] So auch *Schröder* "Internationale Zuständigkeit": S. 112 ff.

des entscheidenden Gerichts zum Rechtsstreit. Zwangsläufig werden aber in genau diesem Punkt auch die häufigsten Interessenkonflikte auftreten, denn im internationalen Rechtsverkehr wird ein der einen Partei oder dem Sachverhalt naher Gerichtsstand der anderen Partei meist fern sein.[200] Namentlich der Schutz anderer Verfahrensbeteiligter wird im internationalen Rechtsverkehr meistens mit dem Gerichtsschutzinteresse des Rechtsuchenden kollidieren.

Diese drei Kriterien haben wegen ihrer Berücksichtigung des räumlichen Bezugs aber auch besondere Bedeutung. Schließlich genießt die Anknüpfung an die räumliche Nähe zum Sachverhalt und zu den Verfahrensbeteiligten bei der Regelung der internationalen Zuständigkeit - trotz aller gebotenen Vorsicht bei der Aufstellung einer Rangordnung - eine gewisse Vorrangstellung. Diese Vorrangstellung ergibt sich erstens durch die der ZPO innewohnenden Anbindung der internationalen Zuständigkeit an die örtliche Zuständigkeit.[201]

Zweitens folgt dies aus der allgemein anerkannten Forderung, daß die internationale Zuständigkeit nur bei ausreichender Beziehung des Rechtsstreits zum Inland begründet werden kann.[202] Es liegt daher nahe, diesen Kriterien besondere Aufmerksamkeit zu schenken, wenn die Streitverkündung mit der Klage verglichen werden soll.

Die anderen Kriterien dürfen jedoch auch nicht außer acht gelassen werden. Gerade im Hinblick auf den anstehenden Vergleich zur Streitverkündung müssen die Interessen an Konzentration und Konfliktsminimierung einfließen. Beinhalten sie doch die Zusammenlegung von in Sachzusammenhang stehenden Angelegenheiten und der diesbezüglichen Vermeidung von sich widersprechenden Entscheidungen.[203] Es ist unschwer zu erkennen, daß die Wahrung dieser Interessen auch Hauptaufgabe der Streitverkündung ist. Selbstverständlich sind Konflikte auch zwischen dem Interesse der Konzentration und dem Wunsch der Parteien nach räumlicher Nähe zum Gericht denkbar.

All diese aufgezeigten, möglichen Konflikte sinnvoll und vor allem gerecht zu lösen, ist Aufgabe der internationalen Zuständigkeit,[204] wobei - es sei noch einmal erwähnt - die Interessen der Parteien vorrangig zu beachten sind.[205]

---

[200] Vgl. *Scheucher* "Studien zur internationalen Zuständigkeit in Vermögensstreitigkeiten": S. 25; *Heldrich* "Internationale Zustän- digkeit und anwendbares Recht": S. 114.

[201] BGH GS Beschluß vom 14.6.1965 in BGHZ 44, 46, 47 = NJW 1965, 1665; *Kralik* in ZZP 74 (1961), 2, 26 f.; *Neuhaus* in RabelsZ 20 (1955), 201, 231, der den räumlichen als den bedeutsamsten Unterschied bezeichnet; *Heldrich* "Internationale Zuständigkeit und anwendbares Recht": S.113. Hierzu zählt m. E. im weitesten Sinne entgegen *Heldrich* auch der Gerichtsstand aus § 23 ZPO, der eben auf die Nähe zu einer Vollstreckungsmasse abstellt.

[202] *Spellenberg* in JA 1978, 1, 3.

[203] *Nevai* in "Zeitgenössische Fragen des IZVR": S. 116 f.

[204] *Heldrich* "Internationale Zuständigkeit und anwendbares Recht": S. 83.

[205] *Kropholler* in "Handbuch des IZVR" Bd. 1, Kap. III: Rz. 18; *Stein/Jonas-Schumann* Bd. 1 (20. Auflage): Einl. Rn. 752; *Ehrenzweig* "Treatise": S. 78.

(2) Zweiter Schritt: Feststellung der nach Sinn und Zweck der Streitverkündung zu berücksichtigenden Interessen - Herstellung der Vergleichsgrundlage

Bevor wir einen Vergleich der Interessen im Klageverfahren mit denen bei der Streitverkündung durchführen, müssen wir uns Klarheit darüber verschaffen, ob die Streitverkündung selbst überhaupt widerstreitende Interessen kennt und gegebenfalls auch anerkennt. Nur in diesem Falle ist es zulässig, die internationale Zuständigkeit als Regulativ zum Ausgleich der widerstreitenden Interessen heranzuziehen, sofern die Interessenkonflikte als beachtlich einzustufen sind.

Das Vorliegen eines Konflikts von tatsächlich existierenden Interessen haben wir bereits bejaht.[206] Nun aber ist zu fragen, ob die Streitverkündung diese Interessen, insbesondere diejenigen des Streitverkündungsempfängers, auch anerkennt und berücksichtigen will.

Nach der h. M. ist die Streitverkündung ein prozessualer Behelf, der in erster Linie den Interessen des Streitverkünders dient[207]: Den Streitverkünder, der wegen der materiell-rechtlichen Verknüpfung von gegen verschiedene Schuldner gerichteten Ansprüchen mehrere Prozesse führen muß, soll sie davor bewahren, alle Prozesse zu verlieren, obwohl er zumindest einen gewinnen müßte.[208] Der Streitverkünder soll durch die Möglichkeit der Beteiligung des Streitverkündungsempfängers auch vor dem Einwand geschützt werden, er habe den Prozeß schlecht geführt oder eine unrichtige Entscheidung herbeigeführt.[209]

Aber auch die Interessen des Streitverkündungsempfängers werden von der Streitverkündung berücksichtigt: Ihm wird die Gelegenheit gegeben, dem Vor-

---

[206] Siehe oben S. 61 f.

[207] Früher stand noch das öffentliche Interesse an der Vermeidung widersprechender Entscheidungen und der Verringerung der Prozesse insgesamt im Vordergrund, vgl. *Eibner* "Dissertation": S. 25 ff., der den Begriff der 'Notlage des Streitverkünders' entwickelte und mit ihm die Vorrangstellung der Interessen des Streitverkünders begründete. Heute besteht kein Zweifel mehr daran, daß die Wahrung der Interessen des Streitverkünders den Hauptzweck der Streitverkündung bildet, *Rosenberg/ Schwab/Gottwald* "Zivilprozeß": § 51 I., S. 273; *Eibner* in JurBüro 1988, 149, 150 f.; *Zöller-Vollkommer*: § 72 Rn. 1; *Mü-Ko-Schilken*: § 72 Rn. 1; *AK-Koch* : § 72 Rn. 1; *Stein/Jonas-Bork*: § 72 Rn. 1. Anders *BLAH-Hartmann*: Einführung vor §§ 72-74 Rn. 2, der keine Rangordnung hinsichtlich der verschiedenen Zwecke der Streitverkündung aufstellt.

[208] So ausdrücklich BGH Urteil vom 26.3.1987 in JR 1988, 67, 68 = NJW 1987, 1894; BGH Urteil vom 14.11.1991 in BGHZ 116, 95, 100 = NJW 1992, 1698, 1699 m. w. N. (ständige Rechtsprechung).

[209] Dieser Aspekt wurde bereits bei der Einführung der Streitverkündung in die ZPO vom Gesetzgeber als wesentlich angesehen, *Hahn* "Die gesamten Materialien zu den Reichsjustizgesetzen" 2. Bd.: S. 179. Vgl. außerdem: BGH Urteil vom 26.3.1987 in JR 1988, 67, 68 = NJW 1987, 1894; Urteil vom 14.11.1991 in BGHZ 116, 95, 100 = NJW 1992, 1698, 1699; *BLAH-Hartmann*: Einführung vor §§ 72-74 Rn. 2. Der Einwand der schlechten Prozeßführung ist in § 68 ZPO verankert und an genaue Voraussetzungen gebunden. Er ist nur zulässig, wenn der Streitverkündungsempfänger im Vorprozeß an der Verteidigung gehindert war.

prozeß beizutreten und den Streitverkünder zu unterstützen.[210] Diese Berücksichtigung der Interessen des Streitverkündungsempfängers ist zwingende Folge seines verfassungsrechtlichen Anspruchs auf Gewährung rechtlichen Gehörs gemäß Art 103 Abs. 1 GG.[211] Schließlich wird der Streitverkündungsempfänger gemäß § 74 Abs. 3 ZPO durch die Nebeninterventionswirkung in jedem Fall an die Ergebnisse des Vorprozesses gebunden. Durch die Gelegenheit, dem Vorprozeß beizutreten, wird außerdem auf das Interesse des Streitverkündungsempfängers, gegen ihn gerichtete Ansprüche möglichst früh abzuwehren, Rücksicht genommen.[212]

Aus der Vorrangstellung der Interessen des Streitverkünders ergeben sich jedoch Grenzen in der Berücksichtigung der Interessen des Streitverkündungsempfängers: Er soll keinen Vorteil aus der Streitverkündung ziehen, da er sich nicht in der Notlage befindet, zwei Prozesse führen zu müssen. Daher tritt die Interventionswirkung nur gegen ihn, nie zu seinen Gunsten ein.[213]

Zuletzt dient die Streitverkündung der Wahrung der staatlichen Interessen an der Verhinderung überflüssiger Prozesse und sich widersprechender Beurteilung gleicher Sachverhalte.[214] Allerdings werden die staatlichen Interessen bei der Streitverkündung insoweit zurückgedrängt, als sie nur Berücksichtigung finden, soweit es die Interessen des Streitverkünders zulassen. Daher kann die Streitverkündung das staatliche Interesse an der Vermeidung unterschiedlicher Beurteilung desselben Sachverhalts und überflüssiger Prozesse nur insoweit wahren, als sich die Interventionswirkung zu Gunsten des Streitverkünders auswirkt.[215]

Jetzt kann folgendes zusammenfassend festgehalten werden: Die Streitverkündung ist ein Rechtsinstitut, das im Grundsatz die Interessen aller drei Beteiligten (Streitverkünder, Streitverkündungsempfänger und Staat) berücksichtigt. Allerdings gebietet ihr Sinn und Zweck, den Interessen des Streitverkünders einen deutlichen Vorrang einzuräumen. Seinen Interessen haben sich die

---

[210] BGH Urteil vom 14.11.1991 in BGHZ 116, 95, 100 = NJW 1992, 1698, 1699; *BLAH-Hartmann*: Einführung vor §§ 72-74 Rn. 2; *Zöller-Vollkommer*: § 72 Rn. 1; *Mü-Ko-Schilken*: § 72 Rn. 1.

[211] Siehe zum Anspruch des Streitverkündungsempfängers auf rechtliches Gehör oben S. 43 f. Vgl. auch *AK-Koch*: § 72 Rn. 1.

[212] BGH Urteil vom 26.3.1987 in JR 1988, 67, 68 = NJW 1987, 1894. Hierbei handelt es sich um eine Ausgestaltung der prozessualen Fairness, denn es kann für den Streitverkündungsempfänger günstiger sein, seine Verteidigungsmittel bereits im Vorprozeß vorzubringen, etwa um bereits den gegen den Streitverkünder erhobenen Anspruch zu Fall zu bringen. Auf diese Weise kann er gegebenfalls den Regreßprozeß insgesamt vermeiden.

[213] Vgl. dazu die Leitentscheidung des BGH Urteil vom 26.3.1987 in JR 1988, 67, 68 = NJW 1987, 1894. Dies entspricht der h. M., *Stein/Jonas-Bork*: § 68 Rn. 12 für eine Zusammenstellung der gegensätzlichen Auffassungen und ihrer Vertreter.

[214] *Stein/Jonas-Bork*: § 72 Rn. 1; *BLAH-Hartmann*: Einführung vor §§ 72-74 Rn. 2; *Mü-Ko-Schilken*: § 72 Rn. 1, der dies allgemein als Kriterien der Prozeßökonomie und Rechtssicherheit bezeichnet; *Eibner* in JurBüro 1988, 149, 150 f., und ebenso in "Dissertation": S. 25 ff. m. w. N.

[215] So ausdrücklich BGH Urteil vom 26.3.1987 in JR 1988, 67, 68 = NJW 1987, 1894.

gegenläufigen Interessen der anderen Beteiligten im Kollisionsfall unterzuordnen. Deren Interessen werden aber berücksichtigt, sofern die Interessen des Streitverkünders dadurch nicht gefährdet sind.

(a) Der Einfluß des Grundgesetzes auf die mit der Streitverkündung verfolgten Interessen

Vom Grundsatz des Vorrangs der Interessen des Streitverkünders haben wir jedoch eine einzige Ausnahme[216] kennengelernt: Der Anspruch des Streitverkündungsempfängers aus Art. 103 Abs. 1 GG auf Gewährung rechtlichen Gehörs setzt sich auch gegen die Interessen des Streitverkünders durch. Das verfassungsrechtlich eingeräumte Prozeßgrundrecht[217] ist demnach stärker als der von der Streitverkündung primär verfolgte Zweck. Nur soweit es dem Streitverkündungsempfänger möglich war, sich bereits im Vorprozeß zu verteidigen, kann die Streitverkündung die Interessen des Streitverkünders wahren. Ist eine Verteidigung nicht möglich gewesen, tritt das Interesse des Streitverkünders, mit der Interventionswirkung aus §§ 74 Abs. 3, 68 ZPO Vorteile für den Regreßprozeß zu erlangen, gegenüber dem Prozeßgrundrecht 'Anspruch auf rechtliches Gehör' zurück.

Können wir dieses Ergebnis für die Frage der Anwendbarkeit der internationalen Zuständigkeit auf die Streitverkündung gewinnbringend verwerten? Ich meine ja. Wir haben festgestellt, daß sich die Interessen des Streitverkündungsempfängers gegen diejenigen des Streitverkünders durchsetzen, wenn sie durch ein in der Verfassung verankertes Prozeßgrundrecht geschützt sind. Diese Erkenntnis kann und muß m. E. verallgemeinert werden. Schließlich zeigt die Anwendbarkeit des Art. 103 Abs. 1 GG auf den Streitverkündungsempfänger, daß die von der Verfassung aufgestellten Prozeß- oder Verfahrensgrundrechte auch für ihn gelten sollen. Grund dafür sind die einschneidenden Wirkungen, die die Streitverkündung gemäß § 74 Abs. 3 ZPO auf den Streitverkündungsempfänger ausübt. Es ist mit anderen Worten kein Grund ersichtlich, warum diesen einschneidenden Wirkungen nicht dadurch Rechnung getragen werden darf und muß, daß sich auch der Streitverkündungsempfänger auf die Prozeßgrundrechte berufen kann. Es gilt demnach folgender Grundsatz:

---

[216] Demgegenüber stellt die Berücksichtigung des Interesses des Streitverkündungsempfängers an der möglichst frühzeitigen Abwehr von gegen ihn gerichteter Ansprüche keine Ausnahme dar. Die Beteiligung des Streitverkündungsempfängers am Vorprozeß greift nämlich nicht in die Interessen des Streitverkünders ein. Wo seine Interessen aber doch gefährdet sind, hilft ihm § 67 ZPO, der den Streitverkündungsempfänger daran hindert, Verteidigungsmittel geltend zu machen, die im Widerspruch zur Hauptpartei stehen.

[217] Vgl. *Schellhammer* "Zivilprozeß": Rn. 490.

Die Streitverkündung ist ein Rechtsinstitut, welches vorrangig die Interessen des Streitverkünders zu wahren hat. Steht aber hinter einem gegenläufigen Interesse des Streitverkündungsempfängers ein von der Verfassung eingeräumtes Prozeßgrundrecht, so kann sich dieses Interesse des Streitverkündungsempfängers durchsetzen.

Vor dem Hintergrund dieses Grundsatzes läßt sich nun endlich die Frage nach der Anwendbarkeit der internationalen Zuständigkeit auf die Streitverkündung dogmatisch 'sauber' beantworten. Anerkennt man die internationale Zuständigkeit als Zulässigkeitsvoraussetzung, kann sie den Anwendungsbereich der Streitverkündung verkürzen, denn bei Fehlen der internationalen Zuständigkeit wäre die Streitverkündung unzulässig und daher wirkungslos. Ohne Zweifel ist diese Auswirkung der internationalen Zuständigkeit den Interessen des Streitverkünders abträglich, während sie den (Zuständigkeits-) Interessen des Streitverkündungsempfängers dient. Je nachdem, wie man eine internationale Zuständigkeit bei der Streitverkündung dann ausgestaltet, sind mehr oder weniger Fallkonstellationen denkbar, in denen sich die (Zuständigkeits-) Interessen des Streitverkündungsempfängers gegen die Interessen des Streitverkünders durchsetzen. Diese Verschiebung in der Berücksichtigung der widerstreitenden Interessen ist nach dem oben festgestellten Grundsatz mit dem Sinn und Zweck der Streitverkündung aber nur vereinbar, wenn den (Zuständigkeits-) Interessen des Streitverkündungsempfängers ein Prozeßgrundrecht zur Seite steht.

Die Anwendbarkeit der internationalen Zuständigkeit auf die Streitverkündung setzt also voraus, daß die mit ihr zu berücksichtigenden (Zuständigkeits-) Interessen des Streitverkünders allgemein durch ein Prozeßgrundrecht geschützt sind. Dieses erforderliche Prozeßgrundrecht kann im Anspruch auf ein faires, rechtsstaatliches Verfahren gefunden werden.

(b) Der Anspruch auf ein faires Verfahren als Ausprägung des Rechtsstaatsprinzips

Das Fairneß-Gebot (teilweise werden gleichbedeutend die Begriffe 'Anspruch auf ein faires Verfahren' oder eine 'faire Verfahrensführung' verwendet) ist im Grundgesetz und in Art. 6 EMRK verankert.[218] Es ist mittlerweile als allgemeines, ungeschriebenes Prozeßgrundrecht anerkannt.[219]

---

[218] BVerfG Beschluß vom 19.10.1977 in BVerfGE 46, 202, 210 = NJW 1978, 151 m. w. N.: Das Recht auf faires Verfahren gehöre zu den wesentlichen Grundsätzen eines rechtsstaatlichen Verfahrens; *Geimer* in FS Schwind: S. 17, 19; *Dörr* "Faires Verfahren": S. 166 ff. ; *Schellhammer* "Zivilprozeß": Rn. 495.

[219] *Stern* in "Handbuch des Staatsrechts" Bd. V: § 109 Rn. 69, S. 87; *Leibholz/Rinck/Hesselberger* "Grundgesetz für die BRD" Bd. II: Art. 20 Rz. 1361.

Das BVerfG sieht das Fairneß-Gebot als eine Ausprägung des Rechtsstaatsprinzips in Verbindung mit einem konkreten Grundrecht an.[220] Es ist in der Verfassung nur zum Teil konkretisiert. Da die Verfassung also diesbezüglich keine in allen Einzelheiten bestimmten Ge- und Verbote enthält, bedarf das Fairneß-Gebot der Konkretisierung je nach sachlichen Gegebenheiten.[221]

Es kann jedoch als gesichert angesehen werden, daß das Fairneß-Gebot auch im Zivilprozeß Anwendung findet.[222] Erstmals 1979 hat das BVerfG in einem Arzthaftungsprozeß anerkannt, daß sich das zuerst im Strafprozeß angewendete Gebot auch auf den Zivilprozeß erstreckt.[223] Dies wurde vom BVerfG im Beschluß vom 26.4.1988[224] deutlich bestätigt. In dieser Entscheidung stellte das BVerfG auch die konkreten Ausprägungen dar, die das Fairneß-Gebot in der bisherigen Rechtsprechung gefunden hat (Fußnoten stammen vom Verfasser):

> "Der Richter muß das Verfahren so gestalten, wie die Parteien des Zivilprozesses es von ihm erwarten dürfen: Er darf sich nicht widersprüchlich verhalten (BVerfGE 69, 381 [387][225]), darf aus eigenen oder ihm zurechenbaren Fehlern oder Versäumnissen keine Verfahrensnachteile ableiten (BVerfGE 51, 188 [192][226]; 60, 1[6][227]; 75, 183 [190][228]) und ist allgemein zur Rücksichtnahme gegenüber den Verfahrensbeteiligten in ihrer konkreten Situation verpflichtet (BVerfGE 38, 105 [111 ff.][229]; 40, 95 [98 f.][230]; 46, 202 [210][231])."

---

[220] *Heyde* in "Handbuch des Verfassungsrechts": S. 1225; *Leibholz /Rinck/Hesselberger* ebenda: Art. 20 Rz. 1232; *Benda/Weber* in ZZP 96 (1983), 285, 302 f. Nach *Stern* "Das Staatsrecht der Bundesrepublik Deutschland" Bd. III, 1. Hlbd.: § 75 II 4, S. 1412 wird das Fairneß-Gebot i. d. R. aus dem Rechtsstaatsprinzip i. V. m. Art. 2 Abs. 1 GG abgeleitet.

[221] Vgl. nur BVerfG Beschluß vom 26.5.1981 in BVerfGE 57, 250, 275 f.; *Leibholz /Rinck/Hesselberger* ebenda: Art. 20 Rz. 1232; *Heyde* in "Handbuch des Verfassungsrechts": S. 1225.

[222] *Dörr* "Faires Verfahren": S. 165: Insbesondere kann sich der Beklagte eines Klageverfahrens immer auf einen ihm zustehenden Anspruch auf ein faires Verfahren berufen, denn ein Urteil zugunsten des Klägers bedeutet immer einen Eingriff in das allgemeine Freiheitsrecht des Art. 2 Abs. 1 GG; *Heyde* ebenda: S. 1226; *Leibholz/Rinck/Hesselberger* ebenda: Art. 20 Rz. 1361. *Benda/Weber* in ZZP 96 (1983), 285, 303.

[223] BVerfG Beschluß vom 25.7.1979 in BVerfGE 25, 131, 145. In dieser Entscheidung wurde zunächst allgemein das Rechtsstaats- prinzip auf den Zivilprozeß für anwendbar erklärt. Die im Rechtsstaatsprinzip enthaltene materielle Komponente definierte das BVerfG wie folgt: "Sie zielt auf die Erlangung und Erhaltung materieller Gerechtigkeit im staatlichen und staatlich beeinflußbaren Bereich". Hieraus leitete das BVerfG den Grundsatz ab, daß der Richter i. R. dieser Verpflichtung für ein gehöriges, faires Verfahren zu sorgen hat.

[224] In BVerfGE 78, 123, 126.

[225] Beschluß vom 14.5.1985: Die Entscheidung betrifft die Frage der Fristwahrung beim Widerruf eines Vergleichs durch Einschreiben, das über die Fernschreiberstelle einer anderen Behörde eingeht.

[226] Beschluß vom 22.5.1979 zur Zurückweisung nachträglichen Vortrags als verspätet i. S. § 529 Abs. 2 ZPO a. F. Die Entscheidung stützt sich allerdings auf Art. 103 Abs. 1 GG (rechtliches Gehör).

[227] Beschluß vom 9.2.1982 zur Verletzung des Anspruchs aus Art. 103 Abs. 1 GG auf rechtliches Gehör durch Präklusion bei unklar gesetzter Ausschlußfrist.

[228] Beschluß vom 14.4.1987: Die in dieser Sache erhobene Verfassungsbeschwerde richtete sich gegen die Zurückweisung verspäteten Vorbringens im Zivilprozeß gem. §§ 296 Abs. 1, 277 ZPO. Da die Verspätung im konkreten Fall auch auf gerichtlichem Fehlverhalten beruhte, war die Präklusion des Parteivorbringens auch wegen des Anspruchs auf faire Verfahrensführung ausgeschlossen.

[229] Beschluß vom 8.10.1974 zur Frage, ob ein Zeuge im Disziplinar- und Strafverfahren einen Anspruch auf eigenen Rechtsbeistand hat. Dies wurde bejaht.

[230] Beschluß vom 10.6.1975 zur Behandlung eines Ausländers, welcher der deutschen Sprache

(c) Der Einfluß des Fairneß-Gebots auf die internationale Zuständigkeit

Nachdem wir den allgemeinen Anwendungsbereich des Fairneß-Gebots herausgearbeitet haben, stellt sich nun die entscheidende Frage: Hat das Fairneß-Gebot kompetenzrechtliche Auswirkungen im Zivilprozeß dergestalt, daß es Einfluß auf die Anwendbarkeit und inhaltliche Ausgestaltung der internationalen Zuständigkeit ausübt?

Diese Frage soll zunächst für das Klageverfahren beantwortet werden, um sodann Rückschlüsse für die Streitverkündung zu ziehen. Das BVerfG sieht im Fairneß-Gebot ein Auffanggrundrecht für gröbste Verfahrensverstöße, die mit den speziellen Prozeßgrundrechten nicht bewältigt werden können.[232] Dementsprechend sind an ihm nur solche Beschränkungen Verfahrensbeteiligter zu messen, die von den speziellen Gewährleistungen des Grundgesetzes nicht erfaßt werden.[233] Aus diesem Grund hat das BVerfG für die Frage des freien Zugangs zu den Gerichten einem Kläger die Berufung auf das Fairneß-Gebot versagt.[234] Dies ist konsequent, denn der Kläger ist durch den Justizgewährungsanspruch[235], der aus Art. 19 Abs. 4 GG und dem Rechtsstaatsprinzip abgeleitet wird, ausreichend geschützt. Vielmehr streitet das Fairneß-Gebot, soweit es um die Frage des Zugangs zu Gericht geht, ausschließlich für den Beklagten des Klageverfahrens, indem es Chancengleichheit zwischen den Parteien im Zugang zu den Gerichten und bei der Wahrnehmung prozessualer Rechte insgesamt sichert.[236] Das Fairneß-Gebot stellt sich insofern als Gegengewicht zum Justizgewährungsanspruch des Klägers dar.[237] Seine Aufgabe ist

nicht mächtig ist, im Strafverfahren. Das BVerfG entschied, daß ein Strafbefehl, der keine Rechtsbehelfsbelehrung in einer dem Ausländer verständlichen Sprache ent- hielt, im Falle des Fristversäumnisses wie ein Strafbefehl ohne jegliche Rechtsbehelfsbelehrung zu behandeln sei.

231 Beschluß vom 19.10.1977: Die Entscheidung betrifft die Frage der Bestellung eines Verteidigers im Strafverfahren von Amts wegen und auf Staatskosten. In schwerwiegenden Fällen sei dies durch den Anspruch auf ein faires Verfahren geboten.

232 *Stern* "Das Staatsrecht der BRD" Bd. III, 1. Hlbd.: § 75 II 4, S. 1472; *Dörr* "Faires Verfahren": S. 169.

233 BVerfG Beschluß vom 26.5.1981 in BVerfGE 57, 250, 274 f.: Diese Entscheidung bezog sich noch auf das Strafverfahren. Inhaltlich gleich für das Zivilverfahren BVerfG Beschluß vom 9.1.1991 in BVerfGE 83, 182, 194 ; *Leibholz/Rinck/Hesselberger* "Grundgesetz für die BRD" Bd. II: Art. 20 Rz. 1232.

234 Beschluß vom 9.1.1991 in BVerfGE 83, 182, 194.

235 Vgl. zum Inhalt des Justizgewährungsanspruches *Gottwald* in "Grundfragen des Zivilprozeßrechts": S. 3, 16 ff.; *Benda/Weber* in ZZP 96 (1983), 285, 292 f., verstehen die umfassende Rechtsschutzgarantie für Zivilrechtsstreitigkeiten als spezielle Ausprägung des Rechtsstaatsprinzips. Ebenso *Geimer* in FS Nagel: S. 36, 39.

236 So im Ergebnis auch *Heyde* in "Handbuch des Verfassungsrechts": S. 1227; vgl. auch *Jung* "Der Grundsatz der Waffengleichheit im Zivilprozeß": S. 121, der die Waffengleichheit als besondere Ausprägung des Fairneß-Gebots ansieht.

237 So auch *Schlosser* in Rivista di Diretto Internationale 74 (1991), 5, 15; *Geimer* in FS Nagel: S. 36, 40 f.

es, in diesem Bereich den allgemein anerkannten Beklagtenschutz[238] verfassungsrechtlich abzusichern und eine unbeschränkte Gerichtspflichtigkeit des Beklagten zu verhindern.[239] Erfüllt wird diese Aufgabe mit der (internationalen) Zuständigkeit, die - soweit der Justizgewährungsanspruch des Klägers mit dem Anspruch des Beklagten auf ein faires Verfahren im Konflikt steht - einen gerechten Ausgleich der gegensätzlichen Positionen zu schaffen hat.

In Beantwortung der eben gestellten Frage läßt sich also für das Klageverfahren festhalten, daß das Fairneß-Gebot in der Tat kompetenzrechtliche Auswirkung hat. Das Fairneß-Gebot wirkt beschränkend auf die internationale Zuständigkeit der deutschen Gerichte, indem es als verfassungsrechtliches Gegengewicht zum Justizgewährungsanspruch des Klägers die Position des Beklagten absichert, dessen Gerichtspflichtigkeit damit einschränkt.[240]

Nichts anderes kann aus der vom BVerfG[241] für den Zivilprozeß festgestellten Pflicht zur Rücksichtnahme gegenüber den Beteiligten in ihrer konkreten Situation gefolgert werden. Diese dem Fairneß-Gebot entspringende Pflicht kann nicht auf das Verfahren selbst beschränkt werden. Vielmehr ist die Rücksichtnahme auf die konkrete Situation des Beklagten und dessen damit verbundene Interessen bereits bei der vorrangigen Entscheidung, ob das Verfahren vor den deutschen Gerichten überhaupt durchzuführen ist, geboten.[242] Eine völlige Mißachtung der Zuständigkeitsinteressen des Beklagten würde

[238] Die Erforderlichkeit des Schutzes des Beklagten vor einer unbeschränkten Inanspruchnahme im Ausland ist unbestritten. I. d. R wird diese Haltung aber nicht begründet oder jedenfalls nicht mit verfassungsrechtlichen Grundsätzen begründet, so daß hier der Eindruck entsteht, daß der Beklagtenschutz ein zivilprozessuales Allgemeingut darstellt, welches der Begründung nicht bedarf. Vgl. zum Beklagtenschutz z. B. *Gottwald* ebenda: S. 17; *Kropholler* in "Handbuch des IZVR" Bd. 1 Kap. III: Rz. 20; *Heldrich* "Internationale Zuständigkeit und anwendbares Recht": S. 114 ff.; *Nevai* in "Zeitgenössische Fragen des internationalen Zivilverfahrensrechts": S. 109, 117.

[239] So im Ergebnis auch *Geimer* in FS Schwind: S. 17, 19. Er sieht den Schutz des Beklagten verfassungsrechtlich als den entscheidenden Punkt (in Fn. 13). Auch *von Hoffmann* in IPRax 1982, 217, 218 scheint eine verfassungsrechtliche Absicherung des Beklagtenschutzes anzunehmen, wenn er ausführt: "Die Maxime 'actor sequitur forum rei' beruht auf grundlegenden Postulaten prozessualer Fairneß gegenüber dem Beklagten".

[240] In diesem Sinne auch *Geimer* in FS Schwind: S. 17, 19 m. w. N.; *Pfeiffer* in LM zu § 23 ZPO Nr. 7 (Anmerkung zu BGH Urteil vom 2.7.1991, abgedruckt auch in NJW 1991, 3092): *Pfeiffer* sieht die faire Gestaltung der internationalen Zuständigkeit als Voraussetzung eines rechtsstaatlichen Verfahrens an. Hierzu stützt er sich auf den Beschluß des BVerfG vom 23.6.1981 in BVerfGE 58, 1, 42 f. = NJW 1981, 507, 511. Im Ergebnis auch *Schlosser* in Rivista di Diretto Internationale 74 (1991), 5, 15 f., der aus dem Beschluß des BVerfG vom 12.4.1983 in BVerfGE 64, 1, 18 ableitet, daß auch das BVerfG bereits angedeutet habe, daß es das Fairneß-Gebot als "*...an appropriate means to control the operation of rules conferring jurisdiction...*" ansieht.

Demgegenüber anerkennt *Mössle* "Extraterritoriale Beweisbeschaffung im internationalen Wirtschaftsrecht": S. 203 zwar eine grundsätzliche Bindung staatlichen Handelns mit Auslandsbezug an das GG. Er stellt aber auch fest: "Gleichwohl haben die Grundrechte im Bereich der internationalen Zuständigkeit kaum als limitierendes Prinzip gewirkt...".

[241] BVerfG Beschluß vom 26.4.1988 in BVerfGE 78, 123, 126.

[242] Ähnlich *Schlosser* in Rivista di Diretto Internationale 74 (1991), 5, 14.

nämlich in der Tat einen groben Verfahrensverstoß und prozessuale Ungerechtigkeit bedeuten.[243]

Da diese Erwägungen - wie sich zeigen wird - große Bedeutung für die Frage der Anwendbarkeit der internationalen Zuständigkeit auf die Streitverkündung haben, sollen sie nochmals zusammengefaßt werden:

Wir haben festgestellt, daß der Beklagte bezüglich der Entscheidungskompetenz der deutschen Gerichte eine Position einnimmt, die durch die Verfassung - namentlich durch den Anspruch auf ein faires Verfahren als Ausdruck rechtsstaatlichen Verfahrensrechts - geschützt ist. Damit steht fest, daß der allseits anerkannte, auch mit der internationalen Zuständigkeit verfolgte Beklagtenschutz[244] dem Rechtsstaatsprinzip in Form des Anspruchs auf ein faires Verfahren entspringt. Für die internationale Zuständigkeit bedeutet dies, daß sie letztlich einen von der Verfassung erteilten Auftrag erfüllt[245]: Sie hat die gegensätzlichen verfassungsrechtlich geschützten Positionen der Parteien - den Justizgewährungsanspruch des Klägers einerseits und den Anspruch auf ein faires Verfahren des Beklagten andererseits - auszugleichen.[246] Das dem Rechtsstaatsprinzip entspringende Fairneß-Gebot kann dabei den Justizgewährungsanspruch des Klägers und die internationale Entscheidungskompetenz der deutschen Gerichte beschränken.

(d) Folgerungen für die Streitverkündung

Das Fairneß-Gebot beeinflußt also die internationale Zuständigkeit im Klageverfahren. Es kann sowohl die Entscheidungszuständigkeit der deutschen Gerichte als auch den Justizgewährungsanspruch des Klägers beschränken. Für die Anwendbarkeit der internationalen Zuständigkeit auf die Streitverkündung bedeutet dies zweierlei:

---

[243] So im Ergebnis auch *Schlosser* in IPRax 1992, 140 f. Dies läßt sich auch mit der von *Jung* "Der Grundsatz der Waffengleichheit im Zivilprozeß": S. 120 gefundenen - jedoch sehr allgemeinen - Beschreibung des Fairneß-Gebots vereinbaren. *Jung* formuliert wie folgt: "Man kann insoweit einen kleinsten gemeinsamen Nenner der verschiedensten Auffassungen dazu festhalten, als daß solche richterlichen Verfahrensweisen auszuscheiden haben, die unzumutbare Anforderungen an die Parteien stellen...".

[244] Vgl. nur *Kropholler* in "Handbuch des IZVR" Bd. 1, Kap. III: Rz. 20.

[245] Zu diesem Ergebnis gelangt auch *Schlosser* in IPRax 1992, 140, nach dem die Frage der internationalen Zuständigkeit auch eine Menschenrechtsdimension hat.

[246] So im Ergebnis auch *Geimer* in FS Nagel: S. 36, 41 der die Auffassung vertritt, daß ein sinnvolles Zuständigkeitsrecht auf einem vernünftigen Ausgleich der Interessen zwischen Kläger (möglichst umfassende Justizgewährung) und Beklagtem (Schutz vor unzumutbaren Foren) basiert; vgl. auch *Geimer* in FS Schwind: S. 17, 19. Diese Schlußfolgerung läßt sich auch mit *Kropholler* in "Handbuch des IZVR" Bd. 1 Kap. III: Rz. 23 vereinbaren, der hinter der Zuständigkeitsregelung eine eigene internationalverfahrensrechtliche Gerechtigkeit sieht. M. E. ist die Herstellung dieser Gerechtigkeit verfassungsrechtlich geboten.

1. Sofern der Streitverkündungsempfänger hinsichtlich seiner Zuständigkeitsinteressen mit dem Beklagten eines Klageverfahrens vergleichbar ist, nimmt auch er eine verfassungsrechtlich geschützte Position ein. Seine Interessen sind dann schutzwürdig, denn er hat einen Anspruch auf ein faires Verfahren. Das Rechtsstaatsprinzip gebietet, auf seine Zuständigkeitsinteressen bei der Durchführung der Streitverkündung Rücksicht zu nehmen. Damit erhalten wir die Legitimation für den Vergleich der Streitverkündung mit der Klage (der im nachfolgenden 3. Schritt durchzuführen ist).

2. Wenn wir aber feststellen können, daß die Zuständigkeitsinteressen des Streitverkündungsempfängers durch seine Prozeßgrundrechte geschützt sind, dann ist es zwingend geboten, die internationale Zuständigkeit zur Wahrung des durch die Verfassung eingeräumten Rechts auf ein faires Verfahren auf die Streitverkündung anzuwenden und im Rahmen der Zulässigkeit zu prüfen.

Damit steht die Frage der Anwendbarkeit der internationalen Zuständigkeit auf einer dogmatisch einwandfreien Grundlage. Eine stärkere Berücksichtigung der Zuständigkeitsinteressen des Streitverkündungsempfängers, die zwangsläufig die Interessen des Streitverkünders beschränkt, ist mit dem Sinn und Zweck der Streitverkündung nur dann vereinbar, wenn dies durch die Verfassung geboten ist. Im nächsten Schritt ist daher zu ermitteln, ob sich der Streitverkündungsempfänger auf den Anspruch auf ein faires Verfahren zur Durchsetzung seiner Zuständigkeitsinteressen stützen kann. Da dieses Prozeßgrundrecht dem Beklagten zusteht, kann sich auch der Streitverkündungsempfänger auf das Fairneß-Gebot berufen, sofern beide in einer vergleichbaren Position sind oder durch die verschiedenen Verfahren in einem vergleichbaren Maße betroffen werden.

(3) Dritter Schritt: Vergleich der Interessenkonflikte bei Streitverkündung und Klage - Feststellung der Schutzwürdigkeit des Streitverkündungsempfängers

Für die in diesem Schritt durchzuführende Untersuchung stellen sich zwei Aufgaben: Zunächst ist zu ermitteln, ob bei der Streitverkündung im Hinblick auf die internationale Zuständigkeit Interessenkonflikte bestehen, die in Art und Ausmaß mit denen bei der Klage vergleichbar sind. Zu diesem Zweck müssen wir - ausgehend von den im ersten Schritt herausgearbeiteten Interessengruppen - die bei der Klage bestehenden Interessen den tatsächlich bestehenden Interessen bei der Streitverkündung gegenüberstellen. Hierdurch wird sich zeigen, ob auch bei der Streitverkündung derart relevante Interessenkonflikte existieren, zu deren Auflösung die internationale Zuständigkeit erforderlich ist.

Mit einer bloßen Gegenüberstellung der Interessen können wir es aber nicht bewenden lassen. Wir haben im 2. Schritt herausgearbeitet, daß die Anwendung der internationalen Zuständigkeit mit dem Sinn und Zweck der Streitverkündung nur vereinbar ist, wenn auf die (Zuständigkeits-) Interessen des Streitverkündungsempfängers wegen des im Rechtsstaatsprinzip verankerten Fairneß-Gebots zwingend Rücksicht zu nehmen ist. Zu begründen ist dies mit der Tatsache, daß die internationale Zuständigkeit als zusätzliche Zulässigkeitsvoraussetzung den praktischen Anwendungsbereich der Streitverkündung und die mit ihr verfolgten Interessen des Streitverkünders beschränkt.[247] Erforderlich ist demnach eine verfassungsrechtlich begründete Schutzwürdigkeit des Streitverkündungsempfängers, die uns dazu zwingt, besonderes Augenmerk auf seine Position zu legen.

Daher müssen wir ermitteln, ob das Prozeßgrundrecht 'Anspruch auf ein faires Verfahren' auch dem Streitverkündungsempfänger zusteht. Die zweite Aufgabe dieses Schritts ist daher die Feststellung der durch das Fairneß-Gebot begründeten Schutzwürdigkeit des Streitverkündungsempfängers im Hinblick auf seine (Zuständigkeits-) Interessen. Schutzwürdig sind die Interessen des Streitverkündungsempfängers nur, wenn ihre Außerachtlassung - unter Berücksichtigung der im GG enthaltenen Wertungen - nicht mehr verständlich im Sinne einer groben Ungerechtigkeit wäre.[248] Da die völlige Vernachlässigung der Zuständigkeitsinteressen eines ausländischen Beklagten eine solche Ungerechtigkeit darstellt, kann seine Position als Vergleichsmaßstab herangezogen werden, um festzustellen, wie gewichtig die Interessen des Streitverkündungsempfängers sein müssen, damit das Fairness-Gebot für ihn streitet.

Nachdem wir durch diese einleitenden Überlegungen die zu lösenden Probleme herausgearbeitet haben, können wir uns dem Vergleich von Klage und Streitverkündung zuwenden. Dabei behalten wir die bei der internationalen Zuständigkeit im Klageverfahren festgestellten Interessengruppen bei.

(a) Gerichtsschutzinteresse

Das Interesse am Gerichtsschutz[249] hat bei der Streitverkündung die Partei des Vorprozesses, die den Streit verkündet. Der Streitverkünder ersucht gegerichtlichen Schutz, der ihm im Vorprozeß durch die Streitverkündung, welche die Interventionswirkung herbeiführt, gewährt wird. Zwar bringt die

---

[247] Siehe dazu oben S. 72.

[248] Vgl. zum gleichen Ansatz für das Fairneß-Gebot im allgemeinen *Dörr* "Faires Verfahren": S. 169.

[249] Aus der Sicht des Rechtsuchenden geht es beim Interesse am Gerichtsschutz um die Feststellung und die Durchsetzung seiner Rechte, aus staatlicher Sicht ist damit der Rechtsfrieden und die Rechtssicherheit gemeint, vgl. *Heldrich* "Internationale Zuständigkeit und anwendbares Recht": S. 106 f.

Streitverkündung eine Klärung des Rechtsverhältnisses zum Streitverkündungsempfänger nur in begrenztem Umfang, denn die Interventionswirkung umfaßt nur den Teil des Rechtsverhältnisses zwischen Streitverkünder und Streitverkündungsempfänger, der eine Entsprechung im Rechtsstreit des Vorprozesses hat. In diesem Rahmen entfaltet die Streitverkündung aber grundsätzlich bindende Wirkung;[250] das Gericht des Vorprozesses trifft faktisch eine Vorwegentscheidung, die im Regreßprozeß nicht mehr angreifbar ist.

Die Streitverkündung stellt also eine Form des gerichtlichen Rechtsschutzes dar, denn sie erfüllt ihren Hauptzweck[251] dadurch, daß der Streitverkünder vom Gericht des Vorprozesses davor geschützt wird, im Regreßprozeß erneut zu unterliegen, obwohl er entweder den Vor- oder aber den Regreßprozeß gewinnen müßte. Dementsprechend wird die Streitverkündung vom BGH als prozessualer Behelf bezeichnet, der in erster Linie den Interessen des Streitverkünders zu dienen bestimmt ist[252]:

> "Dessen Lage wird in den von § 72 ZPO erfaßten Fällen dadurch gekennzeichnet, daß er wegen der materiell-rechtlichen Verknüpfung der gegen verschiedene Schuldner gerichteten Ansprüche gezwungen ist, mehrere Prozesse zu führen, dabei aber Gefahr läuft, alle zu verlieren, obgleich er zumindest einen gewinnen müßte. Durch die mit der Streitverkündung ermöglichte Bindungswirkung gemäß §§ 74, 68 ZPO kann er sich dagegen schützen."

Da dieser Schutz nur durch die Beteiligung des Streitverkündungsempfängers im Vorprozeß erreicht werden kann, ist der Streitverkünder auf die Möglichkeit der Beteiligung des Dritten in Form der Streitverkündung im Vorprozeß angewiesen. Sieht man den Streitverkünder in dieser Lage richtigerweise als schutzwürdig an, hat er einen Justizgewährungsanspruch. Diesen erfüllt die Streitverkündung.

Mithin ist die Streitverkündung mit der Klage insoweit vergleichbar, als beide Rechtsinstitute eine besondere Form der Gewährung gerichtlichen Rechtsschutzes darstellen. Daher haben die Rechtsuchenden beider Rechtsinstitute ein evidentes Gerichtsschutzinteresse.

Aber auch das am Gerichtsschutz beteiligte, staatliche Interesse (Rechtssicherheit und Rechtsfrieden) ist bei der Streitverkündung feststellbar. Es findet Ausdruck im Ziel der Streitverkündung, sich widersprechende Entscheidungen zu vermeiden, was wiederum als eine Ausprägung der Rechtssicherheit zu qualifizieren ist.

---

[250] Der bindenden Nebeninterventionswirkung kann der Streitverkünder nur im Regreßprozeß und nur durch die Einrede der schlechten Prozeßführung gem. § 68, 2. Halbsatz ZPO entfliehen.

[251] Der primäre Zweck der Streitverkündung ist es, dem Streitverkünder in seiner "streitverkündungstypischen Notlage" zu helfen, vgl. *Eibner* "Dissertation": S. 26 ff.; BGH Urteil vom 26.3.1987 in JR 1988, 67, 68.

[252] BGH Urteil vom 26.3.1987 in JR 1988, 67, 68.

(b) Nähe zum Sachverhalt

Auch das Interesse an der Nähe zum Sachverhalt[253] ist bei der Streitverkündung erkennbar. Allerdings gilt dies nur beschränkt, denn dieses Interesse besteht unmittelbar nur in der Person des Streitverkünders: Die Interventionswirkung hat zur Folge, daß Tatsachenfragen, die im Vorprozeß bewiesen wurden, auch für den Regreßprozeß bindend feststehen.[254] Unterstellt man, daß im Vorprozeß ein dem Sachverhalt nahes Gericht gewählt wurde, hat dies zur Folge, daß auch die für den Regreßprozeß bindend festgestellten Tatsachen durch ein dem Sachverhalt nahes Gericht ermittelt wurden. Der Streitverkünder hat daher ein Interesse an der einheitlichen Feststellung derjenigen Tatsachen, die sowohl im Vor- als auch im Regreßprozeß auftreten. In diesem Bereich besteht daher ein Gleichlauf hinsichtlich des Interesses an der Nähe zum Sachverhalt in beiden Verfahren.

Demgegenüber kann der Streitverkündungsempfänger aus der Nähe des Gerichts des Vorprozesses zum Sachverhalt keinen unmittelbaren Nutzen ziehen. Dies liegt daran, daß die Bindungswirkung der Streitverkündung nie zu seinen Gunsten eintritt.[255] Selbst wenn im Vorprozeß die Klärung einer Tatsachenfrage zu einem für ihn vorteilhaften Ergebnis führte, kann er sich nicht darauf berufen. Allerdings kann auch für den Streitverkündungsempfänger die Nähe des Vorprozesses zum Sachverhalt günstig sein. Denn in der Nähe des entscheidenden Gerichts zum Sachverhalt steckt auch eine gewisse Richtigkeitsgewähr der Tatsachenermittlung: Ein dem Sachverhalt nahes Gericht wird zur Sachverhaltsermittlung, insbesondere zur Beweiserhebung, besser imstande sein. Man denke hier z. B. an die Feststellung eines für einen Gewährleistungsanspruch relevanten Mangels der Kaufsache, die sich im Gerichtsbezirk des Gerichts des Vorprozesses befindet. Die bestmögliche Sachverhaltsermittlung und Beweiserhebung drückt zwar primär das gerichtliche Interesse an der Nähe zum Sachverhalt aus, als Nebeneffekt nützt sie aber auch dem Streitverkündungsempfänger. Schließlich ist es auch denkbar, daß das Gericht des Vorprozesses - um beim genannten Beispiel zu bleiben - die Kaufsache in Augenschein nimmt und einen Mangel sogleich verneinen kann. In diesem Falle scheitert die Klage im Vorprozeß, und ein Regreßanspruch wird nicht entstehen.

---

[253] Es handelt sich hierbei um das Interesse der beweispflichtigen Partei, ein dem Sachverhalt nahes Gericht zu wählen. Parallel dazu läuft das gerichtliche Interesse an der bestmöglichen Sachverhaltsermittlung und Beweiserhebung, vgl. *Heldrich* "Internationale Zuständigkeit und anwendbares Recht": S. 112 f.; *Neuhaus* "Grundbegriffe des internationalen Privatrechts": S. 419.

[254] Dies gilt jedenfalls, soweit die konkrete Tatsache für beide Prozesse gleichermaßen relevant ist und ein Konflikt i. S. d. § 67 ZPO zwischen Streitverkünder und Streitverkündungsempfänger nicht besteht.

[255] Vgl. dazu nur die Leitentscheidung des BGH Urteil vom 26.3.1987 in JR 1988, 67 = NJW 1987, 1894.

Insgesamt ist das Interesse an der Nähe zum Sachverhalt auch bei der Streitverkündung in ausreichendem Maße vorhanden, selbst wenn es in der Person des Streitverkündungsempfängers nur sehr abgeschwächt auftritt.

(c) Konzentration und Konfliktminimierung

Die Konzentration von Verfahren[256] und die Konfliktminimierung[257] stellen eine wesentliche Aufgabe der Streitverkündung dar.[258] Sie soll im Sachzusammenhang stehende Rechtsfragen gemeinsam und einheitlich beantworten, um so die mehrfache Sachverhaltsermittlung und Beweisaufnahme sowie divergierende Entscheidungen zu vermeiden.[259] Das Vorliegen diesbezüglicher Interessen läßt sich daher auch bei der Streitverkündung unschwer bejahen.

Dabei stört die Tatsache nicht, daß die Streitverkündung, ihre Wirksamkeit vorausgesetzt, einen Vorgriff auf das ausländische Regreßverfahren bedeutet und so Konflikte zwischen den Gerichten der verschiedenen Staaten hervorrufen kann. Unter Konfliktminimierung ist hier die Vermeidung des sachlich-inhaltlichen Konflikts zu verstehen, der entstünde, wenn ein Sachverhalt materiell-rechtlich zu zwei verschiedenen Ergebnissen führt.[260] Der Zuständigkeitskonflikt zwischen Gerichten verschiedener Staaten fällt hierunter nicht.

(d) Wirksamkeit

Das Interesse an der Wirksamkeit[261] ist bei der Streitverkündung naturgemäß nur abgeschwächt vorhanden. Dies begründet sich zunächst damit, daß die Streitverkündung für das Gericht des Vorprozesses praktisch keinen Mehraufwand bedeutet. Außer der Zustellung der Streitverkündungsschrift fallen grundsätzlich keine weiteren Tätigkeiten an. Bei der grenzüberschreitenden Erscheinungsform einer Streitverkündung kommt hinzu, daß das Gericht des Vorprozesses regelmäßig nicht feststellen kann, ob die Streitverkündung ihre

[256] Dieses Kriterium steht für das Interesse des Rechtsuchenden und der staatlichen Rechtspflege, komplexe Sachverhalte möglichst einem Gericht zur Entscheidung zuzuweisen, vgl. *Heldrich* "Internationale Zuständigkeit und anwendbares Recht": S. 118.

[257] Unter Konfliktsminimierung ist die Vermeidung der unterschiedlichen Beurteilung eines Sachverhalts als primäres Parteiinteresse zu verstehen, vgl. *Heldrich* "Internationale Zuständigkeit und anwendbares Recht": S. 123 f.

[258] Dies ist unbestritten, vgl. nur *Lüke* "Die Beteiligung Dritter im Zivilprozeß": S. 312 m. w. N. über die Rechtsprechung.

[259] BGH Urteil vom 26.3.1987 in JR 1988, 67, 68 = NJW 1987, 1894.

[260] Ob die deutsche Streitverkündung dieses Ziel erreichen kann, hängt freilich von ihrer Anerkennung im Ausland ab.

[261] Die inländischen Gerichte sollen nur solche Tätigkeiten übernehmen, die sie wirksam erledigen können. Dies umfaßt auch das Bedürfnis nach Vermeidung eines unnötigen Aufwandes, vgl. *Heldrich* "Internationale Zuständigkeit und anwendbares Recht": S. 120 f.

bezweckte Wirkung auch bei einem im Ausland durchzuführenden Regreßprozeß entfalten kann.

Trotzdem wird der Streitverkünder ein reges Interesse daran haben, daß sich die Streitverkündung auch im ausländischen Regreßprozeß verwerten läßt. Gleichermaßen besteht auch ein staatliches Interesse, daß von einem Verfahren, welches unter staatlicher Leitung durchgeführt wurde, die vorgesehene Wirkung ausgeht. Die hinter dem Interesse an der Wirksamkeit stehende Prozeßökonomie wird jedoch wegen des erwähnten geringen Aufwands, den die Streitverkündung für das Gericht bedeutet, nicht wesentlich berührt.

(e) Schutz anderer Verfahrensbeteiligter

Wir haben festgestellt, daß die ersten vier Interessengruppen im wesentlichen auch bei der Streitverkündung vorhanden sind. Allerdings konnten wir die Interessen des Streitverkündungsempfängers bislang nicht in eine dieser Gruppen einordnen, da insbesondere ein unmittelbares Interesse an einem dem Sachverhalt nahen Gericht in seiner Person nicht auftritt. Von besonderem Gewicht wird daher sein, ob sich der Streitverkündungsempfänger in das Interessenkriterium 'Schutz anderer Verfahrensbeteiligter' einordnen läßt. Schutz anderer Verfahrensbeteiligter umschreibt dabei ein rein privates Interesse der Beteiligten - mit Ausnahme des Rechtsuchenden - ihre Rechte dort zuverfolgen, wo es für sie am günstigsten ist.[262] Wir haben hier das Gegenstück des Gerichtsschutzinteresses, bei dem der Streitverkünder ebenso wie ein Kläger als Rechtsuchender berücksichtigt wurde. Jetzt sind die Interessen der anderen Beteiligten des Verfahrens - hier des Streitverkündungsverfahrens - zu berücksichtigen.

Unabhängig davon, ob man allein wegen der Formulierung 'Verfahrensbeteiligter' die Interessen auch des Streitverkündungsempfängers geschützt sehen will,[263] spricht aus sachlichen Gründen einiges dafür, ihn unter den Schutz der internationalen Zuständigkeit zu stellen. Sie gilt es nun darzustellen.

---

[262] *Heldrich* "Internationale Zuständigkeit und anwendbares Recht": S. 114; *Kropholler* in "Handbuch des IZVR" Bd. 1, Kap. III: Rz. 17. Die besonderen Gründe, nicht vor ein ausländisches Gericht gezogen zu werden, ergeben sich aus BGH GS Beschluß vom 16.6.1965 in NJW 1965, 1665 = BGHZ 44, 46.

[263] *Kropholler* ebenda: Rz. 17 spricht jedoch nur vom 'Beklagten'; *Heldrich* ebenda: S.114 drückt sich allgemein aus, so daß unter den Begriff 'Verfahrensbeteiligter' auch die Beteiligten des Verfahrens der Freiwilligen Gerichtsbarkeit gefaßt werden können.

(aa) Ausgangspunkt: Die Zuständigkeitsinteressen einer ausländischen, beklagten Partei

Die Faktoren, welche für die Interessen eines ausländischen Beklagten maßgeblich sind, wurden im wesentlichen vom Großen Senat des BGH in einer Entscheidung aufgezählt, in der es um die Frage der Überprüfbarkeit der internationalen Zuständigkeit in der Berufungs- und Revisionsinstanz ging.[264] Der BGH führte dazu aus[265] (Hervorhebungen stammen vom Verfasser):

> "Der beklagten Partei kommt es in diesem Falle darauf an, daß nicht ein deutsches Gericht, sondern ihr Heimatgericht die Rechtssache entscheidet. Dieses Interesse erschöpft sich nicht darin, daß ein für die beklagte Partei günstiger gelegenes Gericht mit dem Prozeß befaßt wird - dieser Gesichtspunkt ist hier nur von untergeordneter Bedeutung -. Die beklagte Partei hat an einer Entscheidung durch ihr Heimatgericht das natürliche Interesse jedes Staatsangehörigen, daß sein Staat, dessen Organisation und Funktionsweise er kennt, dessen Sprache er spricht und dem er auf mannigfache Weise verbunden ist, auch seiner Rechtssache sich annimmt, und nicht ein fremder Staat..."

> "Es kommt hinzu, daß die internationale Zuständigkeit - anders als die örtliche - auch über das Verfahrensrecht entscheidet, nach dem der Rechtsstreit abgewickelt wird. Denn nur das deutsche Gericht wendet deutsches Prozeßrecht, das ausländische Gericht aber sein eigenes Verfahrensrecht an. Darüberhinaus hängt von der internationalen Zuständigkeit nicht selten auch ab, nach welchem materiellen Recht die Rechtssache entschieden wird." (wird ausgeführt)

Diese vom BGH angeführten Gesichtspunkte sind in der Literatur auf Zustimmung gestoßen.[266] Sie wurden aus dem Kreis der Literatur noch um weitere Punkte ergänzt, die das Ergebnis des BGH - die Eigenständigkeit von örtlicher und internationaler Zuständigkeit - stützen. Im einzelnen wurden als zusätzliche Interessenbereiche, die bei einem Verfahren im Ausland tangiert werden, genannt: der freie Zugang zum Anwalt des Vertrauens[267], die Vermeidung der mit einem Prozeß im Ausland verbundenen höheren Kosten[268] und allgemein die größere Entfernung zum Gericht[269].

Betrachtet man nun den ersten Satz des obigen Zitats, so könnte man meinen, daß diese Entscheidung des BGH nicht auf die Streitverkündung übertragbar ist: "Der beklagten Partei kommt es...darauf an, daß nicht ein deutsches

---

[264] BGH GS Beschluß vom 14.6.1965 in NJW 1965, 1665 = BGHZ 44, 46. Der BGH entschied, daß die §§ 512 a, 549 Abs. 2 ZPO eine Überprüfung der internationalen Zuständigkeit nicht hindern. Diese Vorschriften, die nur die Überprüfung der örtlichen Zuständigkeit in der Rechtsmittelinstanz untersagen, seien wegen der großen Unterschiede zwischen örtlicher und internationaler Zuständigkeit nicht auf die internationale Zuständigkeit übertragbar. Die Existenz von besonderen Interessen bei einer Klage gegen einen Ausländer und die damit begründete Eigenständigkeit der internationalen gegenüber der örtlichen Zuständigkeit ist heute allgemein anerkannt, vgl. nur *Kropholler* in "Handbuch des IZVR" Bd. 1, Kap. III: Rz. 14 m. w. N.

[265] BGH ebenda in NJW 1965, 1665, 1666.

[266] Vgl. nur *Kropholler* ebenda: Rz. 16; *Heldrich* "Internationale Zuständigkeit und anwendbares Recht": S. 77; *Walchshöfer* in ZZP 80 (1967), 165, 191; *Schütze* "Deutsches IZPR": S. 34.

[267] *Schröder* "Internationale Zuständigkeit": S. 113.

[268] *Spellenberg* in JA 1978, 1, 4.

[269] *Kropholler* in "Handbuch des IZVR" Bd. 1, Kap. III: Rz. 14.

Gericht, sondern ihr Heimatgericht die Rechtssache entscheidet." Bei der Streitverkündung entscheidet das deutsche Gericht des Vorprozesses nicht ausdrücklich über das Rechtsverhältnis zwischen Streitverkünder und Streitverkündungsempfänger. Eine Entscheidung erfolgt erst im Regreßprozeß, für den dann gegebenenfalls die Heimatgerichte des Streitverkündungsempfängers zuständig sind. Allerdings hat das Gericht des Regreßprozesses dabei - unterstellt, die Streitverkündung kann die bezweckte Interventionswirkung auslösen - die Feststellungen des deutschen Gerichts des Vorprozesses zu berücksichtigen. Von diesen Feststellungen kann es nicht abweichen.

Was aber sind diese im Vorprozeß getroffenen Feststellungen? Sie sind eine Entscheidung über die bereits im Vorprozeß aufgetretenen Streitfragen. Im Ergebnis entscheidet das Gericht des Vorprozesses also sehr wohl über Teile des Regreßanspruchs, und zwar über alle Streitfragen, die sowohl für den Vor- als auch für den Regreßprozeß relevant sind.[270] Eine andere Frage ist, ob man den Umfang der Entscheidung im Vorprozeß als ausreichend erachtet, um den Streitverkündungsempfänger unter den Schutz der internationalen Zuständigkeit zu stellen. Dies soll später erörtert werden.

Daß diese Entscheidung nicht ausdrücklich für das Rechtsverhältnis zwischen den Parteien der Streitverkündung getroffen wird, ist dabei nur ein äußerlicher Unterschied. Entscheidend ist die Wirkung, die bei beiden Rechtsinstituten in vergleichbarer Weise vorhanden ist. Dies vorausgeschickt, kann unschwer festgestellt werden, daß auch der Streitverkündungsempfänger ein "natürliches Interesse" daran hat, daß diese Streitfragen nicht vom deutschen Gericht 'mitentschieden' werden, sondern eben ausschließlich von seinem Heimatgericht. Die Argumente der zitierten Entscheidung können daher grundsätzlich auch für die Streitverkündung herangezogen werden.

Alle vom Großen Senat des BGH[271] aufgeführten Interessen einer beklagten Partei an der Verneinung der internationalen Zuständigkeit sind ohne weiteres auf den ausländischen Streitverkündungsempfänger übertragbar. Für ihn ist die Entfernung ebenso weit, Rechtsumwelt, Sprache und Gebräuche ebenso fremd wie für den ausländischen Beklagten eines deutschen Klageverfahrens. Gleiches gilt für die von der Literatur entwickelten Gesichtspunkte. Der Zugang zum Anwalt des Vertrauens ist ebenso schwierig wie für den ausländischen Beklagten, die Kosten eines Verfahrens im Ausland gleichermaßen er-

---

[270] Ähnlich auch *Martens* in ZZP 85 (1972), 77, 90: "Die Zäsur zwischen den beiden Prozessen ist somit nur formaler Art. Sachlich handelt es sich um die Fortsetzung des mit Beginn des Erstprozesses aufgegriffenen sachlich einheitlichen Entscheidungsvorgangs, der erst mit dem Urteil im Folgeprozeß abgeschlossen wird."

[271] In NJW 1965, 1665, 1666 = BGHZ 44, 46: Kenntnis von Sprache, Organisation und Funktion des Gerichtsstaates, Verbindung zum Gerichtsstaat, Bestimmung des materiellen und des Verfahrensrechts durch die internationale Zuständigkeit.

höht. Dabei darf die nur beschränkte Teilnahmemöglichkeit am Vorprozeß nicht darüber hinwegtäuschen, daß für den ausländischen Streitverkündungsempfänger die schwere Entscheidung ansteht, ob er dem Vorprozeß als Nebenintervenient beitritt oder nicht.[272] Diese Entscheidung kann zumutbarerweise nur durch Hinzuziehung eines deutschen Rechtsanwalts getroffen werden, denn nur ein solcher wird zuverlässig über die Möglichkeiten und Folgen einer deutschen Streitverkündung Auskunft geben können.

Auch die vom BGH angesprochene Vorentscheidung, die mit der Durchführung eines Verfahrens vor deutschen Gerichten für das anzuwendende Verfahrensrecht getroffen wird, findet bei der Streitverkündung statt. Zu denken ist dabei insbesondere an das Beweisrecht, welches im ausländischen Verfahrensrecht möglicherweise anders geregelt ist. So bietet beispielsweise das angloamerikanische Recht den Parteien viel weitere Möglichkeiten zur Aufklärung des Sachverhalts als die ZPO.[273] Daher kann die Streitverkündung vor einem deutschen Gericht eine wesentliche Veränderung im Ausgang des Regreßprozesses bewirken, indem es tatsächliche Streitfragen wegen des abweichenden Prozeßrechts anders feststellt, als dies das Heimatgericht des Streitverkündungsempfängers tun würde.

Lediglich die in der zitierten Entscheidung angedeutete Abhängigkeit des anwendbaren materiellen Rechts von der internationalen Zuständigkeit können wir bei der Streitverkündung nicht feststellen. Dies liegt daran, daß das auf den Regreßanspruch anwendbare materielle Recht im Vorprozeß weder ermittelt noch angewendet wird. Das Rechtsverhältnis zwischen Streitverkünder und Streitverkündungsempfänger wird im Vorprozeß nicht - jedenfalls nicht ausdrücklich - beurteilt. Soweit das in diesem Verhältnis anzuwendende Sachrecht von dem auf die Klage anwendbaren Sachrecht abweicht, erzeugt die Streitverkündung hinsichtlich der rechtlichen Feststellungen keine Bindungswirkung.[274] Die rechtlichen Streitfragen des Vorprozesses haben in diesem Fall keine Entsprechung im Regreßanspruch, so daß die Interventionswirkung insoweit ins Leere läuft. Bedeutung hat die Interventionswirkung dann nur hinsichtlich der tatsächlichen Feststellungen des Vorprozesses.

Findet andererseits für beide Rechtsverhältnisse - auch nach dem Kollisionsrecht, welches für das Gericht des Regreßprozesses maßgeblich ist - das

---

[272] So auch *Lüke* "Die Beteiligung Dritter im Zivilprozeß": S. 76 f. Die Tragweite dieser Entscheidung wird deutlich, wenn man berücksichtigt, daß der Streitverkündungsempfänger nach der h. M. mit dem Beitritt faktisch die Möglichkeit verliert, sich auf eine fehlende Zuständigkeit zu berufen. Auf diese Problematik werden wir später näher eingehen, siehe unten S. 152 f. Zur schwierigen Entscheidung des Streitverkündungsempfängers auch *Wieczorek/Schütze-Mansel* (3. Aufl.): § 72 Rn.5.

[273] So z. B. durch das im deutschen Recht unbekannte *discovery*-Verfahren oder die *interrogatories*, vgl. zum englischen Recht unten 3. Teil, S. 177 ff.

[274] Vgl. auch den ähnlichen Gedanken hinsichtlich der tatsächlichen Grundlage von *Martens* in ZZP 85 (1972), 77, 86: "Rechtsansichten sind nur dann bindend, wenn sie die rechtliche Würdigung konkret identischer Tatsachenkomplexe betreffen."

gleiche Sachrecht Anwendung, so hat sich die Streitverkündung vor dem deutschen Gericht hinsichtlich des anwendbaren materiellen Rechts nicht nachteilig für den Streitverkündungsempfänger ausgewirkt. Dieses Sachrecht wäre auch bei einer alleinigen Entscheidung durch das Gericht des Regreßprozesses zur Anwendung gekommen. Die Streitverkündung kann also nur das anwendbare Verfahrensrecht, nicht aber das materielle Recht für den im Vorprozeß mitentschiedenen Teil des Rechtsverhältnisses zwischen Streitverkünder und Streitverkündungsempfänger beeinflussen.

Diese Einschränkung hinsichtlich des materiellen Rechts hindert aber die Feststellung der Gleichwertigkeit der betroffenen Interessen von Beklagtem und Streitverkündungsempfänger nicht. Der Gesichtspunkt der Abhängigkeit des anwendbaren Sachrechts von der internationalen Zuständigkeit ist auch nach der zitierten Entscheidung des BGH nicht ausschlaggebend. Wie der BGH zutreffend feststellte, wirkt sich dieser Gesichtspunkt keineswegs bei allen Klageverfahren aus. Schließlich besteht auch bei der klageweisen Geltendmachung eines Anspruchs die Möglichkeit, daß die Kollisionsrechte der jeweiligen Länder das gleiche Sachrecht für anwendbar erklären. Dementsprechend verwendete der BGH die Formulierung: "Darüberhinaus hängt von der internationalen Zuständigkeit nicht selten auch ab, nach welchem Recht die Rechtssache entschieden wird." Während alle anderen Gesichtspunkte - die auch bei der Streitverkündung vorliegen - bei Klagen gegen eine ausländische Person typischerweise gegeben sein werden, kann dies für den Gesichtspunkt der Vorentscheidung über das anwendbare materielle Recht gerade nicht festgestellt werden. Die Tatsache, daß die Streitverkündung keine Vorentscheidung über das auf den Regreßanspruch anzuwendende Sachrecht bewirkt, kann daher die Vergleichbarkeit der Interessenlage zwischen Klage und Streitverkündung nicht hindern.

Wir können somit als vorläufiges Ergebnis festhalten, daß die Gesichtspunkte, unter denen ein ausländischer Beklagter von der Klage betroffen ist, auch die Interessen des Streitverkündungsempfängers im Grundsatz gleichermaßen berühren. Damit steht aber auch - frei von einer Wertung - fest, daß bei der Streitverkündung Interessenkonflikte existieren, die - der Situation bei der Klage vergleichbar - insbesondere zwischen den gegensätzlichen Gruppen 'Gerichtsschutzinteresse' und 'Schutz anderer Verfahrensbeteiligter' auftreten.

Diese Feststellung kann aber nicht ausreichen, um die Anwendbarkeit der internationalen Zuständigkeit auf die Streitverkündung zwingend zu begründen. Wir wissen, daß die internationale Zuständigkeit als Einschränkung der Interessen des Streitverkünders mit dem Sinn und Zweck der Streitverkündung nur vereinbar ist, wenn den Interessen des Streitverkündungsempfängers ein Prozeßgrundrecht - hier das Fairneß-Gebot - zur Seite steht. Es genügt mithin nicht, die bloße Existenz von Interessen nachzuweisen, die mit denen eines ausländischen Beklagten vergleichbar sind. Erforderlich ist, daß der Streitverkündungsempfänger in einer dem Beklagten vergleichbaren Weise schutzbedürftig ist, damit er das Recht auf ein faires Verfahren in Anspruch nehmen kann.

Diese Schutzbedürftigkeit wird letztlich durch den Umfang des Eingriffs des jeweiligen Rechtsinstituts in die jeweiligen Interessen begründet. Für die Klage steht fest, daß sie durch den Erlaß eines vollstreckbaren Urteils so weit in die Interessen des Beklagten eingreift, daß dieser - als Ausdruck eines fairen Verfahrens - durch die internationale Zuständigkeit geschützt werden muß. Der ausländische Beklagte ist also schutzbedürftig. Gleiches gilt für den Streitverkündungsempfänger, wenn der durch die Streitverkündung bewirkte Eingriff in seine Interessen dem Eingriff der Klage in die Interessen des Beklagten an Intensität nicht nachsteht.

Da wir schon eingangs unserer Untersuchung feststellen mußten, daß die Streitverkündung in einigen Punkten von der Klage abweicht, bzw. sogar hinter ihr zurückbleibt, bestehen zahlreiche Bedenken gegen eine Vergleichbarkeit der Intensität des Eingriffs durch die Klage einer- und die Streitverkündung andererseits. Mit diesen Bedenken haben wir uns nun zu befassen.

(bb) Erstes Bedenken: Die Streitverkündung erzeugt nur eine beschränkte Bindung

Gegen das Erfordernis einer internationalen Zuständigkeit für die Streitverkündung wird vorgebracht, der Streitverkündungsempfänger sei im Regreßprozeß ausreichend geschützt, weshalb er im Vorprozeß nicht unter den Schutz der internationalen Zuständigkeit gestellt werden müsse.[275] Hinter diesem Bedenken steht der entscheidende Unterschied zwischen der Klage und der Streitverkündung: Bei der Streitverkündung wird der Streitverkündungsempfänger - selbst wenn er beitritt - nur Nebenpartei; eine Verurteilung droht ihm im Vorprozeß nicht.[276] Es werden also nur Teilfragen des Anspruchs zwischen Streitverkünder und Streitverkündungsempfänger mitentschieden. Demgegenüber führt die Klage zum Erlaß eines Urteils.

Zugegebenermaßen bleibt die Streitverkündung damit quantitativ hinter dem Urteil zurück, da sie nur einen Teil des Anspruchs erfaßt. Qualitativ ist sie aber - mit Ausnahme des Bereichs der Einrede nach § 68, 2. Halbsatz ZPO - mit einem Urteil unbedingt vergleichbar. Für den Teil, der im Vorprozeß bin-

---

[275] Das OLG Karlsruhe Urteil vom 10.10.1973 in NJW 1974, 1059, 1060 stellt fest, daß der Schutzzweck der §§ 12 ff. ZPO im nachfolgenden Regreßprozeß gewahrt wird. Vgl. auch *Koch* in ZVglRWiss 85 (1986), 11, 57.

[276] *Zöller Vollkommer*: § 67 Rn. 1. Vgl. auch *Wieczorek/Schütze Mansel* (3. Aufl.): § 68 Rn. 29 f.

dend entschieden wurde und der mitunter sehr umfangreich sein kann,[277] geht dem Streitverkündungsempfänger zweifellos der Zuständigkeitsschutz verloren, denn insoweit kann er sich im Regreßprozeß nicht mehr verteidigen.[278]

Jetzt sind wir wieder bei der - wie oben gezeigt - unbefriedigenden Wertungsfrage angelangt. Allerdings wissen wir nun, warum sie immer wieder auftaucht. Nicht die Feststellung eines Interessenkonflikts bei der Streitverkündung oder der Existenz relevanter Zuständigkeitsinteressen des Streitverkündungsempfängers bedingt eine Wertung. Die Existenz von relevanten Zuständigkeitsinteressen konnten wir bereits wertungsfrei feststellen. Es ist der - aus dem Fairneß-Gebot gefolgerte - Begriff der Schutzbedürftigkeit, der eine Wertung erfordert. Die Notwendigkeit einer verfassungsrechtlichen Absicherung der Zuständigkeitsinteressen des Streitverkündungsempfängers zwingt dazu, über deren bloße Existenz hinaus auch ihre Schutzbedürftigkeit festzustellen. Hierzu müssen wir uns aber entscheiden, ob wir darauf abstellen, daß die Streitverkündung eben nur einen Teil des (Regreß-) Anspruchs mitentscheidet, oder ob wir die Tatsache in den Vordergrund rücken, daß dieser Teil ohne Zuständigkeitsschutz des Streitverkündungsempfängers entschieden wird. Diese Entscheidung ist aber frei von einer Wertung nicht zu treffen.

Da die Wertung nur dazu dient, die Schutzbedürftigkeit des Streitverkündungsempfängers festzustellen, können wir die Untersuchung auf den Teil des (Regreß-) Anspruchs beschränken, der von der Streitverkündung über die Interventionswirkung bereits im Vorprozeß mitentschieden wird. Nur die Bindung an die relevanten Feststellungen des Vorprozesses können die Schutzwürdigkeit des Streitverkündungsempfängers begründen. Stellt sich diese Bindung an den Vorprozeß als so erheblich dar, daß seine Zuständigkeitsinteressen schutzbedürftig sind, wird diese Schutzbedürftigkeit auch nicht durch den Einwand beseitigt, die Streitverkündung bleibe hinter der Klage zurück.

Betrachten wir also den Teil des (Regreß-) Anspruchs, der bereits im Vorprozeß mitentschieden wird. Das Propellerbeispiel aus der Einleitung kann hier zur Verdeutlichung dienen: Wenn im Vorprozeß etwa festgestellt wird, daß der betreffende Propeller konstruktionsbedingt mangelhaft war, so trifft der Mangel zunächst den Beklagten des Vorprozesses. Zumindest aber wegen der Konstruktionsbedingtheit des Mangels wird er auch auf den Streitverkün-

---

[277] *Geimer* in ZZP 85 (1972), 196, 202.

[278] In diesem Sinne auch *Spellenberg* in ZVglRWiss 79 (1980), 89, 126 f., der feststellt, daß der Streitverkündungsempfänger jedenfalls hinsichtlich der für seine Rechtslage vorgreiflichen Sach- und Rechtsfragen vor einem für ihn an sich unzuständigen Gericht streiten muß.

dungsempfänger zurückfallen, denn er wurde bindend festgestellt,[279] und zwar gegebenenfalls von einem für den Streitverkündungsempfänger unzuständigen Gericht. Meines Erachtens ist dies ein schwerer Eingriff in die Interessen des Streitverkündungsempfängers.

Dieser Einschätzung mag man entgegenhalten, es sei ja nur ein Teil des Regreßanspruchs - nämlich die Mangelhaftigkeit des Propellers - festgestellt worden, und ein vollstreckungsfähiger Titel drohe dem Streitverkündungsempfänger nur von einem für ihn zuständigen Gericht im Regreßprozeß. Dieser Einwand geht freilich von der falschen Annahme aus, daß die zuständigkeitsrechtlichen Interessen durch §§ 12 ff. ZPO nur für solche Klageverfahren gewahrt werden, in denen ein vollstreckbarer Titel ergehen kann. Was aber ist mit der Feststellungsklage? Auch für sie ist die internationale Zuständigkeit erforderlich, obwohl sie weder einen vollstreckungsfähigen[280] Titel noch eine Feststellung des gesamten Anspruchs (in Grund und Höhe) beinhaltet. In diesen Punkten zeitigt die Streitverkündung - sieht man von den Interessenkollisionen des § 67 ZPO ab, die über § 68, 2. Halbsatz ZPO beachtet werden - mit der Feststellungsklage vergleichbare Wirkungen.[281] Verneint man also die Erforderlichkeit der internationalen Zuständigkeit, wird dem Streitverkündungsempfänger für die im Vorprozeß festgestellten, tatsächlichen und rechtlichen Grundlagen der zuständigkeitsrechtliche Schutz entzogen, obwohl er ihn in ei-

---

[279] Da die Frage der Mangelhaftigkeit einer Sache wegen des subjektiven Fehlerbegriffs immer vom konkreten Kaufvertrag abhängt, schlägt *Lüke* "Die Beteiligung Dritter im Zivilprozeß": S. 324 f. vor, die Interventionswirkung solle nur die Beschaffenheit des Kaufgegenstands zum Zeitpunkt des Gefahrübergangs, nicht aber die Mangelhaftigkeit selbst für den Regreßprozeß bindend feststellen. Dem ist im Grundsatz zuzustimmen. Wählt man allerdings - wie hier - einen konstruktionsbedingten Mangel als Beispiel, so wird sich dies zwangsläufig auch auf den Regreßprozeß auswirken. Dies gilt umso mehr, wenn es nicht um sog. Kettenkaufverträge (wie bei *Lüke*), sondern - wie hier - um den Einbau eines untauglichen Einzelteiles in das Endprodukt geht. Ist der Propeller nämlich zum Fliegen unbrauchbar oder schadhaft, wird sich dies automatisch auf den Hauptzweck des Flugzeuges, das Fliegen, auswirken.

Die von *Lüke* angesprochene Problematik ist jedoch in verwandter Weise auch für die grenzüberschreitende Streitverkündung feststellbar. Wird der Regreßanspruch von einem anderen Sachrecht beherrscht als der Anspruch im Vorprozeß, sind die Wirkungen der Streitverkündung gegebenenfalls zu beschränken. Knüpft das ausländische Sachrecht des Regreßprozesses den Gewährleistungsanspruch an andere Voraussetzungen, kann die Streitverkündung eine Bindungswirkung für die rechtlichen Feststellungen nicht zeitigen. Dies wird besonders für die Frage des Mangels deutlich. Kennt das ausländische Sachrecht nicht den subjektiven, sondern etwa einen objektiven Fehlerbegriff, können die Feststellungen des deutschen Gerichts des Vorprozesses zum Mangel nur insoweit binden, als sie - rein tatsächlich - die Beschaffenheit der Sache zum Zeitpunkt des Gefahrübergangs feststellen. Dieses Problem läßt sich leicht auf andere Fälle übertragen, in denen ein Anspruch in den verschiedenen Sachrechten unterschiedlich ausgestaltet ist. Auch dann werden die Feststellungen des Vorprozesses nur in tatsächlicher Sicht binden.

[280] *Thomas-Putzo*: § 704 Rn. 1.

[281] Vgl. zum parallelen Gedanken *Lüke* "Die Beteiligung Dritter im Zivilprozeß": S. 350. Die Tatsache, daß ein Feststellungsurteil nur Rechtsverhältnisse, aber keine einzelnen Rechtsfragen oder Tatsachen feststellen kann (vgl. *Thomas-Putzo*: § 256 Rn. 10, 11 m. w. N. über die Rechtsprechung) hindert die Vergleichbarkeit nicht. Die Streitverkündung hat hier einen größeren Anwendungsbereich, und greift daher öfter in die Interessen des Streitverkündungsempfängers ein.

ner vergleichbaren Feststellungsklage genießen würde. Insoweit sind die Zuständigkeitsinteressen des Streitverkündungsempfängers schutzwürdig, obwohl ihm im Vorprozeß nur eine teilweise Entscheidung des Regreßanspruchs droht. Eine ungeprüfte und schrankenlose Entziehung des Zuständigkeitsschutzes, die sich ergibt, wenn man die internationale Zuständigkeit gegenüber dem Streitverkündungsempfänger für entbehrlich hält, ist ungerecht. Sie vernachlässigt schutzwürdige Interessen des Streitverkündungsempfängers, indem ihm die Last auferlegt wird, seine Rechte vor dem deutschen Gericht des Vorprozesses zu verfolgen.

(cc) Zweites Bedenken: Der Streitverkündungsempfänger ist nicht schutzbedürftig, da ihm nur ein Prozeß droht

Bei der Frage, ob die Streitverkündung die Nebeninterventionswirkung auch zugunsten des Streitverkündungsempfängers auslöst, stellt der BGH fest, daß der Streitverkündungsempfänger keiner Hilfe bedürfe, da er - anders als der Streitverkünder - nur mit einem Prozeß zu rechnen habe.[282] Hieraus könnte man schließen, daß der Streitverkündungsempfänger insgesamt nicht schutzbedürftig ist, also auch keines zuständigkeitsrechtlichen Schutzes bedarf. Richtig ist, daß der Streitverkündungsempfänger nur mit einem Prozeß als Partei zu rechnen hat. Aber diejenigen tatsächlichen und rechtlichen Fragen, die im Vorprozeß bindend festgestellt werden, sind nicht mehr Gegenstand im Regreßprozeß, es sei denn § 68, 2. Halbsatz greift durch. Selbst wenn der Streitverkündungsempfänger also nicht an zwei Prozessen als Partei teilnimmt, so wird der ihn angehende Rechtsstreit doch in zwei Prozessen entschieden.[283] Hier liegt zuständigkeitsrechtlich der entscheidende Punkt: Es ist die Entscheidung, die in die Interessen eingreift und damit ein Schutzbedürfnis auslöst, nicht aber der Umfang der Teilnahme am Vorprozeß.[284] Daher

---

[282] BGH Urteil vom 26.3.1987 in JR 1988, 67, 68 = NJW 1987, 1894. In der Sache ging es freilich nur um die Frage, ob die Streitverkündungswirkung auch zugunsten des Streitverkündungsempfängers, oder aber nur gegen ihn wirken kann. Die Probleme einer internationalen Zuständigkeit für die Streitverkündung wurden nicht berührt. Wegen der Allgemeinheit der Äußerung halte ich jedoch eine Stellungnahme für angebracht. In der Sache entschied der BGH, daß die Interventionswirkung nur zu Lasten, nicht aber zugunsten des Streitverkündungsempfängers eintreten kann. Dies stieß in der Literatur teilweise auf Ablehnung, vgl. nur *Häsemeyer* in Anmerkung zum besagten Urteil in JR 1988, 69 ff.; *Lüke* "Die Beteiligung Dritter im Zivilprozeß": S. 339 ff.

[283] *Martens* in ZZP 85 (1972), 77, 90, der die Zäsur zwischen Vor- und Regreßprozeß als nur formal bezeichnet. Vgl. auch *Lüke* "Die Beteiligung Dritter im Zivilprozeß": S. 345; *Spellenberg* in ZVglRWiss 79 (1980), 89, 127.

[284] Zwar bestehen die Zuständigkeitsinteressen gerade darin, die Teilnahme an einem Verfahren im Ausland zu vermeiden. Damit wird jedoch die Art der Beteiligung nicht zum entscheidenden Kriterium erhoben. Der Ausländer wird am Verfahren vor einem deutschen Gericht als Beklagter oder Streitverkündungsempfänger nur teilnehmen, da er befürchtet, ohne seine Teilnahme werde eine ungünstige Entscheidung i. F. eines Versäumnisurteils oder der Interventionswirkung nach § 74 Abs. 3 ZPO ergehen. Er nimmt also teil, um die Entscheidung des deutschen Gerichts günstig zu beeinflußen. Droht ihm aber keine Entscheidung, hat er keinen Grund, am Verfahren teilzunehmen.

sind die Interessen des Streitverkündungsempfängers schutzbedürftig, auch wenn er nur an einem Prozeß als Partei, am Vorprozeß aber nur als Nebenpartei teilnimmt.

Der Schutz der Zuständigkeitsinteressen des Streitverkündungsempfängers ist m. E. auch ein zwingendes Gebot der Gerechtigkeit. Man muß berücksichtigen, daß die Streitverkündung ein Rechtsinstitut ist, welches nur den Interessen des Streitverkünders dient. Es ist für ihn völlig risikolos, den Streit zu verkünden; er hat in der Regel nicht einmal die Kosten des Streitverkündungsempfängers zu tragen.[285] Die Streitverkündung kann seine Situation nur verbessern.

Demgegenüber hat der Streitverkündungsempfänger nur Nachteile durch die Streitverkündung. Selbst wenn der Vorprozeß für ihn günstige Erkenntnisse hervorbringt, so sind diese im Regreßprozeß nicht verwertbar.[286]

Diese einseitige Berücksichtigung der Interessen des Streitverkünders mag sich im Grundsatz durch die angenommene oder mögliche materiell-rechtliche Verpflichtung des Streitverkündungsempfängers rechtfertigen. Wenn der Streitverkündungsempfänger materiell-rechtlich für die Inanspruchnahme des Streitverkünders im Vorprozeß verantwortlich ist, so soll er die Last der Streitverkündung in materiell-rechtlicher Sicht tragen: Er wird an die Ergebnisse des Vorprozesses zu seinem Nachteil gebunden, ohne die Vorteile genießen zu können. Diese Auslegung des § 74 Abs. 3 ZPO läßt sich mit der Tatsache begründen, daß der Streitverkündungsempfänger - anders als der Streitverkünder - nur ein Verfahren verlieren, also nur einmal verurteilt werden kann. In diesem Sinne ist auch der Satz des BGH zu verstehen, daß der Streitverkündungsempfänger keine entsprechende Hilfe braucht.[287]

Läßt sich aber mit dieser materiell-rechtlichen Begründung auch die Verpflichtung des Streitverkündungsempfängers rechtfertigen, sein Recht vor einem fremden Forum nehmen zu müssen? Diese Pflicht kann Ergebnis einer Interessenabwägung sein, aber die mögliche materiell-rechtliche Verpflichtung schafft alleine jedoch keinen zwingenden Grund für die Vernachlässigung seiner Zuständigkeitsinteressen. Im Gegenteil: Das deutsche Recht geht zur Bestimmung der (örtlichen und internationalen) Zuständigkeit trotz der möglichen materiell-rechtlichen Verpflichtung des Schuldners von der Maßgeblichkeit seines Wohnsitzes aus.[288] Die normierten Ausnahmen von dieser Regel der §§ 12, 13 ZPO gründen nicht in der abstrakten materiell-rechtlichen

---

285 Siehe dazu unten 2. Teil, B.III.4.b., S. 137 ff.

286 BGH Urteil vom 26.3.1987 in JR 1988, 67 = NJW 1987, 1894.

287 BGH Urteil vom 26.3.1987 in JR 1988, 67, 68.

288 Anders in der Praxis das EuGVÜ: Zwar normiert es ebenfalls als Grundsatz in Art. 2 den Gerichtsstand des Beklagtenwohnsitzes. Im einzelnen wird diese Regelung jedoch mehrfach durchbrochen. So auch für die Beteiligung eines Dritten durch Art. 6 Nr. 2 EuGVÜ.

Verpflichtung des Schuldners und können daher hier nicht herangezogen werden.[289]

Vielmehr folgt die Zuständigkeit des Gerichts einer eigenen - von der materiellen Rechtslage insoweit unabhängigen - verfahrensrechtlichen Gerechtigkeit. Diese erfordert eine Abwägung der Interessen des Streitverkünders an der wirkungsvollen Durchsetzung der materiell-rechtlichen Verpflichtung des Streitverkündungsempfängers einerseits und den bereits dargestellten, beachtlichen Zuständigkeitsinteressen des Streitverkündungsempfängers andererseits. Diese Aufgabe erfüllt die internationale Zuständigkeit. Sie muß daher auch bei der Streitverkündung gegeben sein.

(dd) Drittes Bedenken: Der Streitverkündungsempfänger ist nicht schutzbedürftig, da er dem Vorprozeß nicht als Nebenintervenient beitreten muß

Zuletzt könnte man der Schutzbedürftigkeit der Zuständigkeitsinteressen des Streitverkündungsempfängers noch entgegenhalten, daß er nicht verpflichtet ist, dem Vorprozeß beizutreten.[290] Wegen der Freiwilligkeit der Teilnahme am Vorprozeß, ließe sich vertreten, daß die Zuständigkeitsinteressen des Streitverkündungsempfängers im Vorprozeß auch nicht schutzbedürftig sind. Dieser Einwand kann nicht überzeugen: Zunächst hat auch der ausländische Beklagte keine Pflicht, an einem Klageverfahren vor einem deutschen Gericht teilzunehmen. Warum wird er dann als schutzbedürftig angesehen? Der Grund liegt darin, daß das unentschuldigte Fernbleiben des Beklagten nicht folgenlos bleibt. Ihm droht ein Versäumnisurteil. Dies ist eindeutiges Indiz dafür, daß sich die Schutzbedürftigkeit aus den Folgen der Einleitung eines Verfahrens vor dem deutschen Gericht ergibt. Die Freiwilligkeit der Teilnahme des Betroffenen hat demgegenüber für die Frage der Schutzbedürftigkeit keine Bedeutung. Unter diesem Aspekt ist aber auch der Streitverkündungsempfänger

---

289 Ausnahmen von §§ 12, 13 ZPO, die auf die materielle Rechtslage zurückgeführt werden können, sind z. B. die §§ 29, 32 ZPO. Sie begründen die Zuständigkeit aber nicht allgemein mit der materiell-rechtlichen Verpflichtung des Schuldners, sondern mit einer Besonderheit bei der Entstehung des geltend gemachten Anspruchs, z.B. der Erfüllungsort oder der Ort der unerlaubten Handlung. Die ausschließlichen Gerichtsstände der §§ 24 ff., 29a ZPO knüpfen an die Lage des im Streit befindlichen Objekts an, während die §§ 25, 33, 34 ZPO auf einem Sachzusammenhang mit einem bereits durchgeführten Verfahren vor einem bestimmten Gericht aufbauen. Ob die Streitverkündung in diese letzte Gruppe eingeordnet werden kann, ist im nächsten Abschnitt, dem vierten Schritt, zu klären. Festzustellen ist hier aber, daß die materiell-rechtliche Verpflichtung des Schuldners einen Gerichtsstand, der von seinem Wohnsitz abweicht, nur begründen kann, wenn besondere Umstände hinzutreten, die eine Nähebeziehung zu einem bestimmten Gericht oder aber ein anderes Bedürfnis für die Entscheidung durch ein bestimmtes Gericht erzeugen.

290 Zur Freiwilligkeit des Beitritts: BGH Urteil vom 22.9.1975 in WM 1976, 56, der jedoch feststellt, daß sich der Streitverkündungsempfänger bei der Entscheidung, ob er dem Vorprozeß beitritt, unter einem gewissen Zugzwang befindet; *BLAH-Hartmann*: Einführung vor §§ 72-74 Rn. 4; *Stein/Jonas-Bork*: § 74 Rn. 2.

schutzbedürftig. Ihn treffen gemäß § 74 Abs. 3 ZPO die bindenden Wirkungen des Vorprozesses, auch wenn er nicht beitritt.

Insoweit wird auf den Streitverkündungsempfänger ein faktischer Zwang zum Beitritt ausgeübt,[291] der nicht vernachlässigt werden darf. Er steht - einem ausländischen Beklagten vergleichbar - unter erheblichem Druck, am Vorprozeß teilzunehmen, um sich zu den Streitfragen zu verteidigen, die dort für den Regreßprozeß bindend festgestellt werden. Wenn er den Beitritt unterläßt, läuft er Gefahr, daß sich seine Rechtsposition durch die Interventionswirkung im Regreßprozeß vor einem Gericht seines Heimatlands verschlechtert. Dieser Zwang, der von einem Verfahren vor einem deutschen Gericht ausgeübt wird, rechtfertigt bereits die Prüfung der internationalen Zuständigkeit. Die angeführte Freiwilligkeit des Beitritts als Nebenintervenienten hindert daher die Feststellung der Schutzbedürftigkeit der Interessen des Streitverkündungsempfängers nicht.

(ee) Zwischenergebnis

Die vorstehende Untersuchung hat zahlreiche Ergebnisse gebracht, die wir uns zusammenfassend noch einmal vergegenwärtigen müssen, um den letzten Schritt - die Aufstellung einer Regel für die internationale Zuständigkeit - bewältigen zu können.

Eingangs hatten wir uns zwei Aufgaben gestellt: Wir wollten erstens feststellen, ob bei der Streitverkündung hinsichtlich der internationalen Zuständigkeit relevante Interessenkonflikte bestehen. Hierzu arbeiteten wir die Interessen der Beteiligten einer Streitverkündung anhand der - im ersten Schritt gefundenen - Interessengruppen heraus, die uns von der Klage bekannt sind. Zweitens hatten wir das Ziel, das Vorliegen dieser Interessenkonflikte frei von einer Wertung zu ermitteln.

Nur die erste Aufgabe konnten wir bisher erfüllen: Der Streitverkünder hat ein starkes Interesse am Gerichtsschutz. Diesen zu gewähren ist der Hauptzweck der Streitverkündung, die sich somit als besondere Form der Erfüllung des Justizgewährungsanspruchs des Streitverkünders darstellt.

Auch die anderen Interessengruppen (Konfliktminimierung, Konzentration und Wirksamkeit) sind bei der Streitverkündung in ausreichendem Umfang vorhanden. Lediglich beim Interesse an der Nähe zum Sachverhalt ist eine Einschränkung geboten. Dieses Interesse findet sich nur beim Rechtsuchenden, dem Streitverkünder. Demgegenüber tritt dieses Interesse - anders als bei

[291] *Geimer* in ZZP 85 (1972), 196, 200; *Wieczorek/Schütze-Mansel* (3. Aufl.): § 72 Rn. 5 rät dem Streitverkündungsempfänger im Zweifel zum Beitritt, da ihn die Interventionswirkung ohnehin treffe.

der Klage - in der Person des Gegners, dem Streitverkündungsempfänger, nicht unmittelbar auf.

Schwieriger und umfangreicher gestaltet sich die Berücksichtigung der tatsächlich bestehenden Interessen des Streitverkündungsempfängers. Sie können ausschließlich in der Gruppe 'Schutz anderer Verfahrensbeteiligter' einordnet werden. Wertungsfrei läßt sich nur feststellen, daß die Gesichtspunkte, welche die Zuständigkeitsinteressen eines ausländischen Beklagten begründen und beeinflussen, auch auf den Streitverkündungsempfänger einwirken. Einzige Ausnahme war die vom BGH[292] festgestellte präjudizielle Wirkung, welche die internationale Zuständigkeit im Klageverfahren auf das anwendbare Sachrecht haben kann.

Damit war die Feststellung möglich, daß auch bei der Streitverkündung hinsichtlich der internationalen Zuständigkeit Interessenkonflikte bestehen.

Für die Streitverkündung bedeutet die Existenz von Interessenkonflikten aber noch nicht zwingend die Anwendbarkeit der internationalen Zuständigkeit. Darüberhinaus - so hatten wir im zweiten Schritt ermittelt - ist für ihre Anwendbarkeit erforderlich, daß die Zuständigkeitsinteressen des Streitverkündungsempfängers durch das Prozeßgrundrecht des fairen Verfahrens geschützt sind. Dazu mußten wir die Schutzbedürftigkeit der Interessen des Streitverkündungsempfängers feststellen. Im Rahmen von drei Bedenken setzten wir uns mit dieser Schutzbedürftigkeit und den Unterschieden zwischen Klage und Streitverkündung auseinander. Die Bedenken greifen nicht durch und die Schutzbedürftigkeit konnte bejaht werden.

Im Ergebnis ist also die Feststellung möglich, daß die Streitverkündung soviele widerstreitende Interessen beinhaltet, daß die Anwendung der inter- nationalen Zuständigkeit zum angemessenen Ausgleich dieser Interessen geboten ist.

Die Erforderlichkeit der verfassungsrechtlichen Absicherung der Interessen des Streitverkündungsempfängers vereitelte aber die Bewältigung der zweiten Aufgabe. Die Feststellung der Schutzbedürftigkeit ist nur über eine Bewertung der Intensität des Eingriffs möglich, den die Streitverkündung auf die Interessen des Streitverkündungsempfängers vornimmt. Damit ist das gefundene Ergebnis 'Anwendbarkeit der internationalen Zuständigkeit auf die Streitverkündung' zwar logisch richtig und dogmatisch 'sauber' begründet. Bei der Feststellung der Schutzbedürftigkeit liegt jedoch noch eine Schwachstelle, die sich dadurch ausdrückt, daß andere Ergebnisse nicht zwingend ausgeschlossen werden können.

---

[292] BGH GS Beschluß vom 14.6.1965 in NJW 1965, 1665 = BGHZ 44, 46.

Um Mißverständnissen vorzubeugen: Aus den eben dargestellten Erwägungen kann nicht der Schluß abgeleitet werden, daß die Streitverkündung eine nach den §§ 12 ff. ZPO begründete internationale Zuständigkeit gegenüber dem Streitverkündungsempfänger voraussetzt. Wir haben nur herausgearbeitet, daß der Streitverkündungsempfänger schutzbedürftige Zuständigkeitsinteressen hat. Damit steht jedoch fest, daß der völlige Verzicht auf die internationale Zuständigkeit bei der Streitverkündung einen Verstoß gegen das - im Rechtsstaatsprinzip enthaltene - Fairneß-Gebot darstellt. Wie die widerstreitenden Zuständigkeitsinteressen zu berücksichtigen sind und in welcher Art eine Zuständigkeitsregelung ausgestaltet sein muß, kann nur durch Abwägung aller Interessen und der Aufgabe der Streitverkündung selbst ermittelt werden. Diese Abwägung müssen wir im folgenden vierten Schritt vornehmen.

(4) Vierter Schritt: Abwägung der widerstreitenden Interessen von Streitverkünder und Streitverkündungsempfänger - Aufstellung einer internationalen Zuständigkeitsordnung für die Streitverkündung

Als Ergebnis der ersten drei Schritte konnten wir feststellen, daß der Streitverkündung schutzbedürftige Zuständigkeitsinteressen ihrer Beteiligten zugrundeliegen, die miteinander kollidieren können. Hinter diesen Interessen stehen verfassungsrechtliche Positionen der Beteiligten. Dies sind der Justizgewährungsanspruch[293] des Streitverkünders einerseits und der Anspruch des Streitverkündungsempfängers auf ein faires Verfahren[294] andererseits.

Es besteht also ein Konflikt zwischen verfassungsrechtlich geschützten Positionen. Sie sind durch eine gerechte Abwägung weitmöglichst auszugleichen.[295] Hier kommt die internationale Zuständigkeit ins Spiel, denn ihre Aufgabe ist es, einen gerechten Ausgleich der widerstreitenden Interessen zu finden.[296] Wir müssen daher in diesem Schritt die widerstreitenden Interessen der Beteiligten einer Streitverkündung abwägen, um so allgemein gültige Grundsätze zu entwickeln, mit denen der Gerechtigkeit am meisten gedient ist.

Bei der Abwägung der widerstreitenden Interessen besteht eine Schwierigkeit, die hier nicht vergessen werden soll: Die einzelnen Interessen sind an sich unquantifizierbar, d. h. nicht zu bewerten.[297] Bei der Streitverkündung wird

---

[293] Der Justizgewährungsanspruch des Rechtsuchenden - hier des Streitverkünders - wird aus Art. 19 Abs. 4 GG und aus dem Rechtsstaatsprinzip gewonnen.

[294] Der Anspruch auf ein faires Verfahren (Fairneß-Gebot) steht jedem Verfahrensbeteiligten außer dem Rechtsuchenden zu und leitet sich aus dem Rechtsstaatsprinzip des Art. 20 Abs. 3 GG i. V. m. einem konkreten Grundrecht - hier Art. 2 GG - ab.

[295] Vgl. *Geimer* in FS Schwind: S. 17, 19.

[296] Vgl. nur *Kropholler* in "Handbuch des IZVR" Bd. 1, Kap. III: Rz. 18.

[297] Nach *Heldrich* "Internationale Zuständigkeit und anwendbares Recht": S. 241.

dieses Problem deutlich, wenn man sich daran erinnert, daß hinter den widerstreitenden Interessen zwei verschiedene Prozeßgrundrechte stehen. Es ist auf den ersten Blick nicht erkennbar, welche verfassungsrechtlich geschützte Position den Vorrang verdient. Kann aber eine Rangordnung für die Interessen nicht aufgestellt werden,[298] stellt sich die Frage, nach welchen Gesichtspunkten eine internationale Zuständigkeitsordnung auszugestalten ist. Zur Lösung dieses Problems sind zwei Wege denkbar:[299] Entweder man stellt das Bedürfnis nach klar definierten Anknüpfungspunkten für die internationale Zuständigkeit in den Vordergrund und nimmt trotz der angeführten Bedenken eine Bewertung der widerstreitenden Interessen vor.[300] Oder man wählt die Gerechtigkeit im Einzelfall als erstrebenswertes Ziel und kombiniert eine allgemein gültige Zuständigkeitsregel mit einer im Einzelfall vom Richter anzuwendenden Generalklausel.[301]

Der jeweilige Vorteil des einen Weges ist zugleich der Nachteil des anderen: Wenn man sich für starre, allgemeingültige Zuständigkeitsregeln entscheidet, erlangt man Rechtssicherheit um den Preis der möglichen Ungerechtigkeit im Einzelfall. Wählt man aber die Kombination aus allgemeingültiger Zuständigkeitsregel und Generalklausel, gibt man dem Richter das Instrument zur Hand, mit dem er im Einzelfall die in der Zuständigkeitsregel vernachlässigten Zuständigkeitsinteressen berücksichtigen kann. Die damit erreichte Einzelfallgerechtigkeit fordert ihren Tribut bei der Rechtssicherheit.

Das anglo-amerikanische Recht hat sich für den zweiten Weg entschieden: Es kombiniert feste Zuständigkeitsregeln mit der Lehre forum non conveniens.[302] Demgegenüber sind die Möglichkeiten im deutschen Recht durch Art. 101 Abs. 1 Satz 2 GG, dem Verbot der Entziehung des gesetzlichen Richters, beschränkt. Wenn das BVerfG aus dieser Vorschrift die Forderung ableitet, daß die Gerichtsstandsnormen von vornherein so eindeutig wie möglich bestimmen müssen, welches Gericht zuständig ist,[303] kann die Regelung der in-

---

[298] So auch *Kropholler* "Handbuch des IZVR" Bd. 1, Kap. III: Rz. 22.

[299] Der theoretisch existierende dritte Weg, die Regelung der internationalen Zuständigkeit ausschließlich in einer Generalklausel, ist nicht gangbar, denn ein Mindestmaß an Rechtssicherheit ist unverzichtbar. Dies erkennt auch *Wahl* "Die verfehlte internationale Zuständigkeit": S. 36.

[300] So im Ergebnis auch *Heldrich* "Internationale Zuständigkeit und anwendbares Recht": S. 241; *Geimer* in FS Schwind: S. 17, 19 f.; *Schröder* "Internationale Zuständigkeit": S. 110: "Nicht selten herrscht ein Interesse vor. Dann ist ihm der Ordnungsgesichtspunkt abzugewinnen."

[301] Vgl. dazu *Wahl* "Die verfehlte internationale Zuständigkeit": S. 35 ff.

[302] Siehe zum englischen Recht unten, 3.Teil, B.V.2., S. 210 ff. Vgl. allgemein zum anglo-amerikanischen Recht *Wahl* "Die verfehlte internationale Zuständigkeit": S. 36 ff.

[303] VerfG Beschluß vom 16.1.1957 in BVerfGE 6, 45, 51; Beschluß vom 25.10.1966 in BVerfGE 20, 336, 344; Beschluß vom 8.2.1967 in BVerfGE 21, 139, 145. Vgl. zum Verbot der Entziehung des gesetzlichen Richters insgesam *Benda/Weber* in ZZP 96 (1983), 285, 289 ff. m. w. N. über die neuere Rechtsprechung.

ternationalen Zuständigkeit nicht durch eine Generalklausel erfolgen, die dem Richter im Einzelfall das Ermessen zur Ablehnung der eigenen Zuständigkeit einräumt.[304]

Im Ergebnis zwingt uns Art. 101 Abs. 1 Satz 2 GG also dazu, die widerstreitenden Interessen abzuwägen, um zu einer allgemeingültigen Zuständigkeitsregelung für die Streitverkündung zu gelangen.[305] Diese Abwägung hat vor dem Hintergrund des Sinn und Zwecks der Streitverkündung zu erfolgen und muß von der grundsätzlichen Gleichwertigkeit der gegensätzlichen verfassungsrechtlichen Positionen (Justizgewährungsanspruch und Anspruch auf faires Verfahren) ausgehen. Insbesondere darf aus der umfangreichen Ermittlung der verfassungsrechtlich geschützen Interessen des Streitverkündungsempfängers, die wir im dritten Schritt vorgenommen haben, nicht der Schluß gezogen werden, daß seine Interessen einen generellen Vorrang gegenüber dem gegenläufigen Gerichtsschutzinteresse des Streitverkünders genießen. Der unterschiedliche Umfang der Untersuchung beider Interessen rührt vielmehr daher, daß das Gerichtsschutzinteresse des Streitverkünders relativ leicht feststellbar war, während sich die Begründung des verfassungsrechtlich gebotenen Schutzes der Interessen des Streitverkündungsempfängers weitaus schwieriger gestaltete. Eine Rangordnung darf daraus keinesfalls abgeleitet werden.

(a) Die Entwicklung einer internationalen Zuständigkeitsregel für die Streitverkündung

Auf der Suche nach einer internationalen Zuständigkeitsregelung für die Streitverkündung bieten sich nur zwei Möglichkeiten an: Entweder wir verlangen die Zuständigkeit des Gerichts des Vorprozesses nach §§ 12 ff. ZPO gerade auch gegenüber dem Streitverkündungsempfänger. Die Streitverkündung ist dann aber nur zulässig, wenn das Gericht des Vorprozesses auch für eine Klage gegen den Streitverkündungsempfänger international zuständig wäre. Oder wir erweitern den Anwendungsbereich der Streitverkündung, indem wir zusätzlich einen Gerichtsstand des Sachzusammenhangs begründen. Beide Lösungen haben ein gemeinsames Problem: Jede läuft Gefahr, die Interessen jeweils eines Beteiligten der Streitverkündung zu sehr zu vernachlässigen. Dies wird besonders in Fallkonstellationen deutlich, in denen für den Streitverkündungsempfänger kein Gerichtsstand nach §§ 12 ff. ZPO begründet ist. Wenn wir hier einen Gerichtsstand nach §§ 12 ff. ZPO verlangen, ist die Streitverkündung unzulässig; die Interessen des Streitverkünders bleiben in diesen Fäl-

---

[304] Siehe dazu unten 3. Teil S. 222 f.; vgl. auch *Geimer* in FS Schwind: S. 17, 22 f., der die Frage der Vereinbarkeit der *forum non conveniens* Lehre mit Art. 101 Abs. 1 Satz 2 GG offen läßt. Im Ergebnis hält auch er die Übernahme dieser Lehre für höchst problematisch, stützt diese Einschätzung jedoch eher auf die Gefahr für die Rechtssicherheit.

[305] So generell auch *Geimer* in FS Schwind: S. 17, 19 zur Bestimmung einer Zuständigkeitregel.

len unberücksichtigt. Im umgekehrten Fall - wenn wir einen Gerichtsstand des Sachzusammenhangs begründen - ist das deutsche Gericht des Vorprozesses praktisch immer zuständig, weil der der Streitverkündung zugrundeliegende Anspruch regelmäßig einen sachlichen Zusammenhang zur Klage des Vorprozesses aufweist. In diesem (zweiten) Fall werden die Zuständigkeitsinteressen des Streitverkündungsempfängers vernachlässigt.

Da nun eine vermittelnde, flexible Lösung nicht möglich ist,[306] erhebt sich die Frage, welcher der an sich gleichrangigen Interessen der Beteiligten der Vorrang einzuräumen ist. Die Antwort ergibt sich aus dem Sinn und Zweck der Streitverkündung.

Freilich läßt sich die Erforderlichkeit einer internationalen Zuständigkeit gegenüber dem Streitverkündungsempfänger nach §§ 12 ff. ZPO begründen. Schließlich haben wir festgestellt, daß der Streitverkündungsempfänger in seinen Zuständigkeitsinteressen in einer einem ausländischen Beklagten gleichwertigen Weise betroffen wird. Insofern liegt es nahe - betrachtet man nur die gleichwertigen Wirkungen - den Grundsatz des Beklagtenschutzes auf den Streitverkündungsempfänger zu übertragen. Damit wäre zuständigkeitsrechtlich völliger Gleichlauf mit der Klage hergestellt.

Obwohl ein Gleichlauf zwischen Klage und Streitverkündung dem deutschen Recht bekannt ist,[307] lassen die Unterschiede beider Rechtsinstitute ihre völlige Gleichbehandlung bei der internationalen Zuständigkeit nicht zu. Mit Unterschieden sind dabei nicht etwa Abweichungen bei den Wirkungen beider Rechtsinstitute gemeint. Diese Wirkungen sind - wie wir bereits festgestellt haben - zuständigkeitsrechtlich gleichwertig. Von diesem Ergebnis können wir nicht abrücken. Es sind die unterschiedlichen Aufgaben beider Rechts-

---

[306] Ein Zuständigkeitregelung, die dem Richter im Einzelfall durch Ausübung des Ermessens die Möglichkeit einräumt, eine angemessene Lösung zu finden, ist im deutschen Recht wegen des Verbots der Entziehung des gesetzlichen Richters gem. Art. 101 Abs. 1 Satz 2 GG und wegen der Gefahr für die Rechtssicherheit nicht möglich. Dies wurde bereits erörtert, siehe oben S. 84 f. Auch eine Lösung über § 36 Nr. 3 ZPO, wie dies von *Lüke* "Die Beteiligung Dritter im Zivilprozeß": S. 443 für eine zu entwickelnde Einmischungsklage angesprochen wird, ist nicht gangbar. Wie der BGH Beschluß vom 17.9.1980 in NJW 1980, 2646 klargestellt hat, setzt § 36 ZPO die internationale Zuständigkeit der deutschen Gerichte voraus. Aus dieser Norm kann die internationale Zuständigkeit für die Streitverkündung daher ebenfalls nicht gewonnen werden.

[307] Vgl. dazu allgemein *Milleker* in ZZP 80 (1967), 288, 295 ff. Am deutlichsten wird der Gleichlauf bei der Verjährung. Wie die Klage unterbricht auch die Streitverkündung gem. § 209 Abs. 2 Nr. 4 BGB die Verjährung, gleichgültig ob sie zulässig oder unzulässig ist, vgl. *Zöller-Vollkommer*: § 74 Rn. 9 m. w. N. Aber auch im Verfahren besteht Gleichlauf zwischen den Rechten eines Streitverkündungsempfängers und eines Beklagten: So hat der Streitverkündungsempfänger nach Beitritt wegen Art. 103 Abs. 1 GG ebenso das Recht darauf, daß ihm alle Schriftsätze, Terminbekanntmachungen und Ladungen zugestellt werden, vgl. BAG Urteil vom 14.10.1987 in MDR 1988, 346. Auch hinsichtlich des Verlusts des Rügerechts besteht Gleichlauf. So ist nach h. M. § 295 ZPO, vgl. *BLAH-Hartmann*: § 73 Rn. 4 m. w. N., nach *Milleker* ebenda: S.299 f. auch § 39 ZPO auf den Streitverkündungsempfänger anwendbar.

institute, die eine Gleichbehandlung hinsichtlich der internationalen Zuständigkeit verbieten. Diese Unterschiede wollen wir beleuchten.

Die Klage dient der Feststellung und der Durchsetzung eines Anspruchs.[308] Demgegenüber kann die Streitverkündung den Regreßanspruch insgesamt weder feststellen noch durchsetzen. Mit der Interventionswirkung gewährt sie Rechtsschutz für die spezielle Notlage des Streitverkünders.[309] Der für die internationale Zuständigkeit entscheidende Unterschied beider Rechtsinstitute besteht nun in folgendem: Während der durch die Klage herbeigeführte Rechtsschutz auch vor den Heimatgerichten des Beklagten erlangt werden kann - auch dort kann der Kläger seine Klage erheben[310] - ist dies bei der Streitverkündung nicht der Fall. Nur durch die Möglichkeit der Beteiligung am Vorprozeß kann die Interventionswirkung ausgelöst werden.[311] Nur durch die Durchführung der Streitverkündung beim Gericht des Vorprozesses kann sie dem Streitverkünder Rechtsschutz in seiner Notlage gewähren. Die Heimatgerichte des Streitverkündungsempfängers können vergleichbaren Rechtsschutz nicht bieten.

Der signifikante und für die internationale Zuständigkeit entscheidende Unterschied beider Rechtsinstitute liegt also darin, daß bei der Klage Rechtsschutz auch im Heimatstaat des Beklagten erlangt werden kann, während der mit der Streitverkündung bezweckte Rechtsschutz nur beim Gericht des Vorprozesses gewährt werden kann. Dieser Unterschied schlägt sich auch auf die Interessen der Beteiligten beim jeweiligen Rechtsinstitut nieder: Kann der Kläger nicht vor seinen Heimatgerichten, sondern nur bei den Heimatgerichten des Beklagten klagen, so hat er dieselben Erschwernisse in Kauf zu nehmen, die der Beklagte bei einer Klage vor den Heimatgerichten des Klägers zu tragen hätte. Dies sind die im dritten Schritt dargestellten Gesichtspunkte, die vom BGH und der Literatur entwickelt wurden:[312] Es sind die fremde Sprache,

---

[308] Vgl. nur *Thomas-Putzo*: Vorbemerkung § 253 Rn. 3 und 4.

[309] Der Begriff der Notlage des Streitverkünders stammt von *Eibner* "Dissertation": S. 26 ff. Diese Notlage besteht nach der Rechtsprechung des BGH darin, daß der Streitverkünder wegen der materiellrechtlichen Verknüpfung der gegen verschiedene Schuldner gerichteten Ansprüche gezwungen ist, mehrere Prozesse zu führen, dabei aber Gefahr läuft, alle zu verlieren, obwohl er zumindest einen gewinnen müßte, vgl. BGH Urteil vom 26..3.1987 in JR 1988, 67, 68 = NJW 1987, 1894; Urteil vom 14.11.1991 in NJW 1992, 1698, 1699 = BGHZ 116, 95, 100 m. w. N.

[310] Man wird davon ausgehen können, daß alle Prozeßordnungen der verschiedenen Länder einen Gerichtsstand am Wohnsitz des Beklagten kennen. Soweit eine Klage im Heimatstaat des Beklagten scheitert - etwa weil dort Ausländer nicht zur Klage berechtigt sind - wird der Grundsatz des Beklagtenschutzes verdrängt. In diesem Falle haben die deutschen Gerichte eine eigene internationale Notzuständigkeit zu bejahen, vgl. im einzelnen *Mü-Ko-Patzina*: § 12 Rn. 94 ff; *Geimer* "IZPR": Rz. 1024 ff.

[311] Wollte man den Streitverkündungsempfänger an die Feststellungen des Vorprozesses binden, ohne ihm die Möglichkeit der Beteiligung in diesem Verfahren einzuräumen, würde dies einen Verstoß gegen den verfassungsrechtlich verankerten Anspruch auf rechtliches Gehör gem. Art. 103 Abs.1 GG bedeuten. Daher sind die Ergebnisse des Vorprozesses im Regreßprozeß nur verwertbar, wenn der Streitverkündungsempfänger zuvor bereits die Möglichkeit hatte, am Vorprozeß teilzunehmen.

[312] Siehe ausführlich oben S. 78 ff.

Funktionsweise und Organisation am ausländischen Gerichtsort, die präjudizielle Wirkung der internationalen Zuständigkeit für das Verfahrens- und gegebenenfalls das materielle Recht,[313] sowie die höheren Entfernungen und Kosten und der erschwerte Kontakt zum Anwalt des Vertrauens.

Bei der Klage muß man sich also entscheiden, welcher Partei man diese Erschwernisse und die damit verbundenen Beschränkungen in den Zuständigkeitsinteressen aufbürdet. Wenn bei ihr - dem Grundsatz des Beklagtenschutzes folgend - im Regelfall der Kläger diese Last zu tragen hat, so hat dies zwei Gründe:

1. Wenn der Beklagte schon - möglicherweise unberechtigt - mit einem gerichtlichen Verfahren überzogen wird, so soll diese Belastung wenigstens vor 'seinen' Gerichten erfolgen.

2. Der Kläger kann hierdurch keine Nachteile erleiden, die nicht auch der Beklagte durch ein Verfahren vor den Heimatgerichten des Klägers erleiden müßte. Insbesondere wird das Gerichtsschutzinteresse nicht über Gebühr beeinträchtigt, denn der Kläger kann Rechtsschutz auch vor den Heimatgerichten des Beklagten erlangen.

Demgegenüber ist bei der Streitverkündung nur der erste Grund gegeben: Auch die Streitverkündung kann unberechtigt sein. Versagt man aber dem Streitverkünder über die internationale Zuständigkeit, die Streitverkündung beim Gericht des Vorprozesses durchzuführen, so wird sein Gerichtsschutzinteresse vollkommen verdrängt. Anders als bei der Klage geht ihm nämlich der mit der Streitverkündung bezweckte Rechtsschutz vollständig verloren, denn er kann ihn gleichwertig nicht von den Heimatgerichten des Streitverkündungsempfängers erlangen.

Aus diesen Erwägungen können wir Rückschlüsse für die Regelung der internationalen Zuständigkeit bei der Streitverkündung ziehen: Die Streitverkündung ist an das Gericht des Vorprozesses gebunden. Will man die Zulässigkeit der Streitverkündung von einer internationalen Zuständigkeit - gewonnen nur aus §§ 12 ff. ZPO - abhängig machen, wird die Streitverkündung in zahlreichen Fällen nicht mehr in der Lage sein, ihre Aufgabe zu erfüllen. Dementsprechend wird der Streitverkünder in allen Fällen, in denen ein Gerichtsstand gegenüber dem Streitverkündungsempfänger aus §§ 12 ff. ZPO nicht gegeben ist, seines speziellen Rechtsschutzes beraubt. Dies ist mit dem Sinn und Zweck der Streitverkündung nicht vereinbar. Sie dient der Erfüllung eines Justizgewährungsanspruchs des Streitverkünders. Er ist durch den Vorprozeß an das deutsche Gericht gebunden und darf in der sich für ihn ergebenden Notlage nicht rechtsschutzlos gestellt werden. Die drohende Rechtsschutzlosigkeit hat der Gesetzgeber erkannt und dem Streitverkünder das Institut der

[313] Vgl. insoweit BGH GS Beschluß vom 14.6.1965 in NJW 1965, 1665, 1966 = BGHZ 44, 46.

Streitverkündung zur Verfügung gestellt. Darin liegt die gesetzgeberische Absicht, dem Streitverkünder in seiner Notlage Rechtsschutz zu gewähren. Diese Absicht darf nicht durch eine strenge Regelung der internationalen Zuständigkeit vereitelt werden.

Der Sinn und Zweck der Streitverkündung[314] und die dem Streitverkünder drohende Rechtsschutzlosigkeit gebieten also die Entwicklung einer internationalen Zuständigkeitsregelung, nach der die Streitverkündung auch gegenüber einem Ausländer im Regelfall zulässig ist.[315] Damit scheidet eine Beschränkung der internationalen Zuständigkeit des deutschen Gerichts des Vorprozesses auf die Fälle der §§ 12 ff. ZPO aus. Vielmehr ist für die Streitverkündung auch ein Gerichtsstand des Sachzusammenhangs zur Verfügung zu stellen. Dieser Gerichtsstand wird dem Gericht des Vorprozesses regelmäßig die internationale Zuständigkeit zur Durchführung der Streitverkündung eröffnen. Denn die Streitverkündung ist an sich nur zulässig, wenn zwischen dem ihr zugrundeliegenden (Regreß-) Anspruch und der Klage im Vorprozeß ein Zusammenhang besteht. Dies ergibt sich bereits aus dem Wortlaut des § 72 Abs. 1 ZPO: Der mit der Streitverkündung behauptete Regreßanspruch begründet die Zulässigkeit der Streitverkündung nur, wenn der Streitverkünder glaubt, ihn auf Grund des Unterliegens im Vorprozeß geltend machen zu können. Der Zusammenhang besteht also zwischen dem Unterliegen im Vorprozeß und dem Regreßanspruch. Dahinter steht zweifellos ein Sachzusammenhang zwischen dem in der Klage geltend gemachten Anspruch und dem Regreßanspruch.

Bevor wir als Ergebnis festhalten können, daß der Streitverkündung ein Gerichtsstand des Sachzusammenhangs zur Verfügung steht, müssen wir uns noch mit zwei Einwänden auseinandersetzen.

(b) Erster Einwand: Die Vernachlässigung der Zuständigkeitsinteressen des Streitverkündungsempfängers

Es ist nun eingetreten, was eingangs befürchtet wurde. Der Gerichtsstand des Sachzusammenhangs ist so weit, daß die deutschen Gerichte zur Durchführung der Streitverkündung praktisch immer zuständig sein werden. Hierdurch werden die Zuständigkeitsinteressen des Streitverkündungsempfängers weitgehend verdrängt. Angesichts der umfangreichen Untersuchung zur Fest-

---

[314] Im Ergebnis lehnt auch *Taupitz* in ZZP 102 (1989), 288, 314 das Erfordernis einer internationalen Zuständigkeit nach §§ 12 ff. ZPO aus diesem Grund ab: "Bejaht man die letzte Frage, wie dies gelegentlich geschieht, verkennt man das Wesen der Streitverkündung".

[315] Vgl. in diesem Zusammenhang *Kegel* "Zur Reform des deutschen internationalen Ehescheidungsrechts": S. 126 f., der den Gerichtsstand des Klägerwohnsitzes in § 606 Abs. 2 Satz 1 ZPO für berechtigt hält, weil dem Kläger sonst wegen der Schwierigkeiten, im Ausland zu klagen, häufig der Rechtschutz verweigert werden würde.

stellung der Zuständigkeitsinteressen des Streitverkündungsempfängers und deren Schutzbedürftigkeit verwundert dieses Ergebnis. Wenn man aber an dem Erfordernis starrer Zuständigkeitsregelungen festhalten will, ist es unvermeidbare Folge.[316]

Um der Gefahr der Rechtsschutzlosigkeit des Streitverkünders zu begegnen, muß die internationale Zuständigkeit so geregelt sein, daß die Streitverkündung im Regelfall zulässig bleibt. Dies zeigt die Unzulänglichkeit starrer Zuständigkeitsregeln, welche im anglo-amerikanischen Recht durch die Lehre vom forum non conveniens vermieden wird. Im Ergebnis gilt auch für uns der von Wahl[317] ausgesprochene Satz: "Was manchmal notwendig ist, wurde immer möglich". Weil eine Beschränkung der internationalen Zuständigkeit bei der Streitverkündung auf die Fälle der §§ 12 ff. ZPO dem Streitverkünder häufig den Rechtsschutz verweigern würde, ist es erforderlich, den weiten Gerichtsstand des Sachzusammenhangs auf die Streitverkündung anzuwenden.

Nutzlos war die Ermittlung der schutzbedürftigen Zuständigkeitsinteressen des Streitverkündungsempfängers für ihn allerdings nicht. Während seine Zuständigkeitsinteressen von den Vertretern der Auffassung, die eine internationale Zuständigkeit für die Streitverkündung für nicht erforderlich halten, völlig unberücksichtigt bleiben, bietet ihm der Gerichtsstand des Sachzusammenhangs eine Möglichkeit, seine Interessen durchzusetzen: Durch den Abschluß einer Gerichtsstandsvereinbarung kann er die Zuständigkeit der deutschen Gerichte für die Streitverkündung derogieren. Auf diese nunmehr gegebene Möglichkeit des Streitverkünders, seine Interessen durchzusetzen, wird später noch im einzelnen einzugehen sein.[318]

(c) Zweiter Einwand: Mangelt es dem Gerichtsstand des Sachzusammenhangs an einer gesetzlichen Grundlage?

Die §§ 72 ff. ZPO enthalten einen Gerichtsstand des Sachzusammenhangs für die Streitverkündung - zumindest ausdrücklich - nicht. In dieser Situation stellen sich zwei Fragen: Ist die Entscheidung eines Gerichtsstands des Sachzusammenhangs gegen das Gesetz zulässig? Kann man diesen Gerichtsstand wenigstens dann begründen, wenn es für die Streitverkündung überhaupt keine gesetzliche Regelung zur Zuständigkeit gibt?

Zwar ist der ZPO ein Gerichtsstand des Sachzusammenhangs nicht unbekannt, wie sich bereits aus §§ 25, 33 ZPO ergibt.[319] Damit ist aber für die Ent-

---

[316] So auch *Wahl* "Die verfehlte internationale Zuständigkeit": S. 31 f.
[317] *Wahl* ebenda: S. 34.
[318] Siehe dazu unten 2. Teil, B.III.2.b.gg., S. 116 ff.

wicklung eines Gerichtsstands für die Streitverkündung noch nicht viel gewonnen.[320]

Auch die Vertreter der Auffassung, die für die Streitverkündung einen Gerichtsstand des Sachzusammenhangs annehmen, bieten hinsichtlich einer dogmatischen Begründung keine große Hilfe. Sie bleiben entweder eine Begründung schuldig und stellen die Existenz dieses Gerichtsstands einfach fest[321] oder sie erblicken in der Annexzuständigkeit nur eine allgemeine Regel, die durch Art. V Satz 2 des Protokolls zum EuGVÜ[322] bestätigt wurde.[323]

Eine Ausnahme stellt hier Spellenberg[324] dar: Er sieht in der ZPO das Prinzip verankert, daß die Zulassung zusätzlicher Ansprüche in einem Verfahren möglich sei, wenn die Beachtung eines speziellen Sachzusammenhangs besonders dringend erscheine. Auch der Streitverkündung soll dieses Prinzip zugrundeliegen, weshalb es nicht darauf ankomme, ob ein besonderer Gerichtsstand des Gerichts des Vorprozesses bestehe. Diese Begründung leuchtet ein, denn wo - wie bei der Streitverkündung - ein spezieller Sachzusammenhang besteht, kann ein Bedürfnis nach gemeinsamer Entscheidung bejaht werden. Diesem Bedürfnis nach gemeinsamer Entscheidung könnte die Begründung der internationalen Zuständigkeit für die Streitverkündung folgen. Allerdings zwingt die Begründung von Spellenberg nicht dazu, den Gerichtsstand des Sachzusammenhangs auch auf die Streitverkündung anzuwenden. Die Existenz eines allgemeinen, in der ZPO enthaltenen Prinzips, ermöglicht nur die Eröffnung dieses Gerichts- stands für die Streitverkündung, eine Pflicht wird hierdurch aber nicht begründet. Darüberhinaus birgt die Formulierung "...die Beachtung eines speziellen Sachzusammenhanges besonders dringend..." eine

---

[319] Vgl. für eine umfassende Darstellung der Gerichtsstände des Sachzusammenhangs in der ZPO: *Hoffmann* "Der allgemeine Gerichtsstand des Sachzusammenhangs nach § 17 Abs. 2 S. 1 GVG": S. 41 ff. *Hoffmann* versucht mit seiner Untersuchung darzulegen, daß der Gesetzgeber in § 17 Abs. 2 Satz 1 GVG einen umfassenden Gerichtsstand des Sachzusammenhangs statuiert hat, nach dem das Gericht, das mit einem Rechtsstreit zulässigerweise befaßt ist, diesen unter Berücksichtigung aller materiell-rechtlicher Gesichtspunkte entscheiden kann, vgl. *Hoffmann* "Der allgemeine Gerichtsstand des Sachzusammenhangs nach § 17 Abs. 2 Satz 1 GVG": S. 85 f. Selbst wenn man dem folgt, kann aus § 17 Abs. 2 Satz 1 GVG ein Gerichtsstand für die Streitverkündung nicht gewonnen werden, denn bei ihr geht es nicht um die Entscheidung desselben Rechtsstreits unter anderen materiell-rechtlichen Gesichtspunkten. Vielmehr stellt der Regreßanspruch gegen den Streitverkündungsempfänger einen vom Rechtsstreit des Vorprozesses unterschiedlichen Streitgegenstand dar. Für einen anderen Streitgegenstand bietet aber auch ein aus § 17 Abs. 2 Satz 1 GVG gewonnener Gerichtsstand des Sachzusammenhangs keine Zuständigkeit für das Gericht des Vorprozesses.

[320] So auch *Hoffmann* ebenda: S. 42.

[321] So z. B. *Bernstein* in FS Ferid: S. 87; *Schober* "Drittbeteiligung im Zivilprozeß": S. 214.

[322] Zu Art. V des Protokoll zum EuGVÜ siehe unten 2. Teil, B.III.2.b.ee., S. 107 ff.

[323] So etwa *Taupitz* in ZZP 102 (1989), 288, 313 f.; *Martiny* in "Handbuch des IZVR" Bd. III/1: Rz. 702.

[324] *Spellenberg* in ZZP 95 (1982), 17, 31 ff. Das formulierte Prinzip entnimmt *Spellenberg* einer Nebeneinanderstellung von Vorschriften, wie den §§ 621, 25, 28, 33, 36 Nr. 3, 64, 75 ff. und 260 ZPO, sowie der Streitverkündung.

Ungenauigkeit, welche die Anwendung des mit ihr begründeten Gerichtsstands in der Praxis erheblich erschwert.

Wir müssen daher feststellen, daß eine dogmatisch befriedigende Begründung für den Gerichtsstand des Sachzusammenhangs noch nicht gefunden wurde. Dies mag daran liegen, daß bislang immer zu sehr auf die Frage des Sachzusammenhangs zwischen Vor- und Regreßprozeß, demgegenüber aber zu wenig auf die Situation des Streitverkünders und die Aufgabe der Streitverkündung geachtet wurde. Dies wollen wir nun nachholen.

Zu diesem Zweck müssen wir uns zuerst noch einmal daran erinnern, daß wir die Erforderlichkeit eines Gerichtsstands des Sachzusammenhangs mit der drohenden Rechtsschutzlosigkeit des Streitverkünders begründet haben.[325] Wir stellten fest, daß eine Beschränkung der internationalen Zuständigkeit für die Streitverkündung auf die §§ 12 ff. ZPO dieselbe in vielen Fällen unzulässig und daher wirkungslos[326] machen würde. Der Streitverkünder könnte zwar noch vor den Heimatgerichten des Streitverkündungsempfängers klagen. Die mit der Streitverkündung bezweckte Bindung an die Feststellungen des Vorprozesses erlangt er dann jedoch nicht. Damit könnte die Streitverkündung ihrer Hauptaufgabe nicht mehr gerecht werden: Der Streitverkünder wäre hinsichtlich des auf seine spezielle Notlage zugeschnittenen Justizgewährungsanspruchs rechtsschutzlos gestellt.

Zwingt uns also die drohende Gefahr der Rechtsschutzlosigkeit des Streitverkünders zur Entwicklung eines Gerichtsstands des Sachzusammenhangs, so liegt es nahe, hierfür auf eine dem Zivilprozeßrecht bekannte, dogmatische Begründung zurückzugreifen: Die Eröffnung einer Notzuständigkeit zur Vermeidung von Rechtsverweigerung. Die Existenz einer Notzuständigkeit deutscher Gerichte, die außerhalb der Regeln zur örtlichen Zuständigkeit begründet wird, ist für Ausnahmefälle wie z. B. den negativen Kompetenzkonflikt[327] allgemein anerkannt.[328] Hinter dem Begriff der Notzuständigkeit steht die Überzeugung, daß es eine Rechtsverweigerung beim gerichtlichen Rechtsschutz nicht geben darf.[329]

---

[325] Siehe oben 2. Teil, B.III.2.b.dd. (4). (a), S. 100 ff.

[326] Nur eine zulässige Streitverkündung kann die Nebeninterventionswirkung auslösen, vgl. BGH Urteil vom 22.12.1977 in NJW 1978, 643; *Werres* in NJW 1984, 208 mit einer Aufstellung der Rechtsprechung.

[327] Ein negativer Kompetenzkonflikt entsteht, wenn kein Staat die internationale Zuständigkeit seiner Gerichte bejaht, sondern jeweils nur ausländische Gerichte für zuständig erklärt, vgl. *Schütze* "Deutsches IZPR": S. 39 ff.; *Schack* "IZVR": Rn. 395 ff.

[328] *Wieczorek*: § 549 B III c 1, der auf eine unveröffentlichte Entscheidung des BGH vom 12.1.1987 - II ZR 203/86 - verweist; *Geimer* "IZPR": Rz. 1030; *Mü-Ko-Patzina*: § 12 Rn. 94.

[329] Dies ist unstreitig, vgl. nur *Schütze* "Deutsches IZPR": S. 41; *Geimer* in FS Nagel: S. 36, 37: "Das Völkergewohnheitsrecht verbietet *deni de justice* (*denial of justice*). Nach klassischem Völkerrechtsverständnis handelt es sich um ein Problem des Fremdenrechts, aus neuerer Sicht geht es jedoch um eine menschenrechtliche Frage, denn auch gegenüber eigenen Staatsangehörigen ist Rechtsschutzverweigerung verboten."

In diesem Sinne erkannte bereits Schröder[330]: "Wo ein Zuständigkeitsinteresse unabweisbar Befriedigung verlangt, dort muß auch eine internationale Zuständigkeit aufgetan werden."

Im Ergebnis soll den deutschen Gerichten zur Vermeidung einer Rechtsverweigerung die internationale Notzuständigkeit dann eingeräumt werden, wenn der Rechtsuchende andernfalls - mangels internationaler Zuständigkeit der ausländischen Gerichte - rechtsschutzlos gestellt werden würde.[331]

Die h. M. begründet die Möglichkeit der Eröffnung einer internationalen Notzuständigkeit mit Art. 6 EMRK und dem verfassungsrechtlichen Justizgewährungsanspruch des Rechtsuchenden.[332] Dabei soll eine internationale Notzuständigkeit nicht nur bei negativen Kompetenzkonflikten, sondern (allgemein) bereits dann eröffnet werden, wenn die Anrufung des an sich zuständigen, ausländischen Gerichts aus tatsächlichen oder rechtlichen Gründen nicht möglich oder unzumutbar ist.[333]

Entsprechend dieser Formulierung verhält es sich auch bei der Streitverkündung: Der Streitverkünder ist durch den Vorprozeß an das deutsche Gericht gebunden. Nur dieses deutsche Gericht des Vorprozesses kann ihm Rechtsschutz in seiner speziellen Notlage gewähren. Hierzu sind die Heimatgerichte des Streitverkündungsempfängers - zu denen eine Klage freilich grundsätzlich möglich sein wird - nicht imstande. Daher würde die Anrufung der Heimatgerichte des Streitverkündungsempfängers ohne Unterstützung in Form der durch die Streitverkündung ausgelösten Bindungswirkung für den Streitverkünder einen unzumutbaren Nachteil bringen. Für den Teil des Regreßanspruchs, der bereits im Vorprozeß festgestellt werden kann, könnte dies eine Rechtsschutzlosigkeit des Streitverkünders bedeuten, denn es droht die Gefahr, daß ein und derselbe Sachverhalt unterschiedlich beurteilt wird.

Es kann somit festgestellt werden, daß bei der Streitverkündung eine durch die Notlage des Streitverkünders hervorgerufene Situation besteht, die die Eröffnung einer internationalen Notzuständigkeit verlangt. Die Begründung

---

[330] *Schröder* "Internationale Zuständigkeit": S. 214.

[331] *Schack* "IZVR": Rn. 397; *Schütze* "Deutsches IZPR": S. 41.

[332] Vgl. etwa *Mü-Ko-Patzina*: § 12 Rn. 96; *Schack* "IZVR": Rn. 397; *Geimer* in NJW 1991, 3072 für die Zwangsvollstreckung. Nach *Schütze* "Deutsches IZPR": S. 41 ist eine Berufung auf diese Verfahrensgrundrechte nicht einmal erforderlich, denn es dürfe einfach keinen *deni de justice* geben. Einschränkend *Schlosser* in IPRax 1992, 140, 143, der eine Verpflichtung zur Bereitstellung einer Notzuständigkeit nur für eigene Staatsangehörige oder Bewohner des Gerichtsstaates annimmt. Vgl. aber die gegenteilige Auffassung von *Geimer* in FS Nagel: S. 36, 37 (Siehe oben Fn. 329 für eine wörtliche Wiedergabe).

Eine Mindermeinung möchte das Problem der Rechtsverweigerung über eine Zuständigkeitsverweisung oder eine Renvoi-Zuständigkeit lösen. Auf den Meinungsstreit kann i. R. dieser Arbeit nicht eingegangen werden, vgl. dazu *Schack* "IZVR": Rn. 397; *Schütze* "Deutsches IZPR": S. 41; *Mü-Ko-Patzina*: § 12 Rn. 96.

[333] *Geimer* "IZPR": Rz. 1030; *Mü-Ko-Patzina*: § 12 Rn. 95.

einer zusätzlichen Zuständigkeitsregel für die Streitverkündung läßt sich also mit Art. 6 EMRK und dem Justizgewährungsanspruch des Streitverkünders aus Art. 19 Abs. 4 GG bzw. dem Rechtsstaatsprinzip begründen. Den §§ 72 ff. ZPO muß daher eine Zuständigkeitsregel nicht entnommen werden. Diese Vorschriften sind für die internationale Zuständigkeit nur insoweit heranzuziehen, als es darum geht, die konkreten Voraussetzungen für die internationale Zuständigkeit zu bestimmen. Diese Voraussetzung ist dann in dem Sachzusammenhang zu sehen, der einer jeden Streitverkündung immanent ist.

Übrigens ist auch die im Zusammenhang mit der Notzuständigkeit immer erwähnte Gefahr des forum shopping bei der Streitverkündung nicht gegeben. Unter forum shopping wird die Möglichkeit des Rechtsuchenden verstanden, unter mehreren Gerichtsständen das für ihn günstigste Gericht wählen zu können.[334] Diese Wahlmöglichkeit, welche wegen der grundsätzlich fehlenden Anbindung der Notzuständigkeit an ein bestimmtes Gericht in der Tat entstehen kann, soll nach allgemeiner Auffassung vermieden werden.[335] Da bei der Streitverkündung nur ein Gericht - nämlich das Gericht des Vorprozesses - den speziellen Rechtsschutz bieten kann, schafft die Eröffnung einer Notzuständigkeit für die Streitverkündung keine Gefahr des forum shopping. Die für die Streitverkündung eröffnete Notzuständigkeit führt immer und ausschließlich zur Zuständigkeit eines Gerichts, nämlich des Gerichts des Vorprozesses.[336]

Als Zwischenergebnis können wir jetzt festhalten, daß für die Streitverkündung eine internationale Notzuständigkeit für das deutsche Gericht des Vorprozesses eröffnet werden muß, um der Möglichkeit der drohenden Rechtsschutzlosigkeit des Streitverkünders zu begegnen. Die Voraussetzung der hiermit begründeten internationalen Zuständigkeit sind den §§ 72 ff. ZPO zu entnehmen, was letztlich dem Erfordernis eines Sachzusammenhangs entspricht. Es mangelt dem Gerichtsstand des Sachzusammenhangs für die Streitverkündung nicht an einer gesetzlichen Grundlage. Diese Grundlage bieten der Justizgewährungsanspruch und Art. 6 EMRK.

Bevor wir diese Lösung als Endergebnis formulieren, werden wir noch prüfen, ob wir aus der Einführung des EuGVÜ, namentlich des Art. V des Protokolls zum EuGVÜ, weitere Erkenntnisse für den eben begründeten Gerichtsstand gewinnen können.

---

[334] Vgl. zum Begriff des *forum shopping Mü-Ko-Patzina*: § 12 Rn. 99.

[335] *Schütze* "Deutsches IZPR": S. 41; *Schack* "IZVR": Rn. 397.

[336] Daher können die Lösungsvorschläge zur Vermeidung des *forum shopping* hier unerwähnt bleiben, vgl. dazu aber z. B. *Schack* "IZVR": Rn . 397; *Mü-Ko-Patzina*: § 12 Rn. 99.

ee) Versuch der Begründung der eigenen Lösung durch Art. V des Protokolls zum EuGVÜ

Mit der Einführung des EuGVÜ[337] hat die zivilprozessuale Möglichkeit der Drittbeteiligung eine neue einheitliche Zuständigkeitsregelung gefunden. Artikel 6 Nr. 2 EuGVÜ begründet für Gewährleistungs- und Interventionsklagen einen Gerichtsstand des Sachzusammenhangs.[338] Unter Gewährleistungsklage versteht das EuGVÜ eine Klage, die der Beklagte eines Verfahrens in diesem Verfahren gegen einen Dritten zum Zwecke der eigenen Schadloshaltung erhebt.[339] Das Institut der Interventionsklage ist dem Vorbild der Artt. 15 und 16 des belgischen Code Judicaire entnommen.[340] Mit ihr wird eine dritte Prozeßpartei durch freiwilligen Beitritt oder aber infolge Ladung durch eine oder mehrere Prozeßparteien des Hauptprozesses in den Rechtsstreit einbezogen.[341] Für beide Klagearten wird das Gericht des Vorprozesses (im Text wird es als Gericht des Hauptprozesses bezeichnet) gemäß Art. 6 Nr. 2 EuGVÜ für (international) zuständig erklärt, wenn der Dritte seinen Wohnsitz in einem Vertragsstaat hat.

Diese Vorschrift findet in der BRD jedoch keine Anwendung. Mit Art. V Abs. 1 Satz 1 des Protokolls zum EuGVÜ vom 27.9.1968 (im folgenden: das Protokoll) wurde die Geltendmachung der in Art. 6 Nr. 2 EuGVÜ für beide Klagen vorgesehene Zuständigkeit ausgeschlossen. Stattdessen hat sich die BRD in Art. V Abs. 1 Satz 2 des Protokolls die Möglichkeit der Durchführung der Streitverkündung vorbehalten. Der gegen Art. 6 Nr. 2 EuGVÜ von der

---

[337] EuGVÜ ist das Brüsseler EWG-Übereinkommen über die gerichtliche Zuständigkeit und die Vollstreckung gerichtlicher Entscheidungen in Zivil- und Handelssachen vom 27.9.1967. Es ist in seiner ursprünglichen Fassung in der BRD am 1.2.1972 in Kraft getreten, und gilt heute noch in der Fassung des dritten Beitrittsübereinkommens vom 26.5.1989 (in Kraft seit dem 1.2.1991).

[338] *Geimer* in WM 1979, 350. Das zwischen den Mitgliedstaaten der EU und der EFTA geschlossene Luganer Übereinkommen über die gerichtliche Zuständigkeit und die Vollstreckbarkeit gerichtlicher Entscheidungen in Zivil- und Handelssachen vom 16.9.1988 enthält für den hier zu untersuchenden Bereich der Drittbeteiligung im Zivilprozeß keine Abweichungen. Vielmehr sind die entscheidenden Art. 6 Nr. 2 Luganer Übereinkommen und Art.V Abs. 1 des Protokolls Nr. 1 zum Luganer Übereinkommen vom 16.9.1988 inhaltlich gleich wie die entsprechenden Vorschriften des EuGVÜ. Die nachstehenden Ausführungen gelten demnach gleichermaßen für das Luganer Übereinkommen. Das Verhältnis zwischen EuGVÜ und Luganer Übereinkommen wird in Art. 54 b Luganer Übereinkommen mit einem grundsätzlichen Vorrang des EuGVÜ geregelt. Deutschland hat das Luganer Abkommen bislang nicht ratifiziert. Das deutsche Zustimmungsgesetz erging jedoch am 23.6.1994, vgl. *Jayme/Kohler* in IPRax 1994, 405, 413 (Fn. 80).

[339] *Coester-Waltjen* in IPRax 1992, 290.

[340] *Kropholler* "Europäisches Zivilprozeßrecht": Art. 6 Rn. 15. In Fn. 37 übersetzt *Kropholler* diese Vorschriften der belgischen Gerichtsordnung: Art. 15: "Die Intervention ist ein Verfahren, durch das ein Dritter Prozeßpartei wird. Sie dient entweder dem Schutz der Interessen des Intervenienten oder einer der Parteien des Rechtsstreits, oder sie zielt auf den Erlaß einer Verurteilung oder auf die Zuerkennung eines Gewährleistungsanspruchs ab." Art. 16 lautet: "Die Intervention ist freiwillig, wenn der Dritte von sich aus in das Verfahren eintritt, um seine Interessen zu wahren. Sie ist erzwungen, wenn der Dritte während des Verfahrens durch eine oder mehrere Prozeßparteien geladen wird." Der französische Originaltext dieser Vorschriften ist wiedergegeben von *Geimer* in WM 1979, 350, 360.

[341] *Coester -Waltjen* in IPRax 1992, 290.

BRD erklärte Vorbehalt beschränkt sich jedoch auf die Entscheidungszuständigkeit. Entscheidungen, die in anderen Vertragsstaaten auf Grund des Art. 6 Nr. 2 EuGVÜ ergangen sind, müssen gemäß Art. V Abs. 2 des Protokolls in der BRD nach den Vorschriften des EuGVÜ anerkannt und vollstreckt werden.

Mit dem Zustimmungsgesetz vom 24.7.1972[342] hat der deutsche Gesetzgeber das EuGVÜ in der BRD für anwendbar erklärt. Artikel 6 Nr. 2 EuGVÜ und Art. V des Protokolls stellen damit eine der neuesten gesetzgeberischen Äußerungen im Bereich der internationalen Zuständigkeit für die zivilprozessuale Drittbeteiligung dar. Insofern erhebt sich die Frage, ob wir aus ihr eine Wertung des deutschen Gesetzgebers zur internationalen Zuständigkeit für die Streitverkündung ableiten können.

(1) Darstellung des Meinungsstands

Artikel V des Protokolls wurde in der Literatur zur Begründung der verschiedenen Auffassungen in der Frage der internationalen Zuständigkeit bei der Streitverkündung bereits herangezogen.

Kropholler[343] leitet aus Art. V Abs. 1 Satz 2 des Protokolls die Bestätigung dafür ab, daß die ZPO eine nach allgemeinen Regeln begründete, internationale Zuständigkeit für die Streitverkündung nicht voraussetzt. Auf den ersten Blick könnte man der Formulierung "...eine nach allgemeinen Regeln begründete örtliche und internationale Zuständigkeit für den Anspruch gegen den Streitverkündungsgegner nicht voraussetzt..." entnehmen, daß auch Kropholler der Begründung eines Gerichtsstands des Sachzusammenhangs nicht ablehnend gegenübersteht. Dieser von uns für erforderlich gehaltene Gerichtsstand ist nicht den allgemeinen Regeln der §§ 12 ff. ZPO entnommen.

An anderer Stelle macht Kropholler jedoch deutlich, daß er ein Zuständigkeitserfordernis für die Streitverkündung generell ablehnt.[344] Seine Äußerung kann daher in dem Sinne verstanden werden, daß er Art. V Abs. 1 Satz 2 des Protokolls als Bestätigung für die Entbehrlichkeit der internationalen Zuständigkeit bei der Streitverkündung überhaupt ansieht.

Artikel V Abs. 1 Satz 2 des Protokolls wird interessanterweise aber auch zur Stützung der Auffassung herangezogen, die den §§ 72 ff. ZPO eine

---

[342] BGBl. 1972 II, S. 773. Vgl. für das Protokoll zum EuGVÜ vom 27.9.1968: BGBl. 1972 II, S. 808.

[343] In "Handbuch des IZVR" Bd. 1, Kap. III: Rz. 438.

[344] In "Europäisches Zivilprozeßrecht zum EuGVÜ": Art. 17 Rn. 96 drückt *Kropholler* seine Ablehnung gegen das Erfordernis einer internationalen Zuständigkeit deutlich aus, wenn er sagt, daß eine Derogation deutscher Gerichte nicht möglich sei, da es für die Streitverkündung einer Zuständigkeit des befaßten Gerichts nicht bedürfe.

Annexzuständigkeit (Gerichtsstand des Sachzusammenhangs) entnimmt. Nach Taupitz wird die Annexzuständigkeit für die Streitverkündung durch Art. V Abs. 1 Satz 2 des Protokolls ausdrücklich bestätigt.[345]

(2) Stellungnahme und eigene Lösung

Beide Autoren lassen eine Begründung ihrer jeweiligen Auffassung vermissen, so daß hier Nachholbedarf besteht. Der aufmerksame Betrachter wundert sich zunächst einmal, warum ein und dieselbe Vorschrift - hier Art. V Abs. 1 des Protokolls - zur Begründung zweier gegensätzlicher Auffassungen herangezogen wird. Dies läßt sich damit begründen, daß der in Art. V Abs. 1 des Protokolls erklärte Vorbehalt hinsichtlich seines Umfangs auf zwei verschiedene Arten verstanden werden kann:

Zum einen kann man Art. V Abs. 1 des Protokolls dahin interpretieren, daß mit ihm lediglich die in Art. 6 Nr. 2 EuGVÜ enthaltenen Garantie- und Interventionsklagen durch die Streitverkündung ersetzt werden. Artikel 6 Nr. 2 EuGVÜ ist dann auch auf die Streitverkündung mit der Maßgabe anwendbar, daß statt einer Garantie- oder Interventionsklage die Streitverkündung vor dem Gericht des Hauptprozesses zulässig ist. Diese Auslegung entspricht dem von Taupitz vertretenen Verständnis des Vorbehalts in Art. V Abs. 1 des Protokolls.[346] Der Vorbehalt rechtfertigt sich dann dadurch, daß die ZPO weder die Gewährleistungs- noch die Interventionsklage kennt. Das Fehlen dieser Klagen im deutschen Zivilprozeßrecht würde ohne den Vorbehalt dazu führen, daß Art. 6 Nr. 2 EuGVÜ in der BRD leerläuft,[347] oder daß die BRD mit der Ratifizierung des EuGVÜ zur Schaffung dieser Klagearten verpflichtet wäre.

Zum anderen kann man den Vorbehalt des Art. V Abs. 1 des Protokolls auch in dem Sinne verstehen, daß der deutsche Gesetzgeber die Streitverkündung insgesamt aus dem Regelungsgefüge des EuGVÜ herausnehmen wollte. In diesem Fall hätten die Zuständigkeitsvorschriften des EuGVÜ keinen Einfluß auf die Durchführung der Streitverkündung vor deutschen Gerichten. Dieses Verständnis des Art. V Abs. 1 des Protokolls steht hinter der von Kropholler vertretenen Auffassung. Seine Auffassung geht damit deutlich weiter als das von Taupitz vertretene Verständnis von Art. V Abs. 1 des Protokolls.

Der praktische Unterschied, der aus den dargestellten Auslegungsvarianten folgt, wird deutlich, wenn wir die Vorschrift des Art. 17 EuGVÜ in die Überle-

---

[345] *Taupitz* in ZZP 102 (1989), 288, 313 f. insbesondere Fn. 132; Er folgt im Ergebnis *Martiny* in "Handbuch des IZVR" Bd. III/1: Rz. 702, der ebenfalls die Annexzuständigkeit als allgemein existierende Regel verstanden wissen will.

[346] *Taupitz* in ZZP 102 (1989), 288, 303, sowie *Geimer* in ZZP 85 (1972), 196, 199, nach denen die Streitverkündung durch Art.V des Protokolls auf eine Stufe mit der Garantieklage gestellt wurde.

[347] *Geimer* in WM 1979, 350, 351.

gung einbeziehen. Artikel 17 EuGVÜ regelt die Möglichkeit der Parteien, die Zuständigkeit der Gerichte eines Vertragsstaats zur Entscheidung eines Rechtsstreits zu vereinbaren.[348] Gerichtsstandsvereinbarungen nach Art. 17 EuGVÜ begründen im Zweifel - dies folgt aus Art. 17 Abs. 4 EuGVÜ - die ausschließliche Zuständigkeit des prorogierten Gerichts.[349] Eine solche Gerichtsstandsvereinbarung derogiert alle Gerichtsstände des EuGVÜ, mit Ausnahme der ausschließlichen Zuständigkeit des Art 16 EuGVÜ.[350] Für den Gegenstand unserer Untersuchung bedeutet dies, daß eine Gerichtsstandsvereinbarung gegenüber dem Gerichtsstand des Sachzusammenhangs aus Art. 6 Nr. 2 EuGVÜ Vorrang hat, ihn also ausschließt.[351] Das Gericht des Hauptprozesses ist zur Entscheidung einer Garantie- oder Interventionsklage nicht nach Art. 6 Nr. 2 EuGVÜ zuständig, wenn die Parteien dieser Klage mit einer Gerichtsstandsvereinbarung nach Art. 17 EuGVÜ die Gerichte eines anderen Vertragsstaats für zuständig erklärt haben.

Kommen wir zurück zur Streitverkündung des deutschen Rechts: Ob eine Gerichtsstandsvereinbarung nach Art. 17 EuGVÜ auch die Durchführung einer Streitverkündung vor den deutschen Gerichten berührt, hängt nun entscheidend davon ab, welcher der dargestellten Auslegungsvarianten zu Art. V des Protokolls man folgt. Wir wollen uns dies an einem Beispiel verdeutlichen: Hierzu unterstellen wir, daß der Streitverkünder, ein deutscher Staatsangehöriger mit Wohnsitz in Deutschland, vor einem deutschen Gericht verklagt wird. Als er einem englischen Staatsangehörigen mit Wohnsitz in London den Streit verkündet, wendet der Streitverkündungsempfänger ein, er habe mit dem Streitverkünder für den der Streitverkündung zugrundeliegenden Anspruch wirksam die ausschließliche Zuständigkeit des *High Court* in London vereinbart. Ist die Streitverkündung zulässig?

Es handelt sich hier um eine Gerichtsstandsvereinbarung nach Art. 17 EuGVÜ. Die entscheidende Frage ist nun, ob sie auch der Zulässigkeit der Streitverkündung entgegengehalten werden kann. Die Frage ist zu bejahen, wenn man dem in Art. V des Protokolls erklärten Vorbehalt nur die Funktion der Ersetzung der Garantie- oder Interventionsklage in Art. 6 Nr. 2 EuGVÜ

---

[348] Auf die einzelnen Voraussetzungen einer Gerichtsstandsvereinbarung nach Art. 17 EuGVÜ kann im Rahmen dieser Untersuchung nicht eingegangen werden. Vgl. dazu *Schack* "IZVR": Rn. 462 ff.; *Schütze* "Deutsches IZPR": S. 55 f.

[349] Wenn die Gerichtsstandsvereinbarung erkennbar nur zugunsten einer Partei getroffen wurde, kann ihr die ausschließliche Wirkung nicht beigemessen werden. Die durch sie begünstigte Partei kann dann auch auf die anderen Gerichtsstände des EuGVÜ zurückgreifen. Vgl. dazu *Schack* "IZVR": Rn. 476.

[350] *Schütze* "Deutsches IZPR": S. 56; *Schack* "IZVR": Rn. 467. Zu beachten ist, daß eine Gerichtsstandvereinbarung nach Art. 17 EuGVÜ auch dann wirkungslos bleibt, wenn sie den Artt. 12 oder 15 EuGVÜ zuwiderläuft. Dieser Vorbehalt ist ebenso wie der Vorrang der ausschließlichen Zuständigkeit nach Art. 16 EuGVÜ in Art. 17 Abs. 3 EuGVÜ verankert. Der Gegenstand unserer Untersuchung wird jedoch durch keine der beiden Einschränkungen berührt.

[351] *Kropholler* "Europäisches Zivilprozeßrecht": Art. 17 Rn. 96; *Schack* "IZVR": Rn. 464; aus der englischen Rechtsliteratur *Cheshire & North* "Private international Law": S. 315.

durch die deutsche Streitverkündung beimißt. In diesem Fall begründet Art. V Abs. 1 Satz 2 des Protokolls für die Streitverkündung - ebenso wie Art. 6 Nr. 2 EuGVÜ für die Garantie- oder Interventionsklage - einen Gerichtsstand des Sachzusammenhangs. Die dadurch begründete Zuständigkeit des deutschen Gerichts kann aber durch eine Gerichtsstandsvereinbarung nach Art. 17 EuGVÜ derogiert werden.[352] Dies ist in unserem Beispiel geschehen, die Streitverkündung wäre daher unzulässig.

Zu einem anderen Ergebnis kommen wir, wenn wir annehmen, daß der Vorbehalt des Art. V Abs. 1 des Protokolls die Anwendbarkeit des EuGVÜ auf die Streitverkündung insgesamt ausschließt. In diesem Fall ist die Zulässigkeit der Streitverkündung unabhängig vom EuGVÜ. Diese Auffassung vertritt Kropholler, wenn er ausführt:[353] "Die Zulässigkeit einer Streitverkündung nach deutschem Recht bleibt von einer Vereinbarung gemäß Art. 17 unberührt; für sie braucht grundsätzlich keine Zuständigkeit des befaßten Gerichts gegeben zu sein." Kropholler erwähnt die von uns dargestellte Auslegungsmöglichkeit zu Art. V Abs. 1 des Protokolls zwar nicht ausdrücklich. Die von ihm vertretene Unanwendbarkeit des Art. 17 EuGVÜ auf die Streitverkündung ist dogmatisch aber nur begründbar, indem die Streitverkündung insgesamt aus dem Regelungsgefüge des EuGVÜ herausgenommen wird.

Nachdem wir die praktischen Unterschiede beider Auslegungsvarianten angedeutet haben, müssen wir uns entscheiden, ob wir der Auffassung von Taupitz oder aber der von Kropholler folgen. Betrachten wir zunächst den Wortlaut des Art. V Abs. 1 Satz 2 des Protokolls. Die m. E. entscheidende Passage lautet: "...kann jeder Person, die ihren Wohnsitz in einem anderen Vertragsstaat hat...". Diese Formulierung entspricht dem Einleitungssatz des Art. 6 EuGVÜ. Zwischen beiden Vorschriften besteht mithin ein Gleichlauf, der gegen das weitere Verständnis des Vorbehalts in Art. V des Protokolls von Kropholler spricht. Wenn Art. V Abs. 1 Satz 2 des Protokolls das EuGVÜ für die Streitverkündung insgesamt ausschließen wollte, dann wäre die Einschränkung auf Personen, die ihren Wohnsitz in einem anderen Vertragsstaat haben, nicht erforderlich gewesen. Der Wortlaut des Art. V Abs. 1 Satz 2 des Protokolls deutet vielmehr darauf hin, daß die BRD den Anwendungsbereich des EuGVÜ, namentlich des Art. 6 Nr. 2, nicht einschränken, sondern nur an die innerstaatlichen Besonderheiten der ZPO, die keine Gewährleistungs- oder Interventionsklage kennt, anpassen wollte.

Darüberhinaus gefährdet die weitergehende Auslegung des Art. V Abs. 1 des Protokolls durch Kropholler die vom EuGVÜ bezweckte Vereinheitlichung der Zuständigkeitsregeln in den Vertragsstaaten.[354] Kropholler schließt

---

[352] In diesem Sinne auch *Geimer* in ZZP 85 (1972), 196, 199 (insbesondere Fn. 16).

[353] *Kropholler* "Europäisches Zivilprozeßrecht": Art. 17 Rn. 96.

[354] Die Vereinheitlichung der Zuständigkeitsregeln für den Bereich der EWGV ist - neben der Erleichterung der Vollstreckung von in Vertragsstaaten ergangenen Entscheidungen - der Hauptzweck

die Anwendbarkeit des EuGVÜ für die Streitverkündung aus und erreicht damit, daß die BRD für die Beteiligung Dritter im Zivilprozeß einen Sonderweg geht, der den Vertragszweck des EuGVÜ beeinträchtigt. Diese unerwünschte Folge wird bei der von Taupitz vertretenen Auslegung des Art. V Abs. 1 des Protokolls vermieden. Taupitz ersetzt nur die Garantie- oder Interventionsklage mit der Streitverkündung, er läßt die Zuständigkeitsregelung des EuGVÜ aber unberührt. So interpretiert, fügt sich der in Art. V Abs. 1 des Protokolls erklärte Vorbehalt der BRD nahtlos in das System der Zuständigkeitsregeln des EuGVÜ ein.

Letztlich widerspricht die Auslegung von Kropholler aber auch dem Sinn und Zweck des Art. V des Protokolls. Es gibt keinen Anhaltspunkt dafür, daß die BRD die Streitverkündung aus dem Anwendungsbereich des EuGVÜ herausnehmen wollte. Vielmehr war Art. V des Protokolls notwendig, weil die ZPO keine Gewährleistungsklage kennt.[355] Daß die BRD mit dem in Art. V Abs. 1 des Protokolls erklärten Vorbehalt nur die Verpflichtung zur Einführung einer Garantieklage in die ZPO vermeiden wollte, ergibt sich auch aus einer Stellungnahme der Bundesregierung im Rechtsstreit Kongress Agentur Hagen GmbH gegen Zeehaghe BV[356] vor dem EuGH. Dort führte die Bundesregierung folgende Gründe an, die den Vorbehalt in Art. V Abs. 1 des Protokolls erforderlich machten (nach der Zusammenfassung der beim Gerichtshof eingereichten Erklärungen):[357]

"Die Bundesregierung fühlt sich in dieser Auffassung durch Artikel V des Protokolls zu dem Übereinkommen bestätigt. Dieser Artikel beziehe sich auf das Fehlen der eigentlichen Garantieklage in der deutschen Zivilprozeßordnung. Die unfreiwillige Beteiligung eines Dritten an einem Rechtsstreit sei jedoch in den §§ 68, 72, 73 und 74 der Zivilprozeßordnung in Form der Streitverkündung vorgesehen. Artikel V des Protokolls erwähne dieses Verfahren und sehe vor, daß..." "Ohne diese Bestimmung wäre die Bundesrepublik verpflichtet gewesen, Vorschriften über eine Klage auf Gewährleistung einzuführen, um den notwendigen Rechtsschutz sicherzustellen."

Die BRD wollte also mit Art. V des Protokolls die Verpflichtung vermeiden, zur Wahrung der Einheitlichkeit des Rechtsschutzes in den Vertragsstaaten eine Gewährleistungsklage in die ZPO einführen zu müssen.[358] Mit dieser Zweckrichtung des Art. V Abs. 1 Satz 2 des Protokolls ist aber nur die von Taupitz vertretene Auffassung vereinbar, welcher wir uns daher anschließen müssen. Mit Art. V des Protokolls sollte verhindert werden, daß die ZPO im Bereich der prozessualen Drittbeteiligung grundlegend verändert werden mußte. Daher wurde die in Art. 6 Nr. 2 EuGVÜ enthaltene Garantieklage durch die Streitverkündung ersetzt. Ein weiterer Eingriff in die Regelungssystematik

---

des EuGVÜ, vgl. nur *Schack* "IZVR": Rn. 91; Vorblatt zum deutschen Zustimmungsgesetz zum EuGVÜ vom 24. 7. 1972 (B. Lösung) in BT-Drucksache (6. Wahlperiode) IV / 1973.

[355] Dies anerkennt auch *Kropholler* "Europäisches Zivilprozeßrecht": Art. 6 Rn. 12.

[356] Urteil vom 15.5.1990 in der Rechtssache C-365 / 88 in Sammlung der Rechtsprechung des (Europäischen) Gerichtshofs 1990, I-1845.

[357] Sammlung der Rechtsprechung des Gerichtshofs 1990, I-1845, I-1849 f.

[358] So ausdrücklich auch *Geimer* in WM 1979,350,360, vgl. auch *Geimer* in RIW 1975,81,82 Fn.13.

des EuGVÜ war hierdurch aber weder beabsichtigt noch wurde er vorgenommen.

Als Ergebnis können wir festhalten, daß die deutschen Gerichte zur Durchführung einer Streitverkündung im Rahmen des Anwendungsbereichs des EuGVÜ international zuständig sind. Ihnen wird über Art. 6 Nr. 2 EuGVÜ in Verbindung mit Art. V Abs. 1 Satz 2 des Protokolls die internationale Zuständigkeit des Sachzusammenhangs eingeräumt. Hiervon bestehen jedoch - wie auch bei Art. 6 Nr. 2 EuGVÜ - zwei Ausnahmen: Die deutschen Gerichte haben nach dem EuGVÜ zur Durchführung der Streitverkündung keine internationale Zuständigkeit, wenn ihre Zuständigkeit durch eine Gerichtsstandsvereinbarung im Sinne des Art. 17 EuGVÜ derogiert wurde, und wenn die Klage des Vorprozesses nur erhoben wurde, um den Streitverkündungsempfänger seinem zuständigen Gericht zu entziehen. Die Streitverkündung ist in beiden Fällen unzulässig.

(3) Ergebnis

Artikel V des Protokolls begründet für eine deutsche Streitverkündung im Anwendungsbereich des EuGVÜ einen Gerichtsstand des Sachzusammenhangs. Die Streitverkündung erfordert daher in diesem Bereich die internationale Zuständigkeit des Gerichts des Vorprozesses. Eine nach Art. V des Protokolls eröffnete Zuständigkeit kann jedoch - entsprechend dem Rechtszustand bei Art. 6 Nr. 2 EuGVÜ - durch eine Gerichtsstandsvereinbarung gemäß Art. 17 EuGVÜ derogiert werden.

Eine Frage bleibt aber noch offen: Können wir aus dieser Annexzustandigkeit im EuGVÜ eine Bestätigung für die gefundene, gleichlautende Regelung im nationalen Recht ableiten? Hier ist Vorsicht geboten. Die Tatsache, daß der Gesetzgeber die Streitverkündung im Bereich des EuGVÜ einer Annexzuständigkeit unterworfen hat, muß nicht bedeuten, daß er die gleiche Absicht auch für das nationale Recht verfolgt. Vielmehr nehmen Staaten eine Beschränkung des inländischen Gerichtszugangs durch internationale Zuständigkeitsregelungen in internationalen Abkommen oft nur deshalb hin, weil sie sich hierdurch eine erleichterte Anerkennung und Vollstreckung der Entscheidungen ihrer Gerichte erhoffen.[359] Außerhalb dieser Abkommen üben sie ihre Zuständigkeit aber im ursprünglichen Umfang aus. Ein Beispiel hierfür ist der § 23 ZPO. Diese Vorschrift wird in Art. 3 Abs. 2 EuGVÜ für den Anwendungsbereich

[359] So auch *Pfeiffer* in LM: ZPO § 23 Nr. 7, der insoweit den BGH kritisiert. Der BGH hatte im Urteil vom 2.7.1991 in NJW 1991, 3092 das EuGVÜ als Argument zur Einschränkung des § 23 ZPO herangezogen.

des EuGVÜ ausgeschlossen, im nationalen Recht aber dennoch aufrechterhalten.[360]

Dies vorausgeschickt, können wir den von uns begründeten Gerichtsstand des Sachzusammenhangs für die Streitverkündung in begrenztem Umfang durch das EuGVÜ als bestätigt ansehen. Der deutsche Gesetzgeber hat sich gegen die Einführung einer Zuständigkeitsregelung für die Streitverkündung - und die damit verbundene Möglichkeit der Derogation seiner Gerichte durch eine Gerichtsstandsvereinbarung gemäß Art. 17 EuGVÜ - nicht gewehrt. Vor allem aber haben wir durch die Begründung des Gerichtsstands des Sachzusammenhangs eine mit der europarechtlichen Regelung gleichlaufende Lösung gefunden. Sie birgt den Vorteil, daß wir der wünschenswerten Vereinheitlichung der Rechtsordnungen im europäischen Raum ein Stück näher kommen.

ff) Gesamtergebnis

Die Zulässigkeit einer Streitverkündung setzt voraus, daß das deutsche Gericht des Vorprozesses gegenüber dem Streitverkündungsempfänger die internationale Zuständigkeit besitzt.

Dieses Erfordernis ergibt sich aus den schutzwürdigen - und durch den Anspruch auf ein faires Verfahren verfassungsrechtlich geschützten - Zuständigkeitsinteressen des Streitverkündungsempfängers.

Sinn und Zweck der Streitverkündung, die Interessen des Streitverkünders und insbesondere die Möglichkeit seiner partiellen Rechtsschutzlosigkeit zwingen allerdings dazu, die internationale Zuständigkeit so auszugestalten, daß die Streitverkündung im Regelfall zulässig ist.

Die hierzu erforderliche Zuständigkeitsregelung wurde durch die Eröffnung einer Notzuständigkeit in Gestalt eines Gerichtsstands des Sachzusammenhangs gefunden.

Die deutschen Gerichte sind daher zur Durchführung einer Streitverkündung nicht nur bei Vorliegen eines Gerichtsstands aus §§12 ff. ZPO international zuständig. Die internationale Zuständigkeit eines deutschen Gerichts besteht für die Streitverkündung vielmehr auch dann, wenn zwischen der Klage im Vorprozeß und dem der Streitverkündung zugrundeliegenden Regreßanspruch ein Sachzusammenhang besteht.

Angesichts dieser weiten Zuständigkeitsregelung für die Streitverkündung könnte man am Nutzen der durchgeführten Untersuchung zweifeln. Was

[360] Zu beachten sind aber die neuesten Einschränkungen, die der Anwendungsbereich des § 23 ZPO durch das Urteil des BGH vom 2.7.1991 in NJW 1991, 3092 erfahren hat.

bringt die Begründung eines weiten Gerichtsstands des Sachzusammenhangs gegenüber der Auffassung in der Literatur, die ein Zuständigkeitserfordernis für die Streitverkündung insgesamt ablehnt?

Zunächst einmal haben wir eine dogmatisch einwandfreie Lösung gefunden, welche der prozessualen Gerechtigkeit dient. Nunmehr können die Zuständigkeitsinteressen des Streitverkündungsempfängers wenigstens im Ansatz berücksichtigt werden: Der Streitverkündungsempfänger ist durch die Streitverkündung nicht mehr schrankenlos gerichtspflichtig, sondern nur noch dann, wenn der geforderte Sachzusammenhang besteht. Ob damit allerdings eine dem Art. 6 Nr. 2 letzter Halbsatz EuGVÜ vergleichbare Regelung zum Ausschluß der Zuständigkeit bei Zuständigkeitserschleichung erreicht werden kann, ist zweifelhaft. Wird die Klage im Vorprozeß entsprechend gefaßt, kann ein Sachzusammenhang zur Streitverkündung nicht verneint werden. Schutz vor Zuständigkeitserschleichungen durch einverständlich zwischen den Parteien des Vorprozesses erhobene Scheinklagen bietet die hier gefundene Zuständigkeitsregelung nur, wenn es am Sachzusammenhang mangelt. Die Erlangung eines - dem in Art. 6 Nr. 2 EuGVÜ gleichwertigen - Schutzes vor Zuständigkeitserschleichung erfordert daher ein Tätigwerden des Gesetzgebers.

Vor allem aber wird der Streitverkündungsempfänger durch die hier gefundene Lösung in die Lage versetzt, seine Zuständigkeitsinteressen durch den Abschluß einer Gerichtsstandsvereinbarung mit dem Streitverkünder durchzusetzen. Diese Möglichkeit ist bislang umstritten.[361] Die Zulässigkeit einer die Zuständigkeit für die Streitverkündung derogierenden Gerichtsstandsvereinbarung kann dogmatisch richtig nur begründet werden, wenn man zuvor das Erfordernis einer internationalen Zuständigkeit bejaht.[362]

---

[361] Dagegen *Kropholler* "Europäisches Zivilprozeßrecht": Art. 17 Rn. 65; *Kohler* in IPRax 1983, 265, 272; *Mezger* in IPRax 1984, 331, 333. Dafür *Geimer* in ZZP 85 (1972), 196, 205 f.; mit Einschränkungen auch *Götze* "Vouching in und third party practice": S. 147 f.

[362] Die Frage, ob die deutsche internationale Zuständigkeit derogiert werden kann, richtet sich nach deutscher lex fori, denn die lex fori bestimmt allgemein die Zulässigkeit und die Wirkungen einer Gerichtsstandsvereinbarung, vgl. BGH Urteil vom 24.11.1988 in IPRax 1990, 41, 42; *Schütze* in IPRax 1984, 246, 247 m. w. N.; *Zöller-Geimer*: IZPR Rn. 25; *Schack* "IZVR": Rn. 432. Die Frage, ob auch für die Streitverkündung eine Derogation der Zuständigkeit der deutschen Gerichte zulässig ist, hängt aus der Sicht des deutschen Rechts davon ab, ob die Durchführung der Streitverkündung der Parteidisposition unterliegt , vgl. *Geimer* in ZZP 85 (1972), 196, 205 Fn. 30. Dies ist trotz der beteiligten staatlichen Interessen an Prozeßökonomie und Vermeidung von sich widersprechenden Entscheidungen zu bejahen, vgl. BGH Urteil vom 26.3.1987 in JR 1988, 67, 68, nach dem es im Belieben des Streitverkünders steht, ob er von der Streitverkündung Gebrauch macht; *Götze* "Vouching in und third party practice": S. 148 m. w. N.; *Geimer* in ZZP 85 (1972), 196, 205 f.; Anderer Ansicht aber *Milleker* in ZZP 84 (1971), 91, 99 f., der die Auffassung vertritt, daß die Streitverkündung als Institut in erster Linie öffentlichen Interessen diene. Daher könne eine Gerichtsstandsvereinbarung nicht zum Verbot der Streitverkündung führen.

gg) Praktische Auswirkung - Möglichkeit der Derogation der deutschen internationalen Zuständigkeit

Nach unserer Lösung kann sich der Streitverkündungsempfänger durch den Abschluß einer die internationale Zuständigkeit der deutschen Gerichte derogierenden Gerichtsstandsvereinbarung gegen eine deutsche Streitverkündung schützen. In einem solchen Fall fehlt dem deutschen Gericht des Vorprozesses die internationale Zuständigkeit, die Streitverkündung ist unzulässig.

Hier liegt der wesentliche Unterschied zwischen der von uns vertretenen Meinung und der Auffassung, die ein Zuständigkeitserfordernis insgesamt verneint. Die Vertreter der letzteren Auffassung kommen allerdings zu einem mit der Gerichtsstandsvereinbarung vergleichbaren Ergebnis, wenn sie dem Streitverkündungsempfänger die Möglichkeit offenhalten, daß er mit dem Streitverkünder den Verzicht auf das Streitverkündungsrecht vereinbart.[363] Nur wird im internationalen Rechtsverkehr kaum jemand an einen Verzicht auf die Durchführung der Streitverkündung denken. Dies gilt insbesondere, wenn Streitverkünder und Streitverkündungsempfänger beide Ausländer oder gar Angehörige desselben ausländischen Staates sind. Wie will man denn z. B. von einem amerikanischen Streitverkündungsempfänger verlangen, daß er bereits im Zeitpunkt des Abschlusses eines Vertrags mit dem späteren amerikanischen Streitverkünder daran denkt, sich den Verzicht auf die Durchführung einer Streitverkündung des deutschen Rechts erklären zu lassen.

Diese kurzen Überlegungen lassen bereits die praktischen Nachteile der Auffassung, wonach eine internationale Zuständigkeit insgesamt entbehrlich ist, erkennen: Trotz der theoretischen Möglichkeit des Verzichts auf die Streitverkündung kann diese Auffassung Unbilligkeiten nicht vermeiden.

Aber auch wenn man mit der hier gefundenen Lösung die grundsätzliche Möglichkeit einer die Zuständigkeit derogierenden Gerichtsstandsvereinbarung anerkennt, stellt sich noch ein Problem: Welche inhaltlichen Anforderungen sind an eine Gerichtsstandsvereinbarung zu stellen, damit sie die internationale Zuständigkeit der deutschen Gerichte für die Streitverkündung wirksam ausschließen kann?

---

[363] *Wieczorek/Schütze-Mansel* (3. Aufl.): § 68 Rn. 35: die Vereinbarung einer abweichenden, ausschließlichen internationalen Zuständigkeit kann die Anerkennung des Ersturteils kraft Prozeßvertrages hindern.

Die grundsätzliche Zulässigkeit eines Verzichts auf das Streitverkündungsrecht kann nicht bestritten werden. In diesem Sinne hat auch der BGH im Urteil vom 26.3.1987 in JR 1988, 67, 68 festgestellt: "Dabei liegt es in seinem (Anm. des Verfassers: des Streitverkünders) freien Belieben, ob er überhaupt von dem seinem Interesse dienenden prozessualen Behelf Gebrauch machen will". Wenn der Streitverkünder frei über die Ausübung des Streitverkündungsrechts verfügen kann, spricht nichts gegen einen Verzicht auf dieses Recht.

Unproblematisch ist der Fall, wenn die Gerichtsstandsvereinbarung die Möglichkeit der Streitverkündung ausdrücklich erwähnt und einen diesbezüglichen Gerichtsstand ausschließt. Dieser Fall weicht im Ergebnis nicht von einem Verzicht auf das Recht zur Streitverkündung ab.

Weitaus interessanter ist demgegenüber die Frage, ob auch eine allgemeiner gefaßte Gerichtsstandsvereinbarung - die etwa nur Garantieklagen, Drittklagen oder gar die Formulierung 'alle Rechtsstreitigkeiten' enthält - die Zuständigkeit der deutschen Gerichte für die Streitverkündung derogieren kann. Götze[364] führt hierzu aus:

> "Das wird man wohl zu verneinen haben, da die Parteien an eine derartige Möglichkeit nicht gedacht haben dürften und man auch nicht ohne weiteres eine entsprechende Willensrichtung unterstellen kann. Erforderlich ist also eine eindeutige sprachliche Einbeziehung der Streitverkündung in die Vereinbarung."

Wir wollen den Inhalt dieser Aussage genauer betrachten. Sofern Zweifel am Inhalt einer Gerichtsstandsvereinbarung bestehen, ist ihre Auslegung erforderlich. Die Auslegung einer die deutsche internationale Zuständigkeit derogierierenden Gerichtsstandsvereinbarung ist nach der deutschen lex fori vorzunehmen.[365] Abweichungen von der gesetzlichen Zuständigkeitsordnung sind nach deutschem Recht nur möglich, wenn ein darauf gerichteter Wille der Parteien hinreichend klar zum Ausdruck gebracht wurde oder sie im Interesse beider Parteien liegt.[366]

Wann ein bestimmter Wille der Parteien hinreichend deutlich zum Ausdruck kommt, ist eine Frage des Einzelfalles, die jedoch immer unter Berücksichtigung der Stellung der Parteien und ihrer Rechtsumwelt beantwortet werden muß. Es muß daher zur Derogation der Zuständigkeit für die Streitverkündung ausreichen, wenn die Parteien, die mit einer Rechtsordnung verwurzelt sind, die nur eine Garantieklage zur prozessualen Drittbeteiligung kennt, eben auch den Gerichtsstand der Garantieklage bestimmt haben. Wir dürfen hier die sprachlichen Anforderungen nicht zu hoch ansetzen, entscheidend ist die funktionale Entsprechung von Garantieklage und Streitverkündung[367]. Dem Streitverkünder wird mit dieser Auslegung kein unvorhersehbares Risiko aufgebürdet, denn er hat sich mit der Bestimmung des Gerichtsstands für die Garantieklage der Möglichkeit begeben, eine Entscheidung über die Regreßfor-

---

[364] *Götze* "Vouching in und third party practice": S. 149. Er folgt dabei im Ergebnis *Milleker* in ZZP 84 (1971), 91, 100. Die Fragestellung von *Götze* ist aber gegenüber der unsrigen leicht abgewandelt. Er prüft, "ob in jeder Zuständigkeitsvereinbarung eo ipso auch eine Regelung des Streitverkündungsgerichtsstands erblickt werden kann." Im Ergebnis ähnlich *Zöller-Geimer*: IZPR Rn. 72: Eine Derogation der internationalen Zuständigkeit hindere eine Streitverkündung nicht, sofern die Parteien nicht auch diese Möglichkeit ausschließen wollten.

[365] Vgl. BGH Urteil vom 24.11.1988 in IPRax 1990, 41, 42; OLG Bremen Urteil vom 18.7.1985 in RIW 1985, 894; *Zöller-Geimer*: IZPR Rn. 25.

[366] *Schack* "IZVR": Rn. 457.

[367] Zur funktionalen Entsprechung beider Rechtsinstitute *Coester -Waltjen* in IPRax 1992, 290.

derung mit dem Vorprozeß zu verbinden. Ob diese Verbindung nun in Form der Streitverkündung oder der Garantieklage erfolgt, ist demgegenüber nur von untergeordneter Bedeutung.

Wie aber ist die allgemeinste Gerichtsstandsvereinbarung auszulegen, die einfach alle Rechtsstreitigkeiten einem anderen Gericht als dem Gericht des Vorprozesses zur Entscheidung zuweist? Es muß ebenfalls unter Berücksichtigung der konkreten Umstände ermittelt werden, ob die Parteien mit dem Begriff der 'Entscheidung' auch die Möglichkeit der Streitverkündung regeln wollten. Folgt man der hier vertretenen Auffassung, wonach die Streitverkündung faktisch eine Entscheidung über einen Teil des Regreßanspruchs bringt,[368] wäre eine Auslegung, welche die Streitverkündung in die Vereinbarung einbezieht, grundsätzlich möglich.

Diese Auslegung ist nur im Hinblick auf die Möglichkeit der teilweisen Rechtsschutzlosigkeit des Streitverkünders problematisch.[369] Sofern die Streitverkündung wegen der Derogation der Zuständigkeit der deutschen Gerichte unzulässig ist, kann der mit ihr bezweckte Rechtsschutz für den Streitverkünder nicht verwirklicht werden. Auch ein Verfahren vor dem forum prorogatum kann nur den allgemeinen Rechtsschutz bringen. Es kann aber nicht das Risiko für den Streitverkünder vermeiden, beide Prozesse zu verlieren, obwohl er nach der materiellen Rechtslage zumindest einen von ihnen gewinnen müßte.[370]

---

[368] Siehe dazu oben S. 36 f. Vgl. aber auch *Martens* in ZZP 85 (1972), 77, 90; ähnlich, ohne aber den Begriff der Entscheidung zu erwähnen, *Geimer* in ZZP 85 (1972), 196, 202.

[369] Zur Rechtsschutzlosigkeit des Streitverkünders siehe oben S. 99 ff. Ein vergleichbares Problem entsteht, wenn der Rechtsuchende durch die Gerichtsstandsvereinbarung rechtsschutzlos wird, weil das forum prorogatum den Rechtsstreit nicht annimmt oder jedenfalls nicht entscheiden kann (Unmöglichkeit der Rechtsverfolgung) oder die im forum prorogatum ergangene Entscheidung hier nicht vollstreckt werden kann. Vgl. dazu ausführlich *Schütze* in RIW 1982, 773 ff., der eine Lösung dieses Problems im Hinblick auf den ordre public oder das Institut des Wegfalls der Geschäftsgrundlage untersucht. *Geimer* in *Zöller-Geimer*: IZPR Rn. 64 und 69 will über die Eröffnung einer internationalen Notzuständigkeit eine angemessene Lösung erreichen, kritisch dazu *Schütze* in IPRax 1984, 246, 248. Nach BAG Urteil vom 29.6.1978 in NJW 1979, 1119, 1120 = JZ 1979, 647 ist die Derogation der Zuständigkeit der deutschen Gerichte durch Vereinbarung eines ausländischen Gerichtsstands unwirksam, wenn sie eine Rechtsverweigerung zur Folge hätte. In diesem Sinne auch *Radtke* in RIW 1984, 270, 279 f., der die Behandlung dieses Problems in Portugal darstellt. Dort wurde mit Art. 99 Nr. 3 a *Código de Processo Civil* eine Regelung gefunden, wonach eine Derogation nur wirksam ist, wenn dem Kläger ein anderes international zuständiges Gericht zur Verfügung steht. Trotz fehlender gesetzlicher Regelung in der BRD sei diese Wirksamkeitsvoraussetzung nach *Radtke* auch in der BRD allgemein anerkannt.

Zuletzt hält *Kropholler* in "Handbuch des IZVR" Bd. 1, Kap. III: Rz. 563 die verschiedenen Begründungen zur Vermeidung einer Rechtsschutzlosigkeit durch die Gerichtsstandsvereinbarung für überflüssig, da sich die Unwirksamkeit der Derogation aus spezifisch zuständigkeitsrechtlichen Erwägungen ergebe.

[370] Dies ist die streitverkündungstypische Notlage des Streitverkünders. Sie zu vermeiden, ist Hauptaufgabe der Streitverkündung, vgl. BGH Urteil vom 14.11.1991 in BGHZ 116, 95, 100 = NJW 1992, 1698, 1699; Urteil vom 26.3.1987 in JR 1988, 67, 68 = NJW 1987, 1894; *Eibner* "Dissertation": S. 26 ff.

Diese mit der Gerichtsstandsvereinbarung verbundene, mögliche Beschwerung des Streitverkünders - partielle Rechtsschutzlosigkeit - kann nicht ohne weiteres hingenommen werden. Mit der Gerichtsstandsvereinbarung wollen die Parteien im Regelfall nur den Ort der Rechtsverfolgung festlegen, nicht aber den Rechtsschutz ausschließen. Sie erwarteten gleichwertigen Rechtsschutz am forum prorogatum,[371] der ihnen hinsichtlich des mit der Streitverkündung gewährten Rechtsschutzes aus tatsächlichen Gründen[372] verloren geht. Daher ist erforderlich, daß der Verlust des mit der Streitverkündung gewährten Rechtsschutzes für den Streitverkünder beim Abschluß der Vereinbarung absehbar war. Ist dies nicht der Fall, etwa weil die Parteien die Möglichkeit der Erforderlichkeit einer prozessualen Drittbeteiligung nicht bedacht haben, darf ein diesbezüglicher Wille auch nicht unterstellt werden. Die Derogation der deutschen internationalen Zuständigkeit ist in diesem Fall unwirksam, die allgemeine Form einer Gerichtsstandsvereinbarung hindert dann die Durchführung der Streitverkündung nicht.

Die Derogation der Zuständigkeit der deutschen Gerichte für alle Rechtsstreitigkeiten kann die Durchführung einer Streitverkündung vor dem deutschen Gericht des Vorprozesses also nur verhindern, wenn die Parteien beim Vertragsschluß an eine mögliche Beteiligung des Streitverkündungsempfängers in einem Zivilprozeß in Form einer Garantieklage oder Streitverkündung gedacht haben. Da dies in der Praxis regelmäßig schwer feststellbar sein wird, ist einem Ausländer, der seine Zuständigkeitsinteressen umfassend schützen will, anzuraten, die ihm bekannte Form der prozessualen Drittbeteiligung in die Gerichtsstandsvereinbarung aufzunehmen. Dies muß dann aber billigerweise ausreichen, selbst wenn die Streitverkündung nicht namentlich Erwähnung gefunden hat.

3. Einrede des Schiedsvertrags - Rechtswegfragen

Wir haben im letzten Abschnitt festgestellt, daß die Zuständigkeit der deutschen Gerichte für die Streitverkündung mit einer Gerichtsstandsvereinbarung derogiert werden kann. Die Streitverkündung wird dann unzulässig und bleibt wirkungslos.

---

[371] Allgemein *Geimer* "IZPR": Rz. 1764. Gleiches gilt für den Streitverkünder. Auch er erwartet letztlich die Erfüllung seines Justizgewährungsanspruchs .

[372] Der mit der Streitverkündung bezweckte Rechtsschutz ist nur beim Gericht des Vorprozesses zu erlangen, da nur hier die gemeinsame Feststellung der für beide Prozesse relevanten Punkte unter Wahrung des rechtlichen Gehörs möglich ist. Soweit man - wie hier - die Rechtsschutzlosigkeit aus tatsächlichen Gründen als gegeben ansieht, hindert dies nicht daran, die Unwirksamkeit der Derogation der deutschen Gerichte anzunehmen. Der Rechtsschutzlosigkeit aus rechtlichen Gründen steht es nämlich gleich, wenn die Rechtsverfolgung vor dem ausländischen forum prorogatum aus tatsächlichen Gründen unmöglich oder aber auch nur unzumutbar ist, vgl. *Kropholler* in "Handbuch des IZVR" Bd. 1; Kap. III: Rz. 568, 570.

Ebenso ist denkbar, daß die Beteiligten einer Streitverkündung ein privates Schiedsgericht zur Entscheidung über den (Regreß-) Anspruch für zuständig erklärt haben. Die Wirkung einer solchen Schiedsgerichtsabrede (Schiedsvertrag) auf die Zulässigkeit der Streitverkündung soll Gegenstand der nachfolgenden Prüfung sein.

Beim Abschluß eines Schiedsvertrags geht der Wille der Parteien dahin, daß der Rechtsstreit nicht vor ein staatliches Gericht zur Entscheidung gebracht werden soll. Hieraus resultiert die beiderseitige Pflicht, das Zustandekommen eines Schiedsspruchs zu fördern und alles zu unterlassen, was dieses Ziel vereiteln kann.[373]

a) Einführung

Die Geltendmachung eines Schiedsvertrags ist in § 1027 a ZPO geregelt. Seiner Rechtsnatur nach handelt es sich dabei um eine prozeßhindernde Einrede.[374] Die Schiedsgerichtsabrede muß dementsprechend im Prozeß ausdrücklich geltend gemacht werden.[375] Sofern der geltend gemachte Schiedsvertrag wirksam ist, muß eine entgegen seinem Inhalt vor einem staatlichen Gericht erhobene Klage als unzulässig abgewiesen werden.[376]

§ 1027 a ZPO stellt rechtstechnisch ein Problem des Rechtswegs dar,[377] denn die Schiedsgerichtsbarkeit ist eine neben der staatlichen Gerichtsbarkeit stehende private Gerichtsbarkeit.[378] Diese Auffassung ist jedoch nicht unbestritten. Im internationalen Schiedsverfahrensrecht wird teilweise auch vertreten, daß die Schiedsgerichtsabrede - einer Gerichtsstandsvereinbarung vergleichbar - die internationale Zuständigkeit der deutschen Gerichte ausschließt.[379]

---

[373] BGH Urteil vom 22.11.1962 in NJW 1963, 243.

[374] *Stein/Jonas-Schlosser*: § 1027a Rn. 1; *BLAH-Albers* : § 1027a Rn. 1.

[375] *Zöller-Geimer*: § 1027a Rn. 1; *Schwab/Walter* "Schiedsgerichtsbarkeit": S. 52.

[376] *Thomas/Putzo*: § 1027a Rn. 4.

[377] OLG Düsseldorf Beschluß vom 14.4.1983 in NJW 1983, 2149, 2150: Es gehe um die Zulässigkeit des Rechtswegs zu den staatlichen Gerichten insgesamt. Vgl. auch *Zöller-Geimer*: § 1025 Rn. 23, der den Ausschluß des Rechtswegs zu den staatlichen Gerichten als notwendigen Inhalt eines Schiedsvertrags ansieht.

[378] *Stober* in NJW 1979, 2001.

[379] Vgl. *Zöller -Geimer*: § 1025 Rn. 14; *Schack* "IZVR": Rn. 52; *Schlosser* "RipS": Rn. 400, der die Möglichkeit sieht, einem ausländischen Urteil, welches sich über eine Schiedsklausel hinweggesetzt hat, die Anerkennung wegen fehlender internationaler Zuständigkeit zu versagen; *Stein/Jonas-Schlosser*: § 1027a Rn. 16.

Demgegenüber schließt eine Schiedsklausel nach *BLAH-Albers*: § 1027a Rn. 1 die Zuständigkeit der staatlichen Gerichte nicht aus. Auch aus BGH Urteil vom 20.12.1972 in NJW 1973, 421 wird man eine Gleichstellung der Schiedsgerichtsabrede mit einer Gerichtsstandsvereinbarung nicht schließen können. In dieser Entscheidung stellte der BGH für die Zulässigkeit einer Aufrechnung zwar fest, daß die Interessenlage der Parteien bei einer Gerichtsstandsvereinbarung mit der Interessenlage bei einem Schiedsvertrag vergleichbar sei. Daher erachtete der BGH die Aufrechnung mit einer Forderung, die einer der beiden Vereinbarungen unterliegt, als unzulässig. Ausführungen zur rechtlichen Qualifi-

Beide dogmatischen Lösungsansätze bringen Probleme mit sich: Wenn wir die Schiedsgerichtsabrede als Ausschluß des Rechtswegs zu den staatlichen Gerichten qualifizieren, entsteht ein Konflikt mit dem Grundsatz, daß Rechtswegfragen von Amts wegen zu prüfen sind.[380] Die Schiedsgerichtsabrede ist aber - wie § 1027 a ZPO ausdrücklich anordnet - nur bei Erhebung einer diesbezüglichen Einrede beachtlich.

Legt man aber der Schiedsgerichtsabrede die Bedeutung der Derogation der internationalen Zuständigkeit der deutschen Gerichte bei, entsteht ein Widerspruch zu § 40 Abs. 2 ZPO und Art. 17 Abs. 3 EuGVÜ. Nach diesen Vorschriften ist die Derogation einer ausschließlichen Zuständigkeit unzulässig. Für die Schiedsgerichtsbarkeit geht die h. M. demgegenüber aber davon aus, daß die Wirksamkeit einer Schiedsgerichtsabrede nicht an einer ausschließlichen internationalen Zuständigkeit scheitert.[381]

Der Konflikt, der mit der Qualifikation der Einrede des Schiedsvertrags als Rechtswegfrage entsteht, kann durch § 1027 a ZPO als gelöst angesehen werden. Diese Vorschrift stellt eine ausdrückliche Ausnahme zu der für Rechtswegfragen bestehenden Regel dar, wonach das Vorliegen des Rechtswegs von Amts wegen zu prüfen ist. Demgegenüber ist eine Lösung der mit der Gegenauffassung (nach der mit dem Schiedsvertrag die internationale Zuständigkeit derogiert wird) zusammenhängenden Probleme nur teilweise möglich. Für den Bereich des EuGVÜ ist mit Art. 1 Abs. 2 Nr. 4 EuGVÜ ebenfalls eine Son-

---

zierung der Schiedsgerichtsabrede oder Einordnung der Schiedsgerichtsbarkeit enthält das Urteil jedoch nicht. Eine Wertung des BGH zu dieser Frage kann jedoch aus dem Urteil vom 20.3.1980 in NJW 1980, 2023, 2024 abgeleitet werden. In dieser Sache hatte der BGH zur Zulässigkeit der Einrede des Schiedsvertrags zu entscheiden. Die Revisionsführer, die sich im konkreten Fall gegen die Zulässigkeit wehrten, beriefen sich unter anderem auch auf § 53 Abs. 3 KWG. Der BGH sprach aber aus, daß diese Vorschrift nur die Zulässigkeit von Gerichtsstandsvereinbarungen beschränke. Auswirkungen auf die Zulässigkeit einer Schiedsgerichtsabrede habe diese Vorschrift jedoch nicht. Zwar kann man dieser Entscheidung keine zwingende Einordnung des Schiedsvertrags entnehmen. Wenn aber die Schiedsgerichtsabrede einer Gerichtsstandsvereinbarung gleichartige Wirkungen auslösen soll, so wäre eine Auseinandersetzung mit der Frage der Übertragbarkeit der Regelung des § 53 Abs. 3 KWG auf die Schiedsgerichtsabrede angebracht gewesen. Da dies nicht erfolgt ist, kann man dieser Entscheidung des BGH zumindest entnehmen, daß zwischen Schiedsgerichtsabrede und Gerichtsstandsvereinbarung wesentliche Unterschiede bestehen.

380 Vgl. § 17 a Abs. 2 GVG; *Schellhammer* "Zivilprozeß": Rn. 1161 m. w. N. über die Rechtsprechung. Demgegenüber kann die Tatsache, daß zwischen staatlichen und Schiedsgerichten keine Verweisung gem. § 281 ZPO stattfindet, vgl. dazu *Thomas-Putzo*: § 281 Rn. 1, keinen dogmatischen Bruch begründen. Sie ist Folge der unabhängigen Stellung der Schiedsgerichte, die nicht der Hoheitsgewalt unterstehen. Mit dieser Unabhängigkeit ist eine *bindende* Verweisung i. S. d. § 281 Abs. 2 ZPO, § 17 a Abs. 2 Satz 3 GVG nicht vereinbar. Gleiches gilt im übrigen für die Frage der Möglichkeit der Verweisung einer Rechtssache an ein ausländisches staatliches Gericht, also im Bereich der internationalen Zuständigkeit.

381 *Zöller-Geimer*: § 1025 Rn. 81 m. w. N.; *Schlosser* "RipS": Rn. 309; für § 53 Abs. 3 KWG wohl auch BGH Urteil vom 20.3.1980 in NJW 1980, 2022, 2024 (siehe oben Fn. 379). Dies gilt freilich nicht, soweit eine Zuständigkeitsnorm die ausschließliche Zuständigkeit der *staatlichen* Gerichte begründet, vgl. für den Fall des § 246 Abs. 3 Satz 1 AktG: OLG Hamm Urteil vom 8.12.1986 in ZIP 1987, 780, 782 = EWiR 1987, 37.

dervorschrift vorhanden, die einen Vorrang der Schiedsgerichtsbarkeit gegenüber der ausschließlichen Zuständigkeit eines Gerichts eines Vertragsstaats aus Art. 16 EuGVÜ rechtfertigt. Artikel 1 Abs. 2 Nr. 4 EuGVÜ ordnet an, daß das EuGVÜ auf die Schiedsgerichtsbarkeit nicht anzuwenden ist. Eine entsprechende Norm fehlt jedoch für das autonome deutsche Recht. In diesem Bereich gerät die Auffassung, die einen Schiedsvertrag der Gerichtsstandsvereinbarung gleichsetzt, in Begründungsschwierigkeiten: Es ist dogmatisch nämlich nicht erklärbar, warum die Schiedsgerichtsabrede - anders als die gleichbehandelte Gerichtsstandsvereinbarung - Vorrang vor der internationalen Zuständigkeit der staatlichen Gerichte haben soll. Aber auch wenn der Vorrang der ausschließlichen Zuständigkeit beibehalten wird, erlangen wir mit dieser Auffassung zur Wirkung der Schiedsgerichtsabrede kein befriedigendes Ergebnis. Wenn man den Vorrang der internationalen Zuständigkeit beibehält, wird die Möglichkeit der Durchführung eines schiedsgerichtlichen Verfahrens über Gebühr eingeschränkt. Insgesamt sprechen beachtliche dogmatische Gründe dafür, die Einrede des Schiedsvertrags nach § 1027 a ZPO als Rechtswegfrage zu qualifizieren. Von diesem Ausgangspunkt wollen wir die folgende Untersuchung beginnen.[382]

b) Schiedsvertrag und Streitverkündung

Der Abschluß eines Schiedsvertrags soll die Entscheidung durch staatliche Gerichte verhindern, indem ein privates Schiedsgericht für zuständig erklärt wird. Die Vertragsparteien sind verpflichtet, das Zustandekommen eines Schiedsspruchs zu fördern.[383] Wenn es aber zwischen den Vertragsparteien im Rahmen eines deutschen Zivilverfahrens wegen eines Regreßanspruchs zur Streitverkündung kommt, welcher einer Schiedsgerichtsabrede unterliegt, bedeutet die Durchführung der Streitverkündung einen Vorgriff auf das Verfahren vor dem gewählten Schiedsgericht. Kann die Streitverkündungswirkung in diesem Verfahren anerkannt und die im Vorprozeß getroffenen Feststellungen verwertet werden, so hat die Streitverkündung erneut den Regreßanspruch, der eigentlich vom Schiedsgericht beurteilt werden sollte, teilweise vorwegentschieden.[384] Der Zweck der Schiedsgerichtsabrede wird hierdurch zumindest teilweise nicht erreicht. Bereits diese Zweckverfehlung zeigt das Problem :

---

[382] Will man diesem Ausgangspunkt nicht folgen und sieht stattdessen die Schiedsgerichtsabrede als Derogation der deutschen internationalen Zuständigkeit, so würde die Untersuchung analog der bereits durchgeführten Prüfung zur internationalen Zuständigkeit bei der Streitverkündung laufen. Im Ergebnis müßte dann die Schiedsgerichtsklausel wie eine Gerichtsstandsvereinbarung behandelt werden, siehe zur Gerichtsstandsvereinbarung oben S. 116 ff.

[383] BGH Urteil vom 22.11.1963 in NJW 1963, 243.

[384] Vgl. dazu allgemein *Geimer* in ZZP 85 (1972), 196, 202, der die Bindung an die Ergebnisse des Vorprozesses für so umfangreich hält, daß der Streitverkünder in den meisten Fällen sehr rasch im Folgeprozeß zu einem Titel gegen den Streitverkündungsempfänger kommen könne. Eine Verurteilung im Regreßprozeß sei in den meisten Fällen ohne erneute sachliche Prüfung des Regreßanspruchs möglich.

Kann sich der Streitverkündungsempfänger unter Hinweis auf die Schiedsgerichtsabrede gegen die Durchführung der Streitverkündung oder aber wenigstens gegen die durch sie ausgelöste Interventionswirkung wehren?

Die dafür vorgreifliche Frage, ob die Wirkungen einer Streitverkündung vor einem staatlichen Gericht im Verfahren bei den Schiedsgerichten überhaupt anerkennungsfähig sind, kann im Rahmen dieser Arbeit nicht erschöpfend beantwortet werden. Dies liegt daran, daß es keine einheitliche Schiedsgerichtsordnung gibt,[385] sondern jedes Schiedsgericht "sein eigenes" Verfahrensrecht anwenden kann. Mehr noch: Den Parteien eines Schiedsvertrags steht es grundsätzlich offen, das für das Verfahren vor den Schiedsgerichten anwendbare Recht zu wählen.[386] Die Anerkennung der von einem staatlichen Verfahren ausgehen- den Interventionswirkung wird aber in keiner internationalen Schiedsordnung grundsätzlich ausgeschlossen. Für die hier durchzuführende Untersuchung soll daher unterstellt werden, daß eine vor dem deutschen Gericht durchgeführte Streitverkündung ihre Wirkung auch auf das nachfolgende Schiedsgerichtsverfahren ausübt.[387]

---

[385] In mehreren Übereinkommen wurde versucht, das Schiedsgerichtsverfahren zu vereinheitlichen, vgl. z. B. die Vergleichs- und Schiedsgerichtsordnung der internationalen Handelskammer, die UNCITRAL-Schiedsordnung oder die ECE-Schiedsordnung. Weitere Schiedsordnungen sind abgedruckt in *Schwab / Walter* "Schiedsgerichtsbarkeit": S. 575 ff. Hierdurch ist aber keine zwingende Vereinheitlichung des Schiedsgerichtsverfahrensrechts erreicht worden. Diese Schiedsordnungen sind nur ein Regelwerk, welches die Parteien zur Durchführung des Schiedsverfahrens für anwendbar erklären können, vgl. Art. I ECE-Schiedsordnung, Art. 1 UNCITRAL-Schiedsordnung.

[386] BGH Urteil vom 15.5.1986 in NJW 1986, 3027, 3028; *Schütze* "Deutsches IZPR": S. 215 f.; vgl. z. B. Art. IV des Europäischen Übereinkommens über die Handelsschiedsgerichtsbarkeit vom 21.4.1961. Dessen Abs. 1 Buchstabe b, Nr. 3 lautet: "Den Parteien einer Schiedsgerichtsvereinbarung steht es frei zu bestimmen"... "die von den Schiedsrichtern einzuhaltenden Verfahrensregeln festzulegen." Im Ergebnis ähnlich Art. V Abs. 1d des New Yorker Übereinkommens über die Anerkennung und Vollstreckung ausländischer Schiedssprüche vom 10.6.1958 (UNÜ); allgemein dazu *Schlosser* "RipS": Rn. 447 ff.

[387] In den bedeutsamen Schiedsordnungen finden sich keine ausdrücklichen Vorschriften für die Anerkennung der von staatlichen Verfahren ausgehenden Wirkungen. Eine Anerkennung oder zumindest die Berücksichtigung der Interventionswirkung ist aber auf drei Arten möglich:

(1) Das Schiedsgericht kann die Streitverkündung und die Feststellungen des Vorpozesses bei der Sachverhaltsermittlung berücksichtigen. Dies kann zum einen i. R. d. gerichtlichen Unterstützung bei der Beweisaufnahme geschehen. Wenn z. B. Art. 27 des UNCITRAL-Modellgesetzes die Unterstützung eines staatlichen Gerichts bei der Beweisaufnahme ermöglicht, muß es auch möglich sein, eine bereits durchgeführte Beweisaufnahme im Vorprozeß zu verwerten. Zum anderen räumen zahlreiche Schiedsordnungen und -verträge dem Schiedsgericht die Befugnis ein, den Sachverhalt mit allen geeigneten Mitteln festzustellen, vgl. z. B. Art. 14 Abs. 1 Schiedsordnung der Internationalen Handelskammer; Art. 24 ECE-Schiedsordnung; § 17 Schiedsordnung des Deutschen Ausschusses. Die damit eingeräumte Freiheit bei der Sachverhaltsermittlung schließt m. E. auch die Verwertung der Feststellungen des Vorprozesses, in dem die Streitverkündung erfolgte, mit ein.

(2) Soweit das Schiedsgericht nach Billigkeitsgrundsätzen in der Sache entscheiden kann, ist auch die Interventionswirkung eines staatlichen Verfahrens verwertbar. Vgl. zur Möglichkeit der Entscheidung nach Billigkeit z. B. Art. 28 Abs. 3 UNCITRAL-Modellgesetz; Art. 39 Abs. 2 UNCITRAL-Schiedsordnung; § 21. 3 Schiedsgerichtsordnung des Deutschen Ausschusses.

(3) Zuletzt könnte die Interventionswirkung noch im Wege einer Aufhebungsklage oder der Versagung der Anerkennung des Schiedsspruchs erfolgen. Voraussetzung dafür ist jedoch in jedem

Da die Schiedsgerichtsabrede in den seltensten Fällen auch die Streitverkündung ausdrücklich erwähnen wird, stellt sich nicht nur die Frage, ob die Einrede des Schiedsvertrags bei der Streitverkündung überhaupt anwendbar ist. Vielmehr müssen wir darüberhinaus auch ermitteln, ob eine allgemein formulierte Schiedsgerichtsabrede - ohne ausdrückliche Erwähnung der Streitverkündung - auch die Streitverkündung einschließen kann.

Wenn wir nun § 1027 a ZPO auf die Streitverkündung anwenden wollen, so stoßen wir bereits bei näherer Betrachtung des Wortlauts dieser Vorschrift auf Schwierigkeiten. Wenn dort von "Parteien, Klage" und "Beklagten" gesprochen wird, erscheint eine direkte Anwendung auf die Streitverkündung von vornherein ausgeschlossen.[388] Es sei daran erinnert, daß sich die Streitverkündung in einigen Punkten von der Klage unterscheidet und daß der Streitverkündungsempfänger in keinem Fall Partei oder Beklagter des Vorprozesses werden kann.[389]

Die Möglichkeit, die Zulässigkeit einer Streitverkündung durch eine Schiedsgerichtsabrede zu verhindern, kann daher nur auf anderem Wege begründet werden.

c) Bisheriger Meinungsstand

Die deutsche obergerichtliche Rechtsprechung mußte sich soweit ersichtlich mit der Anwendbarkeit des § 1027 a ZPO auf die Streitverkündung oder mit der Zulässigkeit der Einrede der Schiedsgerichtsabrede bei der Streitverkündung noch nicht befassen.

Fall, daß man die Streitverkündung trotz entgegenstehender Schiedsgerichtsabrede für zulässig erachtet. Hat sich das Schiedsgericht über die mit der Streitverkündung ausgelöste Interventionswirkung hinweggesetzt, ließe sich argumentieren, daß dadurch die Grenzen der Schiedsgerichtsabrede überschritten worden seien. Vgl. zur Aufhebungsklage Art. 34 Abs. 2 Buchstabe a, iii UNCITRAL-Modellgesetz; zur Versagung der Anerkennung Artt. 35, 36 Abs. 1 Buchstabe a, iii UNCITRAL-Modellgesetz. Nach Schlosser "RipS": Rn. 880 kann die Vollstreckbarerklärung eines Schiedsspruchs in der BRD gem. §§ 1044 Abs. 2 Nr. 2, 1042 Abs. 2 ZPO i. V. m. § 1041 Abs. 1 Nr. 2 ZPO am ordre public scheitern, soweit sich das Schiedsgericht über die rechtskräftige Vorentscheidung eines staatlichen Gerichts hinweggesetzt hat. Angesichts der Ähnlichkeiten zwischen Rechtskraft und Interventionswirkung wäre denkbar, daß die Vollstreckbarerklärung eines Schiedsspruchs in der BRD am ordre public auch dann scheitert, wenn sich das Schiedsgericht über die von einer deutschen Streitverkündung herbeigeführte Interventionswirkung hinweggesetzt hat.

[388] Hieran ändert auch die Tatsache nichts, daß der BGH im Urteil vom 20.12.1972 in NJW 1973, 421 f. und das OLG Düsseldorf im Beschluß vom 14.4.1983 in NJW 1983, 2149 diese Vorschrift auf die Aufrechnung anwenden. Zwar ist die Aufrechnung ebenfalls keine Klage, aber sie bringt gem. § 322 Abs. 2 ZPO eine rechtskräftige Entscheidung über die Gegenforderung. Diese Rechtsprechung könnte also allenfalls zur Aufweichung der These, § 1027a ZPO sei nur auf Klagen anwendbar, verwendet werden. Eine positive Aussage für die Anwendbarkeit dieser Vorschrift auf die Streitverkündung läßt sich hieraus aber nicht ableiten.

[389] Siehe dazu oben S. 31 f.

Die hierzu auffindbare Literatur steht dieser Einrede gegen die Zulässigkeit der Streitverkündung ablehnend gegenüber. Nach Geimer kann § 1027 a ZPO eine Streitverkündung nicht verhindern.[390] Auch Bork hält es ohne Begründung ganz allgemein für nicht erforderlich, daß für den Anspruch gegen den Streitverkündungsempfänger der Rechtsweg zu den ordentlichen Gerichten gegeben ist.[391]

Dagegen nimmt Schlosser eine differenziertere Position ein: Ein Schiedsvertrag dürfe im Zweifel nicht dahin interpretiert werden, daß er die Streitverkündung vor staatlichen Gerichten ausschließt. Diese Auffassung läßt allerdings den Gegenschluß zu, daß eine Einrede des Schiedsvertrags bei der Streitverkündung möglich ist, wenn die Vereinbarung die Streitverkündung ausdrücklich erwähnt. Schlosser[392] begründet seine Auffassung mit allgemeinen Billigkeitserwägungen und damit, daß selbst die dem EuGVÜ unterfallende Gerichtsstandsvereinbarung eine Streitverkündung nicht ausschließe.[393]

d) Stellungnahme

Schlosser[394] spricht sich nur dagegen aus, einen Schiedsvertrag im Zweifel dahin zu interpretieren, daß er die Zulässigkeit der Streitverkündung vor staatlichen Gerichten ausschließe. Seine Argumentation kann jedoch nicht überzeugen. Zunächst weicht unsere Lösung zum Ausschluß der Zulässigkeit der Streitverkündung durch eine Gerichtsstandsvereinbarung von seinem Ausgangspunkt ab. Wir stellten fest, daß eine die deutsche internationale Zuständigkeit derogierende Gerichtsstandsvereinbarung einer zulässigen Streitverkündung entgegensteht.[395] Schlosser geht demgegenüber davon aus, daß eine Gerichtsstandsvereinbarung die Zulässigkeit der Streitverkündung nicht berührt, und überträgt dieses Ergebnis auf die Einrede des Schiedsvertrags.

---

390 *Zöller-Geimer*: § 1027a Rn. 9b. Statt einer Begründung verweist er auf *Schlosser* "RipS": Rn. 402.

391 *Stein/Jonas-Bork*: § 72 Rn. 11.

392 Vgl. *Schlosser* "RipS": Rn. 402: Es sei eine grobe Unbilligkeit, "wenn man Rechtsschutzsuchende dem Risiko aussetzte, trotz aller Aufmerksamkeit das Opfer widersprechender Entscheidungen zu werden."

393 Angesichts der Begründung von *Schlosser* stellt sich aber auch die Frage, ob er wirklich den Ausschluß der Streitverkündung durch eine Schiedsgerichtsabrede annimmt, wenn die Streitverkündung im Schiedsvertrag ausdrücklich Erwähnung gefunden hat. Dann nämlich würde die Schiedsgerichtsabrede hinsichtlich ihrer Wirkung über eine Gerichtsstandsvereinbarung - die nach *Schlosser* die Zulässigkeit der Streitverkündung nicht berührt - hinausgehen.

394 *Schlosser* "RipS": Rn. 402.

395 Siehe dazu oben S. 116 ff. Wie hier auch *Geimer* in ZZP 85 (1972), 196, 199 (Fn. 16), 205 f.; für das französische Recht und Art. 17 EuGVÜ vgl. die Entscheidung der Ersten Kammer des Kassationshofes vom 12.7.1982 in der Sache Sté Voith/Chantiers et Ateliers de Perrière in Bulletin civ. 1982, I, S. 258, Nr. 258.

Im übrigen ist zweifelhaft, ob - selbst wenn der hier vertretenen Auffassung zur Gerichtsstandsvereinbarung nicht gefolgt wird - ein Rückschluß von der Gerichtsstandsvereinbarung auf die Schiedsgerichtsabrede überhaupt möglich ist.[396] Beide stellen zwar private Vereinbarungen zwischen den Streitparteien dar, sie dienen jedoch verschiedenen Zwecken, betreffen verschiedene Prozeßvoraussetzungen (internationale Zuständigkeit einerseits und Rechtsweg andererseits) und unterscheiden sich erheblich in ihrer Wirkung. Dabei geht der Schiedsvertrag hinsichtlich der Wirkungen weiter als die Gerichtsstandsvereinbarung, da er nicht nur den Ort, sondern auch den genauen Entscheidungskörper und das anwendbare Recht bestimmt.[397]

Die von Schlosser[398] angeführten Billigkeitserwägungen beschränken sich auf die Berücksichtigung der Position des Streitverkünders. Seinem Interesse, nicht das Opfer widersprechender Entscheidungen zu werden, stehen aber die schutzwürdigen Interessen des Streitverkündungsempfängers gegenüber. Der Schiedsvertrag stellt angesichts des Drucks und der Belastungen, die eine Streitverkündung dem ausländischen Streitverkündungsempfängers gegenüber bewirkt, neben der Gerichtsstandsvereinbarung, die einzige Möglichkeit dar, seine durch die Streitverkündung begründete Gerichtspflichtigkeit auf ein zumutbares Maß zu reduzieren.[399]

Die Interessen des Streitverkünders sind aber durch die grundsätzlich unbeschränkt zulässige Streitverkündung ausreichend geschützt. Wenn er sich freiwillig dieses Schutzes durch den Abschluß eines Schiedsvertrags begibt, dann steht die nachträgliche Ablehnung der Einrede des Schiedsvertrags unter Hinweis auf die schutzwürdigen Interessen des Streitverkünders auf äußerst schwachen Beinen.

Auch die generelle Verneinung eines Rechtswegerfordernisses für die Streitverkündung - wie dies von Bork[400] vertreten wird - ist nach einer neueren

---

[396] Die von *Schlosser* gefundene Begründung ist logische Folge seiner Auffassung, daß die Schiedsgerichtsabrede - einer Gerichtsstandsvereinbarung vergleichbar - die internationale Zuständigkeit der staatlichen Gerichte derogiert, also keine Rechtswegfrage auslöst, vgl. *Schlosser* "RipS": Rn. 400.

[397] *Rauh* "Die Schieds- und Schlichtungsordnung der UNCITRAL": S. 136 ff. Die Gerichtsstandsvereinbarung legt demgegenüber zunächst nur den Ort oder das Land zur Entscheidung des Rechtsstreits fest. Eine Auswirkung auf das anwendbare Recht hat sie nicht zwingend.

Vgl. auch BGH Urteil vom 20.3.1980 in NJW 1980, 2022. Der BGH verneinte die Anwendbarkeit des § 53 Abs. 3 KWG auf die Schiedsgerichtsabrede, da diese Vorschrift nur auf Gerichtsstandsvereinbarungen anwendbar sei. Hieraus läßt sich schließen, daß auch der BGH von Unterschieden zwischen der Gerichtsstandsvereinbarung und der Schiedsgerichtsabrede ausgeht.

[398] *Schlosser* "RipS": Rn. 402: "Eine grobe Unbilligkeit wäre es, wenn man Rechtsschutzsuchende dem Risiko aussetzte, trotz aller Aufmerksamkeit das Opfer widersprechender Entscheidungen zu werden."

[399] So für die Gerichtsstandsvereinbarung auch *Geimer* in ZZP 85 (1972), 196, 206.

[400] *Stein/Jonas-Bork*: § 72 Rn. 11.

Entscheidung des BGH[401] nicht mehr haltbar. Dort hatte der BGH in einem obiter dictum ausgesprochen, daß die Interventionswirkung nach §§ 74, 68 ZPO nicht eintrete, "wenn dadurch eine Bindung des Streitverkündeten in einem späteren Verfahren, für welches ein anderer Rechtsweg gegeben ist (hier: Arbeitsgerichtsbarkeit), herbeigeführt wird."[402]

In der Sache ging es um die Zulässigkeit einer Feststellungsklage beim Landgericht zwischen zwei möglichen Schuldnern von Versorgungsanwartschaften, von denen der eine die Feststellung der Haftung des anderen begehrte. Der BGH stellte zunächst fest, daß nur eine Leistungsklage der Gläubiger (Pensionsanwärter) gegen einen der Schuldner der ausschließlichen Zuständigkeit der Arbeitsgerichte unterliege. Für die Feststellungsklage zwischen den möglichen Schuldnern sei aber der Rechtsweg zu den ordentlichen Gerichten eröffnet. Dies begründete der BGH wie folgt:

"Der Zulässigkeit der von der Kl. erhobenen Feststellungsklage steht auch nicht entgegen, daß mit dieser ein Rechtsverhältnis festgestellt werden soll, das zwischen den Arbeitnehmern und dem Bekl. besteht und über das ausschließlich die Arbeitsgerichte zu entscheiden haben (§ 2 I Nr. 5 ArbGG). Zwar können Gegenstand der Feststellungsklage nur Rechtsverhältnisse des Privatrechts und nur solche sein, hinsichtlich deren der ordentliche Rechtsweg zulässig ist. Abgesehen davon, daß das ArbG den Rechtsstreit mit bindender Wirkung an das LG verwiesen hat, liegt ein Eingriff in die ausschließliche Zuständigkeit der Arbeitsgerichte zur Entscheidung über Streitigkeiten gem. § 2 I Nr. 4 und 5 ArbGG des- halb nicht vor, weil die Pensionsanwärter, wie das BerGer. zutreffend ausgeführt hat, in ihrer Entscheidung frei sind, die Kl. oder den Bekl. auf Erfüllung ihrer Versorgungsanwartschaften in Anspruch zu nehmen; das hierfür zuständige ArbG wäre dann an die im vorliegenden Rechtsstreit ergangene Entscheidung nicht gebunden."

Sodann wandte sich der BGH einer möglichen Streitverkündung gegenüber den Pensionsanwärtern zu und stellte mit überzeugender Begründung dar, warum sie bei derartigen Fallkonstellationen die Interventionswirkung nach §§ 74, 68 ZPO nicht auslösen kann:

"In die ausschließliche Zuständigkeit der Arbeitsgerichte könnte allerdings eingegriffen werden, wenn den Pensionsanwärtern im Prozeß der Schuldner anteiliger Versorgungsanwartschaften - was hier nicht geschehen ist - der Streit verkündet werden dürfte. An die Interventionswirkungen nach §§ 74, 68 ZPO wäre das ArbG bei derartiger Fallgestaltung im Prozeß der Pensionsanwärter gegen die Bekl. oder die Kl. gebunden, die Pensionsanwärter mithin darin beeinträchtigt, ihr Recht vor dem Arbeitsgericht zu suchen. Das geht nicht an. Nach § 68 ZPO kann der Nebenintervenient bzw. der Streitverkündete der Interventionswirkung den Einwand entgegensetzen, daß er durch die Lage des Rechtsstreits zur Zeit seines Beitritts verhindert worden war, Angriffs-, Verteidigungs- und Beweismittel geltend zu machen, was ihn im Folgeprozeß unangemessen belaste und auch mit dem

---

[401] BGH Urteil vom 16.6.1993 in NJW 1993, 2539 = LM: H. 11/1993 zu § 256 ZPO Nr. 177.

[402] Ein obiter dictum stellt diese Entscheidung dar, weil im konkreten Rechtsstreit eine Streitverkündung nicht erfolgt war. Der BGH stellte insofern hypothetische Erwägungen an. Dennoch sah der BGH den zitierten Grundsatz als so gewichtig an, daß er ihn den Entscheidungsgründen als Leitsatz voranstellte.

Wenn der BGH in dieser Entscheidung aber sowohl die Formulierung 'Rechtsweg' als auch 'ausschließliche Zuständigkeit der Arbeitsgerichte' verwendet, so können die in der Entscheidung festgestellten Grundsätze auf die Schiedsgerichtsabrede auch dann übertragen werden, wenn man entgegen der hier vertretenen Auffassung davon ausgeht, daß die Schiedsgerichtsabrede - einer Gerichtsstandsvereinbarung vergleichbar - die Zuständigkeit der deutschen Gerichte derogiert.

Grundsatz des rechtlichen Gehörs unvereinbar sei. Dies muß erst recht gelten, wenn durch eine Streitverkündung in einem Verfahren außerhalb der für das spätere Verfahren ausschließlich zuständigen Gerichtsbarkeit Bindungen für den später geführten Rechtsstreit erzeugt und dadurch die Parteien den speziellen Ausgestaltungen dieses Verfahrens entzogen werden könnten."

Der BGH stützte den Ausschluß der Interventionswirkung also auf drei Gründe:

1. Der drohende Eingriff in die ausschließliche Zuständigkeit einer anderen Gerichtsbarkeit muß vermieden werden.

2. Der Streitverkündungsempfänger darf nicht darin beeinträchtigt werden, sein Recht vor dieser ausschließlich zuständigen Gerichtsbarkeit zu suchen.

3. Der durch die Interventionswirkung verursachte Entzug der speziellen Ausgestaltungen des (Regreß-) Verfahrens vor den Gerichten der anderen Gerichtsbarkeit ist mindestens so schwerwiegend, wie wenn der Streitverkündungsempfänger an der Geltendmachung von Angriffs- und Verteidigungsmitteln gehindert wird (Erst-recht-Schluß zu § 68 ZPO).

All dies Gründe lassen sich auch auf die Schiedsgerichtsbarkeit übertragen. Die Schiedsgerichtsbarkeit erlangt durch den Schiedsvertrag die ausschließliche Entscheidungsbefugnis für einen Rechtsstreit zwischen Streitverkünder und Streitverkündungsempfänger. Wird in dieser Situation einem staatlichen Gericht gestattet, über die Interventionswirkung tatsächliche und rechtliche Streitfragen dieses - der Schiedsgerichtsabrede unterliegenden - Rechtsverhältnisses bindend festzustellen, so bedeuten diese Feststellungen einen Eingriff in die ausschließliche Entscheidungsbefugnis des zuständigen Schiedsgerichts.

Im gleichen Ausmaß, in dem das staatliche Gericht bindende Feststellungen zum Rechtsverhältnis zwischen Streitverkünder und Streitverkün- dungsempfänger trifft, wird der Streitverkündungsempfänger daran gehindert, sein Recht vor dem Schiedsgericht zu suchen. Außerdem stellt gerade auch die Möglichkeit, das anwendbare (Verfahrens-) Recht zu bestimmen, einen wesentlichen Grund dar, der die Parteien zum Abschluß eines Schiedsgerichtsvertrags veranlaßt. Dieses Bestreben würde aber zumindest teilweise vereitelt, wenn der Streitverkünder trotzdem die Möglichkeit hätte, bestimmte tatsächliche und rechtliche Fragen durch ein staatliches Gericht klären zu lassen.

Für eine Übertragung der im zitierten Urteil des BGH enthaltenen Grundsätze auf die Schiedsgerichtsabrede spricht aber noch ein weiteres Argument: Bei der Aufrechnung wird es in der Rechtsprechung als gewichtiger angesehen, wenn die Gegenforderung einer Schiedsgerichtsabrede unterliegt, als wenn sie in die Zuständigkeit der Arbeitsgerichtsbarkeit (anstatt der ordentlichen Gerichtsbarkeit) fällt.[403] Dementsprechend verhindert eine

Schiedsgerichtsabrede die Aufrechnung in einem Verfahren vor den ordentlichen Gerichten[404], während die Aufrechnung selbst dann zulässig ist, wenn die Gegenforderung in einer Klage beim Arbeitsgericht geltend zu machen wäre.[405]

Die h. M. mißt einer Schiedsgerichtsabrede also mehr Bedeutung zu, als der ausschließlichen Zuständigkeit der Arbeitsgerichte. Vor diesem Hintergrund liegt es nahe, das zitierte Urteil des BGH[406] zur Arbeitsgerichtsbarkeit mit einem Erst-recht-Schluß auf die Schiedsgerichtsbarkeit zu übertragen: Kann also der drohende Eingriff in die ausschließliche Zuständigkeit der Arbeitsgerichte (und die damit verbundene Beschränkung des Streitverkündungsempfängers) die Interventionswirkung verhindern, so muß dies erst recht gelten, wenn für die Entscheidung über den Regreßanspruch ein privates Schiedsgericht für zuständig erklärt wurde.

Aus den vorstehenden Erwägungen können wir zweierlei folgern: Zum einen ist denkbar, daß der BGH seine Rechtsauffassung zur Interventionswirkung einer Streitverkündung, die Bindungen für ein Verfahren auslöst, für das ein anderer Rechtsweg gegeben ist, auch auf den Fall anwendet, in dem für den der Streitverkündung zugrundeliegenden Anspruch ein Schiedsvertrag besteht. Die Streitverkündung wird bei entgegenstehendem Schiedsvertrag zwar nicht unzulässig. Sie kann jedoch auf das Regreßverfahren, wenn es vor einem Schiedsgericht durchzuführen ist, keine Interventionswirkung auslösen.

Zum anderen besteht entgegen Schlosser[407] kein Grund, die Wirkungen eines Schiedsvertrags dahin zu beschränken, daß er die Interventionswirkung nur ausschließt, wenn die Streitverkündung ausdrücklich in ihm enthalten ist. Im Ergebnis kann ein Schiedsvertrag die mit der Streitverkündung bezweckte

[403] In BGH Urteil vom 20.12.1972 in NJW 1973, 421 werden beide Varianten nebeneinander erwähnt. Während die Aufrechnung mit einer Gegenforderung, für welche die Parteien die Zuständigkeit eines Schiedsgerichts vereinbart haben, nicht zulässig ist, soll die Zuständigkeit der Arbeitsgerichte (für die Gegenforderung) eine Aufrechnung nicht hindern. Der BGH begründete dies damit, daß die Zuständigkeit der Arbeitsgerichte keine Frage des Rechtswegs, sondern eine solche der sachlichen Zuständigkeit darstelle.

[404] BGH Urteil vom 22.11.1962 in NJW 1963, 243; bestätigt in BGH Urteil vom 20.12.1972 in NJW 1973, 421; OLG Düsseldorf Beschluß vom 14.4.1983 in NJW 1983, 2149; vgl. auch *Schwab/Walter* "Schiedsgerichtsbarkeit": S. 23 m. w. N.; *Zöller-Geimer*: § 1025 Rn. 54 m. w. N. Allerdings war die Rechtsprechung des BGH zunächst zurückhaltender: In BGH Urteil vom 20.12.1956 in BGHZ 23, 17, 22 ff. vertrat der BGH die Auffassung, daß ein Schiedsvertrag die Aufrechnung nur einschränke, wenn die Möglichkeit der Aufrechnung ausdrücklich in der Schiedsabrede enthalten ist.

[405] BGH Urteil vom 30.1.1958 in BGHZ 26, 304, 305 f. = NJW 1958, 543: Diese Auffassung wurde damit begründet, daß die Zuständigkeit des Arbeitsgerichts keinen anderen Rechtsweg bedeute, sondern nur eine Frage der sachlichen Zuständigkeit darstelle; bestätigt in BGH Urteil vom 12.12.1963 in BGHZ 40, 338 = NJW 1964, 863; BGH Urteil vom 20.12.1972 in NJW 1973, 421; *Thomas-Putzo*: § 145 Rn. 22.

[406] BGH Urteil vom 16.6.1993 in NJW 1993, 2539 = LM: H. 11/1993 zu § 256 ZPO Nr. 177.

[407] *Schlosser* "RipS": Rn. 402.

Interventionswirkung verhindern. Voraussetzung[408] für dieses Ergebnis ist nur, daß der Anspruch, welcher der Streitverkündung zugrundeliegt, zulässigerweise in den Regelungsbereich des Schiedsvertrags fällt. Nicht erforderlich ist jedoch, daß die Möglichkeit der Streitverkündung vor staatlichen Gerichten im Schiedsvertrag ausdrücklich ausgeschlossen wurde.

e) Einwände gegen eine Übernahme der BGH-Rechtsprechung

Zuletzt wollen wir noch erwähnen, daß die zitierte Entscheidung des BGH, auf die wir unsere Lösung stützen, durch Wax bereits heftig kritisiert wurde. Wax[409] begründet seine Ablehnung gegen die vom BGH ausgesprochene Beschränkung der Interventionswirkung wie folgt:

> "Das ist unhaltbar und steht für das in der Entscheidung des BGH konkret angesprochene Verhältnis der allgemeinen Zivilgerichtsbarkeit zu den Arbeitsgerichten im Widerspruch zur - soweit ersichtlich - einhelligen Literaturmeinung und auch zur eigenen ständigen Rechtsprechung des BGH, die im Urteil vom 16.6.1993 nicht erwähnt wird."

Wax nennt einen Punkt, der in der Tat nicht von der Hand zu weisen ist: Nach der ständigen Rechtsprechung des BGH ist die Abgrenzung der ordentlichen Gerichtsbarkeit von der Arbeitsgerichtsbarkeit eine Frage der sachlichen Zuständigkeit und nicht des Rechtswegs.[410] So verwundert, daß der BGH in der zitierten Entscheidung[411] den Ausschluß der Interventionswirkung auf die Arbeitsgerichte übertrug[412] - die Interventionswirkung sei geboten, wenn dadurch

[408] Selbstverständlich sind auch die anderen allgemeinen Voraussetzungen eines Schiedsvertrags einzuhalten. Auf sie kann i. R. dieser Arbeit nicht eingegangen werden, vgl. dazu etwa *Zöller-Geimer*: § 1025 Rn 17 ff.; *Schwab/Walter* "Schiedsgerichtsbarkeit": S. 19 ff.

[409] *Wax* in NJW 1994, 2331, 2333. Vgl. auch die ausführliche Anmerkung zum Urteil des BGH vom 16.6.1993 von *Wax* in LM: H. 11/1993 zu § 256 ZPO Nr. 177.

[410] Vgl. etwa BGH Urteil vom 30.1.1958 in BGHZ 26, 304, 305 f.; Urteil vom 12.12.1963 in BGHZ 40, 338 = NJW 1964, 863; Urteil vom 20.12.1972 in NJW 1973, 421. Für die Literatur *Schellhammer* "Zivilprozeß": Rn. 1166.

[411] BGH Urteil vom 16.6.1993 in NJW 1993, 2539.

[412] Unter Berufung auf BGH Urteil vom 26.3.1987 in NJW 1987, 2874 meint Wax in LM: H. 11/1993 zu § 256 ZPO Nr. 177 (Blatt 3) eine Rechtsprechung feststellen zu können, wonach der BGH "für den umgekehrten Fall - Streitverkündung vor dem ArbG, nachfolgender Rechtsstreit vor dem LG - zutreffend und ganz selbstverständlich von der vollen Interventionswirkung zugunsten der Hauptpartei ausgeht." Diese Rechtsprechung stünde im Gegensatz zum zitierten Urteil des BGH vom 16.6.1993 in NJW 1993, 2539. Betrachtet man die von Wax zitierte Entscheidung genauer, dann läßt sich seine Folgerung nicht aufrecht erhalten. In dieser Entscheidung hatte der BGH einem Streitverkündungsempfänger die Berufung auf die Interventionswirkung zu seinen Gunsten versagt. Richtig ist, daß in diesem Fall der Streit vor dem Arbeitsgericht verkündet wurde und der Regreßprozeß vor dem Landgericht stattfand. Die Begründung des BGH für diese Entscheidung trägt die Feststellung von Wax jedoch nicht. Der BGH stützte sich nämlich nur darauf, daß die Interventionswirkung - jedenfalls dann, wenn der Streitverkündungsempfänger dem Vorprozeß nicht beigetreten war - nur zugunsten, nicht aber zu ungunsten des Streitverkünders eintritt. Dies entspricht einer im Urteil vom 26.3.1987 in JR 1988, 67 begründeten, ständigen Rechtsprechung des BGH. Ob die Interventionswirkung in der konkreten Fallkonstellation - Streitverkündung vor dem Arbeitsgericht, Regreßprozeß vor dem Landgericht - auch zugunsten des Streitverkünders eintritt, mußte der BGH aber nicht entscheiden. Nur allgemein und zur Begründung der Auffassung, daß die Interventionswirkung nicht zugunsten des Streitverkündungsempfängers eintritt, machte der BGH Ausführungen zur Interventionswirkung zugunsten des Streitverkünders. Ob damit auch die von Wax angeführte Fallkon-

eine Bindung des Streitverkündungsempfängers in einem späteren Verfahren herbeigeführt wird, für das ein anderer Rechtsweg gegeben ist. Dies gilt umso mehr, als sich der BGH nicht mit der bisher gegensätzlichen eigenen Rechtsprechung auseinandersetzte.

Auswirkung auf die hier untersuchte Frage, ob ein Schiedsvertrag die Herbeiführung der Interventionswirkung verhindern kann, hat die von Wax vorgebrachte Kritik jedoch nicht.[413] Wir haben festgestellt, daß die Abgrenzung zwischen staatlicher Gerichtsbarkeit und Schiedsgerichtsbarkeit eine Frage des Rechtswegs ist.[414] Die vom BGH entwickelten Grundsätze zum Ausschluß der Interventionswirkung betrafen in erster Linie den Fall der Bindung eines Gerichts des Regreßprozesses, für das ein anderer Rechtsweg gegeben ist. Diese Situation wäre bei einer Streitverkündung, die mit der Interventionswirkung eine Bindung des für den Regreßprozeß zuständigen Schiedsgerichts herbeiführen würde, gegeben. Selbst wenn wir also mit Wax eine Anwendung dieser Grundsätze auf die Arbeitsgerichtsbarkeit ablehnen, bleibt die hier zu untersuchende Frage davon unberührt.

Wax widerspricht aber auch der Begründung des BGH. Das argumentum a maiore ad minus sei in der vorliegenden Fallkonstellation nicht anwendbar:[415]

> "Es geht nicht darum, daß dem Streitverkündeten das rechtliche Gehör im anhängigen Rechtsstreit verwehrt wird, sondern darum, daß er sich dieses rechtliche Gehör vor einem anderen als dem für ihn 'eigentlich' zuständigen Gericht verschaffen müßte. Das aber ist aus der Sicht des Streitverkündeten, auf die es hier ankommt, kein minus gegenüber der Unmöglichkeit, sich durch die Geltendmachung von Angriffs-, Verteidigungs- und Beweismitteln rechtliches Gehör zu verschaffen."

Dem können wir nicht zustimmen. Es mag zwar richtig sein, daß die Geltendmachung von Verteidigungsmitteln vor einem an sich unzuständigen Gericht kein minus gegenüber der Unmöglichkeit, sich zu verteidigen, darstellt. Beide Varianten können jedoch gleichwertig sein, was ausreicht. Der BGH hat

stellation mit umfaßt ist, erwähnte der BGH - jedenfalls ausdrücklich - nicht. Gegenstand der Entscheidung war nur die Frage, ob die Interventionswirkung auch zugunsten des Streitverkündungsempfängers eintreten kann. Dies konnte der BGH mit allgemeinen Erwägungen ablehnen und mußte auf die spezielle Problematik, daß eine Streitverkündung vor dem Arbeitsgericht Wirkungen für das nachfolgende landgerichtliche Verfahren auslöst, nicht eingehen.

[413] Auch ein weiteres von *Wax* in LM: H. 11/1993 zu § 256 ZPO Nr. 177 (Blatt 4) angeführtes Argument betrifft den Gegenstand unserer Untersuchung nicht. *Wax* meint, daß wenn man der Argumentation des BGH folgen wolle, müßte man eine Streitverkündung in einem amtsgerichtlichen Rechtsstreit die Interventionswirkung absprechen, wenn der Regreßprozeß erstinstanzlich beim Landgericht zu führen ist. Gleiches gelte im umgekehrten Fall, da sich auch hier die speziellen Ausgestaltungen des Regreßprozesses von denen des Vorprozesses signifikant unterscheiden würden. Sowohl das Amtsgericht als auch das Landgericht gehören der ordentlichen Gerichtsbarkeit an, unterscheiden sich also nicht im Rechtsweg. Wir untersuchen hier jedoch die Frage der Herbeiführung der Interventionswirkung für einen Regreßprozeß, der einem anderen Rechtsweg zugehört. Außerdem dürfte es ohne Zweifel feststellbar sein, daß sich die speziellen Ausgestaltungen eines schiedsgerichtlichen Verfahrens von denen eines Verfahrens vor den ordentlichen Gerichten mehr unterscheiden, als dies für zwei Verfahren der Fall ist, die vor den Gerichten des selben Rechtswegs durchzuführen sind.

[414] Siehe oben S. 119 ff.

[415] *Wax* in LM: H. 11/1993 zu § 256 ZPO Nr. 177 (Blatt 3).

zutreffend ausgeführt, daß der Entzug der speziellen Ausgestaltungen mit der Unmöglichkeit der Verteidigung gleichwertig ist, daß also in beiden Fällen die Interventionswirkung nicht herbeigeführt werden kann. In der Tat kann der Zwang des Streitverkündungsempfängers, sein Recht vor den ordentlichen Gerichten suchen zu müssen, eine Benachteiligung bedeuten, wenn das Verfahren vor der ordentlichen Gerichtsbarkeit zu seinen Ungunsten vom Verfahren der Gerichte eines anderen Rechtswegs abweicht. So weicht auch das arbeitsgerichtliche Verfahren zuweilen nicht unerheblich vom Verfahren vor den ordentlichen Gerichten ab: Man denke hier z. B. an das der eigentlichen mündlichen Verhandlung vorgeschaltete Güteverfahren nach § 54 ArbGG oder an die Tatsache, daß die Arbeitsgerichte gemäß § 16 ArbGG hinsichtlich der ehrenamtlichen Richter paritätisch besetzt sein müssen.[416]

Gleiches gilt sogar in verstärktem Maße auch für das Verfahren vor den Schiedsgerichten. Die Freiheit, hier das anwendbare Verfahrens- und Sachrecht wählen zu können, ist ein tragender Beweggrund für die Parteien, einen Schiedsvertrag abzuschließen. Die Möglichkeit, sich nach dem für anwendbar erklärten Recht für das Schiedsgerichtsverfahren verteidigen zu können, wird dem Streitverkündungsempfänger genommen, wenn die Streitverkündung entgegen der Schiedsgerichtsabrede vor einem staatlichen Gericht durchgeführt werden könnte. Damit werden seine Verteidigungsmöglichkeiten beschränkt, was mit dem Anspruch auf rechtliches Gehör nicht vereinbar ist. Wir können die vom BGH aufgestellten Grundsätze hinsichlich der Herbeiführung der Interventionswirkung für einen Regreßprozeß, für den ein anderer Rechtsweg gegeben ist, daher auf das hier zu untersuchende Problem anwenden.

f) Lösungsvorschlag

Wir haben festgestellt, daß eine Schiedsgerichtsabrede die mit der Streitverkündung bezweckte Interventionswirkung verhindert. Eine andere Frage ist freilich, auf welchem Weg der Einrede des Schiedsvertrags Geltung verschafft werden kann. Die Anwendung des § 1027 a ZPO ist - wie bereits erwähnt - schon aufgrund des Wortlauts dieser Vorschrift nicht möglich.

Der zitierten Entscheidung des BGH[417] kann jedoch eine alternative Vorgehensweise entnommen werden: Dort führte der BGH aus, daß eine Streitver-

---

[416] *Schaub* "Arbeitsrechtliche Formularsammlung und Arbeitsgerichtsverfahren": S. 344 sieht die von der ordentlichen Gerichtsbarkeit unabhängige Arbeitsgerichtsbarkeit auch dadurch gerechtfertigt, daß die mit Arbeitsrechtsstreitigkeiten befaßten Gerichte Spezial- und Fachkenntnisse auf diesem Sonderrechtsgebiet besitzen sollen. Auch diese Spezialkenntnisse gehen verloren, wenn die Streitverkündung vor den ordentlichen Gerichten zulässig ist und das nachfolgende Regreßverfahren vor den Arbeitsgerichten bindet.

[417] Siehe oben S. 127 ff; BGH Urteil vom 16.6.1993 in NJW 1993, 2539.

kündung vor den ordentlichen Gerichten, die Bindungen für das im Regreßverfahren ausschließlich zuständige Arbeitsgericht erzeugen würde, eine Interventionswirkung gemäß §§ 74, 68 ZPO nicht auslösen kann. Begründet wurde dies mit dem Entzug der speziellen Ausgestaltungen des Regreßverfahrens durch die Interventionswirkung, die durch die Streitverkündung im Vorprozeß vor einer anderen Gerichtsbarkeit herbeigeführt wurde. Diese Benachteiligung des Streitverkündungsempfängers sah der BGH als mindestens ebenso schwerwiegend an, wie wenn der Streitverkündungsempfänger an der Geltendmachung von Angriffs-, Verteidigungs- oder Beweismitteln gehindert wird (Erst-recht-Schluß zu § 68, 2. Halbsatz ZPO).

Was der BGH nur andeutete, können wir zur Regel machen: Wenn sich der Streitverkündungsempfänger im Regreßprozeß mit § 68, 2. Halbsatz ZPO wegen einer Beschränkung der Angriffs- oder Verteidigungsmöglichkeiten gegen die Interventionswirkung wehren kann, dann muß dies erst recht gelten, wenn ihm durch die Streitverkündung vor einem staatlichen Gericht die speziellen Ausgestaltungen des Regreßprozesses vor dem gewählten Schiedsgericht entzogen wurden.

Im Ergebnis kann also der Streitverkündungsempfänger der Beachtung der Interventionswirkung im Regreßprozeß vor dem Schiedsgericht die Einrede des § 68, 2. Halbsatz ZPO entgegensetzen. Die Vorentscheidung, welche die Streitverkündung vor dem staatlichen Gericht für das Rechtsverhältnis zwischen Streitverkünder und Streitverkündungsempfänger fällt, ist mithin als eine Beschränkung der Verteidigungsmöglichkeiten des Streitverkündungsempfängers im Sinne des § 68, 2. Halbsatz ZPO anzusehen.

Eine andere Situation ergibt sich aber, wenn der Regreßprozeß nicht vor dem Schiedsgericht stattfindet (etwa weil sich der Schiedsvertrag als unwirksam herausstellt), sondern vor einem staatlichen Gericht. In diesem Fall begründet die Streitverkündung keinen Vorgriff auf das Schiedsverfahren, der Streitverkündungsempfänger wird durch die Streitverkündung nicht den speziellen Ausgestaltungen des schiedsgerichtlichen Verfahrens entzogen. Die Streitverkündung führt dann weiterhin die Interventionswirkung herbei.

Damit haben wir eine dogmatisch vertretbare Lösung gefunden, die jedoch einen praktischen Unterschied zur Einrede des § 1027 a ZPO aufweist: Nach der hier gefundenen Lösung kann der Streitverkündungsempfänger den entgegenstehenden Schiedsvertrag erst im Regreßprozeß und nur dann geltend machen, wenn dieser vor dem Schiedsgericht stattfindet. Demgegenüber wäre die Einrede aus § 1027 a ZPO auf eine Geltendmachung im Vorprozeß ausgerichtet. Aus diesem Unterschied folgt der faktische Zwang des Streitverkündungsempfängers, dem Vorprozeß als Nebenintervenient beizutreten, um sich bestmöglich zu verteidigen, denn er kann nicht sicher sein, ob seine Einrede im Regreßprozeß durchgreifen wird. Dies gilt umso mehr, wenn zwischen den

Parteien streitig ist, ob der Regreßanspruch überhaupt in den Regelungsbereich des Schiedsvertrags fällt. Dann nämlich könnte das Regreßverfahren auch vor einem staatlichen Gericht durchzuführen sein, für das die nach wie vor zulässige Streitverkündung nach allgemeinen Regeln die Interventionswirkung herbeiführt.

Diese Besonderheit der hier gefundenen Lösung stellt zugleich aber auch einen Vorteil dar. Der Vorprozeß wird nicht durch die Einrede des Schiedsvertrags belastet, sondern kann ungestört fortgeführt werden. Darüberhinaus wird die Streitverkündung nicht insgesamt verhindert und kann - da sie weiterhin zulässig bleibt - die Interventionswirkung immer noch herbeiführen, wenn der Regreßanspruch nicht unter den Schiedsvertrag fällt. Das Regreßverfahren wird dann vor einem staatlichen Gericht durchgeführt, was zur Folge hat, daß sich der Streitverkünder jedenfalls wegen des Schiedsvertrages nicht mit der Einrede des § 68, 2. Halbsatz ZPO gegen die Interventionswirkung wehren kann.

Ein weiterer Vorteil der hier gefundenen Lösung über § 68, 2. Halbsatz ZPO ist die Entbehrlichkeit einer Analogie zu § 1027 a ZPO. Eine analoge Anwendung dieser Vorschrift ist nur nötig, aber auch nur möglich, wenn die ZPO im hier zu behandelnden Bereich eine Regelungslücke aufweisen würde.[418] Die Anwendbarkeit der Einrede des § 68, 2. Halbsatz ZPO auf die Einrede des Schiedsvertrags bei der Streitverkündung vermeidet jedoch das Entstehen einer Regelungslücke und damit die Erforderlichkeit einer Analogie zu § 1027 a ZPO, um der Schiedsgerichtsabrede auch bei der Streitverkündung zu ihrer bezweckten Wirkung zu verhelfen.

g) Ergebnis

Ein Schiedsvertrag kann zwar nicht die Zulässigkeit der Streitverkündung insgesamt, wohl aber die Herbeiführung der mit ihr bezweckten Interventionswirkung verhindern. Hierfür ist - neben den allgemeinen Gültigkeitsvoraussetzungen eines Schiedsvertrags - nur erforderlich, daß der Anspruch, welcher der Streitverkündung zugrunde liegt, in den Regelungsbereich des Schiedsvertrags fällt. Eine ausdrückliche Erwähnung der Streitverkündung im Schiedsvertrag ist demgegenüber nicht erforderlich.

Die Einrede des Schiedsvertrags kann dementsprechend nicht bereits im Vorprozeß, sondern erst im Regreßprozeß als Einrede des § 68, 2. Halbsatz ZPO, und nur vor dem gewählten Schiedsgericht geltend gemacht werden. Die

---

[418] Zur unbewußten Regelungslücke als Voraussetzung für einen Analogieschluß vgl. *Zippelius* "Juristische Methodenlehre": § 11 II. a, S. 60 f.; *Larenz* "Methodenlehre der Rechtswissenschaft": S. 381 f.

der Schiedsgerichtsabrede widersprechende Durchführung der Streitverkündung vor einem staatlichen Gericht entspricht dabei rechtstechnisch einer Beschränkung der Angriffs- oder Verteidigungsmittel im Sinne des § 68, 2. Halbsatz ZPO. Dieses Ergebnis ergibt sich aus einer Parallelwertung zur Rechtsansicht des BGH, geäußert im Urteil vom 16.6.1993:[419] Dort hat der BGH ausgesprochen, daß die Interventionswirkung nicht eintrete, wenn dadurch eine Bindung des Streitverkündungsempfängers in einem späteren Verfahren herbeigeführt wird, für welches ein anderer Rechtsweg gegeben ist als im Vorprozeß.

Wenn damit der Schiedsvertrag sowohl hinsichtlich der Wirkungen als auch hinsichtlich der inhaltlichen Anforderungen von der Gerichtsstandsvereinbarung abweicht,[420] so liegt dies am unterschiedlichen Regelungsinhalt beider Vereinbarungen. Der Schiedsvertrag geht insoweit über die Gerichtsstandsvereinbarung hinaus als er den Rechtsschutz durch jedes staatliche Gericht ausschließt, während die Gerichtsstandsvereinbarung nur das konkrete staatliche Gericht festlegt, durch welches Rechtsschutz gewährt werden soll. Wenn der Streitverkünder aber auf den gesamten Rechtsschutz durch staatliche Gerichte verzichtet, ist für ihn vorhersehbar, daß die zwei möglichen Prozesse, die er mit der gegnerischen Hauptpartei einerseits und dem Streitverkündungsempfänger andererseits führen muß, von zwei verschiedenen Gerichten (irgendein staatliches Gericht einerseits und das Schiedsgericht andererseits) entschieden werden. Will er dies - und seine damit verbundene Notlage[421] - vermeiden, so muß er auch mit der gegnerischen Hauptpartei die Zuständigkeit desselben Schiedsgerichts vereinbaren. Sofern er den Abschluß eines Schiedsvertrags mit der gegnerischen Hauptpartei ver- säumt hat, begibt er sich freiwillig des in Form der Streitverkündung gewährten Schutzes durch staatliche Gerichte. Seine nunmehr eintretende Rechtsschutzlosigkeit[422] (durch die Unmöglichkeit eine der Streitverkündung vergleichbare Wirkung herbeizuführen) kann daher für die Bewertung der Wirkung einer Schiedsgerichtsabrede kein relevantes Kriterium mehr sein. Vielmehr rücken die gegenläufigen Interessen des Streitverkündungsempfängers in den Vordergrund, die dann durch die Schiedsgerichtsabrede geschützt sein müssen.

---

[419] Die hier herangezogene Rechtsansicht erging als obiter dictum im Urteil des BGH vom 16.6.1993 in NJW 1993, 2539, 2540.

[420] Zwar muß die Gerichtsstandsvereinbarung nach der hier vertretenen Auffassung ebenfalls nicht ausdrücklich auf eine mögliche Streitverkündung Bezug nehmen. Dies gilt jedoch nur, wenn die mit dem Ausschluß der Streitverkündung verbundene, teilweise Rechtsschutzlosigkeit des Streitverkünders für diesen im Zeitpunkt des Abschlusses der Vereinbarung erkennbar war, siehe dazu oben S. 116 ff. Hieraus können sich für den Umfang der Wirkungen der Gerichtsstandsvereinbarung erhebliche Einschränkungen ergeben, die - folgt man der Übertragung der zitierten Entscheidung des BGH auf die Schiedsgerichtsabrede - für die Einrede des Schiedsvertrags nicht existieren.

[421] Vgl. zum Begriff der Notlage des Streitverkünders *Eibner* "Dissertation": S. 26 ff; zum Inhalt BGH Urteil vom 26.3.1987 in JR 1988, 67, 68 = NJW 1987, 1894; BGH Urteil vom 14.11.1991 in BGHZ 116, 95, 100 = NJW 1992, 1698, 1699.

[422] Siehe zur Rechtsschutzlosigkeit bei der Gerichtsstandsvereinbarung oben S. 118 f.

4. Die Pflicht zur Leistung einer Ausländersicherheit als Zulässigkeitshindernis bei der Streitverkündung

a) Einführung

Ausländische Staatsangehörige, die in einem deutschen Verfahren als Kläger auftreten, sind gemäß § 110 Abs. 1 ZPO auf Verlangen des Beklagten verpflichtet, für die entstehenden Prozeßkosten Sicherheit zu leisten.[423] Wird die Sicherheit nicht geleistet, dann stellt § 110 Abs. 1 ZPO dem Beklagten eine prozeßhindernde Einrede der mangelnden Ausländersicherheit zur Verfügung.[424]

Diese Vorschrift wird stark kritisiert,[425] da sie nur auf die Staatsangehörigkeit abstellt und damit ausländische Kläger benachteiligt. Eine Benachteiligung von Angehörigen eines EU-Mitgliedstaats ist allerdings mit Art. 7 Abs. 1 EWGV nicht vereinbar, der jede Diskriminierung von Angehörigen eines EU-Mitgliedstaats aus Gründen ihrer Staatsangehörigkeit verbietet. § 110 Abs. 1 ZPO kann daher gegenüber Staatsangehörigen eines EU-Mitgliedstaats nicht angewendet werden.[426]

Ungeachtet dieser Einschränkung und den mit § 110 Abs. 2 ZPO gesetzlich angeordneten Fällen[427] der Unanwendbarkeit dieser Vorschrift, spricht ihr Wortlaut gegen eine Anwendung der Einrede der mangelnden Ausländersicherheit auf die Streitverkündung. Wenn § 110 Abs. 1 ZPO ausdrücklich nur von Kläger und Beklagten spricht, ist man geneigt, das Erfordernis einer Ausländersicherheit nur im Klageverfahren, nicht aber bei der Streitverkündung anzunehmen.[428]

Wenn wir andererseits den Sinn und Zweck dieser Regelung betrachten, erscheint ihre Übertragung auf die Streitverkündung möglich: Gesetzgeberischer Grund für die Einführung des § 110 ZPO war nämlich die Überlegung, daß die

---

[423] Vgl. zum Anwendungsbereich dieser Vorschrift und einem Überblick über die mit ihr verbundenen Probleme *Henn* in NJW 1969, 1374 ff.

[424] *Zöller-Herget*: § 110 Rn. 4: Die Erhebung dieser Einrede führt aber nicht zur Unzulässigkeit der Klage, sondern zunächst nur dazu, daß das Gericht dem Kläger eine Frist zu bestimmen hat, innerhalb derer er die Sicherheit leisten muß. Verstreicht diese Frist ungenutzt, ist die Klage gem. § 113 ZPO als zurückgenommen zu erklären.

[425] Vgl. nur *Stein/Jonas-Bork*: § 110 Rn. 1a.

[426] EuGH Urteil vom 1.7.1993 auf Vorlage des Landgerichts Hamburg in NJW 1993, 2431; OLG München Beschluß vom 17.11.1992 in NJW 1993, 865. Im Ergebnis gleich für britische Staatsangehörige OLG Koblenz Urteil vom 13.7.1990 in IPRax 1992, 42, das seine Entscheidung aber auf Art. 9 Abs. 1 des Europäischen Niederlassungsabkommens vom 13.12.1955 stützt, vgl. zu dieser Entscheidung die Anmerkung von *Kaum* in IPRax 1992, 18 ff.; Vgl. zum ganzen auch *Kampf* in NJW 1990, 3054 ff.

[427] Vgl. *BLAH-Hartmann*: § 110 Rn. 12 ff.; *Stein/Jonas-Bork*: § 110 Rn. 19 ff. jeweils m. w. N.

[428] So im Grundsatz auch *Stein/Jonas-Bork*: § 110 Rn 10; *BLAH-Hartmann*: § 110 Rn. 7, die jedoch beide Ausnahmen für den Streithelfer zulassen.

Durchsetzung (Vollstreckung) eines auf den §§ 91 ff. ZPO beruhenden Kostenerstattungsanspruchs dann auf Schwierigkeiten stoßen kann, wenn der Kostenschuldner ein Ausländer oder eine ausländische juristische Person ist.[429]

Vor dem Hintergrund des Sinn und Zwecks des § 110 Abs. 1 ZPO könnte die Anwendbarkeit dieser Vorschrift auf die Streitverkündung geboten sein, wenn die Streitverkündung zu einem Kostenerstattungsanspruch gemäß §§ 91 ff. ZPO führen kann. Dieser Frage ist im folgenden nachzugehen.

b) Anwendbarkeit des § 110 Abs. 1 ZPO auf die grenzüberschreitende Streitverkündung

Soweit der Streitverkünder oder der Streitverkündungsempfänger Ausländer ist und der eine aufgrund der Streitverkündung die besonderen Kosten des anderen im Vorprozeß tragen muß, bestehen hinsichtlich der Vollstreckung einer diesbezüglichen Kostenentscheidung aus dem Vorprozeß dieselben Schwierigkeiten, wie sie beim Klageverfahren bestehen. Der Gläubiger der Kostenentscheidung muß die Vollstreckung im Regelfall im Heimatstaat des Kostenschuldners durchführen. Dabei ist unerheblich, ob er den Kostenerstattungsanspruch in einem Klageverfahren oder in einem anderen zivilprozessualen Verfahren erlangt hat. Die mit der Vollstreckung im Ausland verbundenen Erschwernisse können in allen Fällen auftreten.

Die Vergleichbarkeit der Ausgangssituationen setzt freilich voraus, daß auch bei der Streitverkündung überhaupt eine Kostenentscheidung zwischen Streitverkünder und Streitverkündungsempfänger ergehen kann. Zur Beantwortung dieser vorrangigen und der eigentlichen Frage, ob § 110 ZPO auch bei der Streitverkündung Anwendung findet, ist eine Trennung in die bei der Streitverkündung möglichen Verfahrensabläufe nötig. Wird einem Dritten der Streit verkündet, hat er immer zwei Möglichkeiten: Er kann die Streitverkündung unbeantwortet lassen oder dem Vorprozeß als Nebenintervenient beitreten.[430]

aa) Anwendung des § 110 Abs. 1 ZPO bei der unbeantworteten Streitverkündung

Für den Fall der unbeantworteten Streitverkündung existiert keine gesetzliche Regelung für einen prozessualen Kostenerstattungsanspruch. Dies verwun-

---

[429] So BGH Urteil vom 13.6.1984 in NJW 1984, 2762; vgl. auch *Henn* in NJW 1969, 1374; *Stein/Jonas-Bork*: § 110 Rn. 1.

[430] Diese beiden Reaktionsmöglichkeiten des Streitverkündungsempfängers folgen bereits aus § 74 Abs. 1 und 2 ZPO, *Mü-Ko-Schilken*: § 74 Rn. 2 ff.; *Zöller-Vollkommer*: § 74 Rn. 1 ff.

dert nicht, denn solange der Streitverkündungsempfänger dem Vorprozeß nicht beitritt, kann zwischen ihm und dem Streitverkünder ein Prozeßrechtsverhältnis nicht begründet werden. Dementsprechend wird über das Rechtsverhältnis zwischen Streitverkünder und Streitverkündungsempfänger keine ausdrückliche Entscheidung getroffen, die eine Kostenentscheidung beinhalten könnte. Eine Kostenentscheidung im Sinne der §§ 91 ff. ZPO wäre aber auch nicht möglich, da im Vorprozeß ein Obsiegen und Unterliegen in diesem Rechtsverhältnis nicht festgestellt werden kann. Eine Entscheidung, die ein Obsiegen des einen feststellt, ergeht erst im Regreßprozeß zwischen Streitverkünder und Streitverkündungsempfänger.

Ein prozessualer Kostenerstattungsanspruch kann bei der unbeantworteten Streitverkündung also nicht entstehen. Daraus folgt logisch, daß auch eine Sicherheitsleistung zur Absicherung der durch die Streitverkündung entstehenden Kosten entbehrlich ist.[431] Denn wo ein Kostenerstattungsinteresse nicht besteht, hat die Leistung einer Sicherheit für die Prozeßkosten keinen Sinn.

Die Tatsache, daß dem Streitverkündungsempfänger zuweilen ein materieller Erstattungsanspruch hinsichtlich der für ihn entstandenen Kosten eingeräumt wird,[432] spricht nicht gegen dieses Ergebnis. Die Verpflichtung zur Leistung einer Ausländersicherheit setzt voraus, daß ein prozessualer Kostenerstattungsanspruch im Sinne der §§ 91 ff. ZPO entstehen kann.[433] Ein materieller Kostenerstattungsanspruch, der in einem gesonderten Verfahren geltend zu machen ist, reicht hierfür nicht aus.

Da also ein prozessualer Kostenerstattungsanspruch im Sinne der §§ 91 ff. ZPO bei der unbeantworteten Streitverkündung im Vorprozeß nicht entstehen kann, ist auch die Einrede der mangelnden Ausländersicherheit gemäß § 110 Abs. 1 ZPO ausgeschlossen, solange der Streitverkündungsempfänger dem Vorprozeß nicht als Nebenintervenient beitritt.

bb) Anwendung des § 110 Abs. 1 ZPO bei erfolgtem Beitritt des Streitverkündungsempfängers im Vorprozeß

Wenn der Streitverkündungsempfänger dem Vorprozeß als Nebenintervenient beitritt, dann finden gemäß § 74 Abs. 1 ZPO die Vorschriften über die

---

[431] Die Kosten der Streitverkündung selbst, d. h. der Zustellung, etc. sind vom Streitverkünder selbst zu tragen, vgl. OLG München Beschluß vom 9.3.1989 in MDR 1989, 548; *Mü-Ko-Schilken*: § 72 Rn. 21; *BLAH-Hartmann*: § 72 Rn. 8. Für den Streitverkündungsempfänger entstehen keine Prozeßkosten, solange er nicht beitritt, *Stein/Jonas-Bork*: § 73 Rn. 6.

[432] Das Amtsgericht Berlin-Mitte Urteil vom 19./ 21.März 1927 in ZZP 52 (1927), 418 sieht die Möglichkeit eines Anspruchs aus § 826 BGB, der im konkreten Fall jedoch verneint wurde; vgl. auch *Schneider* in MDR 1983, 801.

[433] Vgl. BGH Urteil vom 13.6.1984 in NJW 1984, 2762.

Nebenintervention Anwendung. Der Streitverkündungsempfänger wird Nebenintervenient (Streithelfer) im Vorprozeß. Für die Nebenintervention sind Möglichkeit und Voraussetzungen eines prozessualen Kostenerstattungsanspruchs in § 101 ZPO geregelt. Diese Vorschrift ist auch auf den beigetretenen Streitverkündungsempfänger anwendbar. Nach § 101 ZPO kann zwischen dem Nebenintervenienten (Streitverkündungsempfänger) und dem Gegner der unterstützten Hauptpartei eine gesonderte Kostenentscheidung bereits im Vorprozeß ergehen.[434] Diese Kostenentscheidung beschränkt sich allerdings auf die Kosten der Nebenintervention selbst.[435] Über die Kosten der Streitverkündung und des Zwischenstreits nach § 71 ZPO kann nach der h. M. in der Kostenentscheidung nach § 101 ZPO nicht befunden werden.[436]

Angesichts dieser restriktiven Auslegung des § 101 ZPO steht aber fest, daß ein prozessualer Erstattungsanspruch für die Kosten der Streitverkündung im Vorprozeß selbst dann nicht entstehen kann, wenn der Streitverkündungsempfänger dem Vorprozeß beigetreten ist. Damit ist eine Pflicht zur Leistung einer Ausländersicherheit für die Kosten der Streitverkündung in jedem Fall ausgeschlossen.

Davon sind die Kosten zu unterscheiden, die durch die Nebenintervention selbst entstanden sind. Diese Kosten können Gegenstand einer vollstreckbaren Kostenentscheidung gemäß § 101 ZPO bereits im Vorprozeß sein. Allerdings besteht auch hier eine Einschränkung: Parteien einer solchen Kostenentscheidung können nur der beigetretene Streitverkündungsempfänger (Streithelfer) und der Gegner der unterstützten Hauptpartei sein. Im Verhältnis des Streitverkündungsempfängers zu der vom ihm unterstützten Hauptpartei kann demgegenüber eine Kostenentscheidung niemals ergehen.[437] Im Verhältnis zur unterstützten Hauptpartei findet § 101 ZPO also keine Anwendung.[438]

Für die Streitverkündung, die zum Beitritt des Streitverkündungsempfängers im Vorprozeß geführt hat, bedeutet dies folgendes: Eine Kostenentscheidung zwischen Streitverkünder und Streitverkündungsempfänger kann nach § 101 ZPO im Vorprozeß nur ergehen, wenn der Streitverkündungsempfänger auf seiten der gegnerischen Hauptpartei des Streitverkünders beigetreten ist.

---

[434] BGH Urteil vom 7.11.1974 in NJW 1975, 218; *Thomas-Putzo*: § 101 Rn. 3.

[435] *Mü-Ko-Belz*: § 101 Rn. 3; *Wieczorek*: § 101 Anm. BI, BIa.

[436] Vgl. OLG München Beschluß vom 9.3.1989 in MDR 1989, 548; OLG Hamburg Urteil vom 2.7.1886 in Seuffers Archiv 52 (1897), 212; *Wieczorek*: § 101 Anm. AI, II; *Thomas-Putzo*: § 101 Rn. 6. Anderer Ansicht *BLAH-Hartmann*: § 101 Rn. 4, der die Kosten des Verkündungsverfahrens unter Hinweis auf § 74 Abs. 1 ZPO mit zu den Kosten der Streithilfe zählt.

[437] BGH Urteil vom 7.11.1974 in NJW 1975, 218; *Thomas-Putzo*: § 101 Rn. 1.

[438] So schon Amtsgericht Berlin-Mitte Urteil vom 19./21.3.1927 in ZZP 52 (1927), 418. Vgl. auch Hanseatisches OLG Hamburg Beschluß vom 25.2.1980 in JurBüro 1980, 932: Die unterstützte Hauptpartei kann nicht mit den Kosten der Nebenintervention belastet werden; *BLAH-Hartmann*: § 101 Rn. 6; *Schneider* in MDR 1983, 801; *Zöller-Herget*: § 101 Rn. 3. Dies entspricht auch dem gesetzgeberischen Willen. Der ZPO-Gesetzgeber wollte mit der Vorschrift des § 101 ZPO erreichen, daß der Nebenintervenient seine Kosten grundsätzlich selbst trägt und sie nie auf die unterstützte Hauptpartei abwälzen kann, vgl. *Hahn* "Die gesamten Materialien zu den Reichsjustizgesetzen" 2. Band: "Civilprozeß": S. 293.

Tritt der Streitverkündungsempfänger dem Vorprozeß aber auf seiten des Streitverkünders bei, kann § 101 ZPO im Verhältnis zwischen ihnen keine Anwendung finden. In diesem Fall entsteht im Vorprozeß kein prozessualer Kostenerstattungsanspruch zwischen Streitverkünder und Streitverkündungsempfänger.

Wir können also eine weitere Fallkonstellation für die Frage der Pflicht zur Leistung einer Ausländersicherheit bei der Streitverkündung ausschließen: Wenn der Streitverkündungsempfänger auf seiten des Streitverkünders beitritt, kann keiner der beiden vom jeweils anderen die Leistung einer Ausländersicherheit verlangen, da in diesem Verhältnis niemals ein prozessualer Kostenerstattungsanspruch entstehen kann.

Auf den ersten Blick ist man nun geneigt, aus dieser Feststellung den Umkehrschluß zu ziehen. Dieser lautete dann, daß eine Pflicht zur Leistung der Ausländersicherheit immer dann entsteht, wenn der Streitverkündungsempfänger nicht auf seiten des Streitverkünders beitritt, da dann die Möglichkeit eines Kostenerstattungsanspruchs aus § 101 ZPO besteht.

Aber auch diese Betrachtungsweise ist noch zu weit. Sie wird durch § 110 Abs. 1 ZPO selbst beschränkt. Nach § 110 Abs. 1 ZPO reicht es nämlich nicht aus, daß überhaupt ein Kostenerstattungsanspruch aus § 101 ZPO entstehen kann. Diese Vorschrift stellt vielmehr die zusätzliche Voraussetzung auf, daß nur eine Partei, die im Verfahren als Kläger auftritt, zur Ausländersicherheit verpflichtet sein kann.

Wenn wir auch diese Einschränkung noch berücksichtigen, dann bleiben für die Streitverkündung nur noch zwei Fallkonstellationen übrig, die - sofern der Streitverkündungsempfänger dem Vorprozeß auf seiten des Gegners des Streitverkünders beigetreten ist - eine Pflicht zur Leistung der Ausländersicherheit begründen können:

Wenn der Streitverkünder Beklagter des Vorprozesses ist und der Streitverkündungsempfänger auf seiten des Klägers des Vorprozesses beitritt, dann muß der Streitverkündungsempfänger dem Streitverkünder auf dessen Verlangen Sicherheit für die Kosten der Nebenintervention leisten. Dies entspricht der h. M.[439]

Entsprechendes muß im umgekehrten Fall auch für den Streitverkünder gelten, sofern er im Vorprozeß Kläger ist. Wenn der Streitverkündungsempfänger in dieser Situation dem Beklagten des Vorprozesses beitritt, kann er vom Streitverkünder Sicherheit für die Kosten der Nebenintervention verlangen.

---

[439] *Stein/Jonas-Bork*: § 110 Rn. 10 und § 67 Rn. 22; *BLAH-Hartmann*: § 110 Rn. 7; *Zöller-Herget*: § 110 Rn. 3, die alle den Nebenintervenienten (Streithelfer) des Klägers für verpflichtet halten, dem Beklagten - der hier dem Streitverkünder entspricht - für die Kosten der Nebenintervention (Streithilfe) Sicherheit zu leisten.

Nur in diesen beiden Fällen kann für die Kosten der Nebenintervention im Verhältnis des Streitverkünders zum Streitverkündungsempfänger die Leistung einer Ausländersicherheit verlangt werden. Die Beschränkung der Anwendbarkeit des § 110 Abs. 1 ZPO begründet sich damit, daß nur in diesen beiden Fallkonstellationen der Streitverkündung kumulativ die zwei relevanten Voraussetzungen dieser Vorschrift gegeben sind: die Möglichkeit der Entstehung eines prozessualen Kostenerstattungsanspruchs und die Klägereigenschaft des Sicherheitsleistungspflichtigen.

c) Ergebnis

Die Pflicht zur Leistung einer Ausländersicherheit ist bei der Streitverkündung selbst nicht gegeben. Der Grund hierfür liegt darin, daß die Streitverkündung allein keinen prozessualen Kostenerstattungsanspruch im Vorprozeß entstehen läßt.

Ein prozessualer Kostenerstattungsanspruch - und damit die theoretische Möglichkeit einer Sicherheitsleistungspflicht - kann nur entstehen, wenn der Streitverkündungsempfänger dem Vorprozeß beitritt und auch nur dann, wenn der Beitritt auf seiten der gegnerischen Hauptpartei des Streitverkünders erfolgt. Von der Sicherheitsleistung werden allerdings nur die Kosten der Nebenintervention, nicht aber die Kosten der Streitverkündung selbst erfaßt.

Ein ausländischer Streitverkünder ist im Ergebnis zur Sicherheitsleistung verpflichtet, wenn er im Vorprozeß Kläger ist und der Streitverkündungsempfänger auf seiten des Beklagten des Vorprozesses beitritt. Umgekehrt ist der ausländische Streitverkündungsempfänger, der auf seiten des Klägers des Vorprozesses beigetreten ist, zur Sicherheitsleistung verpflichtet, wenn der Streitverkünder im Vorprozeß beklagte Partei ist. Die Sicherheitsleistungspflicht ist freilich in beiden Fällen davon abhängig, daß der jeweils Berechtigte die Leistung einer Ausländersicherheit ausdrücklich verlangt.

Aufgrund des derart eingeschränkten Anwendungsbereichs des § 110 Abs. 1 ZPO bei der Streitverkündung muß man daran zweifeln, ob das Verlangen der Sicherheitsleistung jemals gestellt werden wird. Angesichts der schwierigen rechtlichen Konstruktion und der vielen Einschränkungen kann dies realistischerweise kaum angenommen werden. Hinzu kommt, daß Staatsangehörige eines EU-Mitgliedstaats ohnehin von der Pflicht zur Leistung einer Ausländersicherheit nach § 110 Abs. 1 ZPO befreit sind.

IV. Die Folgen fehlender (Zulässigkeits-) Voraussetzungen

Wir haben in den vorherigen Abschnitten dargelegt, daß die Prozeßvoraussetzungen Partei- und Prozeßfähigkeit des Streitverkündungsempfängers, Gerichtsbarkeit sowie internationale Zuständigkeit auch Zulässigkeitsvoraussetzungen der Streitverkündung sind.

Nur bei den Wirkungen einer Schiedsgerichtsabrede waren Abstriche notwendig: Sie berührt die Zulässigkeit der Streitverkündung nicht. Ein Schiedsvertrag kann vielmehr 'nur' die Herbeiführung der Interventionswirkung verhindern, indem er der Interventionswirkung im Regreßprozeß vor dem Schiedsgericht als Einrede gemäß § 68, 2. Halbsatz ZPO entgegengesetzt wird.

Mit diesem Ergebnis können wir aber die Untersuchung der Probleme einer grenzüberschreitenden Streitverkündung noch nicht abschließen. Eine sehr wichtige Frage bedarf noch der Erörterung: Welche praktischen Auswirkungen haben die festgestellten Zulässigkeitsvoraussetzungen auf die Durchführung der Streitverkündung? Insbesondere für Prozeßvoraussetzungen (Partei- und Prozeßfähigkeit des Streitverkündungsempfängers, Gerichtsbarkeit und internationale Zuständigkeit) ist nämlich noch nicht geklärt, wann und auf welche Weise sie Berücksichtigung finden müssen. Diese Frage wird relevant, wenn eine der genannten Voraussetzungen einmal nicht gegeben ist.

Zur Untersuchung stehen also zwei Fragen an:

1. Wann sind die Zulässigkeitsvoraussetzungen der (grenzüberschreitenden) Streitverkündung zu prüfen, im Vor- oder im Regreßprozeß?

2. Wie sind diese Voraussetzungen zu prüfen, von Amts wegen oder nur nach Erhebung einer diesbezüglichen Einrede des Streitverkündungsempfängers?

Bei der Beantwortung dieser Fragen haben wir außerdem immer die möglichen Abweichungen im Auge zu behalten, die sich aus den zwei möglichen Handlungsweisen des Streitverkündungsempfängers ergeben können: Er kann die Streitverkündung unbeachtet lassen oder dem Vorprozeß als Nebenintervenient beitreten.

1. Theoretische Möglichkeiten der Zulässigkeitsprüfung einer Streitverkündung

Die Prüfung der Zulässigkeitsvoraussetzungen könnte zunächst bereits im Vorprozeß erfolgen. Dies ist allerdings nur sinnvoll, wenn die Streitverkündung bei Feststellung des Fehlens einer Voraussetzung auch als unzulässig zurückgewiesen werden könnte, da die Zulässigkeitsprüfung andernfalls den

Vorprozeß unnötigerweise belastet. Sogleich stellt sich dann aber die Frage, ob der Streitverkündungsempfänger dem Vorprozeß beitreten muß, um die Zulässigkeitsprüfung zu veranlassen, oder ob diese Prüfung von Amts wegen zu erfolgen hat.

Die Prüfung der Zulässigkeit der Streitverkündung könnte aber auch auf den Regreßprozeß verlagert werden, was den Vorteil der Entlastung des Vorprozesses mit sich bringt. Andererseits wirft diese Vorgehensweise die Frage auf, wie sich ein Beitritt des Streitverkündungsempfängers im Vorprozeß auf den Umfang der Prüfungskompetenz im Regreßprozeß auswirkt. Wenn wir eine Zulässigkeitsprüfung im Regreßprozeß befürworten, müßten wir klären, ob die Prüfung im Regreßprozeß von Amts wegen oder nur als Einrede des § 68, 2. Halbsatz ZPO möglich ist.

Zuletzt ist denkbar, die Zulässigkeitsprüfung zwar auf den Regreßprozeß zu verlagern, dem Streitverkündungsempfänger im Vorprozeß aber den Vorbehalt der Geltendmachung der Unzulässigkeit der Streitverkündung im Regreßprozeß zu gestatten.

2. Bisheriger Meinungsstand

Die Frage, wann die Voraussetzungen einer grenzüberschreitenden Streitverkündung zu prüfen sind, wurde in der Literatur bislang noch nicht erörtert. Auch der Rechtsprechung stellte sich dieses Problem noch nicht. Was die Voraussetzungen einer nationalen Streitverkündung - der §§ 72, 73 ZPO - angeht, ist der Meinungsstand allerdings relativ eindeutig: Die h. M. vertritt die Auffassung, daß die Zulässigkeitsvoraussetzungen der Streitverkündung erst im Regreßprozeß zu prüfen sind.

Bereits das RG[440] hatte so entschieden und auch der BGH[441] hat festgestellt, daß die Prüfung der Wirksamkeit[442] einer Streitverkündung nicht im Vor- sondern im Regreßprozeß erfolgt. Diese Auffassung wurde seither in ständiger Rechtsprechung aufrechterhalten,[443] die Literatur ist ihr überwiegend gefolgt.[444]

---

440 RG Urteil vom 28.11.1911 in RGZ 77, 360, 364.

441 BGH Urteil vom 18.12.1961 in NJW 1962, 387, 388.

442 Die Prüfung der Wirksamkeit kann dabei mit der Zulässigkeitsprüfung gleichgesetzt werden, da nur eine zulässige Streitverkündung die bezweckte Interventionswirkung herbeiführen kann, vgl. BGH Urteil vom 13.11.1952 in BGHZ 8, 72, 79; Urteil vom 9.10. 1975 in BGHZ 65, 127, 130 f. = NJW 1976, 39.

443 BGH Urteil vom 9.10.1975 in BGHZ 65, 127, 130 f. = NJW 1976, 39; Urteil vom 22.12.1977 in BGHZ 70, 187, 189 = NJW 1978, 643; Urteil vom 26.3.1987 in JR 1988, 67 = NJW 1987, 1894; Urteil vom 14.11.1991 in BGHZ 116, 95, 98 = NJW 1992, 1698; vgl. auch schon OLG Karlsruhe Urteil vom 25.4.1962 in Die Justiz 1963, 177.

444 Vgl. nur *Mü-Ko-Schilken*: § 72 Rn.17; *Bischof* in JurBüro 1984, 969, 1309 f. jeweils m. w. N.; *Stein/Jonas-Bork*: § 72 Rn. 17. Anderer Ansicht aber *BLAH-Hartmann*: § 72 Rn. 7, der sich unter Hinweis auf die ältere Rechtsprechung dafür ausspricht, daß im Fall des Beitritts die Vorausset-

Lediglich einem Urteil des 3. Senats des BGH[445] aus dem Jahr 1962 könnte man entnehmen, daß eine Prüfung der Streitverkündung bereits im Vorprozeß vorzunehmen ist, sofern der Streitverkündungsempfänger als Nebenintervenient beitritt. Dort sprach der BGH aus, daß die Wirksamkeit der Streitverkündung erst im Regreßprozeß zu prüfen sei, wenn der Streitverkündungsempfänger im Vorprozeß nicht beigetreten ist. Einem theoretisch möglichen Umkehrschluß aus dieser Feststellung wurde jedoch durch eine spätere Entscheidung des BGH[446] der Boden entzogen: Der BGH stellte nämlich fest, daß auch bei einer unzulässigen Streitverkündung der Beitritt als Nebenintervenient die Interventionswirkung herbeiführe. Da dann die Interventionswirkung unmittelbar durch § 68 ZPO - und nicht mehr über die Verweisung des § 74 Abs. 3 ZPO - ausgelöst wird, ist eine Prüfung der Zulässigkeit der Streitverkündung auch im Vorprozeß bedeutungslos, da selbst die Feststellung der Unzulässigkeit der Streitverkündung die Interventionswirkung nicht mehr abwendet.

Wir dürfen aber nicht verschweigen, daß in der Literatur auch Stimmen vernehmbar sind, denen zufolge eine Zurückweisung der Streitverkündung möglich sein soll.[447] Eine Zurückweisung der Streitverkündung ist begrifflich nur im Vorprozeß möglich. Im Regreßprozeß wird der Streitverkündung die Interventionswirkung abgesprochen. Eine Zurückweisung der Streitverkündung ist im Regreßprozeß aber nicht mehr möglich, da sie nicht (sondern nur die Interventionswirkung) Gegenstand dieses Verfahrens ist. Die Zurückweisung, die also nur im Vorprozeß denkbar ist, setzt dann logischerweise eine Zulässigkeitsprüfung im Vorprozeß voraus.

3. Stellungnahme

Die h. M. geht also davon aus, daß die Prüfung der Zulässigkeit der Streitverkündung erst im Regreßprozeß vorzunehmen ist. Bedauerlicherweise läßt sich aus der zitierten Rechtsprechung eine Begründung für diese Regel nicht entnehmen.[448] Aber auch die Vertreter der Auffassung, wonach eine Zurückweisung der Streitverkündung bereits im Vorprozeß möglich ist, begründen ihre Haltung nicht.

---

zungen der Streithilfe zu prüfen sind, was die Voraussetzungen des § 72 ZPO einschließe. Für den Fall der unbeantworteten Streitverkündung sieht auch er die Prüfung im Regreßprozeß vor.

[445] BGH Urteil vom 28.5.1962 in VersR 1962, 952.

[446] BGH Urteil vom 22.9.1975 in WM 1976, 56.

[447] *Werres* in NJW 1984, 208 (Fn. 6); *Zöller-Vollkommer*: § 74 Rn. 9, der jedoch andererseits in § 72 Rn. 1 unter Hinweis auf die BGH-Rechtsprechung für eine Zulässigkeitsprüfung erst im Regreßprozeß eintritt; *Mü-Ko-von Feldmann* (zum BGB): § 209 BGB Rn. 20 (Fn. 140) mit Hinweis auf einen Beschluß des KG vom 11.4.1988 in MDR 1988, 680. Zu beachten ist, daß *von Feldmann* selbst im Ergebnis der Auffassung des BGH folgt.

[448] So auch *Bischof* in JurBüro 1984, 969, 1309. Da sich die Literatur einfach der Auffassung der Rechtsprechung angeschlossen hat, werden auch durch sie keine Begründungen geliefert.

Angesichts dieses Defizits ist eine gründliche Beurteilung der Lage und ein Versuch der Begründung geboten.[449] Dabei stellt sich zunächst die Frage, ob ein überwiegendes Interesse der Beteiligten verlangt, daß die Prüfung der Zulässigkeitsvoraussetzungen erst im Regreßprozeß stattfindet.

Hinsichtlich der beteiligten Interessen kann leicht festgestellt werden, daß es für den Streitverkündungsempfänger günstiger ist, eine Zulässigkeitsprüfung bereits im Vorprozeß herbeizuführen. Hierdurch würde ihm gegebenenfalls die Streitverkündung insgesamt erspart. Zumindest könnte er dem Vorprozeß beitreten, um nur die Zulässigkeit der Streitverkündung zu bekämpfen. Eine Zulässigkeitsprüfung im Vorprozeß vermeidet für den Streitverkündungsempfänger außerdem die Ungewißheit über die Zulässigkeit der Streitverkündung, die sonst bis zur Prüfung im Regreßprozeß fortbesteht. Dem stehen aber die Interessen der Hauptparteien und des Gerichts des Vorprozesses an einem möglichst schnellen und reibungslosen Ablauf dieses Verfahrens gegenüber.

Ein eindeutig überwiegendes Interesse ist damit nicht feststellbar. Wir müssen uns vielmehr eine andere Begründung erarbeiten. Dabei dürfen wir aber nicht vernachlässigen, daß es Ziel dieses Abschnitts sein muß, einen gerechten Ausgleich dieser - erneut gegensätzlichen - Interessen zu finden.

4. Eigene Begründung

Die zitierte Rechtsprechung betrifft zumeist die Prüfung des Vorliegens eines Streitverkündungsgrundes nach § 72 ZPO.[450] Der Grund für die Streitverkündung kann gemäß § 72 Abs. 1 ZPO darin liegen, daß der Streitverkünder für den Fall des ungünstigen Ausgangs des Vorprozesses einen Anspruch auf Gewährleistung oder Schadloshaltung gegen den Dritten erheben zu können glaubt oder den Anspruch eines Dritten besorgt. Eine Prüfung des Streitverkündungsgrunds ist im Vorprozeß aus rechtlichen Gründen ausgeschlossen, da für die Erfüllung des § 72 ZPO nach dem eindeutigen Wortlaut dieser Vorschrift die bloße Möglichkeit eines Regreßanspruchs ausreicht.[451] Ob der Hauptprozeß für den Streitverkünder dann tatsächlich ungünstig ausgeht oder der befürchtete Regreßanspruch wirklich begründet ist, hat auf die Zulässigkeit der Streitverkündung keine Auswirkung mehr.[452] Eine Prüfung des der Streitver-

[449] Für die Frage der Prüfung der Voraussetzungen einer nationalen Streitverkündung vgl. *Bischof* in JurBüro 1984, 969, 1311 ff. Im Rahmen dieser Arbeit soll nur festgestellt werden, wann die zusätzlichen Zulässigkeitsvoraussetzungen einer grenzüberschreitenden Streitverkündung zu prüfen sind.

[450] Vgl. *Bischof* in JurBüro 1984, 969, 1309 mit einer ausführlichen Aufstellung.

[451] Dabei wird auf die subjektive Sicht des Streitverkünders abgestellt, vgl. *Zöller-Vollkommer*: § 72 Rn. 4 f.; *BLAH-Hartmann*: § 72 Rn. 2 m. w. N.; *Mü-Ko-Schilken*: § 72 Rn. 7 m. w. N.

[452] Vgl. nur *Zöller-Vollkommer*: § 72 Rn. 4 und 5.

kündung zugrundeliegenden Anspruchs ist angesichts des eindeutigen Wortlauts des § 72 ZPO im Vorprozeß nicht erforderlich, aber auch nicht möglich. Eine endgültige Prüfung des Regreßanspruchs und der damit verbundenen Zulässigkeitsvoraussetzung des § 72 ZPO ist erst im Regreßprozeß möglich, denn erst in diesem Verfahren wird über das Rechtsverhältnis zwischen Streitverkünder und Streitverkündungsempfänger eine abschließende Entscheidung getroffen.

Wir könnten jetzt aber den Gegenschluß ziehen, daß die Prozeßvoraussetzungen der internationalen Zuständigkeit, Gerichtsbarkeit sowie Partei- und Prozeßfähigkeit des Streitverkündungsempfängers im Vorprozeß zu prüfen seien, da sie - anders als der befürchtete Regreßanspruch - dort bereits feststellbar sind. Dieser Folgerung steht jedoch entgegen, daß diese Prozeßvoraussetzungen untereinander zu verschieden sind, als daß wir pauschal bestimmen könnten, wann und wie sie zu prüfen sind. Erforderlich sind vielmehr spezielle Erwägungen für die jeweilige Prozeßvoraussetzung, die wir im folgenden anstellen müssen.

a) Prüfung der Einrede des Schiedsvertrags bei der Streitverkündung

Die Geltendmachung eines entgegenstehenden Schiedsvertrags berührt - wie wir ermittelt haben[453] - die Zulässigkeit der Streitverkündung nicht. Sie gibt dem Streitverkündungsempfänger nur die Einrede nach § 68, 2. Halbsatz ZPO, denn eine Streitverkündung vor einem staatlichen Gericht schränkt die Verteidigungsmöglichkeiten des Streitverkündungsempfängers ein, wenn der Regreßanspruch vor einem Schiedsgericht geltend zu machen ist: Für die Teile des Regreßanspruchs, die im Vorprozeß bindend festgestellt werden, wird der Streitverkündungsempfänger seiner Verteidigungmöglichkeiten vor dem Schiedsgericht beraubt. Möglich ist die Einrede des § 68, 2. Halbsatz ZPO jedoch nur, wenn der Regreßprozeß vor dem Schiedsgericht stattfindet. Wenn der Regreßprozeß aber zulässigerweise vor einem staatlichen Gericht durchgeführt wird, hat die Einrede des Schiedsvertrags keine Bedeutung. Die Streitverkündung führt dann ohne weiteres die bezweckte Interventionswirkung herbei.

Wegen der Beschränkung der Einrede des Schiedsvertrags auf einen Regreßprozeß vor dem Schiedsgericht kann die Prüfung ihrer Wirkungen auf die Streitverkündung erst im Regreßprozeß erfolgen. Erst dort ist feststellbar, ob das Schiedsgericht über den Regreßanspruch entscheidet und nur vor dem Schiedsgericht kann der Interventionswirkung die Einrede des Schiedsvertrags im Rahmen des § 68, 2. Halbsatz ZPO entgegengehalten werden. Da die Schiedsgerichtsabrede weiterhin als Einrede geltend zu machen ist, ist deren

---

[453] Siehe oben S. 134 f.

Beachtung von Amts wegen nicht möglich. Der Schiedsvertrag wirkt sich also auch auf die Streitverkündung nur aus, wenn er als Einrede ausdrücklich geltend gemacht wird.

b) Prüfung der internationalen Zuständigkeit für die Streitverkündung

Wir haben in unserer vorausgegangenen Prüfung ermittelt, daß die internationale Zuständigkeit des Gerichts des Vorprozesses gegenüber dem Streitverkündungsempfänger eine Zulässigkeitsvoraussetzung der Streitverkündung darstellt. Allerdings kamen wir auch zu dem Ergebnis, daß zur Vermeidung einer drohenden Rechtsschutzlosigkeit des Streitverkünders die Entwicklung eines speziellen Gerichtsstands des Sachzusammenhangs für die Streitverkündung erforderlich ist. Diesen haben wir als internationale Notzuständigkeit begründet. Damit wird das Gericht des Vorprozesses im Regelfall zur Durchführung einer Streitverkündung zuständig sein. Diese internationale Zuständigkeit entfällt nur, wenn die Parteien für den der Streitverkündung zugrundeliegenden Anspruch ausschließlich und unter Einbeziehung einer prozessualen Drittbeteiligung die Zuständigkeit der Gerichte eines anderen Staats vereinbart haben. Nur im Falle der Derogation der deutschen internationalen Zuständigkeit, den wir jetzt untersuchen werden, ist das deutsche Gericht des Vorprozesses für die Streitverkündung unzuständig.

Die Beantwortung der Frage, wann die internationale Zuständigkeit bei der Streitverkündung zu prüfen ist, wird durch die Tatsache erschwert, daß die internationale Zuständigkeit eine verzichtbare Prozeßvoraussetzung ist.[454] Gemäß § 39 ZPO wird die Zuständigkeit eines Gerichts im Klageverfahren dadurch begründet, daß der Beklagte, ohne die Unzuständigkeit zu rügen, zur Hauptsache verhandelt.[455] Unterläßt er also die Rüge, verzichtet er auf diese Zulässigkeitsvoraussetzung und unterwirft sich der deutschen Gerichtsbarkeit.[456] Dementsprechend gilt § 39 ZPO grundsätzlich auch für die internationale Zuständigkeit entsprechend.[457]

Auf die Streitverkündung übertragen ergibt sich in diesem Zusammenhang das Problem, wie der Beitritt des Streitverkündungsempfängers im Vorprozeß zu werten ist. Liegt hierin eine rügelose Einlassung, aus der die internationale Zuständigkeit des Gerichts des Vorprozesses folgt? Wir werden dieser Frage nachzugehen haben. Da sie sich jedoch nur bei der Streitverkündung stellt, auf

---

[454] *Zöller-Gregor*: § 295 Rn. 6.

[455] Inhaltlich entsprechend regelt Art. 18 EuGVÜ die Zuständigkeitsbegründung durch rügelose Einlassung für den Anwendungsbereich des EuGVÜ.

[456] *Thomas-Putzo*: § 39 Rn. 1.

[457] Vgl. nur BGH Urteil vom 13.7.1987 in NJW 1987, 3181, 3182; Urteil vom 26.1.1979 in NJW 1979, 1104 m. w. N. über die Rechtsprechung.

die der Streitverkünder beigetreten ist, wollen wir diesen Fall von der unbeantworteten Streitverkündung getrennt untersuchen.

aa) Prüfung der internationalen Zuständigkeit bei der unbeantworteten Streitverkündung

Unter dem Begriff der unbeantworteten[458] Streitverkündung ist der Fall zu verstehen, bei dem der Streitverkündungsempfänger auf die Streitverkündung nicht reagiert und insbesondere dem Vorprozeß nicht als Nebenintervenient beitritt.[459]

Wenn der Streitverkündungsempfänger auf die Streitverkündung nicht reagiert, spricht bereits eine praktische Erwägung gegen die Prüfung der internationalen Zuständigkeit im Vorprozeß: Woher soll das Gericht wissen, daß eine die Zuständigkeit der deutschen Gerichte derogierende Gerichtsstandsvereinbarung vorliegt? Die Tatsache, daß die Prozeßvoraussetzung der internationalen Zuständigkeit grundsätzlich von Amts wegen zu prüfen ist, führt nicht zu einer anderen Beurteilung. Prüfung von Amts wegen bedeutet nicht Amtsermittlung;[460] das Gericht ist nicht verpflichtet, die Umstände, die gegen das Vorliegen einer Prozeßvoraussetzung sprechen, aus eigener Veranlassung zu ermitteln. Das Gericht des Vorprozesses ist meistens gar nicht in der Lage, seine Zuständigkeit für die Streitverkündung zu prüfen. Es wird vielmehr davon ausgehen dürfen, daß es wegen des von uns begründeten Gerichtsstands des Sachzusammenhangs zur Durchführung der Streitverkündung international zuständig ist.

Dem Streitverkündungsempfänger kann es bei dieser Fallgestaltung aber auch nicht gestattet werden, dem Gericht des Vorprozesses die für die Verneinung der Zuständigkeit notwendige Tatsachenkenntnis zu verschaffen. Solange er am Vorprozeß nicht als Nebenintervenient teilnimmt, ist eine derartige Einflußnahme auf dieses Verfahren dogmatisch nicht begründbar. Mehr noch: § 74 Abs. 2 ZPO ordnet an, daß der Vorprozeß ohne Rücksicht auf den Streitverkündungsempfänger fortgesetzt wird, wenn dieser nicht beigetreten ist. Äußerungen des Streitverkündungsempfängers sind daher vor seinem Beitritt

---

458 Davon ist der Fall zu unterscheiden, daß der Streitverkündungsempfänger dem Gegner des Streitverkünders beitritt. Dieser Fall wird für die Frage der Herbeiführung der Interventionswirkung wie eine unbeantwortete Streitverkündung behandelt, vgl. nur *Zöller-Vollkommer*: § 74 Rn. 5 m. w. N. Für die Frage der Prüfung der Zulässigkeitsvoraussetzungen der Streitverkündung soll unter unbeantworteter Streitverkündung nur der Fall verstanden werden, in dem der Streitverkünder überhaupt nicht auf die Streitverkündung reagiert.

459 Dieses Verhalten ist - wie sich aus § 74 Abs. 2 ZPO ergibt - zulässig. Der Streitverkündungsempfänger wird durch die Streitverkündung nicht zum Beitritt verpflichtet. Vgl. nur *BLAH-Hartmann*: Einführung vor §§ 72-74 Rn. 4.

460 *Schellhammer* "Zivilprozeß": Rn. 351; *Thomas-Putzo*: Vorbemerkung § 253 Rn. 12.

für den Vorprozeß unbeachtlich.[461] § 74 Abs. 2 ZPO stellt somit ein gewichtiges Argument gegen eine Prüfung der internationalen Zuständigkeit im Vorprozeß dar.

Zuletzt erfordert auch die Interessenlage des Streitverkündungsempfängers bei der unbeantworteten Streitverkündung keine Zuständigkeitsprüfung im Vorprozeß. Tritt er dem Vorprozeß nicht bei, so droht ihm weder die Gefahr eines Rügeverlusts (etwa nach §§ 39, 295 ZPO) noch kann die Interventionswirkung unmittelbar nach § 68 ZPO ausgelöst werden. Vielmehr kann der Streitverkündungsempfänger die Unzulässigkeit der Streitverkündung - solange er dem Vorprozeß nicht beigetreten ist - auch noch im Regreßprozeß geltend machen.[462] Er erleidet bei der unbeantworteten Streitverkündung also keine Nachteile dadurch, daß deren Zulässigkeit erst im Regreßprozeß geprüft wird. Wenn die Interessen des Streitverkünders aber nicht beeinträchtigt werden, rücken die gegenläufigen Interessen der Hauptparteien und des Gerichts des Vorprozesses an einem ungestörten Verfahrensfortgang in den Vordergrund.

Insgesamt ist also bei der unbeantworteten Streitverkündung eine Prüfung der internationalen Zuständigkeit des Gerichts des Vorprozesses im Vorprozeß weder möglich noch erforderlich.

bb) Prüfung der internationalen Zuständigkeit im Fall des Beitritts als Nebenintervenient

Wenn der Streitverkündungsempfänger sich dazu entschließt, am Vorprozeß als Nebenintervenient teilzunehmen, ergeben sich grundsätzlich zwei Möglichkeiten: Er kann (als Streithelfer) auf seiten des Streitverkünders oder aber auf seiten der gegnerischen Hauptpartei des Streitverkünders beitreten.[463] Er wird in beiden Fällen Nebenintervenient des Vorprozesses und nimmt verfahrensrechtlich die Position einer Nebenpartei ein.[464] Als Nebenpartei ist der beigetretene Streitverkündungsempfänger den Hautparteien des Vorprozesses untergeordnet. Dieser Umstand wirkt sich auch auf die Zulässigkeitsprüfung der Streitverkündung aus: Der Streitverkündungsempfänger ist durch seine verfahrensmäßige Stellung und durch § 71 ZPO an der Geltendmachung der Unzuständigkeit des Gerichts des Vorprozesses gehindert.

---

[461] So ausdrücklich für eine Streitverkündung gegenüber einem in den USA lebenden Streitverkündungsempfänger (i. R. d. Terminsbestimmung) OLG Köln Beschluß vom 23.6.1981 in NJW 1981, 2263, 2264; *Mü-Ko-Schilken*: § 74 Rn. 5; *BLAH-Hartmann*: Einführung vor § 72-74 Rn. 5.

[462] BGH Urteil vom 28.5.1962 in VersR 1962, 952; Urteil vom 22.9.1975 in WM 1976, 56.

[463] Diese Wahlmöglichkeit ergibt sich bereits aus der allgemeinen Verweisung des § 74 Abs. 1 ZPO auf die Vorschriften über die Nebenintervention. Danach ist der Beitritt als Nebenintervenient nicht auf die Unterstützung einer bestimmten Hauptpartei, etwa des Streitverkünders, begrenzt, vgl. *Stein/Jonas-Bork*: § 74 Rn. 2 ; *Zöller-Vollkommer*: § 74 Rn. 1 jeweils m. w. N.

[464] Vgl. nur *Stein/Jonas-Bork*: § 67 Rn. 1; *AK-Koch*: § 66 Rn. 1.

Bei einem Beitritt auf seiten des Streitverkünders ergibt sich dies bereits aus § 67 ZPO. Der Nebenintervenient (und damit auch der beigetretene Streitverkündungsempfänger) darf gemäß § 67 ZPO nur Handlungen vornehmen, die nicht im Widerspruch zur unterstützten Hauptpartei stehen. Der Streitverkündungsempfänger, der als Streithelfer des Streitverkünders die Unzulässigkeit der Streitverkündung rügt, setzt sich zweifellos in Widerspruch zur der vom ihm unterstützten Hauptpartei. Denn der Streitverkünder wird in jedem Fall von der Zulässigkeit der Streitverkündung ausgehen und dies im Vorprozeß vertreten.

Aber auch wenn der Streitverkündungsempfänger auf seiten des Gegners des Streitverkünders beitritt, kann er die Unzuständigkeit des Gerichts des Vorprozesses nicht geltend machen. Er setzt sich damit zwar nicht in Widerspruch zur unterstützten Hauptpartei, denn dem Gegner des Streitverkünders wird die Zulässigkeit der Streitverkündung regelmäßig gleichgültig sein. Er kann die Unzuständigkeit aber wegen § 71 ZPO nicht rügen. Einen Antrag nach § 71 ZPO - der zunächst nur die Zurückweisung der Nebenintervention ermöglicht [465]- kann nur eine Hauptpartei des Vorprozesses stellen.[466] Der Streitverkünder wird aber auch bei einem Beitritt im Vorprozeß nur Nebenpartei und ist daher im Rahmen des § 71 ZPO nicht antragsberechtigt. Wenn der Streitverkündungsempfänger nicht einmal den Antrag nach § 71 ZPO stellen kann, ist für ihn ein Antrag auf Zurückweisung der Streitverkündung wegen Unzuständigkeit des Gerichts, der gesetzlich nicht vorgesehen ist, erst recht nicht möglich. Im übrigen wirkt der Beitritt auf seiten der gegnerischen Hauptpartei hinsichtlich der Streitverkündung nur wie ein Nichtbeitritt, läßt also die Streitverkündung selbst unberührt.[467]

Der Streitverkündungsempfänger kann die Unzulässigkeit der Streitverkündung also auch nach seinem Beitritt im Vorprozeß nicht geltend machen. Eine diesbezügliche Prüfung im Vorprozeß wäre demnach nur denkbar, wenn das Gericht des Vorprozesses verpflichtet wäre, seine Zuständigkeit von Amts wegen zu prüfen.

Für eine Amtsprüfungspflicht könnte sprechen, daß die internationale Zuständigkeit eine Prozeßvoraussetzung darstellt, die im Grundsatz der Amtsprüfung unterliegt. Die internationale Zuständigkeit ist jedoch präziser ausgedrückt eine Sachurteilsvoraussetzung, d. h. sie muß erst vorliegen, wenn

---

[465] Freilich hätte die Zurückweisung der Nebenintervention auch zur Folge, daß die Streitverkündung allein keine Interventionswirkung herbeiführen kann. Dies ergibt sich letztlich aus dem verfassungsrechtlich abgesicherten Anspruch auf rechtliches Gehör, Art. 103 Abs. 1 GG, der auch dem Streitverkündungsempfänger zusteht. Kann dem Streitverkündungsempfänger aber kein rechtliches Gehör durch die Möglichkeit des Beitritts als Nebenintervenient gewährt werden, entfällt die erforderliche Grundlage für die Auslösung der Interventionswirkung, siehe dazu oben S. 43 ff.

[466] Dies ist unstreitig, vgl. nur *Stein/Jonas-Bork*: § 71 Rn. 2; *BLAH-Hartmann*: § 71 Rn. 2 jeweils m. w. N.

[467] *Wieczorek*: § 74 Anm. A II b 2; *Zöller-Vollkommer*: § 74 Rn. 5 m. w. N.

das Gericht eine Sachentscheidung fällt.[468] Als Sachentscheidung wird eine gerichtliche Entscheidung (Urteil, Beschluß) angesehen, wenn sie den in der Klage geltend gemachten Anspruch an- oder aberkennt oder das behauptete Rechtsverhältnis oder Recht feststellt. Zwei Umstände sprechen dagegen, die Streitverkündung und die durch sie ausgelöste Interventionswirkung als eine Sachentscheidung anzusehen. Zum einen wird das Gericht des Hauptprozesses nicht zu einer ausdrücklichen Entscheidung über den Regreßanspruch berufen.[469] Zum anderen kann die Streitverkündung inhaltlich weder den Regreßanspruch insgesamt ab- oder anerkennen noch ein Rechtsverhältnis feststellen. Bindend festgestellt werden nur diejenigen rechtlichen und tatsächlichen Fragen, die eine Entsprechung im Vorprozeß haben. Die Streitverkündung kann zwar ähnliche Ergebnisse wie die Feststellungsklage erzielen.[470] Eine Sachentscheidung fällt die Streitverkündung und die Interventionswirkung dadurch aber nicht.

Wenn aber im Vorprozeß eine Sachentscheidung über den Regreßanspruch nicht getroffen wird, besteht kein Grund, bereits in diesem Verfahren die internationale Zuständigkeit für die Streitverkündung zu prüfen. Es ist vielmehr ausreichend, wenn zum Zeitpunkt, zu dem die Sachentscheidung ergeht - dies ist im Regreßprozeß - die internationale Zuständigkeit sowohl für die Streitverkündung als auch für den Regreßprozeß bejaht werden kann. Damit wird die internationale Zuständigkeit für die Streitverkündung nicht insgesamt überflüssig. Es sei daran erinnert, daß wir ihre Erforderlichkeit nicht etwa mit dem Erlaß einer Sachentscheidung begründet haben, sondern vielmehr mit dem Eingriff in Zuständigkeitsinteressen und der damit verbundenen verfassungsrechtlich geschützten Position, den die Interventionswirkung vornimmt.

Die Prüfung der internationalen Zuständigkeit für die Streitverkündung im Vorprozeß ist im Ergebnis mit der gegenwärtigen Gesetzeslage auch dann nicht vereinbar, wenn der Streitverkündungsempfänger dem Vorprozeß als Nebenintervenient beitritt. Obwohl sich damit die allgemeine Regel der h. M. - Zulässigkeitsprüfung erst im Regreßprozeß - auch im Fall des Beitritts überzeugend begründen läßt, befriedigt diese Lösung nicht. Anders als im Fall der unbeantworteten Streitverkündung werden hier die Interessen des Streitverkündungsempfängers grob vernachlässigt. Er befindet sich - wie sich sogleich zeigen wird - hinsichtlich seiner Zuständigkeitsinteressen in einer unlösbaren Zwangslage.

---

[468] Vgl. dazu und zum Begriff der Sachurteilsvoraussetzung insgesamt *Schmitz* in JuS 1976, 441, 442 f.

[469] Siehe dazu oben S. 35 f.

[470] Siehe auch oben S. 32 ff.; *Lüke* "Die Beteiligung Dritter im Zivilprozeß": S. 350.

(1) Die Zwangslage des Streitverkündungsempfängers

Nach der Rechtsprechung des BGH[471] löst der Beitritt als Nebenintervenient die Interventionswirkung direkt nach § 68, 1. Halbsatz ZPO und vor allem unabhängig von der Zulässigkeit der vorausgegangenen Streitverkündung aus. Dies hat zur Folge, daß die Zulässigkeit der Streitverkündung - sobald der Streitverkündungsempfänger im Vorprozeß beigetreten ist - überhaupt nicht mehr geprüft wird.[472] Geprüft werden nur noch die Voraussetzungen der Nebenintervention (Streithilfe).[473] Im Regreßprozeß kann sich der Streitverkündungsempfänger gegen die Interventionswirkung nur noch mit der Einrede des § 68, 2. Halbsatz ZPO wehren, die Rüge der Unzulässigkeit der Streitverkündung steht ihm nicht mehr offen. Dieser Umstand führt im Zusammenwirken mit der eben festgestellten Regel (daß eine Zuständigkeitsprüfung nie im Vorprozeß stattfinden kann) zu einer Zwangslage[474] des Streitverkündungsempfängers, die ihn grob benachteiligt. Im Ergebnis muß sich der Streitverkündungsempfänger nämlich zwischen zwei Übeln entscheiden:

Wenn er dem Vorprozeß als Nebenintervenient beitritt, kann er sich zwar in der Sache verteidigen, verliert dadurch aber die Möglichkeit, die Unzuständigkeit des Gericht des Vorprozesses für die Streitverkündung einzuwenden.

Tritt er nicht bei, bewahrt er sich zwar die Rüge der Unzuständigkeit, verliert dafür aber die Möglichkeit der Verteidigung in der Sache selbst. Daran ändert auch die Tatsache nichts, daß die Interventionswirkung regelmäßig nur einen Teil des Regreßanspruchs bindend feststellt. Dieser Teil, der vorentscheidend sein kann, ist ohne seine Verteidigungsmöglichkeit festgestellt worden, und dies benachteiligt den Streitverkündungsempfänger.

---

[471] BGH Urteil vom 22.9.1975 in WM 1976, 56. Die h. M. in der Literatur ist dieser Auffassung gefolgt, vgl. *Rosenberg/Schwab/Gottwald* "Zivilprozeßrecht": § 51 IV 2b, S. 276; *Mü-Ko-Schilken*: § 72 Rn. 17 und § 74 Rn. 7 m. w. N.; *Wieczorek*: § 74 Anm. A II b 2. Anderer Ansicht aber *BLAH-Hartmann*: § 72 Rn. 7, der sich unter Hinweis auf die ältere Rechtsprechung dafür ausspricht, daß im Fall des Beitritts die Voraussetzungen der Streithilfe zu prüfen sind. Soweit die Voraussetzungen des § 72 ZPO nicht gegeben seien, könne keine Interventionswirkung herbeigeführt werden.

[472] *Zöller-Vollkommer*: § 74 Rn. 3.

[473] Deren Voraussetzungen können aber anders als die der Streitverkündung sein, vgl. *Stein/Jonas-Bork*: § 72 Rn. 17.

[474] Die Existenz einer Zwangslage hat auch der BGH im Urteil vom 22.9.1975 in WM 1976, 56 im Grundsatz erkannt: "Allerdings besteht bei jeder Streitverkündung ein gewisser Zugzwang für den Verkündungsgegner, denn er muß sich entscheiden: Entweder er tritt bei, um den Prozeß in seinem Sinn günstig zu beeinflußen - dann muß er im Folgeprozeß die Interventionswirkung hinnehmen, soweit er nicht schlechte Prozeßführung durch die Hauptpartei des Vorprozesses geltend machen kann. Oder er tritt nicht bei und beschränkt sich darauf, im Folgeprozeß die Interventionswirkung anzugreifen, wobei er auch die Zulässigkeit der Streitverkündung beanstanden kann." Folgen hat der BGH aus dieser Erkenntnis jedoch nicht abgeleitet. Er verweist vielmehr nur auf die damit bestehende Wahlmöglichkeit des Streitverkündungsempfängers. Vgl. auch *Wieczorek/Schütze-Mansel* (3. Aufl.): § 72 Rn. 5, der dem Streitverkündungsempfänger im Zweifel zum Beitritt rät.

Für den Streitverkündungsempfänger entsteht mithin eine Risikolage, die ihm - entgegen der Ansicht des BGH und Teilen der Literatur[475] - eine zumutbare Wahl zwischen Beitritt und Nichtbeitritt nicht läßt. Dies gilt insbesondere für die hier behandelten Fälle der grenzüberschreitenden Streitverkündung, denn der ausländische Streitverkündungsempfänger wird - sofern er das Institut der Streitverkündung überhaupt versteht - schon wegen der Distanz, der sprachlichen Schwierigkeiten etc. noch größere Probleme in der Einschätzung des für ihn bestehenden Risikos haben. Da die internationale Zuständigkeit für die Streitverkündung im Vorprozeß nicht festgestellt werden kann, weiß der Streitverkündungsempfänger zum Zeitpunkt, zu dem er seine Entscheidung treffen muß, nicht, ob sich seine Auffassung hinsichtlich der Unzuständigkeit des Gerichts des Vorprozesses durchsetzen wird. Daher wird er sich oftmals für den vermeintlich sichereren Weg entscheiden und dem Vorprozeß beitreten, um sich wenigstens in der Sache verteidigen zu können. Hierdurch wird er aber gezwungen, auf den ihm zustehenden Einwand der Unzuständigkeit des Gerichts des Vorprozesses zu verzichten. Geht er aber das mit dem Verlust der Verteidigungsmöglichkeit verbundene Risiko ein und ignoriert die Streitverkündung, wird er dazu gezwungen, auf die ihm zustehende Verteidigung in der Sache zu verzichten.

Wenn der BGH also von einer Wahl des Streitverkündungsempfängers spricht, so besteht diese nur darin, daß sich dieser entscheiden muß, ob er auf die Verteidigung in der Sache oder aber auf den Einwand der Unzuständigkeit verzichtet. Der Verlust einer Verteidigungsmöglichkeit gegen die für ihn nachteilige Interventionswirkung ist aber unvermeidbar.

Bleibt der Streitverkündungsempfänger in dieser Zwangslage ungeschützt - was nach der bisher h. M. der Fall ist -, stellt sich die Prozeßvoraussetzung der internationalen Zuständigkeit als ineffektive Zulässigkeitsvoraussetzung der Streitverkündung dar. Für die Prozeßvoraussetzung internationale Zuständigkeit hat die Zwangslage des Streitverkündungsempfängers aber auch eine verfassungsrechtliche Komponente: Ihr Ausmaß wird deutlich, wenn wir uns nochmals vergegenwärtigen, daß hinter der Möglichkeit, sich durch die Teilnahme am Vorprozeß zu verteidigen der grundrechtlich geschützte Anspruch auf rechtliches Gehör[476] und hinter der internationalen Zuständigkeit der verfassungsrechtlich geschützte Anspruch auf ein faires Verfahren[477] steht.

---

[475] Im Urteil vom 22.9.1975 in WM 1976, 56 schließt der BGH aus der Wahlmöglichkeit des Streitverkündungsempfängers zwischen dem Beitritt einerseits und der Verteidigung ausschließlich im Regreßprozeß andererseits, daß der Beitritt trotz einer vorausgegangenen, unzulässigen Streitverkündung freiwillig erfolge. In diesem Sinne ist auch *BLAH-Hartmann*: Einführung vor §§ 72-74 Rn. 4 der Meinung, daß der Streitverkündungsempfänger frei entscheiden könne, ob er dem Vorprozeß beitrete. Hiervon geht auch *Wieczorek/Schütze-Mansel* (3. Aufl.): § 72 Rn 5 aus, der die prozessuale Gefahr für den Streitverkündungsempfänger erkennt und diesem daher im Zweifel zum Beitritt rät. Demgegenüber erkennt aber *Spellenberg* in ZVglRWiss 79 (1980), 89, 127, daß der Beitritt des Streitverkünders "nicht ganz freiwillig" ist.

[476] So auch *AK-Koch*: §§ 72, 73 Rn 1; siehe auch oben S. 43 f.

Der Streitverkündungempfänger wird gezwungen, eine seiner verfassungsrechtlich geschützten Positionen aufzugeben. Dieser Eingriff in Verfahrensgrundrechte ist weder mit praktischen Erwägungen noch mit der gegenwärtigen Ausgestaltung der Streitverkündung zu rechtfertigen.

Aufgrund des unvermeidbaren Eingriffs in ein verfassungsrechtlich geschütztes Verfahrensgrundrecht, kann die Zwangslage des Streitverkündungsempfängers nicht hingenommen werden. Es ist in dieser Situation unumgänglich, eine Lösung zu entwickeln, die dem Streitverkündungsempfänger die Wahrung seiner Verfahrensgrundrechte ermöglicht. Diese Lösung wollen wir uns im nächsten Abschnitt erarbeiten.

(2) Lösungsvorschlag unter Berücksichtigung der Zwangslage des Streitverkündungsempfängers

Wir mußten im letzten Abschnitt feststellen, daß sich der Streitverkündungsempfänger hinsichtlich des Einwands der Unzuständigkeit des Gerichts des Vorprozesses in einer Zwangslage befindet. Diese Zwangslage ist - bei Aufrechterhaltung der Regel, daß die Zulässigkeitsprüfung erst im Regreßprozeß erfolgt - auf zwei Wegen vermeidbar: Entweder man ermöglicht die Prüfung dieser Zulässigkeitsvoraussetzung im Rahmen der Einrede des § 68, 2. Halbsatz ZPO, oder man gestattet dem Streitverkündungsempfänger, dem Vorprozeß unter Vorbehalt der Unzuständigkeit des Gerichts des Vorprozesses beizutreten.

Nach § 68 ZPO kann der Streitverkündungsempfänger der Interventionswirkung den Einwand entgegensetzen, daß er durch die Lage des Rechtsstreits zur Zeit seines Beitritts daran gehindert war, Verteidigungsmittel geltend zu machen, was ihn im Folgeprozeß unangemessen belaste und auch mit dem Grundsatz des rechtlichen Gehörs unvereinbar sei.[478] Eine Einordnung der Rüge der Unzuständigkeit in die Einrede des § 68, 2. Halbsatz ZPO könnte man damit begründen, daß der Streitverkündungsempfänger im Vorprozeß tatsächlich gehindert war, die fehlende internationale Zuständigkeit geltend zu machen: Die Rüge der Unzuständigkeit bliebe nämlich im Vorprozeß folgenlos, da dort eine Zuständigkeitsprüfung nicht stattfindet.[479] Zudem wird der Streitverkündungsempfänger durch §§ 67, 71 ZPO daran gehindert, die Unzulässigkeit der Streitverkündung im Vorprozeß geltend zu machen. Wenn man dem Streitverkündungsempfänger ermöglicht, die Unzuständigkeit wie eine Beschränkung der Verteidigung gemäß § 68 ZPO im Regreßprozeß geltend zu

[477] Siehe dazu oben S. 72 ff.

[478] Diese Formulierung wählte der BGH im Urteil vom 16.6.1993 in NJW 1993, 2539, 2540. Vgl. auch *Mü-Ko-Schilken*: § 68 Rn. 19.

[479] Siehe dazu oben S. 149 ff.

machen, würden die Interessen des Streitverkündungsempfängers gewahrt, ohne dabei den Vorprozeß zu verzögern.

Der Vorteil dieser Vorgehensweise liegt nun darin, daß sie im Einklang mit der vom BGH angedeuteten Behandlung einer Streitverkündung steht, welche die Gerichte eines anderen Rechtswegs binden würde.[480] Diese Lösung zeichnet sich also dadurch aus, daß sie sich in den bestehenden Regelungsmechanismus der §§ 64 ff. ZPO einfügt und so eine Analogie vermeidet.

Dieser Weg der Berücksichtigung der internationalen Zuständigkeit im Regreßprozeß bringt aber auch Probleme mit sich: So hat die Beachtung der internationalen Zuständigkeit als Einrede des § 68, 2. Halbsatz ZPO einen Widerspruch zum sonstigen Verständnis der internationalen Zuständigkeit zur Folge. Als Prozeßvoraussetzung[481] ist sie von Amts wegen (und nicht nur auf eine Einrede hin) zu beachten[482] und unterscheidet sich damit wesentlich von der Einrede des Schiedsvertrags, auf die wir die zitierte Entscheidung des BGH übertragen haben.[483] Die entgegenstehende Schiedsgerichtsabrede ist ein Prozeßhindernis[484], das - wie sich aus § 1027 a ZPO ergibt - mit einer Einrede geltend zu machen ist.[485] Insofern verändert die Berücksichtigung der Schiedsgerichtsabrede im Rahmen des § 68, 2. Halbsatz ZPO ihre Rechtsnatur nicht.

Diese Veränderung der Rechtsnatur ist für die internationale Zuständigkeit unvermeidbar, wenn sie nur als Einrede des § 68, 2. Halbsatz ZPO Beachtung findet. Sie wäre dann nicht mehr von Amts wegen zu prüfen, sondern nur noch als Einrede. Im Ergebnis müßten wir dann für diese Prozeßvoraussetzung bei der Streitverkündung einen Sonderweg gehen, der dogmatisch nicht erklärbar wäre.

Die Berücksichtigung der Rüge der Unzuständigkeit des Gerichts des Vorprozesses als Einrede des § 68, 2. Halbsatz ZPO hat aber noch einen anderen Preis: Sie steht im Widerspruch zur Rechtsprechung des BGH[486], nach der es auf die Zulässigkeit der Streitverkündung nicht mehr ankommt, wenn der Streitverkündungsempfänger im Vorprozeß beigetreten ist.[487]

---

[480] BGH Urteil vom 16.6.1993 in NJW 1993, 2539, 2540. Siehe dazu oben S. 127 ff. Der BGH hatte festgestellt, daß die Interventionswirkung nicht eintreten könne, wenn hierdurch eine Bindung des Streitverkündungsempfängers in einem späteren Verfahren, für welches ein anderer Rechtsweg gegeben ist, herbeigeführt würde. Die dadurch hervorgerufene Entziehung der speziellen Ausgestaltungen des Regreßprozesses seien als ebenso so gewichtig einzustufen, wie wenn der Streitverkündungsempfänger im Vorprozeß an der Geltendmachung von Angriffs- und Verteidigungsmittel gehindert worden wäre.

[481] Prozeßvoraussetzungen sind diejenigen Bedingungen, die erfüllt sein müssen, damit das Gericht eine sachliche Entscheidung treffen darf, vgl. *Zöller-Gregor*: Vor § 253 Rn. 9. Zu ihnen zählt auch die internationale Zuständigkeit, vgl. *Zöller-Geimer*: IZPR Rn. 38.

[482] *Nagel* "IZPR": Rn. 101.

[483] Siehe dazu oben S. 132 ff.

[484] Vgl. *Stein/Jonas-Schlosser* (20. Auflage): § 1027a Rn. 1; *Lüke/Prütting* "Lexikon des Rechts - Zivilverfahrensrecht": S. 302.

[485] *Zöller-Geimer*: § 1027a Rn. 1.

[486] Urteil vom 22.9.1975 in WM 1976, 56.

[487] Vgl. dazu nur *Lüke* "Die Beteiligung Dritter im Zivilprozeß": S.77.

Auch wenn wir diese Rechtsprechung wegen der damit entstandenen Zwangslage des Streitverkündungsempfängers im Ergebnis ablehnen, so läßt sich nicht leugnen, daß im rügelosen Beitritt grundsätzlich ein Verzicht auf den Einwand der Unzulässigkeit der Streitverkündung gesehen werden kann.[488] Tritt der Streitverkündungsempfänger dem Vorprozeß bei und macht Angriffs- und Verteidigungsmittel geltend, so unterwirft er sich damit dem Verfahren vor dem deutschen Gericht. Nur in diesem Sinne kann auch die zitierte Entscheidung des BGH verstanden werden, nach der der Streitverkündungsempfänger die Wahl hat, ob er beitritt und dann aber die Interventionswirkung hinnimmt oder ob er nicht beitritt.[489]

Die eben erwähnten Nachteile zeigen, daß die Vorgehensweise über § 68, 2. Halbsatz ZPO dogmatisch nicht vertretbar ist und das Risiko des Streitverkündungsempfängers nur unwesentlich mindert. Dieser Umstand rechtfertigt die Entwicklung eines neuen Lösungswegs, der über die Anwendung des Rechtsgedankens des § 39 ZPO auf die Streitverkündung zu suchen ist.

Gemäß § 39 ZPO wird ein an sich unzuständiges Gericht zur Verhandlung eines Rechtsstreits zuständig, wenn der Beklagte zur Hauptsache verhandelt, ohne die Unzuständigkeit geltend zu machen.[490] Im Umkehrschluß bleibt das Gericht aber trotz einer Einlassung zur Hauptsache unzuständig, wenn der Beklagte zuvor die Unzuständigkeit rügt. Die Klage ist dann durch Prozeßurteil abzuweisen, selbst wenn sich der Beklagte zur Sache eingelassen hat.

Dieser Umkehrschluß kann auch auf die Streitverkündung übertragen werden, denn die prozessuale Lage ist vergleichbar. Wo der Beklagte sich in der Sache verteidigt, um keine Rechtsnachteile in Form eines Versäumnisurteils zu erleiden, tritt der Streitverkündungsempfänger dem Vorprozeß bei, um die ihm ungünstige Interventionswirkung weitmöglichst zu vermeiden. Wenn der Beklagte durch § 39 ZPO vor dem Rügeverlust bewahrt wird, so muß dies auch für den Streitverkündungsempfänger gelten. Dies bedeutet dann, daß die Zulässigkeit der Streitverkündung - insbesondere die internationale Zuständigkeit - nicht feststeht, wenn sie der Streitverkündungsempfänger vor seiner Teilnahme am Vorprozeß gerügt hat. Sie muß dann weiterhin geprüft werden, was nach der allgemeinen Regel im Regreßprozeß zu erfolgen hat.

Eine direkte Anwendung des § 39 ZPO auf die Streitverkündung ist allerdings nicht möglich, da sich der Streitverkündungsempfänger im Vorprozeß

---

[488] *Bischof* in JurBüro 1984, 969, 1310, 1313 f. mit weiteren Nachweisen. Es sei in diesem Zusammenhang daran erinnert, daß die internationale Zuständigkeit eine verzichtbare Prozeßvoraussetzung ist, d. h. eine rügelose Einlassung möglich ist. Hinsichtlich der internationalen Zuständigkeit ergibt sich die Verzichtsmöglichkeit bereits aus § 39 ZPO, der auch auf die internationale Zuständigkeit entsprechend anwendbar ist, BGH Urteil vom 13.7.1987 in NJW 1987, 3181, 3182; vgl. auch *Zöller-Gregor*: § 295 Rn. 6.

[489] So auch *Bischof* in JurBüro 1984, 969, 1314.

[490] *Zöller-Vollkommer*: § 39 Rn. 11.

nicht ausdrücklich zu seiner Hauptsache, d. h. dem Regreßanspruch, einläßt. Vordergründig bringt er nur Angriffs- und Verteidigungsmittel gegen die im Vorprozeß erhobene Klage vor. Diese Angriffs- und Verteidigungsmittel haben wegen der Interventionswirkung jedoch auch Auswirkungen auf den Regreßanspruch, denn der Regreßanspruch wird insoweit mit- entschieden, als er mit dem im Vorprozeß erhobenen Anspruch gleichläuft. In gleichem Maße wie die Interventionswirkung den Regreßprozeß bindet, stellt die Verteidigung im Vorprozeß auch eine Verteidigung gegen den Regreßanspruch dar. Mit der Verteidigung versucht der Streitverkündungsempfänger, die nur zu seinen Ungunsten bindende Interventionswirkung abzuwenden. Insofern ist jedes Angriffs- oder Verteidigungsmittel, das der Streitverkündungsempfänger im Vorprozeß vorbringt, zugleich - wenn auch nicht ausdrücklich - ein Angriffs- oder Verteidigungsmittel hinsichtlich des Regreßanspruchs. Mit der Verteidigung gegen die im Vorprozeß erhobene Klage nimmt er zugleich seinen Anspruch auf rechtliches Gehör wahr, der ihm auch hinsichtlich einer Entscheidung des ihn betreffenden Regreßanspruchs zusteht. Dieser Gleichlauf, der letztlich Folge der Interventionswirkung ist, rechtfertigt eine analoge Anwendung des § 39 ZPO auf die Streitverkündung.

§ 39 ZPO ist auch inhaltlich auf die internationale Zuständigkeit übertragbar. Sie betrifft die Entscheidungszuständigkeit des Gerichts des Vorprozesses, das - folgt man der hier vertretenen Auffassung - auch bei der Streitverkündung eine partielle Vorentscheidung über den Regreßanspruch trifft. Eine Abweichung ergibt sich bei der Anwendung des § 39 ZPO auf die Streitverkündung nur insoweit, als der Streitverkündungs- empfänger die Rüge der Unzuständigkeit oder fehlenden Gerichtsbarkeit in einem Verfahren erheben muß, in dem der gegen ihn erhobene Anspruch noch nicht endgültig entschieden wird. Dadurch wird die Erhebung der Rüge der Unzulässigkeit und die Entscheidung über diese Rüge auf zwei Prozesse verteilt. Dies aber ist nur Folge des Umstands, daß der Regreßanspruch in zwei aufeinanderfolgenden Verfahren entschieden wird und § 39 ZPO die Forderung aufstellt, daß die Rüge der Unzuständigkeit zum frühesten Zeitpunkt, nämlich vor jeder Einlassung zur Hauptsache, erklärt werden muß. Da der Streitverkündungsempfänger sich mittelbar bereits im Vorprozeß zur Sache (Regreßanspruch) einläßt, muß er auch in diesem Zeitpunkt die Rüge der Unzuständigkeit erheben. Wenn der Streitverkündungsempfänger die Unzuständigkeit im Vorprozeß aber gerügt hat, kann die internationale Zuständigkeit des Gerichts des Vorprozesses im Regreßprozeß noch geprüft werden.

(3) Praktische Auswirkung der vorgeschlagenen Lösung

Die analoge Anwendung des § 39 ZPO auf die Streitverkündung behält also die Prüfung der Zuständigkeit des Gerichts des Vorprozesses weiterhin dem

Regreßprozeß vor. Soweit der Streitverkündungsempfänger aber vom ihm zustehenden Recht Gebrauch macht und die Unzuständigkeit rügt bzw. sich die Geltendmachung der Unzuständigkeit für den Regreßprozeß vorbehält, bleibt die Möglichkeit der Zulässigkeitsprüfung entsprechend dem Umfang der Rüge aufrechterhalten.

Wie bei der Lösung über § 68, 2. Halbsatz ZPO, werden auch hier die Interessen des Streitverkündungsempfängers voll gewahrt, ohne dabei den Vorprozeß nennenswert zu verzögern: Lediglich die Protokollierung des Vorbehalts ist erforderlich,[491] ansonsten kann die Streitverkündung im Vorprozeß unbeachtet bleiben.

Der Vorteil dieser Lösung gegenüber der Einordnung der Zulässigkeitsprüfung in § 68, 2. Halbsatz ZPO liegt darin, daß die internationale Zuständigkeit ihre Rechtsnatur als Prozeßvoraussetzung beibehält und nicht zur Einrede (Prozeßhindernis) verkümmert. Zwar verlangt diese Vorgehensweise einen Rückgriff auf die Rechtsgedanken einer Vorschrift außerhalb der Regeln über die Streitverkündung (Analogie). Dafür vermeidet man mit ihr dogmatische Ungereimtheiten, die zwangsläufig entstehen würden, wenn man diese Prozeßvoraussetzung als Einrede des § 68, 2. Halbsatz ZPO berücksichtigen würde. Die internationale Zuständigkeit ist daher im Regreßprozeß von Amts wegen zu prüfen, sofern der Streitverkündungsempfänger das Nichtvorliegen dieser Voraussetzung im Vorprozeß gerügt hat, bevor er sich zur Sache eingelassen hat.

Auch der Widerspruch zur Auffassung des BGH[492] - wonach die Zulässigkeit der Streitverkündung nach erfolgtem Beitritt nicht mehr zu prüfen sei - wird durch die hier vorgeschlagene Lösung gemildert. Zwar ist nunmehr eine Zuständigkeitsprüfung im Regreßprozeß möglich, was der Auffassung des BGH im Grundsatz widerspricht. Die Zuständigkeitsprüfung ist allerdings nur insoweit möglich, als der Streitverkündungsempfänger eine diesbezügliche Rüge im Vorprozeß rechtzeitig erhoben hat. Mit dieser Einschränkung wird der dogmatischen Begründung, der Streitverkündungsempfänger habe durch den rügelosen Beitritt die Wirkungen der Streitverkündung hingenommen,[493] der Boden entzogen.

Was bleibt, ist die Abkehr von der h. M., welche die Interventionswirkung völlig losgelöst von der vorausgegangenen Streitverkündung betrachtet, sobald der Streitverkündungsempfänger dem Vorprozeß beigetreten ist: Während

---

[491] Die Protokollierung von Einwänden des Streitverkünders ist kein Novum. So rät auch *Häsemeyer* in JR 1988, 69, 70 dem Streitverkündungsempfänger, bestehende Konflikte zwischen seinen und den Interessen des Streitverkünders zu Protokoll zu geben, um sich die Berufung auf § 68, 2. Halbsatz ZPO zu erhalten.

[492] BGH Urteil vom 22.9.1975 in WM 1976, 56.

[493] Vgl. dazu *Bischof* in JurBüro 1984, 969, 1310, 1313 f.

nach h. M. die Streitverkündung nach erfolgtem Beitritt unbeachtet blieb, da die Interventionswirkung allein und unmittelbar durch den Beitritt herbeigeführt wurde, behält die Streitverkündung jetzt auch nach Beitritt noch ihre Bedeutung. Das Fehlen der internationalen Zuständigkeit für die Streitverkündung kann die Herbeiführung der Interventionswirkung selbst dann verhindern, wenn der Streitverkündungsempfänger dem Vorprozeß beigetreten ist. Voraussetzung ist aber, daß er die Unzuständigkeit des Gerichts des Vorprozesses vor seiner Geltendmachung von Angriffs- oder Verteidigungsmitteln gerügt hat.

Unsere Lösung, die von der h. M. abweicht, ist nur die logische Folge der Tatsache, daß es eben doch einen Unterschied macht, ob ein Dritter einem Verfahren aus freien Stücken als Nebenintervenient beitritt oder ob dieser Beitritt unter dem Zwang einer Streitverkündung erfolgt ist. Diesen Unterschied hatte bereits der ZPO-Gesetzgeber erkannt (Hervorhebungen vom Verfasser):[494]

> "Unterscheidend ist, daß der Nebenintervenient aus freiem Willen in den Prozeß eintritt, um der Hauptpartei durch seine Unterstützung zu einem obsieglichen Endurtheile zu verhelfen, während bei der Streitverkündung die Initiative von der betreffenden Prozeßpartei ausgeht, welche den Dritten in den Prozeß hineinzieht, um mit dessen Hülfe den Prozeß zu gewinnen, oder im Falle des Unterliegens sich für die zwischen ihr und dem Dritten vorzunehmende Auseinandersetzung gegen den Einwand zu schützen, jener Rechtsstreit sei mangelhaft geführt oder unrichtig entschieden."

Zuletzt ist nochmals daran zu erinnern, daß die bisherige Betrachtungsweise der h. M. dazu führte, daß der Streitverkündungsempfänger in jedem Fall auf eines von zwei Verfahrensgrundrechten verzichten mußte: Entweder er ignorierte die Streitverkündung und konnte seinen Anspruch auf rechtliches Gehör nicht wahrnehmen. Oder er trat bei und verzichtete dabei auf seinen Anspruch auf ein faires Verfahren in Gestalt der internationalen Zuständigkeit. Bereits dieser unvermeidbare Eingriff in ein Verfahrensgrundrecht des Streitverkündungsempfängers rechtfertigt die Analogie zu § 39 ZPO, selbst wenn diese Vorschrift nicht primär die Zulässigkeit der Streitverkündung regelt.

Zumindest aber erreicht man bei der hier vorgeschlagenen Lösung, wonach dem Streitverkündungsempfänger die Rüge der Unzuständigkeit im Vorprozeß zugestanden wird, daß der Streitverkündungsempfänger wirklich eine Wahl hat, ob er dem Verfahren beitritt oder nicht. Er kann nunmehr beitreten, um sich in der Sache zu verteidigen, ohne das Risiko einzugehen, daß die Unzuständigkeit des Gerichts des Vorprozesses wegen seines Beitritts im Regreßprozeß nicht mehr festgestellt werden kann.

---

[494] *Hahn* "Die gesamten Materialien zu den Reichsjustizgesetzen" 2. Bd.: S. 179.

c) *Prüfung der deutschen Gerichtsbarkeit bei der Streitverkündung*

Wir haben in unserer Untersuchung festgestellt, daß eine Streitverkündung absolut unzulässig ist, wenn der Streitverkündungsempfänger der deutschen Gerichtsbarkeit nicht unterliegt.[495] In einem solchen Fall ist nicht einmal die Zustellung der Streitverkündungsschrift zulässig.[496]

Die Voraussetzung der deutschen Gerichtsbarkeit unterscheidet sich damit erheblich von der internationalen Zuständigkeit. Die deutsche Gerichtsbarkeit ist eine sogenannte echte Prozeßvoraussetzung, die - anders als die internationale Zuständigkeit - nicht erst bei Erlaß einer Sachentscheidung, sondern bereits für die Begründung eines Prozeßrechtsverhältnisses vorliegen muß.[497] Falls die deutsche Gerichtsbarkeit fehlt, ist bereits die Durchführung des Streitverkündungsverfahrens unzulässig.

Dieser Umstand wirkt sich auch auf den Zeitpunkt der Prüfung der Gerichtsbarkeit bei der Streitverkündung aus. Das Gericht des Vorprozesses trifft nämlich eine Pflicht, bereits vor der Zustellung der Streitverkündungsschrift das Vorliegen der eigenen Gerichtsbarkeit zu prüfen.

Die Prüfung der deutschen Gerichtsbarkeit muß also im Vorprozeß, und zwar von Amts wegen,[498] erfolgen.

Allerdings muß auch in diesem Zusammenhang nochmals daran erinnert werden, daß die Berufung auf die fehlende Gerichtsbarkeit verzichtbar ist. Im Beitritt als Nebenintervenient kann eine Unterwerfung unter die deutsche Gerichtsbarkeit, also ein solcher Verzicht gesehen werden.[499] Ein Gerichtsbefreiter, dem die Streitverkündungsschrift dennoch zugestellt wurde - etwa weil das Gericht des Vorprozesses die Gerichtsbefreiung übersehen hat - sollte daher dem Vorprozeß nicht beitreten.

d) *Prüfung der Partei- und Prozeßfähigkeit des Streitverkündungsempfängers*

Bei den Voraussetzungen der Partei- und Prozeßfähigkeit haben wir einen Umstand festgestellt, der den Zeitpunkt ihrer Prüfung vorgibt: Sie sind näm-

---

[495] Siehe oben 2. Teil, B.III.2.a., S. 46 f.

[496] *Mü-Ko-Wolf*: Vorbemerkung zu §§ 18-20 GVG Rn. 4 m. w. N.; OLG München Beschluß vom 12.8.1975 in NJW 1975, 2144, 2145 zur Frage der Terminsbestimmung; *Schilken* "Gerichtsverfassungsrecht": Rn. 274, der jede gerichtliche Handlung gegenüber einem Gerichtsbefreiten als unzulässig ansieht. Nach h. M. seien solche Handlungen sogar nichtig. Anderer Ansicht aber *Geimer* "IZPR": Rn. 479, der die Zustellung als zulässig erachtet, da erst im Prozeß festgestellt werden könne, ob die Immunität wirklich gegeben sei, und ob gegebenenfalls darauf verzichtet werde.

[497] *Schmitz* in JuS 1976, 441, 442.

[498] *Mü-Ko-Wolf*: Vorbemerkung zu §§ 18-20 GVG Rn. 4.

[499] *Kissel*: § 18 Rn. 23; *Wieczorek*: GVG § 18 CII c, ZPO § 72 AIb2.

lich Voraussetzung sowohl für einen wirksamen Beitritt des Streitverkündungsempfängers im Vorprozeß (Nebenintervention) als auch für die Streitverkündung selbst.[500]

Die Partei- und Prozeßfähigkeit muß daher bereits im Vorprozeß geprüft werden, wenn der Streitverkündungsempfänger als Nebenintervenient beitritt. Nur wenn er partei- und prozeßfähig ist, liegt ein wirksamer Beitritt vor, der dann die Interventionswirkung herbeiführt. War der Streitverkündungsempfänger aber nicht partei- oder prozeßfähig, ist bereits die Nebenintervention unwirksam und kann auch keine Wirkungen erzeugen. Da Partei- und Prozeßfähigkeit - anders als die internationale Zuständigkeit - keine verzichtbare Prozeßvoraussetzungen sind, kann der Streitverkündungsempfänger durch seinen Beitritt aber auch keine Nachteile erleiden.[501]

Wenn der Streitverkündungsempfänger auf die Streitverkündung nicht reagiert, gibt es keinen Grund, seine Partei- und Prozeßfähigkeit bereits im Vorprozeß festzustellen. Wie sich aus § 74 Abs. 2 ZPO ergibt, wird der Vorprozeß ohne Rücksicht auf ihn fortgesetzt. Es bleibt daher bei der nach h. M. geltenden Regel, daß die Zulässigkeit der Streitverkündung erst im Regreßprozeß geprüft wird. Diese Regel gilt auch für die Partei- und Prozeßfähigkeit.

In beiden Fällen ist eine Prüfung der Partei- und Prozeßfähigkeit jedoch von Amts wegen durchzuführen. Dies ergibt sich aus der Rechtsnatur dieser Voraussetzungen, die als Prozeßvoraussetzungen in jeder Lage des Verfahrens der Amtsprüfung unterliegen.[502] Bei der unbeantworteten Streitverkündung gilt dies insbesondere für das Gericht des Regreßprozesses. Es muß die Partei- und Prozeßfähigkeit des Streitverkündungsempfängers (des Vorprozesses) feststellen, bevor es die Interventionswirkung berücksichtigt.

e) Ergebnis

Die h. M. in Rechtsprechung und Literatur geht für eine nationale Streitverkündung davon aus, daß deren Zulässigkeit erst im Regreßprozeß zu prüfen ist. Dieser Grundsatz kann zunächst auch auf die grenzüberschreitende Streitverkündung übertragen werden. So kann die Einrede des Schiedsvertrags immer erst im Regreßprozeß geltend gemacht werden. Dies begründet sich damit, daß die Schiedsgerichtsabrede die Zulässigkeit der Streitverkündung nicht berührt, sondern nur die Einrede nach § 68, 2. Halbsatz ZPO ermöglicht. Nur wenn der Regreßprozeß vor dem Schiedsgericht stattfindet, kann die Einrede des Schiedsvertrags im Rahmen des § 68, 2. Halbsatz ZPO erhoben werden.

---

[500] Siehe dazu oben S. 39 ff.

[501] Siehe oben S. 152 ff. zur Zwangslage des Streitverkündungsempfängers, in der er sich wegen der Beitrittsmöglichkeit befindet.

[502] Vgl. nur *Thomas-Putzo*: Vorbemerkung § 253 Rn. 10.

Die Prüfung dieser Einrede bleibt daher zwingend dem Regreßprozeß (vor dem Schiedsgericht) vorbehalten.

Wir konnten allerdings auch einige Durchbrechungen der Regel (Zulässigkeitsprüfung erst im Regreßproezeß) feststellen, die wir jetzt nochmals zusammenfassen.

Auch die internationale Zuständigkeit des Gerichts des Vorprozesses ist grundsätzlich erst im Regreßprozeß zu prüfen. Für die unbeantwortete Streitverkündung ergibt sich dies bereits aus der Tatsache, daß der Streitverkündungsempfänger am Vorprozeß nicht teilnimmt und der Vorprozeß gemäß § 74 Abs. 2 ZPO ohne Rücksicht auf ihn fortgeführt wird. Aber auch wenn der Streitverkündungsempfänger dem Vorprozeß beitritt, kann die internationale Zuständigkeit des Gerichts des Vorprozesses erst im Regreßprozeß geprüft werden. Er ist an der Geltendmachung der Unzuständigkeit durch seine Stellung im Verfahren sowie durch §§ 67, 71 ZPO gehindert. Gegen eine Amtsprüfung der internationalen Zuständigkeit im Vorprozeß spricht ihre Rechtsnatur als Sachurteilsvoraussetzung.

Eine Einschränkung mußte die gefundene Regel (Prüfung erst im Regreßprozeß) bei der internationalen Zuständigkeit jedoch hinnehmen: Entscheidet sich der Streitverkündungsempfänger dafür, dem Vorprozeß als Nebenintervenient beizutreten, befindet er sich bei ausnahmsloser Anwendung der Regel in einer Zwangslage, die ihn zur Aufgabe eines Prozeßgrundrechts zwingt. Tritt er bei, kann er die fehlende internationale Zuständigkeit nicht mehr geltend machen, da er sich dem Verfahren rügelos unterworfen hat. Damit geht ihm der Anspruch auf ein faires Verfahren in Gestalt der internationalen Zuständigkeit verloren. Tritt er nicht bei, behält er zwar die Rüge der Unzulässigkeit der Streitverkündung, verliert jedoch die Verteidigungsmöglichkeit in der Sache, falls die Streitverkündung im Regreßprozeß - entgegen seiner Rechtsauffassung - doch für zulässig erachtet wird. Dies bedeutet im Ergebnis die Aufgabe seines Anspruchs auf rechtliches Gehör. Der unvermeidbare und unfreiwillige Verlust eines Prozeßgrundrechts ist mit dem Gebot der rechtsstaatlichen Ausgestaltung des Streitverkündungsverfahrens nicht in Einklang zu bringen. Deshalb muß dem Streitverkündungsempfänger auch im Falle seines Beitritts die Rüge der Unzuständigkeit des Gerichts des Vorprozesses zugestanden werden. Wenn er diesen Mangel in der Zulässigkeit der Streitverkündung ordnungsgemäß gerügt hat, fehlt es an einer rügelosen Unterwerfung unter das Verfahren vor dem Gericht des Vorprozesses. Die gerügte Unzuständigkeit kann dann im Regreßprozeß geprüft werden.

Aus der Rechtsnatur der Voraussetzung der deutschen Gerichtsbarkeit als sogenannte echte Prozeßvoraussetzung folgt, daß ihr Vorliegen bereits vor der Zustellung der Streitverkündungsschrift geprüft werden muß. Die Zulässigkeitvoraussetzung deutsche Gerichtsbarkeit ist daher im Vorprozeß zu prüfen.

Bei den Voraussetzungen der Partei- und Prozeßfähigkeit des Streitverkündungsempfängers ist hinsichtlich des Zeitpunkts ihrer Prüfung zu differenzieren: Wenn die Streitverkündung nicht zum Beitritt des Streitverkündungsempfängers im Vorprozeß führt, wird seine Partei- und Prozeßfähigkeit - entsprechend der allgemeinen Regel - erst im Regreßprozeß geprüft. Sobald der Streitverkündungsempfänger dem Vorprozeß aber als Nebenintervenient beitritt, muß seine Partei- und Prozeßfähigkeit und damit die Wirksamkeit des Beitritts selbst, schon im Vorprozeß positiv festgestellt werden. Die Prüfung im Vorprozeß ist zwingende Folge der Tatsache, daß die Partei- und Prozeßfähigkeit auch Zulässigkeitsvoraussetzungen der Nebenintervention und außerdem nicht verzichtbar sind. Wenn dem Streitverkündungsempfänger eine dieser Fähigkeiten fehlt, kann er nicht als Nebenintervenient beitreten. In diesem Fall bleibt auch die Streitverkündung wirkungslos, da sie die Interventionswirkung nur herbeiführen kann, wenn der Streitverkündungsempfänger die Möglichkeit zum Beitritt im Vorprozeß hatte.

V. Zustellung der Streitverkündung

Gemäß § 73 Satz 4 ZPO wird die Streitverkündung erst mit der Zustellung an den Dritten wirksam. Diese Wirksamkeitsvoraussetzung der Streitverkündung[503] dient dazu, den Anspruch des Streitverkündungsempfängers auf rechtliches Gehör zu gewährleisten.[504] Angesichts der verfassungsrechtlichen Bedeutung der Zustellung kann kein Zweifel daran bestehen, daß die Zustellung auch Voraussetzung der grenzüberschreitenden Streitverkündung ist. Gleiches folgt aus dem lex-fori-Prinzip, wonach vor deutschen Gerichten auch bei Verfahren mit Auslandsbezug nur deutsches Verfahrensrecht anzuwenden ist. Dementsprechend ist die Streitverkündungsschrift gemäß § 270 ZPO von Amts wegen zuzustellen.[505]

Da für die Zustellung einer Streitverkündungsschrift ins Ausland keine Besonderheiten gegenüber der Auslandszustellung sonstiger gerichtlicher Schriftsstücke bestehen, sind diesbezüglich im Rahmen dieser Arbeit keine weiteren Ausführungen erforderlich. Es kann stattdessen auf die allgemeine Literatur zur Auslandszustellung verwiesen werden.[506]

Zu beachten ist nur, daß auch für die Zustellung der Streitverkündung im internationalen Rechtsverkehr - so etwa bei der Zustellung nach England oder in die USA - das Haager Zustellungsübereinkommen (HZÜ)[507] gilt. Soweit die

[503] *Mü-Ko-Schilken*: § 73 Rn. 3.

[504] *AK-Koch*: § 73 Rn. 1 und 6.

[505] *Mü-Ko-Schilken*: § 73 Rn. 3; *Zöller-Vollkommer*: § 73 Rn. 1.

[506] Vgl. etwa *Pfennig* "Die internationale Zustellung in Zivil- und Handelssachen"; *Schack* "IZVR": Rn. 581 ff. m. w. N.; *Geimer* "IZPR": Rz. 2071 ff.

[507] Haager Übereinkommen über die Zustellung gerichtlicher und außergerichtlicher Schriftstücke im Ausland in Zivil- und Handelssachen vom 15.11.1965. Es ist für die BRD seit dem 26.6.1979 in

Streitverkündung in das Hoheitsgebiet eines Vertragsstaats zuzustellen ist, findet dieses Übereinkommen ausschließlich Anwendung. Wie sich aus den Artt. 5, 15 Abs. 1 und 2 HZÜ ergibt, richtet sich die Zustellungsform nach dem Recht des ersuchten Staats. Dies wiederum hat zur Folge, daß die Zustellung der Streitverkündungsschrift im Parteibetrieb - entgegen der Rechtsprechung vor dem Inkrafttreten des Übereinkommens - nicht ohne weiteres zulässig ist.[508] Die Zulässigkeit der Zustellung im Parteibetrieb hängt im Geltungsbereich des HZÜ vielmehr davon ab, ob sie nach dem Recht des Vertragsstaats, in dem die Zustellung erfolgen soll, möglich ist. Gleiches gilt für die in der Rechtsprechung unter Hinweis auf § 270 Abs. 2 ZPO angenommene Möglichkeit der formlosen Inlandszustellung der Streitverkündung.[509]

VI. Wirkung der grenzüberschreitenden Streitverkündung

Aus der Sicht des deutschen Prozeßrechts hat die grenzüberschreitende Streitverkündung dieselben Wirkungen wie eine nationale Streitverkündung. Daher führt auch die grenzüberschreitende Streitverkündung die Interventionswirkung für den Regreßprozeß herbei (§§ 74, 68 ZPO) und unterbricht gemäß § 209 Abs. 2 Nr. 4 BGB die Verjährung des der Streitverkündung zugrundeliegenden Anspruchs.[510]

Besonderheiten hinsichtlich der Wirkungen einer grenzüberschreitenden Streitverkündung treten erst auf, wenn der Regreßprozeß im Ausland oder vor einem ausländischen Schiedsgericht durchgeführt wird. In diesem Fall wird die tatsächliche Durchsetzung der mit der Streitverkündung herbeigeführten Interventionswirkung von einer Anerkennung der Streitverkündung im betreffenden Land des Regreßprozesses abhängen. Auf diese Anerkennung hat das deutsche Recht regelmäßig keinen Einfluß.[511]

Eine Erleichterung der Anerkennung hat die Streitverkündung durch die Einführung des EuGVÜ im europäischen Rechtsverkehr - insbesondere auch im

---

Kraft. Vgl. zum Anwendungsbereich *Hollmann* in RIW 1982, 784 ff.

[508] Das OLG Hamm in Urteil vom 7.12.1954 in NJW 1955, 874 hatte die Möglichkeit der Zustellung im Parteibetrieb wegen der Heilungsmöglichkeit des § 187 ZPO angenommen. § 187 ZPO ist aber wegen Art. 15 Abs. 1 HZÜ im Rahmen des Anwendungsbereichs des HZÜ grundsätzlich nicht anwendbar, vgl. *Schack* "IZVR": Rn. 619.

[509] OLG Köln Beschluß vom 23.6.1981 in NJW 1981, 2263, 2264: Da § 270 Abs. 2 ZPO die Streitverkündung nicht erwähne, sei deren Zustellung formlos zulässig; zustimmend *Zöller-Vollkommer*: § 73 Rn. 1; *BLAH-Hartmann*: § 73 Rn. 1.

[510] Vgl. zu den Wirkungen einer Streitverkündung allgemein *Eibner* "Dissertation": S. 70-150. *Eibner* nennt als weitere materiell-rechtliche Wirkungen der Streitverkündung noch die Unterbrechung der Ersitzung gem. § 941 BGB und die Vermeidung sonstiger Rechtsverluste (§§ 478, 485, 639 BGB). Auf sie können wir i. R. dieser Arbeit nicht eingehen.

[511] Für eine Darstellung der mit der Anerkennung der Streitverkündung in England verbundenen Probleme siehe unten 4. Teil.

Verhältnis zu England - erfahren.[512] Nach Art. V Abs. 2 Satz 2 des Protokolls zum EuGVÜ vom 27.9.1968 werden die Wirkungen einer deutschen Streitverkündung auch in den anderen Vertragsstaaten anerkannt. Für Nichtvertragsstaaten des EuGVÜ ist die Anerkennung der Wirkungen einer Streitverkündung weiterhin von deren nationalen Anerkennungsvorschriften abhängig.

C. Ergebnis

Im zweiten Teil war es unser Ziel, die Anwendbarkeit der Prozeßvoraussetzungen auf die grenzüberschreitende Streitverkündung zu ermitteln. Wir können insgesamt festhalten, daß die Prozeßvoraussetzungen auch Zulässigkeitsvoraussetzungen der Streitverkündung sind, wobei allerdings im einzelnen manche Abstriche nötig waren.

1. Die wesentlichste Erkenntnis unserer Untersuchung betrifft die internationale Zuständigkeit: Eine grenzüberschreitende Streitverkündung setzt die internationale Zuständigkeit des Gerichts des Vorprozesses voraus. Wir konnten feststellen, daß die Zuständigkeitsinteressen des Streitverkündungsempfängers beachtlich und in nennenswertem Umfang beeinträchtigt werden, weshalb sie mit der internationalen Zuständigkeit zu berücksichtigen sind. Die Zuständigkeitsinteressen des Streitverkündungsempfängers können Berücksichtigung finden, da seine Position insoweit durch den Anspruch auf ein faires Verfahren verfassungsrechtlich geschützt ist.

   Die Existenz gegenläufiger - und durch den Justizgewährungsanspruch ebenfalls verfassungsrechtlich geschützter - Interessen des Streitverkünders zwang uns zur Abwägung der widerstreitenden Positionen von Streitverkünder und Streitverkündungsempfänger. Unter Berücksichtigung des Sinn und Zwecks der Streitverkündung führt diese Abwägung zum Ergebnis, daß für die Streitverkündung eine Zuständigkeitsregel entwickelt werden muß, nach der die Streitverkündung im Regelfall zulässig ist: Die drohende (partielle) Rechtsschutzlosigkeit des Streitverkünders wäre mit der Aufgabe der Streitverkündung, die in der Gewährung speziellen Rechtsschutzes liegt, nicht vereinbar. Der Gerichtsstand des Sachzusammenhangs vermeidet die Gefahr der Rechtsschutzlosigkeit, indem er dem Gericht des Vorprozesses regelmäßig die internationale Zuständigkeit für die Streitverkündung einräumt. Dieser Gerichtsstand ergibt sich nicht aus den §§ 72 ff. ZPO, sondern begründet sich vielmehr mit der drohenden Rechtsschutzlosigkeit des

[512] EuGVÜ ist das Brüsseler EWG-Übereinkommen über die gerichtliche Zuständigkeit und die Vollstreckung gerichtlicher Entscheidungen in Zivil- und Handelssachen vom 27.9.1968. Es ist für die BRD seit dem 1.2.1973 in seiner ursprünglichen Fassung in Kraft und gilt gegenwärtig in der Fassung des 2. Beitrittsübereinkommens vom 25.10.1982. Im Verhältnis zu England ist das EuGVÜ seit dem 1.10.1989 anwendbar.

Streitverkünders: Die Rechtsschutzlosigkeit des Streitverkünders verlangt die Eröffnung einer internationalen Notzuständigkeit für die Streitverkündung, deren Voraussetzung - entsprechend §§ 72 ff. ZPO - in einem Sachzusammenhang zwischen Regreßanspruch und Klage im Vorprozeß besteht.

Mit dem Gerichtsstand des Sachzusammenhangs ist das Gericht des Vorprozesses für die Streitverkündung im Regelfall international zuständig. Davon besteht eine praktisch relevante Ausnahme: Der ausländische Streitverkündungempfänger kann sich vor der Durchführung einer deutschen Streitverkündung durch den Abschluß einer Gerichtsstandsvereinbarung schützen.

Hinsichtlich des Zeitpunkts der Zuständigkeitsprüfung konnten wir uns im wesentlichen dem Grundsatz der h. M. anschließen: Die Zulässigkeit der Streitverkündung wird im Regreßprozeß geprüft. Dieser Grundsatz muß jedoch dann eine Einschränkung erleben, wenn der Streitverkündungsempfänger dem Vorprozeß als Nebenintervenient beitritt. In dieser Situation verliert er nach der Rechtsprechung des BGH jegliche Möglichkeit, die Unzulässigkeit der Streitverkündung zu rügen, da die Interventionswirkung direkt über § 68 ZPO, also unabhängig von der Zulässigkeit der Streitverkündung eintritt. Nach dieser Rechtsprechung soll auch im Regreßprozeß keine Zulässigkeitsprüfung mehr stattfinden, wenn der Streitverkündungsempfänger im Vorprozeß beigetreten ist. Wir konnten demgegenüber feststellen, daß der Streitverkündungsempfänger einer Zwangslage ausgesetzt ist, in der er entweder den Anspruch auf rechtliches Gehör gemäß Art. 103 Abs. 1 GG aufgibt oder aber auf den verfassungsrechtlich geschützen Anspruch auf ein faires Verfahren (Rechtsstaatsprinzip) in Gestalt der internationalen Zuständigkeit verzichten muß. Der unvermeidbare Verlust einer verfassungsrechtlich geschützen Position ist untragbar: Dem Streitverkündungsempfänger muß das Recht eingeräumt werden, die Unzuständigkeit des Gerichts bereits im Vorprozeß zu rügen. Mit der Rüge im Vorprozeß erreicht der Streitverkündungsempfänger, daß die internationale Zuständigkeit (des Gerichts des Vorprozesses) trotz seines Beitritts als Nebenintervenient nicht feststeht und noch im Regreßprozeß zu prüfen ist (Analogie zu § 39 ZPO). Fehlte die internationale Zuständigkeit, dann kann die Streitverkündung keine Interventionswirkung herbeiführen.

2. Bei den Voraussetzungen der Partei- und Prozeßfähigkeit des Streitverkündungsempfängers kamen wir zu einer einheitlichen Lösung. Sie sind uneingeschränkt Zulässigkeitsvoraussetzungen der Streitverkündung. Dies war für den Fall, daß der Streitverkündungsempfänger dem Vorprozeß beitritt, schon immer unbestritten und läßt sich damit begründen, daß gegen ihn eine Kostenentscheidung gemäß 101 ZPO ergehen kann.

Darüberhinaus konnten wir feststellen, daß der Anspruch auf rechtliches Gehör eine gleiche Behandlung dieser Prozeßvoraussetzungen bei der unbeantworteten Streitverkündung verlangt: Da die Interventionswirkung nur herbeigeführt werden kann, wenn der Streitverkündungsempfänger die Möglichkeit zum Beitritt im Vorprozeß hat (zur Verwirklichung des Anspruchs auf rechtliches Gehör) und der Beitritt als Nebenintervenient nur bei Partei- und Prozeßfähigkeit des Streitverkündungsempfängers möglich ist, muß die Partei- und Prozeßfähigkeit auch Zulässigkeitsvoraussetzung der unbeantworteten Streitverkündung sein.

Zu prüfen ist das Vorliegen dieser Prozeßvoraussetzungen erst im Regreßprozeß. Wenn der Streitverkündungsempfänger jedoch dem Vorprozeß als Nebenintervenient beitritt, dann ist seine Partei- und Prozeßfähigkeit als Voraussetzung der Nebenintervention bereits im Vorprozeß zu prüfen.

3. Für die Frage der deutschen Gerichtsbarkeit bei der Streitverkündung konnten wir uns der h. M. anschließen: Die Streitverkündung ist gegenüber einem Gerichtsbefreiten absolut unzulässig; das Vorliegen der deutschen Gerichtsbarkeit ist daher Zulässigkeitsvoraussetzung der Streitverkündung. Geprüft wird sie bereits im Vorprozeß, da die deutsche Gerichtsbarkeit eine sogenannte echte Prozeßvoraussetzung ist, die schon zur Begründung eines Prozeßrechtsverhältnisses vorliegen muß.

4. Ein Schiedsvertrag beeinflußt nach der h. M. die Zulässigkeit der Streitverkündung nicht. Unsere Untersuchung führte zwar ebenfalls zu dem Ergebnis, daß die Einrede des Schiedsvertrags die Streitverkündung nicht unzulässig macht. Dennoch kann der Abschluß eines Schiedsvertrags für den Regreßanspruch die Wirkung der Streitverkündung verhindern: Der Schiedsvertrag gibt dem Streitverkündungsempfänger im Regreßprozeß vor dem Schiedsgericht die Einrede des § 68, 2. Halbsatz ZPO. Findet also der Regreßprozeß vor dem Schiedsgericht statt, so kann der Streitverkündungsempfänger der Interventionswirkung entgegenhalten, daß die Streitverkündung vor dem staatlichen Gericht seine Angriffs- und Verteidigungsmöglichkeiten beschränkt habe. Die Interventionswirkung wird dann nicht herbeigeführt.

   Wegen dieser Anbindung an den Regreßprozeß vor dem Schiedsgericht kann die Einrede des Schiedsvertrags immer erst im Regreßprozeß, und nur vor dem Schiedsgericht erhoben werden.

5. Eine Pflicht zur Leistung einer Ausländersicherheit kann bei der unbeantworteten Streitverkündung nicht begründet werden. Dies folgt bereits aus der Tatsache, daß bei der unbeantworteten Streitverkündung ein prozessualer Kostenerstattungsanspruch nicht entstehen kann.

Wenn der Streitverkündungsempfänger aber dem Vorprozeß als Nebenintervenient beitritt, dann haben wir zwei Fallkonstellationen kennengelernt, in denen eine Sicherheitsleistungspflicht entstehen kann, sofern der Beitritt auf seiten des Gegners des Streitverkünders erfolgt: Der ausländische Streitverkündungsempfänger ist auf Verlangen zur Sicherheitsleistung verpflichtet, wenn er auf seiten des Klägers des Vorprozesses beitritt. Umgekehrt ist der ausländische Kläger als Streitverkünder sicherheitsleistungspflichtig, wenn der Streitverkündungsempfänger auf seiten des Beklagten des Vorprozesses beitritt. Der Umfang der Sicherheit beschränkt sich allerdings in beiden Fällen auf die Kosten der Nebenintervention.

Dritter Teil

Die unfreiwillige Drittbeteiligung im englischen Zivilprozeß

A. Einführung

England ist ein sogenannter "*Common Law* Staat". Der Begriff *Common Law* bezeichnet das in ganz England geltende Recht, welches die zuvor geltenden örtlichen Gewohnheitsrechte ablöste.[1] Dieses englische Recht war Vorbild für die Rechtsentwicklung in zahlreichen anderen Ländern, findet aber heute nur in England und Wales Anwendung.[2] Bereits Englands 'Nachbarn', also Schottland, Nordirland und die Kanalinseln, haben ihre eigenen Rechtsordnungen. Die folgende Untersuchung soll sich auf das in England und Wales anwendbare, englische Recht beschränken.

Das *Common Law* unterscheidet sich hinsichtlich seiner Entwicklung und heutigen Ausgestaltung erheblich von den kontinentaleuropäischen Rechtsordnungen. Diese Unterschiede rechtfertigen einige einführende Erläuterungen zur Entwicklung und zum gegenwärtigen Zustand des Prozeßrechts von England,[3] bevor wir uns den prozessualen Instituten zur unfreiwilligen Beteiligung Dritter zuwenden.

Der deutsche Betrachter findet kein nach rationalen Gesichtspunkten aufgebautes und durchgebildetes System juristischer Begriffe,[4] wie er dies bei den Gesetzbüchern seiner Rechtsordnung gewohnt ist. Zwar existiert für das Prozeßrecht mit den *Rules of the Supreme Court* (im folgenden abgekürzt: RSC)[5] ein geschriebenes Recht, das gewissermaßen die Funktion einer Zivilprozeßord-

---

[1] *Will* "Das Common Law": S. 440.

[2] *Will* ebenda: S. 435 f. Das englische Recht im hier verstandenen Sinn erstreckt sich also weder auf das gesamte Vereinigte Königreich noch auf ganz Großbritannien.

[3] Diese Darstellung kann sich auf das Nötigste beschränken, da es an deutschsprachiger Einführungsliteratur zum englischen Recht nicht mangelt: vgl. *Will* "Das Common Law": S. 436 ff. m. w. N.; *Blumenwitz* "Einführung in das anglo-amerikanische Recht"; *Henrich* "Einführung in das englische Privatrecht"; *Bunge* "Das englische Zivilprozeßrecht"; *Heinsheimer* (Hrsg.) "Zivilgesetze der Gegenwart" Bd. 2: England.

[4] *Zweigert/Kötz* "Einführung in die Rechtsvergleichung" Bd. 1: S. 211.

[5] Kommentiert und zusammengestellt werden die RSC durch das von *Jacob, Jack* verfaßte "The Supreme Court Practice". Umgangssprachlich wird es "*White Book*" genannt. Wenn wir im folgenden *Jacob* ohne weitere Zusätze zitieren, soll diese Kommentierung, "The Supreme Court Practice", gemeint sein.

nung erfüllt. Der Zugang zum englischen Recht erfolgt dennoch primär über die Rechtsprechung: Auch das geschriebene Recht wird von der Rechtsprechung geformt. Die herausragende Bedeutung der Rechtsprechung - man könnte es sogar Abhängigkeit des Rechts von Präjudizien nennen - bringt eine besondere Arbeitstechnik des englischen Juristen mit sich: Er beachtet Präjudizien und konkrete Sachverhaltsgestaltung, historische Entwicklung und lebensnahe Problemdiskussion.[6] Holmes[7] drückte diesen Zustand mit folgenden Worten aus:

"The life of law has not been logic: it has been experience."

"...even the prejudices which judges share with their fellow-men, have a good deal more to do than the syllogism in determining the rules by which men should be governed."

Demgegenüber bildet der abstrakte Tatbestand eines staatlichen Gesetzes den Ausgangspunkt des deutschen Rechts:[8] Der deutsche Jurist beginnt seine 'Arbeit' am Wortlaut des Gesetzes. Er denkt in den Begriffen des Gesetzestext. Der deutsche Jurist legt aus und subsumiert.

Aus der nur kurzen Skizzierung des englischen Rechtslebens wird deutlich, daß die Arbeit mit dem englischen Recht eine wesentlich stärkere Beachtung der geschichtlichen Entwicklung, der Rechtsprechung sowie der in ihr ausgedrückten Rechtsgedanken erfordert, als es im deutschen Recht der Fall ist.

I. Geschichtlicher Hintergrund

1. Common Law und Equity

Das Common Law wurde im englischen Rechtskreis während des 12./13. Jahrhunderts durch die königlichen Gerichte, die *Westminster Courts*,[9] als Aktionenrecht entwickelt.[10] Es gab zunächst kein eigenes materielles Recht, welches den Privatrechtssubjekten bestimmte Ansprüche einräumte, sondern nur eine Reihe von Verfahrensarten. Die Geltendmachung eines Anspruchs war möglich, wenn hierfür eine Klageart existierte.[11] Da es nicht für alle erdenklichen Lebenssituationen einen Rechtsbehelf gab, waren die Möglichkeiten der gerichtlichen Durchsetzung eines Anspruchs zunächst sehr begrenzt.

Aus den bestehenden Verfahrensarten entwickelte sich dann das materielle Recht, welches durch entsprechende Anwendung der vorhandenen Klagearten

[6] *Zweigert/Kötz* "Einführung in die Rechtsvergleichung" Bd. 1: S. 211.

[7] *Holmes, O.W.* "The Common Law": S. 5.

[8] Quellen des deutschen Rechts sind das staatliche Gesetz und das Gewohnheitsrecht, vgl. *Larenz* "Allgemeiner Teil des deutschen Bürgerlichen Rechts": S. 7 m. w. N.

[9] *Will* "Das Common Law": S. 439.

[10] *Blumenwitz* "Einführung in das anglo-amerikanische Recht": S. 5.

[11] Nach dem Grundsatz "*ubi remedium, ibi ius*"; vgl. *Blumenwitz* ebenda: S. 5.

auf vergleichbare Fälle erweitert wurde. Das Auffinden einer Klageart garantierte dem Rechtsuchenden aber noch keinen gerichtlichen Schutz. Die Klageerhebung vor den königlichen Gerichten war nämlich kein selbstverständliches Recht. Vielmehr mußte der Rechtsuchende, um zur Klage berechtigt zu sein, die Ausstellung eines *writ*[12] beim Kanzler des Königs beantragen. Der writ stellte also eine Zulassung des gerichtlichen Rechtsschutzes dar.[13]

Trotz der ständigen Erweiterung des materiellen Rechts durch entsprechende Anwendung der bestehenden Klagearten, blieb eine gewisse Unflexibilität hinsichtlich der Einklagbarkeit neuer Ansprüche. Dies stellte sich als das größte Defizit des *Common Law* heraus, denn es blieben zahlreiche materielle Ansprüche, die gerichtlich nicht durchsetzbar waren. Die hierdurch hervorgerufenen Härten und Ungerechtigkeiten zu beseitigen, war Aufgabe und Chance der *Equity*,[14] welche als ergänzendes Billigkeitsrecht entwickelt wurde.[15]

Das Recht der *Equity* trat also neben das *Common Law*: Soweit die königlichen Gerichte infolge der Beschränkung der Klagearten im *Common Law* zum Recht nicht verhelfen konnten, bestand die Möglichkeit, den König direkt um seine Hilfe anzurufen.[16] Zunächst entschied der König selbst; während der Rosenkriege, welche in den Jahren von 1453 bis 1485 geführt wurden,[17] übertrug der König die Entscheidungsgewalt auf seinen Kanzler.[18]

Entstanden war somit eine dualistische Struktur des englischen Rechts in Form des *Common Law* einerseits und der *Equity* andererseits. Ihr entsprach eine Zweiteilung der Gerichte.

2. Die Supreme Court of Judicature Acts 1873 - 1875

Einen Meilenstein in der Entwicklung des englischen Prozeßrechts markieren die *Supreme Court of Judicature Acts* von 1873 - 1875. Durch die *Judi-*

---

[12] Im heutigen Sprachgebrauch wird der *writ of summons* als vom Gericht gesiegelte Prozeßladung mit Klageschrift verstanden.

[13] *Will* "Das Common Law": S. 442 f.; wie sich zeigen wird, ist der *writ* als eine der heute noch möglichen Formen der Klageerhebung von großer Bedeutung für das Verfahren bei der prozessualen Beteiligung Dritter.

[14] *Hartwieg* "Die Kunst des Sachvortrags im Zivilprozeß": S. 39.

[15] *Blumenwitz* "Einführung in das anglo-amerikanische Recht": S. 7.

[16] *"for the love of god and in the way of charity"*; vgl. *Schwarz* in *Heinsheimer* "Zivilgesetze der Gegenwart" Bd. 2: S. 107 f. Der König entschied anfangs aufgrund reiner Billigkeitserwägungen im Einzelfall, später wurden systematische Billigkeitslehren entwickelt, *Will* ebenda: S. 449 f.

[17] Gegen Ende des 15. Jahrhunderts war das Verfahren in *Equity* zur Gerichtsbarkeit des *Chancery Court* verfestigt, das mit den *Common Law* - Gerichten rivalisierte, *Blumenwitz* ebenda: S. 7.

[18] *Will* ebenda: S. 449 f.

cature Acts[19] wurde die Trennung zwischen den Gerichten des *Common Law* einerseits und der *Equity* andererseits beseitigt und der *Supreme Court of Judicature* geschaffen. Hierdurch wurde zwar nicht der Dualismus des Rechts beseitigt, doch können alle Gerichte seither sowohl *Common Law* als auch *Equity* anwenden.[20] Die Gerichte beider Rechtszweige gingen im *High Court of Justice* auf.[21]

Die *Judicature Acts* bereiteten aber vor allem den Weg für den Erlaß der *Rules of the Supreme Court* (RSC), dem englischen Zivilprozeßrecht. Durch *section* 99 *Judicature Act* ermächtigt, konnte ein *Rule Committee*[22] unter Vorsitz des *Lord Chancellors* die RSC im Jahre 1883 erlassen.[23]

Die RSC haben als Rechtsverordnungen Gesetzeswirkung (*statutory effect*)[24] für das Verfahren vor dem *Supreme Court of Judicature* und bilden neben der Rechtsprechung die Grundlage des englischen Zivilprozeßrechts.

---

[19] Genaugenommen handelt es sich um zwei *Acts*: den *Supreme Court of Judicature Act* 1873 sowie den abändernden (*amended*) *Judicature Act* 1875, *Jacob* "The Reform of Civil Procedural Law": S. 210. Der *Act* 1875 trat am 2.11.1875 in Kraft, wurde abgeändert durch Zusätze des *Supreme Court of Judicature (Consolidation) Act* 1925; vgl. *Casson/Dennis* in "Odgers' Principles of Pleading and Practice in Civil Actions in the High Court of Justice": S. 1.

[20] *Will* "The Common Law": S. 454; freilich brachte die Zusammenfassung der verschiedenen Gerichtszweige zum *High Court of Justice* eine Verwischung der Grenzen zwischen *Common Law* und *Equity* mit sich, vgl. *Blumenwitz* "Einführung in das anglo-amerikanische Recht": S. 11; *Gerland* "Die englische Gerichtsverfassung" 1. Halbband: S. 299 ff. der jedoch von der Schaffung eines einheitlichen materiellen Rechtssystems ausgeht.

[21] Vgl. zum ganzen *Jacob* "The Reform of Civil Procedural Law": S. 210 f.

[22] *Section* 99(4) des *Supreme Court of Judicature (Consolidation) Act* 1925 regelt die Besetzung des *Rule Committee* (diese Fassung des *Acts* von 1925 entspricht der Regelung des *Acts* von 1875, vgl. *Jacob* "The Reform of Civil Procedural Law": S. 213 Fn. 6):

> *"Rules of the court may be made by the Lord Chancellor together with any four or more of the following persons, namely, the Lord Chief Justice, the Master of the Rolls, the President of the Probate Division, [the Vice-Chancellor and three other judges] of the Supreme Court, two practising barristers being members of the General Council of the Bar, and two practising solicitors of whom one shall be a member of the Council of the Law Society and the other a member of the Law Society and also of a provincial Law Society."*

Das Rule Committee kann die RSC beschließen und abändern. Ein Beschluß, der die RSC enthält, ist beiden Parlamentshäusern für eine Zeit von 40 Tagen vorzulegen. Jedes Haus kann jeweils alleine die Anwendung der RSC verhindern. Verstreicht die Frist aber ungenützt, erlangen die beschlossenen RSC Gesetzeskraft, vgl. *Curti* "Englands Zivilprozeß": S. 15.

[23] *Simmonds* in International Encyclopedia of Comparative Law Vol. I: National Reports: S. U-95. Bereits der *Judicature Act* 1875 enthielt in seinem *first schedule* Regeln über das Zivilprozeßrecht. Im Jahr 1883 wurden sie dann erweitert und als *Rules of the Supreme Court* 1883 neu herausgegeben; vgl. ausführlich *Jacob*: 1/1/1. Die RSC wurden durch die *Rules of the Supreme Court* 1965, die am 1.10.1965 in Kraft traten, vollständig überarbeitet und neu gefaßt, vgl. ausführlich *Jacob* "The Reform of Civil Procedural Law ": S. 213 f.

[24] *Casson/Dennis* in "Odgers' Principles": S. 9; *Bunge* "Das englische Zivilprozeßrecht": S. 20.

3. England und Europa

Mit Wirkung zum 1.1.1973 ist das Vereinigte Königreich der Europäischen Gemeinschaft (jetzt EU) beigetreten.[25]

Seit dem 1.1.1987 gelten im Vereinigten Königreich, und damit auch in England die Vorschriften des EuGVÜ.[26] Somit ist auch der - für die Beteiligung Dritter wichtige - Art. 6 Nr. 2 EuGVÜ in England grundsätzlich anwendbar.[27] Hierauf werden wir sogleich eingehen.

II. Heutiger Rechtszustand

1. Gerichtsverfassung

Die englische Gerichtsbarkeit wird in obere (*superior*) und untere (*inferior*) Gerichte unterteilt.[28]

Die *inferior courts* sind als *County Courts* und *Magistrates Courts*[29] über das ganze Land verteilt. Die Zuständigkeit der für Zivilrechtsfälle zuständigen *County Courts* ist durch die Höhe des Streitwerts nach oben hin beschränkt. Die *County Courts* wurden als erstinstanzliche, lokale Gerichte eingesetzt, um den königlichen Richtern für kleine Streitwerte die Last der Reise auf das Land zu ersparen.[30]

Es ist allerdings zu beachten, daß der *High Court and County Courts Jurisdiction Order* 1991 (SJ 1991/724) die Streitwertbeschränkungen verändert hat: So sollen Klagen mit einem Streitwert bis £ 25.000,-- von den *County Courts*, Klagen mit einem Streitwert über £ 50.000,-- vom *High Court* entschieden werden.

Dazwischen entscheidet das angemessene Gericht. Es konnte jedoch nicht ermittelt werden, nach welchen Kriterien das angemessene Gericht ausgewählt wird. Auch die Frage, wer die Wahl des angemessenen Gerichts trifft, läßt sich der zugänglichen Literatur nicht entnehmen.

---

[25] Die innerstaatliche Umsetzung erfolgte durch den *European Communities Act* vom 17.10.1972, HMSO, SBN 10, 54 68 72.

[26] *Jacob*: 11/A; *Jasper* "Forum shopping in England und Deutschland": S. 40; im Verhältnis zur BRD gilt das EuGVÜ jedoch erst seit dem 1.10.1989.

[27] Vgl. auch das englischen Ausführungsgesetz zum EuGVÜ: *Civil Jurisdiction and Judgments Act* 1982.

[28] *Curti* "Englands Zivilprozeß": S. 16.

[29] Die *Magistrates Courts* sind hauptsächlich für Strafsachen zuständig, vgl. *Bunge* "Das englische Zivilprozeßrecht": S. 25.

[30] Die Streitwertgrenze war ursprünglich £ 2,-, vgl. *Halsbury's Statutes* Vol. 11 "County Courts": S. 595 f.

Superior Court ist seit dem Jahr 1875[31], in welchem die sogenannten *Judicature Act* in Kraft getreten sind, der *Supreme Court of Judicature*, der aus dem *High Court of Justice* (im folgenden: *High Court*) und dem *Court of Appeal* besteht.[32]

Der *High Court* ist wiederum in die *Queen's Bench Division* (im folgenden: QBD), die *Chancery Division* (im folgenden: ChD) und in *Family Division* unterteilt.[33]

In der Trennung zwischen QBD und ChD lebt für die Frage der Zuständigkeit in begrenztem Umfang die ursprüngliche Teilung des englischen Rechts fort.

Die QBD genießt in sachlicher Hinsicht Allzuständigkeit, soweit *Common Law* als materielles Recht Anwendung findet.[34] Demgegenüber soll die ChD Alleinzuständigkeit besitzen, wenn in der Sache selbst das Recht der *Equity* anzuwenden ist.[35] Unklar bleibt welches Gericht über einen Fall zu entscheiden hat, in welchem sowohl *Common Law* als auch das Recht der *Equity* zu berücksichtigen ist.

Berufungsgericht für die Entscheidungen der *County Courts* und des *High Courts*[36] ist der *Court of Appeal.*[37] Ähnlich wie im deutschen Recht ist im Berufungsverfahren eine neue Tatsachenverhandlung zulässig.

Gegen die Entscheidungen des Berufungsgerichts besteht unter zusätzlichen Voraussetzungen die Möglichkeit der Appellation zum *House of Lords* zulässig.[38]

---

[31] Zu den im Jahr 1875 in Kraft getretenen *Judicature Act*, siehe oben 3.Teil, A.I.2., S. 171; *Bunge* ebenda: S. 18 f. sowie *Casson/Dennis* "Odger's Principles": S. 2 f. gingen noch davon aus, daß der *High Court* im Ergebnis hinsichtlich des Streitwerts nach unten unbeschränkte Zuständigkeit genieße, da er Streitsachen, die vor den *County Courts* anhängig waren, an sich ziehen kann. Es ist jedoch zweifelhaft, ob dieser Rechtszustand noch fortbesteht. *Casson/Dennis* ebenda: S. 3 stützten die Möglichkeit der 'Verweisung' einer Rechtssache vom *County Court* an den *High Court* auf den *County Courts Act* 1959 *section* 75 B (eingefügt durch den *Supreme Court Act* 1981, *Schedule* 3, *section* 7). Gerade diese Vorschrift wurde jedoch durch den *County Courts Act* 1984 *section* 148(3), *Schedule* 4 aufgehoben (*repealed*).

[32] *Curti* ebenda: S. 17; hinzu kommt noch der *Crown Court*, der nur für Strafsachen zuständig ist.

[33] Vgl. ausführlich *Casson/Dennis* "Odgers' Principles": S. 4; *Gerland* "Die englische Gerichtsverfassung" 1. Hlbd.: S. 305.

[34] *Gerland* "Die englische Gerichtsverfassung" 1. Halbbd.: S. 318.

[35] *Bunge* "Das englische Zivilprozeßrecht": S. 26. Die ChD hat somit eine der deutschen Freiwilligen Gerichtsbarkeit vergleichbare Zuständigkeit, vgl. ausführlich *Gerland* ebenda: S. 314 ff.

[36] *Bunge* ebenda: S. 29.

[37] *Casson/Dennis* "Odgers' Principles": S. 343 f.

[38] *Casson/Dennis* ebenda: S. 352 f.; zum Ganzen ausführlich *Blumenwitz* "Einführung in das anglo-amerikanische Recht": S. 132 f.

2. Prozeßrecht

Hauptquelle des Prozeßrechts für Verfahren vor dem *High Court* sind die *Rules of the Supreme Court* (RSC).[39] Sie gelten auch für Rechtsstreitigkeiten mit internationalem Einschlag, denn das englische Zivilprozeßrecht folgt streng dem lex fori-Prinzip, wendet also auch in Fällen mit Auslandsbezug nur eigenes Verfahrensrecht an.[40]

Dem Verfahren vor dem *High Court* ist das regelmäßige Durchlaufen von drei Abschnitten innerhalb des Erkenntnisverfahrens eigentümlich.[41] Der eigentlichen mündlichen Verhandlung vorgeschaltet sind dabei das sog. *pleading*[42] und eine mündliche Vorverhandlung (*hearing*). *Pleading* und Vorverhandlung werden als *interlocutory proceedings (*sinngemäß Vorverfahren) bezeichnet.

Der wesentliche Unterschied zum deutschen Erkenntnisverfahren, welches ebenfalls verschiedene Verfahrensabschnitte kennt, liegt nun darin, daß *pleading* und Vorverhandlung nicht vor dem Richter, sondern vor einem *master* erfolgt.[43] Die *master* bei der *Queen's Bench Division* sind ehemalige *Barrister* mit mindestens zehnjähriger praktischer Erfahrung,[44] denen die Durchführung des nahezu gesamten Vorverfahrens übertragen ist.[45] Die Trennung von Vor- und Hauptverfahren sowie die weite Zuständigkeit der *masters* wird als wesentlicher Vorzug des englischen Zivilprozesses angesehen.

---

[39] RSC Ord. 1, r. 2; *Casson/Dennis* ebenda: S. 9; kommentiert werden die RSC durch das sogenannte *White Book*, das von *Jacob* herausgegebene "The Supreme Court Practice".

[40] *Simmonds* in International Encyclopedia of Comparative Law Vol. I: S. U-99.

[41] *Bunge* "Das englische Zivilprozeßrecht": S. 76.

[42] Dies bezeichnet den Wechsel der formellen Schriftsätze, durch welche der Prozeßstoff festgelegt wird, *Bunge* ebenda: S. 84.

[43] *Henkel* "England - Rechtsstaat ohne gesetzlichen Richter": S. 11.

[44] *Henkel* ebenda: S. 37. Sowohl bei der *Queen's Bench Division* als auch bei der *Chancery Division* gibt es jeweils acht *masters*. Die *master* der *Chancery Division* sind jedoch ehemalige *solicitor*, die seit mindestens 10 Jahre zugelassen sind, *Bunge* "Das untere Richterpersonal und die Richtergehilfen am englischen High Court": S. 26.

[45] Vgl. ausführlich zur Zuständigkeit der *masters Jacob* "The Reform of Civil Procedure": S. 352 ff.; *Bunge* "Das untere Richterpersonal und die Richtergehilfen am englischen High Court": S. 12 ff. und 27 ff. Die *jurisdiction* des *masters* wird in RSC Ord. 32 geregelt. Zusammenfassend läßt sich sagen, daß die *master* - von den *injunctions* (auf Unterlassung gerichtete, richterliche Verbote) abgesehen - im wesentlichen das gesamte Vorverfahren in eigener Zuständigkeit durchführen. Bei entsprechender Vereinbarung der Parteien kann den *masters* aber sogar die Entscheidung in der Sache übertragen werden. Eine weitere bedeutsame Zuständigkeit haben die *master* im Vollstreckungsverfahren, das im wesentlichen von ihnen durchgeführt wird, vgl. *Jacob* "The Fabric of English Civil Justice": S. 111; ausführlich *Jacob* "The Reform of Civil Procedure": S. 356 f.

Gegen die Entscheidungen des *masters* ist der *appeal* zum Richter (*judge*) möglich, der eine völlig neue Anhörung durchführt. Mit Zulassung (*leave*) des Richters ist danach ein weiterer *appeal* zum *Court of Appeal* möglich, vgl. *Jacob* "The Reform of Civil Procedure": S. 358 f.; *Bunge* "Das untere Richterpersonal und die Richtergehilfen am englischen High Court": S. 19 f.

Jacob[46] drückt den augenfälligsten Vorteil wie folgt aus:

"...that the pre-trial applications are not heard by the trial Judge, who would thus come fresh to the trial, without his mind being clouded by the hearing and disposal of such applications."

Die Einleitung eines Klageverfahrens richtet sich nach der konkreten Verfahrensart, wobei im englische Prozeßrecht für Verfahren vor dem *High Court* vier verschiedene zur Verfügung stehen. Im praktisch bedeutsamsten[47] *writ*-Verfahren[48] hat der Kläger beim Gericht eine prozeßeinleitende Ladung, den *writ of summons*, zu beantragen,[49] welcher dann dem Beklagten durch den Kläger selbst - grundsätzlich persönlich - zuzustellen ist.[50]

---

[46] *Jacob* "The Fabric of English Civil Justice": S. 113. *Jacob* "The Reform of Civil Procedural Law": S. 350 zählt die Funktionen des *masters* insgesamt auf:

"(1) *to free the judges for more important work, so as, as it were, to conserve 'judge-power' and to make more efficient use of 'judgetime'...*

(2) *to allow the judges to come fresh to the trial, so that perhaps the mind of the judge should not be clouded at the trial of an action by the hearing and disposal of pre-trial applications in the same action;*

(3) *to provide a more speedy and more economical machinery for pre-trial applications to be made to the court."*

[47] *Casson/Dennis* "Odgers' Principles": S. 10.

[48] RSC Ord. 10; daneben gibt es als weitere Regelklage noch den *originating summons*, RSC Ord. 2, r. 1 (3) und Ord. 7. Hierbei handelt es sich um ein Antragsverfahren in Klageform, welches statthaft ist, wenn ein Rechtsstreit typischerweise keine Tatsachen- sondern nur Rechtsfragen zu klären hat oder sich mit der Auslegung von Urkunden etc. befaßt, vgl. *Bunge* "Das englische Zivilprozeßrecht": S. 77. Die RSC erfassen diese zwei Kategorien von Fällen, in denen eine Klage durch *originating summons* eingeleitet werden muß. *Langan/Henderson* "Civil Procedure": S. 39 beschreibt sie in Interpretation des RSC Ord. 5, r. 3 wie folgt:

" *These are proceedings*

(a) *in which the sole or principal question at issue is, or is likely to be, one of the construction of an act or of any instrument made under an Act, or of any deed, will, contract or other document, or some other question of law, or*

(b) *in which there is unlikely to be any substantial dispute of fact.*"

Ein durch *originating summons* eingeleitetes Verfahren ist die Regel bei der *Chancery Division*, kommt jedoch auch bei der *Queen's Bench Division* vor, *Langan/Henderson* ebenda: S. 39 f., 292. Entsprechend seinem Anwendungsbereich (Klärung nur von Rechtsfragen) zeichnet sich das Verfahren nach *originating summons* durch einen beschleunigten, gegebenfalls summarischen Prozeßverlauf aus, *Bunge* "Das englische Zivilprozeßrecht": S. 77; *Curti* "Englands Zivilprozeß": S. 132 f., der auch Beispiele für *originating summonses* gibt. Die erwünschte Beschleunigung wird dadurch erreicht, daß i. d. R. weder das *pleading* noch eine Beweiserhebung also kein Vorverfahren durchgeführt wird, *Langan/Henderson* "Civil Procedure": S. 292.

Als Klageverfahren im weiteren Sinne gibt es noch *originating motion*, RSC Ord. 5, r. 5 und Ord. 8 und die *petition*, RSC Ord. 9. Die *petition* ist ein Antragsverfahren, das es nur noch vor der *Chancery Division* gibt und das nur in gesetzlich angeordneten Fällen, wie z. B. der Konkurseröffnung, statthaft ist, *Curti* "Englands Zivilprozeß": S. 133; *Bunge* ebenda: S. 77. Auch das *originating motion* Verfahren ist nur in den gesetzlich angeordneten Fällen zulässig, *Casson/Dennis* "Odgers' Principles": S. 11. Die *originating motion* ist ein der *originating summons* stark angenähertes Verfahren, welches darauf abzielt, vom Richter vorsorgliche Maßnahmen zu erwirken, vgl. *Curti* ebenda: S. 133 der Beispiele anführt.

[49] *Böttger/Habel/Reinecker* "Zivilgerichtsbarkeit und Zwangsvollstreckung in Großbritannien und Frankreich": S. 16.

[50] RSC Ord. 19, r. 1; *Casson/Dennis* "Odgers' Principles": S. 51 ff.

Antwortet der Beklagte mit einer Verteidigungsanzeige (*notice of intention to defend*),[51] beginnt das *pleading*, ein Verfahren, in dem die formellen Schriftsätze gewechselt werden.[52] Es wird ausschließlich vor dem *master* durchgeführt[53] und dient der Festlegung aller Streitpunkte.[54] Im *pleading* ist zunächst die Klage zu begründen,[55] der Beklagte kann erwidern, der Kläger replizieren usw.[56] Bleiben Schriftsätze für 14 Tage aus, ist das *pleading* beendet (*close of pleadings*).[57] Es kommt zur mündlichen Vorverhandlung, vor deren Abschluß der Beklagte alle prozessualen Einreden und Verfahrensrügen geltend machen muß.[58]

Bereits in der Vorverhandlung ist der Rechtsstreit weitmöglichst aufzuklären, denn das englische Zivilverfahren sieht den Erlaß einer Entscheidung aufgrund nur einer einzigen mündlichen Hauptverhandlung, dem *day in court*, vor. Hinter dem Begriff *day in court* steht die dem englischen Zivilprozeßrecht innewohnende, strenge Konzentration auf eine öffentliche Verhandlung vor dem Richter (*judge*), aufgrund welcher der Streit entschieden wird.[59] Um dieses Ziel zu erreichen, verfügt das englische Zivilprozeßrecht bereits für das Vorverfahren über einige Instrumente, mit denen die Parteien die Aufklärung des Rechtsstreits vorantreiben können. Zum Zweck der Beweisaufnahme im Vorverfahren stehen den Parteien im einzelnen zur Verfügung:[60]

- die *interrogatories*, RSC Ord. 26, als Befragung der Gegenpartei,

- die *discovery of documents*, RSC Ord. 24, zur Anforderung der Vorlage von Urkunden,

- das *applying for particulars*, RSC Ord. 18, r. 12(3), als Antrag, die Gegenpartei zur Ergänzung eines *pleading*-Schriftssatzes zu verpflichten.

---

[51] Ab Eingang der Verteidigungsanzeige ist gem. RSC Ord. 16, r. 1 (1) auch die *third party notice* für den Beklagten möglich.

[52] *Bunge* "Das englische Zivilprozeßrecht": S. 84.

[53] *Böttger/Habel/Reinecker* "Zivilgerichtsbarkeit und Zwangsvollstreckung in Großbritannien und Frankreich": S. 15. Hierdurch wird ein Großteil dessen, was im deutschen Zivilprozeß vor dem Richter verhandelt wird, vom *master* erledigt. Der *master* hat weite Befugnis zur Entscheidung prozeßvorbereitender Fragen und dem Erlaß der hierzu erforderlichen Verfügungen, *Casson/Dennis* ebenda: S. 84 ff.

[54] Vgl. für eine ausführliche Darstellung der Aufgabe und des Ablaufs der *pleadings Bücker* "Mündliche und schriftliche Elemente und ihre rechtsgeschichtlichen Hintergründe im englischen Erkenntnisverfahren": S. 14 ff.

[55] Bereits im *pleading* müssen alle die Klage begründenden Tatsachen vorgetragen werden, da ein zusätzlicher Vortrag in der Hauptverhandlung nicht mehr möglich ist, *Casson/Dennis* ebenda: S. 98 ff.

[56] RSC Ord. 18; *Bunge* "Das englische Zivilprozeßrecht": S. 84.

[57] RSC Ord. 18, r. 20.

[58] *Bunge* ebenda: S. 87 f.

[59] *Simmonds* in International Encyclopedia of Comparative Law Vol. I: S. U-95.

[60] Vgl. *Curti* "Englands Zivilprozeß": S. 69 ff.

Diese weitgehenden Beweiserhebungsmöglichkeiten der Parteien stehen für die typische Organisation des englischen Zivilprozesses. Die Parteien beherrschen den Zivilprozeß. Sie haben den Prozeßstoff aufzubereiten. Die Aufgabe des Gerichts besteht demgegenüber nur darin, über spezifische Streitfragen zu entscheiden, die von den Parteien selbst aufgeworfen und dem Gericht zur Entscheidung vorgelegt werden.[61]

Sobald der Rechtsstreit genügend aufgeklärt ist, hat der Kläger beim zuständigen Gerichtsbeamten die Eintragung der Klage am vom *master* bestimmten Gericht zu beantragen (*to set down for trial*).[62] Dort wird der Rechtsstreit dann im *day in court* entschieden.[63]

3. Art der Urteile und rule of precedents

Ein Sachurteil des *High Court* ist der "materiellen Rechtskraft" (*estoppel by res judicata*) fähig.[64] Sie erfaßt alle Punkte, die unter den Parteien des Rechtsstreits streitig waren, also auch tatsächliche Feststellungen.[65]

Die Urteile englischer Gerichte haben aber darüberhinaus eine Bindungswirkung, die weit über die der deutschen Urteile hinausgeht.[66]So binden die Entscheidungen des *House of Lords* und des *Court of Appeal* sowohl horizontal (denselben Gerichtskörper) als auch vertikal die untergeordneten Gerichte.[67] Die Entscheidungen des *High Court* haben nur vertikale Bindungswirkung.[68]

---

[61] *Bücker* "Mündliche und schriftliche Elemente und ihre rechtsgeschichtlichen Hintergründe im englischen Erkenntnisverfahren": S. 15.

[62] *Casson /Dennis* "Odgers' Principles": S. 283.

[63] *Simmonds* in International Encyclopedia of Comparative Law, Vol I: S. U-95.

[64] Das *estoppel by res judicata gehört* dem Beweisrecht an, vgl. zum Inhalt der *res judicata* und für eine Aufstellung der Rechtsprechung *Cheshire & North* "Private International Law": S. 372 f.; *Bunge* "Das englische Zivilprozeßrecht": S. 94; *Schack* "IZVR": Rn. 926. Siehe ausführlich auch unten 4. Teil, S. 270 ff.

[65] *Schack* "IZVR": Rn. 915. Hinsichtlich des persönlichen Anwendungsbereichs der 'materiellen' Rechtskraft ist zwischen *actions in personam* und *actions in rem* zu unterscheiden. Entscheidungen, die auf *actions in rem* ergehen wirken erga omnes. Demgegenüber wirken Urteile, die in *actions in personam* ergehen, zunächst nur zwischen den Parteien, werden jedoch auf Personen erstreckt, die mit einer Partei "*in privy*" stehen. Eine Erstreckung der 'materiellen Rechtskraft' findet im Ergebnis also auf Rechtsnachfolger und Prozeßstandschafter statt, vgl. zum Ganzen *Spencer Bower/Turner* "The Doctrine of Res Judicata": S. 198 ff.; *Howard/Crane/Hochberg* "Phipson on Evidence": 33-35 ff. zum Begriff '*privies*', der auf den Streitverkündungsempfänger jedoch nicht anwendbar ist.

[66] *Simmonds* in International Encyclopedia of Comparative Law Vol. I: S. U-70.

[67] *Halsbury's Laws* Vol. 26 "Judgments and Orders": S. 296 ff. Para 577 ff.; *Bunge* "Das englische Zivilprozeßrecht": S. 75 f.

[68] *Will* "Das Common Law": S. 490; *Simmonds* ebenda: S. U-70; obwohl die Entscheidungen also keine horizontale Bindungswirkung haben, bewirkt die *judicial comity*, der Respekt vor der Entscheidung eines anderen Richters, zumindest deren Beachtung, *Halsbury's Laws* Vol. 26 "Judgments and Orders": S. 301 Para 580.

Bindungswirkung bedeutet dabei faktisch Gesetzeskraft (*force of law*),[69] welche den tragenden Gründe eines Urteils (*ratio decidendi*) oder den vom Gericht formulierten generellen Prinzipien und Regeln zukommt.[70] Hier zeigt sich ganz deutlich der von der deutschen Rechtssystematik abweichende Ansatz des englischen Rechts: Um Rechtssicherheit zu erreichen, die in Deutschland aus der Existenz von allgemein gültigen Gesetzen folgt, muß das englische Recht, welches durch Präjudizien gefestigt und durch neue Entscheidungen fortgebildet wird,[71] den Gerichtsentscheidungen ein besonderes Gewicht geben. Daher erhalten die Entscheidungen der obersten Gerichte eine der Gesetzeskraft ähnliche Bindungswirkung.

In Deutschland würde der Versuch, den Entscheidungen der Obergerichte eine derartige Bindungswirkung zu verleihen, bereits an dem verfassungsrechtlichen Grundsatz der Gewaltenteilung scheitern. Die gesetzgebende Gewalt steht in Deutschland dem Parlament zu. Eine Ausnahme bilden nur einige Entscheidungen des Bundesverfassungsgerichts gemäß § 31 Abs. 2 BVerfGG.

4. Schlußfolgerung

Wir haben festgestellt, daß die Sachurteile der englischen Gerichte eine der Rechtskraft vergleichbare Bindung herbeiführen und eine gesetzesähnliche Wirkung erzeugen können. Was das *estoppel by res judicata* angeht, so binden die Entscheidungen - ebenso wie im deutschen Recht - aber nur die Parteien und ihre Rechtsnachfolger. Dritte werden durch die in ihnen enthaltenen Feststellungen zunächst nicht betroffen.[72] Es kann daher bereits zu diesem frühen Zeitpunkt festgestellt werden, daß das in Deutschland vorhandene Bedürfnis, einen am Gesamtsachverhalt beteiligten Dritten an die Entscheidung eines Gerichts zu binden, auch in England im Grundsatz gegeben sein muß. Die damit verbundenen Fragen sind hier wie dort identisch:

Wie können Dritte bei partiell identischen Sachverhalten in die Feststellungen und Wirkungen eines Urteils einbezogen werden, wie können solche Sachverhalte einheitlich entschieden werden, und wie können mehrere Prozesse über derartige Sachverhalte vermieden werden?

---

[69] *Halsbury's Laws* ebenda: S. 293 Para 573.

[70] *Halsbury's Laws* ebenda: S. 292 Para 573.

[71] Diese Aussage stellt nur noch einen Grundsatz dar. Es darf nämlich nicht verkannt werden, daß gerade in England zunehmend *statutes* vom Gesetzgeber erlassen werden. Diese *statutes* finden jedoch immer noch besondere Ausprägung durch die konkrete Anwendung der Gerichte.

[72] *Lord Brandon* in The Sennar [1985] 2 AllER 104 at 110; *Spencer Bower/Turner* "The Doctrine of Res Judicata": S. 198; *Howard/Crane/Hochberg* "Phipson on Evidence": 33-32, S. 870. Dies gilt jedenfalls für Entscheidungen, die auf *actions in personam* ergehen. Urteile, die auf *actions in rem* (bezüglich der dinglichen Berechtigung an einem Gegenstand sowie traditionell auch Statussachen) ergehen, wirken grundsätzlich erga omnes, siehe oben Fn. 65. Zur Anwendbarkeit des *estoppel by res judicata* auf die Streitverkündung siehe unten 4. Teil, S. 263 ff., 284 ff.

Angesichts der - im Hinblick auf den internationalen Rechtsverkehr - geringen Bedeutung der Verfahren vor den *inferior courts*[73] sowie der unterschiedlichen Verfahrensordnungen dieser Gerichte und letztlich des Fehlens einer Bindungswirkung ihrer Urteile ist eine Beschränkung unserer Untersuchung auf das Verfahren vor dem *High Court* gerechtfertigt. Hiermit lassen sich die Mehrzahl der international relevanten Fälle erfassen und die wesentlichen Prinzipien herausarbeiten, die zum Vergleich mit der Streitverkündung des deutschen Rechts erforderlich sind.

III. Möglichkeiten der unfreiwilligen Drittbeteiligung im englischen Zivilprozeß

Wir können für die folgende Untersuchung nicht einfach im englischen Recht ein Institut suchen, welches der Streitverkündung in Wirkungen oder Voraussetzungen möglichst nahekommt. Schließlich dienen die Rechtsinstitute nur der Lösung tatsächlich existierender Problemsituationen. Der Ausgangspunkt einer rechtsvergleichende Untersuchung liegt vielmehr in den tatsächlich auftretenden, gleichartigen Konfliktsituationen der zu vergleichenden Länder. Zur Feststellung dieser Konfliktsituationen können die eben formulierten Fragen herangezogen werden. Wir müssen also - dem Prinzip der funktionalen Rechtsvergleichung folgend - zunächst eine allgemeine Betrachtungsweise wählen. Es ist danach zu fragen, wie in England die Möglichkeit der prozessualen Beteiligung eines Dritten geregelt ist, um der Existenz vergleichbarer und von einander abhängender Sachverhalte gerecht zu werden. Dann erst kann geprüft werden, ob die hieraus resultierenden - aus dem deutschen Recht bekannten - Aufgaben wie die Vermeidung divergierender Entscheidungen sowie die Sicherung der Verfahrenseffektivität, der Rechtssicherheit und des Interessenschutzes in einer dem deutschen Recht vergleichbaren Weise gelöst werden.Von diesem allgemeinen Betrachtungswinkel können wir uns den im englischen Recht existierenden Rechtsinstituten nähern, um das der Streitverkündung vergleichbare zu ermitteln und rechtsvergleichend gegenüberzustellen.

1. Geschichte der prozessualen Drittbeteiligung

Das Bedürfnis der Einbeziehung Dritter in einen Zivilprozeß wurde in England schon früh erkannt.[74] Einem Beklagten stand in Fällen, in denen er

---

[73] Vgl. *Curti* "Englands Zivilprozeß": S. 16.

[74] *Cohn* in International Encyclopedia of Comparative Law, Vol. XVI, Chapter 5: S. 60; eine noch ausführlichere Darstellung des *vouching* findet sich bei *Götze* "Vouching In und Third Party Practice": S. 25, welche die gesamte Geschichte seit der Jahrtausendwende umfaßt. Inhaltlich ergeben sich jedoch bei seiner Darstellung für den Vergleich der gegenwärtigen Möglichkeiten der prozessualen

des Diebstahls bezichtigt wurde oder[75] er sein Eigentum an einer Sache beweisen mußte, die Möglichkeit offen, sich mit einem *voucher of warranty* gegen den Vorwurf des Diebstahls zu verteidigen,[76] um damit gleichzeitig den zivilrechtlichen Folgen eines behaupteten Diebstahls zu entgehen.

Mit dem *voucher of warranty* konnte der Beklagte also unter Eid oder unter Aufbietung von Zeugen vorbringen, daß er die Sache von einem Dritten erhalten habe, der Diebstahlsvorwurf ihn somit nicht treffe. Gab der Dritte diesen Umstand zu oder antwortete er nicht, schied der bisherige Beklagte aus dem Verfahren aus: Entweder führte der Dritte den Prozeß für den bisherigen Beklagten fort (Parteiwechsel) oder der Dritte wurde sogleich wegen Diebstahl verurteilt.[77] Bestritt er die behauptete Übergabe an den Beklagten, mußte der Beklagte seine im *voucher of warranty* vorgebrachte Behauptung beweisen. Gelang der Beweis nicht, wurde der Prozeß mit dem ursprünglichen Beklagten fortgeführt[78]

Die Möglichkeiten des *voucher of warranty* waren also sehr begrenzt. Er wurde durch die *third party notice* in den RSC ersetzt.

2. Die gegenwärtigen Rechtsinstitute

Die Einbeziehung eines Dritten in den anhängigen Prozeß wird heute im englischen Recht durch die *third party notice* gemäß RSC Ord. 16 und den *interpleader* gemäß RSC Ord. 17 ermöglicht.

Der *interpleader* findet nach RSC Ord. 17, r. 1(1) grundsätzlich Anwendung, wenn der Beklagte hinsichtlich einer Sache oder eines Anspruchs mehreren Gläubigern gegenübersteht, von denen er aber nur einen befriedigen kann. In dieser Situation hat der Beklagte mit dem *interpleader* die Möglichkeit, aus dem Verfahren auszuscheiden, um es den rivalisierenden Gläubigern zu überlassen. Er kann aber auch den oder die weiteren Gläubiger derart in das Verfahren einbeziehen, daß sein Rechtsverhältnis zu ihnen gleich mitentschieden wird.[79]

RSC Ord. 17 beschränkt den *interpleader* auf zwei Fallgruppen. Der *stakeholders interpleader*[80] steht einem Beklagten offen, der sich im Besitz von

---

Drittbeteiligung keine wesentlichen Besonderheiten. Daher sehe ich von einer eigenen ausführlichen Darstellung ab.

[75] An dieser Stelle ist zu beachten, daß das englische Recht zu dieser Zeit noch nicht zwischen Zivil- und Strafrecht unterschied, vgl. *Holdsworth* "A History of English Law" Vol. II: S. 33 ff, 154 ff.

[76] *Holdsworth* "A History of English Law" Vol. II: S. 112 f.; die gängige Formulierung lautete damals: "*As J vouch it to warranty, so did he sell it to me into whose hand I now set it*".

[77] *Pollock/Maitland* "The History of English Law" Vol. II: S. 163f.

[78] *Holdsworth* "A History of English Law" Vol. II: S. 113.

[79] *Cohn* in International Encyclopedia of Comparative Law Vol. XVI; Chapter 5: S. 64.

beweglichen Sachen oder Geld befindet, einen Anspruch hierauf jedoch selbst nicht erhebt, RSC Ord. 17, r. 1(1)(a).

Demgegenüber dient der *sheriffs interpleader* dem *sheriff*, der in der Funktion als Gerichtsvollzieher Sachen beschlagnahmt hat, RSC Ord. 17, r. 1(1)(b) und (2). Wird die beschlagnahmte Sache außer von dem die Zwangsvollstreckung veranlassenden Gläubiger auch noch von einem Dritten beansprucht,[81] darf der *sheriff* beim *High Court* Rechtsschutz in Form des *interpleaders* ersuchen. Die Zwangslage des *sheriffs* wird dann endgültig beseitigt, indem gerichtlich geklärt wird, wem die beschlagnahmte Sache zusteht.[82]

Wie sich gezeigt hat, betrifft der *interpleader* ausschließlich die Fälle alternativer Gläubigerschaft, d. h. die Existenz verschiedener Gläubiger bei nur einem Herausgabeschuldner. Er entspricht daher funktional dem Prätendentenstreit des § 75 ZPO,[83] ist aber mit der Streitverkündung der §§ 72-74 ZPO nicht vergleichbar, die primär die alternative Schuldnerschaft erfaßt.[84] Für die Fragestellung unserer Untersuchung können wir den *interpleader* daher vernachlässigen.

Vergleichbar mit der Streitverkündung ist die *third party notice* gemäß RSC Ord. 16. Mit diesem Verfahren kann der Beklagte[85] eines Rechtsstreits (im folgenden wird dieser bereits schwebende Rechtsstreit Hauptsache oder Hauptverfahren genannt) gegen einen außenstehenden Dritten[86] eine Forderung einklagen, sofern - allgemein ausgedrückt - ein Bezug zur Hauptsache besteht. Nach dem Ermessen des Gerichts kann die *third party notice* bereits mit dem Hauptverfahren verhandelt und entschieden werden.[87]

Entgegen früherer Praxis[88] ist die *third party notice* heute in allen Verfahrensarten zulässig, neben dem *writ*-Verfahren also auch in solchen Verfahren,

---

[80] *Jacob:* 17/1/1.

[81] *Halsbury's Laws* Vol. 25 "interpleader": S. 522 Para 1014.

[82] *Jacob*: 17/1/1.

[83] Zwar ist auch für die Einleitung des Prätendentenstreits nach § 75 ZPO eine Streitverkündung Voraussetzung, vgl *Zöller-Vollkommer*: § 75 Rn. 2. Diese Fallkonstellation soll im Rahmen dieser Arbeit jedoch nicht untersucht werden.

[84] Freilich ist die Streitverkündung außerdem möglich, wenn der Anspruch eines Dritten befürchtet wird, vgl. § 72 Abs. 1 ZPO. Dieser befürchtete Anspruch eines Dritten tritt jedoch nicht alternativ, sondern zusätzlich hinzu.

[85] RSC Ord. 16, r. 1(1). Nur dem Beklagten steht die *third party notice* zu. Der Kläger hat demgegenüber nur die Möglichkeit, einen Dritten gem. RSC Ord. 15, r. 6 (2)(b) als zusätzlichen Beklagten eintragen zu lassen, zu den Möglichkeiten und Voraussetzungen vgl. *Jacob*:15/6/6.

[86] Unter engeren Voraussetzungen kann Dritter aber auch eine Partei des anhängigen Rechtsstreits sein, vgl. RSC Ord. 16, r. 8; *Casson/Dennis* "Odgers' Principles": S. 197. Unter Dritter ist eine Person zu verstehen, mit der der Beklagte noch kein Prozeßrechtsverhältnis begründet hat, d. h. nicht der Kläger, wohl aber ein anderer Beklagter des Hauptprozesses.

[87] *Barnard* "The Civil Court in Action": S. 120.

[88] Vgl. für alle Re Wilson (1916) 45 ChD 266.

die durch *originating summons* eingeleitet wurden.[89] Mit Ausnahme der *enemy aliens*[90] steht die *third party notice* grundsätzlich jedem Beklagten zu.[91]

Zwei wesentliche Unterschiede zur Streitverkündung sind bereits deutlich geworden: Erstens ist im englischen Recht nur der Beklagte des Hauptverfahrens zur *third party notice* berechtigt. Zweitens kann die *third party notice* zu einem Urteil gegen den Dritten noch innerhalb des Hauptverfahrens führen. Obwohl das englische Recht für den Dritten somit eine stärkere Beteiligungsform bereithält als die Streitverkündung, sind beide Rechtsinstitute miteinander vergleichbar. Entscheidend ist nicht die verschiedenartige Ausgestaltung der Rechtsinstitute, sondern deren Ziel, die angemessene und einheitliche Entscheidung zweier Sachverhalte, die sich überschneiden oder teilweise identisch sind. Sowohl der Streitverkündung als auch der *third party notice* liegt die Situation zugrunde, daß eine Partei eines anhängigen Rechtsstreits mit diesem (Haupt-) Verfahren im Zusammenhang stehende Ansprüche gegen einen Dritten zu haben glaubt.

Bevor auf die Besonderheiten einer grenzüberschreitenden *third party notice* eingegangen werden kann, ist eine allgemeine Darstellung der *third party notice* erforderlich. Da es bislang keine deutschsprachige Untersuchung der *third party notice* gibt,[92] können sich die folgenden Ausführungen nicht auf einen Überblick beschränken. Es ist vielmehr eine gründliche Ermittlung des Wesens sowie der Voraussetzungen und Wirkungen der *third party notice* nötig, damit die anschließende Betrachtung der grenzüberschreitenden *third party notice* verständlich wird.

B. Third party notice

I. Überblick

Rechtstechnisch stellt die *third party notice* eine eigene Klage des Beklagten gegen den Dritten dar,[93] der im Verhältnis zum Beklagten[94] des Hauptverfahrens selbst Beklagter mit allen Rechten eines Beklagten wird.[95] Während

---

[89] RSC Ord. 16, r. 1(1) und r. 3 (3); *Jacob*: 16/1/19; *Halsbury's Laws* Vol. 37 "Practice and Procedure": S. 193 Para 254.

[90] Dieser Begriff bezeichnet eine Person, die freiwillig in einem vom Feind kontrollierten Gebiet wohnt.

[91] *Reading, CJ* in Halsey v. Lowenfeld [1916] 2 KB 707, 714, CA.

[92] Angesprochen wird sie in der deutschsprachigen Literatur lediglich von *Curti* "Englands Zivilprozeß": S. 87 f.

[93] Barclays Bank v. Tom [1923] 1 KB 221 at 225.

[94] Zur Terminologie: Beklagter bedeutet im folgenden der Beklagte des Hauptverfahrens, der die *third party notice* veranlaßt. Dritter ist derjenige, der mit der *third party notice* in Anspruch genommen wird.

[95] *Jacob*: 16/1/23; *Langan/Henderson* "Civil Procedure": S. 151; *Casson/Dennis* "Odgers' Principles": S. 197; *Halsbury's Laws* Vol. 37 "Practice and Procedure". S. 196 Para 257.

die Zulässigkeitsvoraussetzungen der *third party notice* in den RSC im einzelnen geregelt sind, hängt der Fortgang des Verfahrens (so insbesondere Art und Umfang der Einbeziehung des Dritten sowie der Abschluß des Verfahrens) vom Gericht ab. Das englische Gericht verfügt dabei über einen für deutsche Verhältnisse ungewöhnlich weiten Ermessensspielraum.[96]

Sinn und Zweck der *third party notice* wurden von Scrutton, LJ[97] zusammengestellt:

- Erstes Ziel ist die Bindung des Dritten an das Ergebnis des Verfahrens zwischen dem Kläger und dem Beklagten;[98]

- zweites Ziel ist die baldmöglichste Entscheidung der Rechtsfrage zwischen Beklagtem und Drittem, damit der Beklagte nicht der Vollstreckung des Klägers ausgesetzt wird, ohne sogleich beim Dritten Regreß nehmen zu können;[99]

- drittes Ziel ist die Vermeidung mehrer Klagen (Kosten).[100]

Die *third party notice* verfolgt also dieselben Zwecke wie die Streitverkündung, wobei auffällt, daß das Interesse des Beklagten ebenso wie das Interesse des Streitverkünders bei der Streitverkündung[101] im Vordergrund steht. Dies ist ein weiteres Indiz für die Vergleichbarkeit beider Rechtsinstitute.

---

[96] Vgl. in einzelnen *Langan/Henderson* "Civil Procedure": S. 153 f.; *Casson/Dennis* "Odgers' Principles": S. 197; *Jacob*: 16/4/1.

[97] In *Barclays Bank* v. *Tom* [1923] 1 KB 221 at 224:
"The object of the third party procedure is then in the first place to get the third party bound by the decision between the plaintiff and the defendant. In the next place it is directed to getting the question between the defendant and the third party decided as soon as possible after the decision between the plaintiff and the defendant, so that the defendant may not be in the position of having to wait a considerable time before he establishes his right of indemnity against the third party while all the time the plaintiff is enforcing his judgment against the defendant. And thirdly, it is directed to saving the extra expense which would be involved by two independent actions."

[98] Hierdurch soll der Beklagte geschützt werden, denn die *third party notice* erspart ihm den erneuten Beweis derjenigen Tatsachen, die Teil der Klage gegen ihn sind, vgl. *Langan /Henderson* "Civil Procedure": S. 191.

[99] Vgl. auch *Barnard* "The Civil Court in Action": S. 120.

[100] Daneben soll auch die Gefahr der verschiedenen Beurteilung und Entscheidung derselben Rechtsfragen gebannt werden, vgl. *Pennycuick, J* in Standart Securities, Ltd. v. Hubbard [1967] 2 All ER 622 at 623 E; *Barnard* ebenda: S. 120; *Halsbury's Laws* Vol. 37 "Practice and Procedure": S. 194 Para 254; *Jacob*: 16/1/1.

[101] Vgl. für alle: *Zöller-Vollkommer*: § 72 Rn. 1.

II. Voraussetzungen einer nationalen third party notice

1. Materielle Zulässigkeitsvoraussetzungen

RSC Ord. 16, r. 1 ermöglicht die *third party notice* in verschiedenen Fallkonstellationen, die in drei Gruppen eingeteilt sind. Eines ist jedoch in jedem Fall zu beachten: Selbst wenn die Forderung des Beklagten gegen den Dritten unter eine der Gruppen des RSC Ord. 16, r. 1(1)(a)-(c)[102] fällt, hat der Beklagte hieraus keineswegs einen Anspruch auf Durchführung der *third party notice*.[103] Vielmehr steht dies immer noch im Ermessen des Gerichts,[104] welches die Durchführung des Verfahrens auch ablehnen kann.[105]

a) Contribution or indemnity (RSC Ord. 16, r. 1(1)(a))[106]

Diese Gruppe erfaßt die Situationen, in denen der Beklagte gegen den Dritten einen Anspruch auf *contribution* (Beitrag unter Gesamtschuldnern)[107] oder auf *indemnity* (Haftungsfreistellung)[108] hat. Unter *contribution* versteht man insbesondere die Fälle einer deliktischen Schädigung des Klägers durch verschiedene Personen.

Die genaue Festlegung der Anspruchsarten, auf die eine *third party notice* gestützt werden darf, wirkt beschränkend. Zwar wird das Erfordernis eines Sachzusammenhangs zum Hauptverfahren - anders als in den nachfolgenden Fallgruppen - nicht ausdrücklich aufgestellt. Wenn jedoch der Beklagte vom Dritten unter RSC Ord. 16, r. 1(1)(a) nur die Leistung eines Beitrags oder die

---

[102] RSC Ord. 16, r. 1(1) lautet in der Fassung von 1994:
"(1) Where in any action a defendant who has given notice of intention to defend-
(a) claims against a person not already a party to the action any contribution or indemnity; or
(b) claims against such a person any relief or remedy relating to or connected with the original subject-matter of the action and substantially the same as some relief or remedy claimed by the plaintiff; or
(c) requires that any question or issue relating to or connected with the original subject-matter of the action should be determined not only as between the plaintiff and the defendant but also as between either or both of them and a person not already a party to the action;
then, subject to...., the defendant may issue a notice....".

[103] Vgl *Bramwell, LJ* in Schneider v. Batt (1881) 8 QBD 701 at 705.

[104] Vgl. Chatsworth Investments Ltd. v. Amoco (U.K.) Ltd. [1968] Ch 665, CA = [1968] 3 All ER 357, CA.

[105] Zu den Kriterien der Ermessensausübung siehe unten S. 193 ff., 226 ff.

[106] Siehe oben Fn. 102.

[107] Möglich ist der Anspruch auf *contribution* aber auch aufgrund eines Gesetzes wie etwa dem *Civil Liability Act* 1978, *Jacob*: 16/1/3.

[108] Dieser Anspruch entsteht durch *express* oder *implied contract*, durch Gesetz oder allgemeine Rechtsgrundsätze, *Halsbury's Laws* Vol. 37 "Practice and Procedure": S. 194 Para 254 Fn. 4. Erfaßt sind damit auch Entschädigungspflichten des Dritten aus *Equity*, *Jacob* in "Bullen/Leake/Jacob": S. 172; Beispiele finden sich bei *Jacob*: 16/1/4-20.

gänzliche Freistellung von jeglicher Haftung verlangen kann, wird automatisch ein Bezug zum Hauptverfahren und der darin vom Kläger erhobenen Forderung hergestellt. Nicht die Quote, wohl aber die tatsächliche Höhe des Beitrags oder der Haftung, von der der Beklagte freizustellen ist, bemißt sich nach der Klageforderung des Klägers. Es muß daher das Erfordernis eines Sachzusammenhangs in dieser Fallgruppe nicht ausdrücklich aufgestellt werden, da es sich bereits aus dem Inhalt der Vorschrift ergibt.[109]

RSC Ord. 16, r. 1(1)(a) ist die von der Rechtsprechung zur *third party notice* am häufigsten behandelte Fallgruppe. Dies erklärt sich dadurch, daß in der Zeit zwischen 1883 und 1929 eine *third party notice* nur bei Vorliegen dieser Fallgruppe zulässig war.[110] Die folgenden Fallgruppen wurden den RSC erst im Jahr 1929 hinzugefügt.[111]

b) Relief or remedy (RSC Ord. 16, r. 1(1)(b))[112]

Diese etwas allgemeinere Fallgruppe erfaßt im Grundsatz jeglichen Rechtsbehelf (*relief or remedy*) des Beklagten gegen den Dritten. Zwei zusätzliche Voraussetzungen schränken ihren Anwendungsbereich jedoch ein: Zum einen muß der Anspruch des Beklagten im Sachzusammenhang mit der Hauptsache stehen ("*...relating to or connected with the original subject-matter of the action...*"). Zum anderen muß der in der *third party notice* geltend gemachte Rechtsbehelf im wesentlichen dem Rechtsbehelf des Klägers entsprechen ("*...and substantially the same as some relief or remedy claimed by the plaintiff...*"). Entscheidungen der Rechtsprechung zu diesen Einschränkungen sind allerdings kaum vorhanden. Fest steht aber, daß der Sachzusammenhang keine Identität der Tatsachengrundlagen erfordert. Vielmehr genügt Ähnlichkeit, wenn die *third party notice* zur Klärung der Frage dient, wer den Schaden des Klägers letztlich zu tragen hat.[113] Damit sind die wesentlichen kaufrechtlichen Gewährleistungsansprüche, wie sie in einem Drei-Personen-Verhältnis, z. B. bei den sogenannten Kettenkaufverträgen, entstehen und weitergeleitet werden können, von RSC Ord. 16, r. 1(1)(b) erfaßt.[114] Die Geltendmachung kaufrechtlicher Gewährleistungsansprüche aus Kettenkaufverträgen - wie dies im ersten Beispiel der Einleitung der Fall ist[115]-, kann außerdem erläutern, was unter

---

[109] So wird auch bei der deutschen Streitverkündung das Erfordernis eines Sachzusammenhangs nicht ausdrücklich aufgestellt. Es kann jedoch der Formulierung in § 72 Abs. 1 ZPO, "...die für den Fall des ungünstigen Ausgangs des Rechtsstreits..." entnommen werden. Dieser Satzteil des § 72 Abs. 1 ZPO drückt eine Abhängigkeit vom Vorprozeß aus, welche nur bei hinreichendem Sachzusammenhang der Klageforderung im Vorprozeß zum Regreßanspruch vorliegen kann.

[110] Vgl. *Pennycuick, J* in Standart Securities Ltd. v. Hubbard [1967] 2 All ER 622 at 623 F.

[111] *Langan/Henderson* "Civil Procedure": S. 151.

[112] Siehe oben Fn. 102.

[113] *Goff, J* in Myers v. N & J Sherick Ltd. [1974] 1 All ER 81 at 82a und 85d.

[114] *Jacob* in "Bullen/Leake/Jacob": S. 173.

[115] Siehe oben 1. Teil (Einleitung), S. 17.

entsprechenden Rechtsbehelfen im Hauptverfahren und bei der *third party notice* zu verstehen ist. In diesen Fällen werden die Ansprüche - und damit zusammenhängend die Rechtsbehelfe - in beiden Verfahren regelmäßig identisch oder zumindest sehr ähnlich sein, so daß die zusätzlichen Voraussetzungen des RSC Ord. 16, r. 1(1)(b) gegeben sind.

c) Question or issue (RSC Ord. 16, r. 1(1)(c))[116]

Der weiteste Anwendungsbereich der *third party notice* findet sich in dieser Fallgruppe, wo jede Streitfrage (*question or issue*) zwischen Beklagtem und Drittem Gegenstand der *third party notice* sein kann. Unter Streitfrage ist dabei jeder Teilaspekt, jede streitige Tatsache oder Rechtsfrage zu verstehen, die der Klärung bedarf. Erforderlich ist nur, daß die Streitfrage im Sachzusammenhang mit der Hauptsache steht und für den Beklagten nicht nur im Verhältnis zum Kläger, sondern auch zum Dritten geklärt werden muß.[117]

Allerdings sind die Wirkungen der *third party notice* in dieser Fallgruppe deutlich geringer als bei den ersten beiden Fallgruppen. Der Beklagte erhebt hier keinen Anspruch gegen den Dritten. Nur ein Teilaspekt dieses Anspruchs oder Rechtsverhältnisses ist zu beurteilen, so daß die Verurteilung des Dritten zu einer Leistung nicht denkbar ist.

In dieser Ausgestaltung erscheint die *third party notice* der Streitverkündung sehr ähnlich, denn auch bei letzterer wird allenfalls ein Teilaspekt des Rechtverhältnisses zwischen Streitverkünder und Streitverkündungsempfänger entschieden.[118] Übereinstimmung besteht indes nur bezüglich des Anwendungsbereichs, denn auch bei dieser Ausgestaltung sieht die *third party notice* keine verfahrensmäßige Besonderheiten vor. Dies bedeutet, daß die *third party notice* auch hier eine eigene Klage darstellt, selbst wenn mit ihr nur im Sachzusammenhang stehende Teilfragen zwischen Beklagtem und Drittem geklärt werden sollen. Auch in diesem Fall endet sie - ihre Zulässigkeit unterstellt - mit einem Urteil.

Dieses Urteil können wir mit einem Feststellungsurteil des deutschen Rechts vergleichen:[119] Die *third party notice* ähnelt in ihrer letzten Fallgruppe

---

[116] Siehe oben Fn. 102.

[117] Früher mußte die betreffende Streitfrage noch "*substantially the same*" sein, wie eine entsprechende Streitfrage im Hauptprozeß. Seit der Änderung der RSC im Jahr 1962 ist diese zusätzliche Voraussetzung entfallen, *Jacob*: 16/1/1.

[118] Insbesondere wird auch bei der Streitverkündung kein sachlichrechtlicher oder prozessualer Anspruch erhoben, vgl. nur *BLAH-Hartmann*: Einführung vor §§ 72-74 Rn. 1.

[119] Hinsichtlich der Art der Bindung des Dritten entfernt sich die *third party notice* damit von der Streitverkündung: Der Erlaß einer Entscheidung gegenüber dem Dritten bewirkt, daß diesem keine Einrede der exceptio male gesti processus i. S. d. § 68, 2. Halbsatz ZPO zusteht. Hinsichtlich des Inhalts der 'Entscheidung' sind sich beide Rechtinstitute aber sehr ähnlich: Auch die *third party notice*

der Feststellungsklage des deutschen Rechts. In beiden Fällen wird ein Rechtsverhältnis oder der Teil eines Rechtsverhältnisses durch ein Urteil festgestellt.[120]

Angesichts des Wortlauts von RSC Ord. 16, r. 1(1)(c) reichen die Möglichkeiten der *third party notice* aber noch über den Anwendungbereich einer Feststellungsklage hinaus. Die Feststellung abstrakter Tatsachen- oder Rechtsfragen ist nämlich bei der Feststellungsklage nicht möglich.[121] Demgegenüber würde auch eine solche Streitfrage bei der *third party notice* unter den Wortlaut des RSC Ord. 16, r. 1(1)(c) fallen. Eine Rechtsprechung zum konkreten Anwendungsbereich dieser Variante der *third party notice* existiert jedoch noch nicht.

Durch die Möglichkeit des Erlasses eines Urteils unterscheidet sich die *third party notice* aber auch in dieser Fallgruppe wesentlich von der Streitverkündung, bei der ja ein Urteil gegenüber dem Streitverkündungsempfänger gerade nicht gefällt wird.[122] Auch werden ihm gegenüber im Urteil des Hauptprozesses keine ausdrücklichen Feststellungen getroffen.[123]

Insgesamt ist festzustellen, daß der Anwendungsbereich der *third party notice* nicht über den Anwendungsbereich einer Streitverkündung hinausgeht, obwohl letztere nach dem Wortlaut des § 72 Abs. 1 ZPO nur Ansprüche auf Gewährleistung oder Schadloshaltung erfaßt. Diese Aufzählung in § 72 Abs. 1 ZPO ist unstreitig nur beispielhaft,[124] so daß die Streitverkündung darüber hinaus auch für Ausgleichsansprüche unter Gesamtschuldnern anwendbar ist.[125] Die Unterschiede beider Rechtsinstitute sind also im Bereich des Verfahrens und der Wirkungen zu suchen.

---

zeitigt nämlich keine über die entschiedene Rechtsfrage hinausgehende Wirkung, vgl im einzelnen *Goff, J* in Myers v. N & J Sherrick Ltd. [1974] 1 All ER 81 at 86a. Damit ist aber auch die erwähnte Gleichartigkeit mit einer Feststellungsklage des deutschen Rechts nicht ausgeschlossen. Gerade im Bezug auf den Inhalt der Bindungswirkung sind sich Streitverkündung und Feststellungsklage sehr nahe, wenn man von der Ausnahme der in § 68, 2. Halbsatz ZPO berücksichtigten Interessenkollisionen absieht, vgl. *Lüke* "Die Beteiligung Dritter im Zivilprozeß": S. 350.

[120] Vgl. für die Feststellungsklage des deutschen Rechts *Thomas/Putzo*: § 256 Rn. 5 ff. m. w. N.

[121] BGH Urteil vom 3.7.1977 in NJW 1977, 1288, 1289.

[122] Die Bindung wird vielmehr durch die Nebeninterventionswirkung gem. §§ 74 Abs. 1 und 3 i. V. m. 68 ZPO herbeigeführt.

[123] Tritt der Streitverkündungsempfänger nicht bei, erscheint er nicht einmal im Rubrum des Urteils, vgl. § 74 Abs. 2 ZPO.

[124] Die Streitverkündung ist auch bei Alternativverhältnissen zulässig, *Eibner* "Dissertation": S. 45 ff.; *Zöller-Vollkommer*: § 72 Rn. 5 ff.; *Mü-Ko-Schilken*: § 72 Rn. 8 ff. jeweils m. w. N.

[125] OLG München Urteil vom 11.10.1985 in NJW 1986, 263. In dieser Entscheidung hatte das OLG sogar die im Vorprozeß erkannte Haftungsquote unter die Nebeninterventionswirkung gefaßt. Dies wird von *Vollkommer* in NJW 1986, 264 zu Recht kritisiert, da diese Feststellung des Gerichts des Vorprozesses keine das Urteil tragende war. Nur tragende Feststellungen werden aber von der Nebeninterventionswirkung erfaßt, vgl. *Zöller-Vollkommer*: § 68 Rn. 9 mit Aufstellung der gleichlautenden ständigen Rechtsprechung des BGH. Die grundsätzliche Möglichkeit der Streitverkündung gegenüber einem anderen Gesamtschuldner zur Vorbereitung eines nachfolgenden Gesamtschuldnerausgleichs bleibt davon jedoch unberührt. Vgl. auch *Stein/Jonas-Bork* : § 72 Rn. 13.

2. Formelle Zulässigkeitsvoraussetzungen

Die vom Beklagten zu erfüllenden formellen Erfordernisse hängen oftmals vom Einzelfall und dem Ermessen des Gerichts ab. Die nachfolgende Darstellung kann daher nicht alle möglichen Varianten der Gerichtspraxis erfassen.

Gemäß RSC Ord. 16, r. 3(4)(a) ist die *third party notice* wie eine Regelklage (den *writ of summons*) zu behandeln. Sie muß daher den Gültigkeitserfordernissen eines *writs* entsprechen[126] und dem Dritten entsprechend den Regeln der RSC Ord. 10 und 11 zugestellt werden.[127]

Die Gleichstellung mit dem *writ* hat zur Folge, daß die Vorschriften und Rechtsprechung zum *writ* auf die *third party notice* übertragen werden können. Daher verwenden wir im folgenden zum besseren Verständnis immer den Begriff *third party notice*, selbst wenn die konkrete Anwendungsregel oder Entscheidung der Rechtsprechung primär den *writ* betrifft.

Ob eine *third party notice* einer ausdrücklichen Zulassung durch das Gericht bedarf, hängt vom Einzelfall, insbesondere auch von der Art der Einleitung des Hauptverfahrens und dessen Verfahrensstand ab. Wurde das Hauptverfahren, in dem die *third party notice* eingeleitet wurde, durch einen *writ of summons* des Klägers begonnen, ist für Durchführung der *third party notice* grundsätzlich keine Zulassung durch das Gericht (*leave*) erforderlich, RSC Ord. 16, r. 1(2). Hiervon bestehen jedoch zahlreiche Ausnahmen. *Leave* ist demnach erforderlich:[128]

- bei einer *third party notice* in einem Verfahren, das durch *originating summons* eingeleitet wurde, RSC Ord. 16, r. 1(2),
- wenn die *third party notice* eingereicht wird, nachdem der Beklagte sich zur Sache im Hauptverfahren eingelassen hat, RSC Ord. 16, r. 1(2),
- bei einer *third party notice* gegen die 'Krone', RSC Ord. 77, r. 10, und
- wenn die *third party notice* an den Dritten außerhalb des Gerichtsbezirks des *High Court*, der England und Wales umfaßt,[129] zugestellt werden muß, RSC Ord. 11, r. 1 und r. 9(4).

---

[126] *Barnard* "The Civil Court in Action": S. 121; *Halsbury's Laws* Vol . 37 "Practice and Procedure": S. 195 Para 255. Die *third party notice* muß dementsprechend die Natur und den Grund des in ihr erhobenen Anspruchs oder die Art der zu klärenden Frage erkennen lassen, RSC Ord. 16, r. 1(1); *Casson/Dennis* "Odgers' Principles": S. 197; *Curti* "Englands Zivilprozeß": S. 87.

[127] Im Grundsatz ist die persönliche Zustellung erforderlich, RSC Ord. 10, r. 1(1); *Jacob*: 16/3/3; innerhalb des Gerichtsbezirks des *High Court* kann auf die alternativen Zustellungsmöglichkeiten der RSC Ord. 10, r. 1(2) zurückgegriffen werden. Der *third party notice* muß bereits bei der Zustellung eine Kopie der Klage und der *pleading*-Schriftsätze beigefügt werden, vgl. *Halsbury's Laws* Vol. 37 "Practice and Procedure": S. 196 Para 256.

[128] Vgl. *Halsbury's Laws* ebenda: S. 195 Para 255; *Jacob*: 16/1/21.

Fällt die *third party notice* unter eine dieser Gruppen, so ist ihre Zulassung (*leave*) beim *High Court* zu beantragen. Dem Antrag[130] auf Gewährung eines *leave* ist eine eidesstattliche Versicherung (*affidavit*) beizufügen, welche im wesentlichen den Stand des Hauptverfahrens und die Natur der Forderungen gegen den Beklagten einerseits und gegen den Dritten andererseits enthalten muß, RSC Ord. 16, r. 2(2)(a)-(c). In der Entscheidung über die Zulassung der *third party notice* ist dem Gericht ein sehr weites Ermessen eingeräumt.[131] Es können daher hier nur Anhaltspunkte gegeben werden, die üblicherweise für die Entscheidung des Gerichts über die Zulassung maßgeblich sind. Zu berücksichtigen sind in jedem Fall die Interessen des Klägers.[132] Allgemein ausgedrückt kann die *third party notice* nicht zugelassen werden, wenn ihre Vorteile die für den Kläger entstehenden Nachteile nicht aufwiegen.[133] Entscheidungserheblich ist auch, ob die durch die *third party notice* aufgeworfenen Fragen sachgerecht im anhängigen Verfahren gelöst werden können.[134]

Zusammenfassend läßt sich sagen, daß das Gericht bei der Entscheidung, ob es das Verfahren der *third party notice* zuläßt, eine Gesamtabwägung der Interessen aller Beteiligten durchzuführen hat. Es kann jedoch nicht festgestellt werden, daß die Interessen eines Beteiligten Vorrang genießen. Auch die Sachdienlichkeit und Angemessenheit der Durchführung der *third party notice* im allgemeinen sind zu berücksichtigen. Die Prüfung der Sachdienlichkeit und Angemessenheit geht jedoch nicht so weit, daß das Gericht in diesem Stadium auch die Erfolgsaussichten der mit der *third party notice* erhobenen Klage prüft.[135]

Die formellen Zulässigkeitsvoraussetzungen der *third party notice* sind denjenigen der Streitverkündung ähnlich. Beide Rechtsordnungen verlangen die

---

[129] *Casson/Dennis* "Odger's Principles": S. 37; *Jacob*: 11/1/4.

[130] Der Antrag selbst kann *ex parte* (d.h. einseitig und ohne Anhörung des Gegners) beim *master* gestellt werden, RSC Ord. 16, r. 2 (1). Der *master* kann jedoch einen *summon* (d. h. Antrag, der dem Kläger zuzustellen ist) verlangen, was in den Fällen des RSC Ord. 16, r. 1(1)(c) die Regel ist, vgl. *Jacob*: 16/2/1.

[131] *Jacob*: 16/2/3.

[132] Bower v. Hartley (1876) 1 QBD 652; generell zur Zulassung bei Erschwerung der Klage *Cotton, LJ* in Carshore v. North Eastern Railway Co. (1885) 29 ChD 344 at 346. In Hutchinson v. Colorado Mining Company [1884] WN 40 wurde der Antrag auf Zulassung der Zustellung der *third party notice* ins Ausland abgelehnt, da dies die Klage um drei Monate verzögert hätte.

[133] *James, LJ* in Bower v. Hartley (1876) 1 QBD 652 at 656.

[134] Baxter v. France [1895] 1 QBD 591. Dem liegt der Gedanke zugrunde, daß eine *third party notice* nur zugelassen werden soll, wenn alle Rechtsstreitigkeiten des Beklagten im Verhältnis zum Kläger und zum Dritten in einem Verfahren geklärt werden können. Hierüber muß sich das Gericht also bereits in diesem Stadium ein Bild machen. Wo eine umfassende Klärung nicht möglich ist, muß die *third party notice* Gegenstand einer separaten Klage sein, so bereits in Schneider v. Batt (1881) 8 QBD 701, bestätigt durch *Lord Esher, MR* in Baxter v. France ebenda: S. 593.

[135] Geprüft wird nur, ob mit ihr ein Fall der RSC Ord. 16, r. 1(1)(a)-(c) geltend gemacht wird, vgl. *Cotton, LJ* in Carshore v. North Eastern Railway Co. (1885) 29 ChD 344 at 346. Beachte aber, daß im Falle der Auslandszustellung der *third party notice* eine begrenzte Prüfung der materiellen Rechtslage stattfindet, siehe unten S. 219 ff.

Zustellung der verfahrenseinleitenden Schrift,[136] eine Darstellung des Verfahrensstands sowie des erhobenen Anspruchs.[137]

Ungewöhnlich für den deutschen Betrachter ist jedoch die teilweise Erforderlichkeit einer gerichtlichen Zulassung und das dabei bestehende Ermessen des Gerichts. Gerade bei der Streitverkündung wird nach h. M. die Zulässigkeit im Vorprozeß nicht geprüft.[138] Auch ist die Zulassung einer Klage im deutschen Zivilprozeß grundsätzlich nicht in das Ermessen des Gerichts gestellt.[139]

Hier zeigt sich ein wesentlicher Unterschied zwischen beiden Rechtsordnungen. Aufgrund der geschichtlichen Entwicklung des englischen Rechts sind dem englischen Richter in der Behandlung prozessualer Fragen viel mehr Freiheiten eingeräumt als seinem deutschen Kollegen. Die Zulässigkeit ist in der ZPO durch Prozeßvoraussetzungen geregelt, die dem Richter grundsätzlich keinen Ermessensspielraum lassen. Mit der Freiheit des Ermessens, die auf den ersten Blick den Vorteil der höheren Flexibilität innehat, korrespondiert eine gewisse Rechtsunsicherheit, vor allem aber auch eine große Verantwortung für den englischen Richter. Es wird sich im Zuge der hier vorzunehmenden Untersuchung zeigen, ob diese angedeuteten möglichen Nachteile im Verfahren der *third party notice* wirklich existieren.

III. Verfahren der third party notice

Nachdem der Dritte die *third party notice* erhalten hat, muß er binnen 14 Tagen die Zustellung bestätigen (*acknowledgment of service*) und seine Verteidigungsabsicht (*notice of intention to defend*) bei Gericht anzeigen,[140] um den nachteiligen Folgen des RSC Ord. 16, r. 5 zu entgehen. Wenn der Dritte mit der Verteidigungsanzeige oder der Bestätigung der Zustellung säumig ist, droht ihm die Fiktion der Anerkennung aller gegen ihn erhobenen Ansprüche oder der sofortige Erlaß eines (Versäumnis-) Urteils.[141] Sobald der Dritte seine Verteidigungsbereitschaft angezeigt hat, kann der Beklagte einen *summon*[142]

---

[136] Vgl. für die ZPO § 73 Satz 2.

[137] § 73 Satz 1 ZPO.

[138] BGH Urteil vom 18.12.1961 in BGHZ 36, 212, 217; Urteil vom 9.10.1975 in BGHZ 65, 127, 130 f.; Urteil vom 26.3.1987 in BGHZ 100, 257, 259 = JR 1988, 67; Urteil vom 14.11.1991 in BGHZ 116, 95, 98 (ständige Rechtsprechung). Vgl. für die Literatur *Zöller-Vollkommer*: § 74 Rn. 5; *Mü-Ko-Schilken*: § 72 Rn. 17.

[139] Eine Ermessensentscheidung des deutschen Gerichts, die sich auf die Zulässigkeit auswirken könnte, gibt es im ZPO-Verfahren etwa i. R. d Sachdienlichkeitsprüfung bei der Klageänderung gem. § 263 ZPO oder bei der Zulassung von verspätetem Parteivortrag gem. § 296 Abs. 1, 2 und 3 ZPO, desgleichen wenn die Glaubhaftmachung erforderlich ist, wie z. B. bei Arrest und einstweiliger Verfügung gem. §§ 920 Abs. 2, 936 ZPO.

[140] *Halsbury's Laws* Vol. 37 "Practice and Procedure": S. 196 Para 256. Wurde die *third party notice* aber ins Ausland zugestellt, verändert sich die Frist, siehe unten 3. Teil, B.V., 5., S. 247 f.

[141] Die Säumnisfolgen für den Dritten werden unten 3. Teil, B.IV.2.a., S. 204 ff. dargestellt.

[142] Der Begriff des *summon* hat im englischen Recht zwei Bedeutungen: Zum einen wird er, wie

(Antrag der allen Beteiligten zuzustellen ist) auf *third party directions* (prozeßleitende Verfügungen) stellen, RSC Ord. 16, r. 4(1).[143] Unterbleibt der Antrag länger als 7 Tage seit der Verteidigungsanzeige des Dritten, kann der Dritte selbst die *third party directions* oder gar die Aufhebung (order to set aside) der *third party notice* beantragen, RSC Ord. 16, r. 4(2). Läuft aber alles 'normal', so wird das Gericht vom Beklagten einen *summon for third party directions* erhalten. Das Gericht wird hierdurch in die Lage versetzt, den Fortgang des Verfahrens zu lenken. Es muß aktiv werden und verfahrensleitende Verfügungen erlassen. Es liegt auf der Hand, daß diese Verfügungen einen großen Einfluß auf den Ablauf des Verfahrens haben. Dies ist gerade deshalb bemerkenswert, weil in diesem Stadium des Verfahrens noch nicht der Richter selbst, sondern ein *master* als 'Gericht' tätig wird.[144] Angesichts der Bedeutung und der vielen Möglichkeiten von verfahrensleitenden Anordnungen wird das Gewicht der Tätigkeit der *masters* deutlich, die in der Tat einen großen Teil dessen, was im deutschen Zivilprozeß durch den Richter erledigt wird, in eigener Regie ausführen.

In der Gestaltung des Verfahrensablaufs hat der *master* praktisch alle erdenklichen Möglichkeiten. Er ist bei der Ausübung seines diesbezüglich bestehenden Ermessens nur an die Gebote der Gerechtigkeit und der Angemessenheit gebunden.[145] Innerhalb dieser Kriterien nehmen aber die Interessen der Beteiligten einen besonderen Rang ein, denn sie hat der *master* vor Ungerechtigkeiten zu bewahren.[146] Wegen des eingeräumten weiten Ermessensspielraums ergeben sich eine Fülle von möglichen Anordnungen, die hier nicht alle dargestellt oder aufgelistet werden können. Möglich ist nur ein Überblick.[147]

1. Möglichkeiten des Gerichts

Dem Antrag auf *third party directions* folgt zunächst eine Anhörung (*hearing*)[148] der Beteiligten. Diese und der Antrag selbst sind Grundlage der zu erlassenden Verfügungen. Die Möglichkeiten des Gerichts, das Verfahren durch *third party directions* zu lenken, lassen sich in drei Kategorien unterteilen: Die Ablehnung des Verfahrens, die Entscheidung in der Sache und die Anordnung des Verfahrens mit Beteiligung des Dritten. Vorab sei aber noch darauf hingewiesen, daß jede gerichtliche Verfügung jederzeit abgeändert oder aufgehoben werden kann.[149]

---

hier, als Bezeichnung eines Antrags, der allen Beteiligten zuzustellen ist, verwendet. Zum anderen wird damit die Ladung eines Zeugen oder Beteiligten bezeichnet, vgl. *Casson/Dennis* "Odgers' Principles": S.9.

[143] *Barnard* "The Civil Court in Action": S. 122; *Langan/Henderson* "Civil Procedure": S. 153.

[144] *Barnard* "The Civil Court in Action": S. 122; *Casson/Dennis* ebenda: S. 197.

[145] Vgl. im einzelnen RSC Ord. 16, r. 4; *Jacob*: 16/4/8.

[146] *Cotton, LJ* in Barton v. London and North Western Railway Co. (1888) 38 ChD 144 at 151; *Casson /Dennis* ebenda: S. 198.

[147] Für eine sehr umfangreiche Auflistung der Möglichkeiten vgl. *Jacob*: 16/4/8.

[148] *Jacob*: 16/4/4.

a) Ablehnung oder Aufhebung der third party notice

Soweit es dem Gericht nicht angebracht erscheint, die *third party notice* im anhängigen Hauptverfahren durchzuführen, kann es die *third party notice* stoppen.[150] Dies kann geschehen, weil der Beklagte keinen Antrag auf *third party directions* gestellt hat, RSC Ord. 16, r. 4(2), oder weil die *third party notice* insgesamt nicht angemessen erscheint, RSC Ord.16, r. 6. Mit dem gleichen Ergebnis kann das Gericht auch den Erlaß prozeßleitender Verfügungen ablehnen, etwa weil ein Fall der RSC Ord. 16, r. 1(1)(a)-(c) nicht vorliegt[151] oder weil das Gericht nunmehr eine Benachteiligung des Klägers durch die *third party notice* annimmt,[152] RSC Ord. 16, r. 4(3)(c).

Im Ergebnis kann das Gericht die Durchführung der *third party notice* verhindern, wenn dies aus Gerechtigkeitsgründen angemessen erscheint. Russel, J drückte dies in einem konkreten Fall[153] mit folgenden einfachen Worten aus:

> *"...but third party proceedings are quite unnecessary to protect them,*[154] *and may well lead to hardship for others."*

Ein anschauliches Beispiel für die Ablehnung der *third party directions* und deren Folgen liefert die Entscheidung im Rechtsstreit Courtenay-Evans v. Stuart Passey & Associates.[155] In der Sache klagte eine Anwaltssozietät (*Soliciters*) gegen ihre Architekten. Die Kläger hatten 1976 ihr Büro unter der Leitung der Beklagten umbauen lassen. Da das Gebäude in einer Gegend Londons lag, in welcher der *London Buildings Act* galt, war für die Durchführung der Umbaupläne ein *approval of the district surveyor* erforderlich. Diese Genehmigung wurde durch das *Greater London Council* erteilt, deren Angestellter die Arbeiten auch überwachte. Nach Abschluß der Arbeiten stellten die Kläger zahlreiche Mängel fest und erhoben im Januar 1984 Klage vor dem *High Court*. Nachdem die Beklagten im März 1984 ihre 'Klageerwiderung' (*defence*) eingereicht hatten, wurde ein umfangreiches Vorverfahren eingeleitet: *Discovery* wurde angeordnet und Sachverständige benannt. Die Ergebnisse der Sachverständigen und Zeugenaussagen wurden ausgetauscht.

Während dieser Zeit hatten die Beklagten dem *Greater London Council* zweimal schriftlich vom Rechtsstreit berichtet und die Möglichkeit der Erhe-

---

[149] RSC Ord. 16, r. 4(5); *Halsbury's Laws* Vol. 37 "Practice and Procedure": S. 197 Para 258.

[150] *Casson/Dennis* "Odgers' Principles": S. 197.

[151] Dieser Grund findet sich vornehmlich in älteren Entscheidungen, die zu einer Zeit ergingen, als die *third party notice* noch ausschließlich auf *contribution* und *indemnity* gestützt werden konnte. Vgl. für alle *Pollok* in Pontifex v. Ford (1884) 12 QBD 152 at 155 m. w. N.

[152] So *Butt, J* in The Bianca (1882) 8 PD 91 at 93; die bloße Tatsache, daß sich der Kläger bei Durchführung der *third party notice* faktisch zwei Beklagten gegenübersieht, ist aber keine relevante Benachteiligung, vgl. *Goff, J* in Myers v. N & J Sherick Ltd. [1974] 1 All ER 81 at 86d.

[153] Chatsworth Investments, Ltd. v. Amoco (U.K.), Ltd. [1968] 3 All ER 357 at 362 F.

[154] Gemeint waren die Beklagten.

[155] [1986] 1 All ER 932.

bung einer *third party notice* angedeutet. Die Beklagten beantragten aber erst am 9.4.1985 bei Gericht die Zulassung (*leave*) der Zustellung einer *third party notice* an den Dritten (*Greater London Council*).[156] Der Dritte bestätigte die Zustellung und reichte eine Verteidigungsanzeige (*notice of intention to defend*) ein, worauf die Beklagte Antrag auf *third party directions* stellte.

Der Dritte beantragte, den Erlaß von *third party directions* abzulehnen. Er stützte sich dabei auf eine Passage aus "*The Supreme Court Practice*", der Kommentierung der RSC von Jacob, wonach die Ablehnung des Erlasses von *third party directions* unter besonderen Umständen möglich sei:[157]

> *"...it will be for the plaintiff or third party to show some special circumstances why the direction should not be given."*

Die besonderen Umstände (*special circumstances*) lägen hier vor: Wenn die Beklagten wirklich einen die *third party notice* begründenden Anspruch gegen den Dritten haben, hätten sie die *third party notice* viel früher erheben müssen. Da die Instandsetzungsarbeiten (*remedial works*) am Gebäude bereits 1984 abgeschlossen worden waren, hätte der Dritte nunmehr keine Möglichkeit, die behaupteten Mängel selbst zu überprüfen. Aus diesem Grunde sei es höchst unfair, den Dritten jetzt noch in das Verfahren einzubeziehen.

Die zitierte Passage aus "*The Supreme Court Practice*" wies dabei die Besonderheit auf, daß ihr keine Rechtsprechung zugrundelag. Sie war vielmehr nur eine eigene Stellungnahme dieses Kommentars. Fraglich war auch die Folge einer Ablehnung von *third party directions*. Dennoch folgte Newey, J der Auffassung des Dritten mit folgender Begründung:[158]

> *"It is surprising that there should not be any reported case dealing with the effect of a court's refusal to give third party directions...I think, however, that the note in The Supreme Court Practice must be correct: if no directions be given, a notice must necessarily become a nullity, I think also that the note must be right in stating that 'special circumstances' need to be shown before a court should refuse to give directions, for third party notice is normally much cheaper and more satisfactory than two separate claims."*

Auch das Vorliegen der *special circumstances* bejahte das Gericht: Obwohl die Beklagten als Ingenieure die Sachlage bereits bei Klageerhebung überschauen konnten, hätten sie über ein Jahr mit der Erhebung der *third party notice* gewartet. Die privaten Mitteilungen an den Dritten seien ebenfalls zu spät gewesen. Insbesondere aber hätte ihnen die *third party notice* unmittelbar folgen müssen. Daneben hätte die Beteiligung des Dritten auch Auswirkungen auf das Hauptverfahren. Wollte man den Dritten noch beteiligen, müßte der be-

---

156 Der *leave* war hier für die *third party notice* gemäß RSC Ord. 16, r. 1(2) erforderlich, da sie erst nach der Klageerwiderung (*defence*) ausgestellt wurde. Siehe oben 3. Teil, B. II. 2., S. 189.

157 *Jacob* "The Supreme Court Practice" in der Fassung von 1985: 16/4/7.

158 Courtenay-Evans v. Stuart Passey [1986] 1 All ER 932 at 934c.

reits angesetzte Termin in der Hauptsache aus Gründen der Fairness verschoben werden. Dementsprechend kam Newey, J zu folgendem Ergebnis:[159]

> *"Altogether I think that the Greater London Council have proved special circumstances which cause me to refuse to give the third party directions sought by the...defendants... The hearing date fixed can be maintained. I dismiss the... defendants summons."*

Aus dieser Entscheidung können wir einiges lernen: Zunächst einmal ist zu beachten, daß "*The Supreme Court Practice*" nicht nur die Rechtsprechung referiert, sondern auch eigene Ansätze bringt. Trotzdem sind die Gerichte offenbar gewillt, diese Kommentierung von Jacob als 'Autorität' anzuerkennen. Des weiteren können wir dieser Entscheidung entnehmen, daß die Ablehnung des Erlasses von *third party directions* zur Folge hat, daß die *third party notice* selbst gegenstandslos wird. Zuletzt läßt sich eine Tendenz in der Rechtsprechung erkennen, die *third party notice* aus den genannten Gründen zwei separaten Klagen vorzuziehen. Daher muß der Dritte erhebliche Faktoren vorbringen, die gegen die Durchführung der *third party notice* sprechen. Bei der Prüfung dieser *special circumstances* geht das Gericht aber sehr genau auf die Besonderheiten des konkreten Einzelfalles ein. Dies erschwert zwar eine allgemeine Darstellung der Voraussetzungen und des Ablaufes einer *third party notice*. Andererseits bestätigt es den entstandenen Eindruck des Verfassers, daß die englische Rechtsprechung zu sehr gerechten Lösungen im Einzelfall kommt und der englische Richter sehr umsichtig mit der ihm übertragenen Verantwortung umgeht.

b) Entscheidung in der Sache

In einfacheren Fällen kann das Gericht sogleich eine Entscheidung gegen den Dritten anordnen.[160] Auch die Anordnung der Sachentscheidung erfolgt im Rahmen der *third party directions*.[161] Für eine sofortige Sachentscheidung ist neben einem entsprechenden Antrag des Beklagten erforderlich, daß die Haftung des Dritten in der Anhörung der Beteiligten[162] erwiesen wurde,[163] RSC Ord. 16, r. 4(3)(a). Ein Urteil für den Beklagten kann auch ergehen, wenn der Dritte in der Anhörung nichts zu seiner Verteidigung ausführt.[164]

---

[159] Courtenay-Evans v. Stuart Passey [1986] 1 All ER 932 at 934g.

[160] *Langan/Henderson* "Civil Procedure": S. 153.

[161] RSC Ord. 16, r. 1(3)(a); *Jacob*: 16/4/8.

[162] Dabei handelt es sich um das *hearing*, welches auf Grund der *summons for third party directions* stattfindet.

[163] Etwa durch ein Anerkenntnis des Dritten, vgl. *Jacob*: 16/4/10. Grundsätzlich dieselbe Möglichkeit besteht, wenn der Dritte keine Verteidigungsanzeige abgegeben hat, RSC Ord. 16, r. 5 (1)(a).

[164] The Gloucestershire Banking Co, Ltd. v. Phillips (1884) 12 QBD 533.

c) Anordnung des Verfahrens und der Beteiligung des Dritten

Soweit erforderlich wird das Gericht für die *third party notice* das ordentliche Verfahren anordnen (*order the question to be tried*), RSC Ord. 16, r. 4(3)(b).[165] Hier sind zwei mögliche Verfahrenssituationen denkbar:

Zunächst könnte der Dritte seine Haftung gegenüber dem Beklagten bestreiten. In diesem Fall besteht die Möglichkeit, den Rechtsstreit zwischen ihnen entweder mit der Hauptsache[166] oder aber direkt im Anschluß an sie zu verhandeln. Soll die *third party notice* erst im Anschluß an die Hauptsache verhandelt werden, stellt sich die Frage, inwieweit der Dritte am Hauptverfahren zu beteiligen ist. Damit korrespondiert dann auch die Entscheidung über den Umfang der Bindung des Dritten an die Ergebnisse des Hauptverfahrens. Hierüber hat das Gerichts unter Ausübung seines Ermessens zu entscheiden.[167]

Eine verfahrensmäßig andere Situation liegt vor, wenn der Dritte seine Haftung gegenüber dem Beklagten zwar anerkennt, jedoch die Einstandspflicht des Beklagten gegenüber dem Kläger bestreitet. In diesem Fall kann der Dritte trotzdem zum Hauptverfahren zugelassen werden, um dem Beklagten bei dessen Verteidigung gegen die Klage beizustehen, RSC Ord. 16, r. 4(4).[168] In geeigneten Fällen soll der Dritte sogar alleine die Verteidigung für den Beklagten übernehmen können.[169] In diesem Zusammenhang erhebt sich die Frage, wie ein derart geeigneter Fall gelagert sein muß und was die Übernahme der Verteidigung beinhaltet. Die Rechtsprechung mußte dieses Problem offensichtlich noch nicht lösen. Einziger Anhaltspunkt bleibt somit eine mehr beiläufige Anmerkung von Scrutton, LJ:[170] Der Dritte könne im Namen des Beklagten auch solche Verteidigungsmittel geltend machen, die der Beklagte

---

[165] *Halsbury's Laws* Vol. 37 "Practice and Procedure": S. 197 Para 258.

[166] *Jacob*: 16/4/12. In Gerson v. Simpson [1903] 2 KB 197 at 201 (veröffentlicht ist nur die Entscheidung des *Court of Appeal*) wurde dem Dritten die Teilnahme am Verfahren gestattet. Im Rahmen des Hauptverfahrens wurde auch Beweis bezüglich der *third party notice* erhoben. Mit den Ansprüchen gegen den Dritten befaßte sich das Gericht jedoch erst nach der Entscheidung zur Hauptsache. Im Ergebnis findet hier also eine Trennung zwischen Tatsachenermittlung und Rechtsfindung statt.

[167] In Eden v. Weardale Iron and Coal Co. (1887) 35 ChD 287, CA durfte der Dritte am Hauptverfahren teilnehmen, um der Klageforderung insoweit entgegenzutreten als er von ihr betroffen war. Üblicherweise wird zwischen Beklagtem und Drittem das *pleading* eingeleitet und gegebenenfalls die Beweisaufnahme (*dicovery* etc.) angeordnet, vgl. *Jacob* in "Bullen/Leake/Jacob": S. 174.

[168] Der Umfang der Teilnahme am Verfahren hängt wieder von der Angemessenheit ab: "...*upon such terms as may be just.*"

[169] *Lord Coleridge, CJ* in Callender v. Wallingford (1884) 53 LJ QB 569 at 570. Da aber die Interessen des Klägers zu berücksichtigen sind, wird die Übernahme der Verteidigung durch den Dritten abgelehnt, wenn die Verteidigung durch den Beklagten ausreichend ist, vgl. Barton v. London and North Western Railroad Co. (1888) 38 ChD 144. Ähnlich auch die Entscheidung Coles v. Civil Service (1884) 26 ChD 529, wo das Einverständnis des Klägers für erforderlich gehalten wurde.

[170] In *Barclays Bank* v. *Tom* [1923] 1 KB 221 at 224:
"I remember in one case in which I was counsel the third party was on the same principle allowed to raise a defence on behalf of the defendant which the defendant would not raise on his own behalf." .

selbst nicht geltend machen würde. Anhand dieses Beispiels wird deutlich, daß sich die Übernahme der Verteidigung nicht darauf beschränkt, daß der Dritte im Hauptverfahren für den Beklagten im Sinne einer Vertretung auftritt. Wenn der Dritte die Verteidigung für den Beklagten übernimmt, ist er also nicht auf diejenigen Verteidigungsmöglichkeiten beschränkt, die der Verteidigungsstrategie des Beklagten entsprechen. Zwar kann der Dritte nur Verteidigungsmittel geltend machen, die auch dem Beklagten zustehen;[171] er ist dann aber offenbar nicht an den Willen des Dritten gebunden.

Die ersten beiden der dargestellten Möglichkeiten des englischen Gerichts (Ablehnung und sofortige Entscheidung der *third party notice*) stehen bei der Streitverkündung nur sehr begrenzt zur Verfügung. Im deutschen Zivilprozeß ist nur die Zurückweisung des Beitritts des Nebenintervenienten gemäß § 71 Abs. 1 ZPO, und auch nur auf Antrag einer Hauptpartei, zulässig.[172]

Das englische Recht hat hier den Vorteil für den Dritten, daß ihm das Verfahren erspart bleibt, sofern die *third party notice* unzulässig ist oder aus sonstigen Gründen unangemessen wäre. Demgegenüber ist der Streitverkündungsempfänger faktisch gezwungen, dem Vorprozeß beizutreten, um rechtliche Nachteile abzuwenden.[173] Wir dürfen jedoch nicht vergessen, daß die im englischen Recht vorhandenen Möglichkeiten zwingende Folge der Tatsache sind, daß die *third party notice* eine eigene Klage ist und der Dritte sogleich verurteilt werden kann.[174] Insoweit geht die *third party notice* hinsichtlich der Belastung für den Dritten weit über die Wirkungen der Streitverkündung hinaus. Die Möglichkeit, innerhalb des Hauptverfahrens auch über die *third party notice* entscheiden zu können, hat aber auch den praktischen Vorteil, daß ein mit der Sache bereits vertrauter Richter entscheidet.[175] Bei der Streitverkündung muß sich der im Regreßprozeß zuständige Richter zuerst in die Sach- und Rechtslage einarbeiten. Hierzu kann er zwar die Entscheidung des Hauptverfahrens beiziehen. Es kann jedoch kein Zweifel daran bestehen, daß die eigene Verhandlung der Hauptsache eine zuverlässigere Informationsquelle darstellt als das bloße Lesen der Entscheidungsgründe eines anderen Gerichts. Der Richter des Regreßprozesses wird also mit der Sache weniger vertraut sein als

---

[171] Callender v. Wallingford (1884) 53 LJ QB 569 at 570, wonach dem Dritten in beiden Beteiligungsformen an der Verteidigung des Beklagten immer nur dieselben Verteidigungsmittel zustehen sollen wie dem Beklagten selbst. Vgl. auch *Jacob*: 16/4/11.

[172] Da der entsprechende Antrag jedoch nur auf das Fehlen der Beitrittsvoraussetzungen des § 66 ZPO gestützt werden kann, vgl. *Thomas /Putzo*: § 71 Rn. 2, wird er im Rahmen der Streitverkündung keine allzu große Bedeutung haben. Insbesondere das rechtliche Interesse am Beitritt ist bei der Streitverkündung regelmäßig gegeben, vgl. im einzelnen OLG Frankfurt Beschluß vom 13.2.1969 in NJW 1979, 817; *Mü-Ko-Schilken*: § 74 Rn. 3.

[173] Zur Zwangslage des Streitverkündungsempfängers siehe oben 2. Teil, S. 152 ff.

[174] Ein Urteil gegen den Streitverkündungsempfänger ist bei der Streitverkündung nicht möglich, *Zöller-Vollkommer*: § 67 Rn. 1.

[175] Vgl. den ähnlichen Gedanken von *Lüke* "Die Beteiligung Dritter im Zivilprozeß": S. 350. Er erwägt, im deutschen Zivilprozeß die Zuständigkeit des Gerichts des Vorprozesses auf den Regreßprozeß auszudehnen, um so die Wahrscheinlichkeit eines richtigen Urteils zu erhöhen.

der englische Richter, der die *third party notice* entscheidet, denn letzterer ist oder war mit der Hauptsache gerade befaßt.

Die englische Lösung zeichnet sich also durch eine größere Sachnähe des letztlich über den Regreßanspruch entscheidenden Gerichts aus. Angesichts dieses Vorteils kann auch ein möglicher Nachteil der *third party notice* hingenommen werden, der darin besteht, daß die Prüfung der Zulässigkeit der *third party notice* den Hauptprozesses verzögern kann. Dies gilt umso mehr, als das englische Recht - wie wir gesehen haben - seinen Richtern ein weites Ermessen zur Ablehnung der *third party notice* einräumt und die Möglichkeit eröffnet, über den der *third party notice* zugrundeliegenden Anspruch erst nach dem Hauptverfahren zu entscheiden. Auf diese Weise können unzumutbare Verzögerungen vermieden werden.

Wählt das englische Gericht den Weg der Beteiligung des Dritten, ähneln sich die hier zu vergleichenden Rechtsinstitute. Auch der beigetretene Streitverkündungsempfänger kann für die unterstützte Hauptpartei gemäß § 67 ZPO auftreten,[176] insbesondere Prozeßhandlungen für sie vornehmen.[177] Der Unterschied beider Rechtsordnungen steckt hier im Detail. Anders als im englischen Recht werden die Befugnisse des beigetretenen Streitverkündungsempfängers durch § 67 ZPO auf Handlungen und Erklärungen beschränkt, die im Einklang mit solchen der Hauptpartei stehen. Auch kann der Streitverkündungsempfänger keine eigenen Rechte oder Einreden gegenüber dem Kläger geltend machen,[178] denn er ist auf diejenigen Angriffs- und Verteidigungsmittel beschränkt, die auch der Hauptpartei zustehen.[179] Die Beschränkung des Dritten auf Verteidigungsmittel des Beklagten existiert auch im englischen Recht. Die Geltendmachung von Verteidigungsmitteln - wie im Beispiel von Scrutton, LJ[180]-, die der Streitverkünder nicht vorbringen möchte, wäre im deutschen Recht allerdings wegen § 67 ZPO nicht möglich.

Dieser Unterschied beider Rechtsordnungen deutet darauf hin, daß der Dritte im englischen Zivilprozeß eine stärkere Stellung einnimmt als der Streitverkündungsempfänger im deutschen Verfahren. Die Beschränkung, die der Streitverkündungsempfänger durch § 67 ZPO hinnehmen muß, ist Ausdruck seiner gegenüber den Hauptparteien untergeordneten Verfahrensposition. Insofern stellt sich die Frage nach der Stellung des Dritten im englischen Prozeß, die im folgenden zu klären ist.

---

[176] *BLAH-Hartmann*: § 67 Rn. 1.

[177] Vgl. zu den Befugnissen des Nebenintervenienten im einzelnen *Zöller-Vollkommer*: § 67 Rn. 3 ff; *BLAH-Hartmann*: § 67 Rn. 10 ff.

[178] *BLAH-Hartmann*: § 67 Rn. 6; vgl. auch BGH Urteil vom 1.12.1988 in BGHZ 106, 127, 129 f. für eine Aufstellung der Meinungen. Der BGH läßt die Frage im allgemeinen offen, versagt in dieser Entscheidung jedoch dem Konkursverwalter das Recht, als Streithelfer die Anfechtungseinrede zu erheben.

[179] *Stein/Jonas-Bork*: § 67 Rn. 1: Der Nebenintervenient hat zwar ein eigenes, aber nur ein abgeleitetes Recht zur Vornahme der Prozeßhandlungen.

[180] Siehe oben Fn. 170, S. 196.

2. Stellung des Dritten im Hauptverfahren

Der Dritte wird zunächst Partei im Rechtsstreit mit dem Beklagten und genießt alle Rechte eines Beklagten in Bezug auf die in der *third party notice* geltend gemachte Forderung, RSC Ord. 16, r. 1(3).[181] Dies ist Folge des RSC Ord. 16, r. 3(4), wonach die *third party notice* wie eine eigene Klage zu behandeln ist. Es wird also ein eigenes Prozeßrechtsverhältnis zwischen dem Beklagten und dem Dritten begründet. Dabei hat die *third party notice* soviel Eigenleben gegenüber der Hauptsache, daß sie auch fortgesetzt wird, wenn sich Kläger und Beklagter im Wege des Vergleichs einigen.[182] Dies legt die Vermutung nahe, daß der Dritte nur im Verhältnis zum Beklagten Partei wird.[183] Wenn sich die *third party notice* auf diese Wirkung beschränkte, hätte sie ebenso wie die Streitverkündung nur den Effekt, die Feststellungen eines Rechtsstreits auf den anderen - gewissermaßen als Präjudiz - zu übertragen. Selbstverständlich bliebe die Besonderheit der *third party notice*, daß das Gericht des Hauptverfahrens auch den Rechtsstreit zwischen dem Beklagten und dem Dritten entscheiden kann. Die Abweichung von der Streitverkündung würde sich dann aber auf eine Zuständigkeitsfrage begrenzen, denn nach englischen Recht ist der *High Court* auch zur Entscheidung über den Regreßanspruch zuständig. Wie der Fall Eden v. Weardale[184] zeigt, geht die *third party notice* jedoch weiter, indem sie dem Dritten, bei entsprechender Anordnung des Gerichts, eine Parteirolle auch im Verhältnis zum Kläger einräumt.[185] In diesem Rechtsstreit[186] erließ das Gericht im Rahmen der *third party directions* folgende Anordnungen (Fn. und Nummerierung stammen vom Verfasser):

1. "...that the question of indemnity as between the Commissioners as third parties and the Defendants should be tried after trial of the action; and that,"

2. "pursuant to Order XVI, r. 53[187]*, the Commissioners as such third parties should be at liberty to appear at the trial of the action and oppose the plaintiff's claim so far as they were affected thereby, and for that purpose to put in evidence and cross-examine witnesses."*[188]

---

[181] Es wird die Fiktion der Verbindung der Klage des Klägers gegen den Beklagten mit der 'Klage' (*third party notice*) des Beklagten gegen den Dritten aufgestellt, *Langan/Henderson* "Civil Procedure": S. 151; *Halsbury's Law s* Vol. 37 "Practice and Procedure": S. 196 Para 257.

[182] Die *third party notice* wird dann weitergeführt als ob sie eine separat erhobene Klage wäre, vgl. *Lord Denning, MR* in Scott v. West Yorkshire Car Co. Ltd. [1971] 2 QBD 651 in Interpretation von RSC Ord. 16, r. 4(3)(b).

[183] So *Casson/Dennis* "Odgers' principles": S. 197.

[184] (1887) 35 ChD 287, CA.

[185] Vgl. auch *Jacob* in "Bullen/Leake/Jacob": S.1367 zum Austausch des Beklagten durch den Dritten.

[186] Dem Verfasser ist nur die Entscheidung des *Court of Appeal* zugänglich. In dieser Entscheidung ist zwar die erstinstanzliche Entscheidung auszugsweise wiedergegeben. Der Sachverhalt wird allerdings nicht aufgeführt und kann daher hier nicht dargestellt werden.

[187] Diese Vorschrift entspricht dem heutigen RSC Ord. 16, r. 4.

[188] Unter der Formulierung "*the trial of the action*" ist dabei das Verfahren zwischen dem Kläger und dem Beklagten zu verstehen. Dies wurde in einem vergleichbaren Fall von *Cotton, LJ* in Re Salmon, Priest v. Uppleby (1889) 42 ChD 351, CA at 361 klar zum Ausdruck gebracht.

Diese Anordnung, insbesondere ihr zweiter Teil, bot Anlaß zur Diskussion, ob den Dritten das Recht zustand, den Kläger im Wege der *interrogatories*[189] als Zeugen zu vernehmen. Dabei stellte sich für das Gericht das Problem, daß RSC Ord. 26 dieses Recht nur einem Kläger oder Beklagten des Rechtsstreits zugesteht. Es war daher zu klären, ob auch die Dritten Partei im Sinne eines Beklagten gegenüber dem Kläger geworden waren. Die Beklagtenstellung im Verfahren der *third party notice* hätte hierzu nicht ausgereicht.

Cotton, LJ stellte zunächst klar, daß die *third party notice* allein keine Parteistellung gegenüber dem Kläger bewirken könne. Durch die *third party directions* seien die Dritten im konkreten Fall aber 'Beklagte' des Klägers geworden:[190]

> *"...but it may be, that an order may be made as regards the person who is brought in as a third party, which puts him as between himself and the plaintiff in the position of beeing defendant in the action,..."*

Gestützt wurde diese Auffassung vor allem auf *section* 100 *Judicature Act* 1873. Nach dieser Vorschrift ist Beklagter, wer - neben anderen Möglichkeiten - zur Teilnahme am gesamten Verfahren berechtigt ist. Diese Berechtigung zur Teilnahme sah das Gericht auf Grund des zweiten Teils der zitierten Anordnung als gegeben an:

> *"...but they were entitled to go in and attend the trial of the action, and if they could to defeat the very foundation of his claim. In my opinion, they come within the definition of 'defendant' which we find in the 100th section of the Judicature Act;"*[191]

Darüberhinaus waren die Dritten, so Cotton, LJ, auch "*opponents of the Plaintiff*"[192] geworden, denn die Anordnung habe sie in eine Position versetzt, in der sie über den Rechtsstreit mit dem Kläger verhandeln könnten.[193]

Der *Court of Appeal* kam dementsprechend zum Ergebnis, daß die Dritten, soweit die Anordnung reichte, gegnerische Partei des Klägers geworden waren. Die Dritten hatten daher die Berechtigung, den Kläger im Wege der interrogatories zu befragen.[194]

Das Gericht hat also die Möglichkeit, den Dritten durch entsprechende Anordnung zum Verfahren über die Klage zuzulassen. Räumt es dem Dritten dabei Rechte ein, die nur den Parteien dieses Verfahrens zustehen, wird der Dritte Partei nicht nur in der *third party notice*, sondern auch im (Haupt-)

---

[189] Mit den *interrogatories*, RSC Ord. 26, kann jede Partei des Rechtsstreits durch Befragung der anderen Partei im Vorverfahren Beweis erheben. Dieses Verfahren wird vor allem angewendet, wenn die *pleading* - Schriftsätze den Rechtsstreit noch nicht umfassend aufklären konnten.

[190] Eden v. Weardale (1887) 35 ChD 287 at 291.

[191] Eden v. Weardale (1887) 35 ChD 287 at 292.

[192] Dies war für RSC Ord. 26 erforderlich.

[193] Eden v. Weardale ebenda: S. 293.

[194] Eden v. Weardale ebenda: S. 295.

Verfahren.[195] Diese Auffassung wurde seither in zahlreichen ähnlichen Fällen bestätigt.[196]

Interessanterweise prüfte der *Court of Appeal* in Eden v.Weardale zu keinem Zeitpunkt die Frage, ob das Gericht überhaupt befugt war, den Dritten in eine solche Position zu versetzen; diese weitgehende Freiheit wurde offensichtlich als selbstverständlich angesehen. Untersucht wurde vielmehr nur, ob die Anordnung in diesem Sinne zu verstehen war.

Das englische Recht unterscheidet sich hier wesentlich vom deutschen Recht. Bei der Streitverkündung wird der Streitverkündungsempfänger, auch wenn er dem Vorprozeß beitritt, immer nur Nebenpartei.[197]

Dieser dargestellte Unterschied zwischen beiden Rechtsordnungen hat auch praktische Auswirkungen. Während der Streitverkündungsempfänger nur Verteidigungsmittel vorbringen kann, die im Einklang mit der Verteidigung der Hauptpartei stehen,[198] kennt das englischen Recht diese Einschränkung nicht in diesem Umfang. Bei entsprechender *third party direction* kann der Dritte zur (Haupt-) Partei des Hauptverfahrens aufsteigen. Der Dritte des englischen Prozesses kann also eigene Zeugen benennen[199] oder selbst die Zeugen des Klägers ins Kreuzverhör nehmen.[200]

Freilich kann auch der Nebenintervenient Angriffs- und Verteidigungsmittel im eigenen Namen vorbringen; im deutschen Recht handelt es sich jedoch immer nur um ein von der Hauptpartei abgeleitetes Recht.[201] Daher wird der Nebenintervenient durch § 67 ZPO beschränkt und kann nur Prozeßhandlungen vornehmen, die auch der unterstützten Hauptpartei zustehen.[202]

Der Vorteil des englischen Rechts liegt auf der Hand: Kann der Dritte eine Verurteilung des Beklagten verhindern, entfällt der Regreßanspruch. Und damit auch das Risiko, welches die bei der Streitverkündung mögliche Einrede der schlechten Prozeßführung immer mit sich bringt. Es ist nämlich keineswegs sicher, daß der Streitverkündungsempfänger mit einer Verteidigung, die

---

[195] Der Dritte wird also auch Partei oder Beklagter i.S. RSC Ord. 24 und 27. Vgl. auch *Jacob*: 16/4/9.

[196] Vgl. *Bowen, LJ* in Barton v. London and North Western Railway Co. (1888) 38 ChD 144 at 154; *Cotton, LJ* in Re Salmon, Priest v. Uppleby (1889) 42 ChD 351 at 361; Alcoy and Gandia Railway and Harbour Co. v. Greenhill [1896]1 Ch 19 für die Möglichkeit der Widerklage gegen den Kläger; *Scrutton, LJ* in Barclays Bank v. Tom [1923] 1 KB 221 at 224.

[197] BGH Beschluß vom 27.6.1985 in NJW 1986, 257; *Zöller-Vollkommer*: § 67 Rn. 1; *BLAH-Hartmann*: § 67 Rn. 1.

[198] § 67 ZPO. Wenn der Streitverkündungsempfänger dem Kläger des Hauptverfahrens beitritt, kann er die entsprechenden Angriffsmittel geltend machen.

[199] Barton v. London and North Western Railway Co. (1888) 38 ChD 144 at 154.

[200] Re Salmon, Priest v. Uppleby (1889) 42 ChD 351, allerdings ist das Kreuzverhör nicht zu dem Zweck möglich, den klägerischen Zeugen Fragen bzgl. der eigenen Haftung des Dritten gegenüber dem Beklagten zu stellen.

[201] *Stein/Jonas-Bork*: § 67 Rn. 1.

[202] *Zöller-Vollkommer*: § 67 Rn. 1.

gegenüber dem Kläger des Vorprozesses möglich war, auch gegenüber dem Streitverkünder im Regreßprozeß durchdringen kann.

Andererseits bringt die Lösung des englischen Rechts einen Bruch im Parteibegriff.[203] Offensichtlich wird dies jedoch bewußt hingenommen, wenn Lindley[204] mit der Gelassenheit des englischen Richters sagt:

"...there is no magic in the words opposite party".

IV. Wirkungen der third party notice

Die Streitverkündung zeitigt prozessuale und materiell-rechtliche Wirkungen.[205] In prozessualer Hinsicht wird mit der Streitverkündung vor allem die Interventionswirkung gemäß §§ 74, 68 ZPO herbeigeführt. Materiell-rechtlich unterbricht die Streitverkündung gemäß § 209 Abs. 2 Nr. 4 BGB die Verjährung des Regreßanspruchs. Diese Unterteilung kann für die *third party notice* nicht übernommen werden. Denn im Grundsatz gehört das Institut der Verjährung im englischen Rechtskreis immer noch dem Prozeßrecht an, obgleich die neueren, zur Verjährung erlassenen *statutes* (Gesetze) zunehmend dem materiellen Recht zugeordnet werden.[206]

Grundsätzlich kann die *third party notice* - ebenso wie die Streitverkündung - die Verjährungsfolgen abwenden. Darüberhinaus wird das Gericht durch die *third party notice* ermächtigt, eine Entscheidung über die Ansprüche des Beklagten zu fällen.

1. Verjährung

Soweit die Verjährung im englischen Recht als prozessuales Institut qualifiziert wird, führt eine diesbezügliche Einrede im Prozeß zur Unzulässigkeit der Klage.[207] Demgegenüber berührt die Einrede der Verjährung nach deutschem Recht die Zulässigkeit der Klage nicht, da die Verjährung hier als materielles Rechtsinstitut angesehen wird.[208] Aber auch die Abwendung der Verjährungs-

---

[203] Nach dem formellen Parteibegriff des deutschen Prozeßrechts ist Partei, wer als Beklagter oder Kläger in eigenem Namen staatlichen Rechtsschutz begehrt, vgl. *Schellhammer* "Zivilprozeß": S. 491 Rn. 1032; *Thomas/Putzo*: Vorbemerkung § 50 Rn. 2. Zu bestimmen ist die Parteieigenschaft gem. § 253 Abs. 1 Nr. 1 ZPO allein aus der Klageschrift, vgl. zur Auslegung BGH Urteil vom 24.11.1980 in NJW 1981, 1453, 1454. Demnach gibt es im deutschen Recht keine dogmatisch vertretbare Möglichkeit den Streitverkündungsempfänger zur Hauptpartei zu machen.

[204] In Eden v. Weardale (1887) 35 ChD 287 at 295.

[205] Vgl. *Eibner* "Dissertation": S. 70 ff. und 139 ff.

[206] Vgl. im einzelnen *Dicey & Morris* "The Conflicts of Laws": S. 184 ff.; *Law Commission* "Classification of Limitation in Private International Law": S. 3 f.

[207] *Chitty* "On Contracts" Vol. I : Rn. 1997.

folgen durch eine Klage ist in den hier zu vergleichenden Rechtsordnungen unschiedlich geregelt. Anders als im deutschen Recht unterbricht die rechtzeitige Erhebung einer Klage die Verjährung im englischen Recht nicht.[209] Vielmehr wird die Verjährung durch eine ordnungsgemäße Klage 'gestoppt', d.h. für immer beseitigt.[210]

Gleiches gilt nach *section* 35 (1)(a) *Limitation Act* 1980 für die Durchführung einer *third party notice*.[211] Auch sie beseitigt die Verjährung dauerhaft. *Section* 35 *Limitation Act* 1980 lautet in seinem hier relevanten Teil:

"...any new claim made in the course of any action shall be deemed to be a separate action and to have been commenced -

(a) in the case of a new claim made in or by way of third party proceedings, on the date on which those proceedings were commenced;"

Angesichts des Wortlauts dieser Vorschrift, der die Erhebung eines neuen Anspruchs ("*a new claim*") verlangt, ist zweifelhaft, ob auch eine *third party notice* nach RSC Ord. 16, r. 1 (1)(c) diese Wirkung erzielen kann. In dieser Variante der *third party notice* wird ja gerade kein Anspruch erhoben, sondern nur eine Teilfrage geklärt.[212] Diese Frage stellte sich der englischen Rechtsprechung noch nicht. *Section* 35 (1)(a) stellt die *third party notice* zwar auch hinsichtlich der Verjährung mit der Klage gleich, verlangt aber hierzu die Erhebung eines neuen Anspruchs. Wendet man die Vorschrift streng nach ihrem Wortlaut an, kann diese Variante der *third party notice*, die der Streitverkündung am ähnlichsten ist, die Verjährung nicht stoppen.

Dies bedeutet wieder einen wesentlichen Unterschied zur Streitverkündung. Die Streitverkündung vermag kraft der Spezialvorschrift des § 209 Abs. 2

---

[208] Im deutschen Verfahren ist eine Klage bei erhobenem Verjährungseinwand als unbegründet abzuweisen, da die geltend gemachte Forderung nicht durchsetzbar ist.

[209] So aber *Dannemann/Karatzenis/Thomas* in RabelsZ 55 (1991), 697, 704, die von Verjährungsunterbrechung sprechen. Der *Limitation Act* 1980 sieht zwar die Verlängerung oder den Ausschluß von Verjährungsfristen in ss. 28 ff. vor, jedoch gerade nicht für den Fall der Klageerhebung. Dementsprechend kann nicht davon ausgegangen werden, daß durch die Klageerhebung eine neue Verjährungsfrist mit identischer Dauer in Gang gesetzt wird. Wie hier auch *Berlingieri* "Time-Barred Actions": S. 165 f.

[210] *Franks* "Limitation of Actions": S. 24; *Berlingieri* ebenda: S. 181. Eine neuerliche Klage ist grundsätzlich selbst dann möglich, wenn die Klage (welche die Verjährung gestoppt hat) nicht zu Ende geführt, sondern gem. RSC Ord. 21, r. 2 zurückgenommen (*discontinuance of action or withdraw any particular claim*) wurde, RSC Ord. 21, r. 4; vgl. *Jacob*: 21/2-5/13; *Berlingieri* ebenda: S. 209. Davon bestehen zwei Ausnahmen, die jedoch nicht auf der Verjährung des Anspruchs beruhen. Eine neue Klage aufgrund desselben Anspruchs ist nicht möglich, wenn dies vom Gericht bei der Rücknahme der ersten Klage untersagt wurde, RSC Ord. 21, r. 4 und 3, vgl. *Jacob*: 21/2-5/13. Eine neue Klage soll auch nicht möglich sein, wenn der Kläger mit ihr zu lange gewartet hat, *Mathew, J* in Reid v. North Staffordshire Fire Insurance Co. (1883) 49 LT 468. Das lange Zuwarten (9 Monate) wurde dem Kläger dort so ausgelegt, daß er einen ungültigen Vertrag, wegen dem er Klage erhoben hatte, akzeptiert (*adopt*) hatte.

[211] *Redmond-Cooper* "Limitation of Actions": S. 16 f.

[212] Siehe oben S. 187 f.

Nr. 4 BGB die Verjährung zu unterbrechen. Diese Abweichung wird insbesondere für die Frage der Anerkennung der Wirkung einer grenzüberschreitenden Streitverkündung in England zu beachten sein.[213]

2. Entscheidungsbefugnis des Gerichts

Die Bindung des Dritten an die Feststellungen des Hauptprozesses ist - ebenso wie bei der Streitverkündung - eine wesentliche Aufgabe der *third party notice*.[214]

Der Umfang der Bindungswirkung für oder gegen den Dritten hängt weitgehend vom Ermessen des Gerichts, d.h. insbesondere vom Umfang der Beteiligung des Dritten im Hauptverfahren ab. Der Wortlaut der einschlägigen Vorschrift, RSC Ord. 16, r. 4(4), zeigt, wie schwierig eine umfassende Darstellung der Entscheidungsmöglichkeiten ist:

> *"...the Court...generally may make such orders and give such directions as appear to the Court proper for having the rights and liabilities of the parties most conveniently determined and enforced and as to the extend to which the third party is to be bound by any judgement or decision in the action."*

Auch hier ist das Gericht sehr frei und hat seine Ermessensentscheidung nur unter dem Aspekt der Angemessenheit und im Hinblick auf das Ziel der Aufklärung der Rechtslage zu treffen. Es kann daher im folgenden nur ein Überblick über die Möglichkeiten des Gerichts gegeben werden. Zur Untersuchung bieten sich zwei mögliche Verfahrenssituationen an: Entweder der Dritte bleibt untätig oder er will sich verteidigen.

a) Möglichkeiten des Gerichts bei Untätigkeit des Dritten

Versäumt es der Dritte, rechtzeitig eine Verteidigungsanzeige einzureichen, ist die Bindung an den Hauptprozeß umfassend. Nach RSC Ord. 16, r. 5(1)(a) wird der Dritte an alle Entscheidungen des Hauptprozesses gebunden, sofern sie für die Forderung des Beklagten gegen den Dritten von Bedeutung sind.[215] Interessant ist dabei, daß die Bindungswirkung sich sogar auf ein vom Beklagten gegenüber dem Kläger abgegebenes Anerkenntnis erstreckt.[216]

Über die Bindungswirkung hinaus kann der Beklagte in drei Fällen ein Urteil gegen den Dritten aufgrund dessen Säumnis erlangen: Beruht die *third party notice* auf einem Regreßanspruch (*contribution, indemnity*), kann der

---

[213] Siehe unten 4. Teil, S. 293 ff.

[214] *Scrutton, LJ* in Barclays Bank v. Tom [1923] 1 KB 221 at 224. Siehe oben Fn. 97.

[215] *Langan/Henderson* "Civil Procedure": S. 153.

[216] *Halsbury's Laws* Vol. 37 "Practice and Procedure": S. 197 Para 259 (1).

Beklagte gegen den Dritten ein Versäumnisurteil (*judgment in default*) eintragen lassen, wenn auch gegen den Beklagten selbst ein Versäumnisurteil ergangen ist (Fall der doppelten Säumnis).[217] In den sonstigen Varianten der *third party notice* ist für ein Versäumnisurteil immer die Zulassung des Gerichts (*leave*) notwendig.[218] Die Zulassung eines Versäumnisurteils ist jedoch von der Zulassung zu trennen, die gegebenfalls für die Durchführung der *third party notice* selbst erforderlich ist. Ist der Dritte schließlich entgegen einer ausdrücklichen gerichtlichen Anordnung mit der Zustellung eines *pleading* Schriftsatzes säumig, kann der Beklagte den Erlaß eines regulären Urteils beantragen.[219]

Unklar und bislang nicht entschieden ist, ob der Beklagte auch in den sonstigen Fällen der Säumnis des Dritten ein reguläres Urteil (anstatt eines Versäumnisurteils) gegen den Dritten erlangen kann. Jacob[220] bejaht dies unter Berufung auf RSC Ord. 16, r. 5 (1)(a).[221] Diese Vorschrift stellt bei Säumnis des Dritten die Fiktion auf, daß er jede in der *third party notice* erhobene Forderung anerkennt.[222] Dementsprechend, so Jacob, könne der Beklagte ein Anerkenntnisurteil nach RSC Ord. 27, r. 3 gegen den Dritten beantragen.

An der Richtigkeit dieser Auffassung können wir jedoch zweifeln, denn die Folgen eines Anerkenntnisurteils sind wesentlich einschneidender als die eines *judgment in default*. Anders als das Anerkenntnisurteil ist das *judgment in default* nach den Grundsätzen des RSC Ord. 13, r. 9[223] abänder- oder aufhebbar.[224] Diese Möglichkeit geht für den Dritten verloren, wenn der Beklagte bei jeder Säumnis des Dritten ein Anerkenntnisurteil beantragen kann.

Darüberhinaus bedeutet die Möglichkeit, ein Anerkenntnisurteil zu erlassen, eine Umgehung der zusätzlichen Urteilsvoraussetzungen in RSC Ord. 16, r. 5(1)(b) und (2) sowie der Voraussetzungen, die RSC Ord. 27 für den Erlaß eines Anerkenntnisurteils aufstellt. Nach RSC Ord. 27, r. 1 soll ein Anerkenntnis nämlich nur vorliegen, wenn der Beklagte (oder Dritte) schriftlich die von der

---

[217] RSC Ord. 16, r. 5(1)(b). Will der Beklagte die Eintragung des Versäumnisurteils, bevor er selbst seine Schuld gegenüber dem Kläger befriedigt hat, muß er das Gericht um eine Zulassung (*leave*) ersuchen. Für grenzüberschreitende *third party notices*, die in den Anwendungsbereich des EuGVÜ fallen, ist zu beachten, daß RSC Ord. 13, r. 7 B (1) für den Erlaß eines *judgment in default* immer ein *leave* verlangt.

[218] RSC Ord. 16, r. 5(1)(b).

[219] RSC Ord. 16, r. 5(2); der Inhalt des Urteils steht dann aber im Ermessen des Gerichts, vgl. auch *Jacob*: 16/5/3.

[220] *Jacob*: 16/5/2.

[221] *Jacob* hält den Erlaß eines Anerkenntnisurteils zumindest dann für möglich, wenn der Dritte überhaupt keine Verteidigung vorbringt.

[222] "*...he shall be deemed to admit any claim stated in the third party notice...*"

[223] RSC Ord. 13, r. 9 stellt die Abänderung und die Aufhebung in das Ermessen des Gerichts.

[224] *Jacob*: 16/5/4. Zwar ordnet RSC Ord. 16, r. 5(3) an, daß Urteile, die auf Grund einer Säumnis ergangen sind, aufgehoben werden können. Diese Vorschrift bezieht sich aber nicht auf die unter RSC Ord. 16, r. 5(1)(a) ergangenen Urteile, d.h. auch nicht auf ein Anerkenntnisurteil. So im Ergebnis auch *Jacob*: 13/9/12.

Gegenseite vorgebrachten Tatsachen einräumt.[225] Aber auch in praktischer Hinsicht ist die Auffassung von Jacob unangemessen: Angesichts der erschwerten Aufhebbarkeit des Anerkenntnisurteils bestünde kein Grund mehr für den Beklagten, ein *judgment in default* zu beantragen. Vor allem aber bedeutet der Erlaß eines Anerkenntnisurteils eine Benachteiligung für den Dritten, der dieses Urteil - zumindest in der gleichen Instanz - nicht mehr aufheben lassen kann. Ich halte es daher für unwahrscheinlich, daß der *High Court* der von Jacob vertretenen Auffassung folgen wird, wenn ihm diese Frage vorgelegt wird.

Die *third party notice* geht schon hinsichtlich der Möglichkeit des Gerichts, gegen den Dritten ein Versäumnisurteil zu erlassen, viel weiter als die Streitverkündung, die für den Fall des Nichtbeitritts nur das Eintreten der Nebeninterventionswirkung anordnet.[226] Ein Versäumnisurteil kann gegenüber dem Streitverkündungsempfänger nicht ergehen.[227] Dieser Unterschied läßt sich aber noch durch die verschiedene Ausgestaltung der Drittbeteiligung als Klage einerseits und als Streitverkündung andererseits erklären.

Folgt man jedoch der Auffassung von Jacob und hält den Erlaß eines Anerkenntnisurteils für zulässig, dann entfernen sich beide Rechtsinstitute völlig voneinander. Zwar wird auch der Streitverkündungsempfänger durch § 68 ZPO an die Feststellungen des Hauptprozesses gebunden.[228] In zweierlei Hinsicht aber unterscheidet sich die Interventionswirkung erheblich vom Anerkenntnisurteil. Erstens steht dem Streitverkündungsempfänger auch nachträglich noch der Einwand der schlechten Prozeßführung zu.[229] Demgegenüber hat der Dritte im englischen Prozeß zunächst keine Möglichkeit, in der gleichen Instanz den Vollstreckungstitel 'Anerkenntnisurteil' zu beseitigen.

Zweitens erstreckt sich die Interventionswirkung des deutschen Rechts nur auf die tragenden Feststellungen des Vorprozesses,[230] welche auch im Regreß-

[225] *Halsbury's Laws* Vol. 37 "Practice and Procedure": S. 234 Para 312. Ein konkludentes (*implied*) Anerkenntnis reicht zwar aus, es muß jedoch eindeutig erkennbar sein, *Jacob*: 27/3/1.

[226] § 74 Abs. 3 ZPO.

[227] Gegenüber dem Streitverkündungsempfänger kann im Hauptprozeß überhaupt kein Urteil ergehen, vgl. *Zöller-Vollkommer*: § 67 Rn. 1. Außerdem kann aus § 74 Abs. 2 ZPO gefolgert werden, daß den Streitverkündungsempfänger keine Pflicht zum Beitritt trifft. Allerdings kann der Streitverkündungsempfänger den Wirkungen, die durch ein Versäumnisurteil gegen den Streitverkünder im Vorprozeß ausgelöst werden, nicht entgegentreten. Bei seinem Beitritt wäre er zur Abwendung der Säumnis imstande gewesen, indem er für den Streitverkünder verhandelt. Da ihm insoweit die Verteidigung offenstand, kann er im Regreßprozeß die Einrede des § 68, 2. Hauptsatz ZPO nicht geltend machen, vgl. nur *Götze* "Vouching in und Third Party Practice": S. 129 m. w. N.

[228] Wenn für den Streitverkündungsempfänger, ohne daß er angehört wurde, die Richtigkeit der Entscheidung des Hauptprozesses unterstellt wird, entspricht dies im Ergebnis der Fiktion, daß er die Richtigkeit der Feststellungen dieses Urteils anerkennt.

[229] § 68, 2. Halbsatz ZPO.

[230] BGH Urteil vom 9.11.1982 in NJW 1983, 820,821 = BGHZ 82, 255; *Zöller-Vollkommer*: § 68 Rn. 10. Anderer Ansicht OLG München Urteil vom 11.10.1985 in NJW 1986, 263 mit ablehnender Anmerkung von *Vollkommer* in NJW 1986, 264.

prozeß oder im Regreßanspruch gegen den Streitverkündungsempfänger relevant sind. Anders im englischen Prozeß: Dem Dritten wird dort das Anerkenntnis aller geltend gemachter Ansprüche unterstellt, auch wenn sie niemals Gegenstand des Hauptprozesses waren oder nur als obiter dicta festgestellt wurden. Diesbezüglich läßt sich der englische Rechtszustand auch nicht mit der Rechtsnatur der *third party notice* als Klage erklären. Denn die Säumnis im deutschen Klageverfahren führt immer nur zu einem Versäumnisurteil,[231] nie jedoch zu einem Anerkenntnisurteil.

Um es auf den Punkt zu bringen: Folgt man der Auffassung von Jacob, so bedeutet das Schweigen[232] des Dritten bei der *third party notice* die Anerkennung der gegen ihn erhobenen Forderung und führt zu seiner Verurteilung. Im deutschen Recht hat das Schweigen geringere Bedeutung. Im Klageverfahren führt es zum Versäumnisurteil, welches - weil es aufhebbar ist - eine Art Säumnisstrafe darstellt. Bei der Streitverkündung führt das Schweigen des Dritten (Streitverkündungsempfänger) zur Interventionswirkung. Diese unterscheidet sich aber vom Anerkenntnis insoweit erheblich, als die Streitverkündungswirkung nur Feststellungen erfaßt, die für beide Rechtsverhältnisse relevant sind. Dem Streitverkündungsempfänger steht außerdem der Einwand aus § 68 ZPO zu.

Demgegenüber ist der Dritte im englischen Prozeß gezwungen, sein Recht in der zweiten Instanz zu suchen und Rechtsmittel gegen das Anerkenntnisurteil einzulegen. Einen erheblichen Vorteil hat er allerdings gegenüber dem Streitverkündungsempfänger: Im Rechtsmittelverfahren vor dem Court of Appeal ist eine erneute Tatsachenverhandlung möglich, was zur Überprüfung der gesamten Rechtslage führt, während im deutschen Recht die Feststellungen des Vorprozesses - mit Ausnahme des Einwands nach § 68, 2. Halbsatz ZPO - für alle Instanzen bindend feststehen.

b) Möglichkeiten des Gerichts bei Beteiligung des Dritten

Will sich der Dritte gegen die *third party notice* verteidigen, muß er dies binnen 14 Tage anzeigen, RSC Ord. 16, r. 3(4) in Verbindung mit Ord. 12, r. 5(a).[233]

Der weitere Fortgang des Verfahrens steht im sehr weiten Ermessen des Gerichts. Es kann relativ frei festlegen, inwieweit es den Dritten an das Ergeb-

[231] Das Versäumnisurteil ist dann mit dem Einspruch gem. §§ 338 ff. ZPO angreifbar. Allerdings ist zu beachten, daß die erneute Säumnis im Einspruchstermin gem. § 345 ZPO zu einem (zweiten) Versäumnisurteil führt, gegen welches ein Einspruch nicht mehr zusteht.

[232] Unter Schweigen ist hier das Unterlassen einer Verteidigung zu verstehen.

[233] Das Gericht kann aber auch eine andere Frist bstimmen. Bei grenzüberschreitenden *third party notices* ist die Frist länger, vgl. RSC Ord. 12, r. 5(b), Ord. 11, r. 1(3)(a)-(c).

nis des Hauptprozesses bindet, RSC Ord. 16, r. 4(4), und wann es welches Urteil in der *third party notice* fällt, RSC Ord. 16, r. 7(1).[234]

Die Entscheidungsbefugnis des Gerichts umfaßt auch die Kosten für alle Parteien des gesamten Verfahrens. Das Gericht hat dabei die Freiheit, nach seinem Ermessen jeder Partei die Kosten jeder anderen Partei aufzuerlegen.[235] In der Möglichkeit, frei über die Kosten zu entscheiden, zeigt sich erneut, daß im englischen Prozeß keine strikte Trennung von Hauptverfahren und *third party notice* erfolgt. So ordnete Plowman, J im Fall Thomas v. The Times Book Co, Ltd.[236] hinsichtlich der Kosten an, der Kläger, dessen Klage abgewiesen wurde, habe nicht nur die Kosten des Beklagten, sondern vielmehr auch die Kosten der "*third and fourth party*" zu tragen. Die Begründung für diese Entscheidung war einfach und liest sich wie folgt:

"...the Plaintiff's claim had rendered the third and fourth party proceedings inevitable..."[237]

Die mit der Möglichkeit der sofortigen Entscheidung der *third party notice* verbundenen Unterschiede zur Streitverkündung beruhen auf der Tatsache, daß die *third party notice* eine Klage darstellt. Das deutsche Recht bietet demgegenüber nur die Möglichkeit, einer (Haupt-) Partei des Vorprozesses die Kosten der Nebenintervention aufzuerlegen. Tritt der Streitverkündungsempfänger dem Vorprozeß als Nebenintervenient bei, so hat der Gegner der unterstützten (Haupt-) Partei gemäß § 101 Abs. 1 ZPO auch die Kosten der Nebenintervention zu tragen, soweit ihm die Kosten des Rechtsstreits insgesamt auferlegt werden.[238] Andernfalls trägt der Nebenintervenient seine Kosten selbst.[239] Die deutsche Regelung schreibt die Kostenübernahme dann - anders als das englische Recht - zwingend vor.[240]

Das englische Recht erfordert, wie das Beispiel im eben zitierten Fall Thomas v. The Times Book Co, Ltd[241] zeigte, die gerichtliche Feststellung, daß die Klage die *third party notice* unumgänglich machte. Demgegenüber kann man für das deutsche Recht feststellen, daß § 101 ZPO zur Vereinfachung und im Interesse der Kostengerechtigkeit[242] die Erforderlichkeit der Nebenintervention fingiert.

---

[234] Die weite Entscheidungsmöglichkeit des Gerichts wird durch den Wortlaut des RSC Ord. 16, r. 7(1) deutlich: "*...the Court may at or after trial ....order such judgment as the nature of the case may require...*".

[235] Vgl. *Upjohn, LJ* in Edington v. Clark [1963] 3 All ER 468 at 473 A und 476 F.

[236] Thomas v. The Times Book Co , Ltd. [1966] 2 All ER 241 at 247 A.

[237] Vgl. *Halsbury's Laws* Vol. 37 "Practice and Procedure": S. 198 Para 260 Fn. 2 für weitere Beispiele.

[238] Vgl. im einzelnen *Zöller-Vollkommer*: § 101 Rn. 1 ff. Zur Kostenfrage, wenn sich die Hauptparteien im Vorprozeß durch einen Vergleich geeinigt haben vgl. *Schneider* in MDR 1983, 801 ff.

[239] *Wieczorek*: § 101 B III a 1.

[240] *BLAH-Hartmann*: § 101 Rn. 11.

[241] Siehe oben Fn. 236.

[242] Vgl. *BLAH-Hartmann*: § 101 Rn. 2 zum Regelungszweck des § 101 ZPO.

Das englische Recht bietet hier die gerechtere, weil flexiblere Lösung. Das bloße Unterliegen im Vorprozeß läßt keinesfalls den Schluß zu, daß die Nebenintervention erforderlich war. Bedauerlicherweise fehlt der deutschen Regelung die Möglichkeit, die Kosten der Nebenintervention der unterstützten Hauptpartei aufzuerlegen.[243] Dies aber wäre angemessen, wenn der Streitverkündungsempfänger auf Seiten des Streitverkünders beigetreten war und sich die Streitverkündung (wegen einer Fehleinschätzung des Streitverkünders) als unnötig herausgestellt hat.[244]

V. Besonderheiten einer grenzüberschreitenden third party notice

Wie bereits erwähnt wurde, ist die *third party notice* einer eigenen Klage (*writ*) des Beklagten gegen den Dritten gleichgestellt, RSC Ord. 16, r. 3(4).[245] Dies vorausgeschickt, ergeben sich für eine *third party notice*, die gegenüber einer im Ausland domizilierten Person erhoben wird, Besonderheiten hinsichtlich der Zustellung und insbesondere der hierfür erforderlichen *jurisdiction* (Zuständigkeit) des *High Court.*

1. Zustellung

Aus der Gleichstellung mit dem writ folgt, daß auch die *third party notice* im Grundsatz persönlich zuzustellen ist, RSC Ord. 10, r. 1(1).[246]

Für die grenzüberschreitende *third party notice* wird dieser Grundsatz jedoch durchbrochen. RSC Ord. 11, r. 5(3)(a) schreibt hier vor, daß die Regeln des Landes, in dem die Zustellung erfolgen soll, zu beachten sind.[247]

Im Rechtsverkehr mit der BRD ist allerdings das Haager Zustellungsübereinkommen vom 15.11.1965 (im folgenden abgekürzt: HZÜ)[248] vorrangig anwend-

---

[243] *Mü-Ko-Belz*: § 101 Rn. 1; *Zöller-Vollkommer*: § 101 Rn. 1.

[244] Zu beachten ist jedoch, daß der Streitverkündungsempfänger vom Streitverkünder die Kosten der Nebenintervention verlangen kann, wenn es zum Regreßprozeß kommt, oder aber in einem gesonderten Rechtsstreit, vgl. *Mü-Ko-Belz*: § 101 Rn. 11. Denkbar ist aber dann nur die Geltendmachung eines materiell-rechtlichen Schadensersatzanspruchs, wobei sich insbesondere immer das Problem der Begründung einer Anspruchsgrundlage stellt. Jedenfalls kann dem Streitverkündungsempfänger gegen den Streitverkünder im deutschen Recht kein prozessualer Kostenerstattungsanspruch zustehen. Ein prozessualer Kostenerstattungsanspruch des Streitverkündungsempfängers gegen den Streitverkünder hätte neben der Entbehrlichkeit einer materiell-rechtlichen Anspruchsgrundlage den Vorteil, daß er sogleich vollstreckbar ist.

[245] Siehe oben S. 189.

[246] Zu den Möglichkeiten der Ersatzzustellung vgl. RSC Ord. 10, r. 1(2), zur rügelosen Einlassung RSC Ord. 10, r. 1(5).

[247] *Jacob*: 10/5/1.

[248] Das HZÜ ist für die BRD im Verhältnis zu England (Vereinigtes Königreich) am 26.6.1979 in Kraft getreten, vgl. Bekanntmachung vom 21.6.1979 in Bundesgesetzblatt II, S. 779.

bar.[249] Das HZÜ schuf kein neues einheitliches Recht für die Vertragsstaaten im Bereich der Zustellung.[250] Es bestimmt vielmehr primär, nach welchem nationalen Recht die Zustellung eines Schriftstückes ins Ausland zu bewirken ist (Rechtsanwendungsrecht). Gemäß Art. 5 Abs. 1 Buchstabe a HZÜ sind demnach für die Zustellung einer grenzüberschreitenden *third party notice* nach Deutschland die Zustellungsformen des deutschen Rechts maßgeblich. Dies entspricht der Vorschrift des RSC Ord. 11, r. 5(3)(a). Die §§ 166 ff. ZPO sind daher für die Zustellung einer *third party notice* nach Deutschland in jedem Fall anwendbar. Werden die deutschen Zustellungsvorschriften nicht eingehalten, so ist eine Anerkennung und Vollstreckung des durch die *third party notice* erlangten Urteils selbst unter dem EuGVÜ nicht möglich.[251]

Außerdem vereinheitlicht das HZÜ in gewissem Rahmen das Verfahren der Zustellung. Für den Zustellungsverkehr mit der BRD kann daher die Zustellung einer *third party notice* ausschließlich über die nach Art. 2 Abs. 1 HZÜ bestimmte Zentrale Behörde abgewickelt werden.[252] In der BRD werden die Aufgaben der Zentralen Behörden durch das Amtsgericht am Zustellungsort wahrgenommen.[253] Zwar sieht das HZÜ in seinen Artt. 8 und 10 weitere Zustellungsmethoden vor; diese wurden jedoch für die BRD durch einen Vorbehalt wirksam ausgeschlossen.[254]

Während sich die Durchführung der Zustellung einer *third party notice* als unproblematisch darstellt, bedarf die Frage der Zulässigkeit der Auslandszustellung einer *third party notice* genauerer Betrachtung. Hier liegen die wesentlichen Probleme einer grenzüberschreitenden *third party notice*. Da jedoch die Zulässigkeit der Auslandszustellung von der *jurisdiction* (Zuständigkeit) des *High Court* abhängt, sollen die Probleme der Zustellung nun gemeinsam mit der Frage der Zuständigkeit beschrieben werden.

2. Jurisdiction des High Court für die grenzüberschreitende third party notice

Der Begriff der *jurisdiction* ist mehrdeutig:[255] Im allgemeinen Sinn beschreibt er zunächst die rechtsprechende Gewalt und umfaßt die Gerichtsho-

---

[249] *Jacob*: 11/5/4.

[250] Das HZÜ findet nach seinem Art. 1 Abs. 1 nur auf Auslandszustellungen in Zivil- und Handelssachen Anwendungen. Auf die Ausführung der Zustellung kann hier im einzelnen nicht eingegangen werden. Vgl. dazu *Schütze* "IZPR": S. 232 f. m. w. N.

[251] Entscheidung des EuGH in Minalment GmbH v. Brandeis Ltd. [1993] ILP 132. Eine Zusammenfassung dieses Rechtsstreits findet sich bei *Jacob*: 11/5/6.

[252] Wenn der Dritte, dem die *third party notice* zugestellt werden soll, aber Staatsangehöriger des Vereinigten Königreichs ist, kann von der Möglichkeit der diplomatischen oder konsularischen Zustellung Gebrauch gemacht werden, vgl. § 6 des deutschen Ausführungsgesetzes.

[253] Vgl. § 4 Abs. 2 des deutschen Ausführungsgesetzes zum HZÜ (vom 22.12.1977).

[254] Vgl. § 6 des deutschen Ausführungsgesetzes zum HZÜ.

[255] *Cheshire & North* "Private International Law": S. 179.

heit und -herrlichkeit, im engeren Sinne wird mit ihm die Rechtspflegefunktion bezeichnet.[256] Für die weitere Untersuchung soll *jurisdiction* in der letztgenannten Bedeutung verwendet werden, also die Befugnis des *High Court* beschreiben, einen Rechtsstreit zu verhandeln und selbst zu entscheiden.[257] So definiert kann *jurisdiction* mit dem deutschen Begriff der 'Zuständigkeit' übersetzt werden.

Die *jurisdiction* als Zuständigkeit des *High Court* wird - anders als im deutschen Recht[258]- durch eine ordnungsgemäße Zustellung des *writs* oder der *third party notice* begründet.[259] Hier zeigt sich der enge Zusammenhang von Zustellung und Zuständigkeit. Lord Dunedin[260] drückte diesen Umstand wie folgt aus:

> *"I understand that jurisdiction according to English Law is based on the act of personal service...".*

Dies bedeutet jedoch nicht, daß die Zuständigkeit im englischen Recht keine eigene Bedeutung hat. Vielmehr sind die Zuständigkeitsregeln ins Recht der Zustellung, den RSC Ord. 10 und 11, integriert. Die Zuständigkeit des *High Court* ist also bereits Voraussetzung der Ordnungs- oder Rechtmäßigkeit der Zustellung.

So betrachtet stellt sich die Zuständigkeit im englischen Recht als eine Verfahrensvoraussetzung dar, denn sie ist bereits Bedingung für die Zustellung der *third party notice*.[261]

Die Zuständigkeit des *High Court* wird im Einzelfall begründet, wenn die *third party notice* im Gerichtsbezirk zugestellt werden kann oder wenn das Gericht die Zustellung ins Ausland nach dem Verfahren und den Voraussetzungen des RSC Ord. 11 genehmigt.[262] Diese Unterscheidung in der Begründung der Zuständigkeit des *High Court* ist für das Verständnis der englischen Zuständigkeitsregeln sehr wichtig. Das Erfordernis der Zuständigkeit wirkt sich nämlich nur aus, wenn die *third party notice* außerhalb des Gerichtsbezirks des *High Court* zuzustellen ist.

Zunächst zum einfacheren Fall: Kann die *third party notice* innerhalb seines Gerichtsbezirks, d. h. in England oder Wales, zugestellt werden, hat der

---

[256] *Bunge* "Das englische Zivilprozeßrecht": S. 17.

[257] So auch *Cheshire & North* ebenda: S. 179.

[258] Im deutschen Recht ist die (internationale) Zuständigkeit eine selbständige Prozeßvoraussetzung (Sachurteilsvoraussetzung), die von der Zustellung grundsätzlich unabhängig ist.

[259] *Dicey & Morris* "Conflict of Laws": S. 270 f.

[260] In Johnson v. Taylor Bros. & Co Ltd [1920] AC 144 at 154.

[261] Demgegenüber ist die Zuständigkeit im deutschen Recht Sachurteilsvoraussetzung, denn es genügt, wenn das deutsche Gericht im Zeitpunkt der letzten Tatsachenverhandlung zuständig ist. Vgl. im einzelnen *Rosenberg/Schwab/Gottwald* "Zivilprozeßrecht": § 39, 5 Seite 192.

[262] *Cheshire & North* "Private International Law": S. 179. Die Zuständigkeit wird außerdem begründet, wenn sich der Dritte dem Verfahren vor dem *High Court* unterwirft.

High Court unbeschränkte Zuständigkeit.[263] Befindet sich der Dritte also im Zeitpunkt der Zustellung im Gerichtsbezirk, liegt aus der Sicht des englischen Rechts kein Auslandsfall vor. Ein Zuständigkeitsproblem stellt sich nicht, denn es genügt, wenn die *third party notice* in England (persönlich[264]) zugestellt wird.[265] Es wird dabei keine Rücksicht darauf genommen, wo der Dritte seinen Wohnitz hat. Daher kann die Zuständigkeit des *High Court* auch begründet werden, wenn dem Dritten die *third party notice* auf einer Urlaubsreise in England überreicht wird.[266] Dasselbe gilt, wenn der Dritte eine Niederlassung in England hat.[267]

Ist also die Zustellung der *third party notice* in England oder Wales möglich, wird sie vom englischen Recht gar nicht erst als grenzüberschreitend angesehen. In diesem Fall gilt uneingeschränkt der zitierte Satz von Lord Dunedin, daß die persönliche Zustellung die Zuständigkeit begründet, selbst wenn der Dritte Ausländer ist und/oder seinen Wohnsitz außerhalb des Gerichtsbezirks hat.

Wenn die *third party notice* ordnungsgemäß zugestellt wurde, kann die Frage der Zuständigkeit allenfalls noch im Rahmen der Lehre *forum non conveniens*, d.h. unter den Gesichtspunkten der Angemessenheit und Gerechtigkeit geprüft werden.[268] Die hiermit verbundene Ermessensausübung fungiert dabei als Regulativ für die weite Zuständigkeitsregelung des RSC Ord. 11, r. 1.[269]

---

[263] *Gerland* "Die englische Gerichtsverfassung" 1. Hlbd.: S. 306; *Jacob*: 11/1/4; *Casson/Dennis* "Odgers' Principles": S. 37.

[264] Ist der Dritte nicht im Gerichtsbezirk, ist eine Ersatzzustellung in England nur unter besonderen Voraussetzungen zulässig, vgl. *Jacob*: 11/4/4; *Casson/Dennis* "Odgers' Principles": S. 38.

[265] *Gerland* "Die englische Gerichtsverfassung" 1. Hlbd.: S. 310 f.; *Bunge* "Das englische Zwangsvollstreckungsrecht": S. 62.

[266] Maharanee of Baroda v. Wildenstein [1972] 2 All ER 689. Dies gilt jedenfalls dann, solange der Beklagte nicht beweisen kann, daß die Fortsetzung des Verfahrens eine Ungerechtigkeit gegenüber ihm, die Einstellung des Verfahrens aber keine Ungerechtigkeit gegenüber dem Kläger bedeutet, vgl. *Stephenson, LJ* in Maharanee of Baroda v. Wildenstein ebenda: S. 697 j:

> *"The defendant has, therefore, to discharge the heavy burden of satisfying the court of two things: (1) that the continuance of the plaintiff's action would work an injustice because it would be oppressive or vexatious to the defendant or would be an abuse of the process of the court in some other way; and (2) that a stay of this action will not cause an injustice to the plaintiff."*

Der *Court of Appeal* wendete hier allgemeine Grundsätze auf den konkreten Fall an, die bereits 1935 durch den *Court of Apeal* in allgemeiner Form für die Verfahrenseinstellung (*stay of proceedings*) entwickelt wurden, vgl. *Scott, LJ* in St. Pierre v. South American Stores [1935] All ER 408 at 414.

[267] Erforderlich ist ein "*registered office*", vgl. *section* 725 (1) *Companies Act* 1985.

[268] Vgl. dazu *Cheshire & North* "Private International Law": S. 182. Siehe auch unten S. 226 ff.

[269] Allerdings erreicht das deutsche Recht über § 261 Abs. 3 Nr. 2 ZPO ein vergleichbares Ergebnis: War das deutsche Gericht bei der Zustellung der Klage zuständig, schadet eine Veränderung der zuständigkeitsbegründenden Tatsachen nicht mehr. Die Rechtsfigur der perpetuatio fori benötigt das englische Recht nicht, denn es kommt mit dem Abstellen auf den Zeitpunkt der Zustellung zum gleichen Resultat.

Da die Lehre vom *forum non conveniens* im deutschen Zivilprozeßrecht nicht anwendbar ist, wird die Zuständigkeit eines deutschen Gerichts überhaupt nicht mehr geprüft, wenn das Gericht zum Zeitpunkt der Zustellung der verfahrenseinleitenden Schrift zuständig war.

Ist eine Zustellung innerhalb des Gerichtsbezirks nicht möglich, wird die Zuständigkeit zur echten Bedingung. Wenn dem *High Court* die Zuständigkeit fehlt, ist bereits die Zustellung unzulässig. Sofern die *third party notice* außerhalb des Gerichtsbezirks zugestellt werden muß, richtet sich die Zuständigkeit des *High Court* nach RSC Ord. 11, r. 1. Die Voraussetzungen dieser Vorschrift müssen vorliegen, damit die Zustellung ins Ausland überhaupt zulässig ist.[270] Auf diese Fallkonstellation (grenzüberschreitende *third party notice*) konzentriert sich der folgende Teil der Arbeit. Unter Zustellung ins Ausland ist dabei die Zustellung an einen Ort außerhalb England und Wales zu verstehen.

Das englische Recht unterscheidet bei der Frage der Zuständigkeit in *actions in personam* und *actions in rem.*[271] *Action in rem* ist die Klage gegen ein Schiff, die es nur noch vor den *Admiralty Courts* gibt.[272] Sie hat jedoch im europäischen Rechtsverkehr stark an Bedeutung verloren, denn für den Anwendungsbereich des EuGVÜ ist die Unterscheidung zwischen *actions in rem* und *actions in personam* im Rahmen der Zuständigkeitsbestimmung aufgehoben.[273] Aus diesem Grunde können wir im folgenden auf eine Darstellung der Zuständigkeitsregeln für *actions in rem* verzichten und die Untersuchung auf die *actions in personam* beschränken.

Die Zuständigkeit des *High Court* für eine grenzüberschreitende *third party notice* kann sich aus Europarecht, namentlich Art. 6 Nr. 2 EuGVÜ[274] oder aber aus autonomem englischen Recht ergeben. Der praktisch bedeutsame Unterschied beider Regelungen liegt in der Erforderlichkeit einer Zulassung (*leave*) der Zustellung: Eine solche Zulassung durch den *High Court* ist für die Zustellung immer erforderlich, wenn sich die Zuständigkeit nach autonomem englischen Recht, namentlich RSC Ord. 11, r. 1(1), bestimmt.[275] Die Zustellung einer *third party notice*, die unter das EuGVÜ fällt, erfordert demgegenüber keine Zulassung (*leave*) durch das Gericht, RSC Ord. 11, r. 1(2)(a).

---

[270] *Cheshire & North* "Private International Law": S. 190.

[271] Vgl. hierzu ausführlich *Ziegenbein* "Die Unterscheidung von Real und Personal Actions im Common Law"; *Cheshire & North* "Private International Law": S. 182 ff.

[272] *Cheshire & North* ebenda: S. 231 f., 216. Zu beachten ist jedoch, daß sich die Begriffe *action in rem* einerseits und *judgment in rem* andererseits nicht decken. Als *judgments in rem* werden nämlich alle Urteile angesehen, die über den Status einer Person oder einer Sache (hier geht es im wesentlichen um die dingliche Berechtigung) entscheiden, Lazarus-Barlow v. Regent Estates Co. Ltd. [1949] 2 All ER 118 at 122G-H. Demnach gibt es *actions in personam*, die mit einem *judgment in rem* enden. Der Bereich der *judgments in rem* ist also weiter als der Anwendungsbereich der *actions in rem* und umfaßt nicht nur Urteile gegen Schiffe oder Sachen, sondern auch (familienrechtliche) Statusfragen wie z.B. eine Ehescheidung, vgl. dazu *Cheshire & North* ebenda: S. 216, 362. Ungenau insoweit *Schack* "IZVR": Rn. 920, der diese Unterscheidung nicht macht und dementsprechend davon ausgeht, daß *actions in rem* auch Statussachen betreffen.

[273] The Deichland in The Times April 27, 1989.

[274] *Collins* "The Civil Jurisdiction and Judgments Act 1982": S. 150. Die zuständigkeitsbegründende Vorschrift des Art. 6 Nr. 2 des Luganer Übereinkommens bleibt im folgenden unberücksichtigt. Diese Vorschrift ist dem Art. 6 Nr. 2 des EuGVÜ inhaltlich gleich, hat aber im Rechtsverkehr zur BRD keine eigenständige Bedeutung, vgl. Art. 54 b Abs. 1 des Luganer Übereinkommen.

[275] Vgl. zum ganzen *Cheshire & North* "Private International Law": S. 179 f., 191.

3. Prüfung der Zuständigkeit nach autonomem englischen Recht, RSC Ord. 11, r. 1(1)

Die Zuständigkeit des *High Court* für eine grenzüberschreitende *third party notice* kann nach autonomem englischen Recht über RSC Ord. 11, r. 1(1)(c) begründet werden. Es ist jedoch zu beachten, daß diese Zuständigkeitsvorschrift auch im englischen Recht durch die Regeln des EuGVÜ verdrängt wird.[276] Die vorgezogene Darstellung der autonomen Regeln ist dennoch angebracht, da die einschneidenden Veränderungen, die das EuGVÜ für das englische Prozeßrecht gebracht hat, deutlicher erkennbar sind, wenn der früher ausschließlich geltende Rechtszustand bei der nachfolgenden Darstellung der Zuständigkeitsprüfung nach dem EuGVÜ bekannt ist. Der auf die *third party notice* anwendbare RSC Ord. 11, r. 1(1)(c) lautet auszugsweise:

"(1) ...service of a writ out of jurisdiction is permissible with the leave of the Court if in the action begun by the writ-

(a) ...

(b) ...

(c) the claim is brought against a person duly served within or out of the jurisdiction and a person out of the jurisdiction is a necessary or proper party thereto;"

Dieser Vorschrift ist zu entnehmen, daß die Auslandszustellung bei Vorliegen der Tatbestandsvoraussetzungen erlaubt werden kann ("*...is permissible...*"). Einen Anspruch auf die Zulassung der Zustellung ergibt sich hieraus aber nicht. Anhand dieser Vorschrift wird auch deutlich, daß die Zuständigkeit im englischen Recht ein Kriterium der Zulässigkeit der Zustellung ist. Für den deutschen Betrachter bedeutet dies eine erhebliche Umstellung. So ist bereits ungewöhnlich, daß der Beklagte die *third party notice* nicht einfach einreichen und zustellen lassen kann. Mit der *third party notice* verbunden, wird der Beklagte vielmehr per Antrag das Gericht um Zulassung (*leave*) der Zustellung seiner *third party notice out of the jurisdiction*, d. h. an einen Ort außerhalb des Gerichtsbezirks ersuchen. Das Gericht prüft die Voraussetzungen, welche sogleich dargestellt werden sollen, und wird gegebenfalls den beantragten *leave* gewähren.

Die Tatbestandsmerkmale des RSC Ord. 11, r. 1(1)(c) sind jedoch nicht die einzigen Zuständigkeitserfordernisse. Daneben gibt es nämlich noch andere Voraussetzungen, die zu erfüllen sind. Alle relevanten Punkte, die das Gericht bei der Prüfung seiner Zuständigkeit beachten muß, hat das *House of Lords* kürzlich in allgemeiner Form dargestellt (Die Ziffer (3) stammt vom Verfasser) :[277]

---

[276] *Jacob*: 11/B.

[277] Seaconsar Far East Ltd v. Bank Markazi Jomhouri Islami Iran [1993] 4 All ER 456 at 467h.

"... a judge faced with a question of leave to serve proceedings out of the jurisdiction under Ord. 11 will in practice have to consider...

(1) whether jurisdiction has been sufficiently established, on the criterion of the good arguable case...under one of the paragraphs of r. 1(1), and

(2) whether there is a serious issue to be tried, so as to enable him to exercise his discretion to grant leave,"

(3) "before he goes on to consider the exercise of that discretion, with particular reference to the issue of forum conveniens."

Diese dreistufige Prüfung soll auch der folgenden Darstellung zugrundegelegt werden.[278] Das *House of Lords* stellte in der zitierten Entscheidung klar, daß die genannten Voraussetzungen nicht miteinander verbunden und daher getrennt zu prüfen sind.[279]

a) Jurisdiction has been sufficiently established under RSC Ord. 11, r. 1(1)(c)

Als die RSC in Folge der *Judicature Acts* erlassen wurden, konnte sich der Beklagte des Hauptverfahrens noch nicht auf RSC Ord. 11, r. 1(1)(c)[280] berufen, denn diese Vorschrift stand ausschließlich einem Kläger zu, der einen zusätzlichen Beklagten mit in das Verfahren hineinziehen wollte.[281] Erforderlich war demnach, daß die *third party notice* wie eine gewöhnliche Klage die Zuständigkeit des *High Courts* begründete, indem sie in eine der anderen Varianten des RSC Ord. 11, r. 1 eingeordnet werden konnte.[282]

Erst durch den nachträglich eingefügten RSC Ord. 16, r. 3(4) wurde die zuständigkeitsbegründende Vorschrift des RSC Ord. 11, r. 1(1)(c) auf die grenzüberschreitende *third party notice* für anwendbar erklärt.[283] Damit war der

---

[278] Für die dreistufige Prüfung auch: Re Eras Eil Actions The Times Nov. 18, 1991; *Slade, LJ* in Metall und Rohstoff AG v. Donaldson Lufkin & Jenrette Inc. [1990] 1 QBD 391 at 434G f.; *Cheshire & North* "Private International Law": S. 191. In Attock Cement Co Ltd v. Romanian Bank for Foreign Trade [1989] 1 All ER 1189 at 1197h wird eine zweistufige Prüfung, der Zuständigkeit und des Ermessens, vorgeschlagen. Die Aufspaltung der Ermessensausübung in zwei getrennte Voraussetzungen ist jedoch übersichtlicher und wurde vom *House of Lords* für zwingend gehalten, vgl. nächste Fn.

[279] Seaconsar v. Bank Markazi [1993] 4 All ER 456 at 466h - 467c.

[280] In der Zeit unmittelbar nach den *Judicature Acts* hatte die dem heutigen RSC Ord. 11, r. 1(1)(c) entsprechende Variante noch den Buchstaben (g).

[281] Vgl. nur Mc Cheane v. Gyles [1902] 1 Ch 287 at 299.

[282] *Jessel, MR* in Swansea Shipping v. Duncan [1876] 1 QBD 644 at 648: "*...that service of this notice shall be according to the rules as to service of writs of summons...*"; bestätigt in Dubout v. Macpherson (1889) 23 QBD 340 at 341.

[283] *Mustill, LJ* in The Eras Eil Actions [1992] 1 Lloyd's Rep. 570 at 592 stellt klar, daß RSC Ord. 11, r. 1(1)(c) die Möglichkeiten der Auslandszustellung einer *third party notice* erweitert. Daraus kann geschlossen werden, daß die Zuständigkeit für eine *third party notice* auch auf die anderen Varianten des RSC Ord. 11, r. 1 gestützt werden kann.

Gerichtsstand des Sachzusammenhangs oder die Annexzuständigkeit auch für die grenzüberschreitende *third party notice* eingeführt.

Die einzelnen Tatbestandsvoraussetzungen von RSC Ord. 11, r. 1(1)(c) sind relativ unproblematisch. Verlangt wird zunächst, daß die Klage in der Hauptsache ordnungsgemäß ausgestellt und im Einklang mit dem Recht zugestellt wurde.[284]

Die Wendung, daß der Dritte eine "*necessary or proper party*" sein muß,[285] stellt im Ergebnis das Erfordernis eines Sachzusammenhangs zwischen der Hauptsache und der *third party notice* auf.[286] Der nötige Sachzusammenhang verlangt aber nicht die Identität der Streitfragen.[287] Ausreichend ist vielmehr, wenn die Arten des begehrten Rechtsschutzes zueinander in Verbindung stehen[288] oder wenn sowohl der Beklagte als auch der Dritte von den Streitfragen wirklich und wesentlich betroffen sind.[289]

Zur Feststellung der Existenz eines Sachzusammenhangs wird üblicherweise folgende 'Testfrage' gestellt:[290] Wären Dritter und Beklagter - unterstellt sie befänden sich innerhalb der *jurisdiction* - 'angemessene' Parteien einer Klage, so ist der Dritte, auch wenn er sich im Ausland befindet, eine *proper party*. Aus sich heraus ist diese Testfrage für den deutschen Betrachter freilich nicht verständlich. Sie gründet auf der Anwendung des Rechtsgedankens der RSC Ord. 15, r. 4 und r. 6(2)(b). Nach diesen Vorschriften ist die Verbindung zweier Klagen eines Klägers gegen zwei Beklagte zulässig, wenn in beiden Klagen gemeinsame Tatsachen- oder Rechtsfragen auftreten.[291] Der für die Zuständigkeit erforderliche Sachzusammenhang ist also gegeben, wenn der Klage (des Hauptverfahrens) und der *third party notice* gemeinsame Tatsachen- oder Rechtsfragen zugrundeliegen.

---

[284] *Cheshire & North* "Private International Law": S. 193. Entgegen früheren Regelungen ist nicht mehr erforderlich, daß die Klage dem Beklagten innerhalb der *jurisdiction* zugestellt wurde, vgl. *Jacob*: 11/1/12.

[285] Es reicht aus, wenn der Dritte *alternativ* entweder notwendige oder geeignete Partei ist, vgl. *Wills, J* in Massey v. Heynes (1888) 21 QBD 330 at 333.

[286] In Re Eras Eil Actions The Times Nov. 28, 1991; Collins v. North British and Mercantile Insurance Co. [1894] 3 Ch 228 at 237.

[287] The Swansea Shipping Company, Ltd v. Duncan, Fox & Co [1876] 1 QBD 644; Collins v. North British and Mercantile Insurance Co. [1894] 3 Ch 228.

[288] *Kekewich, J* in Collins v. North British and Mercantile Insurance ebenda: S. 237.

[289] The Yorkshire Tannery and Boot Manufactory v. The Eglinton Chemical Company (1885) 54 LJ Ch 81 at 83: Hier wurde das Schlagwort "*substantial defendant*" verwendet; fortgeführt in Massey v. Heynes (1888) 21 QBD 330 at 335. An dieser Formulierung läßt sich aber erkennen, daß das Kriterium der wirklichen und wesentlichen Betroffenheit von Beklagtem und Drittem aus einer Zeit stammt, in der RSC Ord. 11, r. 1(1)(c) nur für den Kläger des Hauptverfahrens zur Verfügung stand. Insofern muß die Anwendung dieses Kriteriums auf die *third party notice* mit Vorsicht erfolgen. Da das Kriterium der wirklichen und wesentlichen Betroffenheit aber theoretisch auch auf die *third party notice* anwendbar ist, soll es hier nicht verschwiegen werden. Die Rechtsprechung hat sich diesbezüglich noch nicht geäußert.

[290] Vgl. *Lord Esher, MR* in Massey v. Heynes (1888) 21 QBD 330 at 338; zuletzt bestätigt in Quatar Petroleum Producing v. Shell Internationale [1983] 2 Lloyd's Rep. 35 at 41.

[291] Vgl. zum ganzen *Mustill, LJ* in The Eras Eil Actions [1992] 1 Lloyd's Rep. 570 at 593.

Für die *third party notice* stellt das Erfordernis des Sachzusammenhangs jedoch keine echte Hürde dar. Dies liegt daran, daß bei Vorliegen der Voraussetzungen einer *third party notice* nach RSC Ord. 16, r. 1 der Dritte regelmäßig auch eine *necessary or proper party* zum Hauptprozeß ist.[292] Schließlich stellen bereits RSC Ord. 16, r. 1(1)(a)-(c) für die Zulässigkeit der nationalen *third party notice* die Voraussetzung eines Sachzusammenhangs oder Bezugs zur Klage im Hauptverfahren auf.[293] Insoweit ergibt sich aus RSC Ord. 11, r. 1(1)(c) für die grenzüberschreitende *third party notice* keine zusätzliche Zulässigkeitsvoraussetzung.

Wesentlich problematischer gestaltet sich aber die Frage, inwieweit der Beklagte das Vorliegen der Voraussetzungen des RSC Ord. 11, r. 1(1)(c) darzulegen hat. Damit korrespondiert die Frage, wie sehr das Gericht vom Vorliegen der Voraussetzungen überzeugt sein muß. Vor allem hinsichtlich des Sachzusammenhangs, der von Tatsachen- und Rechtsfragen beider Verfahren abhängt, wird für den Beklagten der Umfang wichtig sein, in dem er bereits zu diesem Zeitpunkt des Verfahrens beweispflichtig ist. Verlangt man hier den "Beweis jenseits aller Zweifel",[294] könnte man den Beklagten vor unlösbare Schwierigkeiten stellen, denn im Anfangsstadium des Verfahrens wird er nicht immer über alle erforderlichen Kenntnisse hinsichtlich des Hauptverfahrens verfügen.

Diese Frage ist auch dann von Bedeutung, wenn die Voraussetzung des Sachzusammenhangs bei einer *third party notice* gegeben ist. Im Rahmen der RSC Ord. 16, r. 1 werden keine besonderen Anforderungen an die Darlegung der Voraussetzungen gestellt. In den meisten Fällen einer nationalen *third party notice* wird ihre Durchführung nicht einmal von einer gerichtlichen Zulassung (*leave*) abhängen,[295] so daß der erforderliche Sachzusammenhang bei der Zulässigkeit der *third party notice* überhaupt nicht geprüft wird. Das Problem der Darlegungslast innerhalb der Zulässigkeitsprüfung tritt daher erst bei der Frage der Zuständigkeit des *High Courts* auf, da nur hier das Vorliegen des Sachzusammenhangs für die Zulässigkeit der Zustellung der *third party notice* geprüft wird.

Der Umfang der Darlegungspflicht wurde in der Rechtsprechung zunächst kontrovers diskutiert.[296] Als mittlerweile gefestige Rechtsprechung, die 1993

---

[292] International Commercial Bank plc. v. Insurance Corporation of Ireland plc. [1989] IR 453 at 469.

[293] Siehe oben S. 185 ff.

[294] "*...proved... that fact beyond all reasonable doubt*". Dies wurde teilweise verlangt, vgl. *Lord Simonds* in Vitkovice Horni v. Korner [1951] 2 All ER 334 at 338B.

[295] Siehe oben S. 189 f.

[296] Alle denkbaren Möglichkeiten wurden von den Richtern vertreten. (Zu beachten ist, daß sich nur die wenigsten der zitierten Entscheidungen mit der grenzüberschreitenden *third party notice* befaßten. Es können daher nur Schlüsse aus Entscheidungen zu anderen Varianten des RSC Ord. 11, r. 1 gezogen werden). Teilweise wurde verlangt, daß der Beklagte das Vorliegen der konkreten Voraussetzungen zu beweisen habe: " *...the court has to be satisfied on the affidavits...*" vgl. *Lord Goddard, CJ* in Malik v. Narodni Banka [1946] 2 All ER 663 at 665d. Andererseits hielt *Bucknill, LJ* in Korner v.

durch das *House of Lords*[297] bestätigt wurde, können wir heute jedoch festhalten, daß der Beklagte "*strong arguments*"[298] oder einen "*good arguable case*"[299] dafür vortragen muß, daß seine *third party notice* unter RSC Ord. 11, r. 1(1)(c) fällt.[300]

Für den deutschen Juristen sind unbestimmte Begriffe wie *good arguable case* oder *strong arguments* schwer erfaßbar. Dies erkannte auch Mustill, LJ,[301] als er ausführte:

> *"The expression 'good arguable case', mystifying to a foreigner, conveys an impression with which the English lawyer is familiar."*

Diese Begriffe sollen den Grad der Überzeugung darstellen, den der Vortrag des Beklagten beim Gericht hervorrufen muß (*good arguable case*), bzw. die inhaltlichen Anforderungen an den Beklagtenvortrag konkretisieren (*strong arguments*). Liest man die Rechtsprechung zu dieser Frage, so ist ausreichend, wenn angesichts des Vortrags des Beklagten die Auffassung vertretbar erscheint, daß die *third party notice* unter RSC Ord. 11, r. 1(1)(c) fällt. Mit aller Vorsicht hinsichtlich der Übertragung von rechtlichen Begriffen können wir den Schluß ziehen, daß die hier gestellten Anforderungen mit der Glaubhaftmachung des deutschen Rechts gemäß § 294 ZPO vergleichbar sind.[302]

Allerdings hat das Gericht bei der Beurteilung, ob *strong arguments* oder ein *good arguable case* vorliegt, keinen Ermessensspielraum. Das Gericht muß vielmehr anhand des verfügbaren Tatsachenmaterials eine vorläufige (*provisional or tentative*) Entscheidung treffen, ob der Beklagte mit seinen Behauptungen möglicherweise Recht hat. Diese Verpflichtung des Gerichts, sich zu entscheiden, wurde durch Staughton, LJ[303] in der für englische Entschei-

---

Witkowitzer Bergbau und Eisenhütten Gewerkschaft [1950] 1 All ER 558 at 567E einen auf Tatsachen begründeten Anscheinsbeweis ("*prima facie case*") für ausreichend.

[297] In Seaconsar Far East v. Bank Markazi [1993] 4 All ER 456.

[298] *Lord Radcliffe* in Vitkovice Horni v. Korner [1951] 2 All ER 334 at 340G; *Staughton, LJ* in Attock Cement v. Romanian Bank [1989] 1 All ER 1189 at 1196; Overseas Union Insurance v. Incorporated General Insurance Ltd The Times Dec. 11, 1991.

[299] *Lord Simonds* in Vitkovice Horni v. Korner ebenda: S. 338D.

[300] Beide Formulierungen sind gleichermaßen anwendbar und stammen aus der richtigen Interpretation von RSC Ord. 11, r. 4(2): "*...unless it shall be made sufficiently to appear to the court...*", vgl. Seaconsar Far East v. Bank Markazi [1993] 4 All ER 456 at 464g.

[301] *Mustill, LJ* in The Eras Eil Actions [1992] 1 Lloyd's Rep. 570 at 588.

[302] Dafür spricht auch die Tatsache, daß der Beklagte dem Antrag auf *leave* eine eidesstattliche Versicherung (*affidavit*) beizufügen hat, in welcher er seinen Fall, die Gründe des Antrags und das Land, in dem der Dritte zu finden ist, anzugeben hat, RSC Ord. 11, r. 4(1); vgl. im einzelnen *Jacob*: 11/4/3. Auch im deutschen Recht erfolgt die Glaubhaftmachung zumeist durch eine eidesstattliche Versicherung, vgl. zur Glaubhaftmachung durch eidesstattliche Versicherung § 294 Abs. 1 ZPO und BGH Beschluß vom 13.1.1988 in NJW 1988, 2045, 2046. Allerdings bezieht sich § 294 ZPO nur auf Tatsachenbehauptungen.

[303] *Staughton, LJ* in Attock Cement v. Romanian Bank [1989] 1 All ER 1189 at 1197-1198a.

dungen typischen, dem deutschen Juristen fremd erscheinenden, Art und Weise formuliert:

"The nettle must be grasped and this is what I take to be meant by a good arguable case."

b) Serious issue to be tried

Die zweite Zuständigkeitsvoraussetzung betrifft den mit der *third party notice* geltend gemachten Anspruch. Sie ist nicht gesetzlich vorgeschrieben, sondern wurde von der Rechtsprechung entwickelt.[304]

Die Rechtsprechung[305] leitet aus RSC Ord. 11, r. 4(1)(b)[306] ab, daß das Gericht bereits bei der Zulassung der Auslandszustellung die Erfolgsaussichten[307] der *third party notice* unter materiell-rechtlichen Gesichtspunkten zu prüfen hat.[308]

Der Teufel steckt auch hier im Detail: Denn es erhebt sich die Frage, wie umfangreich die Prüfung des in der *third party notice* geltend gemachten Anspruchs sein muß, bevor das Gericht seine Zuständigkeit annehmen darf. Damit verbunden ist das Problem, inwieweit der Beklagte bereits bei der Frage der Zulässigkeit hinsichtlich der materiellen Rechtslage darlegungs- und beweispflichtig ist.

Da zu diesem Zeitpunkt eine endgültige Feststellung der materiellen Rechtslage selten möglich ist,[309] wurde in der Regel verlangt, daß der Kläger (bzw. der Beklagte bei der *third party notice*) einen *good arguable case on the merits* verfolgt.[310] Das Kriterium des *good arguable case* begegnete uns bereits bei der ersten Zuständigkeitsvoraussetzung, dem Tatbestand des RSC Ord. 11, r. 1(1)(c). Die Tatsache, daß der *good arguable case test* hier ebenfalls verwendet wird, darf aber keinesfalls zum Anlaß genommen werden, beide Voraussetzungen gemeinsam oder nach denselben Kriterien zu prüfen. Die Formulierung *good arguable case* soll lediglich den Grad der Darlegungs- oder

---

[304] *Mustill, LJ* in The Eras Eil Actions [1992] 1 Lloyd's Rep. 570 at 587 f.

[305] Vgl. für alle *Lord Goff* in Seaconsar v. Bank Markazi [1993] 4 All ER 456 at 462c.

[306] "...(b) *that in the deponent's belief the plaintiff has a good cause of action*". Für den Fall der *third party notice* ist es dann der Beklagte, der einen einen "guten Klagegrund" (*good cause of action*) aufweisen muß.

[307] Die hier verlangten materiell-rechtlichen Erfolgsaussichten sind von RSC Ord. 11, r. 4(1)(d) zu trennen, wo ein *real issue* zwischen dem *Kläger* und dem *Beklagten*, also in der *Hauptsache* verlangt wird.

[308] Dies ist unstreitig: Overseas Union Insurance v. Incorporated General Insurance The Times Dec. 11, 1991; *Lord Lowry* in Kuwait Asia Bank EC v. National Mutual Life Nominees [1990] 3 All ER 404 at 414, 425e-f; DSQ Property Company v. Lotus Cars The Times June 28, 1990; *Jacob*: 11/1/6, S. 86; *Cheshire & North* "Private International Law": S. 191.

[309] *Lord Radcliffe* in *Vitkovice Horni v. Korner* [1951] 2 All ER 334 at 340f.

[310] Vgl. für alle: Overseas Union Insurance v. Incorporated General Insurance The Times Dec. 11, 1991; *Lord Simonds* in Vitkovice Horni v. Korner [1951] 2 All ER 334 at 338.

Beweispflicht konkretisieren. Im übrigen unterscheiden sich beide Voraussetzungen aber erheblich: So wird hier die materielle Rechtslage und bei der ersten Zuständigkeitsvoraussetzung das Vorliegen der 'Tatbestandsvoraussetzungen' des RSC Ord. 11, r. 1(1)(c) geprüft. Vor allem aber kann das Gericht bei der Prüfung des materiell-rechtlichen Gehalts der geltend gemachten Forderung eine Ermessensentscheidung treffen,[311] was bei der Prüfung des RSC Ord. 11, r. 1(1)(c) nicht möglich war.[312]

Die zwei tragenden Gründe für die Erforderlichkeit der Prüfung der materiellen Rechtslage und der Anwendbarkeit des *good arguable case tests* wurden von Lord Lowry[313] so beschrieben:

"First, it can be argued that if the claim has no proper basis in law, there is in a broad sense no jurisdiction to entertain it. Secondly, and perhaps of more importance, the Courts have always regarded as serious the question whether a 'foreigner should be brought to contest his rights in this country' (Société-Générale de Paris v. Dreyfus Bros. (1885) 29 ChD 239 at 242)."

Vereinzelt wurden aber auch geringere Anforderungen an die Darlegung der Erfolgsaussichten der *third party notice* gestellt. Entsprechend der Formulierung in RSC Ord. 11, r. 4(1)(d)[314] wurde das Vorliegen eines *real issue* verlangt.[315]

Das *House of Lords* nahm in einer jüngeren Entscheidung[316] die Gelegenheit wahr, um die Frage der Anforderungen an die Darlegung der Erfolgsaussichten umfassend zu erörtern. Es entschied sich im Prinzip für das Kriterium *real issue*.[317]

Lord Goff [318] begründete diese Entscheidung im wesentlichen damit, daß der von Lord Lowry angeführte zweite Grund[319] über die nunmehr anerkannte Lehre des *forum non conveniens* ausreichend abgesichert sei. Mithin bestünde kein Anlaß mehr, an den 'Beweis' der Erfolgsaussichten allzu hohe Anforderungen zu stellen. Als Ergebnis hielt Lord Goff fest:[320]

"...so far as the merits of the Plaintiff's claim are concerned, no more is required than that the evidence should disclose that there is a serious issue to be tried,...".

---

[311] Kuwait Asia Bank EC v. National Mutual Life Nominees [1990] 3 All ER 404 at 405e; Seaconsar v. Bank Markazi [1993] 4 All ER 456 at 466h.

[312] Siehe oben 3. Teil, B.V. 3.a, S. 215 f.

[313] In Kuwait Asia Bank EC v. National Mutual Life Nominees ebenda: S. 414.

[314] Er lautet auszugsweise: "*...the grounds for the deponent's belief that there is...a real issue which the plaintiff may reasonably ask the Court to try.*"

[315] Vgl. *Mustill, LJ* in The Eras Eil Actions [1992] 1 Lloyd's Rep. 570 at 588 wo ein *real issue* als die Minimalanforderung ("*the bare minimum*") bezeichnet wurde.

[316] Seaconsar v. Bank Markazi [1993] 4 All ER 456.

[317] Seaconsar v. Bank Markazi ebenda: S. 457b.

[318] Seaconsar v. Bank Markazi [1993] 4 All ER 456 at 467g.

[319] Siehe Fn. 313.

[320] Seaconsar v. Bank Markazi ebenda: S. 466c-e.

Frei übersetzt muß der Beklagte also nur noch Tatsachen darlegen, die seine Klageforderung als ernstzunehmend erscheinen lassen. Ausgeschlossen werden nunmehr also nur noch willkürliche Klagen oder Scheinklagen. Dies ist freilich weniger als 'Vertretbarkeit der Klageforderung' (*good arguable case on the merits*). Somit hat diese neueste Entscheidung des *House of Lords* den Zuständigkeitsbereich der englischen Gerichte für eine grenzüberschreitende *third party notice* erweitert.

Lord Goff machte auch deutlich, daß eine bloße Schlüssigkeitsprüfung (*prima facie case*) den Anforderungen, die das Kriterium *real issue* stellt, nicht genügt. Die Abgrenzung des Begriffs *real issue* von der bloßen Schlüssigkeitsprüfung war erforderlich, da früher in der Rechtsprechung teilweise vertreten wurde, daß der schlüssige Vortrag des Beklagten zur Begründung der Zuständigkeit ausreichen solle.[321] Zwar reicht es nach Lord Goff im Grundsatz aus, wenn der Beklagte Fakten darlegt, die - ihre Richtigkeit unterstellt - ausreichende Begründung der *third party notice* liefern. Das Gericht kann es aber nicht bei einer Schlüssigkeitsprüfung ("*prima facie case*") bewenden lassen, da es auch die vom Dritten vorgebrachten Tatsachen zu berücksichtigen hat.[322] Der hier hervorgehobene Unterschied wirkt sich freilich bei der Zuständigkeitsprüfung vor der Zustellung noch nicht aus, da der Dritte zu diesem Zeitpunkt noch keine Gelegenheit hatte, zur *third party notice* Stellung zu nehmen. Dies ändert sich aber, wenn der Dritte, nachdem die *third party notice* zugestellt wurde, die Zuständigkeit des *High Court* angreift. In diesem späteren Stadium des Verfahrens - auf das wir unten näher eingehen werden[323]- macht es sehr wohl einen Unterschied, ob das Gericht bei der Prüfung seiner Zuständigkeit nur die Schlüssigkeit des Vortrags des Beklagten prüfen oder aber zusätzlich das Vorbringen des Dritten berücksichtigen muß.

In der eben dargestellten erforderlichen Ermessensentscheidung über die Erfolgsaussichten der *third party notice* steckt ein wesentlicher Unterschied zum deutschen Zivilprozeßrecht. Dieser Unterschied ist auch nicht mit der Tatsache erklärbar, daß die Drittbeteiligung im englischen Zivilprozeß - anders als bei der deutschen Streitverkündung[324]- als Klage ausgestaltet ist. In Zuständigkeitsfragen kann das deutsche Gericht auch im Klageverfahren kein

---

[321] Vgl. zum Beispiel *Lord Davey* in Chemische Fabrik Vormals Sandoz v. Badische Anili und Soda Fabrik (1904) 90 LT 733 at 735.

[322] *Lord Goff* in Seaconsar v. Bank Markazi [1993] 4 All ER 456 at 463 f. Bloße Zweifel bzgl. Rechts- oder Tatsachenfragen hindern jedoch die Zulassung der Auslandszustellung nicht, solange der Beklagte die Verhandlung und Entscheidung der *third party notice* "*bona fide*" (redlicherweise) begehrt, vgl. *Lord Goff* ebenda: S. 463g. Beachte aber auch die gegenteilige Behandlung von Zweifeln i. R. d. Lehre vom *forum non conveniens* unten S. 226 ff.

[323] Siehe unten 3. Teil, B.V., 5., S. 247 ff.

[324] Bei der Streitverkündung findet eine Prüfung der Sachlage überhaupt und vor allem nicht vor der Zustellung der Streitverkündungsschrift statt, *Stein/Jonas-Bork*: § 73 Rn. 2.

Ermessen in Gestalt der Lehre vom *forum non conveniens* ausüben.[325] Eine Prüfung der materiell-rechtlichen Erfolgsaussichten steht dem deutschen Richter bei der Frage der Zuständigkeit ebenfalls nicht zu.[326]

Die Unmöglichkeit einer Ermessensentscheidung des deutschen Gerichts läßt sich mit Art. 101 Abs. 1 Satz 2 GG, dem Verbot der Entziehung des gesetzlichen Richters erklären.[327] Art. 101 Abs. 1 Satz 2 GG enthält ein Prinzip gesetzlicher Zuständigkeitsordnung[328] und erteilt dem Gesetzgeber - unter anderem - den Auftrag, nur solche Rechtssätze zu erlassen, mit denen der gesetzliche Richter bereits im voraus für den Einzelfall genau bestimmt werden kann.[329] Entscheidend ist dabei, daß die Zuständigkeit mittels eines allgemeinen Gesetzes bestimmbar sein muß.[330] Mit dieser Forderung (allgemeines Gesetz) ist ein Ermessen des Richters im Rahmen der Zuständigkeitsprüfung - wie es in England praktiziert wird - nicht vereinbar. Schließlich ist Ausfluß dieses verfassungsrechtlichen Gebots auch, daß der Gesetzgeber im Interesse der Rechtssicherheit kein echtes Handlungsermessen zur Zuständigkeitsbestimmung einräumen darf.[331] Demgegenüber kennt das englische Recht weder einen geschriebenen noch einen ungeschriebenen Grundsatz, der die möglichst genaue, vorherige Bestimmbarkeit des zur Entscheidung berufenen Richters anordnet.[332]

[325] *Rosenberg/Schwab/Gottwald* "Zivilprozeßrecht": § 20 III. 1, S. 96; *Mü-Ko-Patzina*: § 12 Rn. 100 f.; *Schütze* "Deutsches IZPR": S. 39.

[326] Eine Prüfung der materiellen Rechtslage im weitesten Sinne findet im deutschen Recht allenfalls bei den Gerichtsständen statt, in denen sog. doppelrelevante Tatsachen Tatbestandsmerkmale bilden. Dies sind z. B. die Gerichtsstände der unerlaubten Handlung, § 32 ZPO, und des Erfüllungsorts, § 29 ZPO. Dann aber wird nur eine Schlüssigkeitsprüfung anhand des Klägervortrags durchgeführt, OLG Nürnberg Urteil vom 28.11.1984 in NJW 1985, 1296, 1297 m. w. N. Diese Tatsachen werden demzufolge als wahr unterstellt, so daß die bloße Behauptung durch den Kläger genügt, RG Urteil vom 11.3.1892 in RGZ 29, 371, 372 f. Wie die vorstehende Erörterung zeigte, ist im englischen Recht aber eine bloße Schlüssigkeitsprüfung gerade nicht ausreichend, siehe oben Rn. 322 und S. 221.

[327] Vgl. *Geimer* in FS Schwind: S. 17, 23 m. w. N. *Geimer* stützt seine Auffassung jedoch vor allem auf die mit der Lehre verbundene Gefährdung der Rechtssicherheit, vgl. *Geimer* ebenda: S. 22.

[328] *Henkel* "Der gesetzliche Richter": S. 165.

[329] *Maunz /Dürig /Herzog-Maunz*: Art. 101 Rn. 19.

[330] Nach der Rechtsprechung des Bundesverfassungsgerichts bedeutet das Gebot aus Art. 101 Abs. 1 Satz 2 GG , daß der zuständige Richter im Einzelfall möglichst eindeutig durch eine allgemeinen Norm bestimmt sein muß, BVerfG Beschluß vom 16.1.1957 in BVerfGE 6, 45, 51; Beschluß vom 25.10.1966 in BVerfGE 20, 336, 344; Beschluß vom 8.2.1967 in BVerfGE 21, 139, 145; Beschluß vom 19.7.1967 in BVerfGE 22, 254, 258 (betrifft aber das Strafverfahren). Im Beschluß vom 24.3.1964 in BVerfGE 17, 294, 298 f. gab das BVerfG die Ziele des Art. 101 Abs. 1 Satz 2 GG an: "... soll der Gefahr vorbeugen, daß die Justiz durch eine Manipulierung der rechtsprechenden Organe sachfremden Einflüssen ausgesetzt wird, insbesondere daß im Einzelfall durch Auswahl der zur Entscheidung berufenen Richter ad hoc das Ergebnis der Entscheidung beeinflußt wird..." Vgl. zum Verbot der Entziehung des gesetzlichen Richters insgesamt m. w. N. über die neuere Rechtsprechung *Benda/Weber* in ZZP 96 (1983), 285, 289 ff.

Für die interne Verteilung der Geschäfte unter den Spruchkörpern und Mitgliedern der Gerichte entfällt jedoch aus praktischen Gründen der Vorrang des formellen Gesetzes, *Maunz/Dürig/Herzog-Maunz*: Art. 101 Rn. 43; vgl. im einzelnen zu den Anforderungen an den Geschäftsverteilungsplan BVerfG Beschluß vom 3.2.1965 in BVerfGE 17, 344, 351. Die Geschäftsverteilung kann daher von den Gerichten selbst vorgenommen werden.

[331] *Henkel* "Der gesetzliche Richter": S. 18; *Maunz/Dürig/Herzog-Maunz*: Art. 101 Rn. 27.

Kehren wir zurück zum Vergleich der Streitverkündung mit der *third party notice*. Mit der Überprüfung der materiellen Erfolgsaussichten der *third party notice* bereits bei der Frage der Zuständigkeit, betreibt das englische Recht wesentlich mehr Aufwand als das deutsche Recht bei der Streitverkündung. Freilich droht dem Streitverkündungsempfänger im Vorprozeß noch keine Verurteilung. Dennoch hat er sich vor ein ihm fremdes, weit entferntes Forum zu begeben, um seine Rechte wahrzunehmen. Hierdurch entstehen ihm außerdem Kosten, deren Erstattung keineswegs sicher ist.[333] Angesichts der Möglichkeit, daß der in der Streitverkündung behauptete Anspruch nachträglich nicht entsteht oder bewiesen werden kann, stellen diese Folgen einen bedeutsamen Eingriff in die Interessen des Streitverkünders dar.

Das englische Recht gibt seinen Gerichten einen größeren Handlungsspielraum und stellt sich so flexibler dar als das deutsche Zivilprozeßrecht. Insbesondere kann aber ein im Ausland domizilierter Dritter davor bewahrt werden, überhaupt mit einer *third party notice* vor dem *High Court* überzogen zu werden. Der Preis für diese Möglichkeiten ist die Gefahr der Verzögerung des Hauptverfahrens. Diese Gefahr droht durch die Streitverkündung selbstverständlich nicht, da bei ihr die Zulässigkeit der Streitverkündung im Vorprozeß nach h. M überhaupt nicht geprüft wird.[334] Aber auch hier müssen wir uns daran erinnern, daß die *third party notice* einen wesentlich weiteren Eingriff in die Sphäre des Dritten bedeutet als die Streitverkündung: Nur bei der *third party notice* kann der Dritte sogleich verurteilt werden. Insofern ist sie das Rechtsinstitut, welches stärker in die Zuständigkeitsinteressen des Dritten eingreift, da er der endgültigen Entscheidung eines für ihn nicht zuständigen Fo-

---

[332] *Henkel* "England-Rechtsstaat ohne gesetzlichen Richter": S. 11 und 68 f.: Das Fehlen eines Gebots des gesetzlichen Richters schlägt auch auf die Geschäftsverteilung durch: Der *Clerk of the List* hat ein Handlungsermessen dahin, welchem Richter er den eingereichten Fall zur Entscheidung zuweist. Da die Zuweisung auch am Tag der Verhandlung erfolgen oder abgeändert werden kann, wird sie oftmals durch die jeweilige Arbeitsbelastung der einzelnen Richter beeinflußt. Hier wird einem zügigen Gang des Verfahrens und der Prozeßökonomie ein höheres Gewicht eingeräumt, als einem Gebot des gesetzlichen Richters. Soweit es interne Geschäftsverteilungspläne gibt, können sie jederzeit abgeändert werden.

Hinter diesem festgestellten Unterschied steht freilich ein andersartiges Rechtsverständnis in England. Die Engländer vertrauen auf die Integrität der entscheidenden Richter, die Wachsamkeit der Öffentlichkeit und des Parlaments. Die Gefahr, daß durch unbestimmte Zuständigkeitsregeln gerichtliche Entscheidungen manipuliert werden könnten, besteht in England offenbar nicht. Somit läßt sich der Unterschied mit dem größeren Vertrauen begründen, das die Engländer in ihre Justiz haben. Vgl. dazu *Henkel* "England-Rechtsstaat ohne gesetzlichen Richter": S. 69 ff.

[333] Der prozessuale Kostenerstattungsanspruch wird durch § 101 ZPO geregelt. Nach dieser Vorschrift kann der Streitverkündungsempfänger - nach Beitritt als Nebenintervenient - seine Kosten nur vom Gegner der unterstützten Hauptpartei und nur dann erstattet bekommen, wenn diesem die Kosten des Rechtsstreits gem §§ 91-93, 98, 269 ZPO auferlegt werden, vgl. *Mü-Ko-Belz*: § 101 Rn. 12. Nach dem Sinn und Zweck des § 101 ZPO soll der Nebenintervenient seine Kosten grundsätzlich selbst tragen und nie der unterstützten Hauptpartei aufgebürdet werden, vgl. *Hahn* "Die gesamten Materialien zu den Reichsjustizgesetzen" 2. Band: S. 293.

[334] BGH Urteil vom 14.11.1991 in NJW 1992, 1698 m. w. N. Dies entspricht der ständigen Rechtsprechung.

rums unterworfen wird. Dieser stärkere Eingriff in die Zuständigkeitsinteressen des Dritten wird aber im Verfahren der *third party notice* durch eine umfassende Zulässigkeitsprüfung ausgeglichen, die auch eine Ermittlung der materiell-rechtlichen Erfolgsaussichten umfaßt. Eine solche fehlt bei der Streitverkündung völlig, obwohl auch sie eine Vorentscheidung des Regreßanspruchs bringen kann. Die hierdurch hervorgerufene Zwangslage des Streitverkündungsempfängers wurde von der h. M. bisher trotzdem hingenommen.[335]

c) Exercise of discretion

Selbst wenn RSC Ord. 11 tatbestandlich erfüllt ist und die *third party notice* materiell-rechtlich größte Erfolgsaussichten hat, besteht für den Beklagten kein Anspruch auf Zulassung der Auslandszustellung. Vielmehr steht die Zulassung und damit die Zuständigkeit selbst immer noch im Ermessen des Gerichts.[336] In die Ermessensentscheidung, ob die Zuständigkeit zu Gunsten des Antragstellers auszuüben ist, sind alle ersichtlichen und wesentlichen Umstände einzustellen.[337]

Die Gründe, welche eine Ermessensentscheidung erforderlich machen, wurden bereits im Rechtsstreit Société Générale de Paris v. Dreyfus Bros[338] aus dem Jahr 1885 aufgeführt. Obwohl diese Entscheidung bereits 90 Jahre zurückliegt, findet sie noch heute allgemein Berücksichtigung:[339]

> *"...it becomes a serious question, and ought always to be considered a very serious question, whether or not...it is necessary for the jurisdiction to be invoked, and whether this Court ought to put a foreigner, who owes no allegiance here, to the inconvenience and annoyance of being brought to contest his rights in this country...and... I think this Court ought to be exeedingly careful before it allows a writ to be served out of the jurisdiction."*

Die hier angeordnete Vorsicht bei der Zulassung der Auslandszustellung ist Ausfluß der internationalen comity.[340] Ihr liegt die Erkenntnis zugrunde, daß es sich bei RSC Ord. 11, r. 1 um exorbitante Zuständigkeiten handelt.[341] Als exorbitant wird die englische Zuständigkeitsregel des RSC Ord. 11, r. 1 deshalb angesehen, weil sie den englischen Gerichten einen größeren Bereich der Entscheidungszuständigkeit zugestehen, als das englische Recht ausländischen

---

[335] Siehe oben 2. Teil S. 152 ff.

[336] Kuwait Asia Bank v. National Mutual Bank [1990] 3 All ER 404 at 416b; Mackender v. Feldia AG [1967] 2 QBD 590 at 599; Société Générale de Paris v. Dreyfus Bros. (1888) 37 ChD 215 at 225.

[337] RSC Ord. 11, r. 4(2); Kuwait Asia Bank v. National Mutual Bank [1990] 3 All ER 404 at 416h; *The Hagen* [1908] P 189.

[338] (1885) 29 ChD 239 at 242.

[339] Vgl. für alle: Seaconsar Far East v. Bank Markazi [1993] 4 All ER 456 at 466d.

[340] *Diplock, LJ* in Mackender v. Feldia AG [1967] 2 QBD 590 at 599; bestätigt in Unterweser Reederei v. Zapata Offshore [1968] 2 Lloyd's Rep. 158 at 163.

[341] *Lord Diplock* in Amin Rasheed Shipping Co. v. Kuwait Insurance Co. [1984] AC 50 at 65.

Gerichten an Anerkennungszuständigkeit zubilligt, wenn deren Entscheidungen in England anerkannt werden sollen. Eine ausländische Entscheidung ist in England nämlich nur anerkennungsfähig, wenn das ausländische Gericht wegen der physischen Anwesenheit des Beklagten[342] oder durch eine sogenannte *consensual jurisdiction*[343] zur Entscheidung des Rechtsstreits zuständig war. Diese sehr eingeschränkten Möglichkeiten der Begründung einer Anerkennungszuständigkeit bleibt weit hinter den zahlreichen Varianten der Begründung einer Entscheidungszuständigkeit des *High Court* durch RSC Ord. 11, r. 1 zurück.

Diese Erkenntnis führte zur Entwicklung der - im deutschen Zivilprozeß nicht anwendbaren[344]- Lehre vom forum non conveniens. Zweck dieser Lehre ist es letztlich, das für den Rechtsstreit beste Gericht zu ermitteln. Das entscheidende Kriterium ist aber nicht in der direkten Übersetzung des Wortes '*convenient*', also 'angenehm', zu finden. Es geht nicht darum, das Gericht zu ermitteln, welches den Parteien am angenehmsten im Sinne der Bequemlichkeit ist. Vielmehr ist unter *convenient* zweckdienlich oder angemessen zu verstehen.[345] Es geht also darum, das Gericht zu ermitteln, vor welchem der Gerechtigkeit am meisten gedient wird.[346]

Die Lehre vom forum non conveniens kann im englischen Zivilprozeß in zwei Verfahrensstadien Berücksichtigung finden: Bei der Prüfung der Zulassung der Auslandszustellung muß der Beklagte darlegen, daß England der angemessene Ort zur Entscheidung, also das forum conveniens, ist. Wenn sich der Dritte gegen die *third party notice* verteidigen will,[347] kann er gegen die Zuständigkeit des *High Court* einwenden, England sei nicht der geeignetste Ort zur Durchführung des Verfahrens, also ein forum non conveniens. Es wird zu klären sein, welche Unterschiede sich hinter der scheinbar nur geringfügig veränderten Terminologie verstecken.

Forum non conveniens rechtfertigt heutzutage neben der derogierenden Gerichtsstandsvereinbarung oder Schiedsgerichtsabrede die Verneinung der Zu-

---

[342] Es gilt der Satz: "*All jurisdiction is properly territorial*", vgl. Sirdar Gurdyal Singh v. Rajah of Faridkote [1894] AC 670 at 683.

[343] Unter *consensual jurisdiction* wird die Zuständigkeitsbegründung durch Gerichtsstandsvereinbarung, rügelose Einlassung oder durch die Erhebung einer Widerklage verstanden, vgl. Adams v. Cape Industries [1990] 1 Ch 433 at 456F; *Dicey & Morris* "Conflict of Laws": S. 478 ff.; *Mc Clean* in "Morris": S. 108 ff.

[344] Vgl. *Mü-Ko-Patzina*: § 12 Rn. 100 f.

[345] Vgl. *Lord Dunedin* in Société du Gaz v. La Société Anonyme [1926] SC 13 at 18; bestätigt von *Lord Goff* in Spilada Maritime Corp. v. Cansulex Ltd. [1987] AC 460 at 474: "*For the question is not one of convenience but of the suitability or appropriateness of the relevant jurisdiction.*"

[346] *Lord Summer* in Société du Gaz de Paris v. Société Anonyme de Navigation [1926] SC, 13 at 22: "*The object under the words 'forum non conveniens' is to find the forum which is the more suitable for the ends of justice, and is preferable because pursuit of the litigation in that forum is more likely to secure those ends.*"

[347] Siehe dazu unten 3. Teil, B.V.5., S. 249 ff.

ständigkeit im Rahmen der Ermessensausübung.[348] Diesen drei Möglichkeiten wollen wir uns nun zuwenden.

aa) Forum (non) conveniens

Die Lehre des forum non conveniens dient dem Ziel, für den zu entscheidenden Rechtsstreit das beste und angemessenste (*appropriate*) Gericht zu ermitteln.[349] Dementsprechend formulierte Lord Kinnear in der Sache Sim v. Robinow:[350]

> *"...therefore the plea can never be sustained unless the Court is satisfied that there is some other tribunal, having competent jurisdiction, in which the case may be tried more suitably for the interests of all the parties and for the ends of justice."*

Was unter den schillernden Begriffen 'Interesse aller Parteien' und 'Ziele der Gerechtigkeit' zu verstehen ist, läßt sich nicht abschließend feststellen. Sie dienen jedenfalls dazu, den Gerichten den Ausgangspunkt und die Ziele der Lehre vom forum non conveniens nahezubringen. Die Grundsätze in der Anwendung der forum non conveniens-Lehre stellte das *House of Lords* in der immer noch ständig herangezogenen[351] Leitentscheidung in der Sache Spilada Maritime Co v. Cansulex Ltd[352] auf.

Die Klägerin, Spilada, war Eigentümerin eines Schiffes, welches von der Beklagten zum Transport unverpackten Schwefels von Vancouver nach Indien gechartert wurde. Mit der Klage, die zum *High Court* erhoben wurde, begehrte die Klägerin Schadensersatz für Korrosionsschäden am Schiff, die durch die feuchte Ladung verursacht worden waren. Die Zustellung des *writs* nach Kanada wurde zugelassen. Hiergegen wehrte sich die Beklagte unter anderem mit der Begründung, daß England nicht das forum conveniens sei. Der Rechtsstreit ging durch alle Instanzen bis zum *House of Lords*, welches die Zuständigkeit des englischen *High Court* abschließend bejahte.

Das *House of Lords* stellte die Prinzipien dar, die bei der Ermessensausübung zu beachten seien:[353] Ausgehend von dem in Sim v.

---

[348] *Cheshire & North* "Private International Law": S. 220.

[349] Daneben ersetzt sie die im angelsächsischen Rechtskreis fehlende Einrede der Rechtshängigkeit, *Mü-Ko-Patzina*: § 12 Rn. 100.

[350] (1892) R 665 at 668.

[351] Vgl. nur Seaconsar v. Bank Markazi [1993] 4 All ER 456 at 466; The Eras Eil Actions [1992]1 Lloyd's Rep. 570 at 593.

[352] Spilada Maritime v. Cansulex [1987] AC 460.

[353] Hiervon können jedoch nur einige wenige dargestellt werden: Für eine ausführliche Darstellung vgl. *Cheshire & North* "Private International Law": S. 204 ff., 223 ff. Vgl. außerdem folgende Entscheidungen zur Ermessensausübung und *forum non conveniens*: The Hagen [1908] P 189, wo der *Court of Appeal* die Zulassung der Auslandszustellung letztlich aufhob, weil der Kläger in seinem Antrag nicht alle erforderlichen Fakten offenbart hatte; ebenso *Knox, J* in Newtherapeutics Ltd v. Katz [1991] 2 All ER 151 at 174h, 176d-h; The Brabo [1949] 1 All ER 294; Mackender v. Feldia [1967] 2 QBD 590.

Robinow[354] aufgestellten Grundsatz trägt der Antragsteller (bei der *third party notice* ist dies der Beklagte) die Beweislast dafür, daß die englischen Gerichte deutlich die angemessensten zur Entscheidung des Rechtsstreits sind.[355]

Die Frage, welches Gericht das angemessenste im Interesse der Parteien und der Gerechtigkeit ist, soll inter alia nach folgenden Kriterien beurteilt werden:

> *"...nature of the dispute, the legal and practical issues involved, such questions as local knowledge, availability of witnesses and their evidence and their expense."* [356]

Letzlich sah das *House of Lords* den *High Court* aber aus einem Grund als das forum conveniens an, den Lord Goff den "*Cambridgeshire-factor*" nannte. Der erstinstanzliche Richter stützte die Zulassung der Zustellung nämlich vor allem darauf, daß vor ihm zur gleichen Zeit ein anderes, gleich gelagertes Verfahren anhängig war. In diesem zweiten Verfahren gingen die Eigentümer des Schiffes Cambridgeshire gegen dieselbe Beklagte aus den gleichen Gründen vor. Wegen der Gleichartigkeit des Rechtsstreits, der Tatsache, daß in beiden Verfahren dieselben Prozeßvertreter beauftragt waren, und weil im Fall Cambridgeshire bereits Sachverständige beauftragt waren, hielt der erstinstanzliche Richter seine Verhandlung und Entscheidung des Rechtsstreits für angemessen. Er sei mit der Sache bereits vertraut, und die Wahrscheinlichkeit, daß sich die Parteien gütlich einigen würden, sei angesichts der Entwicklung im Parallelfall (Cambridgeshire) sehr hoch.[357] Das *House of Lords* übernahm diese Erwägungen.[358]

Die Anwendbarkeit der forum non conveniens-Lehre, insbesondere aber auch die Verwendung des "*Cambridgeshire-factor*", zeigt deutlich, daß der englische Richter einen für deutsche Verhältnisse undenkbaren Handlungsspielraum hat. Dies bringt eine immense Flexibilität in der Behandlung internationaler Fälle, bedeutet aber gleichzeitig eine große Verantwortung für den Richter des *High Court*.[359] Welche Bedeutung die forum non conveniens-Lehre mittlerweile im englischen Prozeßrecht einnimmt, zeigt sich auch dadurch, daß nunmehr bereits die eidesstattliche Versicherung (*affidavit*), die gemäß RSC Ord. 11, r. 4(1)[360] dem Antrag auf Zulassung (*leave*) der Auslandszustellung beizufügen ist, Tatsachen enthalten muß, die für England als forum

---

[354] Sim v. Robinow (1882) R 665 at 668. Siehe Fn. 350.

[355] *Lord Goff* in Spilada Maritime Corp. v. Cansulex [1987] AC 460 at 480G und 481D; vgl. auch Overseas Union Insurance v. Incorporated General Insurance The Times Dec. 11, 1991.

[356] *Lord Goff* in Spilada Maritime Corp. v. Cansulex [1987] 1 AC 460 at 480B-C.

[357] Die Darstellung der Gründe der erstinstanzlichen Entscheidungen finden sich in Spilada Maritime Corp. v. Cansulex [1987] AC 460 at 469.

[358] *Lord Goff* in Spilada Maritime Corp. v. Cansulex ebenda: S. 485F.

[359] Es gibt aber keinen Anhaltspunkt für die Vermutung, daß die englischen Gerichte dieser Verantwortung nicht gewachsen sind.

[360] Siehe unten 3. Teil, B.V.3.d., S. 236 f.

conveniens sprechen.[361] Nach diesen allgemeinen Erläuterungen zur Lehre vom forum non conveniens, können wir uns mit ihrer Anwendung auf die grenzüberschreitende *third party notice* befassen. Um es vorwegzunehmen: Zwei Anhaltspunkte sprechen dafür, daß sich diese Lehre nur selten gegen eine nach RSC Ord. 11, r. 1 (1)(c) begründete Zuständigkeit auswirken wird.[362]

Zum einen ist festzustellen, daß sich auch andere europäische Staaten hinsichtlich der prozessualen Drittbeteiligung den gleichen Zuständigkeitsbereich einräumen, wie das englische Recht.[363] Dies gilt insbesondere im Hinblick auf Art. 6 Nr. 2 EuGVÜ, der die Gerichte der Vertragsstaaten praktisch uneingeschränkt zur Entscheidung von Gewährleistungs- und Interventionsklagen für zuständig erklärt.[364] Insofern kann dem Faktor 'exorbitante Zuständigkeit', der wesentlicher Grund für die Entwicklung der Lehre vom forum non conveniens war, in der Ermessensausübung keine allzu große Bedeutung mehr zukommen.[365] Zum anderen wurde in einer jüngeren Entscheidung[366] zur grenzüberschreitenden *third party notice* festgestellt, daß sich die Faktoren, welche die Voraussetzungen des RSC Ord. 11, r. 1(1)(c) erfüllen, bei der Ermessensausübung deutlich zugunsten der Zuständigkeit auswirken:[367]

> *"...that in practice the factors which make the third party served a necessary or proper party within par.(c), will also weigh heavily in favour of granting leave to make the foreigner a party, although they will not be conclusive."*

---

[361] *Jacob*: 11/4/3. Eine Rechtspechung existiert hierzu jedoch offenbar noch nicht.

[362] Anderer Ansicht *Cheshire & North* "Private International Law": S. 195 f., die für Ord. 11,r. 1(1)(c) eine größere Abneigung gegen die Gewährung von *jurisdiction* feststellen, als dies bei den anderen Varianten des Ord. 11, r. 1(1) der Fall sei.

[363] Dies anerkennt im allgemeinen auch *Cheshire & North* ebenda: S. 208.

[364] Bei der Gewährleistungsklage handelt es sich um eine Klage, die der Beklagte eines anhängigen Rechtsstreits zum Zwecke der eigenen Schadloshaltung gegen einen Dritten erhebt. Die Interventionsklage beinhaltet die Möglichkeit, durch freiwilligen Beitritt oder durch Ladung einer oder mehrerer Parteien des Hauptprozesses eine dritte Prozeßpartei in das Verfahren einzubeziehen und an die ergehende rechtskräftige Entscheidung zu binden, vgl. *Coester-Waltjen* in IPRax 1992, 290.

[365] Vgl. *Stephenson, LJ* in James North v. North Cape [1984] 1 WLR 1428 at 1432, der feststellt, daß das Bestreben, im Einklang mit anderen europäischen Ländern zu handeln, Bestandteil der Ermessensausübung ist.

[366] The Eras Eil Actions [1992] 1 Lloyd's Rep. 570.

[367] *Mustill, LJ* in The Eras Eil Actions ebenda: S. 591. Vgl. dazu auch die - mißverständlichen - Ausführungen in *Jacob*: 11/4/3:

> *"There is no presumption in favour of granting leave in a case falling within O. 11, r. 1(1)(c), but as forum is already chosen the only question that may remain are (1) is the foreign defendant (or third party) a necessary party and (2) is it right to bring him here as a party?"*

Diese Schlußfolgerung könnte den Eindruck erwecken, daß bei einer grenzüberschreitenden *third party notice* nur diese zwei Punkte zu prüfen seien. So hatte dies der erstinstanzliche Richter in der Sache The Eras Eil Actions auch ausgedrückt. Demgegenüber ging jedoch der *Court of Appeal* von der - auch hier dargestellten - dreistufigen Prüfung aus. Insbesondere aber ist die Erwägung des Sachzusammenhangs, bzw. daß das forum bereits festgelegt sei, nur als ein Faktor in der Ermessensausübung i. R. d. Lehre *forum non conveniens* zu verstehen. Dementsprechend hatte der *Court of Appeal* die Entscheidungsgründe des erstinstanzlichen Richters präzisiert und korrigiert, vgl. *Mustill, LJ* in The Eras Eil Actions [1992] 1 Lloyd's Rep. 570 at 591 rechte Spalte.

Im Ergebnis bedeutet dies, daß die englische Rechtsprechung ein starkes Bedürfnis für die gemeinsame Verhandlung des in der *third party notice* erhobenen Anspruchs mit dem Hauptverfahren anerkennt. Dieses Bedürfnis resultiert letztlich aus dem bestehenden Sachzusammenhang zwischen der Hauptsache und diesem Anspruch. Um den Wunsch nach gemeinsamer Entscheidung beider Ansprüche zu verdrängen, muß der Dritte schon erhebliche Gründe vortragen können, die gegen eine Entscheidung der *third party notice* durch den *High Court* sprechen. Die bloße Tatsache, daß der Dritte Ausländer ist und nicht in England wohnt, wird hierfür selbstverständlich nicht ausreichen.

Um Mißverständnissen vorzubeugen: Es besteht keine allgemeine Vermutung zugunsten der Zuständigkeit des *High Court* für eine grenzüberschreitende *third party notice*. Der ausländische Dritte wird sich jedoch in der Praxis nur in seltenen Fällen mit der Lehre vom forum non conveniens gegen die Zuständigkeit des *High Courts* für eine *third party notice* wehren können.

bb) Gerichtsstandsvereinbarung

Bessere Chancen, eine *third party notice* in England erfolgreich zu verhindern, bestehen, wenn der Dritte mit dem Beklagten die Zuständigkeit eines anderen Gerichts als die des *High Court* vereinbart hat.

Der deutsche Jurist wird sich wundern, daß die Gerichtsstandsvereinbarung im Rahmen der Ermessensausübung angesprochen wird. Schließlich ist eine wirksam geschlossene Gerichtsstandsvereinbarung nach deutschen Recht sowohl für das derogierte als auch für das prorogierte Gericht bindend.[368] Raum für Ermessenserwägungen hat das deutsche Gericht nicht. Anders im englischem Recht: In der Tat behält das derogierte englische Gericht selbst bei einer gültigen und ausschließlichen Gerichtsstandsvereinbarung einen Ermessensspielraum dahin, ob es seine eigene Zuständigkeit trotzdem annimmt.[369]

Das Gericht ist jedoch in seinem Ermessen nicht völlig frei. Vielmehr besteht eine Vermutung (*prima facie rule*) zugunsten der Beachtlichkeit der Gerichtsstandsvereinbarung.[370] Im Regelfall ist das Ermessen also dahin auszuüben, daß die Parteien an ihre Vereinbarung gebunden werden.[371]

---

[368] *Thomas/Putzo*: § 38 Rn. 31.

[369] Mackender v. Feldia AG [1967] 2 QBD 590 at 598; Unterweser Reederei v. Zapata Off Shore [1968] 2 Lloyd's Rep 158 at 163; The Eleftheria [1969] 2 All ER 641; Re Jogia [1988] 2 All ER 328 für den umgekehrten Fall der Verneinung der *jurisdiction* trotz prorogierender Gerichtsstandsvereinbarung.

[370] *Willmer, LJ* in Unterweser Reederei v. Zapata Off Shore [1968] 2 Lloyd's Rep 158 at 162.

[371] Mackender v. Feldia AG [1967] 2 QBD 590 at 591; The Eleftheria [1969] 2 All ER 641 at 645C.

Will das Gericht aber von einer wirksamen Gerichtsstandsvereinbarung abweichen, muß es gute Gründe dafür haben. Diplock, LJ stellte dies eindrücklich klar, als er sagte:[372]

"...I myself should require very strong reasons to induce me to permit one of them to go back on his word."

Wie der Begriff "*very strong reasons*" auszufüllen ist, verdeutlicht die Entscheidung des *Court of Appeal* im Rechtsstreit Evans Marshall & Co Ltd v. Bertola SA.[373] In der Sache ging es um den Bruch eines Alleinvertriebsvertrags zwischen der Klägerin, einer Spirituosenhändlerin in England, und der Beklagten, einer spanischen Alkoholherstellerin. Dieser Vertrag räumte der Klägerin das Alleinvertriebsrecht in England für alle Produkte der Beklagten ein. Außerdem enthielt er eine Vereinbarung, wonach dem "*Barcelona Court of Justice*" die Zuständigkeit für alle Rechtsstreitigkeiten zwischen den Parteien übertragen wurde. Es kam zu Differenzen zwischen den Parteien. Daraufhin übertrug die Beklagte den Vertrieb ihres berühmten Sherries auf die englische Firma ISI, gegen welche die Klägerin vor dem *High Court* bereits eine zulässige Klage auf Unterlassung des Vertrieb dieses Sherries in England erhoben hatte. Im vorliegenden Streit ging es nun darum, ob auch die spanische Beklagte in diesen anhängigen Rechtsstreit mit ISI einbezogen werden durfte, ob sie also zusammen mit ISI vor dem *High Court* verklagt werden durfte.

Der *Court of Appeal* bejahte die Zuständigkeit der englischen Gerichte trotz der entgegenstehenden Gerichtsstandsvereinbarung und sah die folgenden vier Gründe als ausreichend an, um von der Vereinbarung der Parteien abzuweichen:[374]

1. Der Kern des Streits betraf nur England.

2. Alle wesentlichen Zeugen befanden sich in England.

3. Der Fall fiel deutlich unter RSC Ord. 11, r. 1(1)(j) (der dem jetzigen (c) entsprach). Insbesondere war die Beklagte proper and necessary party im Rechtsstreit der Klägerin mit ISI.

4. Für das Gericht war erwiesen, daß das anwendbare englische materielle Recht in den relevanten Punkten nicht vom spanischen materiellen Recht abwich.

---

[372] *Diplock* in Mackender v. Feldia [1967] 2 QBD 590 at 604; bestätigt in Unterweser Reederei v. Zapata Off Shore ebenda: S. 163; The Eleftheria [1969] 2 All ER 641 at 645, wo ein "*strong cause*" verlangt wurde; *Lord Denning, MR* in YTC Universal Ltd v. Trans Europa Compania de Aviacion SA (1968) 112 SolJo 842 sieht die Möglichkeit des Abweichens von einer Gerichtsstandsvereinbarung nur in "*exceptional cases*" als gegeben an.

[373] [1973] 1 All ER 992.

[374] Evans Marshall v. Bertola [1973] 1 All ER 992 at 1002 f.

Auch wenn die aufgezählten Gründe keineswegs erschöpfend sind, so machen sie doch deutlich, daß ein Abweichen von einer Gerichtsstandsvereinbarung nur möglich ist, wenn dies mit den Interessen der Parteien vereinbar ist und der Gerechtigkeit dient. Dies zeigt, daß die dargestellten Erwägungen zur Lehre vom forum non conveniens auch bei der Beurteilung einer Gerichtsstandsvereinbarung einfließen.[375] Dieser Gleichlauf wird insbesondere durch den dritten Grund belegt: In der Qualifikation des Dritten als *necessary or proper party* liegt die Bejahung des Sachzusammenhangs zwischen dem Rechtsstreit der Klägerin und ISI einerseits und der Beklagten andererseits. Wie wir oben bereits festgestellt haben, wirkt sich ein existierender Sachzusammenhang auch bei der Frage, ob England das forum conveniens ist, zugunsten des Gerichts des Hauptverfahrens aus.[376]

Die Entscheidung Evans Marshall v. Bertola zeigt nur - freilich in anschaulicher Weise - die Ausfüllung der allgemeinen Anwendungsgrundsätze. Diese allgemeinen Grundsätze wurden bereits 1969 durch den *High Court*[377] unter Berücksichtigung der vorangegangenen Rechtsprechung[378] zusammengestellt. Um einen Eindruck der Behandlung einer Gerichtsstandsvereinbarung zu vermitteln, geben wir sie in Englisch wieder:

> *"In particular, but without prejudice to taking into account all the circumstances of the particular case, the following matters, where they arise, may properly be regarded: (i) in what country the evidence on the issues of fact is situated, or more readily available, and the effect of that on the relative convenience and expense of trial as between the English and foreign courts; (ii) whether the law of the foreign court applies and, if so, whether it differs from English law in any material respects; (iii) with what country either party is connected and how closely; (iv) whether the defendants genuinely desire trial in the foreign country, or are only seeking procedural advantages; (v) whether the plaintiffs would be prejudiced by having to sue in the foreign court because they would, (a) be deprived of security for that claim, (b) be unable to enforce any judgment obtained, (c) be faced with a time-bar not applicable in England, or (d) for political, racial, religious or other reasons be unlikely to get a fair trial."*

Besondere Aufmerksamkeit sollten wir kurz dem Punkt (ii) des zitierten Entscheidungsauszugs schenken. Ein Kriterium soll demnach sein, ob in der Sache das materielle Recht des Landes anzuwenden ist, dessen Gerichte nach

---

[375] Allerding ist die Beweislastverteilung umgekehrt, vgl. *Cheshire & North* "Private International Law": S. 236.

[376] *Mustill, LJ* in The Eras Eil Actions [1992] 1 Lloyd's Rep 570 at 591, siehe auch oben S. 228.

[377] In The Eleftheria [1969] 2 All ER 641. Auf S. 644 f. faßt *Brandon, J* die gesamte Rechtsprechung zusammen; die aufgestellten Grundsätze zur Ermessensausübung werden wiederholt in The El Amria [1981] 2 Lloyd's Rep. 119 at 123; bestätigt durch das *House of Lords* in The Sennar (No.2) [1985] 1 WLR 490 at 500.

[378] Angeführt werden die folgenden Entscheidungen, die für aufgestellten Grundsätze maßgeblich waren: Austrian -Lloyd Steamship Co. v. Gresham Life Assurance Society, Ltd. [1903] 1 KB 249 = [1900-03] All ER 604; Kirchner & Co. v. Gruban [1909] 1 Ch 413; The Cap Blanco [1913] P 130 = [1911-13] All ER 365; The Athenee (1922) 11 Lloyd's Rep. 6; The Media (1931) 41 Lloyd's Rep. 80; The Fehmarn [1957] 2 All ER 707 = [1957] 1 WLR 815; Mackender v. Feldia A.G. [1966] 3 All ER 847 = [1967] 2 QBD 590; Unterweser Reederei v. Zapata Off -Shore Co., The Chaparral [1968] 2 Lloyd's Rep. 158.

der Gerichtsstandsvereinbarung zuständig wären. In einem solchen Falle sei es befriedigender, wenn auch das ausländische Gericht in der Sache entscheiden könne. Brandon, J erläutert in derselben Entscheidung[379] einen weiteren Aspekt, mit dem sich die Maßgeblichkeit des anwendbaren materiellen Rechts für die Zuständigkeit begründen läßt. Neben dem allgemein existierenden, praktischen Vorteil, daß das Gericht sein eigenes, ihm vertrautes Recht anwenden kann, hätte dies auch hinsichtlich der Rechtsmittel einen bedeutsamen Vorteil: Wenn nämlich das Gericht sein eigenes Recht anwende, sei es von den Rechtsmittelgerichten überprüfbar. Würde aber ein englisches Gericht das fremde Recht anwenden, käme dem fremden Recht nur die Qualität eines *expert evidence* zu. Es würde mithin als Tatsachenfrage behandelt, was die Überprüfbarkeit in der Rechtsmittelinstanz einschränke.

Dieser Gedanke läßt sich auf das deutsche Recht freilich nicht übertragen. Anders als im englischen Recht, wo das ausländische Recht von den Parteien wie eine Tatsache bewiesen werden muß,[380] ordnet § 293 ZPO im deutschen Verfahren grundsätzlich[381] die Amtsermittlung an.[382] Das ausländische Recht behält seinen Rechtscharakter, auch wenn es von einem deutschen Gericht angewendet werden muß. Die Parteien trifft daher keine subjektive Beweislast.[383] Dem-

[379] The Eleftheria [1969] 2 All ER 641 at 649I - 650A.

[380] Vgl im einzelnen *Halsbury's Laws* Vol. 8 "Conflict of Law": S. 511 Para 794; *Cheshire & North* "Private International Law": S. 107 ff.; *Geimer* "IZPR": Rn. 2292; *Coester -Waltjen* "Internationales Beweisrecht": S. 47 Rn. 61. Der Beweis wird durch sog. '*expert evidence*' geführt, vgl. im einzelnen *Hodgkinson/Scarman* "Expert Evicence: Law and Practice": S. 294 ff.

[381] Zu den Ausnahmen vgl. *Schack* "IZVR": Rn. 627, 639; *Schütze* "Deutsches IZPR": S. 122 für die Erforderlichkeit des Beweises des ausländischen Rechts bei materiellrechtlichen Verweisungen.

[382] BGH Urteil vom 24.11.1960 in NJW 1961, 410; Urteil vom 20.3.1980 in BGHZ 77, 32, 38 m. w. N.; Urteil vom 15.12.1986 in WM 1987, 273, 274 f. (ständige Rechtsprechung).

Interessanterweise kommen beide Rechtsordnungen - allerdings auf verschiedenen Wegen - zu ähnlichen Ergebnissen, wenn sich der Inhalt des ausländischen Rechts nicht beweisen oder nicht ermitteln läßt. Die englischen Gerichte gehen nämlich bis zum Beweis des Gegenteils davon aus, daß das ausländische Recht im betreffenden Punkt dem englischen Recht entspricht, vgl. *Halsbury's Laws* Vol. 8 "Conflict of Law": S. 511, Para 794 mit weiteren Rechtsprechungsnachweisen. Soweit die Partei, die sich auf das ausländische Recht beruft, dessen abweichenden Inhalt nicht beweisen kann, wird der *High Court* also inhaltlich englisches Recht anwenden. So geschehen in *Casey v. Casey* [1949] 2 All ER 110. In diesem Rechtsstreit ging es - soweit es hier von Interesse ist - um die Nichtigkeit oder Unwirksamkeit der Ehe zwischen den Parteien. Diese Frage hätte sich eigentlich nach kanadischem Recht bestimmen müssen. Da dieses nicht bewiesen bzw. beigebracht werden konnte, stellte *Bucknill, LJ* auf S. 116A fest:

> *"Apart from evidence to the contrary, one assumes that the law of Canada on the question of voidability of marriages is the same as English Law."*

Auch das deutsche Recht wendet in solchen Fällen eigenes Recht an. Da keine Partei Nachteile durch die Unmöglichkeit, das ausländische Recht zu ermitteln, erleiden soll, ist grundsätzlich das deutsche Sachrecht anwendbar, BGH Beschluß vom 26.10.1977 in BGHZ 69, 387, 393 ff; Urteil vom 23.12.1981 in IPRax 1983,193. Nur wenn die Anwendung des eigenen Sachrechts äußerst unbefriedigend wäre, kann auch das dem zuerst berufenen Recht an nächsten verwandte oder das am wahrscheinlichsten geltende Recht angewandt werden. Nach *Geimer* "IZPR": Rn. 2599 soll deutsches Recht jedenfalls dann anwendbar sein, wenn eine starke Inlandsbeziehung besteht und die Parteien nicht widersprechen.

[383] *Coester-Waltjen* "Internationales Beweisrecht": S. 48 Rn. 62; *Geimer* "IZPR": Rn. 2598; *Schack* "IZVR": Rn. 626. Trotz Fehlens einer Beweislastverteilung bestehen gewisse Mitwirkungspflichten für die Parteien. Das Gericht kann sie sogar zum Nachweis des ausländischen Rechts auffordern, *Martiny* in IPRax 1981, 119. Wie der BGH im Urteil vom 24.11.1960 in NJW 1961, 410 fest-

entsprechend wurde der durch § 549 Abs. 1 ZPO ausgesprochene Ausschluß der Revisibilität ausländischen Rechts von der Rechtsprechung stark ausgehöhlt.[384]

Im Verfahren der Freiwilligen Gerichtsbarkeit ist die Anwendung ausländischen Rechts immer überprüfbar, da die weitere Beschwerde gemäß § 27 Abs. 1 Satz 1 FGG allgemein auf die Verletzung des Gesetzes gestützt werden kann. Die allgemeine Verwendung des Wortes 'Gesetz' (in § 549 Abs. 1 ZPO: 'Bundesgesetz') schließt damit auch das ausländische Recht ein.[385]

Kehren wir zurück zur Gerichtsstandsvereinbarung bei der *third party notice*: Die zitierten Entscheidungen zeigen zusammenfassend zweierlei. Einerseits bietet eine Gerichtsstandsvereinbarung keinen absoluten Schutz davor, im Wege der *third party notice* in ein Verfahren vor dem *High Court* verwickelt zu werden. Andererseits macht es sich der *High Court* nicht leicht, wenn er von einer Gerichtsstandsvereinbarung abweichen möchte. Es werden vielmehr harte Maßstäbe angelegt, der konkrete Einzelfall wird unter allen Aspekten betrachtet. Dadurch ist der ausländische Dritte in England durch eine Gerichtsstandsvereinbarung, verglichen mit der gegenwärtigen Praxis bei der deutschen Streitverkündung,[386] in einer guten Lage. Dem Dritten bleibt bei der Streitverkündung nur die Hoffnung, die Gerichtsstandsvereinbarung im Regreßprozeß im Wege der Nichtanerkennung der deutschen Streitverkündung durchsetzen zu können. Demgegenüber hat der Dritte bei der *third party notice* eine doppelte Chance, sich auf die Gerichtsstandsvereinbarung zu berufen, sofern das Urteil nicht in England vollstreckt wird. Er kann die entgegenstehende Gerichtsstandsvereinbarung im Verfahren vor dem *High Court* und zusätzlich auch im Anerkennungsverfahren vor seinen Heimatgerichten geltend machen.[387]

Obwohl die Wirkung einer Gerichtsstandsvereinbarung in England durch die mögliche Ermessensausübung eingeschränkt wird, schützt das englische

---

stellte, werden sie hierdurch aber nur zur Unterstützung des Gerichts in Anspruch genommen, eine Beweislast trägt die in Anspruch genommene Partei damit nicht.

[384] Vgl. im einzelnen *Schack* "IZVR": Rn. 646 ff., der die einzelnen Fallgruppen der Ausnahmen zu § 549 Abs.1 ZPO mit der zugehörigen Rechtsprechung auflistet; ebenso *Schütze* "Deutsches IZPR": S. 123 ff. m.w.N.; *Schütze* in NJW 1970, 1584, *Geimer* "IZPR": Rn. 2601 u. Rn. 2605ff. für die Ausnahmen.

[385] Die Revisibilität des ausländischen Rechts i. R. d. § 27 Abs. 1 Satz 1 FGG stellte der BGH bereits in einem Beschluß vom 4.3.1960 in FamRZ 1960, 229, 230 fest. Seither entspricht dies der ständigen Rechtsprechung, vgl. BGH Beschluß vom 12.7.1965 in BGHZ 44, 121, 127; OLG Stuttgart Beschluß vom 18.12.1981 in Die Justiz 1982, 130; OLG Hamburg Beschluß vom 26.7.1989 in NJW-RR 1990, 76; *Keitel/Kuntze/Winkler -Kuntze*: § 27 Rn. 13.

[386] Wenn man für die Streitverkündung keine Zuständigkeit fordert, ist auch eine Derogation der Zuständigkeit der deutschen Gerichte nicht möglich. Etwas anderes ergibt sich allerdings, wenn man wie wir, siehe oben 2. Teil S. 114 ff., die Auffassung vertritt, daß die Streitverkündung die Zuständigkeit voraussetzt, diese jedoch durch die Eröffnung einer Notzuständigkeit i. V. m. §§ 72 ff. ZPO begründet werden kann.

[387] Dies gilt freilich nicht, wenn die Vollstreckung nach dem EuGVÜ erfolgt. Nach Art. 26, 28 Abs. 1 und 3 EuGVÜ darf der Anerkennungsstaat die Nichtbeachtung einer derogierenden Gerichtsstandsvereinbarung durch das Gericht des Urteilsstaates nicht überprüfen. Siehe unten 4. Teil S. 289 ff.

Recht auch in diesem Bereich die Interessen des Dritten mehr als das deutsche Recht bei der Streitverkündung. Es zeigt sich erneut, daß die Streitverkündung in ihrer bisherigen Anwendung ein Rechtsinstitut ist, welches nur die Interessen des Streitverkünders im Auge hat. Freilich ist auch hier wieder zu berücksichtigen, daß der erarbeitete Unterschied nicht zuletzt darauf beruht, daß die *third party notice* eine Klage darstellt. Denn im deutschen Klageverfahren finden Gerichtsstandsvereinbarungen sogar zwingend Berücksichtigung.

cc) Schiedsgerichtsabrede

Noch besser ist die Position des Dritten, wenn der in der *third party notice* geltend gemachte Anspruch unter eine mit dem Beklagten geschlossene Schiedsgerichtsabrede fällt. Sofern diese Schiedsgerichtsabrede eine sogenannte "*non domestic arbitration agreement*" darstellt, wird eine *third party notice* nicht durchgeführt.[388] Unter *non domestic arbitration agreement* ist ein Schiedsvertrag zu verstehen, der (zumindest auch) ein Schiedsgericht außerhalb des Vereinigten Königreichs für zuständig erklärt oder bei dem mindestens eine Vertragspartei nicht Angehörige eines Staats des Vereinigten Königreichs ist oder ihren Wohnsitz ("*habitually resident*") außerhalb des Vereinigten Königreichs hat.[389]

Zwar gibt *section* 1 des *Arbitration Act* 1975 dem Dritten nur einen Anspruch auf Verfahrenseinstellung (*stay of proceedings*), dieser ist jedoch für das Gericht zwingend. Es bleibt kein Raum für Ermessenserwägungen.[390] Allerdings ist die bloße Verfahrenseinstellung (*stay of proceedings*) nicht endgültig.[391] So kann der Beklagte, falls das schiedsgerichtliche Verfahren nicht durchgeführt werden kann, die *third party notice* fortsetzen.

Darüberhinaus ist aber auch anerkannt, daß die Existenz einer Schiedsgerichtsabrede das Ermessen, welches bei der Zuständigkeitsprüfung gemäß RSC Ord. 11, r. 1(1) auszuüben ist, wesentlich beeinflußt. Bei Vorliegen eines entgegenstehenden Schiedsvertrags soll entweder die grundsätzlich fortbestehende Zuständigkeit nicht ausgeübt[392] oder die Auslandszustellung nicht erlaubt[393] werden. Hier zeigt sich die praktisch relevante Auswirkung der Schiedsgerichtsabrede, denn in beiden Fällen ist dann die Durchführung der *third party notice* endgültig gescheitert. Daran ändert sich auch nichts, wenn der Beklagte, falls das Schiedsverfahren scheitert, erneut vor dem *High Court* klagen

---

[388] Quatar Petroleum v. Shell International [1983] 2 Lloyd's Rep. 35 at 42.

[389] Vgl. s. 1(2) und (4) des *Arbitration Acts* 1975.

[390] *Goff, LJ* in The Vasso [1984] 1 Lloyd's Rep. 235 at 242.

[391] Vgl. *Mustill, LJ* in The Eras Eil Actions [1992] 1 Lloyd's Rep. 570 at 605 f. zum Unterschied zwischen Verfahrenseinstellung (*stay of proceedings*) und der Ablehnung der Zulassung der Auslandszustellung (*setting aside of an order for service out of the jurisdiction*). Jedenfalls ist es für den Dritten zulässig, beides gleichzeitig zu beantragen.

[392] *Mustill, LJ* in The Eras Eil Actions [1992] 1 Lloyd's Rep. 570 at 606.

[393] *Dillon, LJ* in Quatar Petroleum v. Shell International [1983] 2 Lloyd's Rep. 35 at 42.

kann. Die mit der *third party notice* verbundenen Vorteile der Verfahrensverbindung und einheitlichen Feststellung gleichlaufender Sachverhalte ist verloren, sobald das Hauptverfahren abgeschlossen ist.

Wahrnehmen kann das Gericht seine Zuständigkeit trotz der Schiedsgerichtsabrede nur, wenn es davon überzeugt ist, daß diese nichtig, unwirksam oder unausführbar ist, oder der konkrete Rechtsstreit nicht unter die Schiedsgerichtsabrede fällt, *section* 1(1) *Arbitration Act* 1975.

Der Abschluß einer (internationalen) Schiedsgerichtsabrede schützt den ausländischen Dritten also wirkungsvoll vor einer *third party notice* vor dem *High Court*. Diese wesentlich bessere Position des Dritten im englischen Zivilprozeß als bei einer deutschen Streitverkündung beruht jedoch erneut auf dem grundsätzlichen Unterschied beider Rechtsinstitute. So ist auch im deutschen Zivilprozeß eine Klage gemäß § 1027 a ZPO als unzulässig abzuweisen, wenn sich der Beklagte auf eine Schiedsgerichtsabrede beruft.

Rechtsvergleichende Schlüsse zur Streitverkündung können wir nur unter dem Vorbehalt ziehen, daß die Streitverkündung keine Klage ist und keine endgültige Entscheidung in der Sache bringt. Sodann müssen wir differenzieren: Folgt man für die Streitverkündung der h. M.,[394] wonach die Schiedsgerichtsabrede keinerlei Einfluß auf die Zulässigkeit der Streitverkündung hat, so bietet das englische Recht die angemessenere Lösung, indem sie die Schiedsgerichtsabrede beachtet. Schließlich haben die Parteien, insbesondere aber der Beklagte, auf den Rechtsschutz durch die staatlichen Gerichte verzichtet, was auch eine Klage in Form der *third party notice* einschließt. Demgegenüber kann die im deutschen Recht zur Streitverkündung gemachte Einschränkung, die Streitverkündung sei keine Klage und führe nicht zu einer Entscheidung, nicht überzeugen. Wie wir bereits festgestellt haben, sind die Vorentscheidungen, die die Streitverkündung mitunter trifft, zu erheblich,[395] als daß wir sie völlig vernachlässigen könnten. Insofern stellt sich das englische Recht als die ehrlichere und fairere Lösung dieses Interessenkonflikts dar, indem es den Dritten zwar mit einer Klage verpflichtet (und nicht nur mit der Streitverkündung), ihm aber andererseits die Chance einräumt, die Durchführung dieses Verfahrens in England auszuschließen. Das deutsche Recht berücksichtigt hier nur vordergründig die Interessen des Streitverkündungsempfängers durch Anwendung des 'milderen' Rechtsinstituts. In Wahrheit bleiben seine Zuständigkeitsinteressen mit der fragwürdigen Begründung, die Streitverkündung führe nicht zur Entscheidung in der Sache, gänzlich unberücksichtigt.

Eine andere Beurteilung ergibt sich, wenn wir für die Streitverkündung die hier vertretene Auffassung heranziehen: Wir hatten festgestellt, daß eine

[394] Siehe zur h. M. oben 2. Teil S. 125.

[395] Vgl. nur *Geimer* in ZZP 85 (1972) 196, 202; siehe oben S. 36 f., 90 ff.

Schiedsgerichtsabrede die Zulässigkeit der Streitverkündung zwar nicht berührt, wohl aber verhindert, daß die Streitverkündung vor einem staatlichen Gericht die Interventionswirkung für ein Regreßverfahren vor dem Schiedsgericht herbeiführt.[396] Der Schiedsvertrag beeinflußt die Streitverkündung also nur insoweit, als der Regreßprozeß vor dem Schiedsgericht durchgeführt wird. In diesem Fall ist das Schiedsgericht nicht durch die Interventionswirkung gebunden. Findet der Regreßprozeß aber vor einem staatlichen Gericht statt, so wirkt die Streitverkündung ohne durch den Schiedsvertrag beeinträchtigt zu werden.

Der Vorteil unserer Lösung tritt immer dann zu Tage, wenn das Verfahren vor dem Schiedsgericht nicht durchgeführt werden kann. Während die Streitverkündung dann ohne Einschränkung die Interventionswirkung herbeiführt, ist dem Beklagten des englischen Prozesses die Möglichkeit zur Beteiligung des Dritten faktisch genommen. Selbst wenn er nach Scheitern des Schiedsgerichtsverfahren wieder vor dem *High Court* klagen könnte, so ist doch eine *third party notice* regelmäßig nicht mehr möglich, da das Hauptverfahren bereits abgeschlossen sein wird. Die von uns gefundene Lösung hat also den Vorteil, daß die Wirkungen der prozessualen Drittbeteiligung beim Konflikt mit einem Schiedsverfahren vermieden werden, ohne die Möglichkeit der prozessualen Drittbeteiligung bereits bei bloßer Existenz eines Schiedsvertrages auszuschließen. Diese differenzierte Vorgehensweise ist im englischen Recht bei der *third party notice* aus tatsächlichen Gründen nicht möglich.

d) Formelle Erfordernisse der Zuständigkeit

Nur sehr kurz soll noch auf die formellen Anforderungen an den Antrag auf Auslandszustellung eingegangen werden.

Dem Antrag, der zunächst *ex parte*[397] gestellt werden kann, ist ein *affidavit* (eidesstattliche Versicherung) beizufügen. Im *affidavit* muß der Beklagte als Antragsteller seinen Fall, die Gründe seines Antrags, und das Land angeben, in dem der Zustellungsadressat zu finden ist, RSC Ord. 11, r. 4(1).[398]

---

[396] Siehe oben S. 125 ff. Wir hatten entsprechend der Entscheidung des BGH vom 16.6.1993 in NJW 1993, 2539 festgestellt, daß die Interventionswirkung nicht eintritt, wenn hierdurch eine Bindung des Streitverkündungsempfängers in einem Regreßverfahren herbeigeführt würde, für das ein anderer Rechtsweg gegeben ist.

[397] *Ex parte* bedeutet ohne Anhörung des Klägers oder Dritten vor der Entscheidung über den Antrag, *Jacob*: 11/4/2.

[398] Vgl. im einzelnen *Jacob*: 11/4/3. *Jacob* vertritt die Auffassung, daß nunmehr auch Tatsachen unterbreitet werden müssen, die England als das *forum conveniens* erscheinen lassen, *Jacob*: 11/4/3. Die angegebenen Fakten müssen *"clear and frank"* sein und der Antragsteller muß alle Tatsachen, auch wenn sie ihn nachteilig sind, angeben, *Jacob*: 11/1/1.

Insbesondere aber muß der Beklagte darlegen, warum er annimmt, daß der Kläger einen echten und ernsthaften Anspruch (*real issue*) gegen ihn verfolgt, RSC Ord. 11, r. 4(1)(d)[399]. Diese Bestimmung soll den ausländischen Dritten - der Regelung in Art. 6 Nr. 2 EuGVÜ vergleichbar - davor schützen, durch eine zwischen Kläger und Beklagtem einverständlich erhobene (Schein-) Klage vor die englischen Gerichte gezogen zu werden.[400]

Eine derartige 'Sicherheitseinrichtung' kennt das deutsche Recht bei der Streitverkündung nicht, obwohl es theoretisch möglich ist, daß auch der Vorprozeß nur eingeleitet wurde, um in ihm die für den Streitverkünder günstige Interventionswirkung herbeizuführen. Freilich ist die Interventionswirkung durch ein Verfahren vor einem unzuständigen Gericht nicht so einschneidend wie die Verurteilung durch ein unzuständiges Gericht. Tatsache ist aber auch, daß die Interventionswirkung - einer Feststellungsklage vergleichbar - den Regreßprozeß vorentscheiden kann und eine erhebliche, urteilsähnliche Bindung erzeugt.

Im Vorprozeß wird die Zulässigkeit der Streitverkündung überhaupt nicht geprüft. Ob der Streitverkündungsempfänger im Regreßprozeß mit dem Vorwurf der 'Scheinklage' Erfolg haben wird, ist sehr zweifelhaft. Die Ernsthaftigkeit des Hauptprozesses ist keine Zulässigkeitsvoraussetzung gemäß § 72 ZPO. Dem Streitverkündungsempfänger bleibt somit nur die Möglichkeit, darzulegen, daß die mangelnde Ernsthaftigkeit des Hauptprozesses einem mangelhaft geführten Prozeß im Sinne des § 68, 2. Halbsatz ZPO entspricht.

Auch hier zeigt sich deutlich, daß das englische Recht die Interessen des Dritten umfänglicher schützt als das deutsche Recht. Insbesondere nachdem auch das EuGVÜ in Art. 6 Nr. 2 einen entsprechenden Schutz des Dritten vorsieht, stellt sich der deutsche Rechtszustand als veraltet dar.

4. Prüfung der jurisdiction nach Art. 6 Nr. 2 EuGVÜ

Wir kommen nun zur zweiten, der europarechtlichen Möglichkeit des *High Court*, seine Zuständigkeit für eine grenzüberschreitende *third party notice* zu begründen.

---

[399] *"(d) where the application is made under rule 1(1)(c), the grounds for the deponent's belief that there is between the plaintiff and the person on whom a writ has been served a real issue which the plaintiff may reasonably ask the Court to try."*

[400] Vgl. zur Frage wann ein "*real issue*" vorliegt die Entscheidungen: The Brabo [1949] 1 All ER 294 zu alten Recht; *Lawton, LJ* in Multinational Gas and Petrochemical Co v. Multinational Gas and Petrochemical Services Ltd [1983] Ch 258 at 268B sowie *Dillon, LJ* in derselben Entscheidung: S. 285D jeweils mit weiteren Nachweisen; *Webster, J* in Amanuel v. Alexandros Shipping Co [1986] 1 All ER 278 at 285; Newtherapeutics v Katz [1991] 2 All ER 151 at 174g.

Soweit ein Anspruch des Beklagten gegen einen Dritten - der seinen Wohnsitz in einem anderen Vertragsstaat des EuGVÜ hat - in den Anwendungsbereich des EuGVÜ fällt, ist Art. 6 Nr. 2 EuGVÜ[401] grundsätzlich auf eine *third party notice* in England anwendbar.[402]

Erste Besonderheit der europarechtlichen Regelung gegenüber den autonomen englischen Zuständigkeitsnormen ist die Entbehrlichkeit einer Zulassung (*leave*) der Auslandszustellung, RSC Ord. 11, r. 1(2).[403] Andererseits schließt Art. 3 Abs. 2 EuGVÜ aber aus, daß der *High Court* durch die bloße Inlandszustellung - etwa wenn der Dritte sich auf einer Urlaubsreise in England befindet[404]- seine Zuständigkeit begründet.[405]

a) Anwendungsbereich des Art. 6 Nr. 2 EuGVÜ

Im offiziellen englischsprachigen Text lautet Art. 6 Nr. 2 EuGVÜ wie folgt:

> *"...as a third party in an action on a warranty or guarantee or in any other third party proceedings, in the Court seised of the original proceedings..."*

Ersichtlicherweise ist der englische Text anders gefaßt als der entsprechende deutsche Text, der nur anwendbar ist, "...wenn es sich um eine Klage auf Gewährleistung oder um eine Interventionsklage handelt". Insbesondere die Formulierung "*any other third party proceedings*" schafft den Eindruck, daß die *third party notice* des englischen Rechts unproblematisch in ihrer Gesamtheit unter den Wortlaut des Art. 6 Nr. 2 EuGVÜ fällt.

Dennoch ist in England gegenwärtig eine Diskussion darüber im Gange, ob jede Erscheinungsform der *third party notice* gemäß RSC Ord. 16, r. 1 von Art. 6 Nr. 2 EuGVÜ erfaßt wird.[406] Ausgelöst wurde die Unsicherheit über den Anwendungsbereich dieser Vorschrift durch eine Entscheidung des EuGH.[407]

---

[401] Das EuGVÜ wurde in den *Civil Jurisdiction and Judgments Act* 1982 inkorporiert, *Jayme/ Kohler* in IPrax 1989, 337. Der *Act* 1982 trat am 1.1.1987 in Kraft, vgl. *Practice Direction* in [1987] 1 All ER 160.

[402] *Dicey & Morris* "The Conflict of Laws": S. 370. Auf die allgemeinen Probleme des Anwendungsbereichs des EuGVÜ und seiner Anwendung kann i. R. dieser Arbeit nicht eingegangen werden. Sie beschränkt sich auf die Besonderheiten, welche bei der Anwendung des Art. 6 Nr. 2 EuGVÜ in England bestehen.

[403] Dies bedeutet aber nicht, daß der Beklagte die *third party notice* einfach zustellen kann. Vielmehr muß sie vor ihrer Zustellung durch das Gericht mit dem Vermerk versehen werden, daß der *High Court* nach dem *Civil Jurisdiction and Judgments Act* 1982 zur Verhandlung zuständig ist und kein Verfahren zwischen den Parteien in einem anderen Vertragsstaat anhängig ist, vgl. *Practice Directions* [1987] 1 All ER 160 Punkt 3.

[404] Siehe oben S. 212.

[405] *Jacob*: 11/1/31.

[406] *Jacob*: 16/1/22.

[407] Kongress Agentur Hagen GmbH v. Zeehaghe BV [1990] 3 ECR I-1845, in deutscher Sprache abgedruckt in Sammlung der Rechtsprechung des Europäischen Gerichtshofs 1990, I-1845, teilweise auch in IPRax 1992, 311; vor dieser Entscheidung wurde auch vertreten, daß Art. 6 Nr. 2 EuGVÜ je-

Auf Vorlage des *Hoge Raad der Nederlanden* hatte der EuGH über die Auslegung des Art. 6 Nr. 2 EuGVÜ zu entscheiden.[408] In der Entscheidung verwendete der EuGH folgende Formulierung:[409]

"Consequently, the related nature of the main action and the action on a warranty or guarantee suffices to found jurisdiction..."

Hieraus[410] wird nun gefolgert, daß die Einbeziehung eines Dritten in ein laufendes Verfahren nach Art. 6 Nr. 2 EuGVÜ nur möglich ist, wenn die *third party notice* einen Bezug zu einer Garantie oder Gewährleistung aufweist. Wo dies nicht der Fall sei, müsse der Beklagte darlegen, daß eine echte Gefahr sich widersprechender Entscheidungen bestünde, bevor er den Dritten aus einem anderen Vertragsstaat seines Rechts aus Art. 2 EuGVÜ berauben könne.[411]

Es sei in diesem Zusammenhang noch einmal daran erinnert, daß RSC Ord. 16, r. 1 die *third party notice* nicht nur bei einem Anspruch auf *indemnity* ermöglicht, sondern auch bei sonstigen Ansprüchen oder einer zu klärenden Rechtsfrage, sofern ein Bezug zur Hauptsache besteht.[412]

Die restriktive Auslegung des Art. 6 Nr. 2 EuGVÜ schränkt die Zuständigkeit des *High Court* nicht unerheblich ein. Nur für einen Anspruch auf *indemnity* kann mit Sicherheit gesagt werden, daß er unter Art. 6 Nr. 2 EuGVÜ fällt.[413] Hinsichtlich der im Sachzusammenhang stehenden Rechtsfrage läßt sich dagegen ein Bezug zur Garantie oder Gewährleistung kaum herstellen, bei *contribution, relief or remedy* hinge der erforderliche Bezug vom konkreten Inhalt des Anspruchs ab.

Dennoch ist die vorgeschlagene, restriktive Auslegung des Art. 6 Nr. 2 EuGVÜ angebracht. Schon früher hatte Schlosser erkannt, daß die Formulierung '*any other third party proceedings*' zu weit ist und durch rechtliche Kriterien ergänzt werden muß.[414] Diese Kriterien sind im Wege der autonomen Auslegung zu ermitteln.[415] Sie könnte in vertretbarer Weise dazu

de *third party notice* ohne Einschränkung erfaßt, vgl. *Dashwood/Hacon/White* "A Guide to the Civil Jurisdiction and Judgments Convention": S. 27. Demgegenüber sah *Byrne* "The EEC Convention on Jurisdiction and the Enforcement of Judgments": S. 57 bereits die Notwendigkeit einer einschränkenden Auslegung des Art. 6 Nr. 2 EuGVÜ.

408 Im einzelnen ging es um die zwingende Natur dieser Vorschrift und der Möglichkeit des Rückgriffs auf nationales Prozeßrecht.

409 Kongress Agentur Hagen GmbH v. Zeehaghe BV [1990] 3 ECR I-1845 at 1864.

410 Und wohl ebenso aus der Tatsache, daß der EuGH die Formulierung "*any other third party proceedings*" nicht verwendete.

411 *Jacob*: 16/1/22.

412 Siehe oben S. 187 ff. für eine ausführliche Darstellung.

413 So auch *Hartley, T.* in (1991) 16 European Law Review, 64, 75.

414 *Schlosser* "Report in Official Journal of the European Communities": C-59, 5.3.1979, S. 71 at 111 point 135. Beachte: gemäß s. 3 (3)(b) des *Civil Jurisdiction and Judgments Act* 1982 wird der *Schlosser* Report als Kommentierung des EuGVÜ anerkannt.

415 *Geimer* in WM 1979, 350, 361 zu Art. 6 Nr. 2 EuGVÜ; allgemein *Schack* "IZVR": Rn. 93 , vgl. Rn. 262 für Beispiele und Ausnahmen; *Basedow* in "Handbuch für IZVR" Bd. 1 Kap. II: S. 177 f.

führen, daß Art. 6 Nr. 2 EuGVÜ einen Bezug zur Gewährleistung oder Garantie erfordert.

Betrachtet man den deutschen oder französischen[416] Text dieser Vorschrift, so fällt auf, daß in beiden Sprachen nur von Garantie- und Interventionsklagen gesprochen wird. Der Begriff der Garantieklage[417] kann mit der englischen Formulierung *action on a warranty or guarantee* gleichgesetzt werden. Die entscheidende Frage ist damit, ob der Begriff der Interventionsklage so weit ist, daß er dem englischen Text, der *any other third party proceedings* erfaßt, entspricht.

Der Begriff der *Intervention* ist den Artt. 15, 16 des belgischen *Code Judicaire* entnommen.[418] Diese Vorschriften sind zur Bestimmung des Anwendungsbereichs der Interventionsklagen im Sinne des Art. 6 Nr. 2 EuGVÜ heranzuziehen.[419] Hiernach ist die Intervention ein Verfahren, durch das ein Dritter Prozeßpartei wird. Sie dient entweder dem Schutz der Interessen des Intervenienten oder einer der Parteien des Rechtsstreits, oder sie zielt auf den Erlaß einer Verurteilung oder auf die Zuerkennung eines Gewährleistungsanspruchs ab.[420] Anhand des Inhalts der belgischen Regelung könnte der Eindruck entstehen, daß sich die Interventionsklage nicht auf Garantie- oder Gewährleistungsansprüche beschränkt, sondern alle Arten der Drittklage umfaßt. In der europarechtlichen Praxis sind tatsächliche Unterschiede im Anwendungsbereich der belgischen Interventionsklage gegenüber der französichen Gewährleistungsklage aber nicht bekannt geworden.[421] Letztere setzt eine Garantiebeziehung zwischen dem Garantiekläger und dem Garantiebeklagten voraus. Dementsprechend ist auch die Interventionsklage des Art. 6 Nr. 2 EuGVÜ auf die Geltendmachung von Garantie- und Gewährleistungsansprüchen beschränkt. Ihr tatsächlicher Anwendungsbereich ist damit enger als die *third party notice* des englischen Rechts. So betrachtet erscheint die restriktive Auslegung sogar

---

Rn. 161 ff.; *Kropholler* "Europäisches Zivilprozeßrecht": Art. 6 Rn. 15. Es wird dementsprechend auch erwartet, daß der EuGH eine autonome und restriktive Auslegung des Art. 6 Nr. 2 EuGVÜ entwickelt, *Jacob*: 16/1/22.

[416] "*...une demande en garantie ou...une demande en intervention...*"

[417] *Geimer* in *Geimer/Schütze* "Internationale Urteilsanerkennung" Bd. I, 1. Halbbd.: § 74, S. 385 beschreibt das Wesen der Garantieklage wie folgt: "Glaubt eine Partei (i. d. R. der Beklagte des Hauptprozesses), im Falle des Unterliegens gegen einen Dritten einen Anspruch auf Gewährleistung, Schadloshaltung oder Freistellung zu haben, so kann sie den Dritten in den Rechtsstreit hineinziehen."

[418] *Geimer* in WM 1979, 350, 361. Eine deutsche Übersetzung dieser Vorschriften findet sich oben im 2. Teil, S. 107, Fn. 340.

[419] *Kropholler* "Europäisches Zivilprozeßrecht": Art. 6 Rn. 15; *Jenard* in Report in Official Journal of the European Communities: C-59, 5.3.1979, 1 at 28. Zu beachten ist, daß der *Jenard*-Report in England durch s. 3(3)(a) des *Civil Jurisdiction and Judgments Act* 1982 als Kommentierung anerkannt ist.

[420] Deutsche Übersetzung des Art. 15 *Code Judicaire*, abgedruckt in *Kropholler* ebenda: Art. 6 Rn. 15 Fn. 37; vgl. auch *Coester-Waltjen* in IPRax 1992, 290. Der französische Originaltext ist zitiert von *Geimer* in WM 1979, 350, 360.

[421] *Geimer* in WM 1979 350, 361; und insbesondere in *Geimer /Schütze* "Internationale Urteilsanerkennung" Bd. I, 1. Halbbd.: § 74, S. 388.

geboten, um eine einheitliche Anwendung des EuGVÜ in den Vertragsstaaten zu sichern.[422]

Es bleibt die Frage, wie mit den Varianten zu verfahren ist, die infolge der restriktiven Auslegung nicht unter Art. 6 Nr. 2 EuGVÜ zu subsumieren sind. Die Antwort ergibt sich aus Art. 2 EuGVÜ. Da der Dritte seinen Wohnsitz in einem anderen Vertragsstaat hat,[423] ist er dort zu verklagen. Der Rückgriff auf autonomes englisches Recht, namentlich RSC Ord. 11, r. 1, ist durch das EuGVÜ versperrt.[424] In diesen Fällen ist eine *third party notice* nicht möglich, denn der Anspruch des Beklagten gegen den Dritten ist vor den Heimatgerichten des Dritten geltend zu machen, während das Hauptverfahren vor dem *High Court* anhängig bleibt.

Obwohl das Recht diesbezüglich in England noch im Fluß ist, läßt sich feststellen, daß das EuGVÜ tief in das englische Recht eingreift und den Zuständigkeitsbereich des *High Court* für die grenzüberschreitende *third party notice* einschränkt.

b) Einfluß einer Gerichtsstandsvereinbarung nach Art. 17 EuGVÜ auf die jurisdiction

Wie soeben erläutert wurde, spricht einiges dafür, daß Art. 6 Nr. 2 EuGVÜ dem *High Court* die Zuständigkeit zur Durchführung einer *third party notice* nur partiell überträgt.[425] Gegebenenfalls wird es aber im Interesse des Dritten liegen, eine *third party notice* in England mit Sicherheit auszuschließen. Es stellt sich also die Frage, ob eine Gerichtsstandsvereinbarung nach Art. 17 EuGVÜ dem Dritten einen größeren Schutz gegen eine *third party notice* gewährt, als dies nach autonomem englischen Prozeßrecht der Fall ist.[426]

Die Antwort ist eindeutig und unstreitig: Soweit die Voraussetzungen des Art. 17 EuGVÜ eingehalten sind, wird dem *High Court* die Zuständigkeit aus Art. 6 Nr. 2 EuGVÜ genommen.[427] In der Literatur wird allerdings verlangt, daß sich die Gerichtsstandsvereinbarung ausdrücklich auch auf Garantie- oder

---

[422] Die Methode des Rückgriffs auf den deutschen und französischen Text des EuGVÜ ist in der englischen Rechtsprechung übrigens nicht unbekant. Der *High Court* selbst hat sie bereits zur Auslegung des Art. 16 EuGVÜ angewendet, *Newtherapeutics v. Katz* [1991] 2 All ER 151.

[423] Hat der Dritte seinen Wohnsitz nicht in einem anderen Vertragsstaat, ist Art. 6 Nr. 2 und - mit Ausnahme des Art.16 - das gesamte EuGVÜ nicht anwendbar. Ein Problem des Anwendungsbereichs des Art. 6 Nr. 2 EuGVÜ stellt sich dann ohnehin nicht.

[424] So im Ergebnis auch *Jacob*: 16/1/22, der für Zweifelsfälle vorschlägt, die *third party notice* einfach zustellen zu lassen. Dies mag der beste Weg sein, Rechtssicherheit zu erlangen.

[425] Siehe 3. Teil, B.V.4.a., S. 238 f.

[426] Im englischen Zivilprozeßrecht ist die Durchsetzung einer Gerichtsstandsvereinbarung immer noch dem Ermessen des Gerichts unterworfen, siehe oben 3.Teil, B.V.3. b.bb., S. 229 ff.

[427] *Cheshire & North* "Private International Law": S. 315; *Dashwood/Hacon/White* "A Guide to the Civil Jurisdiction and Judgments Convention": S. 102

Gewährleistungsansprüche bezieht.[428] Der *High Court* mußte sich zu dieser Frage bislang nicht äußern. Die Gerichtsstandsvereinbarung nach Art. 17 EuGVÜ bestimmt den Gerichtsstand ausschließlich und ohne die Möglichkeit einer Ermessensausübung.[429] Dies bedeutet erneut eine erhebliche Veränderung für das englische Prozeßrecht, denn nach englischem Rechtsverständnis ist auch die Gerichtsstandsvereinbarung immer dem Ermessen des Gerichts zugänglich.[430] Hieran zeigt sich sehr deutlich, daß das EuGVÜ ein Übereinkommen von Civil - Rights - Staaten ist, dem England nur nachträglich beigetreten ist. Für den Dritten bedeutet die starke Stellung des Art. 17 EuGVÜ aber eine größere Beachtung seiner Zuständigkeitsinteressen als nach dem autonomen englischen Zivilprozeßrecht.

c) Möglichkeiten der Ermessensausübung durch den High Court im Rahmen des Art. 6 Nr. 2 EuGVÜ

Erinnern wir uns zunächst noch einmal an die Zuständigkeitsprüfung nach dem autonomen englischen Recht. Wir durchliefen eine dreistufige Prüfung, von der nur der erste Punkt eine 'Subsumtion', und zwar der *third party notice* unter RSC Ord. 11, r. 1 (1)(c), erforderte. Die weiteren Punkte enthalten Ermessensentscheidungen: die der materiell-rechtlichen Erfolgsaussichten der *third party notice* sowie unter dem Gesichtspunkt des *forum non conveniens.*[431] Demgegenüber eröffnet das EuGVÜ den nach ihm zuständigen Gerichten keine Möglichkeit, ihre Zuständigkeit unter Ausübung eines Ermessens abzulehnen.[432]

aa) Section 49 des Civil Jurisdiction and Judgments Act 1982 als Ausgangspunkt

Der Ausschluß des Ermessens durch das EuGVÜ kollidiert verständlicherweise mit dem englischen Rechtsverständnis, denn im autonomen englischen Recht ist die Ermessensausübung wesentlicher Bestandteil der Zutändigkeitsbestimmung.[433] Daher wehren sich die englischen Juristen entschlossen gegen einen Verzicht auf 'ihren' Ermessensspielraum.[434] Hierfür stützen sie sich vor

---

[428] *Byrne* "The EEC Convention on Jurisdiction and the Enforcement of Judgments": S. 57.

[429] *Cheshire & North* ebenda: S. 314. Siehe aber auch die Ausführungen zur Ermessensausübung, unten 3. Teil, B.V.4.c.

[430] Siehe oben 3. Teil, B.V.3.c.bb., S. 229 ff.

[431] Siehe oben 3. Teil, B.V.3.b., S. 219 ff., und c., S. 224 ff.

[432] Dies bedeutet auch die Unanwendbarkeit der Lehre vom *forum non conveniens*, *Cheshire & North* "Private International Law": S. 331; *Schlosser*-Report in Official Journal of the European Communities: C-59, 5.3.1979, 71 at 97 f., point 76 ff.; *Geimer* in FS Schwind: S. 17, 22; *Kohler* in FS Matscher: S. 251, 260 ff.; *Schütze* "Deutsches IZPR": S. 39.

[433] Siehe oben 3. Teil, B.V.3.c., S. 224 ff.

[434] *Cheshire & North* "Private International Law": S. 332.

allem auf *section* 49 des *Civil Jurisdiction and Judgments Act* 1982,[435] der folgenden Inhalt hat:

> *"Nothing in this Act shall prevent any Court in the U.K. from staying, striking out or dismissing any proceedings before it, on the grounds of forum non conveniens or otherwise, where to do so is not inconsistent with the 1968 Convention."*

Das nationale englische Recht behält seinen Gerichten also weiterhin die Ermessensausübung vor, sofern dadurch kein Konflikt mit dem EuGVÜ entsteht. Dem Wortlaut nach steht dies unproblematisch im Einklang mit der Entscheidung des EuGH in der Sache Kongress Agentur Hagen GmbH v. Zeehaghe BV.[436]

In dieser Sache entschied der EuGH, daß Art. 6 Nr. 2 EuGVÜ das nationale Gericht nicht verpflichte, seine Zuständigkeit auszuüben. Vielmehr könnten die Gerichte die Zulässigkeit des Verfahrens unter Heranziehung nationalen Rechts ablehnen, solange hierdurch nicht die Effektivität des EuGVÜ beeinträchtigt werde. Eine *third party notice* darf jedoch weder direkt noch indirekt mit der Begründung abgelehnt werden, daß der Dritte in einem anderen Vertragsstaat seinen Wohnsitz hat.[437]

Der EuGH stützte diese Entscheidung vor allem darauf, daß das EuGVÜ nicht das Prozeßrecht insgesamt, sondern nur die Zuständigkeitsregeln vereinheitlichen wolle. Die Zuständigkeit sei aber nur eine von mehreren Bedingungen der Zulässigkeit eines Verfahrens. Im Ergebnis wird also eine einschränkende Ermessensausübung nach nationalem Recht möglich sein, wenn sie eine sonstige Zulässigkeitsfrage betrifft. Bei der Frage der Zuständigkeit muß eine Ermessensausübung im Einklang mit der zitierten Entscheidung des EuGH jedoch unterbleiben.[438]

Angesichts der Tatsache, daß die Lehre vom forum non conveniens immer auch den Wohnsitz des Beklagten oder Dritten berücksichtigt, fällt es zunächst schwer, noch einen Anwendungsbereich für diese Lehre zu finden. Dies gilt jedenfalls dann, wenn Art. 6 Nr. 2 EuGVÜ anwendbar ist.[439]

---

[435] *Section* 49 wurde durch den gleichnamigen (Ergänzungs-) *Act* von 1991 eingefügt.

[436] [1990] 3 ECR I-1845.

[437] Kongress Agentur Hagen GmbH v. Zeehaghe BV [1990] 3 ECR I-1845 at 1865 f.

[438] So im Ergebnis auch *Coester -Waltjen* in IPRax 1992, 290, 292.

[439] In diesem Sinne auch *Coester -Waltjen* in IPRax 1992, 290, 292, die den Bereich der Zweckmäßigkeitsprüfung, der unter dem Begriff *forum non conveniens* vorgenommen werde, generell den Zuständigkeitsfragen zuordnet. Vgl. *Dicey & Morris* "The Conflict of Laws": S. 371 zu den verbleibenden Möglichkeiten der Ermessensausübung.

bb) Entwicklung in der englischen Rechtsprechung und Literatur

Auch wenn wir uns zunächst einen Anwendungsbereich für die Lehre vom forum non conveniens nicht vorstellen können: In der englischen Rechtsliteratur wird für zwei Fallkonstellationen vorgeschlagen, dem *High Court* selbst dann das Ermessen einzuräumen, wenn seine Zuständigkeit nach dem EuGVÜ begründet wurde.[440]

Nur eine der vorgeschlagenen Fälle ist für die *third party notice* relevant: Wenn die Parteien durch eine Gerichtsstandsvereinbarung die Gerichte eines Nichtvertragsstaats für zuständig erklärt haben, soll der *High Court* seine Zuständigkeit auf der Basis forum non conveniens selbst dann ablehnen können, wenn er seine Zuständigkeit durch das EuGVÜ erlangt hat.[441]

Der *High Court* widersprach dieser Auffassung zunächst in zwei Entscheidungen.[442] Hobhouse[443] stützte diese Ablehnung vor allem darauf, daß die Vorschriften des EuGVÜ die englischen Gerichte zur Ausübung ihrer Zuständigkeit verpflichte. Falls das EuGVÜ ein englisches Gericht ausdrücklich für zuständig erklärt, wäre eine Ermessensausübung widersprüchlich zum EuGVÜ, *section* 49 des *Civil Jurisdiction and Judgments Acts* 1982 könne mithin nicht herangezogen werden.

Eine grundlegende Änderung dieser Rechtsprechung brachte eine neuere Entscheidung im Rechtsstreit Re Harrods[444] durch den *High Court* im Jahr 1991. In diesem Verfahren klagte eine Schweizer Gesellschaft gegen eine englische Gesellschaft, welche ihren satzungsmäßigen Sitz in England hatte, jedoch ihre Geschäfte ausschließlich von Argentinien aus abwickelte. Die Klägerin war zu 49 % Anteilseignerin der beklagten Gesellschaft und fühlte sich von der Mehrheitseignerin - ebenfalls eine schweizerische Gesellschaft - "*in a manner unfairly prejudicial*" behandelt.[445]

---

[440] Vgl. *Potter, J* in Arkwright Mutual v. Bryanston Insurance Ltd [1990] 2 QBD 649 at 661 ff. für eine Zusammenstellung der Literaturmeinungen; *Cheshire & North* "Private International Law": S. 332.

[441] Diese Auffassung stützt sich vor allem auf den Report von *Schlosser* in Official Journal of the European Communities, C-59, 5.3.1979, 71 at 124, point 176: Nach ihm müssen die nationalen Gerichte derartige Gerichtsstandsvereinbarungen nach ihrer lex fori behandeln. Für eine umfangreiche Darstellung des gesamten Problems vgl. *Mennie* in Erik Jayme (Hrsg.) "Ein internationales Zivilverfahrensrecht für Gesamteuropa" S. 173, 185 ff. sowie die anschließende Diskusion auf S. 213 ff.

[442] *Hobhouse, J* in S & W Berisford plc v. New Hampshire Insurance Co [1990] 2 QBD 631 at 643; *Potter, J* in Arkwright Mutual Insurance Co v. Bryanston Insurance Co Ltd [1990] 2 QBD 649 at 663.

[443] In S & W Berisford v. New Hampshire Insurance [1990] 2 QBD 631 at 643 f.

[444] In re Harrods (Buenos Aires) Ltd [1992] Ch 72.

[445] Obwohl in diesem Fall nur das Luganer Übereinkommen Anwendung fand, ist die Entscheidung auf das EuGVÜ übertragbar, denn beide Übereinkommen sind im wesentlichen inhaltsgleich und gleichermaßen in den *Jurisdiction and Judgments Act* 1982 inkorporiert. So im Ergebnis auch *Hirst, J* in *Aiglon Ltd v. Gau Shan Co Ltd* [1992] TLR (July 8), S. 337, 338.

Obwohl die englischen Gerichte wegen des Sitzes der Beklagten in England gemäß Art. 2 Luganer Übereinkommen zuständig waren, stellte der *Court of Appeal* das Verfahren unter Anwendung der forum non conveniens-Lehre ein. In der Begründung anerkannte Dillon, LJ zunächst, daß eine Verfahrenseinstellung wegen forum non conveniens dann nicht möglich sei, wenn ein Zuständigkeitskonflikt zwischen englischen Gerichten und den Gerichten eines anderen Vertragsstaats bestünde.[446]

Dann jedoch wandte er sich dem Sinn und dem Anwendungsbereich des EuGVÜ zu. Aus Art. 220 EWGV und Art. 4 EuGVÜ folgerte er, daß die Zuständigkeitsregeln des EuGVÜ nicht weltweit, sondern nur zwischen den Vertragsstaaten Geltung beanspruchen.[447] Daher habe das EuGVÜ bei einem Kompetenzkonflikt zwischen englischen Gerichten und Gerichten eines Nichtvertragsstaats keine bindende Wirkung. Die Anwendung der Lehre vom forum non conveniens sei dann zulässig:

> *"For the English court to refuse jurisdiction, in a case against a person domiciled in Eng- land, on the ground that the court of some noncontracting state is the more appropriate court to decide the matters in issue does not in any way impair the object of the Convention of establishing an expeditious, harmonious and, I would add, certain, procedure for securing the enforcement of judgments,..."* [448]

Da in dem zu entscheidenden Fall ein Zuständigkeitskonflikt zwischen den Gerichten Englands und denen Argentiniens - einem Nichtvertragsstaat des Luganer Übk. - bestand, war der Weg in die Überprüfung des englischen Gerichtsstands frei. Mit den Worten von Dillon, LJ lautet dieses Ergebnis wie folgt:[449]

> *"...and I would hold that the English court has jurisdiction to stay or dismiss the petition on the grounds of forum non conveniens if the English court holds that the courts of Argentina are the more appropriate forum to decide the issues."*

Letztlich bedeutet dies, daß die englischen Gerichte ihr Ermessen weiterhin ausüben können, wenn das alternativ zuständige Gericht seinen Sitz in einem Nichtvertragsstaat hat. Da das EuGVÜ nicht das Verhältnis zu Nichtvertragsstaaten regeln will, steht die Ermessensausübung nicht im Widerspruch zum EuGVÜ. *Section* 49 des *Civil Jurisdiction and Judgments Act* 1982 ist dann anwendbar.

Die Entscheidung wird zurecht scharf kritisiert.[450] Dieses vom *High Court* vertretene Verständnis des EuGVÜ gefährdet die einheitliche Anwendung des Übereinkommens in den Vertragsstaaten.[451] Sie führt außerdem zur Aushöh-

---

[446] *Dillon, LJ* in re Harrods [1992] Ch 72 at 93.

[447] *Dillon, LJ* in re Harrods ebenda: S. 96.

[448] *Dillon, LJ* in re Harrods ebenda: S. 97.

[449] *Dillon, LJ* in re Harrods [1992] Ch 72 at 98.

[450] *Cheshire & North* "Private International Law": S. 333 f.

[451] So auch *North* in IPRax 1992, 183, 184:
"Herein lies the road to disunity within the regime laid down by the Brussels Convention."

lung des Art. 2 EuGVÜ, indem dieser Vorschrift die zwingende Bindungswirkung genommen wird.[452]

Es kann aber festgestellt werden, daß die Auswirkungen dieser Entscheidung für die *third party notice* gering sind. Für die Anwendbarkeit des Art. 6 Nr. 2 EuGVÜ ist der Wohnsitz des Dritten in einem anderen Vertragsstaat tatbestandliche Voraussetzung. Daher wird neben der Zuständigkeit aus Art. 6 Nr. 2 EuGVÜ alternativ immer auch die Zuständigkeit eines Vertragsstaats des EuGVÜ aus Art. 2 EuGVÜ gegeben sein. Damit besteht aber ein Kompetenzkonflikt zwischen den Gerichten zweier Vertragsstaaten. Dieser Kompetenzkonflikt verbietet auch nach der zitierten Entscheidung[453] die Ermessensausübung.

Probleme kann die zitierte Entscheidung aber verursachen, wenn der Dritte (der seinen Wohnsitz in einem anderen Vertragsstaat hat) und der Beklagte die Zuständigkeit der Gerichte eines Nichtvertragsstaats vereinbart haben.[454] In einem solchen Fall besteht wegen Art. 2 EuGVÜ zwar ein Zuständigkeitskonflikt mit einem anderen Vertragsstaat. Ein weiterer Konflikt existiert jedoch wegen der Gerichtsstandsvereinbarung auch mit einem Nichtvertragsstaat. Welchem Zuständigkeitskonflikt ist nun der Vorrang einzuräumen?

Auch die zitierte Entscheidung Re Harrods bietet hier keine zwingende Lösung. Einerseits soll das Vorliegen einer Gerichtsstandsvereinbarung zugunsten eines Nichtvertragsstaats den Weg in die Ermessensprüfung eröffnen.[455] Andererseits soll die Ermessensausübung bei einem Zuständigkeitskonflikt unter Gerichten der Vertragsstaaten nicht möglich sein.

Dillon, LJ hat in der Entscheidung Re Harrods einen zwingenden Charakter von Art. 2 EuGVÜ weitgehend verneint.[456] Insofern besteht die Möglichkeit, daß der *High Court* einen bestehenden Zuständigkeitskonflikt innerhalb des EuGVÜ vernachlässigt, sofern ein weiterer Zuständigkeitskonflikt mit einem Nichtvertragsstaat hinzutritt. In Bezug auf die *Collision Convention* hat der *Court of Appeal* diesen Schritt bereits unternommen.[457] Ob die englische

---

[452] Im Ergebnis lehnt auch *Kohler* in FS Matscher: S. 251, 258 f. die vom *High Court* vorgenommene Auslegung ab. Er stützt seine Ablehnung auf die Gefahr für die Rechtssicherheit und der drohenden Rechtsschutzlosigkeit des Klägers.

[453] Re Harrods [1992] Ch 72 at 93; vgl. auch *Hirst, J* in Aiglon v. Gau Shan [1992] TLR (July 8), S. 337, 338.

[454] Dies kann dann freilich keine Gerichtsstandsvereinbarung nach Art. 17 EuGVÜ sein, da diese Vorschrift die Vereinbarung der Zuständigkeit der Gerichte eines Vertragsstaates voraussetzt.

[455] Re Harrods [1992] Ch 72 at 97.

[456] Re Harrods [1992] Ch 72 at 97.

[457] The Po [1991] 2 Lloyd's Rep. 206. Da sich diese Entscheidung aber mit einem anderen Übereinkommen, der *Collision Convention*, befaßt und die Zuständigkeit des *High Court* nicht auf dem *domicile* des Beklagten beruhte, ist ihre Auswirkung und Übertragbarkeit auf das EuGVÜ ungewiß. Von einer Darstellung des Falles sehe ich daher ab. Vgl. zu dieser Entscheidung auch *North* in IPRax 1992, 183, 184.

Rechtsprechung im Bereich des EuGVÜ gleichziehen wird und einer Gerichtsstandsvereinbarung, die nicht unter Art. 17 EuGVÜ fällt, den Vorrang vor Art. 2 EuGVÜ einräumen wird, ist ungewiß.

Der *High Court* hat es in der Entscheidung Re Harrods leider nicht für erforderlich erachtet, den EuGH mit dieser wichtigen Auslegungsfrage anzurufen.[458] Dieses Versäumnis hat jedoch das *House of Lords* mit einem Vorlagebeschluß vom 13.7.1992[459] nachgeholt. Im Rechtsstreit Ladenimor SA v. Intercomfinanz SA hielt es das *House of Lords* nunmehr für erforderlich, den EuGH zur Entscheidung über den Anwendungsbereich des EuGVÜ in Drittstaatenfällen anzurufen. Der EuGH muß nun also auch klären, ob das Gericht eines Vertragsstaats, welches durch das EuGVÜ für zuständig erklärt wird, das nach seinem nationalen Recht eingeräumte Ermessen ausüben kann, um seine Zuständigkeit zu Gunsten der Gerichte eines Nichtvertragsstaates abzulehnen.[460] Die Entscheidung des EuGH steht jedoch noch aus.

Gleichgültig, wie sehr der *High Court* an der Ausübung seines Ermessens festhält, der Eingriff, den das EuGVÜ in das englische Recht vornimmt ist erheblich. Insofern ist es verständlich, wenn es den englischen Juristen schwer fällt, sich an diese oftmals andersartigen Regelungsmechanismen zu gewöhnen.

5. Verfahren und Antrag auf Verfahrenseinstellung

Wir verlassen nun das EuGVÜ sowie die Frage der Zuständigkeit des *High Court* und wenden uns wieder dem Verfahren der *third party notice* zu.

Wenn dem Dritten eine *third party notice* zugestellt wird, hat er zweierlei zu befolgen, um ein Versäumnisurteil (*judgment in default*) abzuwenden. Er muß die Zustellung bestätigen (*acknowledgement of service*) und eine Verteidigungsanzeige (*notice of intention to defend*) bei Gericht einreichen, RSC Ord. 12, r. 1(1). Beide Verfahrenshandlungen müssen innerhalb der auf der *third party notice* vermerkten Frist erfolgen.[461] Für eine *third party notice*, auf die das EuGVÜ anwendbar ist, beträgt diese Frist 21 Tage.[462]

---

[458] *Dillon, LJ* in re Harrods [1992] Ch 72 at 98C, zustimmend *Bingham, LJ* in derselben Entscheidung auf S. 103 E.

[459] Abgedruckt in IPRax 1992, 373.

[460] Im einzelnen geht es darum, ob die Gerichte der Vertragsstaaten i. R. d. Artt. 2, 16 EuGVÜ noch vom Ermessen, das ihnen von ihrem nationalen Recht in Zuständigkeitsfragen eingeräumt wird, Gebrauch machen dürfen, vgl. Vorlagebeschluß vom 13.7.1992 in IPRax 1992, 373, insbesondere die Vorlagefragen 2 a und 4. Damit hat der EuGH die Gelegenheit, über die Anwendung der *forum non conveniens* Lehre i. R. d. EuGVÜ zu entscheiden und die Zuständigkeitsharmonie in den Vertragsstaaten zu sichern.

[461] RSC Ord. 12, r. 5(b) i. V. m. Ord. 11, r. 4(4), Ord. 10, r. 2(2).

[462] RSC Ord. 12, r. 5(b) i. V. m. Ord. 11, r. 1(3)(a).

Zustellungsmängel sollte der Dritte bereits mit der Bestätigung der Zustellung rügen, um die Fiktionswirkung aus RSC Ord. 10, r. 3(2), r. 1(5) abzuwenden, wonach die Zustellung bei Ausbleiben der Rüge als ordnungsgemäß gilt.[463]

Sofern der Dritte die Unzuständigkeit des *High Court* einwenden will, muß er innerhalb der genannten Frist einen Antrag[464] auf Einstellung des Verfahrens zu stellen.[465] Der Antrag muß eine eidesstattliche Versicherung (*affidavit*) enthalten, in der die wesentlichen Tatsachen aus der Sicht des Dritten vorzutragen sind, RSC Ord. 12, r. 8(4).[466]

Da der Dritte in der Regel vor der Zustellung nicht angehört wurde,[467] entscheidet das Gericht nunmehr über seinen Antrag - und damit über seine eigene Zuständigkeit - aufgrund des Vortrags beider Parteien.[468]

Hier zeigt sich nun, warum der Ermessensspielraum des englischen Richters in Zuständigkeitsfragen so wichtig ist. Es wird nämlich häufig vorkommen, daß sich zwei plausible, aber im wesentlichen Punkt völlig widersprechende *affidavits* gegenüberstehen. Das Gericht muß sich aber für eine Variante entscheiden, um über den Fortgang des Verfahrens befinden zu können. Da im Rahmen der Zuständigkeitsprüfung noch keine endgültige Entscheidung in der Sache möglich ist, hilft nur eine Vermutung zu Gunsten einer Partei oder aber die Möglichkeit der Ermessensentscheidung des Gerichts. Das deutsche Recht hat sich in vergleichbaren Situationen für die Vermutung entschieden, indem es für doppelrelevante Tatsachen[469] im Tatbestand einer Gerichtsstandsregel die Richtigkeit des Klägervortrags unterstellt und so eine Schlüssigkeitsprüfung des Klägervortrags ausreichen läßt.[470] Im englischen Recht hat das Gericht in diesem Verfahrensstadium ein weites Ermessen, um Fragen der

---

[463] Andere Verfahrensfehler bei der Erhebung der *third party notice*, wie z. B das Unterlassen der Einholung eines *leaves* vor Auslandszustellung, werden als "*irregularities*" behandelt. Wegen RSC Ord. 2, r. 1(1) führen sie nie zur Nichtigkeit. Vielmehr steht es im Ermessen des Gerichts, ob es die Heilung oder die Nachholung zuläßt, vgl im einzelnen Leal v. Dunlop [1984] 2 All ER 207 = [1984] 1 WLR 874.

[464] Dieser Antrag entbindet ihn jedoch nicht von der Verpflichtung, eine Verteidigungsanzeige einzureichen, vgl. *Jacob*: 12/7 - 8/2.

[465] RSC Ord. 12, r. 8(1)(a)-(h) zählt die verschiedenen Möglichkeiten der Verfahrenseinstellung auf.

[466] Welches Gewicht der eidesstattlichen Versicherung im englischen Prozeßrecht beigemessen wird, zeigt die Aussage von *Baggallay, LJ* in Fowler v. Barstow (1881) 20 ChD 240 at 248: "*...where the Defendant gives the strongest evidence...by swearing that....*". Ob diese Einschätzung heute noch Geltung hat, muß offen bleiben.

[467] Der Antrag auf *leave* gem. RSC Ord. 11, r. 1 kann *ex parte*, d. h. ohne Anhörung des Dritten gestellt und entschieden werden, siehe oben 3. Teil, B.V.3.d., S. 242.

[468] *Kekewich, J* in Collins v. North British and Mercantile Insurance Co [1894] 3 Ch 228 at 234; *Jacob*: 11/4/10.

[469] Unter doppelrelevanten Tatsachen sind diejenigen Umstände zu verstehen, deren Vorliegen sowohl für den in der Klage erhobenen materiellen Anspruch, als auch für die Begründung der Zuständigkeit des Gerichts Voraussetzung sind.

[470] Siehe oben 3. Teil, B.V.3.b., S. 222, Fn. 326.

Zuständigkeit (vorläufig) zu lösen. Beide Rechtsordnungen haben für das grundsätzlich gleiche Problem also verschiedene Lösungen gefunden. Dabei ist festzustellen, daß die starre deutsche Lösung zwar einfacher in der Prüfung und sicherer für den Kläger ist, denn von ihm wird zunächst nur ein schlüssiger Vortrag verlangt. Dafür berücksichtigt das englische Recht die Interessen des Beklagten oder Dritten deutlich stärker.

Inhaltlich prüft der *High Court* bei der Behandlung des Antrags auf Verfahrenseinstellung alle Voraussetzungen der Zuständigkeit. Insoweit kann auf die Darstellung von oben verwiesen werden.[471] Es ist jedoch zu beachten, daß die dargestellten Probleme bei der Ermessensausübung, also *forum non conveniens*, Gerichtsstandsvereinbarung und Schiedsvertrag, in der Praxis zumeist nur auf den Antrag des Dritten geprüft werden. Faktisch führt der *High Court* bei der Zulassung der Auslandszustellung auch nur eine Schlüssigkeitsprüfung durch, da ihm eine umfassende Tatsachenkenntnis meistens fehlen wird. Erst wenn der Dritte vorgetragen hat, wird die Ermessensentscheidung wirklich auf dem Vortrag beider Parteien beruhen.

Wenn die Zuständigkeit des *High Court* aufgrund eines Antrags des Dritten (nochmals) geprüft wird, ergeben sich zwei Besonderheiten: Erstens ist der Beklagte hinsichtlich der Voraussetzungen des RSC Ord. 11, r. 1(1)(c) sowohl an die tatsächlichen als auch an die rechtlichen Ausführungen seines Antrages auf Zulassung (*leave*) der Auslandszustellung gebunden. Er kann also weder einen neuen Rechtsgrund noch die Anwendbarkeit einer neuen Variante des RSC Ord. 11, r. 1 geltend machen.[472]

Zweitens kann eine Verfahrenseinstellung grundsätzlich nicht mehr auf die Lehre vom forum non conveniens gestützt werden, wenn das Gericht diesen Aspekt bei der Zulassung der Auslandszustellung bereits in sein Ermessen eingestellt hat.[473] Kommt es aber zur Prüfung der Lehre, so ergibt sich eine wesentliche Besonderheit. Die Beweislast wechselt auf den Dritten. Dies bedeutet, daß der Dritte nunmehr darzulegen hat, daß ein wesentlich angemesseneres Forum als England existiert, der *High Court* also das forum non conveniens darstellt.[474] Der Unterschied in der Anwendung der forum (non) conveniens-Lehre, die bei der Zulässigkeit der Zustellung und außerdem auf den Antrag des Dritten geprüft werden kann, beschränkt sich also auf die Beweislast: Sie wechselt auf den Dritten, wenn die Angemessenheit der Entscheidung durch

---

[471] Siehe oben S. 214 ff.

[472] DSQ Property Company v. Lotus Cars The Times June 28, 1990; Metall & Rohstoff v. Donaldson Inc [1990] 1 QB 391 at 392; Walton Insurance Ltd v. Deutchse Ruck (UK) The Times Nov. 28, 1990.

[473] *Cheshire & North* "Private International Law": S. 225.

[474] Vgl. *Lord Goff* in Spilada Maritime Corp. v. Cansulex Ltd [1987] AC 460 at 477: *"...the burden resting on the defendant is not just...but to establish that there is another forum, which is clearly or distinctly more appropriate than the English forum."*

den *High Court* im Rahmen des Antrags des Dritten auf Verfahrenseinstellung geprüft wird.

VI. Rechtsvergleichende Zusammenfassung

Die Darstellung der englischen *third party notice* hat einige Unterschiede gegenüber der Streitverkündung zutage gefördert, von denen die wichtigsten noch einmal kurz zusammengefaßt werden sollen.

Fundamentaler Unterschied zwischen der *third party notice* und der Streitverkündung ist die unterschiedliche Rechtsnatur beider Institute zur unfreiwilligen Drittbeteiligung im Zivilprozeß. Die *third party notice* stellt eine eigene Klage des Beklagten gegen den Dritten dar, während die Streitverkündung ein eigenes Rechtsinstitut ist, welches im englischen Recht keine Entsprechung findet. Dieser Unterschied ist bei der Gegenüberstellung beider Rechtsinstitute immer zu berücksichtigen, da er weitere zwingende Folgen nach sich zieht. So ist etwa die Tatsache, daß die *third party notice* die Zuständigkeit des *High Court* voraussetzt, auf ihre Rechtsnatur als Klage zurückzuführen. Im Klageverfahren setzt auch das deutsche Recht ausnahmslos die Zuständigkeit des Gerichts voraus.

In diesem Zusammenhang müssen wir aber auch festhalten, daß ein ausländischer Dritter durch die *third party notice* stärker belastet wird, da er sogleich mit einem Urteil überzogen werden kann. Dafür wird als logische Folge auf seine Zuständigkeitsinteressen mehr Rücksicht genommen als bei der Streitverkündung. Ob eine Streitverkündung die Zuständigkeit des Gerichts des Vorprozesses gegenüber dem Streitverkündungsempfänger voraussetzt, ist umstritten. Nach der hier vertretenen Auffassung zwingt das Rechtsstaatsprinzip dazu, die Zuständigkeit als Zulässigkeitsvoraussetzung der Streitverkündung anzusehen.[475] Damit haben wir eine Lösung gefunden, die dem englischen Recht für die unfreiwillige Drittbeteiligung im Zivilprozeß sehr nahe kommt.

Die Darstellung der Zuständigkeitsprüfung im englischen Recht deckte jedoch auch Besonderheiten auf, die nicht mit der unterschiedlichen Rechtsnatur der *third party notice* allein zu erklären sind: Hier ist zunächst daran zu erinnern, daß die Zuständigkeit im englischen Recht einen Teil der Rechtmäßigkeit der Zustellung bildet, während sie im deutschen Recht - auch im Klageverfahren - eine selbständige Sachurteilsvoraussetzung ist.[476] Da die Zuständigkeit im englischen Recht eine Verfahrensvoraussetzung darstellt, wird sie vom *High Court* bereits bei der Entscheidung über die Zulässigkeit der Zustellung, also zu einem sehr frühen Zeitpunkt geprüft. Dies hat den theoretischen Vorteil, daß der ausländische Dritte gegebenfalls nicht mit der *third party*

[475] Siehe oben 2.Teil S. 74 ff., 114 f.
[476] Siehe oben 3.Teil, B.V.2., S. 210 ff.

notice behelligt wird, wenn es zu ihrer Zustellung - bei Unzuständigkeit des *High Court* - überhaupt nicht kommt. Da der Antrag auf Zulassung der Auslandszustellung einer *third party notice* jedoch *ex parte* - also ohne Anhörung des Dritten - gestellt werden kann, reicht es für die Durchführung der Zustellung regelmäßig aus, wenn der Beklagte die der *third party notice* zugrundeliegenden Fakten schlüssig vorträgt. Eine Prüfung anhand der von beiden Parteien vorgetragenen Standpunkte erfolgt erst, wenn sich der Dritte, nachdem ihm die third party notice zugestellt wurde, gegen die Zuständigkeit des *High Court* mit einem Antrag auf Einstellung des Verfahrens wehrt. Rügt er die Zuständigkeit des *High Court* nicht, wird die Zustellung gemäß RSC Ord. 10, r. 1(5) als ordnungsgemäß angesehen. Die Frage der Zuständigkeit stellt sich dann nicht mehr.

Bei der Streitverkündung hat der Streitverkündungsempfänger keine Möglichkeit, sich bereits im Vorprozeß gegen die Zuständigkeit zu wehren. Aber auch im deutschen Klageverfahren hindert die Unzuständigkeit die Zustellung nicht. Daß eine Klage auch bei Unzuständigkeit des deutschen Gerichts zugestellt wird, liegt daran, daß die Zuständigkeit noch bis zur letzten Tatsachenverhandlung begründet werden kann.[477] Außerdem besteht immer die Möglichkeit, daß der Beklagte sich rügelos zur Sache einläßt[478] und dadurch die Zuständigkeit des deutschen Gerichts gemäß § 39 ZPO begründet.

Praktisch relevant ist die Möglichkeit des englischen *High Court*, seine Zuständigkeit aus Gründen der Angemessenheit und Gerechtigkeit (forum non conveniens) abzulehnen. Hier ist das deutsche Recht, welches Art. 101 Abs. 1 Satz 2 GG (Verbot der Entziehung des gesetzlichen Richters) zu beachten hat, vergleichsweise unflexibel. Das deutsche Recht läßt dementsprechend die Lehre vom forum non conveniens und eine Ermessensausübung bei der Zuständigkeitsbestimmung insgesamt nicht zu.

Der diesbezügliche Unterschied beider Rechtsordnungen tritt insbesondere in der materiell-rechtlichen Prüfung des der *third party notice* zugrundeliegenden Anspruchs zum Vorschein. Im englischen Zivilprozeß werden die materiell-rechtlichen Erfolgsaussichten der *third party notice* schon bei der Zuständigkeitsprüfung im Rahmen einer Ermessensentscheidung ermittelt. Eine Entsprechung gibt es hierzu im deutschen Recht nicht. Das englische Recht erreicht hierdurch, daß der Dritte nicht mit aussichtslosen Klagen belästigt wird, und erspart ihm die Unannehmlichkeit des Verhandelns vor dem für ihn fremden *High Court*.

---

[477] *Rosenberg/Schwab/Gottwald* "Zivilprozeßrecht": § 39, 5 Seite 192.

[478] Im englischen Recht ist die rügelose Einlassung eher ein Kriterium für die Ordnungsgemäßheit der Zustellung, vgl. RSC Ord. 10, r. 1(5) und r. 3(2). Im Ergebnis heilt die rügelose Einlassung aber auch die Unzuständigkeit, die ein Teil der Rechtmäßigkeit der Zustellung ist.

Überraschend ist für den deutschen Betrachter, daß auch Gerichtsstandsvereinbarungen im englischen Recht nur innerhalb einer Ermessensentscheidung Berücksichtigung finden. Das englische Recht weicht in diesem Punkt erheblich von der deutschen Regelung des § 38 ZPO ab, wonach eine Gerichtsstandsvereinbarung - jedenfalls im Klageverfahren - zwingend zu berücksichtigen ist. Ob sich eine Gerichtsstandsvereinbarung auch bei der Streitverkündung auswirken kann, hängt davon ab, ob man die internationale Zuständigkeit überhaupt als Zulässigkeitsvoraussetzung der Streitverkündung ansieht. Wir haben dies im Grundsatz bejaht und angenommen, daß die internationale Zuständigkeit der deutschen Gerichte auch für die Streitverkündung derogiert werden kann.[479] Folgt man dieser Lösung, schützt die Gerichtsstandsvereinbarung umfassend vor einer unfreiwilligen Drittbeteiligung im deutschen Zivilprozeß, während dieser Schutz im englischen Zivilprozeß noch vom Ermessen des Gerichts abhängt.

Bei entgegenstehenden Schiedsverträgen unterscheidet das englische Recht zwischen nationalen und internationalen (*non domestic arbitration agreement*) Vereinbarungen: Eine *non domestic arbitration agreement* schließt die Durchführung der *third party notice* zwingend aus. Damit unterscheidet sich das englische Recht auch in der Beachtung der Schiedsverträge von der Streitverkündung, die nach h. M. von einer Schiedsgerichtsabrede unberührt bleibt. Diese Abweichung des englischen Rechts ist erneut auf die Rechtsnatur der *third party notice* zurückzuführen, denn im deutschen Klageverfahren findet die Einrede des Schiedsvertrags gemäß § 1027 a ZPO ebenfalls Berücksichtigung.

Einen Nachteil birgt die Regelung, mit der das englische Recht einen (internationalen) Schiedsvertrag bei der *third party notice* berücksichtigt: Wenn das Verfahren nicht vor den Schiedsgerichten durchgeführt werden kann, stellt sich die Ablehnung der Durchführung der *third party notice* nachträglich als ungerechtfertigt heraus und benachteiligt den Beklagten des Hauptverfahrens. Bis sich die Undurchführbarkeit des Schiedsverfahrens herausgestellt hat, wird das Hauptverfahren vor dem *High Court* regelmäßig abgeschlossen sein. Die third party notice geht dem Beklagten also verloren, ohne daß dies durch den Vorrang des Schiedsgerichtsverfahrens zu begründen wäre.

Diesen Nachteil der englischen Regelung vermeidet die von uns gefundene Lösung für das deutsche Recht, die auch von der h. M. in der deutschen Rechtsliteratur deutlich abweicht:[480] Wir hatten festgestellt, daß ein Schiedsvertrag die Zulässigkeit der Streitverkündung zwar nicht berührt. Eine Streitverkündung, die entgegen einer wirksamen Schiedsgerichtsabrede vor einem deutschen Gericht durchgeführt wurde, kann jedoch eine Bindung des Schieds-

---

[479] Siehe dazu ausführlich und für eine Darstellung der abweichenden Meinungen oben 2. Teil S. 116ff.

[480] Vgl. für die h. M. und die anderslautende, hier gefundene Lösung oben 2. Teil S. 122 ff.

gerichts im Regreßprozeß nicht herbeiführen. Im Ergebnis kann die Streitverkündung also trotz eines entgegenstehenden Schiedsvertrags durchgeführt werden. Wenn der Regreßprozeß vor einem Schiedsgericht stattfindet, bleibt die Streitverkündung folgenlos und führt keine Interventionswirkung herbei. Wird der Regreßprozeß aber nicht vor dem Schiedsgericht, sondern vor einem staatlichen Gericht verhandelt, löst die Streitverkündung wie beabsichtigt die Interventionswirkung aus. Somit haben wir - anders als das englische Recht - eine flexible und gerechte Lösung gefunden, mit der sich der Dritte (Streitverkündungsempfänger) einerseits durch einen Schiedsvertrag schützen kann, der Beklagte (Streitverkünder) andererseits aber nicht benachteiligt wird. Diese Lösung ist dem englischen Recht nicht möglich, da es die prozessuale Drittbeteiligung als Klage ausgestaltet hat, und daher bereits im Hauptverfahren eine endgültige Entscheidung über den in der *third party notice* geltend gemachten Anspruch ergehen muß.

Der größte Vorteil des englischen Rechts - und damit der prozessualen Drittbeteiligung in Form einer Klage - gegenüber der Streitverkündung liegt in der Möglichkeit des Dritten, vor dem Verfahren zur *third party notice* die Zuständigkeit des *High Court* angreifen zu können. Wenn eine ausländische Person schon vor die ihr fremden Gerichte zitiert werden kann, ist es ein Gebot prozessualer Fairness, daß sie die Zuständigkeit dieses Forums angreifen kann.

Dem läßt sich für die Streitverkündung entgegnen, daß die *third party notice* eine Klage ist und auch die ZPO bei Klagen eine vorgezogene Prüfung der Zuständigkeit kennt. Auch mag die unfreiwillige Drittbeteiligung in Form einer Klage im Hauptverfahren mehr Zeit in Anspruch nehmen als ihr Pendant, die Streitverkündung. Wir dürfen jedoch nicht vergessen, daß auch der Streitverkündungsempfänger den Vorprozeß durch intensive Beteiligung verzögern kann. Vor allem aber haben wir festgestellt, daß auch die Streitverkündung den Regreßprozeß vorentscheiden kann.[481]

Insgesamt hat das englische Recht aber gezeigt, daß es auf, zunächst zwar unübersichtlich erscheinende, aber sehr flexible Art und Weise konsequent für einen gerechten Ausgleich der Interessen der mindestens drei beteiligten Parteien sorgt. Demgegenüber werden die Interessen des Streitverkündungsempfängers im deutschen Recht zunächst nur insoweit berücksichtigt, als er im Hauptprozeß nicht rechtskräftig verurteilt wird und er sich gegebenfalls mit der Einrede des § 68 ZPO im Regreßprozeß wehren kann. Nur wenn man der hier vertretenen Lösung zur internationalen Zuständigkeit folgt, kann auch die Streitverkündung einen gerechten Ausgleich der widerstreitenden Zuständigkeitsinteressen schaffen.

---

[481] Vgl. oben 2. Teil S. 35 ff., 90 ff.

Vierter Teil

Die Anerkennung einer deutschen Streitverkündung in England

A. Überblick

I. Einführung

Wir haben aus den vorausgegangenen Abschnitten gelernt, daß die prozessuale Beteiligung Dritter auf zwei Wegen möglich ist:

Im englischen Recht wird der Dritte mit der *third party notice* durch eine (Dritt-) Klage in das anhängige Verfahren einbezogen. Aus diesem Grund kann der Dritte bereits in diesem Verfahren verurteilt werden, der Beklagte (des Hauptverfahrens) erhält gegebenfalls einen vollstreckbaren Titel.

Demgegenüber geht das deutsche Recht mit der Streitverkündung einen anderen Weg. Sie führt im Vorprozeß nicht zu einer Verurteilung des Streitverkündungsempfängers, der Streitverkünder erhält keinen vollstreckbaren Titel.

Allgemein ausgedrückt ergeht im Verfahren der Streitverkündung kein Urteil, welches einen Anspruch zu- oder aberkennt. Die Streitverkündung löst vielmehr die Interventionswirkung aus. Diese bindet den Streitverkündungsempfänger an die tragenden Feststellungen des Vorprozesses soweit diese auch für den Regreßprozeß relevant sind.

Will der Streitverkünder seinen Regreßanspruch gegen den Streitverkündungsempfänger in vollstreckungsfähiger Form festgestellt bekommen, muß er einen weiteren Prozeß mit dem Streitverkündungsempfänger führen. Ihren Nutzen entfaltet die Streitverkündung für den Streitverkünder also erst im Regreßprozeß.

Der hier untersuchten, grenzüberschreitenden Streitverkündung liegt regelmäßig ein Sachverhalt zugrunde, bei dem der Streitverkündungsempfänger im Ausland domiziliert ist und keine Beziehungen zu Deutschland unterhält. Daher wird der Regreßprozeß zumeist im Ausland, am Wohnsitz des Dritten, der jetzt Beklagter ist, stattfinden.[1] Ob die Streitverkündung auch im

[1] Damit sind die Fälle nicht erfaßt, in denen der Streit verkündet wurde, weil der Streitverkünder einen Anspruch des Streitverkündungsempfängers gegen sich besorgte. In dieser Fallkonstellation, die

Ausland die Interventionswirkung herbeiführen kann, hängt dann von ihrer Anerkennung durch die ausländischen Gerichte ab. Damit bestimmt die Anerkennungsfähigkeit der Interventionswirkung im Ausland aber auch den praktischen Wert einer grenzüberschreitenden Streitverkündung. Im folgenden wollen wir daher untersuchen, ob die Streitverkündung in einem Verfahren vor dem *High Court*, also nach englischem Recht anerkannt werden kann. Wenn sie keine Chance hat, den Regreßprozeß vor dem *High Court* durch die Interventionswirkung zu beeinflußen, dann ist sie für den Streitverkünder wertlos.

Die nachfolgende Darstellung wird dadurch erschwert, daß sich - soweit ersichtlich - bislang kein englisches Gericht mit der Anerkennung einer deutschen Streitverkündung befassen mußte. Insofern müssen wir die allgemeinen Anerkennungsgrundsätze des englischen Rechts herausarbeiten, um sie sodann auf den speziellen Fall der Anerkennung einer deutschen Streitverkündung zu übertragen.

Bereits aus deutscher Sicht hat die Streitverkündung zwei Besonderheiten, die auch für ihre Anerkennung durch den *High Court* sehr bedeutsam sind: Zum einen werden die Zulässigkeitsvoraussetzungen der Streitverkündung (insbesondere die internationale Zuständigkeit des Gerichts des Vorprozesses) in der Regel erst im Regreßprozeß geprüft.[2] Zum anderen kann der Interventionswirkung nach deutschem Recht im Regreßprozeß die Einrede des § 68, 2. Halbsatz ZPO entgegengehalten werden.

Beide Besonderheiten werfen vorgreifliche Fragen auf: Zunächst wird es für den Streitverkündungsempfänger erheblich sein, ob er im englischen (Anerkennungs-) Prozeß noch die Unzuständigkeit des deutschen Gerichts des Vorprozesses nach deutschem Recht rügen kann, selbst wenn dessen Zuständigkeit nach englischem (Anerkennungs-) Recht gegeben ist oder aber nicht gefordert wird. Diese Frage wird nach der hier vertretenen Lösung zur internationalen Zuständigkeit relevant, wenn der Streitverkündungsempfänger mit dem

§ 72 Abs. 1, 2. Alternative ZPO ausdrücklich erwähnt, wird der Streitverkündungsempfänger im Regreßprozeß als Kläger auftreten. Der Streitverkünder ist dann Beklagter, weshalb sich die Zuständigkeit des Gerichts des Regreßprozesses grundsätzlich nach seinem Wohnsitz richtet (sofern man von den Gerichtsständen absieht, die nicht an den Beklagtenwohnsitz anknüpfen). Ist danach ein deutsches Gericht für den Regreßprozeß zuständig, etwa weil der Streitverkünder seinen allgemeinen Wohnsitz in der BRD hat, stellt sich kein Anerkennungsproblem. Die Streitverkündung führt dann ohne weiteres gem. § 74 i. V. m. § 68 ZPO die Interventionswirkung herbei. Muß der Regreßprozeß aber im Ausland durchgeführt werden, etwa weil der Streitverkünder seinen allgemeinen Wohnsitz in England hat, stellt sich gleichermaßen die Frage der Anerkennungsfähigkeit der Streitverkündungswirkungen. Der Unterschied zur Anerkennung für den Fall, daß der Streitverkünder dem Kläger im Regreßprozeß entspricht, reduziert sich dann auf einen Punkt: Dient die Streitverkündung als Verteidigung gegen einen Anspruch, den der Streitverkündungsempfänger möglicherweise erheben könnte, so kann sie die Verjährung nicht unterbrechen. Dies begründet sich damit, daß der Streitverkündung die verjährungsunterbrechende Wirkung des § 209 Abs. 2, Nr. 4 BGB nur entfaltet, wenn der Streit auch vom Anspruchsinhaber verkündet wurde.

[2] Siehe oben 2. Teil S. 142 ff.

Streitverkünder eine Gerichtsstandsvereinbarung geschlossen hat, welche die internationale Zuständigkeit des Gerichts des Vorprozesses derogiert. Das hiermit angedeutete Problem wurde von der *Probate, Divorce and Admiralty Division* in der Rechtssache Adams v. Adams[3] in allgemeiner Form behandelt. Dort ging es um die Anerkennung einer Scheidung zweier englischer Staatsangehöriger durch den *High Court of Rhodesia*, welcher nach englischem Recht zur Scheidung der Parteien zuständig gewesen war. Die Ehefrau begehrte die Anerkennung dieses 'Scheidungsurteils' (*divorce decree*) als ihr die erneute Eheschließung in England durch den *superintendant registrar of marriages* veweigert wurde. Sir Jocelyn Simon stellte neben anderen Voraussetzungen folgende Bedingung für die Anerkennung auf:[4]

> *"But the court whose decree is in question must also be competent to pronounce it by its municipal law."*

Da die Ehefrau die Zuständigkeit des *High Court of Rhodesia* nach dessen nationalem Recht nicht beweisen konnte, wurde die Anerkennung konsequenterweise abgelehnt. Wir können daraus dem Schluß ziehen, daß eine Streitverkündung, die mangels internationaler Zuständigkeit des Gerichts des Vorprozesses unzulässig und damit wirkungslos ist, auch durch eine Anerkennung in England (nach nationalem englischen Recht) keine Interventionswirkung herbeiführen kann.[5] Eine weitere Frage ist, ob der Interventionswirkung im englischen Regreßprozeß, in dem die Streitverkündung anzuerkennen ist, noch die Einrede des § 68, 2. Halbsatz ZPO entgegengesetzt werden kann. Dies entspricht dem in England immer wieder erörterten Problem, ob sich der Beklagte im englischen Anerkennungsverfahren noch auf Verteidigungsmittel stützten kann, die nach dem Recht des Urteilstaats - hier dem deutschen Recht - zulässig sind. Diese Möglichkeit wurde regelmäßig verneint.[6] Eine Begründung liefert die Entscheidung Ellis v. M' Henry[7]: Die Verteidigung gegen die Anerkennung mit Mitteln, die nach dem Recht des Urteilsstaats zulässig seien, kämen im Ergebnis der unzulässigen inhaltlichen Überprüfung des anzuerkennenden Urteils gleich.

---

[3] Adams v. Adams [1970] 3 All ER 572.

[4] In Adams v. Adams [1970] 3 All ER 572 at 584. Dabei stützte sich das Gericht auf die inhaltlich gleichlautenden Entscheidungen aus früherer Zeit in den Rechtsstreits Le Mesurier v. Le Mesurier [1895] AC 517 (vgl. Lord Watson auf S. 524) und Papadopoulos v. Papadopoulos [1930] P 55 (vgl. Lord Merrivale auf S. 65). Beide verlangten bereits, daß das Gericht, dessen Entscheidung anzuerkennen ist, nach seinem Recht zuständig war. Anderer Ansicht aber noch Lindley, LJ in Pemberton v. Hughes [1899] 1 Ch 781 at 790-791 in einem obiter dictum.

[5] So allgemein auch *Cheshire & North* "Private International Law": S. 369. Vgl. auch Staughton, J in Tracomin SA v. Sudan Oil Seeds [1983] 1 All ER 404 at 410j.

[6] Vgl. *Cheshire & North* "Private International Law": S. 371 m. w. N. über die Rechtsprechung.

[7] Bovill, CJ in Ellis v. M' Henry (1871) LR 6 CP 228, at 238-239:
"...but that would go to impeach the propriety and correctness of the judgment, and is a matter which cannot be gone into after the judgment has been obtained, or in this action which is brought to enforce it."

Diese Begründung wurde vom *Court of Appeal* im Rechtsstreit Israel Discount Bank of New York v. Hadjipateras übernommen und präzisiert.[8] In dieser Sache sollte die Entscheidung eines New Yorker Gerichts anerkannt werden, in der zwei Beklagte, Vater und Sohn, zur Zahlung einer Bürgschaftsverpflichtung (guarantee) verurteilt worden waren. Bei Übernahme der Verpflichtung war der Sohn 20 Jahre alt. Erst im Anerkennungsverfahren vor dem *High Court* wendete der Sohn gegen die Zahlungspflicht ein, daß er die Verpflichtung nur wegen einer *"undue influence"* seines Vaters eingegangen sei. Obwohl der Einwand des *undue influence* eine grundsätzlich zulässige Verteidigung darstellte, konnte er die Anerkennung des Urteils nicht verhindern, da dem Sohn dieses Verteidigungsmittel bereits im Verfahren in New York zugestanden hätte. Unter Heranziehung des in der Rechtssache Ellis v. M' Henry entwickelten Grundsatzes, begründete Stephenson, LJ die Zurückweisung der Verteidigung des Sohnes wie folgt:[9]

"But a defendant must take all available defences in a foreign court."

Wir können dieser Entscheidung entnehmen, daß im Anerkennungsverfahren die Berufung auf ein Angriffs- oder Verteidigungsmittel nicht mehr möglich ist, wenn es bereits im Urteilsverfahren hätte vorgebracht werden können. Andererseits läßt die von Stephenson, LJ gewählte Formulierung den Gegenschluß zu, daß Angriffs- und Verteidigungsmittel im Anerkennungsverfahren zulässig sind, soweit sie im Verfahren, das zum anzuerkennenden Urteil führte, nicht vorgebracht werden konnten.[10] Wenn man diesen Gegenschluß auf die Streitverkündung und § 68, 2. Halbsatz ZPO überträgt, dann muß die Einrede der schlechten Prozeßführung im Anerkennungsverfahren vor dem *High Court* in jedem Fall zulässig sein. Denn diese Einrede des § 68, 2. Halbsatz ZPO ist auch nach deutschem Recht nur dann zulässig, wenn der Streitverkündungsempfänger im Vorprozeß gehindert war, Angriffs- oder Verteidigungsmittel geltend zu machen.

II. Regelung der Anerkennung und Vollstreckung ausländischer Entscheidungen im englischen Recht

Im englischen Recht finden sich drei *"regimes"* (Regelungssysteme), welche die Voraussetzungen für die Anerkennung und Vollstreckung ausländischer Entscheidungen bestimmen: Im einzelnen handelt es sich um das *"EC-regime"* (EuGVÜ), das *"treaty regime"* (bilaterale Staatsverträge) und das *"Common Law regime"*.[11]

---

[8] Israel Discount Bank of New York v. Hadjipateras [1984] 1 WLR 137.

[9] In Israel Discount Bank of New York v. Hadjipateras [1984] 1 WLR 137 at 144C.

[10] So ausdrücklich auch *Cheshire & North* "Private International Law": S. 372.

[11] Einteilung nach *James* in Comparative Law Yearbook of International Business Vol. 13 (1991), 93, 94. Andere, wie z. B. *Dicey & Morris* "The Conflict of Laws": S. 457, nehmen eine Zwei-

Im Verhältnis der BRD zu England ist zunächst auf das EuGVÜ zurückzugreifen, denn es verdrängt zwingend das *Common Law regime.*[12] Das EuGVÜ wurde durch *section* 2(1) des *Civil Jurisdiction and Judgments Act* 1982, der in seinem *schedule* 1 eine wörtliche Wiedergabe des EuGVÜ enthält, innerstaatlich umgesetzt. Artikel 25 EuGVÜ ist so weit gefaßt, daß jedes Urteil, welches in Deutschland erlassen wurde, im Vereinigten Königreich - und damit auch in England - nach dem EuGVÜ anzuerkennen und zu vollstrecken ist, sofern es in den sachlichen (Art. 1 EuGVÜ) und den zeitlichen[13] (Art. 54 EuGVÜ) Anwendungsbereich des EuGVÜ fällt.[14] Das EuGVÜ ist gemäß Art. 1 Abs. 1 EuGVÜ grundsätzlich in allen Zivil- und Handelssachen anwendbar. Daher sind nur noch wenige Fallkonstellationen denkbar, in denen eine deutsche Streitverkündung - oder das Urteil des Vorprozesses, welches die Interventionswirkung auslöst - nicht unter den Anwendungsbereich des EuGVÜ fällt. Dies gilt um so mehr, als für Art. 25 EuGVÜ unerheblich ist, ob sich das deutsche Gericht auf das EuGVÜ gestützt hat, und ob der Streitverkündungsempfänger aus einem Vertragstaat des EuGVÜ stammt.[15]

Das EuGVÜ hat im Verhältnis der BRD zu England darüberhinaus zur Folge, daß auch dem *treaty regime* - also bilateralen Staatsverträgen - für die Anerkennung und Vollstreckung deutscher Urteile in England keine Bedeutung mehr zukommt.[16] Einziger bilateraler Vertrag zwischen England und Deutschland war das deutsch-britische Anerkennungs- und Vollstreckungsabkommen vom 14.7.1960 (im folgenden: das Abkommen).[17] Das Abkommen wurde in England allerdings nie direkt zur Anerkennung und Vollstreckung deutscher

---

teilung in "*enforcement at Common Law*" und "*enforcement under statute*" vor. Bei dieser Zweiteilung fallen dann sowohl das EuGVÜ als auch bilaterale Verträge in den Bereich des *enforcement under statute.* Inhaltlich ergeben sich jedoch keine Abweichungen. Hinter dem Begriff '*enforcement under statute*' steht eine Besonderheit des englischen Rechts: Urteile, die vom Gericht eines Staats stammen, mit dem England ein Anerkennungsabkommen (bi- oder multilateral) geschlossen hat, werden nicht nach dem Abkommen direkt, sondern nach den innerstaatlichen Transformationsgesetzen (*statutes*) anerkannt und vollstreckt, vgl. ausführlich *Magnus* in RIW 1975, 465.

[12] *Dicey & Morris* ebenda: S. 459: Soweit der Anwendungsbereich des EuGVÜ gegeben ist, ist kein *common law* Verfahren mehr erlaubt.

[13] An dieser Stelle sei nochmals erwähnt, daß das EuGVÜ im Verhältnis der BRD zum Vereinigten Königreich, also auch England, seit dem 1.10.1989 gilt.

[14] *Cheshire & North* "Private Internationale Law": S. 413; *Dicey & Morris* "The Conflict of Laws" : Rule 48, S. 530; *Mc Clean* in "Morris": S. 127. Für die deutsche Literatur *Kropholler* "Europäisches Zivilprozeßrecht": Art. 25 Rn. 3 ff.

[15] *Diecey & Morris* ebenda: S. 531.

[16] So auch *Cheshire & North* ebenda: S. 407; *Dicey & Morris* ebenda: S. 458, 525. Demgegenüber ging *Schütze* in RIW 1980, 170 noch davon aus, daß das deutsch-britische Anerkennungs- und Vollstreckungsabkommen vom 14.7.1960 auch durch den Beitritt des Vereinigten Königreichs zur Europäischen Gemeinschaft seine Bedeutung nicht verloren habe. Allerdings erfolgte diese Einschätzung neun Jahre bevor das EuGVÜ in Kraft trat.

[17] Vgl. folgende allgemeine Literatur zum deutsch-britischen Anerkennungs- und Vollstreckungsabkommen: *Bülow/Böckstiegel* "Der internationale Rechtsverkehr in Zivil- und Handelssachen" Bd. II: 701 ff. (enthält auch einen Abdruck des Abkommens in deutscher und englischer Sprache); *Ganske* in AWD 1961, 172; *Schütze* in RIW 1980, 170; *Schütze* "Anerkennung und Vollstreckung deutscher Urteile im Ausland": S. 51 ff.; *Bunge* "Das englische Zwangsvollstreckungsrecht": S. 68 ff.

Urteile herangezogen, da englische Gerichte internationale Abkommen nur beachten, wenn sie durch ein (gleichlautendes) innerstaatliches Gesetz transformiert wurden.[18] Vielmehr wurde als Folge des Abkommens durch den *Order in Council* vom 26.6.1961[19] der erste Teil des *Foreign Judgments (Reciprocal) Act* 1933 (im folgenden: FJA) auch im Verhältnis zu Deutschland für anwendbar erklärt.[20]

Das Abkommen und der FJA haben durch das EuGVÜ nun insoweit ihre Bedeutung verloren, als Art. 55 EuGVÜ ausdrücklich bestimmt, daß das Abkommen durch das EuGVÜ ersetzt wird.[21] Zwar sieht Art. 55 EuGVÜ selbst zwei Ausnahmen von der Ersetzung vor; für unseren Untersuchungsgegenstand wirken sie sich jedoch nicht aus:

Die erste Einschränkung wird durch Artt. 54 Abs. 2, 56 Abs. 2 EuGVÜ ausgesprochen: Entscheidungen, die vor dem Inkrafttreten des EuGVÜ erlassen wurden, sollen weiterhin nach dem Abkommen anerkannt und vollstreckt werden. Da das EuGVÜ im Verhältnis zu England (Vereinigtes Königreich) am 1.10.1989, also bereits vor über fünf Jahren, in Kraft getreten ist, wird sich die zeitliche Beschränkung auf die Anerkennung einer Streitverkündung in England heute nicht mehr auswirken.[22]

Die zweite Einschränkung findet sich in Art. 56 Abs. 1 EuGVÜ: Urteile, die nicht in den sachlichen Anwendungsbereich des EuGVÜ fallen, sind weiterhin nach dem Abkommen anzuerkennen und zu vollstrecken. Da der sachli-

---

[18] *Sonderkötter* in RIW 1975, 370, 371; *Magnus* in RIW 1975, 465; *Bülow/Böckstiegel* ebenda: 701.3.

[19] Abgedruckt bei *Bülow/Böckstiegel* ebenda: 704.3 ff. Das Abkommen ist damit (mittelbar) seit dem 15.7.1961 in Kraft getreten, vgl. *Bülow/Böckstiegel* ebenda: 701.3 f.

[20] Nach dem FJA ist für die Anerkennung und Vollstreckung ausländischer Urteile keine Klage erforderlich. Ausreichend ist die Registrierung des ausländischen Urteils, *section* 2 FJA. Nur Entscheidungen, die von deutschen Obergerichten (Landgerichte, Oberlandesgerichte und BGH) erlassen wurden, können nach dem Abkommen und dem FJA anerkannt werden, Artt. II Abs. 1, I Abs. 2 Buchstabe a; *Schütze* "Anerkennung und Vollstreckung deutscher Urteile im Ausland": S. 52 f.

Soweit der sachliche Anwendungsbereich (Zivil- oder Handelssache) gegeben war, konnten deutsche Urteile grundsätzlich anerkannt und vollstreckt werden, wenn sie: 1. auf Zahlung einer bestimmten Geldsumme lauteten, 2. das deutsche Gericht die internationale Zuständigkeit besaß (was nach englischem Recht zu bestimmen war), 3. das Urteil instanzbeendend war und es sich um eine abschließende Sachentscheidung handelte. Anerkennungshindernisse waren: arglistiges Erschleichen des Urteils (*fraud*) und ein Verstoß gegen den ordre public oder die natürliche Gerechtigkeit (*natural or substantial justice*), vgl. dazu im einzelnen *Bunge* "Das englische Zwangsvollstreckungsrecht": S. 71 f.; *Bülow/Böckstiegel* "Der internationale Rechtsverkehr in Zivil- und Handelssachen" Bd. II: 701.5 ff.

[21] So im Ergebnis auch *Dicey & Morris* "The Conflict of Laws": S. 458, 525; *Cheshire & North* "Private International Law": S. 407.

[22] Dies gilt um so mehr, als der FJA die Registrierung ausländischer Entscheidungen nur zuläßt, wenn seit ihrem Erlaß nicht mehr als sechs Jahre vergangen sind, *section* 2 Abs. 1 FJA; *Dicey & Morris* "The Conflict of Laws": S. 458. Spätenstens nach dem 1.10.1995 ist die Anerkennung eines deutschen Urteils, welches vor dem Inkrafttreten des EuGVÜ erlassen wurde, auch nach dem FJA nicht mehr möglich. Ab diesem Zeitpunkt hat die Einschränkung des Anwendungsbereichs in Artt. 54 Abs. 2, 56 Abs. 2 EuGVÜ für das Abkommen keine Bedeutung mehr.

che Anwendungsbereich des EuGVÜ mit dem sachlichen Anwendungsbereich des Abkommens nahezu identisch ist,[23] hat auch diese Einschränkung für unsere Untersuchung keine praktische Relevanz. Sofern der sachliche Anwendungsbereich des EuGVÜ nicht gegeben ist, wird auch derjenige des Abkommens nicht erfüllt sein. Die Anerkennung einer Streitverkündung in England bestimmt sich dann nach *Common Law*.

Die fehlende praktische Relevanz des Abkommens und des FJA für die Anerkennung einer Streitverkündung in England erlaubt es uns, die nachfolgende Untersuchung auf das *Common Law* und das *EC regime* zu beschränken.

B. Anerkennung einer deutschen Streitverkündung in England nach Common Law

Im folgenden wollen wir untersuchen, welche Chancen die Streitverkündung hat, vom *High Court* nach *Common Law* anerkannt zu werden. Zu beachten ist allerdings auch hier, daß die innerstaatlichen Regeln des *Common Law* verdrängt werden, sofern die anzuerkennende Streitverkündung in den Anwendungsbereich des EuGVÜ fällt.[24]

Bevor wir uns der Anerkennung nach *Common Law* zuwenden, müssen wir uns Klarheit über die allgemeinen Grundsätze der Anerkennung und Vollstreckung nach diesem Regelungssystem verschaffen. Die Anerkennung und Vollstreckung von *judgments in rem*, die den *judgment in personam* gegenüberstehen, soll dabei nicht berücksichtigt werden. *Judgments in rem* sind allgemein ausgedrückt Entscheidungen, die den Status einer Sache oder einer Person betreffen.[25]

---

[23] Sowohl das EuGVÜ als auch das Abkommen finden grundsätzlich nur auf Entscheidungen in Zivil- und Handelssachen Anwendung, Art. 1 Abs. 1 EuGVÜ und Art. III sowie der Titel des Abkommens. Dieser sachliche Anwendungsbereich wird für beide insoweit eingeschränkt, als sie nicht gelten sollen: für familien-, status- und erbrechtliche Streitigkeiten (Art. 1 Abs. 2 Nr. 1 EuGVÜ und Art. 1 Abs. 8 des Abkommens) sowie für Konkurse und Vergleichsverfahren (Art. 1 Abs. 2 Nr. 2 EuGVÜ und Art. II Abs. 2 des Abkommens). Nur in den Bereichen der sozialen Sicherheit und der Schiedsgerichtsbarkeit ist das EuGVÜ nicht anwendbar (Art. 1 Abs. 2 Nr. 3 und 4 EuGVÜ), während das Abkommen diese Bereiche nicht ausdrücklich ausschließt. Der Anwendungsbereich des Abkommens beschränkt sich demnach auf die Schiedsgerichtbarkeit und die soziale Sicherheit. Dieser Bereich ist jedoch für eine grenzüberschreitende Streitverkündung nicht erheblich, weshalb wir das Abkommen für die weitere Untersuchung nicht berücksichtigen müssen.

[24] Dementsprechend sind nur solche Urteile nach *Common Law* anzuerkennen, die außerhalb des sachlichen Anwendungsbereichs des EuGVÜ liegen, *Hartley* "Civil Jurisdiction and Judgments": S. 88.

[25] Lazarus-Barlow v. Regent Estates Co. Ltd. [1949] 2 All ER 118 at 122G-H; *Howard/Crane/Hochberg* "Phipson on Evidence": 33-19, S. 859. Der Begriff *judgments in rem* ist damit weiter als der Begriff *actions in rem*, siehe oben 3. Teil Fn. 272, S. 213.

Hierunter fallen beispielsweise Urteile, welche über die dingliche Berechtigung an einem Gegenstand entscheiden, sowie Scheidungen.[26] *Judgments in rem* wirken erga omnes,[27] weshalb die Beteiligung eines Dritten zum Zweck seiner Bindung an das Urteil nicht erforderlich ist. *Judgments in rem* haben daher keine praktische Relevanz für die Streitverkündung.

I. Allgemeines zur Anerkennung und Vollstreckung ausländischer Urteile in England

1. Abgrenzung der Begriffe recognition und enforcement

Im englischen Recht wird zwischen *recognition* (Anerkennung) und *enforcement* (Vollstreckung) ausländischer Entscheidungen unterschieden. Unter Vollstreckung wird die Vollziehung oder sonstige Ausführung des ausländischen Urteils verstanden.[28] Die Anerkennung eines ausländischen Urteils ist demgegenüber ausreichend, wenn eine Partei das Urteil verwenden möchte, um eine gegen sich gerichtete Klage abzuwehren oder um Beweis für eine Tatsache zu führen.[29]

Hinter den Begriffen Anerkennung und Vollstreckung stehen verschiedene Methoden, mit denen eine Partei das ausländische Urteil verwerten kann. Soll das ausländische Urteil vollstreckt werden, ist eine Klage erforderlich, die direkt auf das Urteil gestützt wird (Judikatsklage[30]):

> *"The common law doctrine is that a foreign judgment, though creating an obligation that is actionable in England, cannot be enforced here without the institution of fresh legal proceedings."* [31]

Die Anerkennung ist demgegenüber erforderlich, aber auch ausreichend, wenn die ausländische Entscheidung den Einwand des *estoppel by record* (gleichbedeutend ist *estoppel per rem judicatam*[32] oder *estoppel by judgment*[33])

---

[26] Vgl. *Schack* "IZVR": Rn. 920, der allerdings nicht zwischen *judgments* und *actions in rem* unterscheidet; *Howard/Crane/Hochberg* "Phipson on Evidence": 33-20, S. 860, die weitere Einzelfälle aufzählen, welche jedoch ebenfalls den Gegenstand unserer Untersuchung nicht berühren.

[27] Vgl. Lord Davey in Mayor, Aldermen and the Citizens of the City Wakefield v. Cooke [1904] AC 31 at 38: "*...a judgment in rem so as to make it conclusive upon all the world...*"; *Schack* "IZVR": Rn. 920.

[28] *Dicey & Morris* "The Conflict of Laws": S. 454:
"*...may seek to have the judgment executed or otherwise carried out as against the person against whom it is given.*"

[29] *Dicey & Morris* ebenda: S. 454.

[30] Begriff nach *Bunge* "Das englische Zwangsvollstreckungsrecht": S. 69.

[31] *Cheshire & North* "Private International Law": S. 348.

[32] *Cross* "Evidence": S. 331.

[33] *Howard/Crane/Hochberg* "Phipson on Evidence": 33-43, S. 876.

begründen soll. Unter *estoppel* versteht das englische Recht allgemein ein Beweisverbot; es schließt eine Partei des Rechtsstreits vom Beweis einer Tatsache aus.[34]

Der für unsere Untersuchung wesentliche Unterschied zwischen Vollstrekkung durch Judikatsklage einerseits und Anerkennung für *estoppel by record* andererseits besteht in einer zusätzlichen Voraussetzung der Judikatsklage: Sie erfordert neben den Voraussetzungen, die auch für die Anerkennung bestehen, daß das zu vollstreckende Urteil eine Zahlungsverpflichtung in einer bestimmten Geldsumme ausspricht.[35] Es ist leicht zu erkennen, daß eine Streitverkündung diese zusätzliche Voraussetzung der Vollstreckung - mit Ausnahme der nach Beitritt im Vorprozeß möglichen Kostenentscheidung nach § 101 ZPO[36] - nie erfüllen kann. Mit der Streitverkündung wird weder ein Anspruch erhoben,[37] noch wird der Streitverkündungsempfänger im Vorprozeß verurteilt.[38] Er kann daher in der Sache nicht zur Zahlung einer bestimmten Summe verpflichtet werden.

Die Verwertung der Streitverkündung und der mit ihr herbeigeführten Interventionswirkung kann in England dementsprechend nicht mit einer Judikatsklage erfolgen. Denkbar ist allenfalls, daß die Interventionswirkung als estoppel im Regreßprozeß vor dem *High Court* geltend gemacht werden kann. Erforderlich ist dann nur die Anerkennung der Streitverkündung in England. Auf sie und den Einwand des *estoppel* soll sich die weitere Untersuchung daher beschränken.

2. Der Einwand des estoppel als Folge der Anerkennung ausländischer Entscheidungen

Die Rechtsfigur des *estoppel* schließt eine Partei vom Beweis einer bestimmten Tatsache aus.[39] Nokes[40] drückt diese Wirkung mit folgenden Worten aus: *"Estoppel is a rule by which a party to litigation is stopped from asserting or denying a fact."* Die Geltendmachung des *estoppel*-Einwands erfolgt ver-

---

[34] *Coester-Waltjen* "Internationales Beweisrecht": Rn. 297.

[35] Scrutton, LJ in Beatty v. Beatty [1924] 1 KB 807 at 816 unter Heranziehung der Entscheidung des H. L. in der Sache Nouvion v. Freeman (1890) 15 AC 1 at 9, wo jedoch die bloße Anerkennung (*issue estoppel*) noch nicht erwähnt wurde. Vgl. auch Blackburn, J in Godard v. Gray (1870) LR 6 QB 139 at 148 und Brett, MR in Grant v. Easton (1883) 13 QBD 302 at 303; *Cheshire & North* "Private International Law": S. 367; *Dicey & Morris* "The Conflict of Laws": Rule 35, S. 462, 467.

[36] Siehe dazu oben 2. Teil S. 137 ff.

[37] *BLAH-Hartmann*: Vorbemerkung §§ 72-74 Rn. 1.

[38] Vgl. nur *Zöller-Vollkommer*: § 74 Rn. 5 und § 67 Rn. 1.

[39] *Coester-Waltjen* "Internationales Beweisrecht": Rn. 297.

[40] *Nokes* "An Introduction to Evidence": S. 213.

verfahrensrechtlich im Rahmen des RSC Ord. 18, r. 19.[41] Diese Vorschrift ermöglicht die Zurückweisung gegnerischen Vorbringens, das schikanös (*frivolous or vexatious*) ist oder einen Mißbrauch des Verfahrens vor dem *High Court* darstellt. Das Vorbringen von Tatsachen oder Ansprüchen, die von einem zuständigen Gericht bereits entschieden wurden, wird in England als ein solcher Mißbrauch angesehen.[42] Allerdings darf die hier verwendete Bezeichnung des *estoppel* als Einwand nicht darüber hinwegtäuschen, daß dieses Beweisverbot nur Berücksichtigung findet, wenn sich die begünstigte Partei ausdrücklich darauf beruft.[43]

Das Beweisverbot kann etwa durch früheres Verhalten und Äußerungen der Parteien oder durch ein Urteil ausgelöst werden.[44] Wir wollen uns auf die letztere Gruppe beschränken, die als *estoppel by record* oder gleichbedeutend als *estoppel per rem judicatam* bezeichnet wird.[45] Die entscheidende Frage ist also, ob die deutsche Streitverkündung mit der Interventionswirkung als *estoppel by record* Einfluß auf den Regreßprozeß vor dem *High Court* nehmen kann.

Das *estoppel by record* kennt zwei Erscheinungsformen: *cause of action estoppel* und *issue estoppel*. Das *cause of action estoppel* verhindert, daß eine Partei das Bestehen oder Nichtbestehen eines Anspruchs (*cause of action*) entgegen einem früheren Urteil zwischen denselben Parteien erneut behauptet.[46] Eine allgemein anerkannte Beschreibung dieser Erscheidungsform des *estoppel by record* formulierte Diplock, LJ in der Sache Thoday v. Thoday:[47]

---

[41] Der Einwand des *estoppel* kann entweder im Vorverfahren als Antrag auf Streichung des Vorbringens als unzulässig (*striking out*) oder in der Hauptsache selbst geltend gemacht werden. Der Unterschied beider Vorgehensweisen liegt darin, daß das Gericht im Vorverfahren noch ein Ermessen dahin hat, ob es das Vorbringen aufgrund des *estoppel* zurückweist. Beide Vorgehensweisen und ihre Folgen wurden von Buckley, J in der Sache Carl-Zeiss-Stiftung v. Rayner and Keeler (No. 3)[1969] 3 All ER 897 at 908 anschaulich dargestellt:

> *"If the circumstances are such that one party is barred by issue estoppel from raising an issue which he nevertheless seeks to raise, two courses are open to his opponent: he can plead the estoppel and leave the matter to be dealt with at the trial or, as in the present case, he can attempt to have the offending plea struck out of the pleadings. If he adopts the latter course the court has, in my judgment, as I shall indicate, a discretion whether or not to strike out the plea."*

Diese Darstellung wurde 1985 durch das *House of Lords* in The *Sennar* (No. 2) [1985] 2 All ER 104 at 111 bestätigt.

[42] Buckley, LJ in Carl-Zeiss-Stiftung v. Rayner and Keeler (No. 3) [1969] 3 All ER 897 at 908.

[43] *Cross* "Evidence": S. 333:

> *"...but it is still generally maintained that all estoppels must be specially pleaded."*

[44] *Coester-Waltjen* ebenda: Rn. 297 f; *Nokes* ebenda: S. 213. *Phipson* "Best on Evidence": S. 465 zählt drei Grundlagen für die Begründung dieses Beweisverbots auf: "*1. By matter of record; 2. By deed; 3. By matter in pais.*"

[45] *Cross* "Evidence": S. 331.

[46] *Dicey & Morris* "The Conflict of Laws": S. 466; *Cheshire & North* "Private International Law": S. 373; *Cross* "Evidence": S. 331.

[47] Diplock, LJ in Thoday v. Thoday [1964] 1 All ER 341 at 352B-D. Eine etwas gestrafftere Do-

"The particular type of estoppel relied on by the husband is estoppel per rem judicatam. This is a generic term which in modern law includes two species. The first species, which I will call 'cause of action estoppel', is that which prevents a party to an action from asserting or denying, as against the other party, the existence of a particular cause of action, the non-existence or existence of which has been determined by a court of competent jurisdiction in previous litigation between the same parties. If the cause of action was determined to exist, i. e., judgment was given on it, it is said to be merged in the judgment, or, for those who prefer Latin, transit in rem judicatam. If it was determined not to exist, the unsuccessful plaintiff can no longer assert that it does; he is estopped per rem judicatam. This is simply an application of the rule of public policy expressed in the Latin maxim 'nemo debet bis vexari pro una et eadem causa'."

Das *cause of action estoppel* ist also Ausfluß des allgemeinen Grundsatzes, daß niemand aufgrund derselben Sache oder desselben Anspruchs zweimal belangt werden kann.[48] Dieses Beweisverbot setzt voraus, daß ein zuständiges Gericht über den geltend gemachten Anspruch (*cause of action*) bereits entschieden hat. Zweierlei wird bei dieser Voraussetzung deutlich: Zum einen wird hier die Ähnlichkeit der Wirkungen des *estoppel by record* einerseits und der materiellen Rechtskraft des deutschen Recht andererseits sichtbar.[49] Zum anderen müssen wir feststellen, daß die Streitverkündung nicht in der Lage ist, ein *cause of action estoppel* zu begründen, da mit der Streitverkündung nicht über den Regreßanspruch insgesamt entschieden wird. Vielmehr werden im Vorprozeß nur diejenigen tatsächlichen und rechtlichen Streitfragen bindend festgestellt, die sowohl im Vorprozeß als auch im Regreßanspruch relevant sind.[50] Letzte verbleibende Möglichkeit, mit der die Streitverkündung Einfluß auf den Regreßprozeß vor dem *High Court* nehmen kann, ist somit das *issue estoppel*.

Die Erscheinungsform des *issue estoppel* stellt eine Erweiterung des *cause of action estoppel* dar, denn es beschränkt sich nicht auf die Fälle, in denen ein zuständiges Gericht über einen gesamten Absspruch (*cause of action*) entschieden hat.[51] Vielmehr hindert es die Parteien daran, einzelne Streitfragen tatsächlicher oder rechtlicher Natur, die tragende Bestandteile der Entscheidung eines zuständigen Gerichts waren, erneut aufzugreifen.[52] Eine Beschrei-

---

finition des *cause of action estoppel* wählte Lord Denning ein Jahr später in des Sache Fidelitas Shipping Co, Ltd. v. V/O Exportchleb [1965] 2 All ER 4 at 8I:

"The law as I understand it, is this: if one party brings an action against another for a particular cause and judgment is given on it, there is a strict rule of law that he cannot bring another action against the same party for the same cause."

[48] Vgl. zu diesem Grundsatz Lord Blackburn in Lockyer v. Ferryman (1877) 2 AC 519 at 530: *"The object of the rule of res judicata is always put upon two grounds - the one public policy, that it is the interest of the state that there should be an end of litigation, and the other, the hardship on the individual, that he should be vexed twice for the same cause."*
Diese Aussage wurde bestätigt durch Lord Guest in Carl-Zeiss-Stiftung v. Rayner and Keeler (No. 2)[1966] 2 All ER 536 at 564.

[49] So auch *Coester-Waltjen* "Internationales Beweisrecht": Rn. 298.

[50] Siehe dazu oben 2. Teil S. 33 ff.

[51] Diplock, LJ in Thoday v. Thoday [1964] 1 All ER 341 at 352D; *Cross* "Evidence": S. 333.

[52] *Dicey & Morris* "The Conflict of Laws": S. 466; *Cheshire & North* "Private International Law": S. 373.

bung des Inhalts des *issue estoppel* findet sich in der Entscheidung Fidelitas Shipping Co., Ltd. v. V/O Exportchleb[53]:

> *"But within one cause of action, there may be several issues raised which are necessary for the determination of the whole case. The rule then is that, once an issue has been raised and distinctly determined between the parties, then, as a general rule, neither party can be allowed to fight that issue all over again."*

Anhand dieser Beschreibung könnte der Eindruck entstehen, daß *issue estoppel* nur solche Streitfragen erfaßt, die Bestandteil des bereits entschiedenen Anspruchs waren. Diese Voraussetzung wäre bei der Streitverkündung nicht erfüllt, da mit ihr ein (Regreß-) Anspruch nicht erhoben und im Vorprozeß auch nicht entschieden wird. *Issue estoppel* erstreckt sich jedoch auch auf solche Streitfragen, die allgemein zulässigerweise Gegenstand des vorausgegangenen Verfahrens waren. Voraussetzung ist aber, daß der durch das *issue estoppel* Gebundene in diesem Verfahren die Gelegenheit hatte, sich zu diesem Punkt zu äußern.[54] Dieser erweiterte Anwendungsbereich wurde deutlich in der Entscheidung Henderson v. Henderson, wo Richter Wigram aussprach:[55]

---

[53] Lord Denning, MR in Fidelitas Shipping Co., Ltd. v. V/O Exportchleb [1965] 2 All ER 4 at 8. Vgl. auch die etwas ausführlichere Definition von Diplock, LJ in Thoday v. Thoday [1964] 1 All ER 341 at 352D-F.

[54] An dieser Stelle sei darauf hingewiesen, daß es einige Stimmen in der Literatur und Rechtsprechung gibt, die ein *issue estoppel* nur für solche Streitfragen annehmen, die im vorausgegangenen Verfahren tatsächlich erörtert wurden, *Howard/Crane/Hochberg* "Phipson on Evidence": 33-43, S. 877; *Cross* "Evidence": S. 333. Lord Upjohn in Carl-Zeiss-Stiftung v. Rayner and Keeler (No. 2) [1966] 2 All ER 536 at 573C-D weist darauf hin, daß es für einen Beteiligten des vorausgegangenen Verfahrens zahlreiche Gründe gegeben haben mag, aus denen er einen bestimmten Punkt nicht vorgetragen hat. Daher sei *issue estoppel* in solchen Fällen unter Berücksichtigung des Grundsatzes, daß *issue estoppel* der Gerechtigkeit diene, anzuwenden. Eine generelle Ablehnung gegen die Anwendung des *issue estoppel* auf Streitfragen, die im ersten Verfahren nicht ausdrücklich erörtert wurden, sprach er jedoch nicht aus.

Diese Voraussetzung wäre bei der Streitverkündung nur erfüllt, wenn der Streitverkündungsempfänger dem Vorprozeß beigetreten war. Zwar erfaßt die Interventionswirkung nur tragende Feststellungen des Urteils im Vorprozeß, die dort auch erörtert werden mußten. Wenn der Streitverkündungsempfänger die Streitverkündung unbeantwortet ließ, hat er an der Erörterung nicht teilgenommen. Es muß jedoch zum gegenwärtigen Zeitpunkt festgestellt werden, daß die Mehrzahl der auffindbaren Stellungnahmen zu diesem Punkt es als ausreichend erachten, wenn der durch das *issue estoppel* Gebundene die Möglichkeit hatte, sich zu äußern und dies billigerweise auch hätte tun müssen, vgl. Plowman in LE Walwin & Partners v. West Sussex [1975] 3 All ER 604 at 611b-d; Diplock, LJ in Mills v. Cooper [1967] 2 QBD 459 at 469; Wigram in Henderson v. Henderson (1843) 3 Hare 100 = 67 English Reports 313 at 319; Lord Denning, MR in Fidelitas Shipping Co., Ltd. v. V/O Exportchleb [1965] 2 All ER 4 at 9c; *Nokes* "An Introduction to Evidence": S. 226 m. w. N.

Überholt ist allerdings die Stellungnahme von *Coester-Waltjen* "Internationales Beweisrecht": S. 238 Rn. 299, wonach der Anwendungsbereich des *issue estoppel* auf die Tatsachen beschränkt sein soll, die im Erstverfahren hätten geltend gemacht werden können. Es kann kein Zweifel daran bestehen, daß auch Tatsachen, die im Erstverfahren behandelt wurden, Gegenstand des *issue estoppel* sein können.

[55] (1843) 3 Hare 100 at 114 = 67 English Reports 313 at 319. Diese Formulierung wurde bestätigt von Plowman in LE Walwin & Partners, Ltd. v. West Sussex [1975] 3 All ER 604, der weitere Entscheidungen aufzählt, in denen "*That principle has received modern recognition...*"

"...where a given matter becomes the subject of litigation in and of adjucation by a court of competent jurisdiction, the court requires the parties to that litigation to bring forward their whole case, and will not (except under special circumstances) permit the same parties to open the same subject of litigation in respect of matters which might have been brought forward as part of the subject in contest but which was not...only because they have, from negligence, inadvertance or even accident, omitted part of their case. The plea of res judicata applies, except in special circumstances, not only to points upon which the court was actually required by the parties to form an opinion and pronounce a judgment, but to every point which properly belonged to the subject of litigation, and which the parties, exercising reasonable diligence, might have brought forward at that time."

Diese Formulierung zeigt, daß die Streitverkündung im Grundsatz geeignet ist, ein *issue estoppel* zu begründen, selbst wenn mit ihr weder ein Anspruch erhoben wird noch das Gericht des Vorprozesses eine ausdrückliche Entscheidung zum Verhältnis zwischen Streitverkünder und Streitverkündungsempfänger trifft. Ausreichend ist vielmehr, daß der Streitverkünder durch die Streitverkündung verpflichtet wird, bereits im Vorprozeß seine Angriffs- und Verteidigungsmittel vorzubringen. Eine andere Frage ist freilich, ob die durch die Streitverkündung konkret vorgesehene Beteiligung des Streitverkündungsempfängers am Vorprozeß (als Nebenpartei) sowie die Interventionswirkung ausreichen, um ein *issue estoppel* zu begründen. Diese und andere Fragen sollen sogleich im Rahmen der Anerkennung der Streitverkündung erörtert werden. Zu diesem Zeitpunkt können wir aber feststellen, daß die Interventionswirkung grundsätzlich zum Einwand des *issue estoppel* im Regreßprozeß vor dem *High Court* führen kann.

Zuletzt wollen wir noch festhalten, daß die ausführliche Erörterung der Rechtsfigur des *estoppel by record* bei der Anerkennung einer Streitverkündung in England einen guten Grund hatte. Die englische Rechtsprechung geht nämlich im Grundsatz davon aus, daß auch ausländische Entscheidungen als *estoppel by record* den Beweis von Tatsachen ausschließen können.[56] Erforderlich ist hierzu die Anerkennung der ausländischen Entscheidung.[57] Im Ergebnis setzt die Geltendmachung der Interventionswirkung im englischen Regreßprozeß also kummulativ voraus, daß sowohl die Anerkennungsvoraussetzungen des *Common Law* als auch die Voraussetzungen erfüllt sind, die das englische Recht an den Einwand des *issue estoppel* stellt. Diese Voraussetzungen wollen wir nun prüfen.

---

[56] Erstmals ansatzweise in Godard v. Gray (1870) LR 6 QB 139 at 149-150. Vgl. außerdem Carl-Zeiss-Stiftung v. Rayner and Keeler Ltd. (No. 2) [1966] 2 All ER 536 at 555D (Lord Reid); Westfal-Larson and Co. A/S v. Ikerigi Compania Naviera SA [1983] 1 All ER 382; The Sennar (No. 2) [1985] 2 All ER 104. Vgl. aus der englischen Literatur: *Cheshire & North* "Private International Law": S. 374 (m. w. N. über die Rechtsprechung in Fn. 10); *Howard/Crane/Hochberg* "Phipson on Evidence": 33-57, S. 886.

[57] Diplock in The Sennar (No. 2)[1985] 2 All ER 104 at 106e.

II. Voraussetzungen der Anerkennung einer deutschen Streitverkündung in England nach Common Law

Über die Voraussetzungen, an die das englische *Common Law* die Anerkennung einer ausländischen Entscheidung bindet, herrscht heute kein Zweifel. Sie wurden - gerade auch im Hinblick auf die Begründung des *issue estoppel* - durch das *House of Lords* im Rechtsstreit The Sennar anschaulich zusammengestellt:[58]

> *"...in order to create an estoppel of that kind, three requirements have to be satisfied. The first requirement is that the judgment in the earlier action relied on as creating an estoppel must be (a) of a court of competent jurisdiction, (b) final and conclusive and (c) on the merits. The second requirement is that the parties (or privies) in the earlier action relied on as creating an estoppel and those in the later action in which that estoppel is raised as a bar must be the same. The third requirement is that the issue in the later action in which the estoppel is raised as a bar must be the same issue as that decided by the judgment in the earlier action."*

Wenn die Streitverkündung nach diesen Voraussetzungen anerkannt wird, dann existieren einige weitere Voraussetzungen, die das englische Recht allgemein, also auch bei englischen Urteilen aufstellt, wenn sie zur Begründung eines *issue estoppel* herangezogen werden sollen: Das Urteil darf nicht durch Betrug (*fraud*) oder Kollusion (*collusive*) erlangt worden sein[59] und das *issue estoppel* darf nicht zur Umgehung einer Rechtsvorschrift führen.[60] Da diese Bedingungen vom Einzelfall abhängen, müssen wir sie hier nicht weiter untersuchen. Zuletzt muß das *issue estoppel* beide Parteien des Rechtsstreits binden (*estoppel must be mutual*).[61] Auf diese zusätzliche Voraussetzung werden wir später noch eingehen.[62]

Ein weiteres gilt es bei der Anerkennung allerdings noch zu beachten: Auch wenn heute allgemein anerkannt ist, daß ausländische Urteile ein *issue estoppel* begründen können, so mahnen die englischen Gericht doch immer wieder zur Vorsicht: Die Anwendung des ausländischen Urteils innerhalb des *issue*

---

[58] Lord Brandon in The Sennar (No. 2)[1985] 2 All ER 104 at 110e-f; angewendet vom *Court of Appeal* in Marc Rich v. Societa Italiana Impianti [1992]1 Lloyd's Rep 624 at 631. Die hier zitierten Anerkennungsvoraussetzungen sind unumstritten und werden regelmäßig angeführt, vgl. nur Carl-Zeiss-Stiftung v. Rayner and Keeler (No. 2) [1966] 2 All ER 536 at 550a. Aus der englischen Literatur *Cheshire & North* "Private International Law": S. 374; *Dicey & Morris* "The Conflict of Laws": S. 467; *Cross* "Evidence": S. 333 ff.; *Nokes* "An Introduction to Evidence": S. 220 ff.

[59] *Howard/Crane/Hochberg* "Phipson on Evidence": 33-09, S. 853 m. w. N. über die Rechtsprechung; *Nokes* ebenda: S. 222. Insgesamt sind Urteile, die durch Betrug erlangt wurden oder gegen den ordre public verstoßen auch nicht anerkennungsfähig, *Dicey & Morris* "The Conflict of Laws": Rules 43-45, S. 505 ff.; *Dohmann* "Worldwide Mareva": S. 157, 169 f.

[60] *Nokes* ebenda: S. 216; *Coester-Waltjen* ebenda: S. 236 Rn. 297. Beide nennen als Beispiel den Minderjährigenschutz.

[61] Lord Denning in Fidelitas Shipping Co., Ltd. v. V/O Exportchleb [1965] 2 All ER 4 at 9A; *Nokes* "An Introduction to Evidence": S. 216; *Howard/Crane/Hochberg* "Phipson on Evidence": 33-39, S. 874 m. w. N über die Rechtsprechung; *Coester-Waltjen* "Internationales Beweisrecht": S. 236 Rn. 297. *Phipson* "Best on Evidence": S. 464 hält diese Voraussetzung für eine der wichtigsten.

[62] Siehe unten 4. Teil, B.II.4., S. 287 ff.

estoppel konfrontiert das englische Gericht mit einem fremden Verfahrensrecht, was die Ermittlung des genauen Inhalts und der Wirkung der ausländischen Entscheidung erschwert. Die hier gebotene Vorsicht mit dem Umgang der fremden Entscheidung wurde 1966 durch das *House of Lords* in der Rechtssache Carl-Zeiss-Stiftung v. Rayner and Keeler, Ltd.[63] betont und begründet. In der Sache ging unter anderem um die Frage, ob ein vorausgegangenes Urteil des BGH zu einem *issue estoppel* führen konnte. Lord Reid führte dazu aus:[64]

> *"I can see no reason in principle why we should deny the possibility of issue estoppel based on a foreign judgment, but there appear to me to be at least three reasons for being cautious in any particular case. In the first place, we are not familiar with modes of procedure in many foreign countries, and it may not be easy to be sure that a particular issue has been decided or that its decision was a basis of the foreign judgment and not merely collateral or obiter. Secondly I have always alluded to the practical difficulties of a defendant in deciding whether even in this country he should incur the trouble and expense of deploying his full case in a trivial case...The third reason for caution, however, does raise a difficult problem with which I must now deal. It is clear that there can be no estoppel of this character unless the former judgment was a final judgment on the merits. But what does that mean in connexion with issue estopped?"..."...I think that by parity of reasoning we should have to be satified that the issues in question cannot be relitigated in the foreign country. In other words it would have to be proved in this case that the courts of the German Federal Republic would not allow the re-opening in any new case between the same parties of the issues decided by the Supreme Court in 1960, which are now said to found an estoppel here. There would seem to be no authority of any kind on this matter, but it seems to me to verge on absurdity that we should regard as conclusive something in a German judgment which the German courts themselves would not regard as conclusive. It is quite true that estoppel is a matter for the lex fori, but the lex fori ought to be developed in a manner consistent with good sense."*

Diesem Zitat folgend wurde in zahlreichen, nachfolgenden Entscheidungen immer wieder betont, daß ein *issue estoppel* aufgrund ausländischer Urteile nur mit Vorsicht (*caution*) begründet werden könne.[65] Die Literatur ist dem gefolgt.[66]

Das Gebot der Vorsicht begründet sich nach Lord Reid also damit, daß die Wirkung des anzuerkennenden Urteils - namentlich welche Streitfragen entschieden wurden und ob die Entscheidung endgültig ist - nach der lex fori, d.h. nach dem Recht des Urteilsstaats zu bestimmen ist. Da dieses Recht den

---

[63] In [1966] 2 All ER 536.

[64] Lord Reid in Carl-Zeiss-Stiftung v. Rayner and Keeler (No. 2)[1966] 2 All ER 536 at 555D-556A. Lord Hodson (S. 560B), Lord Upjohn (S. 573C) und Lord Wilberforce (S. 585E) teilten diese Einschätzung.

[65] Vgl. nur Bingham, J in Westfal-Larsen & Co A/S v. Ikerigi Compania Naviera SA [1983] 1 All ER 382 at 388j wo einem amerikanischen Urteil die Wirkung des *issue estoppel* versagt wurde, da ein Widerspruch zwischen den Sachverständigen in der Frage bestand, ob diese Entscheidung nach dortigem Recht endgültig (*final*) war; Lord Brandon in The Sennar [1985] 2 All ER 104 at 111d-e; Parker, LJ in Owens Bank Ltd. v. Bracco [1991] 4 All ER 833 at 856j.

[66] *Cheshire & North* "Private International Law": S. 375; *Howard/Crane/Hochberg* "Phipson on Evidence": 33-57, S. 887; *Dicey & Morris* "The Conflict of Laws": S. 467; *Cross* "Evidence": S. 334 (Fn. 5); *Coester-Waltjen* "Internationales Beweisrecht": S. 239 Rn. 301.

englischen Gerichten fremd sei, sei die Heranziehung ausländischer Entscheidungen besonders schwierig. Für den Gegenstand unserer Untersuchung - Anerkennung der Streitverkündung in England - bedeutet dies, daß sich Art und Umfang der mit der Streitverkündung entschiedenen Streitfragen sowie die Endgültigkeit der Interventionswirkung nach deutschem Recht bestimmen. Dieser Umstand bedeutet für uns - anders als für den englischen Richter - eine Erleichterung, da wir bei diesen beiden Anerkennungsvoraussetzungen auf das uns bekannte deutsche Recht zurückgreifen können.

1. Anerkennungsvoraussetzungen, die das anzuerkennende Urteil (Interventionswirkung) betreffen

Das ausländische Urteil muß durch ein zuständiges Gericht (*competent jurisdiction*) ergangen sein und eine endgültige (*final and conclusive*) Entscheidung in der Sache (*on the merits*) treffen.[67] Diesen Voraussetzungen wollen wir uns nun zuwenden.

a) Jurisdiction (Anerkennungszuständigkeit)

Das ausländische Urteil wird in England nur anerkannt, wenn das Gericht für den Urteilsschuldner zuständig war. Gleiches gilt auch für die Streitverkündung, bei der das Urteil des Vorprozesses gegenüber dem Streitverkündungsempfänger die Interventionswirkung herbeiführt. Da er von der Interventionswirkung betroffen ist, muß das Gericht ihm gegenüber auch zuständig gewesen sein.

Klarheit besteht darüber, daß sich die (Anerkennungs-) Zuständigkeit des ausländischen Gerichts ausschließlich nach englischem Recht bestimmt.[68] Dabei gesteht das englische Recht ausländischen Gerichten einen wesentlich geringeren Zuständigkeitsbereich zu als es den eigenen Gerichten in RSC Ord. 11 einräumt.[69]

Einen Ausgangspunkt in der Bestimmung der Anerkennungszuständigkeit nach englischem Recht markiert die Entscheidung in der Sache Sirdal Gurdyal Singh v. The Rajah of Faridkote, wo Earl of Selborne aussprach:[70]

---

[67] Diese drei Bedingungen stellte Lord Brandon in The Sennar [1985] 2 All ER 104 at 110e-f als erste Anerkennungsvoraussetzung auf. Siehe oben S. 268 für eine wörtliche Wiedergabe.

[68] Sirdar Gurdyal Singh v. The Rajah of Faridkote [1894] AC 670 at 684; Pemberton v Hughes [1899] 1 Ch 781 at 791; bestätigt durch Slade, LJ in Adams v. Cape [1991] 1 All ER 929 at 1000b; bestätigt durch Parker, LJ in Owens Bank Ltd. v. Bracco [1991] 4 All ER 833 at 844f.; *James* in Comparative Law Yearbook of International Business 1991 (Vol. 13), 93, 95; *Cheshire & North* "Private Internationale Law": S. 348.

[69] *James* ebenda: S. 93, 95.

[70] Lord Selborne in Sirdal Gurdyal Singh v. The Rajah of Faridkote [1894] AC 670 at 683.

"All jurisdiction is properly territorial,...Territorial jurisdiction attaches (with special exceptions) upon all persons either permanently or temporarily resident within the jurisdiction while they are within it; but it does not follow them after they have withdrawn from it, and when they are living in another independant country."

Die Anerkennungszuständigkeit wird also an die physische Anwesenheit im Urteilsstaat angeknüpft. Ausgehend von diesem Grundsatz bildeten die Gerichte Fälle, in denen ausländische Gerichte nach englischem Anerkennungsrecht als zuständig erachtet werden. So zählte Buckley, LJ in Emanuel v. Symon die folgenden fünf Fallgruppen auf:[71]

"In actions in personam there are five cases in which the Courts of this country will enforce a foreign judgment: (1) Where the defendant is a subject of the foreign country in which the judgment has been obtained; (2) where he was resident in the foreign country when the action began; (3) where the defendant in the character of plaintiff has selected the forum in which he is afterwards sued; (4) where he has voluntarily appeared; and (5) where he has contracted to submit himself to the forum in which the judgment was obtained."

Nur die erste Fallgruppe konnte sich nicht durchsetzen; die übrigen vier werden bis heute nicht angezweifelt.[72] Allerdings ist festzustellen, daß sich die zweite, dritte und vierte Gruppe noch immer auf die physische Anwesenheit des Beklagten stützt. Von diesem Grundsatz wird also nur abgewichen, wenn sich der Beklagte der Zuständigkeit des ausländischen Gerichts mit einer Gerichtsstandsvereinbarung unterworfen hatte (fünfter Fall).

aa) Die Entscheidung Adams v. Cape

Die Leitentscheidung der heutigen Zeit hinsichtlich der Bestimmung der Anerkennungszuständigkeit erging im Rechtsstreit Adams v. Cape[73]. Sie befaßt sich mit der Begründung der Anerkennungszuständigkeit durch Anwesenheit (*residence or presence*) im Urteilsstaat. In der Sache ging es um die Anerkennung einer Entscheidung eines Gerichts in Tyler, Texas in den USA. Die Beklagten waren zwei assoziierte englische Gesellschaften, denen eine südafrikanische Gesellschaft zum Abbau von Asbest sowie eine US-amerikanische (Tochter-) Gesellschaft zum Vertrieb des Asbest gehörte. Als es in

[71] Buckley, LJ in Emanuel v. Symon [1908] 1 KB 302 at 309. In Becquet v. Mac Carthy 2 B & Ad 950 = 109 English Reports 1396 wurde als weiterer Fall die Belegenheit von Vermögen im Urteilsstaat genannt. Die Begründung der internationalen Zuständigkeit mit einem 'Gerichtsstand des Vermögens' wurde jedoch bereits durch Fry, J in Rousillon v. Roussilon (1880) 14 ChD 351 at 371 und durch Earl of Selborne in Sirdal Gurdyal Singh v. The Rajah of Faridkote [1894] AC 670 at 683 angezweifelt und in Emanuel v. Symon [1908] 1 KB 302 (Lord Alverstone auf S. 307 und eindeutig Buckley, LJ auf S. 311-312) abgelehnt.

[72] Vgl. Diplock, J in Blohn v. Desser [1961] 3 All ER 1 at 4; Staughton, J in Tracomin SA v. Sudan Oil Seeds [1983] 1 All ER 404 at 411d; Slade LJ in Adams v. Cape [1991] 1 All ER 929 at 1001g; *Cheshire & North* "Private International Law": S. 349 ff; *Dicey & Morris* "The Conflict of Laws": Rule 36, S. 472 ff.

[73] Adams v. Cape [1991] 1 All ER 929 = [1990] 1 Ch 433.

einer asbestverarbeitenden Firma in den USA zu einem Unfall kam, bei dem mehr als 2000 Personen durch freigesetzten Asbeststaub geschädigt wurden, verklagten die Geschädigten die Beklagten neben anderen zu Schadensersatz in Tyler, Texas. Die Beklagten nahmen am Verfahren in den USA nicht teil. Dennoch hielt sich das texanische Gericht für zuständig, da die Beklagten über die Geschäfte, die ihre amerikanische Tochtergesellschaft betrieb, in den USA *"present"* gewesen seien. Es kam zur Verurteilung in den USA in Höhe vom durchschnittlich $ 75.000,- pro Kläger und 205 der Geschädigten klagten nun auf Anerkennung und Vollstreckung der amerikanischen Entscheidung in England. Diese Judikatsklage wurde in erster Instanz abgewiesen, doch die Kläger legten Rechtsmittel zu *Court of Appeal* ein. Der *Court of Appeal* wies das Rechtsmittel zurück, da dem texanischen Gericht die Zuständigkeit über die Beklagten gefehlt habe.

In seiner Begründung bestätigte der *Court of Appeal* zunächst, daß sich die Anerkennungszuständigkeit in den oben genannten vier Gruppen begründen ließe und verwies hierzu auf Dicey & Morris.[74] Sodann wandte sich das Gericht der ersten Gruppe, der Anerkennungszuständigkeit aufgrund *"residence or presence"*, zu. Unter Hinweis auf die früheren Präjudizien[75] wurde erläutert, was unter *resident* oder *present* bei natürlichen Personen zu verstehen sei:[76]

> *"In the absence of authority compelling a contrary conclusion, we would conclude that the voluntary presence of an individual in a foreign country, whether permanent or temporary and whether or not accompanied by residence, is sufficient to give the courts of that country territorial jurisdiction over him under our rules of private international law."*

Damit steht fest, daß die bloße körperliche Anwesenheit des Beklagten (Streitverkündungsempfängers) in Deutschland zur Begründung der Zuständigkeit ausreicht; ein Wohnsitz irgendwelcher Art (*residence*) ist nicht erforderlich. Hinsichtlich des Zeitpunkts, in dem der Beklagte im Urteilsstaat anwesend sein muß, vertrat der *Court of Appeal* die Auffassung, daß ausreiche, wenn der Beklagte bei der Zustellung im Urteilsstaat anwesend sei.[77] Einschränkend wurde hinzugefügt, daß die vorübergehende Anwesenheit nur ausreiche, wenn sie freiwillig erfolgt sei.[78]

---

[74] Slade, LJ in Adams v. Cape [1991] 1 All ER 929 at 991d-f. Die zitierte Passage von *Dicey & Morris* "The Conflict of Laws" findet sich in der neuesten Auflage auf S. 472.

[75] Schibsby v. Westenholz (1870) LR 6 QB 155; Sirdal Gurdyal Singh v. The Rajah of Faridkote [1894] AC 670; Carrick v. Hancock (1895) 12 TLR 59; Employers' Liability Assurance Corp. Ltd. v. Sedgwick Collins & Co. Ltd. [1927] AC 95.

[76] Slade, LJ in Adams v. Cape ebenda: S. 1004h.

[77] Slade, LJ in Adams v. Cape [1991] 1 All ER 929 at 1003j unter Heranziehung eines Dictums von Collins, MR in Dunlop Pneumatic Tyre Co. Ltd v. AG für Motor und Motorfahrzeugbau vorm. Cudell & Co. [1902] 1 KB 342 at 346 = [1900-3] All ER Rep 195 at 197. Vgl. auch Earl of Selborne in Sirdal Gurdyal Singh v. The Rajah of Faridkote [1894] AC 670 at 683.

[78] Slade, LJ in Adams v. Cape ebenda: S. 1004a:
"...that the temporary presence of a defendant in the foreign country will suffice provided at least that it is voluntary (i e not induced by compulsion, fraud or duress)."

Nach diesen einleitenden Ausführungen erörterte der *Court of Appeal* ein bislang von den englischen Obergerichten nicht behandeltes Problem: den Anforderungen an die Anwesenheit von juristischen Personen (*corporate body*) im Urteilsstaat. Mit sehr umfänglichen Erwägungen und einer Gesamtschau der in erstinstanzlichen Entscheidungen aufgestellten Grundsätze - die hier nicht dargestellt werden können - gelangte der Court of Appeal zu folgenden *"general principles ... relating to the 'presence' issue"*:[79]

> *"(1) The English court will be likely to treat a trading corporation incorporated under the law of one country (an overseas corporation) as present within the jurisdiction of the courts of another country only if either (i) it has established and maintained at its own expense (whether as owner or lessee) a fixed place of business of its own in the other country and for more than a minimal period of time has carried on its own business at or from such premises by its servants or agents (a 'branch office' case), or (ii) a representative of the overseas corporation has for more than a minimal period of time been carrying on the overseas corporation's business in the other country at or from some fixed place of business.*
>
> *(2) In either of these two cases presence can only be established if it can fairly be said that the overseas corporation's business (whether or not together with the representative's own business) has been transacted at or from the fixed place of business ... In the second, the question whether the representative has been carrying on the overseas corporation's business or has been doing no more than carry on his own business will necessitate an investigation of the functions which he has been performing and all aspects of the relationship between him and the overseas corporation."*

Die entscheidende Frage war im konkreten Rechtsstreit also, ob die Beklagten über ihre Tochtergesellschaft in den USA als anwesend angesehen werden konnten. Da die Tochtergesellschaft primär eigene Geschäfte verfolgte, wäre erforderlich gewesen, daß sie (auch) die Geschäfte der Beklagten ausgeführt hätte. Zur Beantwortung dieser Frage hatte der *Court of Appeal* zahlreiche Richtlinien entwickelt. Eine von ihnen stellte die Voraussetzung auf, daß der Repräsentant (hier die Tochtergesellschaft) berechtigt war, im Namen der Beklagten selbständig Verträge mit Dritten zu schließen.[80]

Hier lag der Grund, der die Anerkennung des texanischen Urteils verhinderte. Die Kläger konnten nämlich nicht beweisen, daß die Tochtergesellschaft eine generelle Befugnis besaß, die Beklagten vertraglich zu binden. Außerdem gab es keinen Beweis dafür, daß die Beklagten jemals durch die Tochtergesellschaft vertraglich gebunden worden waren. In diesem Zusammenhang führte der *Court of Appeal* noch aus, wer für das Vorliegen der Anerkennungszuständigkeit grundsätzlich beweispflichtig ist:[81]

---

[79] Slade, LJ in Adams v. Cape ebenda: S. 1014c-j.

[80] Vgl. für alle Richtlinien Slade, LJ in Adams v. Cape [1991] 1 All ER 929 at 1014g-j, wiedergegeben auch von *James* in Comparative Law Yearbook of International Business 1991 (Vol. 13), 94, 97. Die hier erwähnte Voraussetzung lautet:

> *"(i) whether the representative makes contracts with customers or other third parties in the name of the overseas corporation, or otherwise in such manner as to bind it; (j) if so, whether the representative requires specific authority in advance before binding the overseas corporation to contractual obligations."*

"As a matter of principle it seems to us that in the first place the onus must fall on the plaintiff seeking to enforce the judgment of a foreign court to prove the competence (in this sense) of such court to assume jurisdiction over him."

An dieser Stelle wollen wir die allgemeine Betrachtung des englischen Anerkennungsrechts kurz unterbrechen und die mit der Entscheidung Adams v. Cape erlangten Kenntnisse auf unseren Untersuchungsgegenstand - Anerkennung einer Streitverkündung - übertragen.

Eine deutsche Streitverkündung kann in England nur anerkannt werden, wenn das deutsche Gericht des Vorprozesses gegenüber dem Streitverkündungsempfänger - nach englischem Recht - international zuständig war. Diese internationale Zuständigkeit besitzt das Gericht des Vorprozesses, wenn sich der Streitverkündungsempfänger im Zeitpunkt der Zustellung der Streitverkündung in Deutschland aufhält. Die Dauer des Aufenthalts ist also unerheblich. Ist der Streitverkündungsempfänger eine juristische Person, so reicht es aus, wenn er eine Niederlassung oder einen Stellvertreter (*representative*) - der aber selbständig die Geschäfte des Streitverkündungsempfängers betreiben muß - in Deutschland hat, von wo aus der Streitverkündungsempfänger seine Geschäfte abwickelt.

Für den hier beispielhaft untersuchten Falltypus - Streitverkündungsempfänger war nie in Deutschland und hat auch keine Beziehungen zu Deutschland - sind diese Voraussetzungen zweifellos nicht gegeben. Eine Anerkennungszuständigkeit läßt sich daher für das deutsche Gericht des Vorprozesses nur über die anderen Fallgruppen begründen. Auf diese wollen wir nun eingehen.

bb) Die übrigen Möglichkeiten zur Begründung der Anerkennungszuständigkeit für die Streitverkündung

Als zweite Fallkonstellation nennt Dicey & Morris[82], der in Adams v. Cape[83] ausdrücklich herangezogen wurde, die Situationen, in denen der Urteilsschuldner (hier der Streitverkündungsempfänger) im Verfahren bereits als Kläger aufgetreten war. Hiermit werden die Fälle der Widerklage sowie die Vollstreckung der Kostenentscheidung in einem klageabweisenden Urteil erfaßt.[84] Diese Fallkonstellation kann daher für unsere Untersuchung ausscheiden. Mit ihr wird sich die internationale Zuständigkeit des Gerichts des Vor-

---

[81] Slade in Adams v. Cape [1991] 1 All ER 929 at 1031c.

[82] *Dicey & Morris* "The Conflict of Laws": Rule 36 Second Case, S. 472. Vgl. auch Schibsby v. Westenholz (1870) LR 6 QB 155 at 161; Fry, J in Roussilon v. Roussilon (1880) 14 ChD 351 at 371; Buckley, LJ in Emanuel v. Symon [1908] 1 KB 302 at 309; Staughton, J in Tracomin SA v. Sudan Oil Seeds [1983] 1 All ER 404 at 411.

[83] Adams v. Cape [1991] 1 All ER 929 at 991d.

[84] *Dicey & Morris* ebenda: S. 478 f.

prozesses nie begründen lassen, da der Streitverkündungsempfänger nicht als Kläger im Vorprozeß auftritt.

Die beiden letzten Fallkonstellationen, in welchen das Gerichts des Vorprozesses die Anerkennungszuständigkeit besitzt, lassen sich unter dem Begriff der freiwilligen Unterwerfung unter die Zuständigkeit zusammenfassen.[85] Die Unterwerfung ist möglich durch die freiwillige Teilnahme (*voluntary appearance*) am Vorprozeß[86] oder durch eine Gerichtsstandsvereinbarung.[87]

Bleibt die Streitverkündung unbeantwortet, nimmt der Streitverkündungsempfänger am Vorprozeß nicht teil. Bei der Streitverkündung ist eine freiwillige Teilnahme des Streitverkündungsempfängers daher nur dann denkbar, wenn er dem Vorprozeß als Nebenintervenient beitritt. In diesem Fall wäre es vertretbar, den Beitritt als freiwillige Unterwerfung unter die Zuständigkeit des deutschen Gerichts des Vorprozesses anzusehen. Das englische Recht sieht es als eindeutige Teilnahme an, wenn der Beklagte (Streitverkündungsempfänger) im Vorprozeß Angriffs- oder Verteidigungsmittel in der Sache selbst (*pleads to the merits*) geltend gemacht hat, ohne den Zuständigkeitsmangel zu rügen.[88] Problematisch sind nur die Fälle, in denen der Streitverkündungsempfänger sich sowohl zur Sache eingelassen als auch die Unzuständigkeit des Gerichts des Vorprozesses gerügt hat. Wir hatten diese Vorgehensweise nach deutschem Recht für zulässig erachtet.[89] Bewahrt diese Rüge den Streitverkündungsempfänger davor, nach dem englischen Recht so behandelt zu werden, als ob er sich der Zuständigkeit des Gerichts des Vorprozesses unterworfen hat?

Section 33 *Civil Jurisdiction and Judgments Act* 1982 scheint keine Hilfe für die Streitverkündung zu bieten.[90] Diese Vorschrift ermöglicht ihrem Wort-

---

[85] So auch *Cheshire & North* "Private International Law": S. 351 ff.

[86] *Dicey & Morris* ebenda: Rule 36 Third Case, S. 472.

[87] *Dicey & Morris* "The Conflict of Laws": Rule 36 Fourth Case, S. 472.

[88] *Dicey & Morris* "The Conflict of Laws": S. 479; vgl. die Sache Overseas Food Importers & Distributors Ltd. and Brandt (1982) 126 DLR (3 d) 422 at 426. Bei dieser Entscheidung handelt es sich zwar um das Urteil des kanadischen *British Colombia Court of Appeal.* Sie wird jedoch auch in der englischen Literatur herangezogen, vgl. *Cheshire & North* "Private International Law": S. 353 (Fn. 12).

[89] Siehe oben 2. Teil S. 154 ff., wo wir feststellten, daß dem Streitverkündungsempfänger die Rüge der Unzuständigkeit gem. § 39 ZPO analog zustehen muß, da er sich in der Zwanglage befindet, auf eine von zwei verfassungsrechtlich geschützten Positionen zu verzichten.

[90] In diesem Sinne auch allgemein Scott, J in Adams v. Cape [1991] 1 All ER 929 at 950c:
"Problems, obviously, still remain, particularly in cases where the steps taken by the defendant in the foreign proceedings were taken not only for the purpose of contesting the jurisdiction but also for the purpose of preparing for a trial on the merits."
Section 33 des *Acts* 1982 lautet auszugsweise:
"...the person against whom the judgment was given shall not be regarded as having submitted to the jurisdiction of the court by reason only of the fact that he appeared (conditionally or otherwise) in the proceedings for all or any one or more of the following purposes, namely-
(a) to contest the jurisdiction of the court;
(b) to ask the court to dismiss or stay the proceedings on the ground that the dispute in

laut zufolge nur die Teilnahme am Verfahren um die Unzuständigkeit zu rügen, einen Verweisungsantrag zu stellen oder um sich gegen die Beschlagnahme von Eigentumsgegenständen zu wehren.[91] Sie verhindert aber nicht, daß die Einlassung zur Sache als Unterwerfung unter die Zuständigkeit gewertet wird. Da bei der Streitverkündung aber im Vorprozeß nie eine Entscheidung über die Zuständigkeit des Gerichts ergehen wird, nützt dem Streitverkündungsempfänger ein Beitritt, der allein der Zuständigkeitsrüge dient, nichts.[92]

Wann die Einlassung zur Sache vor einem englischen Gericht zu dessen Zuständigkeit führt, hat das *House of Lords* 1984 festgestellt: Ein Verzicht auf die Zuständigkeitsrüge kann nur in einer solchen Verfahrenshandlung gesehen werden, die ausschließlich für den Fall des Verzichts auf die gleichzeitig erhobene Rüge der Unzuständigkeit nützlich oder erforderlich wäre:[93]

> *"It seems to me that, in order to establish a waiver, you must show that the party alleged to have waived his objection has taken some step which is only necessary or only useful if the objection has been actually waived, or if the objection has never been entertained at all."*

In der Literatur wird darüberhinaus darauf hingewiesen, daß im internationalen Zivilprozeßrecht dem Umstand Rechnung getragen werden müsse, daß ausländische Verfahrensrechte das gleichzeitige Verhandeln zur Sache und die Rüge der Unzuständigkeit zulassen.[94] Die neuere Rechtsprechung scheint dem zu folgen. Zunächst befürwortete Scott, J in der ersten Instanz des Rechtsstreits Adams v. Cape[95], daß die Teilnahme am Verfahren vor ausländischen

---

question should be submitted to arbitration or to the determination of the courts of another country;

(c) to protect, or obtain the release of, property seized or threatened with seizure in the proceedings."

[91] In Tracomin SA v. Sudan Oil Seeds [1983] 1 All ER 404 verhinderten die ss. 32 (1) und 33 (1) des *Act* 1982 die Anerkennung einer Entscheidung eines schweizerischen Gerichts. Der Beklagte hatte am Verfahren teilgenommen und die Verweisung an das zuständige Schiedsgericht beantragt, was vom schweizerischen Gericht angelehnt wurde. Hiergegen hatte der Beklagte Rechtsmittel eingelegt.

[92] Die Zulässigkeit der Streitverkündung wird grundsätzlich erst im Regreßprozeß geprüft. Diese Regel erfaßt insbesondere auch die internationale Zuständigkeit, siehe oben 2. Teil S. 152 ff.

[93] Lord Fraser in Williams & Glyn's Bank v. Astro Dinamico [1984] 1 WLR 438 at 444A. Genaugenommen war diese Aussage selbst ein Zitat einer Feststellung, die Cave, J in Rein v. Stein (1892) 66 LT 469 at 471 getroffen hatte. In Boissière & Co. v. Brockner & Co. (1889) 6 TLR 85 war das Gericht aber noch großzügiger mit der Annahme einer Unterwerfung unter die Zuständigkeit. Dort hatte der Beklagte im Verfahren vor einem französischen Gericht die Unzuständigkeit gerügt, aber hilfsweise eine günstige Entscheidung in der Sache beantragt. Cave, J stellte zunächst fest, daß ein Verhandeln zur Sache grundsätzlich als freiwillige Zuständigkeitsunterwerfung (*voluntary appearance*) anzusehen sei. Dabei mache es keinen Unterschied, ob der Beklagte (auch) die Unzuständigkeit gerügt habe:

> *"If this is the true scource of the obligation why should it not extend to the case of a man who appears without duress, and therefore voluntarily in one sense, but who accompanies his appearance with a protest and appears, not because he is compelled to do so, but because he judges it to be for his interest to do so."*

[94] *Dicey & Morris* "The Conflict of Laws": S. 480 f.; *Cheshire & North* "Private International Law": S. 358.

[95] Scott, J in Adams v. Cape [1991] 1 All ER 929 at 952b. Der *Court of Appeal* mußte diese Frage nicht entscheiden.

Gerichten anders zu behandeln sei, als diejenige vor englischen Gerichten. Wenn das ausländische Verfahrensrecht eine Einlassung nicht als Unterwerfung unter die Zuständigkeit ansehe, müsse dies auch bei der Anerkennung in England beachtet werden:

> *"If the steps would not have been regarded by the domestic law of the foreign court as a submission to the jurisdiction, they ought not, in my view, to be so regarded here, notwithstanding that if they had been steps taken in an English court they might have constituted a submission. The implication of procedural steps taken in foreign proceedings must, in my view, be assessed in the context of the foreign proceedings."*

Im Rechtsstreit Marc Rich & Co. AG v. Soc. Italiana Impianti P.A. (No. 2)[96] kam der *Court of Appeal* - allerdings in Anwendung der *sections* 32, 33 *Civil Jurisdiction and Judgments Act* 1982 - zu einem ähnlichen Schluß. Dort hatte sich der Beklagte in einem Verfahren vor italienischen Gerichten in der Sache verteidigt und gleichzeitig die Unzuständigkeit gerügt:[97]

> *"In my judgment it is important that s. 33 should not be construed too narrowly. It may well be that it was not necessary for Marc Rich to lodge an alternative defence on the merits in October, 1988, but they made it abundantly clear in the pleading that the primary purpose of the document was to challenge the jurisdiction of the Genoa Court. I am prepared to assume that the first defence did not amount to a submission."*

Letztlich kam der *Court of Appeal* aber doch zum Ergebnis, daß sich der Beklagte der Zuständigkeit des italienischen Gerichts unterworfen hatte. Diese Entscheidung wurde darauf gestützt, daß er sich - nachdem die Rüge der Unzuständigkeit zurückgewiesen wurde - weiter zur Sache einließ:[98]

> *"The second defence, however, which was lodged in May 1991, is another matter. It seems to me that this pleading was a plain and unequivocal submission to the jurisdiction of the Italian Court to deal with the merits of the claim."*

Diese Ausführungen zeigen, daß der Beitritt des Streitverkündungsempfängers zum Vorprozeß nach der neueren Rechtsprechung wohl kaum mehr dazu führen wird, daß sein Beitritt die Zuständigkeit des Gerichts des Vorprozesses begründet, sofern er die Unzuständigkeit gerügt hat. Nach der Auslegung, die *section* 33 des *Act* 1982 in der Entscheidung Marc Rich gefunden hat, ist die Einlassung zur Sache - bei gleichzeitiger Rüge der Unzuständigkeit - hinsichtlich der internationalen (Anerkennungs-) Zuständigkeit folgenlos. Da bei der Streitverkündung im Vorprozeß keine Entscheidung über die Zuständigkeit ergeht,[99] ist eine dem Rechtsstreit Marc Rich vergleichbare Situation für den Streitverkündungsempfänger nicht denkbar.

---

[96] [1992] 1 Lloyd's Rep 624.

[97] Neill, LJ in Marc Rich & Co. AG v. Soc. Italiana Impianti (No. 2) [1992] 1 Lloyd's Rep 624 at 633 (linke Spalte).

[98] Neill, LJ in Marc Rich & Co. AG v. Soc. Italiana Impianti (No. 2) [1992] 1 Lloyd's Rep 624 at 633 (rechte Spalte).

[99] Siehe oben 2. Teil S. 147 ff.

Wenn der Streitverkünder mit dem Streitverkündungsempfänger vertraglich die ausschließliche Zuständigkeit der deutschen Gerichte für die Streitverkündung vereinbart hat, dann war das Gericht des Vorprozesses zweifellos auch aus der Sicht des englischen Anerkennungrechts international zuständig.[100] Voraussetzung ist jedoch, daß die Übertragung der Zuständigkeit ausdrücklich erfolgte.[101] Es wird daher erforderlich sein, daß die Gerichtsstandsvereinbarung auch die Streitverkündung namentlich erwähnt. Im umgekehrten Fall, also wenn die Parteien eine Gerichtsstandsvereinbarung geschlossen haben, welche die Zuständigkeit der deutschen Gerichte für die Streitverkündung wirksam derogiert, existiert mit *section* 32 *Civil Jurisdiction and Judgments Act* 1982 eine ausdrückliche Regelung:

(1) *Subject to the following provisions of this section, a judgment given by a court of an overseas country in any proceedings shall not be recognised or enforced in the United Kingdom if -*

(a) *the bringing of those proceedings in that court was contrary to an agreement under which the dispute in question was to be settled otherwise than by proceedings in the courts of that country; and*

(b) *those proceedings were not brought in that court by, or with the agreement of, the person against whom the judgment was given; and*

(c) *that person did not counterclaim in the proceedings or otherwise submit to the jurisdiction of that court.*

Damit steht fest, daß die Streitverkündung in England nicht anerkannt wird, wenn der Streitverkündungsempfänger mit dem Streitverkünder die Zuständigkeit des Gerichts des Vorprozesses wirksam derogiert hat. Daran hindert auch der Beitritt als Nebenintervenient nicht, wenn der Streitverkündungsempfänger die Zuständigkeit gerügt hat, bevor er sich zur Sache eingelassen hat.

cc) Zwischenergebnis

Wir haben festgestellt, daß sich das Vorliegen der Anerkennungszuständigkeit im englischen Anerkennungsverfahren nach englischem Recht (*private international law*) bestimmt. Das englische Recht kennt vier Fallgruppen, in denen es ausländischen Gerichten die Anerkennungszuständigkeit zugesteht.

---

[100] Vgl. allgemein zur Begründung der Anerkennungzuständigkeit durch Gerichtsstandsvereinbarung Copin v. Adamson (1874) LR 9 Exch 345 at 354; Walton, J in Feyerick v. Hubbard (1902) 71 LJ KB 509 at 511 zu einer Gerichtsstandsvereinbarung, die für alle Streitigkeiten die Zuständigkeit der belgischen Gerichte bestimmte; Jeannot v. Fuerst (1909) 25 TLR 424.

[101] *Dicey & Morris* "The Conflict of Laws": S. 483 f. m. w. N. über die Rechtsprechung.

Zusammenfassend können wir festhalten, daß das deutsche Gericht die für die Anerkennung in England erforderliche Zuständigkeit nur dann besitzt, wenn es von den Parteien mit einer Gerichtsstandsvereinbarung ausdrücklich für zuständig erklärt wurde oder wenn sich der Streitverkündungsempfänger in Deutschland befindet. Damit steht für die von uns gewählte Fallkonstellation - Streitverkündungsempfänger war nie in Deutschland und hat keine Beziehung zu Deutschland - fest, daß die Streitverkündung in England - mangels Zuständigkeit - nicht anerkannt werden wird. Auch ein Beitritt des Streitverkündungsempfängers im Vorprozeß begünstigt die Anerkennung in England nicht, sofern er die Unzuständigkeit gerügt hat.

b) Judgment must be final and conclusive

Erinnern wir uns noch einmal an die zitierte Entscheidung The Sennar[102]: Dort wurde als weitere Anerkennungsvoraussetzung verlangt, daß das ausländische Urteil *final and conclusive* ist. Unter *final and conclusive* - zwei Begriffe die inhaltlich gleichbedeutend sind[103] - ist die Endgültigkeit einer Entscheidung in dem Sinne zu verstehen, daß sie durch dasselbe Gericht, welches die Entscheidung erlassen hat, nicht mehr abgeändert werden kann.[104] Diese einfach klingende Voraussetzung birgt für die Streitverkündung einige Schwierigkeiten, denn es ist in der Tat fraglich, ob die Streitverkündung zu einer endgültigen Entscheidung über eine Streitfrage führt. Einerseits bindet sie den Streitverkündungsempfänger an die Feststellungen des Vorprozesses. Andererseits kann dem Streitverkündungsempfänger die Einrede des § 68, 2. Halbsatz ZPO zustehen, wenn er im Vorprozeß an der Verteidigung gehindert war.

Die Prüfung der Endgültigkeit (*finality*) der Streitverkündung hat in zwei Schritten zu erfolgen. Zunächst müssen wir klären, was das englische Recht fordert, um sodann nach deutschem Recht zu ermitteln, ob die Streitverkündung diese Forderungen erfüllt.

Eine sehr frühe Beschreibung der Begriffe *final and conclusive*, die jedoch noch immer gültig ist,[105] stammt von Lord Herschell in der Sache Nouvion v. Freeman aus dem Jahr 1889 (Fn. stammt vom Verfasser):[106]

---

[102] Lord Diplock in The Sennar [1985] 2 All ER 104 at 110f. Für eine wörtliche Wiedergabe der entscheidenden Passage siehe oben S. 267.

[103] Lord Hodson in Carl-Zeiss-Stiftung v. Rayner and Keeler (No. 2) [1966] 2 All ER 536 at 560F.

[104] *Spencer Bower/Turner* "The Doctrine of Res Judicata": S. 132.

[105] Vgl. nur Lord Reid in Carl-Zeiss-Stiftung v. Rayner and Keeler (No. 2) [1966] 2 All ER 536 at 556G.

[106] Nouvion v. Freeman (1890) 15 AC 1. Zitiert von Lord Guest in Carl-Zeiss-Stiftung v. Rayner and Keeler (No. 2) [1966] 2 All ER 536 at 565I.

"My Lords, I think that in order to establish that such a judgment[107] *has been pronounced it must be shewn that in the court by which it was pronounced it conclusively, finally, and for ever established the existence of the debt of which it is sought to be made conclusive evidence in this country, so as to make it res judicata between the parties. If it is not conclusive in the same court which pronounced it, so that notwithstanding such a judgment the existence of the debt may between the same parties be afterwards contested in that Court, and upon proper proceedings being taken and such contest being adjucated upon, it may be declared that there existed no obligation to pay the debt at all, then I do not think that a judgment which is of that character can be regarded as finally and conclusively evidencing the debt, and so entitling the person who has obtained the judgment to claim a decree from our Courts for the payment of that debt."*

Eine auf die Begründung eines *issue estoppel* zugeschnittene Definition der Endgültigkeit findet sich in der Entscheidung Carl-Zeiss-Stiftung v. Rayner and Keeler (No. 3) durch Buckley, J:[108]

"Finality for this purpose means that the decision: (a) is one which does not ex facie, as in the case of an order for an account or enquiry, leave something to be judicially determined or ascertained before the decision can become effective or enforceable; and (b) is not subject to subsequent discharge, rescission, modification or any other form of revision by the court or tribunal making the decision."

Zusammengefaßt können wir festhalten: Die Interventionswirkung wäre als endgültig (*final*) anzusehen, wenn die im Vorprozeß festgestellten Tat- und Rechtsfragen, an die der Streitverkündungsempfänger gebunden werden soll, diesbezüglich keine weitere gerichtliche Erörterung zulassen und das Gericht des Vorprozesses die Entscheidung nicht zurücknehmen kann.

Die zweite Bedingung ist fraglos gegeben, denn das Gericht des Vorprozesses kann weder die Entscheidung in der Hauptsache noch die Interventionswirkung aufheben, ändern oder zurücknehmen. Zweifel bestehen aber ob die Interventionswirkung auch die erste Bedingung erfüllt, denn § 68, 2. Halbsatz ZPO zeigt ja gerade, daß es Fälle gibt, in denen der Vorprozeß keine umfassende Klärung der Tatsachen- oder Rechtsfragen herbeiführt. Immer wenn der Streitverkündungsempfänger durch die Lage des Rechtsstreits oder wegen eines drohenden Widerspruchs zur Hauptpartei an der Geltendmachung von Angriffs- oder Verteidigungsmitteln gehindert war, kann er die Interventionswirkung abwenden. Dann nämlich lagen dem Gericht des Vorprozesses nicht alle möglichen Angriffs- und Verteidigungsmittel zur Entscheidung über eine konkrete Frage vor. Diejenigen des Streitverkündungsempfängers fehlten. Die Feststellungen des Vorprozesses sind daher nicht umfassend und können die Interventionswirkung nicht herbeiführen. Wir kommen nicht umhin, eine starke Ähnlichkeit zwischen dem *estoppel*-Erfordernis *'final and conclusive'* und der Einrede des § 68, 2. Halbsatz ZPO, wie überhaupt zwischen der Inter-

[107] Mit '*such judgment*' war ein '*final and conclusive judgment*' gemeint.

[108] In Carl-Zeiss-Stiftung v. Rayner and Keeler (No. 3) [1969] 3 All ER 897 at 910C. Vgl auch die Ausführungen des *House of Lords* in der Sache Carl-Zeiss-Stiftung v. Rayner and Keeler (No. 2)[1966] 2 All ER 536 at 555D-I.

ventionswirkung und dem *issue estoppel* festzustellen. Hier wie dort wird die Bindung an die Entscheidung in einem vorausgegangenen Verfahren - unter anderem - davon abhängig gemacht, daß diese Entscheidung einen endgültigen Charakter aufweist.

Hindert also die Einrede des § 68, 2. Halbsatz ZPO die Endgültigkeit der Interventionswirkung im Sinne des *issue estoppel*? Die Entscheidung in der Sache Blohn v. Desser[109] scheint dafür zu sprechen. Die Beklagte dieses Verfahrens wohnte in England, war jedoch als persönlich haftende Gesellschafterin einer österreichischen Gesellschaft eingetragen. Sie nahm zwar an den Geschäften der Gesellschaft nicht teil und erhielt auch kein Einkommen aus ihr, war jedoch weiterhin im Handelsregister in Österreich eingetragen. Nachdem die Gesellschaft (nicht die Beklagte) in Wien verklagt und zur Zahlung von 7.000,- ÖS verurteilt worden war, ersuchte der Kläger im Wege der Judikatsklage die Vollstreckung dieses Urteils in England. Die Beklagte wehrte sich hiergegen unter anderem mit dem Einwand, daß die Entscheidung in Bezug auf sie nicht *final and conclusive* sei.

Das Gericht griff auf das Recht von Österreich zurück und stellte fest, daß das Urteil gegen die Gesellschaft nach österreichischem Recht selbst keine persönliche Haftung der Beklagten begründe und keine Vollstreckung in ihr Vermögen ermögliche. Hierfür sei eine weitere Klage gegen die Beklagte erforderlich. In dieser Klage wäre die Beklagte (nach österreichischem Recht) aber mit solchen Verteidigungsmitteln ausgeschlossen, die bereits im Verfahren gegen die Gesellschaft hätten vorgebracht werden können. Möglich seien aber solche Verteidigungsmittel, die nach dem Erlaß des Urteils entstanden sind oder der Beklagten persönlich zustehen.[110] Das Gericht kam dementsprechend zum Ergebnis, daß hier keine Endgültigkeit der Entscheidung des österreichischen Gerichts bejaht werden könnte. Diplock, J begründete dies wie folgt:[111]

> *"The judgment of the Austrian Court against the partnership firm does not, in my view, enable the plaintiff to say as against the first defendant that all possible controversies between the parties have been decided by the judgment against the partnership firm, because on the evidence of Austrian law there are defences which would be available to her which are not concluded by the judgment that the partnership firm is liable."*

Das Urteil war also nicht endgültig, da der Beklagten grundsätzlich noch weitere Verteidigungsmittel zustanden. Im Grundsatz stehen auch dem Streitverkündungsempfänger noch Verteidigungsmittel offen, wenn er die Einrede des § 68, 2. Halbsatz ZPO erfolgreich geltend gemacht hat. Streng genommen ist die Interventionswirkung also nicht in allen Fällen endgültig.

---

[109] Blohn v. Desser [1961] 3 All ER 1.
[110] Blohn v. Desser [1961] 3 All ER 1 at 4G-I.
[111] Diplock, J in Blohn v. Desser ebenda: S. 5F.

Allerdings ist zu beachten, daß im Fall Blohn v. Desser nur der Entscheidung des gesamten Anspruchs die Endgültigkeit abgesprochen wurde. Damit war nicht entschieden, ob einzelne Streitfragen im Sinne eines *issue estoppel* bindend festgestellt worden waren:[112]

> *"Interesting questions might have arisen had the plaintiff, instead of suing on the judgment, sought to rely on it as an estoppel by res judicata by way of reply to the defence to the cause of action on the bill of exchange that it was accepted without authority, but this has not been pleaded and fortunately I need not consider it."*

Wir haben dieses Glück, das Diplock, J erleichert zum Ausdruck brachte, nicht. Denn wir müssen uns entscheiden, ob die Interventionswirkung endgültig ist. Zweierlei haben wir aus der Entscheidung Blohn v. Desser allerdings gelernt: Erstens bestimmt sich die Endgültigkeit der ausländischen Entscheidung offenbar nicht nach englischem, sondern nach dem Recht des Urteilsstaats, hier dem deutschen Recht. Dieser Grundsatz wurde in zahlreichen Fällen bestätigt.[113] Zweitens können einzelne Streitfragen (*issues*) selbst dann endgültig festgestellt sein, wenn dem Beklagten noch Verteidigungsmittel gegen den Anspruch insgesamt zustehen. Dies deutet auf eine sehr differenzierte Vorgehensweise hin, welche die englischen Gerichte bei der Ermittlung der Endgültigkeit ausländischer Entscheidungen verfolgen.

Dieser Eindruck wurde in der Entscheidung Westfal-Larsen A/S v. Ikerigi Naviera SA[114] bestätigt. Die Parteien hatten einen Chartervertrag geschlossen, der eine Schiedsgerichtsabrede enthielt, wonach die Zuständigkeit des Schiedsgerichts in London durch eine schriftliche Benachrichtigung der einen Partei begründet werden konnte. Die Zuständigkeit des Schiedsgerichts konnte wirksam aber nur begründet werden, wenn die Nachricht binnen einer Frist von 21 Tagen nach Entstehen der Streitigkeiten abgegeben wurde. Im Rechtsstreit ging es um die Ernennung eines Schiedsrichters. Als die Beklagten dem unter anderem mit der Begründung entgegentraten, daß die Benachrichtigung nicht rechtzeitig erfolgt sei, stützten sich die Kläger auf eine Verfügung (*interlocutory decree*) des District Court of New York, der im Rahmen eines Vorverfahrens die Wirksamkeit der Schiedsklausel bejaht hatte. Gegen die *res judicata* Wirkung der amerikanischen Verfügung wendeten die Beklagten ein, daß es wegen seiner *"procedural nature"* nicht *final* sei.

Das Gericht griff zur Entscheidung der Frage der Endgültigkeit auf das amerikanische Recht und diesbezügliche *"affidavits by very well-qualified United States lawyers"* zurück. Es stellte - gestützt auf 28 USC § 1292 (a)(3) -

---

[112] Diplock, J in Blohn v. Desser [1961] 3 All ER 1 at 5H.

[113] Lord Hodson in Carl-Zeiss-Stiftung v. Rayner and Keeler (No. 2) [1966] 2 All ER 536 at 560I sowie Lord Reid in derselben Entscheidung auf S. 555I; bestätigt durch Parker, LJ in Owens Bank v. Bracco [1991] 4 All ER 833 at 857c; Bingham, J in Westfal-Larsen A/S v. Ikerigi Naviera SA [1983] 1 All ER 382 at 389d.

[114] In [1983] 1 All ER 382.

fest, daß dem *interlocutory decree* dann Endgültigkeit beigemessen werden kann, wenn das (amerikanische) Gericht darin über die Rechte und Pflichten der Parteien entschieden hat. Genau über diesen Punkt bestand Streit:[115]

> *"But the witnesses are in fundamental disagreement whether the decision of the district judge determined the rights and liability of the parties: The charterers submit that it did because the arbitration clause was advanced as a defence and led in the lead case to dismissal of the owners' cross-claim. The owners submit that it did not, since the decision was of a procedural nature only, not touching on the substantive rights and liabilities of the parties,..."*

Das Gericht schloß sich der Auffassung der Kläger (*charterers*) an und stützte sich insbesondere auf die Ausführungen eines amerikanischen Richters, der wie folgt zitiert wurde:[116]

> *"Whether a judgment, not 'final' in the sense of 28 USC § 1291, ought nevertheless be considered 'final' in the sense of precluding further litigation of the same issue, turns upon such factors as the nature of the decision (i. e., that it was not avowedly tentative), the adequacy of the hearing, and the opportunity for review."*

Wir können dem entnehmen, daß sich die Frage der Endgültigkeit einer ausländischen Entscheidungen nicht nur nach den Buchstaben der Gesetze des Urteilsstaats bestimmt, sondern auch nach dem konkreten Einzelfall, welcher der Entscheidung zugrundeliegt. Dann aber könnte man vertreten, daß die Interventionswirkung endgültig ist, wenn der Streitverkündungsempfänger im Vorprozeß die Gelegenheit hatte, sich umfassend zu verteidigen. In diesem Fall wird er nämlich mit der Einrede des § 68, 2. Halbsatz ZPO im Regreßprozeß nicht durchdringen können. Die Feststellungen des Vorprozesses sind dann bindend und nicht abänderbar. Insofern ist die Streitverkündung dem eben zitierten Fall Westfal-Larsen v. Ikerigi Naviera SA sehr ähnlich. Hier wie dort ist die Endgültigkeit zu bejahen, wenn der konkrete Streitpunkt Gegenstand einer Verteidigung des Beklagten oder Streitverkündungsempfängers war.

Zusammenfassend läßt sich also festhalten, daß die Interventionswirkung als *final and conclusive* anzusehen ist, wenn dem Streitverkündungsempfänger die Einrede der schlechten Prozeßführung gemäß § 68, 2. Halbsatz ZPO nicht zusteht.

Dieses Ergebnis setzt allerdings voraus, daß der *High Court* zur Bestimmung der Voraussetzung *final and conclusive* nicht nur die gesetzliche Regelung der Streitverkündung, sondern vielmehr den konkreten Einzelfall berücksichtigt, der zur Interventionswirkung geführt hat.

---

[115] Bingham, J in Westfal-Larsen A/S v. Ikerigi Naviera SA [1983] 1 All ER 382 at 389 f-g.
[116] Westfal-Larsen A/S v. Ikerigi Naviera SA [1983] 1 All ER 382 at 389j.

c) *Judgment must be on the merits*

Die Voraussetzung, daß das anzuerkennende Urteil *"on the merits"* sein muß, schließt zunächst einmal alle Entscheidungen, die ausschließlich Verfahrensfragen betreffen, aus.[117] Allerdings kann der Begriff *'on the merits'* auch nicht mit 'materiell-rechtlich' oder 'in der Sache' als Gegenbegriff zu 'Verfahrensrecht' übersetzt werden.[118] Vielmehr kann auch eine verfahrensrechtliche Entscheidung *on the merits* sein, vorausgesetzt sie stellt Tatsachen fest und wendet das Recht auf diese Tatsachen an.[119]

Diese Auffassung wurde in der Entscheidung The Sennar bestätigt, wo Lord Brandon die Bedeutung des Begriffs *'on the merits'* mit folgenden Worten beschrieb:[120]

"...a decision on the merits is a decision which establishes certain facts proved or not in dispute, states what are the relevant principles of law applicable to such facts and expresses a conclusion with regard to the effect of applying those principles to the factual situation concerned."

Anhand dieser Definition können wir unschwer erkennen, daß die Streitverkündung mit der Interventionswirkung eine Entscheidung *'on the merits'* herbeiführt. Denn es ist gerade der Zweck der Streitverkündung, Tatsachen, die im Vorprozeß festgestellt wurden, und deren rechtliche Würdigung auf den Regreßprozeß als bindende Feststellungen zu übertragen. Die Voraussetzung, daß die ausländische Entscheidung *'on the merits'* sein muß, ist daher bei der Streitverkündung gegeben.

2. Identity of parties

Eine ausländische Entscheidung kann ein *issue estoppel* nur begründen, wenn die Parteien dieser Entscheidung dieselben sind wie diejenigen im Verfahren, in dem das ausländische Urteil anerkannt werden soll.[121] Lord Brandon erläuterte diese Voraussetzung wie folgt:[122]

"The second requirement is that the parties (or privies) in the earlier action relied on as creating an estoppel and those in the later action in which that estoppel is raised as a bar must be the same."

---

[117] *Howard/Crane/Hochberg* "Phipson on Evidence": 33-07, S, 853.

[118] Staughton, J. in Tracomin SA v. Sudan Oil Seeds Co. Ltd. [1983] 1 All ER 404 at 413f-g.

[119] *Howard/Crane/Hochberg* ebenda: 33-07, S. 853.

[120] Lord Brandon in The Sennar [1985] 2 All ER 104 at 111a. Demgegenüber scheint Lord Diplock in derselben Entscheidung auf S. 106g davon auszugehen, daß der Begriff *'on the merits'* keine zusätzliche Bedingung neben der Voraussetzung *'final and conclusive'* darstellt.

[121] Vgl. hierzu allgemein *Howard/Crane/Hochberg* "Phipson on Evidence": 33-32, S. 870.

[122] Lord Brandon in The Sennar [1985] 2 All ER 104 at 110f.

Auf die Streitverkündung übertragen ist diese Voraussetzung erfüllt, wenn Streitverkünder und Streitverkündungsempfänger Parteien auch des Vorprozesses gewesen wären. Hebt man in dieser Situation auf das Streitverkündungsverfahren selbst ab, so kann eindeutig festgestellt werden, daß dieses zwischen den beiden Personen durchgeführt wird, die auch im Regreßprozeß Parteien sind; die Identität der Beteiligten (*parties*) an beiden Verfahren ist dann zu bejahen.

An dieser Betrachtungsweise könnten aber Zweifel entstehen, wenn man berücksichtigt, daß es das Urteil des Vorprozesses ist, von dem die Interventionswirkung ausgeht. In diesem Urteil - und gleichermaßen im Verfahren des Vorprozesses - ist der Streitverkündungsempfänger nicht als (Haupt-) Partei beteiligt.[123] Seine nur nachrangige Beteiligung wird noch deutlicher, wenn der Streitverkündungsempfänger dem Vorprozeß nicht beitritt. Dann wird der Vorprozeß gemäß § 72 Abs. 2 ZPO ohne ihn fortgesetzt; im Urteil wird er nicht erwähnt.[124] Stellt man also nur auf das Urteil des Vorprozesses ab, dann ist die Voraussetzung der Identität der Parteien bei der Streitverkündung nicht erfüllt.

Diese Schwierigkeiten, die mit der Beteiligung Dritter an einem Rechtsstreit hinsichtlich des *estoppel by record* entstehen, hat jedoch auch das englische Recht erkannt und ihnen Rechnung getragen.

So beschränkt sich der Begriff *'parties'* nicht auf diejenigen Personen, die im Rubrum des Urteils stehen. Vielmehr gelten als *parties* auch solche, welche die Möglichkeit und das Recht[125] zur Teilnahme am Verfahren hatten[126] oder die tatsächlich in Form einer Intervention[127] am Verfahren teilgenommen haben. Unter diesen erweiterten Begriff der *'parties'* fällt auch der Streitverkündungsempfänger, sofern er dem Vorprozeß als Nebenintervenient beigetreten ist.

Daß Dritte einer *third party notice* Partei im hier erforderlichen Sinne sind, bestätigt der Rechtsstreit Marginson v. Blackburn.[128] Dem Verfahren ging ein Autounfall zwischen dem Auto des Klägers und einem Omnibus der Beklagten voraus. Der Kläger begehrte für sich, seine Tochter und seine beim Unfall verstorbene Ehefrau Schadensersatz.

---

[123] Vgl. dazu *Bischof* in JurBüro 1984, 969, 976f.

[124] *Bischof* in JurBüro 1984, 969, 983 f.

[125] Young v. Holloway [1895] P 87, wo der Kläger nicht an ein vorausgegangenes Verfahren gebunden war, da er in ihm nicht hätte intervenieren können; *Howard/Crane/Hochberg* "Phipson on Evidence": 33-33; S. 871.

[126] Mayor, Aldermen and Citizens of the city of Wakefield v. Cooke [1904] AC 31 at 38 und Young v. Holloway [1895] P 87, jeweils in einem obiter dictum; *Howard/Crane/Hochberg* "Phipson on Evidence": 33-33, S. 870.

[127] *Spencer Bower/Turner* "The Doctrine of Res Judicata": S. 200.

[128] Marginson v. Blackburn [1939] 1 All ER 273.

Diesem Verfahren war jedoch ein anderes Verfahren vorausgegangen, in dem drei durch den Unfall ebenfalls geschädigte Grundstückseigentümer Schadensersatz sowohl von den jetzigen Beklagten als auch vom jetzigen Kläger verlangt hatten. Im früheren Verfahren wurde sowohl vom Käger als auch von den Beklagten des vorliegenden Verfahrens *third party notices* gegen den jeweils anderen eingeleitet. Das frühere Verfahren führte zur Verurteilung des Klägers und der Beklagten des vorliegenden Verfahrens zu gleichen Teilen, denn es war festgestellt worden, daß beide Parteien derselbe Verschuldensanteil traf.

Im vorliegenden Verfahren brachten die Beklagten nun vor, daß der Kläger durch das frühere Urteil an der Geltendmachung von Schadensersatz gehindert sei.

Der *Court of Appeal* bestätigte zunächst den erstinstanzlichen Richter (Lewis, J) in der Auffassung, daß sich das Gericht bei der Feststellung, ob ein früheres Urteil ein *estoppel* begründe, nicht auf das Rubrum dieses Urteils beschränken muß. Vielmehr könnten auch die Entscheidungsgründe herangezogen werden:[129]

> *"In our view, however, Lewis, J, was entitled to have regard to the reasons given by the judge, and we don't hesitate to avail ourselves to that assistance...I can see in principle no objection, when the question before the court is what was actually decided at an earlier trial, to recourse to that information which is to be derived from reading a record of the proceedings themselves."*

Das Gericht zog sodann eine scharfe Trennlinie zwischen den Ansprüchen, die der Kläger in seiner Person erhob, und denjenigen, die er für Tochter und Ehefrau geltend machte: Hinsichtlich seiner eigenen Ansprüche sei der Kläger durch das Urteil und die *third party notice* im früheren Verfahren gehindert. Slesser, LJ begründete dies wie folgt:[130]

> *"This seems to me to be a clear decision on the same issue between the same persons litigating in the present case, and establishes conclusively, albeit in the county court, in a claim by the defendants against the present plaintiff, that both were equally to blame. I think as a preliminary question of law that the plaintiff is estopped from bringing his first cause of action - namely, his personal claim for damages for injury and loss."*

Bezüglich der Geltendmachung der übrigen Ansprüche (für Tochter und Ehefrau) stellte der *Court of Appeal* aber fest, daß das vorausgegangene Urteil hierauf keinen Einfluß hätte, da nur der Kläger persönlich Partei der *third party notice* war:[131]

---

[129] Slesser, LJ in Marginson v. Blackburn [1939] 1 All ER 273 at 277H, 278B.

[130] Slesser, LJ in Marginson v. Blackburn [1939] 1 All ER 273 at 278C-D; bestätigt durch Streatfield, J in Wood v. Luscombe [1964] 3 All ER 972 at 975 in einem obiter dictum.

[131] Slesser in Marginson v. Blackburn [1939] 1 All ER 273 at 278F.

"In the county courts proceedings, the claim on the third party notice was against him in his personal capacity, and, therefore, being, in the two capacities, the contemplation of the law two separate and distinct persons, it is clear that decision against him in his personal capacity is not conclusive against him in his representative character."

Diese Entscheidung zeigt zweierlei: Zunächst können wir festhalten, daß ein *issue estoppel* auch durch die *third party notice* herbeigeführt werden kann. Außerdem ist die Bindung durch ein vorausgegangenes Urteil nicht davon abhängig, daß die Parteien als Kläger und Beklagter im früheren Verfahren aufgetreten sind. Eine Bindung in Form des *issue estoppel* kann auch aus den Entscheidungsgründen des früheren Urteils abgeleitet werden. Es ist daher vertretbar, dieses Ergebnis auf die Streitverkündung zu übertragen und im Regreßprozeß die Identität der Parteien im hier erforderlichen Sinn zu bejahen.

Angesichts der Gleichstellung des nicht beigetretenen mit dem beigetretenen Streitverkündungsempfänger in § 74 Abs. 3 ZPO, muß auch ein Streitverkündungsempfänger, der dem Vorprozeß nicht beitritt, als Partei im hier verstandenen Sinne angesehen werden. Das Abstellen auf das deutsche Recht zur Bestimmung der Parteieigenschaft wird durch die Entscheidung in der Sache Blohn v. Desser bestätigt, deren Sachverhalt bereits dargestellt wurde.[132] In diesem Verfahren war die Beklagte des englischen Verfahrens im vorausgegangenen Prozeß in Österreich selbst nicht Partei, sondern nur Gesellschafterin der beklagten Gesellschaft gewesen. Wegen der besonderen Regelungen des österreichischen Rechts, wonach die Gesellschafter an eine Entscheidung gegen die Gesellschaft gebunden seien, hatte der *High Court* aber keine Zweifel am Vorliegen der Identität der Parteien.

Obgleich unser Untersuchungsgegenstand von den englischen Gerichten noch nicht entschieden werden mußte, so erscheint es mehr als wahrscheinlich, daß der *High Court* Streitverkünder und Streitverkündungsempfänger als 'same parties' ansehen wird, wenn es zum Regreßprozeß in England kommt.

3. Identity of issues

Diese letzte Anerkennungsvoraussetzung fordert, daß die im vorausgegangenen Verfahren entschiedenen Streitfragen mit denen identisch sind, die im Verfahren vor dem *High Court* zur Diskussion stehen.[133]

Auf diese Voraussetzung müssen wir im Rahmen unserer Untersuchung nicht näher eingehen, denn ihre Erfüllung ist bei der Streitverkündung geradezu selbstverständlich. Die Streitverkündung kann die bindende Interventions-

---

[132] Blohn v. Desser [1961] 3 All ER 1. Siehe auch oben S. 280 ff.

[133] Vgl. zu dieser Voraussetzung Lord Brandon in The Sennar [1985] 2 All ER 104 at 110f, 111c. Aus der Literatur *Howard/Crane/Hochberg* "Phipson on Evidence": 33-40 ff., S. 874 ff.; *Spencer Bower/Turner* "The Doctrine of Res Judicata": S. 146 ff.

wirkung nämlich nur für solche Streitfragen herbeiführen, die Gegenstand des Vorprozesses waren. Daher ist die Identität der Streitfragen bereits Voraussetzung der Interventionswirkung. Die Streitverkündung kann ein *issue estoppel* also nur für solche Streitfragen (*issues*) begründen die gleichermaßen im Vorprozeß behandelt wurden.

4. Estoppel must be reciprocal or mutual

Diese zusätzliche Voraussetzung, welche die Streitverkündung erfüllen muß, um ein *issue estoppel* zu begründen, entstammt dem englischen Beweisrecht. Hinter der Forderung '*estoppel must be reciprocal or mutual*' steht der unangefochtene Grundsatz, daß eine Entscheidung nur dann ein *estoppel by record* begründen kann, wenn sie in der Lage ist, beide Parteien zu binden.[134] Mit anderen Worten kann sich der Streitverkünder im englischen Regreßprozeß nur dann auf die Interventionswirkung als *issue estoppel* berufen, wenn er im Verhältnis zum Streitverkündungsempfänger auch an einen ungüstigen Ausgang des Vorprozesses gebunden wäre.[135]

Ob die Streitverkündung diese Voraussetzung erfüllt, hängt davon ab, wie man §§ 68, 74 Abs. 3 ZPO auslegt. Folgt man - was wir getan haben[136] - der Auffassung des BGH, so tritt die Interventionswirkung *nur gegen* den Streitverkündungsempfänger, nicht auch gegen den Streitverkünder ein.[137] Da der Streitverkünder im Verhältnis zum Streitverkündungsempfänger mit der Streitverkündung nicht gebunden werden kann, ist die Voraussetzung des *issue estoppel* nicht erfüllt. Die Streitverkündung bindet dann nicht beide Parteien.

Folgt man aber andererseits der Mindermeinung in der Literatur, wonach die Interventionswirkung auch gegen den Streitverkünder, also zugunsten des Streitverkündungsempfängers eintritt,[138] so bindet die Streitverkündung beide

---

[134] Bowen, LJ in De Mora v. Concha (1885) 29 ChD 268 at 304; Lord Denning, MR in Fidelitas Shipping v. V/O Exportchleb [1965] 2 All ER 4 at 9A; *Nokes* "An Introduction to Evidence": S. 216; *Phipson* "Best on Evidence": S.464 §535; *Coester-Waltjen* "Internationales Beweisrecht": S.236 Rn.297.

[135] So allgemein für Klagen Lord Penzance in Spencer v. Williams (1869-75) LR 2 P & D 230 at 237; Evershed, MR in Re Savoy Estate [1949] 1 Ch 622 at 632; bestätigt durch Somervell, LJ in Baxter v. Eckersley [1950] 1 KB 480 at 485; *Howard/Crane/Hochberg* "Phipson on Evidence": 33-39, S. 874.

[136] Siehe dazu oben 2. Teil S. 91.

[137] BGH Urteil vom 26.3.1987 in JR 1988, 67 = NJW 1987, 1894; BGH Urteil vom 26.3.1987 in NJW 1987, 2874 für den Fall, daß der Streitverkündungsempfänger nicht beitritt. Die Literatur ist dem teilweise gefolgt, vgl. etwa *Zöller-Vollkommer*: § 74 Rn. 7; *BLAH-Hartmann*: § 74 Rn. 3; *Werres* in NJW, 1984, 208, 209; *Eibner* in JurBüro 1988, 149, 283; Eine differenzierte Position nehmen *Bischof* in JurBüro 1984, 969, 1149 f. und *Stein/Jonas-Bork*: § 74 Rn. 5 ein.

[138] Vgl. etwa *Häsemeyer* in ZZP 84 (1971), 179, 198; *Häsemeyer* in JR 1988, 69 f.; *Lüke* "Die Beteiligung Dritter im Zivilprozeß": S. 337-345 m. w. N.; *Stein/Jonas-Bork*: § 74 Rn. 5 und § 68 Rn. 12 für den Fall, daß der Streitverkündungsempfänger beigetreten ist

Parteien. Die Streitverkündung erfüllt dann die hier geprüfte Voraussetzung des *issue estoppel*.

Bei dieser Voraussetzung sind also theoretisch beide Ergebnisse möglich. Allerdings ist anzunehmen, daß der *High Court* sich letztlich auf die vom BGH vertretene Auffassung stützen würde, wenn er die Streitverkündung als *issue estoppel* heranziehen müßte. Aus diesem Grunde können wir als Ergebnis festhalten, daß die Streitverkündung nie ein *issue estoppel* begründen wird, da sie - der Auffassung des BGH folgend - nur den Streitverkündungsempfänger bindet.

III. Ergebnis

Das *Common Law* bietet zwei Möglichkeiten der Verwertung eines ausländischen Urteils in England: die Vollstreckung mit der Judikatsklage oder die Anerkennung und Geltendmachung des ausländischen Urteils als *estoppel by record*. Wir haben festgestellt, daß bei der Streitverkündung nur die Anerkennung und eine Geltendmachung der Interventionswirkung als *issue estoppel* (das nur einzelne Streitfragen erfaßt) denkbar ist.

Nach diesen einleitenden Ausführungen haben wir sechs Voraussetzungen ermittelt, welche die Streitverkündung erfüllen muß, um in England anerkannt zu werden und ein *issue estoppel* zu begründen. Zwei von diesen Voraussetzungen sind für die Streitverkündung problematisch: die Voraussetzung der Anerkennungszuständigkeit und die der beiderseitigen Bindung von Streitverkünder und Streitverkündungsempfänger.

Die Anerkennungszuständigkeit besitzt das Gericht des Vorprozesses für die grenzüberschreitende Streitverkündung - aus der Sicht des englischen Rechts - in zwei[139] Fällen: Wenn die Parteien wirksam die Zuständigkeit der deutschen Gerichte für die Streitverkündung vereinbart haben oder wenn der Streitverkündungsempfänger dem Vorprozeß rügelos beigetreten ist. War dies nicht der Fall, fehlte dem deutschen Gericht des Vorprozesses nach englischem Anerkennungsrecht die (internationale) Zuständigkeit; die Streitverkündung hat dann keine Chance auf Anerkennung in England nach *Common Law*.

Selbst wenn das Gericht des Vorprozesses nach englischem Recht zuständig war; die Geltendmachung der Interventionswirkung als *issue estoppel* schei-

---

[139] Selbstverständlich wäre das Gericht des Vorprozesses nach englischem Anerkennungsrecht auch zuständig, wenn sich der Streitverkündungsempfänger zum Zeitpunkt der Zustellung der Streitverkündungsschrift in Deutschland aufgehalten hätte (*presence*). Wir hatten aber die Untersuchung auf die Fallkonstellation beschränkt, daß der Streitverkündungsempfänger nicht in Deutschland ist und auch keine Beziehung zu Deutschland unterhält. Daher konnten wir die Zuständigkeitsbegründung durch *presence* außer acht lassen.

tert in jedem Fall. Allgemeiner Grundsatz des englischen Recht ist nämlich, daß ein Urteil, welches ein *estoppel* begründen soll, beide Parteien binden muß (*estoppel must be reciprocal or mutual*). Diese Voraussetzung erfüllt die Streitverkündung nach der Auffassung des BGH und der wohl überwiegenden Literatur nicht, da die Interventionswirkung nur gegen den Streitverkündungsempfänger eintritt. Mit anderen Worten bindet die Streitverkündung nur eine Partei, den Streitverkündungsempfänger.

Insgesamt läßt sich daher sagen, daß die Streitverkündung nach *Common Law* in England regelmäßig nicht anerkannt werden wird und die Interventionswirkung jedenfalls nicht als *issue estoppel* geltend gemacht werden kann. Aus diesem Grund kann das Verfahren der Anerkennung ausländischer Entscheidungen nach *Common Law* hier unberücksichtigt bleiben.

C. Anerkennung einer deutschen Streitverkündung in England nach dem EuGVÜ

Wir wenden uns nun dem zweiten Regelungssystem (*regime*) zu, nach dem die Streitverkündung in England anerkannt werden kann: dem EuGVÜ (*EC-regime*). Das EuGVÜ wurde in England durch den *Civil Jurisdiction and Judgments Act* 1982 innerstaatlich umgesetzt. Da dieser *Act* das EuGVÜ wörtlich aufgenommen hat,[140] können wir für unsere Untersuchung direkt auf die Vorschriften des EuGVÜ zurückgreifen.

Die Anwendbarkeit des EuGVÜ schaltet für die Anerkennung in England das *Common Law* sowie dessen Anerkennungsvoraussetzungen aus.[141] Sofern die Streitverkündung also in den sachlichen (Art. 1 EuGVÜ) und zeitlichen (Art. 54 EuGVÜ) Anwendungsbereich des EuGVÜ fällt, bestimmt sich ihre Anerkennung nur nach dem EuGVÜ. Dabei ist die Anerkennung einer Streitverkündung nach dem EuGVÜ - verglichen mit der Anerkennung nach *Common Law* - verhältnismäßig unproblematisch.

Zunächst verlangt die Anerkennung nach dem EuGVÜ nicht, daß das ausländische Urteil endgültig (*final and conclusive*) ist.[142] Das EuGVÜ birgt für den Streitverkünder aber vor allem den Vorteil, daß nunmehr Art. V Abs. 2

---

[140] Vgl. *schedule* 1 in Verbindung mit *section* 2 (2)(a) *Civil Jurisdiction and Judgments Act* 1982. Im Verhältnis zu Deutschland ist das EuGVÜ seit dem 1.10.1989 anwendbar.

[141] Vgl. s. 32 (4) *Civil Jurisdiction and Judgments Act* 1982; *Dicey & Morris* "The Conflict of Laws": S. 470, 'Exception 1'.

[142] *Hartley* "Civil Jurisdiction and Judgments": S. 86; *Cheshire & North* "Private International Law": S. 414; *Mc Clean* "Morris: The Conflict of Laws": S. 127. Sofern ein Urteil vollstreckt werden soll, ist - anders als nach *Common Law* - auch nicht erforderlich, daß es zur Zahlung einer bestimmten Summe Geld verpflichtet.

Satz 2 des Protokolls zum EuGVÜ vom 27.9.1968 für die Anerkennung der Wirkungen der Streitverkündung in England anwendbar ist.[143]

Der englische Text des Art. V Abs. 2 Satz 2 des Protokolls lautet:

"Any effects which judgments given in that State may have on third parties by application of Articles 68, 72, 73 and 74 of the code of civil procedure (Zivilprozeßordnung) shall also be recognised in the other Contracting States."

Dieser Vorschrift können wir entnehmen, daß bei der Anerkennung der Streitverkündung in England die Interventionswirkung als Urteilswirkung des Urteils im Vorprozeß angesehen wird. Die Anerkennung der Interventionswirkung in England ist gemäß Art. 32 EuGVÜ beim *High Court* zu beantragen.

Insgesamt ist zu erwarten, daß die mit der Streitverkündung herbeigeführte Interventionswirkung in England nach Art. V Abs. 1 Satz 2 des Protokolls in Verbindung mit Artt. 25 ff. EuGVÜ ohne Schwierigkeiten anerkannt wird, sofern nicht Artt. 27 oder 28 EuGVÜ entgegenstehen.[144] Eine über diese Vorschriften hinausgehende Prüfung der internationalen Zuständigkeit des Gerichts des Vorprozesses ist unzulässig.[145]

Im Rahmen dieser Arbeit können wir die allgemeinen Regeln der Anerkennung nach dem EuGVÜ nicht erörtern. Vielmehr wollen wir uns auf die speziellen Probleme beschränken, die bei der Anerkennung einer Streitverkündung in England entstehen können: Untersucht werden sollen die Folgen der Geltendmachung einer entgegenstehenden Gerichtsstandsvereinbarung sowie die tatsächlichen Wirkungen, welche die Streitverkündung in England zeitigen kann.

I. Geltendmachung einer Gerichtsstandsvereinbarung

Bei der Prüfung der Anerkennung einer Streitverkündung nach *Common Law* hatten wir festgestellt, daß der Streitverkündungsempfänger sich gemäß *section* 32 *Civil Jurisdiction and Judgments Act* 1982 auf eine entgegenstehende Gerichtsstandsvereinbarung berufen kann, sofern er dem Vorprozeß nicht rügelos beigetreten ist.

---

143 An der Anwendbarkeit des Protokolls in England kann kein Zweifel bestehen, obgleich England erst viele Jahre nach der Unterzeichnung dieses Protokolls dem EuGVÜ beigetreten ist. Zum einen stellt das Protokoll einen Annex zum EuGVÜ dar, dem England beigetreten ist, vgl. Official Journal of the European Communities 1978 No. L 304 / 47; *section* 2 (2) *Civil Jurisdiction and Judgments Act* 1982. Zum anderen wurde dieses Protokoll unter Mitwirkung Englands (genauer des Vereinigten Königreichs) um den Art. V a ergänzt, was die Anwendbarkeit des Protokolls insgesamt dokumentiert.

144 Vgl. für die Anerkennung nach dem EuGVÜ *Cheshire & North* "Private International Law": S. 411 ff.; *Dicey & Morris* "The Conflict of Laws": S. 530 ff.

145 *Mc Clean* "Morris: The Conflict of Laws": S. 127.

Wenn die Streitverkündung aber in den Anwendungsbereich des EuGVÜ fällt, hindert eine entgegenstehende Gerichtsstandsvereinbarung die Anerkennung in England nicht. Gemäß seinem Absatz 4(a) ist *section* 32 des *Act* 1982 nämlich nicht anwendbar, wenn eine ausländische Entscheidung nach dem EuGVÜ anzuerkennen ist. Auch eine Gerichtsstandsvereinbarung nach Art. 17 EuGVÜ kann der Streitverkündungsempfänger im Anerkennungsstadium nicht mehr geltend machen, da das Anerkennungsgericht durch Art. 28 Abs. 1, 3 EuGVÜ daran gehindert ist, die Zuständigkeit des Erstgerichts zu überprüfen.[146] Die in Art. 28 Abs. 1 EuGVÜ vorgesehen Ausnahmen vom Verbot der Überprüfung der Zuständigkeit des Erstgerichts erfassen den Fall der Gerichtsstandsvereinbarung nicht.

Dies bedeutet im Ergebnis, daß eine Gerichtsstandsvereinbarung die Anerkennung der Streitverkündung, die unter das EuGVÜ fällt, nicht verhindert. Dieses Ergebnis steht freilich im Konflikt mit der von uns im zweiten Teil gefundenen Lösung.[147] Dort hatten wir vertreten, daß eine (die Zuständigkeit der deutschen Gerichte) derogierende Gerichtsstandsvereinbarung die Streitverkündung unzulässig und damit wirkungslos macht. Diese Unzulässigkeit kann der Streitverkündungsempfänger noch im Regreßprozeß geltend machen, da im Vorprozeß die Zuständigkeit des Gerichts des Vorprozesses nicht geprüft wird.

Der Umstand, daß eine Zuständigkeitsprüfung im Vorprozeß nicht stattfindet, hat für den Streitverkündungsempfänger zur Folge, daß eine Gerichtsstandsvereinbarung immer völlig wirkungslos bleibt, wenn die Streitverkündung in den Anwendungsbereich des EuGVÜ fällt: Eine Zuständigkeitsprüfung ist im Vorprozeß wegen der Ausgestaltung der Streitverkündung in der ZPO nicht möglich.[148] Erfolgt die Anerkennung nach dem EuGVÜ, kann der Streitverkündungsempfänger die Gerichtsstandsvereinbarung - anders als nach nationalem deutschen Recht oder nach *Common Law* - auch im Regreßprozeß nicht mehr geltend machen. Der Streitverkündungsempfänger ist mit anderen Worten bei Anwendbarkeit des EuGVÜ an der Geltendmachung der Gerichtsstandsvereinbarung dauerhaft gehindert. Dies benachteiligt den Streitverkündungsempfänger, da er sich mit einer Gerichtsstandsvereinbarung nicht mehr gegen die Streitverkündung wehren kann.

Diese Benachteiligung ließe sich vermeiden, wenn man der Streitverkündung mangels Zuständigkeit des Gerichts des Vorprozesses die Interventionswirkung abspricht, wie wir dies im nationalen Recht getan haben.[149] Eine sol-

---

[146] *Cheshire & North* "Private International Law": S. 435; *Dicey & Morris* "The Conflict of Laws": S. 534; *Kaye* "Civil Jurisdiction and Enforcement of Foreign Judgments": S. 1554; *Hartley* "Civil Jurisdiction and Judgments": S. 96.

[147] Siehe oben 2. Teil S. 116 ff.

[148] Siehe oben S. 147 ff.

[149] Siehe oben 2 Teil S. 116 ff.

che Argumentation hat aber einen Widerspruch mit dem EuGVÜ und seinen Zielen zur Folge. Dem EuGVÜ liegt das Prinzip zugrunde, daß die Zuständigkeit des Erstgerichts bei der Anerkennung nicht überprüft wird.[150] Dahinter steht die vermutete grundsätzliche Gleichwertigkeit der Gerichte der Vertragsstaaten. Das Verbot der Zuständigkeitsprüfung im Anerkennungsstadium gilt zweifelsfrei auch dann, wenn sich das Erstgericht entgegen einer wirksamen Gerichtsstandsvereinbarung für zuständig erklärt hat.[151] Eine Überprüfung der Zuständigkeit des Gerichts des Vorprozesses wäre, auch wenn sie im Rahmen der Herbeiführung der Interventionswirkung erfolgen würde, mit dem Sinn und Zweck des EuGVÜ nicht vereinbar.

Der Streitverkündungsempfänger wird hier gewissermaßen 'Opfer' von zwei sich ausschließenden Prinzipien: Die Streitverkündung des deutschen Rechts läßt eine Zuständigkeitsprüfung nur im Regreßprozeß zu. Demgegenüber baut das EuGVÜ auf den Grundsatz der Zuständigkeitsprüfung im Erstprozeß und verbietet die Überprüfung der Zuständigkeit im Anerkennungsverfahren. Hier hilft es nicht, dem deutschen Recht mit dem EuGVÜ den Zwang zur Zuständigkeitsprüfung im Vorprozeß aufzuerlegen. Selbst wenn die Zuständigkeit im Vorprozeß geprüft werden könnte blieben die Folgen der Unzuständigkeit unklar, da eine Zurückweisung der Streitverkündung im Vorprozeß nicht vorgesehen ist.[152] Es ist vielmehr ein Tätigwerden des deutschen Gesetzgebers erforderlich, der eine Zuständigkeitsprüfung und eine Zurückweisung der Streitverkündung entsprechend der Regelung des § 71 ZPO ermöglichen müßte.

Ein gesetzgeberisches Tätigwerden ist insbesondere deshalb geboten, weil das EuGVÜ auch bei der Streitverkündung voraussetzt, daß das Gericht des Vorprozesses international zuständig ist.[153] Die deutsche Rechtslage, wonach die Zuständigkeit des Gerichts des Vorprozesses erst im Regreßprozeß geprüft wird, führt demgegenüber immer dazu, daß im Anwendungsbereich des EuGVÜ eine Zuständigkeitsprüfung gänzlich unterbleibt.

Der Streitverkündungsempfänger muß unter dem EuGVÜ nach gegenwärtiger Gesetzeslage den Nachteil hinnehmen, daß er sich nicht auf eine Gerichtsstandsvereinbarung berufen kann. Er steht damit schlechter als wenn die Streitverkündung nach nationalem deutschen Recht durchgeführt wird und ausschließlich nach *Common Law* anerkannt werden müßte. Diese unterschiedlichen Ergebnisse lassen sich mit der erwähnten Gleichwertigkeit der Gerichte der Vertragsstaaten und dem Ziel des EuGVÜ - Erleichterung der Anerkennung und Vollstreckung von Entscheidungen in den Vertragsstaaten - erklären. Im vereinten Europa muß sich der Streitverkündungsempfänger mit

---

[150] *Hartley* "Civil Jurisdiction and Judgments": S. 87.

[151] *Kaye* "Civil Jurisdiction and Enforcement of Foreign Judgments": S. 1554; *Hartley* "Civil Jurisdiction and Judgments": S. 96.

[152] Vgl. nur *Mü-Ko-Schilken*: § 74 Rn. 12.

[153] Siehe oben 2. Teil, S. 113 f.

Wohnsitz in einem anderen Vertragsstaat also damit abfinden, daß er von den deutschen Gerichten mit der Streitverkündung unbeschränkt gerichtspflichtig gemacht werden kann. Es bedeutet demnach für die Streitverkündung keinen Unterschied ob der Streitverkündungsempfänger aus Deutschland kommt - auch hier existiert ein Zuständigkeitserfordernis nicht[154] - oder aber aus einem anderen Vertragsstaat des EuGVÜ.

II. Wirkung der Streitverkündung im Regreßprozeß vor dem High Court

Wenn wir ermitteln wollen, welchen Einfluß die Streitverkündung auf den englischen Regreßprozeß nehmen kann, müssen wir von den Wirkungen ausgehen, die das deutsche Recht der Streitverkündung zukommen läßt. Denn die englischen Gerichte gestehen einem ausländischen Urteil nicht mehr Wirkungen zu als das Recht des Urteilsstaats.[155]

Nach deutschem Verständnis teilt sich die Streitverkündungswirkung in zwei Bereiche auf:[156] Prozessual wird der Streitverkündungsempfänger mit der Interventionswirkung an die tatsächlichen und rechtlichen Feststellungen des Urteils des Vorprozesses gebunden.[157] Daneben bewirkt die Streitverkündung im materiellen Recht die Verjährungsunterbrechung gemäß § 209 Abs. 2 Nr. 4 BGB.[158]

1. Erstreckung der Interventionswirkung auf den Regreßprozeß

Die Erstreckung der prozessualen Wirkungen der Streitverkündung auf einen Regreßprozeß vor dem *High Court* ist angesichts der weiten Fassung des Art. V Abs. 2 Satz 2 des Protokolls unproblematisch. Jede Wirkung (*"any effects"*) des Urteils des Vorprozesses nach §§ 74, 68 ZPO soll anerkannt werden. Dies umfaßt gerade die Interventionswirkung und gilt umso mehr als das englische Recht mit RSC Ord. 16, r. 1(1)(c) eine der Streitverkündung inhaltlich vergleichbare Ausgestaltung der third party notice kennt.[159] Eine Einordnung der Interventionswirkung in das englische Recht ist daher ohne weiteres möglich.

---

[154] Siehe oben 2. Teil, S. 52 ff.

[155] Vgl. dazu Lord Reid in Carl-Zeiss-Stiftung v. Rayner and Keeler (No. 2)[1966] 2 All ER 536 at 555I:

> *"...but it seems to me to verge on absurdity that we should regard as conclusive something in a German judgment which the German courts themselves would not regard as conclusive."*

[156] *Zöller-Vollkommer*: § 74 Rn. 6 ff.; *Mü-Ko-Schilken*: § 74 Rn. 6 ff, 11 ff.

[157] *Eibner* "Dissertation": S.70 ff.

[158] Vgl. zu den materiell-rechtlichen Wirkungen der Streitverkündung *Eibner* "Dissertation": 139 ff. Neben der Verjährungsunterbrechung nennt *Eibner* noch die Vermeidung sonstiger Rechtsverluste in §§ 478, 485, 639 BGB. Auf sie können wir im Rahmen dieser Arbeit nicht eingehen.

[159] Siehe dazu oben 3. Teil, S. 187 f.

Der Streitverkünder des deutschen Vorprozesses kann sich also darauf verlassen, daß der Streitverkündungsempfänger auch bei einem Regreßprozeß vor dem *High Court* an die Feststellungen des Urteils im Vorprozeß gebunden wird, wenn die Streitverkündung nach dem EuGVÜ anzuerkennen ist.

2. Unterbrechung der Verjährung des Regreßanspruchs bei einem Regreßprozeß in England

Wesentlich problematischer ist die Übertragung der verjährungsunterbrechenden Wirkung der Streitverkündung gemäß § 209 Abs. 2 Nr. 4 BGB. England soll als Vertragsstaat des EuGVÜ gemäß Art. V Abs. 2 Satz 2 des Protokolls zwar jede vom Urteil des Vorprozesses ausgehende Wirkung anerkennen. Es ist jedoch zweierlei zu beachten: Erstens bewirkt nicht das Urteil des Vorprozesses die Verjährungsunterbrechung, sondern die Zustellung der Streitverkündungsschrift unterbricht die Verjährung.[160] Dies ergibt sich bereits aus der in § 209 Abs. 2 Nr. 4 BGB angeordneten Gleichstellung der Streitverkündung mit der Klage, denn auch bei der Klage wird die Verjährung durch die Klageerhebung und nicht durch das Urteil unterbrochen. Bei der Streitverkündung wird die mit der Zustellung des Schriftsatzes bewirkte Verjährungsunterbrechung besonders dann deutlich, wenn der Streitverkündungsempfänger dem Vorprozeß nicht beigetreten ist. Dann nämlich wird der Streitverkündungsempfänger im Rubrum des Urteils im Vorprozeß nicht einmal erwähnt.[161]

Zweitens entspringt die Verjährungsunterbrechung dem materiellen Recht. Wenn das deutsche Sachrecht aber nicht auf den Regreßanspruch Anwendung findet, dann kann nicht automatisch auf § 209 Abs. 2 Nr. 4 BGB zurückgegriffen werden. Die Verjährung - einschließlich ihrer Unterbrechung - bestimmt sich dann nach dem auf den Regreßanspruch anwendbaren materiellen Recht.

Wenn sich der *High Court* im Regreßprozeß mit der verjährungsunterbrechenden Wirkung der Streitverkündung befassen muß, dann wird er demgemäß zuerst nach seinem Kollisionsrecht bestimmen, welches Recht die Verjährung dieses Anspruchs regelt.[162] Zwei mögliche Fallkonstellationen wollen wir untersuchen: wenn sich die Verjährung nach englischem Recht und wenn sich die Verjährung nach deutschen Recht bestimmt.

---

[160] *Palandt-Heinrichs*: § 209 Rn. 20, der sich dafür ausspricht, daß bereits die Einreichung des Streitverkündungsschriftsatzes die Verjährung unterbreche, wenn dieser demnächst zugestellt werde.

[161] *Bischof* in JurBüro 1984, 969, 983.

[162] Die Tatsache, daß die Verjährung nach englischem Rechtsverständnis grundsätzlich ein Institut des Prozeßrechts ist, ändert nichts an der Tatsache, daß die englischen Gerichte im internationalen Zivilprozeßrecht nach ihrem Kollisionsrecht (*private international law*) bestimmen, welches Sachrecht auf die Verjährung anwendbar ist, vgl. *section* 1 (1) *Foreign Limitation Periods Act* 1984.

a) Verjährungsunterbrechende Wirkung der Streitverkündung nach englischem Recht

Wenn der *High Court* zum Ergebnis kommt, daß sich die Verjährung nach englischem Recht bestimmt, wird er zunächst auf den *Limitation (Amendment) Act* 1980 zurückgreifen. Zur Abwendung der Verjährungsfolgen ist danach die gerichtliche Geltendmachung des Anspruchs (*cause of action*) erforderlich.[163] Da die Streitverkündung einer Klage nicht gleichgestellt werden kann,[164] wird sie auch der *High Court* zum Zwecke der Verjährungsunterbrechung nicht wie eine Klage behandeln. Vielmehr wird er die Verjährungsunterbrechung nach *section* 35 (1)(a) des *Limitation Act* 1980 prüfen. Diese Vorschrift regelt die verjährungsunterbrechende Wirkung einer prozessualen Drittbeteiligung und lautet in ihrer für uns entscheidenden Passage wie folgt:

"(1) For the purpose of this Act, any new claim made in the course of any action shall be deemed to be a separate action and to have been commenced -

(a) in the case of a new claim made in or by way of third party proceedings, on the date on which those proceedings were commenced;...

(2) ...and 'third party proceedings' means any proceedings brought in the course of any action by any party to the action against a person not previously a party to the action, other than proceedings brought by joining any such person as defendant to any claim already made in the original action by the party bringing the proceedings."

Obwohl es grundsätzlich möglich ist, die Streitverkündung im Wege der Angleichung (*translation*) mit der *third party notice* gleichzusetzen,[165] vermag sie die Verjährung nicht zu unterbrechen. Nach *section* 35 (1)(a) *Limitation Act* 1980 wäre hierzu immer die Geltendmachung eines neuen Anspruchs erforderlich.[166] Daran fehlt es aber bei der Streitverkündung: Es ist unbestritten, daß mit der Streitverkündung ein Anspruch gerade nicht geltend gemacht wird.[167] Vielmehr genügt es gemäß § 72 ZPO zur Zulässigkeit der Streitverkündung, wenn der Streitverkünder einen Anspruch gegen den Streitverkündungsempfänger für möglich hält oder einen Anspruch gegen sich befürchtet. Nach *section* 35 (1)(a) *Limitation Act* 1980 kommt der Streitverkündung also keine verjährungsunterbrechende Wirkung zu.

Zur Regelung von Verjährungsfragen im internationalen Rechtsverkehr gibt es in England allerdings noch den *Foreign Limitation Periods Act* 1984.

---

[163] *Prime/Scanlan* "The modern Law of Limitation": S. 36 f. Vgl. für die verschiedenen Möglichkeiten der gerichtlichen Geltendmachung *Dannemann/Karatzenis/Thomas* in RabelsZ 55 (1991), 697, 704. Auf die Einzelheiten des englischen Verjährungsrechts kann im Rahmen dieser Arbeit nicht eingegangen werden, vgl. dazu *Prime/Scanlan* "The modern Law of Limitation"; *Redmond-Cooper* "Limitation of Actions"; *Dicey & Morris* "The Conflict of Laws": S. 184 ff.

[164] Siehe dazu oben 2. Teil S. 31 ff.

[165] *The Law Commission* "Classification of Limitation in Private International Law": S. 19 f., 4. 19.

[166] *Redmond-Cooper* "Limitation of Actions": S. 16.

[167] *BLAH-Hartmann*: Einführung vor §§ 72-74 Rn. 1.

Dieser *Act* wurde in Folge des Beitritts des Vereinigten Königreichs zur Europäischen Gemeinschaft erlassen, um die Schwierigkeiten zu beseitigen, die durch die besondere Behandlung der Verjährung im englischen Recht entstehen können.[168] Entsprechend seiner einleitenden Erklärung[169] dient der *Act* dazu, daß die Verjährung in Fällen, in denen ausländisches Recht oder ausländische Entscheidungen zur Anwendung kommen, als Gegenstand des materiellen Rechts behandelt wird.

Nach *section* 3 *Foreign Limitation Periods Act* 1984[170] soll jede anzuerkennende ausländische Entscheidung, in welcher Verjährungsfragen entschieden wurden, auch Auswirkung auf die Verlängerung oder Unterbrechung der Verjährung nach englischem Recht haben. Diese Regelung wird verständlich, wenn wir uns daran erinnern, daß die englischen Gerichte ausländische Urteile nur dann anerkennen, wenn sie eine Entscheidung in der Sache (*on the merits*) darstellen.[171] Diese Sachentscheidung wurde in einem ausländischen Urteil aber nicht gesehen, wenn es eine Klage wegen der Verjährung des Anspruchs als unzulässig abgewiesen hatte. In diesem Falle war die erneute Klage vor den englischen Gerichten möglich.[172] *Section* 3 *Foreign Limitation Periods Act* 1984 ermöglicht hier die Anerkennung der ausländischen Entscheidung, indem das ausländische Urteil als Entscheidung in der Sache (*on the merits*) angesehen wird. Erforderlich ist jedoch, daß das ausländische Urteil sich ausdrücklich mit der Frage der Verjährung befaßt hat und diesbezüglich eine Entscheidung getroffen hat (*judgment on a limitation point*).[173]

---

[168] *Prime/Scanlan* "The modern Law of Limitation": S. 270 f.

[169] Die Einleitung lautet:
"An Act to provide for any law relating to the limitation of actions to be treated, for the purposes of cases in which effect is given to foreign law or to determinations by foreign courts, as a matter of substance rather than as a matter of procedure."

[170] *Section* 3 des *Acts* 1984 lautet:
"Where a court in any country outside England and Wales has determined any matter wholly or partly by reference to the law of that or any other country (including England and Wales) relating to limitation, then, for the purposes of the law relating to the effect to be given in England and Wales to that determination, that court shall, to the extent that it has so determined the matter, be deemed to have determined it on its merits."

[171] Siehe dazu oben 4. Teil, S. 283.

[172] Vgl. dazu und zum Zweck des *section* 3 des *Acts* 1984 *The Law Commission* "Classification of Limitation in Private International Law": S. 36 ff., 4. 61.

[173] Was unter einer Verjährungsfrage zu verstehen ist, bestimmt *section* 2 des *Acts* 1984:
"(1) Subject to subsection (3) below, references in this Act to the law of any country (including England and Wales) relating to limitation shall, in relation to any matter, be construed as references to so much of the relevant law of that country as (in any matter) makes provision with respect to a limitation period applicable to the bringing of proceedings in respect of that matter in the courts of that country and shall include -
(a) references to so much of that law as relates to, and the effect of, the application, extension, reduction or interruption of that period; and
(b) a reference, where under that law there is no limitation period which is so applicable, to the rule that such proceedings may be brought within a indefinite period."

Bei der Streitverkündung wird jedoch die Frage der Verjährung des Regreßanspruchs nicht erörtert, geschweige denn entschieden. Im Vorprozeß wird diese Forderung gegen den Streitverkündungsempfänger selbst nicht behandelt. Auch eine Entscheidung über den Regreßanspruch ergeht - jedenfalls ausdrücklich und unmittelbar - nicht[174]. Wir können daher ausschließen, daß die Streitverkündung zu einem *'judgment on a limitation point'* führt. *Section* 3 *Foreign Limitation Periods Act* 1984 verhilft der Streitverkündung daher nicht zur verjährungsunterbrechenden Wirkung nach englischem Recht.

Insgesamt können wir festhalten, daß die Streitverkündung nach englischem Recht die Verjährung des Regreßanspruchs nicht unterbricht, wenn die Verjährung selbst durch das englische Recht geregelt wird.

b) Verjährungsunterbrechung bei Anwendbarkeit der deutschen Verjährungsregeln auf den Regreßanspruch

Sofern der *High Court* in Anwendung des englischen Kollisionsrecht zum Ergebnis kommt, daß die Verjährung des Regreßanspruchs deutschem Recht unterliegt, sagt ihm der *Foreign Limitation Periods Act* 1984, wie und in welchem Umfang das ausländische Recht anzuwenden ist.

Section 1 (1) *Foreign Limitation Periods Act* 1984[175] ordnet im Grundsatz die unmittelbare Anwendung der ausländischen - hier deutschen - Verjährungsregeln an. Von diesem Grundsatz gibt es jedoch eine wesentliche Ausnahme: Für die Frage, ob und wann eine gerichtliche Geltendmachung des Anspruchs erfolgt ist, soll gemäß *section* 1 (3) *Foreign Limitation Periods Act* 1984 ausnahmslos englisches Recht, namentlich *section* 35 *Limitation Act* 1980 Anwendung finden.[176] *Section* 1 (3) *Foreign Limitation Periods Act* 1984 lautet:

"The law of England and Wales shall determine for the purposes of any law applicable by virtue of subsection (1)(a) above whether, and the time at which, proceedings have been commenced in respect of any matter; and, accordingly, section 35 of the Limitation Act 1980 (new claims in pending proceedings) shall apply in relation to time limits applicable by virtue of subsection (1)(a) above as it applies in relation to time limits under that Act."

---

[174] Vgl. etwa *Zöller-Vollkommer*: § 67 Rn. 1, nach dem der Streitverkündungsempfänger - selbst wenn er dem Vorprozeß beigetreten ist - in der Hauptsache weder eine Verurteilung erstreiten, noch selbst verurteilt werden kann.

[175] *Section* 1 des *Acts* 1984 lautet:
"(1) Subject to the following provisions of this Act, where in any action or proceedings in a court in England or Wales the law of any other country falls (in accordance with rules of private international law applicable by any such court) to be taken into account in the determination of any matter -
(a) the law of that other country relating to limitation shall apply in respect of that matter for the purposes of the action or proceedings;"

[176] Vgl. auch *Prime/Scanlan* "The modern Law of Limitation": S. 272.

Diese Vorschrift dient primär dem Zweck, den Zeitpunkt der Verfahrenseinleitung nach englischem Recht zu bestimmen.[177] Darüberhinaus wird aber auch ausdrücklich die Frage dem englischen Recht unterstellt, ob das Verfahren überhaupt eingeleitet wurde. Dies kann nur bedeuten, daß das englische Recht auch regeln soll, ob ein ausländisches Verfahren den Anforderungen genügt, die das englische Recht an die Verjährungsbeseitigung durch gerichtliche Geltendmachung stellt. Hierfür spricht auch die wörtliche Erwähnung des *section* 35 *Limitation Act* 1980.

Für unsere Untersuchung bedeutet dies, daß die anwendbaren deutschen Verjährungsregeln zwar Frist, Möglichkeit der Unterbrechung, etc bestimmen. Aus *section* 1 (3) *Foreign Limitation Periods Act* 1984 folgt aber auch, daß die Frage, ob und wann die Streitverkündung die Verjährung unterbrechen kann, durch englisches Recht, namentlich *section* 35 *Limitation Act* 1980 beantwortet wird. Die Feststellung, ob ein Anspruch ordnungsgemäß gerichtlich geltend gemacht wurde, ist daher dem Internationalen Privatrecht entzogen und durch *section* 35 *Limitation Act* 1980 ersetzt worden. *Section* 35 *Limtation Act* 1980 knüpft dabei an die Verjährungsunterbrechung eine Bedingung, die - wie bereits erörtert - von der Streitverkündung nicht erfüllt wird. Eine Unterbrechung der Verjährung ist nach *section* 35 (1)(a) *Limitation Act* 1980 nur möglich, wenn mit der Streitverkündung ein neuer Anspruch erhoben werden würde. Da dies bei der Streitverkündung nicht der Fall ist, kann sie die Verjährung aus der Sicht des englischen Recht auch dann nicht unterbrechen, wenn deutsches Sachrecht auf die Verjährung anwendbar ist.

Es ist in diesem Zusammenhang aber auch nicht möglich, diese für den Streitverkünder ungünstige Regelung - etwa im Wege einer Analogie - zu umgehen. Wie dem Bericht der *Law Commission* zu entnehmen ist, wurde der *Foreign Limitation Periods Act* 1984 im vollen Bewußtsein der Tatsache erlassen, daß es im ausländischen Recht prozessuale Mechanismen zur Verjährungsunterbrechung gibt, die im englischen Recht keine Entsprechung finden.[178]

Als Zwischenergebnis können wir somit festhalten, daß die Streitverkündung die Verjährung aus der Sicht des englischen Rechts nicht unterbrechen wird. Ist für den Streitverkünder zur Durchsetzung seines Anspruchs gegen den Streitverkündungsempfänger ein Regreßverfahren vor dem *High Court* in England erforderlich, sollte dieses Verfahren sogleich eingeleitet werden. Auf die verjährungsunterbrechende Wirkung der deutschen Streitverkündung darf er nicht bauen.

---

[177] *Prime/Scanlan* "The modern Law of Limitation": S. 272.

[178] *The Law Commission* "Classification of Limitation in Private International Law": S. 19 f., 4. 18 ff. Die hierdurch hervorgerufenen Härten werden nach Auffassung der *Law Commission* durch die Möglichkeit der Angleichung an bestehende Institute des englischen Prozeßrechts abgeschwächt.

Eine andere Frage ist freilich, ob der *High Court* durch das Europarecht, namentlich das EuGVÜ, gezwungen ist, mit der Streitverkündung auch die Verjährungsunterbrechung anzuerkennen. Dieser Frage wollen wir im folgenden nachgehen.

c) Verjährungsunterbrechende Wirkung der Streitverkündung durch das EuGVÜ

Wir haben festgestellt, daß die Streitverkündung die Verjährung des Regreßanspruchs nach englischem Recht nicht unterbrechen kann. Da wir hier die Anerkennung der Streitverkündung unter dem EuGVÜ prüfen, stellt sich jedoch die Frage, ob der *High Court* durch das EuGVÜ, namentlich Art. V Abs. 2 Satz 2 des Protokolls, zur Anerkennung auch der Verjährungsunterbrechung durch die Streitverkündung gezwungen ist.

Hinsichtlich der Reichweite der Anerkennung ausländischer Urteile nach dem EuGVÜ führt Jenard aus:[179]

> *"Recognition must have the result of conferring on judgments the authority and effectiveness accorded to them in the State in which they were given;"*

Angesichts dieser Formulierung könnte man den Eindruck gewinnen, daß der *High Court* im Rahmen der Anerkennung der Streitverkündung jede Wirkung beilegen müßte, die sie auch nach deutschem Recht hat.

Der Grundsatz vollständiger Wirkungserstreckung nach Artt. 25 ff. EuGVÜ wurde allerdings im Rechtsstreit Hoffmann v. Krieg[180] vom EuGH im Jahr 1988 eingeschränkt. In der Sache ging es (vereinfacht) um Unterhaltsansprüche einer in der BRD lebenden Deutschen gegen ihren (deutschen) Ehemann aus § 1361 BGB. Für die Unterhaltsansprüche hatte die Ehefrau einen vollstreckbaren Titel durch das Amtsgericht Heidelberg erwirkt. Der Ehemann, der nach der Trennung in die Niederlande verzogen war, hatte gegen die Anerkennung des Unterhaltstitels in Holland kein Rechtsmittel eingelegt. Erst als die Pfändung seines Arbeitseinkommens drohte, wehrte er sich gegen die Unterhaltspflicht. Hierzu stützte er sich auf die von ihm - ohne Beteiligung der Ehefrau - durchgeführte Scheidung in Holland. Eine Anerkennung des Scheidungsurteils in Deutschland war in der gemäß Art. 7 § 1 Familienrechtsänderungsgesetz erforderlichen Form nicht erfolgt. Der Rechtsstreit durchlief die Instanzen zum Hoge Raad der Nederlanden, welcher das Verfahren aussetzte und dem EuGH unter anderem folgende Fragen vorlegte:

---

179 *Jenard* "Report on the Convention on Jurisdiction and Enforcement of Judgments in Civil and Commercial Matters" in Official Journal of the European Communities 1979, C 59, S. 1, 59, point 43.

180 Hoffmann v. Krieg [1988] 1 ECR 645.

"(1) Does the obligation imposed on the Contracting States to recognize a judgment given in another Contracting State (Article 26 of the Brussels Convention) mean that such a judgment must be given the same effect in the other Contracting States as it has under the law of the State in which it was given and does this mean that is therefore enforceable in the same cases as in that State?

(2) If Question 1 is answered in the affirmative: Must Articles 26 and 31 of the Brussels Convention, read together, be interpreted as meaning that the obligation to recognize a judgment given in a Contracting State requires that, because the judgment remains enforceable under the law of the State in which it was given, it is also enforceable in the same cases in the other Contracting State?"

In Vorbereitung der Entscheidung des EuGH vertrat Generalanwalt Darmon[181] die Auffassung, daß die Wirkungen eines unter dem EuGVÜ erlassenen Urteils nicht weiter gehen könnten als diejenigen eines gleichartigen Urteils des Anerkennungsstaats.

Der EuGH beantwortete die ersten Frage dergestalt, daß ein anerkanntes Urteil im Vollstreckungsstaat grundsätzlich dieselben Wirkungen haben müsse wie in dem Vertragsstaat, in dem das Urteil ergangen sei.[182]

Die Frage, wann und unter welchen Voraussetzungen dieser Grundsatz zu durchbrechen ist, mußte der EuGH allerdings nicht in derselben Allgemeinheit beantworten wie dies durch den Generalanwalt erfolgt war. Im konkreten Fall war das Vollstreckungshindernis nämlich eine Statusfrage (Scheidung oder Fortbestehen der Ehe) im Sinne Artt. 1 Abs. 2 Nr. 1 und 27 Nr. 4 EuGVÜ, die nicht unter den Anwendungsbereich des EuGVÜ fällt. Der EuGH entschied dementsprechend in Beantwortung der zweiten Frage, daß ein Urteil im Anerkennungsstaat dann nicht vollstreckt werden muß, wenn es nach dem Recht dieses Staats aus Gründen nicht vollstreckbar sei, die außerhalb des Anwendungsbereichs des EuGVÜ liegen.[183] Da dies hier der Fall war, konnte der EuGH eine Pflicht zur Vollstreckung nicht feststellen.

Die Erkenntnisse dieses Rechtsstreits lassen für den Gegenstand unserer Untersuchung theoretisch zwei Lösungsmöglichkeiten offen. Man kann zum einen die Entscheidung des EuGH dahin verstehen, daß die Ablehnung der Anerkennung und Vollstreckung eines Urteils nur insoweit möglich ist, als dies durch Artt. 27, 28 EuGVÜ angeordnet wird. So gesehen ließe es sich vertreten, daß der *High Court* die durch die Streitverkündung herbeigeführte Verjährungsunterbrechung anerkennen muß, da die Verjährung als zivilrechtliche Frage in den Anwendungsbereich des EuGVÜ fällt.

---

[181] Darmon in Hoffmann v. Krieg [1988]1 ECR 645 at 657, 661:
"The effects of a judgment recognized by virtue of the Convention of 27 September 1968 cannot go beyond those which a similar national judgment would have in the State in which execution is sought."

[182] Hoffmann v. Krieg [1988] 1 ECR 645 at 666, 671.

[183] Hoffmann v. Krieg [1988] 1 ECR 645 at 667 f., 671.

Zum anderen kann man der Auffassung des Generalanwalts Darmon folgen, wonach der Streitverkündung in England nicht mehr Wirkung zukommen dürfte als der ihr vergleichbaren Ausgestaltung der third party notice in RSC Ord. 16, r. 1(1)(c). Da die *third party notice* in dieser Form die Verjährung nach *section* 35 (1) *Limitation Act* 1980 mangels Geltendmachung eines neuen Anspruchs nicht stoppt,[184] kann auch die Streitverkündung die Verjährung nicht unterbrechen.

Für die letztgenannte Auffassung sprechen aber noch zwei weitere Argumente: Zunächst sei daran erinnert, daß nicht das Urteil des Vorprozesses, sondern die Zustellung der Streitverkündungsschrift die Verjährung unterbricht.[185] Streng genommen handelt es sich also bei der Verjährungsunterbrechung nicht um eine Urteilswirkung.

Darüberhinaus beinhaltet das Urteil des Vorprozesses keine Feststellungen zur Verjährung des Regreßanspruchs, die anerkannt werden könnten. Die Verjährungsunterbrechung wird vielmehr durch die Sondervorschrift des § 209 Abs. 2 Nr. 4 BGB angeordnet. Die Anerkennung der durch § 209 Abs. 2 Nr. 4 BGB ausgelösten Wirkungen der Streitverkündung ist in Art. V Abs. 2 Satz des Protokolls aber nicht vorgesehen. Artikel V Abs. 2 Satz 2 des Protokolls spricht nur von der Anerkennung der Wirkungen, die das Urteil des Vorprozesses aufgrund der §§ 68, 72 bis 74 ZPO auf den Streitverkündungsempfänger hat.

Ob der EuGH diesen Argumenten folgen würde, kann nicht abschließend geklärt werden. Wir können jedoch festhalten, daß sich der Streitverkünder auf die verjährungsunterbrechende Wirkung auch dann nicht verlassen darf, wenn er deren Anerkennung durch den *High Court* nach dem EuGVÜ begehrt. Es gilt also weiterhin die Empfehlung, daß der Streitverkündungsempfänger, der die Verjährung seines Regreßanspruchs befürchtet, gleichzeitig mit der Streitverkündung Klage vor dem *High Court* erheben sollte.

In rechtsvergleichender Hinsicht zeigt sich in der Frage der Verjährungsunterbrechung ein Nachteil der Streitverkündung als Institut zur unfreiwilligen Drittbeteiligung im Zivilprozeß. Wird der Streitverkündung die verjährungsunterbrechende Wirkung im Ausland nicht zugestanden, verliert sie einen ihrer beiden Zwecke. Diesen Nachteil könnte das deutsche Recht - zumindest im Hinblick auf den Rechtsverkehr mit England - nur vermeiden, wenn es über ein Rechtsinstitut verfügen würde, daß eine Entscheidung über den Regreßanspruch bereits im Vorprozeß zuläßt.

---

[184] Siehe oben 3. Teil, S. 202 f.

[185] Siehe oben S. 294.

D. Ergebnis

1. Die Anerkennung der Streitverkündung in England ist nach zwei Regelungssystemen (*regimes*) denkbar: nach dem *Common Law* und nach dem EuGVÜ, dessen Anwendbarkeit das *Common Law* verdrängt.

2. Die Anerkennung der Streitverkündung würde dazu führen, daß die Interventionswirkung als sogenanntes *estoppel by record* in Form des *issue estoppel* in den englischen Regreßprozeß eingeführt werden kann. Unter einem *estoppel* versteht das englische Recht allgemein ein Beweisverbot. Es würde den Streitverkündungsempfänger daran hindern, bestimmte Tatsachen- oder Rechtsfragen entgegen den Feststellungen des Urteils im Vorprozeß zu bestreiten oder zu behaupten.

3. Wir haben insgesamt sechs Anerkennungsvoraussetzungen des *Common Law* untersucht. Zwei von diesen Voraussetzungen kann die Streitverkündung nicht oder regelmäßig nicht erfüllen: die Voraussetzung der Anerkennungszuständigkeit und die der beiderseitigen Bindung der Parteien.

Die internationale (Anerkennungs-) Zuständigkeit ist nach englischem Recht zu prüfen. Sie läßt sich zur Durchführung einer grenzüberschreitenden Streitverkündung auf zwei Wegen[186] begründen: Das deutsche Gericht des Vorprozesses ist - aus der Sicht des *Common Law* - zuständig, wenn die Parteien seine Zuständigkeit vereinbart haben, oder wenn der Streitverkündungsempfänger dem Vorprozeß beitritt, ohne die Unzuständigkeit zu rügen.

Die Verwertung der Interventionswirkung als *issue estoppel* im englischen Regreßprozeß scheitert aber in jedem Fall an der Voraussetzung, daß das anzuerkennende Urteil beide Parteien binden muß (*estoppel must be mutual or reciprocal*). Die Interventionswirkung bindet nach der Rechtsprechung des BGH nur den Streitverkündungsempfänger, nicht den Streitverkünder. Da die Streitverkündung also nur eine einseitige Bindungswirkung herbeiführt, kann sie diese Anerkennungsvoraussetzung nicht erfüllen.

Im Ergebnis hat der Streitverkünder nach *Common Law* daher keine Chance die Interventionswirkung im englischen Regreßprozeß als *issue estoppel* anerkennen zu lassen.

---

[186] Insgesamt kennt das englische Anerkennungsrecht aber vier Fallgruppen zur Begründung der Anerkennungszuständigkeit: durch körperliche Anwesenheit des Streitverkündungsempfängers in Deutschland, durch Auftreten des Streitverkündungsempfängers im Vorprozeß als Kläger, durch rügelose Einlassung und durch Gerichtsstandsvereinbarung. Die ersten beiden Gruppen konnten wir für die grenzüberschreitende Streitverkündung ausschließen. Die körperliche Anwesenheit des Streitverkündungsempfängers in Deutschland ist für die von uns untersuchte Fallkonstellation, wonach der Streitverkündungsempfänger im Ausland wohnt und keine Beziehung zu Deutschland unterhält, nicht denkbar. Ebensowenig wird die Situation auftreten, daß der Streitverkündungsempfänger im Vorprozeß als (Wider-) Kläger auftritt.

4. Demgegenüber befindet sich der Streitverkünder in einer wesentlich besseren Position, wenn die Streitverkündung in England nach dem EuGVÜ anerkannt wird.

Artikel V Abs. 2 Satz 2 des Protokolls zum EuGVÜ vom 27.9.1968 ermöglicht ohne weiteres die Anerkennung der Interventionswirkung. Lediglich auf die verjährungsunterbrechende Wirkung der Streitverkündung nach § 209 Abs. 2 Nr. 4 BGB darf sich der Streitverkünder nicht verlassen: Nach englischem Recht kann die Streitverkündung die Verjährung des Regreßanspruchs keinesfalls unterbrechen. Hinzu kommt, daß auch das EuGVÜ die Verjährungsunterbrechung nicht mit letzter Sicherheit gewährleistet.

5. Insgesamt läßt sich festhalten, daß die Streitverkündung im Grundsatz auch in einem Regreßprozeß vor dem *High Court* in England von praktischen Wert ist. Den Nutzen kann der Streitverkünder aus der Interventionswirkung aber nur ziehen, da mit Art. V Abs. 2 des Protokolls eine Sondervorschrift für die Streitverkündung existiert, die ihre Anerkennung in den anderen Vetragststaaten sichert. In der Praxis wird die Anerkennung der Streitverkündung nach dem EuGVÜ - und damit nach Art. V Abs. 2 des Protokolls freilich die Regel sein.

Zwei Ausnahmen sind vom besagten Grundsatz allerdings zu berücksichtigen: Zum einen wird eine Streitverkündung keinen Einfluß auf den Regreßprozeß in England nehmen können, wenn sie nach *Common Law* anzuerkennen ist. Dies liegt zunächst am restriktiven englischen Anerkennungsrecht hinsichtlich der Anerkennungszuständigkeit und deckt daher keine Defizite bei der Streitverkündung als Institut zur unfreiwiligen Drittbeteiligung auf. Die Streitverkündung ist im englischen Regreßprozeß für den Streitverkünder aber auch deshalb nicht verwertbar, da er nach der Rechtsprechung des BGH durch die Interventionswirkung nicht gebunden wird. Im deutschen Recht ist diese Auslegung der §§ 74, 68 ZPO für den Streitverkünder vorteilhaft, da die Streitverkündung für ihn völlig risikolos ist. Im Rechtsverkehr mit England birgt diese Auslegung des BGH aber einen erheblichen Nachteil für den Streitverkünder: Da er die Interventionswirkung im englischen Regreßprozeß nicht als *issue estoppel* einführen kann, ist die Streitverkündung für den Streitverkünder wertlos, wenn sie in England nach *Common Law* anzuerkennen ist.

Der Grundsatz, daß die Streitverkündung für den Streitverkünder auch im englischen Regreßprozeß von praktischem Nutzen ist, muß zum anderen auch insofern eingeschränkt werden, als die Streitverkündung die Verjährung des Regreßanspruchs nicht unterbrechen kann. Dies gilt auch dann, wenn die Streitverkündung nach dem EuGVÜ anzuerkennen ist.

Fünfter Teil

Schlußbemerkung

Wir sind im Laufe unserer Untersuchung zu zahlreiche Erkenntnissen gekommen und haben für einige Probleme Lösungen gefunden. Sie wurden bereits am Ende der jeweiligen Abschnitte formuliert.[1] Daher können wir uns jetzt darauf beschränken, die drei wesentlichsten Ergebnisse zu wiederholen:

1. Die internationale Zuständigkeit ist Zulässigkeitsvoraussetzung der Streitverkündung. Die Notlage des Streitverkünders und der Sinn und Zweck der Streitverkündung führen allerdings dazu, daß für die Streitverkündung die internationale Notzuständigkeit des Gerichts des Vorprozesses durch einen Gerichtsstand des Sachzusammenhangs begründet werden muß. Im Ergebnis kann sich der Streitverkündungsempfänger auf die Unzuständigkeit des Gerichts des Vorprozesses nur berufen, wenn er mit dem Streitverkünder eine Gerichtsstandsvereinbarung geschlossen hat, welche die Zuständigkeit der deutschen Gerichte derogiert.

2. Die unfreiwillige Beteiligung eines Dritten erfolgt im englischen Zivilprozeß durch die third party notice. Sie ist eine eigene Klage, die mit dem Hauptverfahren verbunden werden kann. Daher gelten für die Beteiligung eines Dritten in England alle Voraussetzungen einer Klage (writ). Insbesondere setzt die third party notice die Zuständigkeit des High Court voraus, die allerdings gemäß RSC Ord. 11, r. 1(1)(c) mit einem Gerichtsstand des Sachzusammenhangs grundsätzlich gegeben ist. Im einzelnen ist die Zuständigkeit aber immer einer Ermessensabwägung des Gerichts in Form der Lehre vom forum non conveniens oder einer derogierenden Gerichtsstandsvereinbarung zugänglich. Im Verfahren der third party notice kann der Dritte sogleich verurteilt werden.

3. Die von der Streitverkündung herbeigeführte Interventionswirkung kann in England nach dem EuGVÜ ohne weiteres anerkannt werden. Eine Einschränkung existiert allerdings hinsichtlich der Verjährung. Der Streitverkünder darf sich für den englischen Regreßprozeß nicht darauf verlassen, daß die Streitverkündung die Verjährung des Regreßanspruchs nach englischem Recht unterbricht.

---

[1] Siehe oben S. 165 ff., 250 ff., 302 ff.

Eine Frage haben wir jedoch bislang noch offengelassen:[2] Können die Rechtsinstitute zur unfreiwilligen Drittbeteiligung die widerstreitenden Interessen der Beteiligten angemessen berücksichtigen?

Dies läßt sich auch am Ende unserer Untersuchung pauschal nicht beantworten. Die sich stellenden Probleme sind dafür zu vielschichtig, die jeweiligen Lösungen zu differenziert. Es ist daher nur möglich, den Eindruck zu vermitteln, den der Verfasser während der Bearbeitung dieses Themas gewinnen konnte.

Auf den ersten Blick greift das englische Recht tiefer in die Sphäre des Dritten ein, da er im Hauptverfahren vor dem High Court bereits verurteilt werden kann. Die third party notice ist dem Beklagten des Hauptverfahrens somit günstiger; die Interessen des Dritten scheinen eine geringere Rolle zu spielen als diejenigen des Streitverkündungsempfängers, dem im Vorprozeß nur die Interventionswirkung droht.

Ein anderes Bild ergibt sich, wenn man berücksichtigt, daß dem Dritten im englischen Recht alle Verteidigungsmöglichkeiten eines Beklagten zustehen. Zu denken ist hier insbesondere an die Rüge der Unzuständigkeit des High Court überhaupt sowie die Geltendmachung einer Gerichtsstandsvereinbarung oder einer Schiedsgerichtsabrede. Über ein kompliziertes Geflecht von Zuständigkeitsvoraussetzungen und Ermessensspielräumen des Gerichts kommt das englische Recht so regelmäßig zu angemessenen Lösungen. Es war beeindrukkend zu sehen, wie die englischen Richter im Einzelfall in der Lage sind, die Interessen der drei Verfahrensbeteiligten zu wahren.

Demgegenüber ermöglicht die Streitverkündung - in der Weise, in der sie bisher gehandhabt wird - dem Streitverkündungsempfänger keine verfahrensrechtlichen Verteidigungsmöglichkeiten: Die Streitverkündung kann ähnliche Ergebnisse wie eine Feststellungsklage erzielen, weshalb der Streitverkündungsempfänger durch die Streitverkündung in einem dem Beklagten einer Feststellungsklage ähnlichen Ausmaß betroffen wird. Dennoch wird dem Streitverkündungsempfänger eine dem Beklagten vergleichbare Stellung nicht zugestanden. Unter dem 'Deckmantel der gegenüber dem Urteil milderen Interventionswirkung' wird der Streitverkündungsempfänger unbeschränkt gerichtspflichtig gemacht. Er muß hinnehmen, daß ein für ihn unzuständiges Gericht über Teile des Regreßanspruchs entscheidet. So betrachtet ist die Streitverkündung ein Rechtsinstitut, welches einseitig den Interessen des Streitverkünders zu dienen bestimmt ist und daher die gegenläufigen Interessen des Streitverkündungsempfängers vernachlässigt.

Aus diesem Betrachtungswinkel stellt sich die third party notice als das 'ehrlichere' Institut dar, denn es belastet den Dritten zwar voll, gibt ihm dafür

[2] Siehe oben in der Einleitung S. 20.

aber die verfahrensrechtliche Stellung eines Beklagten mit allen Verteidigungsmöglichkeiten.

Die damit angesprochene Benachteiligung des Streitverkündungsempfängers wird durch die Lösungen der vorliegenden Arbeit gemildert: Der Streitverkündungsempfänger kann sich durch den Abschluß einer Gerichtsstandsvereinbarung oder eines Schiedsvertrags mit dem Streitverkünder vor den Folgen einer Streitverkündung schützen.

Wenn sich die hier vertretenen Lösungen durchsetzen können, erscheint die Streitverkündung in einem anderen Licht. Sie bleibt zwar ein Rechtsinstitut, das primär dem Schutz des Streitverkünders dient. Der Streitverkündungsempfänger wird allerdings vor unzumutbaren Belastungen bewahrt, denn seine Zuständigkeitsinteressen sind bei entsprechenden Vorkehrungen (Gerichtsstandsvereinbarung, Schiedsvertrag) zu berücksichtigen.

Sobald die Nachteile der Streitverkündung beseitigt sind, treten ihre Vorteile gegenüber der third party notice in den Mittelpunkt. Zunächst belastet die Interventionswirkung den Dritten weniger als das Urteil, welches der High Court aufgrund der third party notice fällen wird. Ein weiterer Vorteil der Streitverkündung ergibt sich, sofern das auf den Regreßanspruch anwendbare Sachrecht von demjenigen abweicht, das auf die Klage im Vorprozeß anzuwenden ist. Die Streitverkündung bindet dann nur hinsichtlich der tatsächlichen Feststellungen des Vorprozesses. Die rechtliche Beurteilung des Regreßanspruchs wird dem ausländischen Gericht des Regreßprozesses überlassen. Demgegenüber muß der High Court - da er eine endgültige Entscheidung trifft - auch das auf den Regreßanspruch anwendbare Sachrecht ermitteln und anwenden. Soweit sich der Regreßanspruch nicht nach englischem materiellen Recht bestimmt - und dies wird im internationalen Rechtsverkehr häufig der Fall sein - muß der High Court ein ihm fremdes Recht anwenden.[3]

In dieser Lage kann die pauschale Forderung nach Einführung einer Garantieklage (als Ersatz für die Streitverkündung) keinen Bestand haben. Unbefriedigende Ergebnisse erzielt die Streitverkündung nur in zwei[4] Bereichen: Zum einen ist die unfreiwillige Drittbeteiligung in Form der Streitverkündung gegebenenfalls nicht in der Lage, die Verjährung des Regreßanspruchs im Ausland - so jedenfalls in England - zu unterbrechen. Zum anderen führt die Tatsache, daß die Zulässigkeit der Streitverkündung erst im Regreßprozeß geprüft wird, möglicherweise dazu, daß die internationale Zuständigkeit des Gerichts des Vorprozesses zu keinem Zeitpunkt mehr geprüft werden kann. Dieses unbe-

---

[3] Dem steht freilich der Vorteil der *third party notice* gegenüber, daß ein mit der Sache bereits vertrauter Richter auch über den Regreßanspruch entscheidet (Sachnähe). Siehe dazu oben 3. Teil S. 202.

[4] Gegebenenfalls könnte man als drittes Defizit der Streitverkündung noch anführen, daß sie in der ZPO - anders als in Art. 6 Nr. 2 EuGVÜ - keinen Schutz vor 'Scheinstreitverkündungen' bietet. Siehe dazu oben 2. Teil, S. 115 f., 117 f. Dieses Problem wird in der Praxis jedoch kaum relevant sein.

friedigende Resultat mußten wir für den Fall feststellen, daß die Interventionswirkung im Ausland nach dem EuGVÜ anerkannt wird.

Im übrigen hat sich jedoch gezeigt, daß mit der Streitverkündung auch im internationalen Rechtsverkehr durchaus angemessene Ergebnisse erzielt werden können.

Anhang

Englische Gesetzestexte

(nach Jacob "The Supreme Court Practice 1995")

A. Rules of The Supreme Court (RSC)

I. Order 2: Effect of Non-Compliance

Order 2, Rule 1: Non-Compliance with rules

(1) Where, in beginning or purporting to begin any proceedings or at any stage in the course of or in connection with any proceedings, there has, by reason of any thing done or left undone, been a failure to comply with the requirements of these rules, whether in respect of time, place, manner, form or content or in any other respect, the failure shall be treated as an irregularity and shall not nullify the proceedings, any step taken in the proceedings, or any document, judgment or order therein.

(2)-(3) ...

II. Order 6: Writs of Summons: General Provisions

Order 6, Rule 7: Issue of writ

(1) No writ which is to be served out of the jurisdiction shall be issued without the leave of the court unless it complies with the following conditions, that is to say -

(a) each claim made by the writ is either -

(i) one which by virtue of the Civil Jurisdiction and Judgments Act 1982 the Court has power to hear and determine, or

(ii) one which by virtue of any other enactment the Court has power to hear and determine notwithstanding that the person against whom the claim is made is not within the jurisdiction of the Court or that the wrongful act, neglect or default giving rise to the claim did not take place within its jurisdiction;

and

(b) where a claim made by the writ is one which the Court has power to hear and determine by virtue of the Civil Jurisdiction and Judgments Act 1982, the writ is indorsed before it is issued with a statement that the Court has power under that Act to hear and determine the claim, and that no proceedings involving the same cause of action are pending between the parties in Scotland, Northern Ireland or another Convention territory.

(2) ...

(3) Subject to Rule 7 A, issue of writ takes place upon its being sealed by an officer of the office out of which it is issued.

(4) ...

(5) No writ shall be sealed unless at the time of the tender thereof for sealing the person tendering it leaves at the office at which it is tendered a copy thereof signed, where the plaintiff sues in person, by him or, where he does not so sue, by or on behalf of his solicitor.

III. Order 10: Service of Originating Process

Order 10, Rule 1: General Provisions

(1) A writ must be served personally on each defendant by the plaintiff or his agent.

(2) A writ for service on a defendant within the jurisdiction may, instead of being served personally on him, be served -

(a) by sending a copy of the writ by ordinary first-class post to the defendant at his usual or last known address, or

(b) if there is a letter box for that address, by inserting through the letter box a copy of the writ enclosed in a sealed envelope addressed to the defendant.

In sub-paragraph (a) "first-class post" means first-class post which has been pre-paid or in respect of which prepayment is not required.

(3) ...

(4) ...

(5) Subject to Order 12, rule 7, where a writ is not duly served on a defendant but he acknowledges service of it, the writ shall be deemed, unless the contrary is shown, to have been duly served on him and to have been so served on the date on which he acknowledges service.

Order 10, Rule 2: Service of writ on agent or overseas principal

(1) ...

(2) An order under this rule authorising service of a writ on a defendant's agent must limit a time within which the defendant must acknowledge service.

(3) ...

Order 10, Rule 3: Service of writ in persuance of contract

(1) ...

(2) A writ which is served out of the jurisdiction in accordance with a contract shall not be deemed to have been duly served on the defendant by virtue of para. (1) unless leave to serve the writ out of the jurisdiction has been granted under Order 11, rule 1 (1) or service of the writ is permitted without leave under Order 11, rule 1 (2).

(3) ...

IV. Order 11: Service of Process, etc., out of the Jurisdiction

Order 11, Rule 1: Principal cases in which service of writ out of jurisdiction is permissible

(1) Provided that the writ does not contain any claim mentioned in Order 75, r. 2 (1), and is not a writ to which paragraph (2) of this rule applies, service of a writ out of the jurisdiction is permissible with the leave of the Court if in the action begun by the writ-

(a) ...

(b) ...

(c) the claim is brought against a person duly served within or out of the jurisdiction and a person out of the jurisdiction is a necessary or proper party thereto;

(d)-(t) ...

(2) Service of a writ out of the jurisdiction is permissible without the leave of the Court provided that each claim made by the writ is either: -

(a) a claim which by virtue of the Civil Jurisdiction and Judgments Act 1982 the Court has power to hear and determine, made in proceedings to which the following conditions apply -

(i) no proceedings between the parties concerning the same cause of action are pending in the courts of any other part of the United Kingdom or of any other Convention territory, and

(ii) either -

the defendant is domiciled in any part of the United Kingdom or in any other Convention territory, or

the proceedings begun by the writ are proceedings to which Article 16 of Schedule 1, 3c or 4 refers, or the defendant is a party to an agreement conferring jurisdiction to which Article 17 of Schedule 1, 3C or to that Act applies,

or

(b) a claim which by virtue of any other enactment the High Court has power to hear and determine notwithstanding that the person against whom the claim is made is not within the jurisdiction of the Court or that the wrongful act, neglect or default giving rise to the claim did not take place within its jurisdiction.

(3) Where a writ is to be served out of the jurisdiction under paragraph (2), the time to be inserted in the writ within which the defendant served therewith must acknowledge service shall be -

(a) 21 days where the writ is to be served out of the jurisdiction under paragraph (2)(a) in Scotland, Northern Ireland or in the European territory of another Contracting State, or

(b) 31 days where the writ is to be served under paragraph (2)(a) in any other territory of a Contracting State, or

(c) ...

(4) For the purposes of this rule, and of r. 9 of this Order, domicile is to be determined in accordance with the provisions of sections 41 to 46 of the Civil Jurisdiction and Judgments Act 1982 and "Convention territory" means the territory or territorries of any Contracting State, as defined by s. 1(3) of that Act, to which, as defined in s. 1(1) of that Act, the Brussels or the Lugano Convention apply.

Order 11, Rule 4: Application for, and grant of, leave to serve writ out of jurisdiction

(1) An application for the grant of leave under rule 1(1) must be supported by an affidavit stating -

(a) the grounds on which the application is made,

(b) that in the deponent's belief the plaintiff has a good cause of action,

(c) in what place or country the defendant is, or probably may be found, and

(d) where the application is made under rule 1(1)(c), the grounds for the deponent's belief that there is between the plaintiff and the person on whom a writ has been served a real issue which the plaintiff may reasonably ask the Court to try.

(2) No such leave shall be granted unless it shall be made sufficiently to appear to the Court that the case is a proper one for service out of the jurisdiction under this Order.

(3) ...

(4) An order granting under rule 1 leave to serve a writ out of the jurisdiction must limit a time within which the defendant to be served must acknowledge service.

Order 11, Rule 5: Service of writ abroad (general)

(1) ...

(2) ...

(3) A writ which is to be served out of the jurisdiction -

(a) need not be served personally on the person required to be served so long as it is served on him in accordance with the law of the country in which service is effected; and

(b) ...

V. Order 12: Acknowledgment of Service to Writ or Originating Summons

Order 12, Rule 1: Mode of acknowledging service

(1) Subject to paragraph (2) and to Order 80, rule 2, a defendant to an action begun by writ may (whether or not he is sued as a trustee or personal representative or in any other representative capacity) acknowledge service of the writ and defend the action by a solicitor or in person.

(2) The defendant to such an action who is a body corporate may acknowledge service of the writ and give notice of intention to defend the action either by a solicitor or by a person duly authorised to act on the defendant's behalf but, except as aforesaid or as expressly provided by any enactment, such a defendant may not take any step in the action otherwise than by a solicitor.

(3) Service of a writ may be acknowledged by properly completing an acknowledgment of service, as defined by rule 3, and handing it in at, or sending it by post to, the appropriate office, that is to say, if the writ was issued out of an office of the Supreme Court at the Royal Courts of Justice, that office, or if the writ was issued out of a district registry that registry.

(4)-(5) ...

Order 12, Rule 5: Time limited for acknowledging service

References in these rules to the time limited for acknowledging service are references -

(a) in the case of a writ served within the jurisdiction, to fourteen days after service of the writ (including the day of service) or, where that time has been extended by or by virtue of these rules, to that time as so extended; and

(b) in the case of a writ, served out of the jurisdiction, to the time limited under Order 10, rule 2(2) Order 11, rule 1(3) or Order 11, rule 4(4) or, where that time has been extended as aforesaid, to that time as so extended.

Order 12, Rule 7: Acknowledgment not to constitute waiver

The ackowledgment by a defendant of service of a writ shall not be treated as a waiver by him of any irregularity in the writ or service thereof or in any order giving leave to serve the writ out of the jurisdiction or extending the validity of the writ for the purpose of service.

Order 12, Rule 8: Dispute as to jurisdiction

(1) A defendant who wishes to dispute the jurisdiction of the court in the proceedings by reason of any such irregularity as is mentioned in rule 7 or on any other ground shall give notice of intention to defend the proceedings and shall, within the time limited for service of a defence, apply to the court for -

(a) an order setting aside the writ or service of the writ on him, or

(b) an order declaring that the writ has not been duly served on him, or

(c) the discharge of any order giving leave to serve the writ on him out of the jurisdiction, or

(d) the discharge of any order extending the validity of the writ for the purpose of service, or

(e) the protection or release of any property of the defendant seized or threatened with seizure in the proceedings, or

(f) the discharge of any order made to prevent any dealing with any property of the defendant, or

(g) a declaration that in the circumstances of the case the court has no jurisdiction over the defendant in respect of the subject matter of the claim or the relief or remedy sought in the action, or

(h) such other relief as may be appropriate.

(2)-(3) ...

(4) An application under paragraph (1) must be supported by an affidavit verifying the facts on which the application is based and a copy of the affidavit must be served with the notice of motion or summons by which the application is made.

(5) Upon hearing an application under paragraph (1) the Court, if it does not dispose of the matter in dispute, may give such directions for its disposal as may be appropriate, including directions for the trial thereof as a preliminary issue.

(6) A defendant who makes an application under paragraph (1) shall not be treated as having submitted to the jurisdiction of the Court by reason of his having given notice of intention to defend the action; and if the Court makes no order on the application or dismisses it, the notice shall cease to have effect, but the defendant may, subject to rule 6(1), lodge a further acknowledgment of service within 14 days or such other period as the Court may direct and in that case paragraph (7) shall apply as if the defendant had not made any such application.

(7) Except where the defendant makes an application in accordance with paragraph (1) the acknowledgment by a defendant of service of a writ shall, unless the acknowledgment is withdrawn by leave of the Court under Order 21, rule 1, be treated as a submission by the defandant to the jurisdiction of the Court in the proceedings.

VI. Order 13: Failure to Give Notice of Intention to Defend

Order 13, Rule 7 B: Judgments under the Civil Jurisdiction and Judgments Act 1982

(1) Where a writ has been served out of the jurisdiction under Order 11, r. 1(2)(a) or has been served within the jurisdiction on a defendant domiciled in Scotland or Northern Ireland or in any other Convention territory the plaintiff shall not be entitled to enter judgment under this Order except with the leave of the court.

(2)-(3) ...

Order 13, Rule 9: Setting aside judgment

Without prejudice to rule 7 (3) and (4) the Court may, on such terms as it thinks just, set aside or vary any judgment entered in pursuance of this Order.

VII. Order 15: Causes of Action, Counterclaims and Parties

Order 15, Rule 4: Joinder of parties

(1) Subject to rule 5 (1) two or more persons may be joined together in one action as plaintiffs or as defendants with the leave of the Court or where -

(a) if separate actions were brought by or against each of them, as the case may be, some common question of law or fact would arise in all the actions, and

(b) all rights to relief claimed in the action (whether they are joint, several or alternative) are in respect of or arise out of the same transaction of series of transactions.

(2)-(3) ...

Order 15, Rule 6: Misjoinder and nonjoinder of parties

(1) ...

(2) Subject to the provisions of this rule, at any stage of the proceedings in any cause or matter the Court may on such terms as it thinks just and either of its own motion or on application -

(a) ...

(b) order any of the following persons to be added as a party, namely -

(i) any person who ought to have been joined as a party or whose presence before the Court is necessary to ensure that all matters in dispute in the cause or matter may be effectually and competely determined and adjudicated upon, or

(ii) any person between whom and any party to the cause or matter there may exist a question or issue arising out of or relating to or connected with any relief or remedy claimed in the cause or matter which in the opinion of the Court it would be just and convenient to determine as between him and that party as well as between the parties to the cause or matter.

(3)-(6) ...

VIII. Order 16: Third Party and Similar Proceedings

Order 16, Rule 1: Third party notice

(1) Where in any action a defendant who has given notice of intention to defend -

(a) claims against a person not already a party to the action any contribution or indemnity; or

(b) claims against such a person any relief or remedy relating to or connected with the original subject-matter of the action and substantially the same as some relief or remedy claimed by the plaintiff; or

(c) requires that any question or issue relating to or connected with the original subject-matter of the action should be determined not only as between the plaintiff and the defendant but also as between either or both of them and a person not already a party to the action;

then subject to paragraph (2), the defendant may issue a notice in Form No. 20 or 21 in Appendix A, whichever is appropriate (in this Order referred to as a third party notice), containing a statement of the nature of the claim made against him and, as the case may be, either of the nature and grounds of the claim made by him or of the question or issue required to be determined.

(2) A defendant to an action may not issue a third party notice without the leave of the Court unless the action was begun by writ and he issues the notice before serving his defence on the plaintiff.

(3) Where a third party notice is served on the person against whom it is issued, he shall as from the time of service be a party to the action (in this Order referred to as third party) with the same rights in respect of his defence against any claim made against him in the notice and otherwise as if he had been duly sued in the ordinary way by the defendant by whom the notice is issued.

Order 16, Rule 2: Application for leave to issue third party notice

(1) Application for leave to issue a third party notice may be made ex parte but the Court may direct a summons for leave to be issued.

(2) An application for leave to issue a third party notice must be supported by an affidavit stating -

(a) the nature of the claim made by the plaintiff in the action;

(b) the stage which proceedings in the action have reached;

(c) the nature of the claim made by the applicant or particulars of the question or issue required to be determined, as the case may be, and the facts on which the proposed third party notice is based; and

(d) the name and address of the person against whom the third party notice is to be issued.

Order 16, Rule 3: Issue, service and ackowledgment of service, of third party notice

(1)-(3) ...

(4) Subject to the foregoing provisions of this rule, the following provisions of these rules, namely, Order 6, rule 7 (3) and (5), Order 10, Order 11, Order 12 and Order 75, rule 4, shall apply in relation to a third party notice and to the proceedings begun thereby as if -

(a) the third party notice were a writ and the proceedings begun thereby an action; and

(b) the defendant issuing the third party notice were a plaintiff and the person against whom it is issued a defendant in that action:

provided that in the application of Order 11, r. 1(1)(c) leave may be granted to serve a third party notice outside the jurisdiction on any necessary or proper party to the proceedings brought against the defendant.

Order 16, Rule 4: Third party directions

(1) If the third party gives notice of intention to defend, the defendant who issued the third party notice must, by summons to be served on all the other parties to the action, apply to the Court for directions.

(2) If no summons is served on the third party under paragraph (1) the third party may, not earlier than seven days after giving notice of intention to defend by summons to be served on all the other parties to the action, apply to the Court for directions or for an order to set aside the third party notice.

(3) On an application for directions under this rule the Court may -

(a) if the liability of the third party to the defendant who issued the third party notice is established on the hearing, order such judgment as the nature of the case may require to be entered against the third party in favour of the defendant; or

(b) order any claim, question or issue stated in the third party notice to be tried in such manner as the Court may direct; or

(c) dismiss the application and terminate the proceedings on the third party notice;

and may do so either before or after any judgment in the action has been signed by the plaintiff against the defendant.

(4) On an application for directions under this rule the Court may give the third party leave to defend the action, either alone or jointly with any defendant, upon such terms as may be just, or to appear at the trial and to take such part therein as may be just, and generally may make such orders and give such directions as appear to the Court proper for having the rights and liabilities of the parties most conveniently determined and enforced and as to the extent to which the third party is to be bound by any judgment or decision in the action.

(5) Any order made or direction given under this rule may be varied or rescinded by the Court at any time.

Order 16, Rule 5: Default of third party, etc.

(1) If a third party does not give notice of intention to defend or, having been ordered to serve a defence, fails to do so -

(a) he shall be deemed to admit any claim stated in the third party notice and shall be bound by any judgment (including judgment by consent) or decision in the action in so far as it is relevant to any claim, question or issue stated in that notice; and

(b) the defendant by whom the third party notice was issued may, if judgment in default is given against him in the action, at any time after satisfaction of that judgment and, with the leave of the Court, before satisfaction thereof, enter judgment against the third party in respect of any contribution or indemnity claimed in the notice, and, with the leave of the Court, in respect of any other relief or remedy claimed therein.

(2) If a third party or the defendant by whom a third party notice was issued makes default in serving any pleading which he is ordered to serve, the Court may, on the application by summons of that defendant or the third party, as the case may be, order such judgment to be entered for the applicant as he is entitled to on the pleadings or may make such other order as may appear to the Court necessary to do justice between the parties.

(3) The Court may at any time set aside or vary a judgment entered under paragraph (1)(b) or paragraph (2) on such terms (if any) as it thinks just.

Order 16, Rule 6: Setting aside third party proceedings

Proceedings on a third party notice may, at any stage of the proceedings, be set aside by the Court.

Order 16, Rule 7: Judgment between defendant and third party

(1) Where in any action a defendant has served a third party notice, the Court may at or after the trial of the action or, if the action is decided otherwise than by trial, on an application by summons or motion, order such judgment as the nature of the case may require to be entered for the defendant against the third party or for the third party against the defendant.

(2) Where judgment is given for the payment of any contribution or indemnity to a person who is under a liability to make a payment in respect of the same debt or damage, execution shall not issue on the judgment without the leave of the Court until that liability has been discharged.

(3) For the purpose of paragraph (2) "liability" includes liability under a judgment in the same or other proceedings and liability under an agreement to which section 1 (4) of the Civil Liability (Contribution) Act 1978 applies.

IX. Order 17: Interpleader

Order 17, Rule 1: Entitlement to relief by way of interpleader

(1) Where -

(a) a person is under a liability in respect of a debt or in respect of any money, goods or chattels and he is, or expects to be, sued for or in respect of that debt or money or those goods or chattels by two or more persons making adverse claims thereto, or

(b) claim is made to any money, goods or chattels taken or intended to be taken by a sheriff in execution under any process, or to the proceeds or value of any such goods or chattels, by a person other than the person against whom the process is issued,

the person under liability as mentioned in sub-paragraph (a) or (subject to rule 2) the sheriff, may apply to the Court for relief by way of interpleader.

(2) References in this Order to a sheriff shall be construed as including references to any other officer charged with the execution of process by or under the authority of the High Court.

X. Order 18: Pleadings

Order 18, Rule 12: Particulars of Pleading

(1)-(2) ...

(3) The Court may order a party to serve on any other party particulars of any claim, defence or other matter stated in his pleading, or in any affidavit of his ordered to stand as a pleading, or a statement of the nature of the case on which he relies, and the order may be made on such terms as the Court thinks just.

(4)-(7) ...

Order 18, Rule 19: Striking out pleadings and endorsements

(1) The Court may at any stage of the proceedings order to be struck out or amended any pleading or the indorsement of any writ in the action, or anything in any pleading or in the indorsement, on the ground that -

(a) it discloses no reasonable cause of action or defence, as the case may be; or

(b) it is scandalous, frivolous or vexatious; or

(c) it may prejudice, embarrass or delay the fair trial of the action; or

(d) it is otherwise an abuse of the process of the Court;

and may order the action to be stayed or dismissed or judgment to be entered accordingly, as the case may be.

Order 18, Rule 20: Close of pleadings

(1) The pleadings in an action are deemed to be closed -

(a) at the expiration of 14 days after service of the reply or, if there is no reply but only a defence to counterclaim, after service of the defence to counterclaim, or

(b) if neither a reply nor a defence to counterclaim is served, at the expiration of 14 days after service of the defence.

(2) ...

XI. Order 21: Withdrawal and Discontinuance

Order 21, Rule 2: Discontinuance of action, etc., without leave

(1) Subject to paragraph (2A), the plaintiff in an action begun by writ may, without the leave of the Court, discontinue the action, or withdraw any particular claim made by him therein, as against any or all of the defendants at any time not later than 14 days after service of the defence on him or, if there are two or more defendants, of the defence last served, by serving a notice to that effect on the defendant concerned.

(2)-(4) ...

Order 21, Rule 3: Discontinuance of action, etc., with leave

(1) Except as provided by rule 2, a party may not discontinue an action (whether begun by writ or otherwise) or counterclaim, or withdraw any particular claim made by him therein, without the leave of the Court, and the Court hearing an application for the grant of such leave may order the action or counterclaim to be discontinued, or any particular claim made therein to be struck out, as against any or all of the parties against whom it is brought or made on such terms as to costs, the bringing of a subsequent action or otherwise as it thinks just.

(2) ...

Order 21, Rule 4: Effect of discontinuance

Subject to any terms imposed by the Court in granting leave under rule 3 the fact that a party has discontinued an action or counterclaim or withdrawn a particular claim made by him therein shall not be a defence to a subsequent action for the same, or substantially the same, cause of action.

XII. Order 24: Discovery and Inspection of Documents

Order 24, Rule 1: Mutual discovery of documents

(1) After the close of pleadings in an action begun by writ there shall, subject to and in accordance with the provisions of this Order, be discovery by the parties to the action of the documents which are or have been in their possession, custody or power relating to matters in question in the action.

(2) ...

XIII. Order 26: Interrogatories

Order 26, Rule 1: Discovery by interrogatories

(1) A party to any cause or matter may in accordance with the following provisions of this Order serve on any other party interrogatories relating to any matter in question between the applicant and that other party in the cause or matter which are necessary either -

(a) for disposing fairly of the cause or matter, or

(b) for saving costs.

(2) Without prejudice to the provisions of paragraph (1), a party may apply to the Court for an order giving him leave to serve on any other party interrogatories relating to any matter in question between the applicant and that other party in the cause or matter.

(3)-(5) ...

XIV. Order 27: Admissions

Order 27, Rule 1: Admission of case of other party

Without prejudice to Order 18, rule 13, a party to a cause or matter may give notice, by his pleading or otherwise in writing, that he admits the truth of the whole or any part of the case of any other party.

Order 27, Rule 3: Judgment on admissions

Where admissions of fact or of part of a case are made by a party to a cause or matter either by his pleading or otherwise, any other party to the cause or matter may apply to the Court for such judgment or order as upon those admissions he may be entitled to, without waiting for the determination of any other question between the parties and the Court may give such judgment, or make such order, on the application as it thinks just.

An application for an order under this rule may be made by motion or summons.

XV. Order 77: Proceedings By and Against the Crown

Order 77, Rule 10: Third party notices

(1) Notwithstanding anything in Order 16, a third party notice (including a notice issuable by virtue of Order 16, rule 9) for service on the Crown shall not be issued without the leave of the Court, and the application for the grant of such leave must be made by summons, and the summons must be served on the plaintiff and the Crown.

(2) Leave to issue such a notice for service on the Crown shall not be granted unless the Court is satisfied that the Crown is in possession of all such information as it reasonably requires as to the circumstances in which it is alleged that the liability of the Crown has arisen and as to the departments and officers of the Crown concerned.

B. Arbitration Act 1975

Section 1: Staying court proceedings where party proves arbitration agreement

(1) If any party to an arbitration agreement to which this section applies, or any person claiming through or under him, commences any legal proceedings in any court against any other party to the agreement, or any person claiming through or under him, in respect of any matter agreed to be referred, any party to the proceedings may at any time after appearance, and before delivering any pleadings or taking any other steps in the proceedings, apply to the court to stay the proceedings; and the court, unless satisfied that the the arbitration agreement is null and void, inoperative or incapable of being performed or that there is not in fact any dispute between the parties with regard to the matter agreed to be referred, shall make an order staying the proceedings.

(2) This section applies to any arbitration agreement which is not a domestic arbitration agreement; and neither section 4 (1) of the Arbitration Act 1950 nor section 4 of the Arbitration Act (Northern Ireland) 1937 shall apply to an arbitration agreement to which this section applies.

(3) (Applies to Scotland only)

(4) In this section "domestic arbitration agreement" means an arbitration agreement which does not provide, expressly or by implication, for arbitration in a State other than the United Kingdom and to which neither -

(a) an individual who is a national of, or habitually resident in, any State other than the United Kingdom; nor

(b) a body corporate which is incorporated in, or whose central management and control is exercised in, any State other than the United Kingdom;

is a party at the time the proceedings are commenced

C. Supreme Court of Judicature Act 1873

Section 100

In the construction of this Act, unless there is anything in the subject or context repugnant thereto, the several words herein-after mentioned shall have, or include, the meanings following; (that is to say,)

...

"Defendant" shall include every person served with any writ of summons or process, or served with notice of or entitled to attend any proceedings.

...

Literaturverzeichnis

Alternativkommentare (Reihe): "Kommentar zur Zivilprozeßordnung" (Gesamthrsg.: Rudolf *Wassermann*), 1987 Neuwied, Darmstadt, (zit.: AK-Bearbeiter)

Barnard, David: "The Civil Court in Action", 1977 London

Basedow, Jürgen: "Europäisches Zivilprozeßrecht - Allgemeine Fragen des Europäischen Gerichtsstands- und Vollstreckungsübereinkommens (GVÜ)" in Handbuch des Internationalen Zivilverfahrensrechts, Band 1, Kapitel II, S. 99-196, 1982 Tübingen

Baumbach, Adolf / *Lauterbach*, Wolfgang / *Albers*, Jan / *Hartmann*, Peter: "Zivilprozeßordnung", 51. Auflage, 1993 München, (zit.: BLAH-Bearbeiter)

Benda, E. / *Weber*, A.: "Der Einfluß der Verfassung im Prozeßrecht" in ZZP 96 (1983), 285-306

Berlingieri, Francesco (Editor): "Time-Barred Actions", 2 nd Edition, 1993 London, New York, Hamburg, Hong Kong

Bernstein, Herbert: "Prozessuale Risiken im Handel mit den USA" in Festschrift für Murad Ferid: "Konflikt und Ordnung" (Hrsg.: Andreas *Heldrich*, Dieter *Henrich* und Hans-Jürgen *Sonnenberger*), S. 75-101, 1978 München

Bettermann, Karl August: "Streitgenossenschaft, Beiladung, Nebenintervention und Streitverkündung" in ZZP 90 (1977), 121-131

Bischof, Hans Helmut: "Die Streitverkündung" in JurBüro 1985, 969-984, 1141-1150, 1309-1316 und 1461-1468

Blumenwitz, Dieter: "Einführung in das anglo-amerikanische Recht", 3.Auflage, 1987 München

Böttger, Günter / *Habel*, Wolfgang / *Reinecker*, Heinrich: "Zivilgerichtsbarkeit und Zwangsvollstrekkung in Großbritannien und Frankreich - Grundzüge -", 1977 Stuttgart

Brox, Hans / *Walker*, Wolf-D.: "Zwangsvollstreckungsrecht" 4. Auflage, 1993 Köln, Berlin, Bonn, München

Bücker, Ursula E.: "Mündliche und schriftliche Elemente und ihre rechtsgeschichtlichen Hintergründe im englischen Erkenntnisverfahren", 1978 Berlin

Bülow, Arthur / *Böckstiegel*, Karl-Heinz: "Der internationale Rechtsverkehr in Zivil- und Handelssachen" Bd. II, Stand 1.5.1993 München

Bunge, Jürgen: "Das englische Zivilprozeßrecht", 1974 Berlin

- "Das englische Zwangsvollstreckungsrecht", 1979 Berlin

- "Das untere Richterpersonal und die Richtergehilfen am englischen High Court of Justice", 1973 Berlin

Byrne, Peter: "The EEC Convention on Jurisdiction and the Enforcement of Judgments", 1990 Dublin

Casson, D.B. / *Dennis*, J.H.: "Odgers' Principles of Pleading and Practice in Civil Actions in the High Court of Justice", 22 nd Edition, 1981 London

Cheshire and North's by *North*, P.M. and *Fawcett*, J.J.: "Private International Law", 12 th Edition, 1992 London, Dublin, Edinburgh

Chitty (General Editor: A.G.*Guest*): "On Contracts", Volume 1: General Principles, 26th Edition, 1989 London

Coester-Waltjen, Dagmar: "Die Bedeutung des Art. 6 Nr. 2 EuGVÜ" in IPRax 1992, 290-292

- "Internationales Beweisrecht", 1983 Ebelsbach

Cohn, Ernst J.: "Parties" in International Encyclopedia of Comparative Law" Volume XVI: Civil Procedure, Chapter 5, S. 5-1 bis 5-278, 1976 Den Haag, Tübingen

Collins, Lawrence: "The Civil Jurisdiction and Judgments Act 1982", 1983 London

Cross, Rupert: "Evidence", 5 th Edition, 1979 London

Curti, Arthur: "Englands Zivilprozeß", 1928 Berlin

Dannemann, Gerhard / *Karatzenis*, Fotios / *Thomas*, Geoffrey V.: "Reform des Verjährungsrechts aus rechtsvergleichender Sicht" in RabelsZ 55 (1991), 697-733

Dashwood, Alan / *Hacon*, Richard / *White*, Robin: "A Guide to the Civil Jurisdiction and Judgments Convention", Deventer 1987

Dicey, A.V. / *Morris*, J.H.C. (Gen. Editor: Lawrence *Collins*): "The Conflict of Laws" Vol. 1, 12 th Edition, 1993 London

Dölle, Hans: "Über einige Kernprobleme des internationalen Rechts der Freiwilligen Gerichtsbarkeit" in RabelsZ 27 (1962/63), 201 ff.

Dörr, Dieter: "Faires Verfahren: Gewährleistung im Grundgesetz der Bundesrepublik Deutschland", 1984 Kehl am Rhein, Straßburg

Dohmann, Barbara: " 'Worldwide Mareva' Injunctions and the Enforcement of Foreign Judgments in England" in Peter F. *Schlosser* (Hrsg.) "Materielles Recht und Prozeßrecht und die Auswirkung der Unterscheidung im Recht der internationalen Zwangsvollstreckung" S. 157 ff, 1992 Bielefeld

Ehrenzweig, Albert A.: "A Treatise on the Conflict of Laws", 1962 St. Paul

Eibner, Josef A.: "Aktuelle Probleme des Streitverkündungsrechts" in Juristisches Büro 1988, 149-160, 281-288

- "Möglichkeiten und Grenzen der Streitverkündung" Dissertation 1986, Erlangen / Nürnberg, (zit.: *Eibner* Dissertation)

Eickhoff, Wolfgang: "Inländische Gerichtsbarkeit und internationale Zuständigkeit für Aufrechnung und Widerklage", 1985 Berlin

Esser, Josef: "Grundsatz und Norm in der richterlichen Fortbildung des Privatrechts", 2. Auflage, 1964 Tübingen

Franks, Michael: "Limitation of Actions" 1959 London

Ganske, Joachim: "Das deutsch-britische Vollstreckungsabkommen vom 14.7.1960" in AWD 1961, 172-173

Geimer, Reinhold: "Anerkennung und Vollstreckbarerklärung französischer Garantieurteile in der Bundesrepublik Deutschland" in ZZP 85 (1972), 196-206

- "Anmerkung zu Urteilen des BGH vom 20.12.1972" in NJW 1973, 951-953

- "Einige Zweifelsfragen zur Abgrenzung nach dem EWG-Übereinkommen vom 27.9.1968" in RIW 1975, 81-87

- "Fora Connexitatis - Der Sachzusammenhang als Grundlage der internationalen Zuständigkeit" in WM 1979, 350 ff.

- "Internationales Zivilprozeßrecht", 2. Auflage, 1993 Köln

- "Internationalrechtliches zum Justizgewährungsanspruch" in Festschrift für Heinrich *Nagel*: "Beiträge zum internationalen Verfahrensrecht und zur Schiedsgerichtsbarkeit" S. 36-53, 1987 Münster

- "Rechtsschutz in Deutschland künftig nur bei Inlandsbezug?" in NJW 1991, 3072-3073

- "Verfassungsrechtliche Vorgaben bei der Normierung der internationalen Zuständigkeit" in Festschrift für Fritz *Schwind*: "Europa im Aufbruch" (Hrsg.: F. *Matscher* und I. *Seidel-Hohenfeldern*) S. 17-42, Wien 1993

Geimer, Reinhold / *Schütze*, Rolf A.: "Internationale Urteilsanerkennung" Band I, 1. Halbband: Das EWG-Übereinkommen über die gerichtliche Zuständigkeit und die Vollstreckung gerichtlicher Entscheidungen in Zivil- und Handelssachen, 1983 München

Gerland, Heinrich B.: "Die englische Gerichtsverfassung" 1. Halbband, 1910 Leipzig

Götze, Cornelius: "Vouching in und Third Party-Practice", 1993 Berlin

Gottwald, Peter: "Die Stellung des Ausländers im Prozeß" in *Habscheid*, Walther J. und *Beys*, Kostas E. (Hrsg.).: "Grundfragen des Zivilprozeßrechts", 1991 Bielefeld

Habscheid, Walther J.: "Anmerkung zum Beschluß des OLG München vom 27.8.1971 (FamRZ 1972, 210) und zum Beschluß des BayObLG vom 30.9.1971 (FamRZ 1972, 212)" in FamRZ 1972, 214-215

- "Freiwillige Gerichtsbarkeit" 7. Auflage, 1983 München

Häsemeyer, Ludwig: "Anmerkung zum Urteil des BGH vom 26.3.1987" in JR 1988, 69-71

- "Die Interventionswirkung im Zivilprozeß - prozessuale Sicherung materiellrechtlicher Alternativverhältnisse" in ZZP 84 (1971), 179-202

Hahn, Karl: "Die gesammelten Materialien zu den Reichsjustizgesetzen", 2. Band: Materialien zur Civilprozeßordnung, 2. Auflage (Hrsg.: Eduard *Stegmann*), 1881 Berlin

Halsbury, Harding (Hrsg.:Lord *Hailsham* of St. Marylebone): "Halsbury's Laws of England", 4 th Edition:
- Volume 8 , 1974 London
- Volume 25, 1978 London (enthält interpleader)
- Volume 26, 1979 London
- Volume 37, 1982 London (enthält third party notice)

- (Managing Editor: A.D. *Younge*): "Halsbury's Statutes of England" verschiedene Volumes, 3 rd Edition, 1970 London

Hartley, T.C.: "Civil Jurisdiction and Judgments", London 1984

Hartley, Trevor: "Conventions under Article 220 EEC" im Rahmen eines Current Survey von verschiedenen Bearbeitern in (1991) 16 European Law Review 64, 75

Hartwieg, Oskar: "Die Kunst des Sachvortrags im Zivilprozeß", 1988 Heidelberg

Heinsheimer, Karl (Hrsg.): "Die Zivilgesetze der Gegenwart" Band 2: "Das Zivilrecht Englands in Einzeldarstellungen" (verschiedene Bearbeiter), 1931 Mannheim, Berlin, Leipzig

Heldrich, Andreas: "Internationale Zuständigkeit und anwendbares Recht", 1969 Berlin, Tübingen

Henkel, Joachim: "Der gesetzliche Richter", 1967, Dissertation Göttingen

- "England - Rechtsstaat ohne gesetzlichen Richter", 1971 Frankfurt a.M., Berlin

Henn, Günter: "Ausländer-Sicherheitsleistung für Prozeßkosten" in NJW 1969, 1374-1376

Henrich, Dieter: "Einführung in das englische Privatrecht", 2. Auflage, 1993 Darmstadt

Heyde, Wolfgang: "Die Rechtsprechung" in *Benda*, Ernst / *Maihofer*, Werner / *Vogel*, Hans-Jochen (Hrsg.): "Handbuch des Verfassungsrecht" 1983 Berlin, New York

Hodgkinson, Tristram / *Scarman*, O.B.E.: "Expert Evidence: Law and Practice", London 1990

Hoffmann, Uwe: "Der allgemeine Gerichtsstand des Sachzusammenhangs nach § 17 Abs. 2 S. 1 GVG", 1993 Bochum

Hoffmann von, Bernd: "Gegenwartsprobleme internationaler Zuständigkeit" in IPRax 1982, 217-222

Holdsworth, William S.: "A History of English Law" Volume 1-16, 3. Auflage, 1922 London

Hollmann, Hermann H.: "Auslandszustellung in US-amerikanischen Zivil- und Verwaltungssachen" in RIW 1982, 784-798

Holmes, Oliver Wendell: "The Common Law", 1968 London, Melbourne

Howard, M. N. / *Crane*, Peter / *Hochberg*, Daniel A.: "Phipson on Evidence", 14 th Edition, 1990 London

Jacob, Jack H.: "*Bullen/Leake/Jacob*: Precedents of Pleading", 12th Edition, 1975 London

- "The Fabric of English Civil Justice", 1987 London

- The Reform of Civil Procedural Law and other Essays in Civil Procedure", 1982 London

- (General Editor): "The Supreme Court Practice 1995", Volume 1, Part 1, 1994 London, (zit.: *Jacob* mit Angabe der Rn.)

James, Michael: "Enforcing American and Other Foreign Judgments in England" in Comparative Law Yearbook of International Business 1991 (Vol. 13), 93-105

Jasper, Dieter: "Forum shopping in England und Deutschland", 1990 Berlin

Jauernig, Othmar: "Zivilprozeßrecht" 8. Auflage, 1991 München

Jayme, Erik / *Kohler*, Christian: "Das internationale Privat- und Verfahrensrecht der EG - Stand 1989" in IPRax 1989, 337-338

- "Europäisches Kollisionsrecht 1994: Quellenpluralismus und offene Kontraste" in IPRax 1994, 405-415

Jenard, P.: "Report on the Convention on Jurisdiction and the Enforcement of Judgments in Civil and Commercial Matters" in Official Journal of the European Communities, C-59, 5.3.1979, S.1-65

Jung, Thomas: "Der Grundsatz der Waffengleichheit im Zivilprozeß", Dissertation 1990 Erlangen-Nürnberg

Kampf, Roger: "Sicherheitsleistung durch britische Staatsangehörige" in NJW 1990, 3054-3057

Kaum, Markus: "Ausländersicherheit für Briten - Inlandsbezug ausländischer Vorbehaltserklärungen" in IPRax 1992, 18-20

Kaye, Peter: "Civil Jurisdiction and Enforcement of foreign Judgments", 1987 Oxon

Kegel, Gerhard: "Zur Reform des deutschen internationalen Ehescheidungsrechts" in "Vorschläge und Gutachten zur Reform des deutschen internationalen Eherechts" (Hrsg.: Wolfgang *Lauterbach*) S. 101-139, 1962 Berlin, Tübingen

Keitel, Theodor / *Kuntze*, Joachim / *Winkler*, Karl (verschiedene Bearbeiter): "Freiwillige Gerichtsbarkeit", Teil A, 13. Auflage, 1992 München

Kissel, Otto Rudolf: "Gerichtsverfassungsgesetz", 2. Auflage, 1994 München

Koch, Harald: "Streitverkündung und Drittklage im amerikanisch-deutschen Prozeß" in ZVglRWiss 85 (1986), 11-62

Kohler, Christian: "Staatsvertragliche Bindung bei der Ausübung internationaler Zuständigkeit und richterliches Ermessen - Bemerkung zur Harrods-Entscheidung des englischen Court of Appeal" in Festschrift für Franz *Matscher* S. 251-263, 1993 Wien

Kralik, Winfried: "Die internationale Zuständigkeit" in ZZP 74 (1961), 2-48

Kropholler, Jan: "Europäisches Zivilprozeßrecht", 4. Auflage, 1993 Heidelberg

- "Internationale Zuständigkeit" in Handbuch des Internationalen Zivilverfahrensrechts, Band 1, Kapitel III, S. 197-536, 1982, Tübingen

Langan, P.St.J. / *Henderson*, L.D.J.: "Civil Procedure", 3 rd Edition, 1983 London

Larenz, Karl: "Allgemeiner Teil des deutschen bürgerlichen Rechts", 7. Auflage, 1989 München

- "Methodenlehre der Rechtswissenschaft", 6. Auflage, 1991 Berlin, Heidelberg, New York

Law Commission: "Classification of Limitation in Private International Law - Report on a Reference under Section 3 (1)(c) of the Law Commissions Act 1965", 1982 HMSO London

Leibholz, Gerhard / *Rinck*, Hans-Justus / *Hesselberger*, Dieter: "Grundgesetz für die Bundesrepublik Deutschland", 7. Auflage, 1993 Köln

Leske, Franz / *Loewenfeld*, Erwin (Hrsg.): "Die Rechtsverfolgung im internationalen Verkehr", 1. Band: Der Zivilprozeß in den europäischen Staaten und ihren Kolonien, 1933 Berlin

Linke, Hartmut: "Internationales Zivilprozeßrecht", 1990 Köln, Berlin, Bonn, München

Lüke, Gerhard / *Prütting*, Hanns (Hrsg.): "Lexikon des Rechts", (verschiedene Bearbeiter), 1989 Neuwied

Lüke, Wolfgang: "Die Beteiligung Dritter im Zivilprozeß", 1993 Tübingen

Magnus, Ulrich: "Fragen der Anerkennung und Vollstreckung ausländischer Urteile in England" in RIW 1975, 465-468.

Martens, Klaus-Peter: "Grenzprobleme der Interventionswirkung" in ZZP 85 (1972), 77-95

Martiny, Dieter: "Anerkennung ausländischer Entscheidungen nach autonomem Recht" in Handbuch des Internationalen Zivilverfahrensrechts, Band III, 1. Hlbd., 1984 Tübingen

- "Zum Provisions- und Ausgleichsanspruch des New Yorker Agenten" (Anmerkung zum Urteil des LG Frankfurt vom 18.9.1980) in IPRax 1981, 118-120

Matthies, Heinrich: "Die deutsche internationale Zuständigkeit", 1955 Frankfurt

Maunz / *Dürig* / *Herzog*: "Grundgesetz-Kommentar", Stand 1993 München

Mc Clean, David: "Morris: The Conflict of Laws", 4 th Edition, 1993 London

Mennie, Alastair: "The Brussels Convention and Third States: A British perspective" in Erik *Jayme* (Hrsg.) "Ein internationales Zivilverfahrensrecht für Gesamteuropa" S.173 ff., 1992 Heidelberg

Mezger, Ernst: "Die Ausschließlichkeit des gewählten Gerichtsstands (Art. 17 EuGVÜ) aus französischer Sicht" in IPRax 1984, 331-334

Milleker, Erich: "Formen der Intervention im französischen Zivilprozeß und ihre Anerkennung in Deutschland" in ZZP 84 (1971), 91-102

- "Inlandswirkung der Streitverkündung im ausländischen Verfahren" in ZZP 80 (1967), 288-310

Möllers, Christoph: "Internationale Zuständigkeit bei der Durchgriffshaftung", 1987 Bielefeld

Mössle, Klaus P.: "Extraterritoriale Beweisbeschaffung im internationalen Wirtschaftsrecht", 1990 Baden-Baden

Münchener Kommentar zum Bürgerlichen Gesetzbuch (verschiedene Bearbeiter):Hrsg.: Kurt *Rebmann*, Franz Jürgen *Säcker* Band 1: Allgemeiner Teil §§ 1-240 BGB, 3. Auflage, München 1993, (zit.: Mü-Ko-Bearbeiter BGB)

Münchener Kommentar zur Zivilprozessordnung (verschiedene Bearbeiter): Hrsg.: Gerhard *Lüke* und Alfred *Walchshöfer*, 3 Bände, 1992 München (zit.: Mü-Ko-Bearbeiter)

Nagel, Heinrich: "Die Begrenzung des internationalen Zivilprozeßrechts durch das Völkerrecht" in ZZP 75 (1962), 408-446

- "Internationales Zivilprozeßrecht", 3. Auflage, 1991 Münster

Neuhaus, Paul Heinrich: "Grundbegriffe des internationalen Privatrechts", 2. Auflage, 1976 Tübingen

- "Internationales Zivilprozeßrecht und internationales Privatrecht" in RabelsZ 20 (1955), 201-269

Neuner, Robert: "Internationale Zuständigkeit", 1929 Mannheim, Berlin, Leipzig

Nevai, Laszlo: "Einige Aspekte der Bestimmung der internationalen Zuständigkeit im streitigen Verfahren" in "Zeitgenössische Fragen des internationalen Zivilverfahrensrechts (Studien für Ostrecht) - Referate zur III. Münchener Ost-West-Rechtstagung", S. 109-129, 1972 Tübingen, Basel

Nokes, G. D.: "An Introduction to Evidence", 4 th Edition, 1967 London

North, P.M.: "The Brussels Convention and Forum Non Conveniens" in IPRax 1992, 183-184

- in RabelsZ 4 (1930), 713-723 (Besprechung von Neuners "Internationale Zuständigkeit")

- "Gerichtsbarkeit und internationale Zuständigkeit als selbständige Prozeßvoraussetzungen" in RabelsZ 11 (1937), 337-483

Palandt (verschiedene Bearbeiter): "Bürgerliches Gesetzbuch" 51. Auflage, 1992 München

Pfeiffer, Thomas: "Anmerkung zum Urteil des BGH vom 2.7.1991" in LM ZPO § 23 Nr. 7

Pfennig, Günter: "Die internationale Zustellung in Zivil- und Handelssachen" 1988 Köln, Berlin, Bonn, München

Phipson, Sidney L.: "Best on Evidence" (The Principles of the Law of Evidence), 12 th Edition, 1922 London

Pollok, Frederick / *Maitland*, Frederic W.: "The History of English Law", Volume II, Neuausgabe der 2. Auflage, 1968 Cambridge

Prime, Terence / *Scanlan*, Gary: "The Modern Law of Limitation", 1993 London, Dublin, Edinburgh

Radtke, Rolf C.: "Internationale Zuständigkeitsvereinbarung nach portugiesischem Recht" in RIW 1984, 270-282

Rauh, Karl-Heinz: "Die Schieds- und Schlichtungsordnungen der UNCITRAL" 1983 Köln, Berlin, Bonn, München

Redmond-Cooper, Ruth: "Limitation of Actions" 1992 London

Riezler, Erwin: "Internationales Zivilprozeßrecht und prozessuales Fremdenrecht", 1949 Berlin, Tübingen

Rosenberg, Leo / *Schwab*, Karl Heinz / *Gottwald*, Peter : "Zivilprozeßrecht", 15. Auflage, 1993 München

Rothoeft, Dietrich: "System der Irrtumslehre als Methodenfrage der Rechtsvergleichung", 1968 Tübingen

Schack, Haimo: "Internationales Zivilverfahrensrecht", 1991 München

Schaub, Günter: "Arbeitsrechtliche Formularsammlung und Arbeitsge- richtsverfahren", 3. Auflage, 1982 München

Schellhammer, Kurt: "Zivilprozeß" 4. Auflage, 1989 Heidelberg

Scheucher, Leo: "Studien zur internationalen Zuständigkeit in Vermögensstreitigkeiten", 1972 Wien

Schilken, Eberhard: "Gerichtsverfassungsrecht", 1990 Köln, Berlin, Bonn, München

Schlosser, Peter: "Das Recht der internationalen privaten Schiedsgerichtsbarkeit", 2. Auflage, 1989 Tübingen

- "Einschränkung des Vermögensgerichtsstandes" in IPRax 1992, 140-143

- Jurisdiction in international Litigation - The issue of Human Rights in relation to national Law and to the Brussels Convention" in Rivista di Diritto Internationale 74 (1991), 5-34

- "Report (on the Accession Convention)" in Official Journal of the European Communities, C-59, 5.3.1979, S. 71-151

Schmitz, Günther: "Grundfälle zu den Sachurteilsvoraussetzungen des Zivilprozesses" in JuS 1976, 441- 1977, 191 (Abhandlung in mehreren Teilen)

Schneider, Egon: "Kosten des Nebenintervenienten bei einem Prozeßvergleich zwischen den Parteien" in MDR 1983, 801-804

Schober, Axel: "Drittbeteiligung im Zivilprozeß", 1990 Bayreuth

Schönke, Adolf / *Kuchinke*, Kurt: "Zivilprozeßrecht", 1969 Karlsruhe

Schröder, Jochen: "Internationale Zuständigkeit", 1971 Opladen

Schütze, Rolf A.: "Anerkennung und Vollstreckung deutscher Urteile im Ausland", 1973 Herne, Berlin

- "Bedeutung der im Forum Prorogatum ergehenden Entscheidungen für die Wirksamkeit einer ausschließlichen internationalen Zuständigkeitsvereinbarung" in IPRax 1984, 246-248

- "Deutsches Internationales Zivilprozeßrecht", 1985 Berlin, New York

- "Die Bedeutung der Durchsetzbarkeit eines Anspruches im forum prorogatum für die Wirksamkeit einer internationalen Gerichtsstandsvereinbarung" in RIW 1982, 773-778

- "Zur Anwendung des deutsch-britischen Anerkennungs- und Vollstreckungsabkommens" in RIW 1980, 170-171.

- "Zur Revisibilität ausländischen Rechts" in NJW 1970, 1584 - 1586

Schuschke, Winfried: "Vollstreckung und vorläufiger Rechtsschutz", Kommentar zum 8. Buch der ZPO, Band 1: Zwangsvollstreckung §§ 704-915 ZPO, 1992 Köln, Berlin, Bonn, München

Schwab, Karl Heinz: "Rechtskraftersteckung auf Dritte und Drittwirkung der Rechtskraft" in ZZP 77 (1964), 124

Schwab, Karl Heinz / *Walter*, Gerhard: "Schiedsgerichtsbarkeit", 4. Auflage, 1990 München

Schwanecke, Hans-Joachim: "Nebenintervention und Rechtskraftwirkung", 1975 Heidelberg

Schweizer, Robert: "Gerichtsbarkeit und internationale Zuständigkeit im Zivilprozeß und in der Freiwilligen Gerichtsbarkeit" in DRiZ 46 (1968), 365-370

Simmonds, Kenneth R.: "United Kingdom" in International Encyclopedia of Comparative Law, Volume I: National Reports, S. U 59-102, 1976 Den Haag, Tübingen

Sonderkötter, Friedrich: "Zur Anerkennung deutscher Urteile in Großbritannien" in RIW 1975, 370-375

Spellenberg, Ulrich: "Internationale Zuständigkeit" in JA 1978, 1-6, 57-62

- "Örtliche Zuständigkeit kraft Sachzusammenhangs" in ZVglRWiss 79 (1980), 89-131

- "Zuständigkeit bei Anspruchskonkurrenz und kraft Sachzusammenhangs" in ZZP 95 (1982), 17-45

Spencer Bower, Georg / *Turner*, A.: "The Doctrine of Res Judicata", 2 nd Edition, 1969 London

Stein / *Jonas* (verschiedene Bearbeiter): "Kommentar zur Zivilprozeßordnung":
- 1. Bd.: §§ 1- 252 (Einleitung), 20.Auflage, 1984 Tübingen
- Band 1: §§ 1-90, 21. Auflage, 1993 Tübingen
- Band 2: §§ 91-252, 21. Auflage, 1994 Tübingen
- 4. Bd. Teilband II: §§ 883-1048, 20. Auflage, 1988 Tübingen

Stern, Klaus: "Das Staatsrecht der Bundesrepublik Deutschland" Bd. III: Allgemeine Lehren der Grundrechte, 1. Halbband, 1988 München

- in "Handbuch des Staatsrechts der BRD" (Hrsg.: Josef *Isensee* und Paul *Kirchhof*) Bd.V: Allgemeine Grundrechtslehren, 1992 Heidelberg

Stober, Rolf: "Staatsgerichtsbarkeit und Schiedsgerichtsbarkeit" in NJW 1979, 2001-2008

Stöber, Kurt: "Forderungspfändung", 9. Auflage, 1990 Bielefeld

Taupitz, Jochen: "Verjährungsunterbrechung im Inland durch unfreiwillige Beteiligung am fremden Rechtsstreit im Ausland" in ZZP 102 (1989), 288-318

Thomas, Heinz / *Putzo*, Hans: "Zivilprozeßordnung mit Gerichtsverfassungsgesetz und den Einführungsgesetzen", 18. Auflage, 1993 München

Vollkommer, Max: "Anmerkung zum Urteil des OLG München vom 11.10.1985" in NJW 1986, 264

Wahl, Ulrich: "Die verfehlte internationale Zuständigkeit", 1974 Berlin

Walchshöfer, Alfred: "Die deutsche internationale Zuständigkeit in der streitigen Gerichtsbarkeit" in ZZP 80 (1967), 165-229

Wax, Peter: "Anmerkung zu BGH Urteil vom 16.6.1993" in LM: H. 11/1993 zu ZPO § 256 Nr. 177

- "BGH-Rechtsprechung aktuell: Verfahrensrecht (I)" in NJW 1994, 2331-2334

Werres, Rüdiger: "Die Wirkungen der Streitverkündung und ihre Grenzen" in NJW 1984, 208-210

Wieczorek, Bernhardt: "Zivilprozeßordnung und Nebengesetze":
- 1. Band: §§ 1-252 ZPO, 2. Auflage, 1976 Berlin, New York
- 4. Band: §§ 704-1048 ZPO (fortgeführt von Georg F. *Rösler* und Rolf A. *Schütze*), 2. Auflage, 1981 Berlin, New York

Wieczorek, Bernhardt / *Schütze*, Rolf A.: "Zivilprozeßordnung und Nebengesetze": 1. Band: §§ 1-127a ZPO, 3. Auflage, 1994 Berlin, New York

Wilhelmi, Walter: "Die Streitverkündung vom Ausland" in Niemeyers Z. 48 (1933-34), 105-144

Will, Michael: "Das Common Law" in *David* / *Grasmann*: "Einführung in die großen Rechtssysteme der Gegenwart" S. 431-542, 2. Auflage, 1988 Müchen

Zeiss, Walter: "Zivilprozeß", 8. Auflage, 1993 Tübingen

Ziegenbein, Ulrich: "Die Unterscheidung von Real und Personal Actions im Common Law", 1971 Berlin

Zimmermann, Walter: "Kommentar anhand der höchstrichterlichen Rechtsprechung: Zivilprozeßordnung und GVG, EGZPO, EGGVG, EuGVÜ", 2. Auflage, 1990 Heidelberg

Zippelius, Reinhold: "Juristische Methodenlehre", 4. Auflage, 1985 München

Zöller, Richard (verschiedene Bearbeiter): "Zivilprozeßordnung", 18. Auflage, 1993 Köln

Zweigert, Konrad / *Kötz*, Hein: "Einführung in die Rechtsvergleichung auf dem Gebiet des Privatrechts" 2 Bände, 2. Auflage, 1984, Tübingen

Verzeichnis englischer Entscheidungen*

---

* Nach Nennung der Entscheidung folgen die Verweise auf die Fußnoten im Text. Dabei bezeichnen die Ziffern ohne Zusatz die Fn. aus dem 3.Teil und die Ziffern mit Zusatz 'A' die Fn. aus dem 4.Teil der Arbeit.